V.3/12.

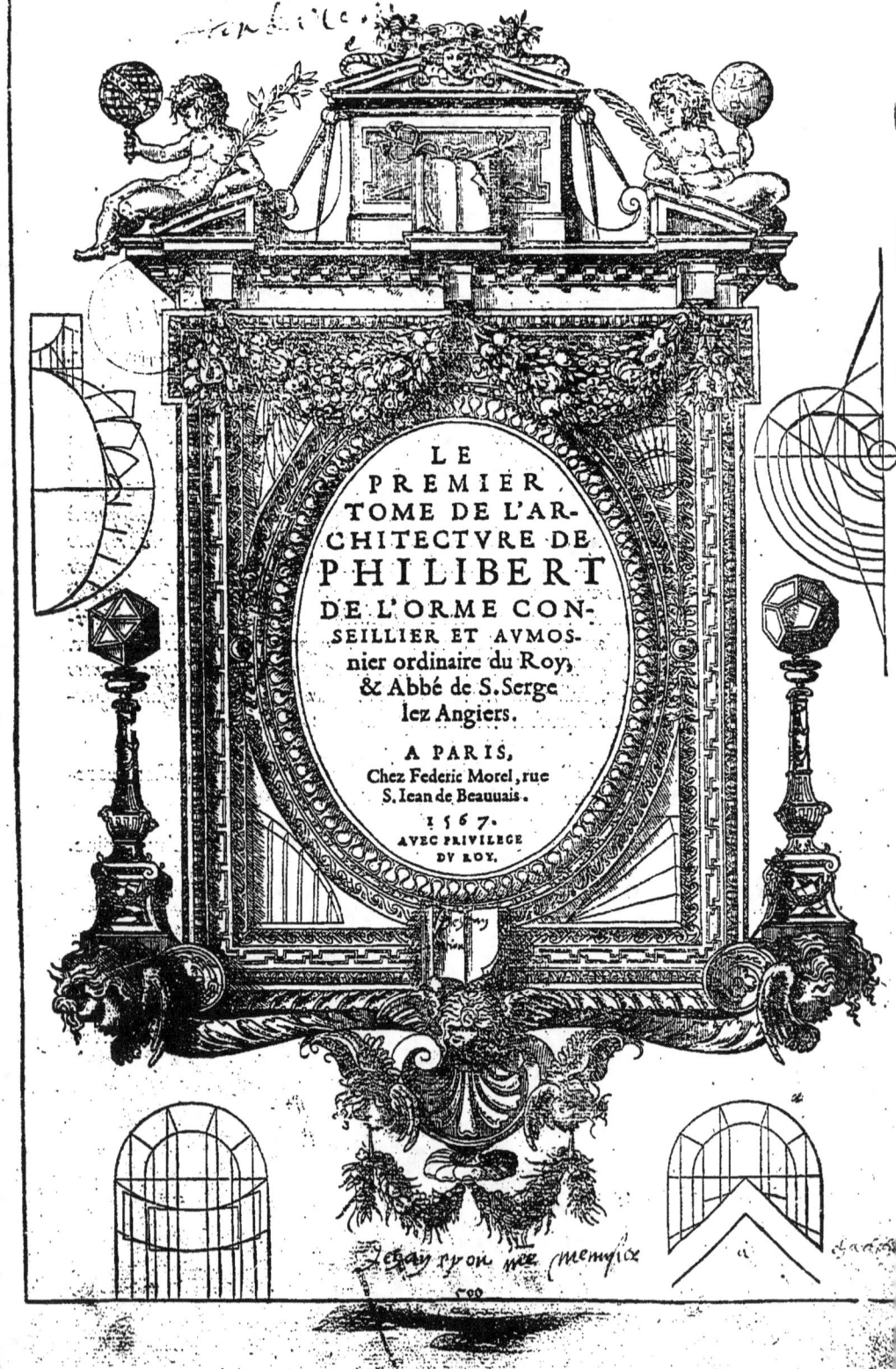

LE
PREMIER
TOME DE L'AR-
CHITECTVRE DE
PHILIBERT
DE L'ORME CON-
SEILLIER ET AVMOS-
nier ordinaire du Roy,
& Abbé de S. Serge
lez Angiers.

A PARIS,
Chez Federic Morel, rue
S. Iean de Beauuais.
1567.
AVEC PRIVILEGE
DV ROY.

EXTRAICT DV PRIVILEGE.

Efenses sont faictes à tous Imprimeurs & Libraires de ce Royaume de n'imprimer, ou faire imprimer, vendre, ou faire vendre & distribuer ce present liure (ou en particulier les figures d'iceluy) intitulé, Le premier Tome de l'architecture de PHILIBERT DE L'ORME Lyonnois, Conseillier & Aumosnier ordinaire du Roy, & Abbé de S. Eloy lez Noyon, & de S. Serge lez Angiers. Et ce iusques à neuf ans prochainement venāts, à conter du iour & date de la presente impression, qui fut acheuée le xxix. iour de Nouembre 1567. sans l'expres vouloir, consentement, congé & permission dudit Philibert de L'Orme. Et ce sur peine de confiscation des liures qu'ils auront imprimez, dommage & interest dudit exposant, & d'amende arbitraire. Ainsi qu'il est plus à plein contenu audit priuilege, & lettres patentes du Roy, seellées du grand seel dudit Seigneur, & octroyées à sainct Germain en Laye le xv. iour de Septembre M.D.LXI.

Par le Roy, Le seigneur des Roches-fumée, Maistre des requestes ordinaire de l'hostel, present. Signé

De L'aubespine.

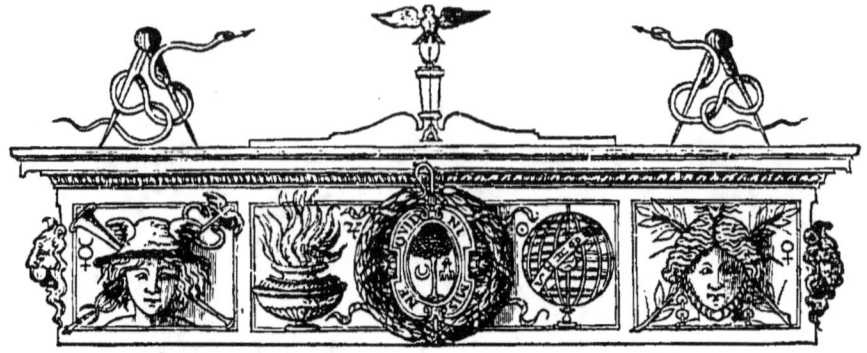

A TRES-VERTVEVSE ET

TRESILLVSTRE DAME MADAME
CATHERINE, ROYNE DE FRANCE,

Mere du Roy treschrestien Charles
IX. de ce nom.

ADAME, ie voy de iour en iour l'accroiſ-
ſemét du grandiſſime plaiſir que voſtre maieſté prend à l'Architecture, & comme de
plus en plus voſtre bon eſprit ſy manifeſte
& reluit, quand vous-meſme prenez la peine de protraire & eſquicher les baſtiments
qu'il vous plaiſt commáder eſtre faicts, ſans
y omettre les meſures des longueurs & largeurs, auec le departiment des logis, qui veritablement ne ſont vulgaires & petits, ains fort excellents &
plus que admirables : comme entre pluſieurs eſt celuy du Palays
que vous faictes baſtir de neuf à Paris pres la porte neufue, & le
Louure maiſon du Roy. Lequel Palays ie côduis, de voſtre grace,
ſuiuant les diſpoſitions, meſures, & cômandements qu'il vous
plaiſt m'en faire. Ceux qui admirent en vous vn tant ſublime &
diuin eſprit, côme auſſi vne infinité de belles vertus heroïques,
graces incôparables, & inuétions treſadmirables, ne les doiuent
trouuer eſtranges, veu qu'elles vous ſont hereditaires, & procedent (apres la celeſte diſpoſition) de la ſource & naturel de voz
anceſtres & predeceſſeurs: qui ont eſté ſi excelléts en ſçauoir, diuins en conſeil, incomparables en pouuoir, ingenieux à inuenter & ordonner baſtiments fort adroit, & tant affectiónez d'ayder & fauoriſer aux gents de ſçauoir, qu'ils ont donné matiere
aux hiſtoriographes & hommes doctes (ainſi que nous le mon-

á ij

ftrerons cy-apres) de confacrer leurs noms à perpetuelle memoire. Et fil fault que ie rapporte ce que i'en ay quelque-fois
apprins eftant à Florence, conformément à ce que depuis i'en ay
leu, ie produiray & mettray en auant ce grand & excellent philofophe Argyropile, Grec de nation, lequel le Seigneur Cofme de Medicis furnómé Grand, pour fes vertus, munificences,
& bienfaicts, feit venir à Florence, & l'entretint auec treshon-
neftes gages (comme auffi Chryfolore) pour inftruire en Grec
la ieuneffe, & en tous les arts liberaux. Ce qu'il feit auffi à Marfile Ficin, homme trefdocte en la philofophie Platonique, medecine, theologie, & toutes bonnes lettres. Auquel mefmes il
donna vne maifon à Carreggy de fort bon reuenu, & ioignant
à l'une des fiennes, à fin que plus commodément ledict Ficin
peuft conuerfer auecq luy, & communiquer de philofophie.
Ie ne denombreray icy vne infinité d'autres hommes excellents en toutes lettres, & tous arts, qui ont receu de grandiffi-
mes biens, honneurs & faueurs dudict feigneur Cofme, à fin
de parler du fieur Laurent de Medicis, & de fon fils le fieur Pierre, qui ont vfé de mefme liberalité & faueur enuers les hommes doctes : &, entre plufieurs, enuers le fufdit Marfile Ficin,
Ange Politian, Chalcondile, Landin, Bapt. Mantuan, Lafcaris,
Marulle, Acciole, & autres innumerables, qui pour ce faict ont
publié par tout le monde, publient encores, & publieront à tout
iamais par leurs liures & moniments, l'incomparable liberalité,
munificence, & grandeur de la maifon de Medicis. Quoy oyant
& voiant plufieurs Roys, princes, & grands feigneurs, tant de
Italie, que d'autres nations, fe defplaifoient d'eftre furmontez en
ceft endroit par les fufdicts feigneurs de Medicis: comme auffi
par la diligence de laquelle ils auoient vfé, & des grands frais
qu'ils auoient fouftenu pour enuoyer cercher, acheter & faire
venir toutes fortes de liures rares & exquis qu'on pouuoit trouuer & recouurer en la Syrie, Ægypte, Grece, & autres pays eftrā-
ges, par la permiffion du Sultan & grand Seigneur: à fin de pouuoir rendre leur bibliotheque Florentine la plus belle, & plus riche de toute l'Europe. Qui fut caufe que à leur imitation & exéple, le duc de Milan Sforce, Mathias Roy de Hongrie, Ferdinád
Roy d'Arragon, & peu apres noftre excellent & memorable
Roy François premier du nom, en feirent autant, & commence-
rent à appeller & entretenir les doctes, côftruire bibliotheques,
fonder colleges, & honnorablement ftipendier, & falarier lecteurs publiques pour inftruire en toutes langues & difciplines
la ieuneffe. Ce que depuis a efté fort bien entretenu par voftre

bon feigneur & mary le feu Roy Henry, & fes deux enfants &
les voftres, le feu Roy François fecond, & Charles neufuieme, à prefent regnant fous voftre bonne conduicte & fageffe.
Voila Madame, voila les ailes, moiennant lefquelles plufieurs
anciens Roys, Roynes, princes, princeffes & grands feigneurs
ont efté portez & tranflatez entre les aftres, ou ils reluifent encores, & reluiront tant que le ciel aura fes reuolutions & mouue
ments. Voila la vraye voye d'immortalité : voila en quoy fe plai-
foit & glorifioit ce puiffant & belliqueux Roy Alexandre le
Grand, quand il efcriuit à fon precepteur & maiftre Ariftote,
qu'il auoit en plus finguliere recommendation de pouuoir gaigner & attirer à foy les hommes doctes qui perpetueroient fon
nom, fes geftes & victoires, que de conquefter & acquerir vne
infinité de villes & Royaumes periffables. Et de là vient qu'il
loüoit à merueilles le preux & vaillant Achilles pour l'heur qui
luy eftoit aduenu d'auoir efté celebré & immortalifé par les efcrits & liures de l'excellentiffime poete Homere. Voila dócques
les premiers fondements de la felicité & immortalité de voftre
maifon, Madame, qui depuis ont efté fortifiez & fouftenus par le
feigneur Iehan de Medicis faict Cardinal en l'aage de xviij ans, &
quelque temps apres Pape, furnommé Leon dixieme : par lequel
cefte tant belle & incomparable bibliotheque Florentine, fondée & enrichie par fes predeceffeurs (cóme nous auons dit) mais,
helas ! par les diffentions & guerres ciuiles depuis furuenues à
Florence, prefque ruinée, fut diligemment reftaurée & repa-
rée. Car ledict Leon pape n'eftoit moins amateur des liures, des
lettres & lettrez, que fes maieurs & anceftres : ainfi que entre
plufieurs autres l'ont efcrit & tefmoigné Sadolet, Bembe, &
Longol, apres auoir receu plufieurs biens, honneurs, & grands
faueurs de luy. Ie ne veux icy oublier, Madame, que fi voz fufdicts maieurs & anceftres ont efté foigneux de baftir fpiritu-
ellement, c'eft à dire d'entretenir & auancer les hommes doctes & excellents efprits (qui eft la plus haulte louange des louanges) ils n'ont auffi efté negligents de baftir materiellement
tant à Florence que dehors : voire auecques vne telle magnificence, beaulté, & fplendeur, qu'elle obfcurcit toutes les autres. Mais de plufieurs excellentes ftructures qu'ils ont faict faire à leurs defpens, & fignamment le fieur Cofme, aïeul & de-
uancier du feigneur Laurent, i'en propoferay quelques vnes,
comme l'Eglife de fainct Marc à Florence, en laquelle il feit
dreffer la librairie & bibliotheque dont nous auons parlé cy deuant : l'eglife de fainct Laurent, le monaftere de faincte Vadiane

dedans l'enclos de la ville : l'eglife de fainct Hierofme auecques
fon abbaye au mont de Firenzolles, & le temple des Cordeliers
à Mugello. Mais il fault icy noter que toutes les fufdictes places
& eglifes ne furent feulement reftaurées ou reparées par les voftres, mais bien edifiées tout de neuf, & efleuées depuis les fondements iufques au fommet des couuertures : en les accompagnant de chappelles & autels enrichiz d'ornements fort exquis
& precieux, comme auffi de toutes chofes neceffaires au diuin
feruice. Apres ces beaux edifices facrez ledit feigneur Cofme feit
faire les baftiments de fes maifons priuées : l'une defquelles fut
conftruicte à Florence, en tel appareil, telle ftructure & magnificence que requeroit l'auctorité & grandeur d'un tel feigneur.
Quatre autres furent bafties aux enuirons de la ville, dignes veritablement d'eftre pluftoft nömées Palays & chafteaux de Roy,
que autrement. Pafferay ie oultre fans efcrire que ledit feigneur
Cofme, meu & conduict de bon zele & pitié, feit baftir vn grand
& beau hofpital en la ville de Ierufalem, pour y loger les pauures
pelerins & malades, qui iroient vifiter le fainct Sepulchre, & le
renta d'un grand reuenu? Les hiftoires & liures des gents doctes
tefmoignent que pour la conftruction & rente dudit hofpital &
des fufdicts edifices, & quelques autres, il expofa la fomme de
quatre milions d'or, fans y compter vn milion, lequel il diftribua
aux pauures neceffiteux. Ie ne dois icy omettre deux beaux &
fumptueux colleges fondez par le feigneur Laurent de Medicis,
l'un à Florence, & l'autre à Pife, aufquels les plus grands efprits
& excellents hommes qui fe trouuoiét en Italie, & ailleurs, y furent ftipendiez & honorablement receuz, à fin que par leur ayde & moien, la ieuneffe euft occafion de f'exercer aux bonnes lettres & difciplines. Vous oyez, Madame, les excellentes vertus &
memorables biéfaicts de voz predeceffeurs & anceftres, defquels
vous vous declairez eftre vraye & legitime heritiere, quäd vous
entrëtenez & auancez les vertueux & doctes, & aymez l'Architecture, en faifant baftir de tant magnifiques & fumptueux edifices, au grand proufit, vtilité, & emolument du bien publique.
Car, ie vous prie, quel plus grand bië peult on trouuer, ou quelle charité & pitié plus grande peult on exercer, que de faire en
baftiffant gaigner vne myriade de pauures gents, qui autrement
iroient mendier leur pain? Quel proufit peult eftre plus grand
en vn Royaume, vne prouince ou ville, que d'employer, faire tra
uailler & occuper vne infinité d'hommes, femmes, & ieunes
gents, qui autrement feroient vagabonds, faineäts, & peult eftre
larrons & voleurs, au grand detriment, ie ne diray des villes &

villages, mais aussi de tout vn pais, ainsi que Aristote en faict vn beau discours en ses Politiques, conformément à ce que son maistre Platon en a disputé. Ce trouuera il chose par laquelle lon puisse employer & occuper plus de personnes d'un chacun sexe, que en bastissant? Ce donnera il chose ou lon face continuellement & longuement plus de frais en diuerses sortes de matieres, qu'en bastissant? Qui voudra ample tesmoignage de mon dire, qu'il lise Herodote, Pline, & autres : & il trouuera, que en edifiant vne des Pyramides d'Egypte furent employez & occupez six cens mille ouuriers & maneuures par l'espace de vingt ans: & que seulement en raues, aulx & oignõs pour lesdicts ouuriers, furent exposez mille & huict cés talents, qui valent plus d'un milion de noz escus, suyuant la supputation du docte Budé. Voila doncques, Madame, le grand bien & proufit que rapporte l'Architecture en vn Royaume, & signamment ceux qui la mettent en vsage & execution, ainsi que vostre Maiesté le sçait bien faire & fort proprement, pour la cognoissance qu'elle en a, accompagnée de bons & loüables moiens pour le soulagement & ayde des pauures, qui iournellement & en grand nombre trauaillent à vostre palays de Paris, au grand contentement du peuple & des citoiés, qui loüent Dieu du bon vouloir & graces qu'il vous a departy, non seulement en cela, mais aussi pour le faict d'estat, & tresheureuse conduicte de nostre bon Prince & Roy vostre fils, & de messieurs ses freres : cóme aussi de tout le Royaume : pour la conseruation duquel si vous auez esté trauaillée, comme veritablement vous l'auez beaucoup esté, Dieu vous a faict la grace d'en auoir eu bóne & heureuse issue, apres infinis dangers, esquels vous vous estes exposée, comme la mere pour ses chers enfants. Dieu vous donnera la grace, vertu, & constance de soustenir & perseuerer de mieux en mieux, ainsi qu'il feit à la bonne & sage mere du Roy sainct Loys venant ieune à la courõne de France. Mais ie crain, Madame, de vous estre moleste par vn si long discours, & vous destourner des affaires du Royaume, qui vous sont en beaucoup plus grande recommandation que mes telles quelles escritures & propos. Qui me faict deliberer de faire fin à la presente epistre, apres que ie vous auray treshüblement supplié, de me vouloir supporter & excuser, si ie prend la hardiesse de vous dedier ce present œuure, pour la grande cognoissance d'Architecture que ie voy en vous : me persuadant que pour le plaisir que vous y prenez, vous y trouuerez quelque contentement, & y verrez plusieurs inuentions & choses non accoustumées de voir, auecques leurs propres figures, demonſtrations & explications: leſquelles i'ay premeditées & trouuées non ſans grand trauail d'eſprit, & exceſſiue deſpenſe pour la taille des planches, & impreſſion du liure. De ſorte que ie y ay employé tout ce que i'auois peu amaſſer iuſques icy. Conſiderant doncques qu'il eſt fort raiſonnable, apres auoir dedié mes premieres œuures à la Maieſté du Roy Charles, mon treſſouuerain Prince voſtre fils, que conſequemment ie vous dedie & offre, auecques toute humilité, les ſecondes: ie le fais icy autant affectionnément, que ie ſupplie de-rechef treſhumblement voſtre Maieſté les vouloir receuoir gracieuſement, & defendre contre les calomniateurs. Ce faiſant, Madame, vous me donnerez courage de continuer le ſecond Tome & volume de noſtre Architecture, qui eſt Des diuines proportions & meſures de l'ancienne & premiere Architecture des peres du vieil teſtament, accommodées à l'Architecture moderne. Lequel volume ie mettray en lumiere, moyennant la grace de Dieu, quand il vous plaira le me commander.

A Paris, le xxv. iour de Nouembre, M.D. LXVII.

De voſtre Maieſté le treshumble & tresobeiſſant ſubiect & ſeruiteur,

RHELFBERT DE L'ORME.

Aux Lecteurs beneuoles Salut.

IL me souuient vous auoir promis au liure que i'ay faict imprimer de la nouuelle Inuention pour biē baſtir & à petits frais, dedié à la Maieſté de noſtre treſchreſtien & tresbon Roy CHARLES, que ſi ie voyois ſadicte Maieſté auoir quelque contentement de mes labeurs, & prendre plaiſir à ce que i'eſcris, ie m'efforcerois de mettre en lumiere pluſieurs autres belles œuures & inuentions, leſquelles i'ay meditées & pratiquées de lōg temps, pour la decoration de ſon Royaume, & illuſtration de noſtre Architecture. Ayant doncques veu & auſſi entendu que ſa Maieſté y prenoit plaiſir, comme auſſi celle de la Royne, ſa tresprudente & treſſage mere, auec les Princes & grands Seigneurs, & encores que les Princes eſtrangiers & toutes perſonnes dē bon eſprit auoient contentement de telle inuention, & qu'on retiroit vn grandiſſime proufit de ſon vſage (ainſi qu'il ſe voit par experience en diuers lieux, & ſignamment aux pays ou il y a penurie & neceſſité de boys à faire charpēterie) i'en loüay Dieu le createur beaucoup de fois, pour la doubte que i'ay touſiours de moy, & de mes capacitez. Proteſtant que ſil ſeſt trouué quelque choſe d'eſprit à la ſuſdicte inuention, ou ſil y a quelque ſcintille de ſçauoir & artifice en moy, de bon cueur & franchement ie le recognois proceder de l'immenſe largeſſe de ce grand Pere eternel qui diſtribue à vn chacun telles graces que luy plaiſt. Lequel ie ſupplie treshumblement me donner la faueur & moien de touſiours pouuoir faire choſe qui luy ſoit agreable, & prouſitable au bien publicque & à la poſterité, auecques continuation de ma bonne volunté, qui ne tend à autre fin que de diſtribuer aux hommes le talent qu'il luy a pleu me preſter & octroyer: aux hommes, dis-ie, qui ont les ames bonnes, l'eſprit prompt à bien dire, le iugement entier & ſain, & le ſçauoir ſans aucune arrogance & enuie contre les vertüeux & la vertu. De ceux la certainemēt ie m'aſſeure eſtre biē receu, & tenu en telle reputation que leur ſageſſe le iugera: & tels & leurs ſemblables m'exciterōt de faire entēdre droictemēt l'art & methode de proprement dreſſer, planter, & conduire toutes ſortes de baſtimentz, ſuyuant les dimenſions, ſymmetries & meſures qu'on leur doit donner, auecques les ornementz, & au-

Nouuelle Inuētion de l'auteur dediee au treſchreſtien Roy Charles.

Tout bien, ſçauoir et graces proceder de Dieu.

a

EPISTRE

tres chofes qui y font requifes & dependent du vray art d'Architecture, ainfi que vous le pourrez iuger cy apres, quand vous aurez veu & entendu mes conceptions & difcours, non par vn
chapitre feulement, ains par la diligente & reiterée lecture de
tout le prefent œuure, qui vous pourra introduire & mener,
quafi par la main, à la vraye intelligéce d'Architecture. Laquelle n'eft autre chofe, ainfi qu'efcrit noftre Vitruue, qu'vne fcience, ou art accompagné & orné de plufieurs difciplines & diuerfes eruditions. De là il nous fault indubitablement penfer, qu'il
y a auiourd'huy peu de vrais Architectes, & que plufieurs qui
fen attribuent le nom, doibuent pluftoft eftre appellez maiftres maçons, qu'autrement. Car les vns fe font feulement
voulus exercer aux œuures manuelles, fans fe foucier de la cognoiffance des lettres & difciplines, qui a efté caufe qu'ils n'ont
tant fceu faire par leurs labeurs, qu'ils ayent acquis grande
reputation. Les autres tout au contraire fe font arreftez aux
lettres feules, & demonftrations Geometriques, fans les appliquer à l'œuure, qui a fait que feulement ils ont fuiuy l'vmbre
de ce beau corps d'Architecture, fans aucunement paruenir à
la vraye cognoiffance & vfage de l'art, ainfi que Vitruue a fort
bien difcouru au commencement de fon œuure. Ceux qui ont
voulu conioindre & accoupler l'vn auec l'autre, c'eft à dire les
lettres & difciplines auecques l'vfage & pratique de l'art, ou, fi
vous voulez, la theorique auecques ladicte pratique, ceux là,
dis-ie, comme gens bié garnis de toutes fortes d'armes & equi-
page, font incontinent paruenus à grande reputation & au bout
de leur attente. Ledit Vitruue defire que l'Architecte foit Rhe-
toricien, Philofophe, Arithmeticien, Geometrien, Aftrolo-
gue, Muficien, Peintre, Iurifconfulte, & Medecin, pour les
caufes que nous alleguerons au difcours du premier & prochain
liure. Quant à la pratique & traditions des legiftes, ie fuis d'aduis que l'Architecte mette peu de peine & temps à les fçauoir,
mefmes en ce Royaume, auquel il n'y a point faulte de treffa-
ges Iuges, aduocatz & procureurs. Quant aux medecins, leur
art eft lóg, & la vie de l'hóme fort briefue, ainfi que leur grand
maiftre & docteur Hippocrates a efcrit. Qui eft la caufe que
l'Architecte ne fy doit amufer. Ioinct auffi qu'auiourd'huy prefque tout le móde fe mefle d'exercer la medecine, au grand danger & intereft du bien publique. Laquelle chofe m'a faict plufieurs fois penfer à la felicité des anciens Romains, lefquelz M.
Caton a efcrit auoir efté fix cens ans fans medecins, mais non
fans medecines: car ils vfoient feulement de remedes & medi-

caments simples, prins & retirez de leurs iardins: ainsi que n'a- *L'Architecte*
gueres Antoine Mizauld Medecin & Mathematicié l'a fort bié *deuoir estre ac*
discouru, en son Iardin medicinal. Quoy que ce soit, ie louëray *compagné de*
l'Architecte estát accompagné des susdictes disciplines, & arts, *plusieurs disci*
qui luy ont esté proposez par Vitruue. Car lors indubitablement *plines, et arts.*
il fera & inuentera des œuures & ouurages qui surpasseront l'ar
tifice & engin des hommes, auecques vne grande reputation
de son honneur & contentemét de tous. Mais il se doit contenter d'en sçauoir autant qu'il luy en fault, pour autant qu'il luy
conuient apprédre plusieurs autres choses necessaires à son art,
comme la conduite & inuention des machines, sçauoir bien
commander aux hommes qui sont soubs luy (qui n'est peu de
chose) trouuer vne infinité de sortes d'engins, entendre l'vsage
& l'art de toutes façons d'œuures, à fin de prendre garde si les
ouuriers font bien ou mal, sçauoir la pratique & artifice de fortifier villes, chasteaux, & autres places de defense, conduire
riuieres, ou les retrencher, monstrer la maniere de couper bois
pour les charpenteries, tailler pierres pour la maçonnerie, &
ordonner vne infinité de choses qui gisent en grandes experiences, & s'apprénent auec longueur de temps. Ausquelles si l'homme n'est bien nay, & apte à les comprendre, comme aussi à droictement commander, iamais il n'en receura honneur. Ie diray
hardiment que celuy qui sçait dextrement commander, & próptement ordonner ce qui est requis, monstre par certain & euident signe qu'il entend tresbien son estat. Mais sil y songe & y
va comme vn aueugle tatonnant auecques longueur de temps à
se resouldre, outre ce qu'il est en danger de faire plusieurs fautes,
il sera cause que la despense de l'œuure en sera beaucoup plus
grande. Bref l'Architecture est vn art & science tresadmirable, *Architecture*
contenant & embrassant en soy autant de disciplines & artifices *estre vn art*
que les bastiments qu'elle monstre à construire contiennent & *tresadmirable*
reçoiuent en eux de matieres, membres & parties. Qui sont en *et composé de*
nombre, sept: sçauoir est, Murailles, sans lesquelles le bastiment *ses.*
ne peult estre, ne la seureté des habitans: Portes, pour y entrer:
Cheminées, pour le chauffer: Fenestres, pour y donner clarté:
L'aire & paué, pour le soustenir & cheminer: Plancher ou sont
les poutres & soliues, pour fermer & serrer les salles, chambres
& autres lieux, à fin d'y estre plus chaudement: & pour la derniere & septiesme partie, les Couuertures de charpenterie tuille, ou ardoise, pour couurir tout le logis & defendre les habitans contre les iniures de l'air & des larrons. Desdictes sept parties l'Architecture ne se peult aucunement ayder separément &

à part pour faire vn corps de logis & baftimēt parfaict: mais biē les agglutinant & accommodant enfemble felon l'efprit, inuention & ordonnance du docte Architecte, qui de plufieurs pieces & membres reprefente vn excellent & admirable ouurage deuant les yeux des hommes: Mais foubs telle condition, que fi vne des fufdictes matieres default, tout demeure imparfaict, illogeable & inutile, tant eft neceffaire l'harmonie, fymmetrie, confent & vnité de ces fept chofes pour la perfection & conferuation du baftimēt & logis. Il ne fault trouuer ce propos eftrange, touchant les fept chofes neceffaires pour la conftruction & conferuation d'vn corps de logis, vçu que ce grand Architecte de l'vniuers, Dieu tout puiffant, le nous a figuré & mōftré quād il a creé les fept eftoilles errātes appellées Planetres, cōme la matiere (fi ainfi fault parler) ou plus toft la forme de l'eftabliffemēt, perfection & conferuation du tant admirable baftimēt & theatre de ce mōde inferieur. De forte que fi l'vn des fufdicts planettes defailloit à la cōcurrēce de cefte occulte harmonie qui entretient en bonne concorde les elements difcords, le fufdit baftiment de ce petit monde feroit inhabitable & inutile. Parquoy non fans caufe Mercure Trifmegifte me femble auoir biē efcrit, que les fept planettes ont efté creéz & ordonnez de Dieu, comme fuftētateurs, recteurs, & gouuerneurs, apres luy, du monde inferieur & fenfible. Si vous me voulez permettre de difcourir vn peu d'auantage fur cefte matiere & propos des fept planettes, qui font comme fept principales parties du ciel, ou, fi vous voulez, comme fept colomnes qui fouftiennent & eftabliffent, apres Dieu, comme nous auons dit, l'eftat & vigueur de ce petit Royaume & vniuerfité du monde inferieur, ie diray que tous les Roys qui regnent & poffedent quelque Royaume ne le peuuent bien garder, ou long temps y dominer, fans la faueur & concurrence de l'unité, conionction, ayde, alliance, & confederation des fept parties ou planettes de ce grand & hault Royaume qu'on nomme le Ciel, foit par effect, participation, fimilitude, fignification, ou autrement. De forte que fi vne defdictes parties y māque & default (ainfi que n'a gueres nous parlions des parties d'vn baftiment) le corps & eftat du Royaume, quel qu'il foit, ne pourra auoir vigueur, ne durée lōgue. Comme quoy? fi l'agriculture, fignifiée & fauorifée par Saturne, luy default, commēt, ie vous prie, y pourront viure les fubiects du Roy, & luy payer tributs auecques les tailles & deuoirs en quoy ils font tenus? derechef, à quoy foccuperōt les ruftiques & gens de labeur fans agriculture? Si vn Royaume eft fans religion &

Belle Philofophie de l'eftat du monde inferieur, auec les fept planettes du ciel.

Saturne fignificateur du labourage, Iupiter de religiō & Iuftice, & Mars de gendarmerie & force.

Iuſtice, ſignifiez par Iupiter, cóme y pourront regner les Roys,
ou bien quel ſera l'eſtat dudict Royaume, ſinon vn brigandage
& voleric? ainſi qu'eſcrit ſainct Auguſtin. Oſtez la gendarmerie & les forces d'un Royaume, ſignifiez par Mars, en quelle aſſeurance ſera le Roy de ſes ſubiectz ou de ſes ennemis, comme
auſſi tout ſon Royaume? Si vn Roy eſt ſans amour, ſignifié &
conſcrué par Venus, & ſans aucune amitié, laquelle il doit à ſes
ſubiectz, & reciproquement les ſubiectz à luy, que ſera ſon royaume autre choſe que crainte & tyrannie, comme fut l'empire
de Neró? S'il n'y a amour mutuelle entre le mary & la femme, le
ſeigneur & le vaſſal, le maiſtre & le ſeruiteur, le Roy & ſon peuple, quelle fidelité trouuerez vous en l'eſtat de tel Royaume? De
rechef, ſi les lettres, la marchádiſe & traffique, ſignifiez par Mer
cure, ne ſexercent en vn Royaume, quelz y ſeront les habitans
& ſubiectz du Roy, ſinon rudes aſniers & brutaux, ſans aucune
humanité & diſcipline, ſans ſocieté & alliance auecques les nations voiſines & eſtrangeres, qui communiquent & ſe viſitent
par trafiques de marchandiſe & commerces, le tout au prouſit
du Royaume & honneur du Roy? S'il n'y a en vn Royaume mul
titude d'artiſants & mechaniques ſignifiez par la Lune, à quoy
ſoccupera ou comment y viura le menu peuple? S'il n'y a auſſi
multitude de gens repreſentée & auctoriſée de la Lune, quelz
ſubiectz ou vaſſaux y pourra auoir le Roy, ou de qui ſe pourra il
dire Roy? certes de bié peu de gens, ou de nuls. Reſte la ſeptieſme partie & colomne de l'eſtabliſſement & confirmatión d'vn
Royaume & maiſon Royale, ſçauoir eſt, honneur & maieſté,
qui doibuent eſtre conduicts & accompagnez des quatre vertus
cardinales, ainſi que le Soleil de ſes quatre triumphátz cheuaux.
Lequel eſtant au milieu des planettes, nous repreſente & figure
vn Roy qui doit eſtre logé au milieu de ſon Royaume; & entre
ſes ſubiectz, à fin de les voir tous à l'entóur de ſoy, comme les
laboureurs Saturniens, les iuſticiers & eccleſiaſtiques Iouiaux,
les gens d'armes Martiaux, les gens de lettres & de marchandiſe Mercuriaux, & le menu peuple Lunaire: eſtant le tout gou-
uerné & moderé auecques vne douceur & amour Venerique,
ceſt à dire chaſte, honneſte & vertueuſe (car les anciens ont fait
vne Venus pudique, & vne autre impudique) aſſociée de faueur,
liberalité, iuſtice, pieté, & manſuetude. Vous voiez par ce peu
de diſcours, comme les maiſons & citez (qui equipollent à vn pe
tit Royaume) ou, ſi vous voulez, le corps de l'eſtat œconomi-
que, & politique, eſt compoſé de pluſieurs membres & parties,
ainſi que le corps celeſte & humain: mais en telle ſorte, telle al-

*Venus ſignifi-
catrice d'a-
mour et ami-
tié, comme
Mercure des
lettres et mar-
chandiſe.*

*La Lune ſi-
gnificatrice
du menu
peuple.*

*Le Soleil ſigni
ficateur des
Roys, hóneur
& maieſté.*

*Belle compa-
raiſon d'vn
royaume, &
ſes parties, a-
uec le corps
humain.*

liance, ligature, harmonie & mesure, que l'une ne peult rié sans
l'ayde, confederation & concurrence de l'autre. Qui fait que
toutes estant bien vnies, rapportées, conioinctes & disposées
ensemble, rendent vn corps parfaict en toute symmetrie, proportió & harmonie, ainsi que plusieurs cordes aux instruments
de musique. Lesquelles bien temperées, proportionnées & ac-
cordées ensemblément, rendét vne parfaicte harmonie & gra-
cieux accord & consonáce, appellée des Grecs symphonie : qui
ne se recognoist & remarque quand vne chacune d'elles sonne à
part. Telle est l'harmonie des sept planettes du ciel, soubs diuer
ses qualitez, temperatures & resonances occultes, mais propor
tionnées ensemblément soubs vn certain symbole, sympathie
& harmonique influence, pour la generation & conseruation
des choses de ce monde inferieur. De sorte qu'il sy faict, d'vn
heptachorde, ainsi que disoit Socrates, vn monochorde, c'est à
dire d'vn instrumét de sept diuerses cordes (qui sont les sept planettes de diuerses qualitez) vn d'vne seule corde, qui est l'harmonie & consent de tous les sept en vn : comme sçauent ceux
qui ont versé en la diuine philosophie d'Orphée, Pythagoras, Platon, Aristote, & autres anciens. Et se peult aussi voir
en l'accord & consent des Elements concurrents à la generation & conseruation de tous corps, & de toutes choses de ce
monde inferieur & visible, soubs le regiment, conduicte &
agitation du reiglé mouuemét de tout le ciel. C'est ce que nous
pretendions monstrer ; sçauoir est que de plusieurs choses bien
proportionnées & proprement disposées il sen faict vne parfaicte, ainsi que nous auons exemplifié des sept matieres & parties
qui font vn beau corps de logis, quand elles sont bien appropriées, conioinctes & ordonnées. Semblablement des sept arts
& disciplines qui rendent l'Architecture parfaicte, & l'Archite
cte admirable. Mais, helas ! peu d'Architectes reçoiuent tant de
graces & faueurs de Dieu, de les pouuoir cognoistre & entédre,
ainsi qu'il luy plaist ouurir les sens & l'intelligence à vn chacun
pour luy donner cognoissance de ses œuures, & des proportionnées mesures, ie ne diray d'Architecture, mais aussi de toutes autres choses, lesquelles luy mesmes a ordonnées à la premiere
creation, soubs certaines mesures, pois & nombre, ainsi que
plus à plein nous le deduirons quelque iour (Dieu aydant) en no
stre Tome & œuure des Diuines proportions : ou nous conseil-
lerons à vn chacun de vouloir imiter les mesures & proportiós
lesquelles nous appellons diuines pour bonnes & iustes causes,
& par consequent dignes d'estre pluftost ensuiuies, que celles

De l'harmo-
nie & accord
mutuel des
sept planettes
pour la conser
uation du mō-
de inferieur,
comme aussi
des elements.

qui ont esté escrites, inuentées & faictes par les hommes, tant aux edifices antiques que modernes, ainsi qu'on les voit encores en diuers lieux. Car Dieu est le seul, le grand, & l'admirable Architecte, qui a ordonné & creé de sa seule parole toute la machine du monde tant celeste que elementaire & terrestre, auecques vn si grand ordre, vne si grāde mesure, & si admirables proportions, que l'esprit humain sans son ayde & inspiration ne les peult comprendre, & signamment l'architecture & fabrique du corps humain, ie ne diray en la composition & coagmentation de ses parties spirituelles, humides & solides (ainsi que les contemplent les medecins) mais bien en la grande harmonie & plusque admirable proportion & symmetrie qui est entre tous les membres & parties tant interieures que exterieures d'iceluy. Laquelle contemplent ou doiuent contempler & sçauoir les doctes & experts Architectes, à fin de l'accōmoder aux bastiments qu'ils entreprennent auecques vne diuine excellence, voire autre que celle qui vient des proportions communes & accoustumées : ainsi que (Dieu aydant) nous le deduirons bien par le menu, & demonstrerons familierement audit Tome & œuure, ou nous parlerons des sainctes & diuines mesures & proportiōs dónées de Dieu aux saincts peres du vieil testament : comme à son Patriarche Noé, pour fabriquer l'Arche contre le cataclysme & deluge : à Moyse, pour le Tabernacle de l'autel, des tables, des courtines, du paruis & autres : à Salomon, pour le Temple qu'il edifia en Ierusalem, & deux maisons qu'il feit, vne pour luy, & l'autre pour sa femme, fille de Pharaon. Il se voit cas semblable en Ezechias de l'hōme qui sapparut à luy, resemblant estre d'airain, & tenāt en vne main vne ficelle, & en l'autre vn roseau ou canne, portant les mesures & proportions lesquelles Dieu seul luy monstra pour restaurer & redifier le Temple de Ierusalem. I'en pourrois alleguer assez d'autres qui se trouuent dans l'Escripture saincte, n'estoit que ie serois trop prolixe. Veritablement telles proportions sont si diuines & admirables, que ie ne puis contenter mon esprit de les lire, relire, contempler, &, si ainsi ie dois dire, adorer, pour la grande maiesté & diuinité de celuy qui les a données & prononcées. O grande & insigne bōté de Dieu enuers les hommes! O magnifique & supernaturel Architecte, qui as tant voulu honnorer l'Architecture & fauoriser à l'Architecte, que luy enuoyer des hauts cieux, & prononcer de ta tresacreé bouche les vraies mesures & proportions desquelles il se doit ayder, non pour faire œuures qui approchent à celles des saincts peres du vieil testament, mais beaucoup plus excellentes

Dieu estre le grand & admirable Architecte du mōde vniuersel, lequel il a creé en toute perfection & mesure.

Des sainctes et diuines proportions données de Dieu aux peres de l'anciēne loy.

Les proportiōs d'Architecture estre venues du ciel, & de Dieu.

a iiij

que celles que les Architectes des Empereurs, Roys & Princes
ont iufques auiourd'huy côftruit. Certes ie ne me puis affez mer-
ueiller, comme tant de diuines mefures & proportiôs n'ont efté
cogneuës, obferuées, & pratiquées par les anciés, ou par aucuns
des modernes. Quant à moy, ie confeffe librement & franchement que les Palays, Chafteaux, Eglifes & maifons que i'ay par
mon ordonnance faict conftruire iufques à prefent,& font par la
grace de Dieu prifées & louées des hommes, ne me femblêt rien
(iaçoit que les proportiôs y foient gardées, felon l'art de la vraye
Architecture des hommes) quand ie les confere & compaffe a-
uecques les diuines proportions venues du ciel (ainfi que nous
auons dit) & celles qui font au corps de l'homme. De forte que
fi lefdicts edifices eftoient à r'edifier, ie leur donnerois bien autre
excellence & dignité, que celle que les hommes y trouuent auiourd'huy. Venant à conclufion, vous pouuez par ce petit nar-
ré colliger, comme la dignité, origine, & excellence d'Architecture eft venue de Dieu, & du ciel, fans en faire plus grand difcours ne m'arrefter à vn Dedalus (lequel on dit auoir efté auteur
& inuenteur des premieres loges & maifons faictes de charpenterie) ne auffi refpecter les oyfeaux, mouches à miel, limaçons,
tortues, & autres animaux tant grands que petits, aufquels natu
re a donné l'induftrie de fçauoir conftruire & baftir fort artificie-
lement des nids & loges, felon l'efpece & nature d'vn chacun,
pour la côferuation & perpetuatiô de leurs femblables.Ie ne m'a-
muferay auffi à la difinition & diuifion d'Architecture,ny au de-
nombrement des Empereurs, Roys, Princes, Papes, Euefques,
Abbez, Seigneurs & gentils hommes tant anciés que modernes, qui l'ont exercée & aymée, n'auffi aux louenges de ceux qui
en ont efcrit, pour autant que ce ne feroit que batre vn mefme
fer auecques plufieurs autres, c'eft à dire, vouloir traicter & efcrire ce que plufieurs autres ont dit & efcrit. Parquoy ie m'en de
porteray tout à propos. Voila doncques ce que prefentement ie
defirois vous propofer de l'excellence d'Architecture. Laquelle
eft tant proufitable & neceffaire au monde, que non feulement
les hommes, les biens de la terre, & le beftail, ne peuuét eftre cô-
modément logez, ne bien affeurez contre les iniures de l'air, du
feu, de l'eauë, des hômes & animaux, fans elle & fon ayde: auffi les Royaumes, villes, chafteaux & eglifes n'ont aucune decoration, & ne peuuent eftre conferuez fans fon moyen & ayde.
Mais deuant que faire la fin, ie prieray trefaffectionnément les
beneuoles Lecteurs me vouloir octroyer trois ou quatre requeftes fort fauorables. L'vne eft, que fils trouuent quelques chofes

*L'auteur a-
pres auoir co-
gneu les pro-
portions diui-
nes, defprife
celles qui font
inuentees par
les hommes.*

*l'architecture
auoir efté ay-
mée & exer-
cée de grands
Seigneurs.*

aux quottations marginales du prefent œuure, qui foient dictes à ma faueur, & comme fi ie les propofois, qu'il leur plaife attribuer cela au bō zele de quelque miē amy qui feſt voulu occuper à faire lefdictes quottations. La fecōde eſt, que ou il fe trouuera en tout le difcours du prefent œuure chofe qui foit mal couchée par efcrit, ou impropremēt vfurpée, foit en fens ou parolle,
qu'elle foit attribuée à la difficulté du fubiect, ou, fi vous voulez,
de la matiere propofée. Car(ainfi que Marc Manile efcrit à l'Em-
pereur Augufte de fes liures Aftronomiques) la chofe de foy difficile defire beaucoup plus eftre bien & fainemēt enfeignée, que
de langage fardé eftre richemēt parée. La troifiefme chofe laquelle ie requiers, fera, que fil fe prefente à noz figures quelques
traicts, nombres ou lettres qui ne refpondent à la defcription &
demonftration qui en eft faicte au texte, le vouloir imputer &
attribuer aux tailleurs defdictes figures, defquelz ie n'ay peu
iouyr ainfi que ie voulois. Et auffi qu'au temps de la taille i'eſtois
empefché & occupé au feruice des Maieftez : parquoy ie n'ay eu
toufiours fuffifant loyfir de pouuoir examiner & conferer lefdictes figures auecques les protraicts & defeings que i'en auois dō-
né. Le quatriefme & dernier fera, que ie protefte deuāt Dieu
n'entendre ny pretendre en tout ce difcours, de particulieremēt
toucher ou offenfer perfōne, quelle qu'elle foit. Tāt fen faut que
i'aye pēfé de vouloir noter ceux à qui ie defire faire toute ma vie
hōneur & treshūble feruice accōpagné de quelque bien & proufit pour la pofterité. Ie ne fais cefte proteftation fans caufe, car ie
fçay combien font malicieux les iours prefents, & les oreilles de
plufieurs chatouilleufes, comme auffi les iugements corrompus
& deprauez : de forte qu'ils eftiment, le plus fouuent, vn doux
miel eftre vn trefamer fiel. Les bōs & fages fçaurōt le tout fort
bien & fagement interpreter, & en faire leur proufit, moyennant la grace de Dieu : lequel ie fupplie treshumblement, beneuoles Lecteurs, vous vouloir maintenir en bonne & entiere
fanté, tout le temps de voftre vie.

Exeufes de
l'auteur fort
modeftes &
fauorables.

Des figures
du prefent œu-
ure, & des
tailleurs.

LE PREMIER LIVRE DE

L'ARCHITECTVRE DE PHILIBERT DE
L'ORME LYONNOIS, CONSEILLER ET
Aulmofnier ordinaire du Roy, & Abbé de S.
Eloy lez Noyon, & S. Serge lez Angiers,
& nagueres d'Iury.

PREFACE ACCOMPAGNEE DE SIN-
guliers aduertiſſements pour ceux qui legerement entreprennent de
baſtir ſans l'aduis & conſeil des doctes Architectes: & des faultes
qu'ils commettent, & inconuenients qui en aduiennent.

DEVANT qu'entrer bien auant en matiere
ie vous aduertiray, que depuis trête cinq ans
en ça, & plus, iay obſerué en diuerslieux, que
la meilleure partie de ceux qui ont faict, ou
voulu faire baſtiments, les ont auſſi ſoubdai-
nement commençez, que legerement en
auoient deliberé: dôt ſen eſt enſuiuy le plus
ſouuét repêtance & deriſion, qui touſiours
accôpagnét les mal aduiſez: de ſorte que tels
penſans bien entendre ce qu'ils vouloient faire, ont veu le contraire de ce qui ſe pouuoit & deuoit bien faire. Et ſi par fortune
ils demandoient à quelques vns l'aduis de leur deliberation &
entreprinſe, c'eſtoit à vn maiſtre Maçon, ou à vn maiſtre Charpentier, côme l'on a accouſtumé de faire, ou bié à quelque Peintre, quelque Notaire, & autres qui ſe diſent fort habiles, & le
plus ſouuent n'ont gueres meilleur iugement & côſeil que ceux
qui le leur demandent. Et qui pis eſt, ils ſarreſtent pour toutes
choſes à vn ſeul plan de l'œuure qu'on veult faire, eſtant figuré
par ledit maiſtre Maçon, ou bien par vn autre, qui y procedera cô
me il entend, & peult eſtre bien à l'auenture, ſe promettant toutesfois eſtre bien expert en l'art d'Architecture, & auoir reputation de quelque grâd Architecte, iaçoit qu'il ne ſache quel nom
eſt Architecte. Et ſi l'œuure eſt commencée ſoudainement, plus
ſoudainement pluſieurs veulét qu'elle ſoit faicte, auecques bien

L'auteur a-
uoir de long
temps faict ob
ſeruations en
l'Architectu-
re.

La façon de
faire de plu-
ſieurs qui deli-
berent baſtir.

peu de patience. Auſſi i'ay veu que toutes les œuures de ceux qui
ſont ainſi ſoubdains, n'eſtoient pas à moitié conduictes, qu'ils ſe

Repentance
accompagner
touſiours les
mal aduiſez.

repentoiēt beaucoup de fois, ſoit pour n'auoir bien tourné leurs
baſtiments (pour le peu de iugement qu'ils auoient) ou pour n'y
auoir fait quelque choſe d'auantage, ou pour auoir eſté trompez
des pris & marchez qu'ils auoient fait, ou pour autre incommodité que le temps leur faiſoit cognoiſtre, & les amis & ennemis
remarquer en deuiſant des baſtiments, ou les venant viſiter, ou
bien qu'ils n'eſtoient aſſez diſcrets pour pouuoir iuger de toutes
les opinions qu'on leur propoſoit. Et cóme ils auoient commencé fort legerement, plus legerement ils ſe repentoient, & encores plus facilement receuoient nouuelles faſcheries. Qui eſtoit
vne grande deriſion, grande faulte & grand vitupere pour eux,
& pour leur honneur. I'ay veu dauātage, que la plus part de ceux

Obſeruations
de l'auteur ſur
les entrepri-
ſes de baſtir.

qui ſont prompts à reprendre les œuures des autres, & en dire
leur aduis, depuis qu'ils voyent qu'on leur accorde quelque cho
ſe, ils preſument incontinent beaucoup d'eux, & ſe perſuadent
eſtre fort bien entendus, parquoy ils font eſtat de vouloir corriger, mais pas vn de tous ne ſçauroit conſeiller ce qu'il fault bien
faire, ne dire comment, ne monſtrer la raiſon pourquoy ils trou
uent à dire quelque choſe, ne comme il fault amender l'œuure.
Souuentesfois auſſi i'ay veu de grands perſonnages qui ſe ſont
trompez d'eux meſmes, pour autant que la plus part de ceux qui
ſont aupres d'eux, iamais ne leur veulent cōtredire, ains comme
deſirants de leur complaire, ou bien à faulte qu'ils ne l'entédent,
reſpondent incontinent tels mots, *C'eſt bien dict, Monſieur: c'eſt*
vne belle inuention, cela eſt fort biē trouué, & monſtrez bien que vous
auez tresbon entendement: iamais ne ſera veu vne telle œuure au mō-
de. mais les faſcheux, penſent tout le contraire, & en diſcourent
par derriere, peult eſtre, tout autrement. Voila cōment pluſieurs

Les ſeigneurs
voulās baſtir
ſe tromper, et
eſtre trōpez.

Seigneurs ſe trompent, & ſont contentez des leurs. Dictes moy,
ie vous prie, quād celuy qui fait baſtir voit qu'il eſt repris, & que
lon trouue tant de faultes aux œuures qu'il faict faire, n'a il pas
occaſion d'auoir grande faſcherie & ennuy en ſon eſprit, maudiſ
ſant quelque fois & les ouuriers & ouurages? S'il a ſentiment ne
doit il pas auoir peur d'eſtre mocqué des hómes, & encores eſtre
plus marry de ſon argēt qui eſt mal employé? certes ie cróy qu'il
ne ſçait à qui ſ'en prédre, ou à luy, ou à ſes ouuriers: n'entendāt
que ſil auoit vn procès pour dix liures de rente, il feroit plus de
deux & trois conſultations pour en auoir l'aduis des ſçauans: &
quād il veult deſpédre vingt ou tréte mille eſcus, plus ou moins,
ſe doit il fier à ſoymeſme, ou à vn maiſtre maçon, ſans ſonner la

trópette, c'eſt à dire, ſans demander l'aduis de pluſieurs ſages &
ſçauans en telles choſes? par le cóſeil deſquels ne luy aduiendroi-
ent telles repentances, & ne ſe feroient ſi grandes faultes ne ſi
enormes.A dire verité on doit craindre merueilleuſemét de faillir à vne grande entreprinſe, & ſignamment de baſtiments , leſquelz on voit touſiours durát la vie, & en reçoit on ou plaiſir ou
grand regret. Ie ne veux icy omettre, qu'on iuge l'entendement
du ſeigneur & la ſageſſe par les œuures qu'il faiét faire, & la prudence pour bien ſçauoir choiſir les hommes & donner bon ordre à tout, à fin que ce qu'il deſire ſoi. bien faiét . Il aduient auſſi
vne faülte treſenorme pour mal conſiderer ſon entreprinſe, laquelle bien ſouuent eſt ſi grande , & la deſpenſe ſi exceſſiue, que
le ſeigneur n'y peult ſatisfaire, & eſt cótraint que l'œuure demeu
re du tout imparfaiéte, ou bien long téps ſuſpendue & entrerom
pue: de ſorte qu'il eſt neceſſaire ou de vendre quelques terres,ou
bien les engager, & aller aux emprunts. Le tout par faulte d'y a-
uoir preueu en temps & precóſulté auec les doétes Architeétes.
Telles entreprinſes de baſtiméts ainſi legeremét faiétes & pour-
ſuiuies ſoubs eſpoir d'y pouuoir commodément loger , de ſy
maintenir en ſanté, y prendre plaiſir & le donner aux amis , en
auoir honneur, & eſtre tenu pour ſage & bié auiſé, tant ſen fault
qu'elles apportent qüelque reſiouiſſance aux ſeigneurs , qu'elles
ſont accompagnées de repentance tout le temps de la vie, auecques grand regret des exceſſiues deſpenſes . Qui faiét qu'au lieu
d'eſtre bien accommodez, ils ſe voiét fort diſcommodez, & mal
logez: & que pis eſt, la plus part du temps ennuyez & malades,
pour ne prendre aucun plaiſir en tels logis, n'auſſi le pouuoir don
ner à autruy . I'ay veu auſſi que aucuns pour demeurer trop de
temps à commencer de baſtir ne ſe pouuoient reſouldre, & demandoient l'opinion de pluſieurs, iuſques à leur commander fai
re force deſſeings & modelles, mais ils ne ſçauoient choiſir les
bons, ne le temps propre pour beſongner, ne moins les gens. De
ſorte qu'ils n'ont rié faiét en leur vie digne de memoire, ains ſont
morts,auecques leurs entreprinſes deſſeings & richeſſes,ſans laiſ
ſer aucun teſmoignage d'eúx, par quelque ſingulier edifice, au
proufit & commodité de leur poſterité. Il en y a aucuns qui rencontrent fort bien , ſoit pour leur bon entendement, ou par l'ayde des hommes experts,deſquels ils ont receu conſeil, & par leur
moien faiét faire quelque edifice qui ſe trouue plaiſant & agreable. Mais cela eſt ſouuent cauſe de leur ruine, ou des leurs pour le
moins. Principalement quand ils baſtiſſent d'autre ſorte que les
autres, & font plus grande deſpenſe que leur qualité ne requiert:

Conſultation & deliberation eſtre neceſſaires deuát que baſtir.

Vn chacun debuoir examiner ſa bourſe & ſes facultez deuát que baſtir.

Mal aduiſez eſtre touſiours en peine.

Eleétion de temps & de gens eſtre neceſſaire à ceux qui veulent baſtir.

b

Ainſi qu'on a veu aduenir par experience depuis vingt-cinq ou trente ans en ça, voire en ce pays de France & ailleurs. D'autres baſtiſſent ſi mal à propos que leurs maiſons ſe trouuent ſubiectes à pluſieurs accidents, dangers, & incommoditez, dont ils en reçoiuent deſplaiſir & faſcheries en diuerſes ſortes. Autres inconueniens aduiennent par faulte de bien pouruoir aux affaires, &

Le conſeil des doctes Archi tectes eſtre le vray fondement de bien baſtir.

demander l'aduis de ceux qui ſçauent l'Architecture & l'entendent. Veritablemét quand ie penſe aux entreprinſes faictes quelquesfois trop inconſiderément, & aux œuures de pluſieurs ainſi precipitées & mal conduictes, ie ne ſçay qu'en dire ny penſer. Conſiderant doncques tant d'incommoditez ſuruenir à la plus part de ceux qui baſtiſſent, & ſi grádes faultes ſe cómettre à l'Architecture, ie me ſuis bien voulu ingerer pour le grand deſir que

Les cauſes qui ont meu l'autheur d'eſcrire le preſent œuure d'Architecture.

i'ay de faire prouſit au bien public, & ſignamment à ma patrie, de mettre par eſcrit ce que i'ay cogneu de l'Architecture, tát par liures, que par l'experiéce que i'en ay eu en diuers lieux, & auſſi par diuerſes œuures que i'ay faict faire & códuit en mon temps. Leſquelles (Dieu aydát) i'allegueray cy apres auec leurs façons, ornements & meſures, ainſi que les choſes viendront à propos, & monſtreray d'auantage comme lon doit proceder deſormais pour ſe garder d'y faire faulte, tant qu'il ſera poſſible. Car ie ſçay que tous les hommes faillent, les vns plus, les autres moins, ainſi que les graces leur ſont données de Dieu le createur, lequel les bons & ſages ſçauront bien prier, à fin de pouuoir faire choſe qui ſoit à ſa gloire & hóneur, & au prouſit d'eux, & de leur poſterité.

*Certaines conſiderations & preuoyances, deſquelles doiuent vſer ceux qui deſirent faire baſtiments, à fin
qu'ils ne ſoient mocquez, & n'en reçoiuent
dómage auec deſplaiſir.* CHAP. I.

LE ſage entrepreneur ayant choiſi lieu & temps propre pour baſtir, ainſi que nous dirós cy apres, conſiderera premierement ſes forces & commoditez, puis quelle lignée & enfants il a, ou bien peuuent venir des ſiens, à fin que ſon entreprinſe ne ſoit cauſe d'inimitiez entre eux apres ſa

Quelles choſes doit preuoir et conſiderer celuy qui veult baſtir.

mort, & leur engendre diſſentions & proces, preſque touſiours accompagnez de ruine & deſtructió de maiſons, au lieu de bonne amitié & paiſible edification. S'il faict baſtir par neceſſité de logis, ou pour donner plaiſir à plus grand que luy, il fault qu'il conſidere, comme i'ay dict, ſes forces, & la deſpenſe qu'il veult

faire: semblablement qu'il regarde le temps qui peult aduenir, le
danger des guerres, & sur tout qu'il pense que beaucoup de personnes parleront de luy, & que par là on cognoistra son bon entendement, & s'il est digne d'entreprendre grandes charges. Il
fault aussi que le seigneur qui pretend de biē bastir, ne face rien,
comme nous auons dit, sans bon cōseil, par plusieurs raisons per-
tinentes, & entre autres, pour autant qu'il pourroit acquerir reputation d'estre leger, en quoy il feroit vne tresgrande playe à
son honneur. Il doit semblablement estre curieux d'entendre de
l'Architecte son desseing & entreprise, à fin que les œuures ne
se facent auec ignorance, & aucunes faultes ne s'y commettent:
car cela produict dommage & mocquerie trop cuisante. Les blasmes ou louenges, honneurs ou deshonneurs, communement accompagnent les grands bastiments & grandes œuures, & specia-
lement celles qui sont publiques. Ie adiousteray que ordinairement les personnes sont plus promptes à mesdire quād quelque
chose va mal, qu'en bien parler, & bien estimer le labeur, fust-il
en toute perfection. Si vous voulez lire le premier chapitre du
second liure de l'Architécture de Leō Baptiste Albert, vous verrez le sage conseil qu'il donne à ceux qui veulent bastir, lequel
s'adresse aussi bien aux seigneurs que aux Architectes. Doncques
apres auoir consideré tout ce qui est requis pour l'honneur, pour
le proufit, pour la santé & bien des habitants, comme aussi pour
leur contentement, si les logis sont pour les Roys ou Princes, il
fault regarder à leurs auctoritez, grandeurs & commoditez, à fin
de faire chose qui soit digne d'eux, & d'acquerir vne memoire &
renōmée immortelle. Mais il ne fault ausi oublier d'accommoder les logis pour tous ceux qui aurōt affaire auec eux, selō leurs
qualitez, à fin qu'ils en soient mieux seruis & aymez, & que lon
n'ēdure mal en leur faisant seruice, & estát à leur suitte, ou poursuitte de leurs affaires. Ainsi que ie le monstreray cy apres tant
aux maisons Royales, qui doiuent estre accompagnées pour ce
faict, de vestibules, peristyles, portiques, & autres choses, qu'aussi aux maisons des Princes, grās seigneurs, prelats, & semblables,
voire iusques aux marchands, bourgeois, gens de mestier & laboureurs, qui doiuēt tousiours cōsiderer ce qui est facile & possible à leur force & moiēs, selon la qualité d'vn chacun, à fin qu'ils
ne despendent tant, qu'il faille emprunter, & exposer dauantage
que leur reuenu ou traffique ne rapporte. Aussi que le marchand
ne rompē & laisse le train de sa marchandise pour bastir sa maison, car ce ne luy seroit sagesse, ains plustost temerité, indiscre-
tion, follie, & ruine tant de luy que des siens.

Ceux qui veulent bastir ne deuoir rien faire sans bon cōseil.

Bastiments estre accompagnez de blasmes ou louenges.

L'Architecte deuoir estudier à acquerir bon bruit et renommée.

Vn chacū deuoir mesurer ses forces & moiens, deuant que commencer à bastir.

b ij

*De l'estat & office de celuy qui veult faire bastir, comme aussi
de l'Architecte, & quelle assiette ou aspect doiuent auoir
les logis, & dequoy il les fault accompagner: semblablement de la nature des eaüs, & de
l'air.* CHAPITRE II.

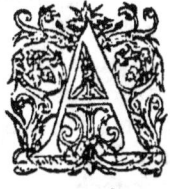

*Bon & sage
conseil pour
ceux qui veu-
lent bastir.*

Yant vn chacun ainsi mesuré ses forces, & consideré sagement ce qui luy pourroit aduenir, &
pourquoy il veut bastir, il appellera vn ou deux,
ou plus, des experts Architectes du pays, & leur
monstrera le lieu auquel il veult edifier, & pour
son proufit ne leur donnera aucune subiection
ne contrainte apres autres vieils bastiments : si ce n'estoit que
quelque fois on les veult faire seruir & sen ayder. Quoy faisant
on cognoist le gentil esprit de l'Architecte, pour sçauoir bien accommoder le vieil bastiment auecques le nouueau, soubs vne telle grace & dexterité, que tous les membres de la maison sy puissent trouuer bien à propos & sans aucune subiection. Qui n'est
pas peu de chose pour le seruice du seigneur, car il ne sçauroit re-
compenser l'Architecte du grand proufit qu'il luy faict en cela,
& peult faire ailleurs quand il entend bien ce qu'il ordonne. Le
seigneur doncques l'aduertira seulemét de ce qu'il veult despendre, & quel bastimét il desire auoir. Mais sur tout il ne fault rien
entreprendre qui soit par dessus l'opinion des hommes doctes,
n'aussi faire chose en quoy il faille combatre la nature du lieu, qui
a tant de force, qu'encores qu'on la contraigne par artifice & inuentions humaines, si est-ce qu'elle se faict tousiours faire place.
Doncques il faudra prendre garde que l'assiette de vostre bastiment ne soit en tel lieu, que quád les torrés ou riuieres viendrót
à croistre & se desborder, elles le puissent offenser, ou bien quelque rauine descendant des montaignes, par laquelle les riuieres
senflent & estant enflées se respandent & apportent grandes incommoditez. D'auantage il fault regarder, si l'impetuosité des
vents, ou d'aucun d'iceux, y peult causer quelque dommage, ou
engédrer maladies. Iene voudrois aucunemét bastir en la crouppe d'vne montaigne difficile & malaisée à móter, ny en vne cam-
pagne sterile & deserte, mais bien en vn lieu qui soit fertile &
habité, ayant ses elements bien à propos, & estant accompagné
de bonnes terres, bonnes eaüs, auec vn air libre & salubre tout
autour, sans aucun empeschement n'aucune subiectió de brouil-
lats extraordinaires, ou vapeurs immundes & contagieuses, s'il
est possible. Il n'y fault aussi omettre la commodité des bois pour

*Grande dex-
terité à l'Ar-
chitecte de sca-
uoir bien ac-
commoder les
vieux logis a-
uec les nou-
ueaux.*

*Les bastimés
deuoir estre
loing des tor-
rens & raui-
nes d'eaue, ou
subiection des
vents.*

baſtir & bruſler, au moins qu'ils n'en ſoient loing, à fin qu'il ne conuienne faire grands charrois. Fault d'auantage que le lieu & aſſiette ne ſoit incommode pour apporter les prouiſions conuenables & neceſſaires à la maiſon, ſoit par baſteau, charroy, voiture, ou autrement. Et que le terroir ne ſoit trop moitte & humide par ſuperabódance d'eaües, ne trop dur & ſec, par default d'icelles, ains moiennement temperé: ou ſil ne peult ainſi eſtre, aumoins que la region ſoit plus toſt peu froide & ſeiche, que trop chaude, ou trop humide, par ce que lon remedie bien au froit par bonnes murailles, bons feuz, veſtements, & autres moiens, mais non ſi facilement aux chaleurs intemperées. Noz auteurs d'Architecture diſent conformément auec les medecins, que la meilleure region & ſituation eſt celle qui ſe trouue temperée en chaleur mediocre & humidité, ou bié en approche: car elle produit de beaux & grands perſonnages, n'eſtáts comme point moleſtez de maladies, & viuants longuement. Sur tout il fault garder de ſenclorre entre deux montaignes, ou bien entre quelques fondrieres & vallées, ou ſengendrent de tres mauuaiſes vapeurs par les bouës & fanges qui y croupiſſent, & n'ont lieu de ſeuacuer & eſcouler: Autrement ſeroit ſe faire priſonnier, & ſaſſuiectir à la miſericorde des immundices, facherie du chemin, & autres incommoditez qui en peuuent ſuruenir. La meilleure ſituation & plus plaiſante, eſt vne petite colline, qui ne ſoit ne trop haute ne trop baſſe, & batue parfois de quelque douce haleine de vent ſuaue. Mais principalement il fault prendre garde à la bonté des eaües, car c'eſt choſe de bien grande importance pour la ſanté, veu qu'il en prouient pluſieurs maladies, meſmement quand leſdictes eaües ſont vicieuſes, comme grauelles, coliques, gouttes, groſſes gorges, oppilations, hydropiſies & autres: ainſi que vous pouuez voir au chapitre de la nature des eaües en Vitrue, & Leó Baptiſte, ſans y omettre les beaux diſcours qu'en font les medecins. Ce temps pendant ie vous declareray ce que i'ay cogneu, tant par experience que par liures, touchant leſdictes eaües. La bonne eaü, ainſi qu'enſeignent les Medecins, Philoſophes, & Architectes, ſera de treſgracieuſe ſaueur, n'aura aucun gouſt facheux, & repreſentera à l'œil vne belle couleur (iaçoit que proprement on ne luy en puiſſe aſſigner aucune) bref elle ſera eſtimée parfaicte ſi on la voit claire, pure & ſubtile, de ſorte qu'eſtant miſe ſur quelque linge blanc, elle n'y laiſſe aucune tache, & apres auoir bien toſt & incontinent bouillu, facilemét & plus toſt elle ſe refroidiſt, né laiſſant aucun limó en ſon vaiſſeau. Dauantage, elle n'engendre aucune mouſſe ou limon au canal

Beau diſcours & digne de noter ſur la cómodité & incómodité des lieux.

Lieux entre deux montagnes, ou vallées, mal propres pour baſtir.

Pluſieurs maladies prouenir des mauuaiſes eaues.

Choſes dignes de noter, et de grande importance, touchát les bónes eaues

par lequel elle paſſe, ſi c'eſt fontaine:& ne ſouille ou tache aucunement les cailloux ſur leſquels elle court, ſi c'eſt riuiere: ains ſy
monſtre touſiours belle, claire & fort legere. Voila les ſignes des
tresbonnes & ſalubres eauës, entre pluſieurs, ainſi que vous le
pouuez voir aux auteurs cy deſſus alleguez, & autres. Mais pour
reuenir au propos delaiſſé, ie dy qu'il conuient prédre garde, que
rien ne croiſſe à l'entour du lieu ou vous voulez baſtir, qui ſoit
corruptible, puant, & peſtilét. Quand la terre & l'eauë ont quelque vice en elles, cela ſe peult corriger par induſtrie: mais quand
l'air eſt vicié & corrompu, il eſt difficile par art humain le melio-
rer. Doncques l'air eſt vne des choſes que nous deuons le plus có
ſiderer: car ſil eſt pur & net, nous le ſentons eſtre merueilleuſement proufitable: au côtraire, ſil eſt infecté, ne ſe trouue rié qui
ſoit plus dangereux. Il le fault doncques bien choiſir veu qu'il
eſt tant requis pour la ſanté, nourriture & conſeruation de toutes creatures. C'eſt choſe veritable que les hommes qui viuent
en air ſerain & ſalubre, ſont de beaucoup meilleur eſprit, que
ceux qui croupiſſent ſoubs vn gros air n'eſtant eſuenté, & bien
peu agité. Il faudroit auſſi cognoiſtre ſi les hommes qui ſont au
 reſſort & lieu ou lon veult baſtir & demourer, ſouſtiennét longueur de vie, quelles ſont leurs couleurs, leurs meurs, leurs maladies, & autres accidents du corps. Pareillement quelles herbes proufitent au pays, tant pour les hommes que pour les beſtes, & ſi le foye des moutons & brebis y eſt ſain, car veritablement de telles choſes & ſemblables, on vient à la cognoiſſance
de la temperature ou intemperature, ſalubrité ou inſalubrité
de là region, aſſiette ou terroir, ou lon veult edifier. Quand vous
aurez conſideré ce que deſſus, & entendu le rapport des Sages,
des Philoſophes, & Medecins, qui cognoiſſent la nature des
lieux, de l'air, & des eauës, ainſi que Hippocrates en a faict vn
liure, lors vous penſerez à chercher vn Architecte tel que ie vous
le deſcriray cy apres, à fin de bien ordonner & conduire voſtre
baſtiment.

*Autres conſi-
deratiõs pour
la cognoiſſan-
ce d'vn pays
et lieu ſalubre*

*Le conſeil des
Medecins &
Philoſophes
eſtre prouſita-
ble à ceux qui
veulét baſtir.*

Qu'on doit choisir vn expert Architecte, & de quelles sciences
il doit estre accompagné, & que sa liberté doit estre
exempte de toute contrainte & subiection
d'esprit. CHAPITRE III.

Pres auoir aduerty ceux qui veulét edifier, quelles choses ils doiuent considerer & preuoir deuant que mettre la main en œuure, & aussi apres
leur auoir faict recognoistre la situation & assiette du lieu ou ils doiuent bastir, à fin qu'ils se sçachent garder des choses incommodes & sayder
des bonnes & commodes: consequemment ie les veux icy aduer
tir qu'ils doiuét choisir vn sage, docte, & expert Architecte, qui
ne soit du tout ignorant de la Philosophie, des Mathematiques,
n'aussi des histoires, pour rendre raison de ce qu'il faict, & cognoistre les causes, & progres d'vne chacune chose appartenant
à l'Architecture, & aussi qui entende la protraicture, pour faire
voir & donner à entendre à vn chacun par figures & deseings les
œuures qu'il aura à faire. Semblablement qui cognoisse la perspe
ctiue, tant pour faire ses protraicts, que pour sçauoir donner la
clarté aux edifices seló les regiós & naturel d'vne chacune partie
d'iceux. Aucuns ont dit qu'il doit aussi entédre la medecine, mais
ie ne trouue point que cela luy soit fort requis, cóme nous l'auós
discouru en l'epistre adressée aux Lecteurs: mais bien plustost
qu'il cognoisse aucunes regles de Philosophie naturelle, pour sça
uoir discerner la nature des lieux, les parties du móde, la qualité
des eauës, les regiós, assiettes & proprietez des vétz, la bonté des
bois, des sables, & le naturel des pierres, à fin de les faire tirer en
téps propre, & cognoistre celles qui sont bonnes à faire la chaux,
la tuille, & comme il fault mettre le tout en œuure. Il y en a aussi
qui disent estre necessaire que l'Architecte soit Iurisconsulte, ou
si vous voulez, qu'il sçache les loix, à cause qu'il aduient souuent
qu'en bastissant se peuuent mouuoir proces: mais cela à mon iugement ne luy est requis, quelque chose qu'en escriue Vitruue,
car il suffit qu'il entende les ordónances & coustumes des lieux
pour faire son rapport au Iuge, qui puis en ordóne selon les loix,
au proufit de ceux à qui il appartient. Aussi telle charge est plus
propre aux maistres maçós & officiers (comme sont les maistres
des œuures & maistres iurez des Roys & seigneurs) que à l'Architecte, qui a autre profession & beaucoup plus grande & ho-
norable, iaçoit qu'il en peult aussi parler quand il y est appellé.
Ledict Vitruue veult d'abondant, que l'Architecte soit Rhetori-

Briefue recol-
lectió des pre-
cedents chapi-
tres.

De quelles sci-
ences et disci-
plines doit
estre accópa-
gné le bon &
expert Archi-
tecte.

L'architecte
n'auoir que
faire des loix
& science du
Iurisconsulte.

Office des
maistres ma-
çons, & au-
tres officiers
iurez.

b iiij

cien, pour fçauoir bien deduire & r'apporter eloquemment fon
entreprinfe deuant les feigneurs,& gens qui le mettét en befon-
gne & l'employent. Ie fuis d'opinion auec Leon Baptifte Albert
que cela ne luy eft neceffaire, car il fuffit qu'il donne feulement
fon confeil, & monftre fa diligence n'aïuement, & dife ce qui
fera expedient pour paruenir à fon entreprinfe & intention. Cela eft la principale Rhetorique & eloquence d'vn Architecte.
Toutesfois quand il en fçauroit quelque chofe, il en auroit beaucoup meilleure grace pour bien deduire fon faict. Mais qu'il ne

*Eftre beau-
coup meilleur
de bien faire
que de bien
parler.*

luy aduienne ainfi qu'à plufieurs qui feftudiét plus à difcourir &
bien parler, qu'à bié faire & ordonner : laquelle chofe fert plus-
toft à furprendre les hommes, que bien entendre à leur faict. Plu
fieurs ne fçauent parler beaucoup, mais ils font fort ftudieux &
curieux de leur eftat,& trop plus à louër que ceux qui font grãds
parleurs & font longs difcours, auecques oftentations de beaux
protraicts & bien peincturez, mais leurs œuures ne font en rien
femblables. I'en voy & ay veu infinis qui ne fçauent rié dire,tou-
tesfois ils font merueilleufement heureux à bien faire ce qu'ils
entreprennent. I'en fçay d'autres qui font feulement nayz pour
vn faict, lequel ils cõduifent trop plus dextrement que ceux qui
y ont beaucoup plus eftudié qu'eux. Oyez Ptolomee fur ce propos au quatriefme Aphorifme de fon Centiloque ainfi efcriuant:
*Anima ad cognitionem apta, veri plus affequitur, quàm qui fupre-
mum in modum fe in fcientia exercuit:* L'ame apte & naye à la cognoiffance de quelque chofe, l'aura beaucoup plus facilement &
ayfément, que celuy qui n'y eft nay, iaçoit qu'il en aye la fcience
& fy foit exercé de toutes fes forces & pouuoir. Mais nous de-

*Le feigneur fe
doit enquerir
de la fuffifan-
ce & ouura-
ges de fon Ar
chitecte.*

laifferons ce difcours à fin de reuenir à noftre propos, qui eft que
le feigneur fe doit enquerir diligemment de la fuffifance de l'Architecte, & auffi entendre quelles font fes œuures, fa modeftie,
fon affeurance, preud'hommie, gouuernement, & bon heur en
fes entreprinfes. Semblablement fil eft nay pour bien conduire
vn œuure, fil eft fage,& fil a les parties qui font requifes à vn bon
Architecte. Cela eft de grande importance, car fil eft fol, glo-
rieux, fier,prefumptueux ou ignorant, il entreprendra vn grand
œuure auquel il ne pourra dignement fatisfaire, & confumera
en frais le feigneur, pour mal cõfiderer & preuoir les chofes ne-
ceffaires.Tels ne veulent communement eftre reprins, ne moins
remõftrez, & fopiniaftrent de tout faire à leur fantafie, en danger de commettre grandes faultes par leur temerité & precipi-
tee inconfideration. Il feroit tresbon que l'Architecte euft efté
nourry de ieuneffe en fon art, & qu'il euft eftudié aux fciences

(outre celles que nous auons dict) qui font requifes à l'Architecture, comme entédre bien l'Arithmetique, ie dy en fa pratique
& theorique: la Geometrie aufi en theorique, mais plus en
pratique, pour les traicts qui font le vray vfage d'icelle: pareillement l'Aftrologie, Philofophie & autres difciplines, comme i'ay
dict, & fur tout entendre bien la raifon des fymmetries, pour dóner les mefures & proportions à toutes chofes, foient faffades
des maifons, ou autres parties des baftiments, ainfi que nous le
monftrerons cy apres. Il fera aufi fort bon, qu'il ne foit du tout
ignorant de la theorique de Mufique, pour fçauoir reprefenter
l'Echo, & faire refonner & ouyr la parolle & voix, aufi bien de
loing que de pres. Qui eft chofe requife aux Temples & Eglifes
pour les predications qui fy font, & pfalmes ou autres chofes qui
fy chantent & proferent. Semblablement aux auditoires ou lon
plaide, aux theatres ou fe recitent & iouét comedies, tragedies,
hiftoires & femblables actes, à fin que ceux qui font loing puiffent aufi bien ouyr que ceux qui font pres. Le feigneur dócques
ayant rencontré vn Architecte accópaigné de tant belles fingu-
laritez, & fur tout d'une bonne ame, fen pourra affeurer, & luy
commettre hardiment fon œuure. Mais aufi il regardera qu'il ne
foit faché par les domeftiques ou parents de fa maifon, car veri-
rablement cela detourne beaucoup fes entreprinfes, inuentions
& difpofitions, comme ie l'ay veu par experiéce en diuers lieux.
De forte que le feigneur fe faict beaucoup plus de dommage en
cela, qu'il ne fçauroit penfer. Ie diray d'auantage que i'ay cogneu
bien fouuét que les feruiteurs ne veulent ce que les feigneurs defirent, & trouuent communement mauuais ce qui plaift aufdicts
feigneurs: comme aufi font les paréts, & mefmes la dame de la
maifon, eftant communement marrie de ce que fon mary entreprend, & grongnant contre celuy qu'il ayme, & à qui il porte fa
ueur: & autant en faict le mary enuers fa femme. Lefquelles cho
fes caufent beaucoup de troubles & empefchements qui rompent les grandes entreprinfes, fi les conducteurs, & mefmes les
feigneurs ne font fages. Il fault doncques eftre bié aduifé & prudent pour fe garder de tels inconueniens, & donner pouuoir &
liberté à l'Architecte de choifir les maiftres maçons & ouuriers
telz que bon luy femblera, à fin qu'ils luy foient obeiffants: autrement fils ne le reuerent, & ne veulent faire fon commandement, l'œuure ne fe pourra iamais bien códuire, & en aduiendra
grand dommage au feigneur.

Arithmeti-
que & Geo-
metrie eftre
neceffaires à
l'Architecte.

Que l'Archi-
tecte ne doit
eftre faché par
les parents &
domeftiques
du Seigneur.

La liberté
qu'on doit don
ner à vn Ar-
chitecte.

Pour quelles perſonnes ſe doit employer l'Architecte, &
comme il ſe doit garder d'eſtre trompé ou empeſché à
ſes entreprinſes. CHAPITRE IIII.

'AY monſtré au ſeigneur comme il doit eſlire vn
ſage & ſçauant Architecte, ie voudrois auſſi conſeiller au nouueau Architecte comme il ſe doit
conduire & conſeruer enuers ledit ſeigneur, à fin
de luy paracheuer proprement & diligemment
ſes œuures. Ie ne ſuis d'aduis en premier lieu, qu'il
ſe preſente & offre à tous ceux qui veulent baſtir, ſi ce n'eſt à
grands ſeigneurs pour leur donner conſeil ou faire quelques deuis & protraictz, quand il en eſt requis ou prié, mais non pour

L'Architecte prendre la totale charge de l'œuure, comme n'y pouuant ſatiſfai-
ne deuoir prē- re, pour les grands labeurs & grandes cogitations que vne cha-
dre la totale cune choſe requiert. Fault doncques qu'il attende que ceux qui
charge de l'œu- voudront vſer de ſon conſeil l'appellent, & ſe fient totalement
ure. en luy, autrement il n'auroit que faire de communiquer ſes belles inuentions ſans en eſtre requis, car elles luy pourroient reuenir à mocquerie & ſans proufit. C'eſt vn vray acte de ſageſſe à
l'Architecte ſçauoir bien entretenir ſa reputation & donner bon
conſeil & fidele, auec exhibition de protraictz, modelles & deuis proportionnez de leur meſure & parfaicte ſymmetrie, à fin
qu'on cognoiſſe qu'il y procede en vray homme de bien, & qu'il
eſt treſdocte en ſon art. Auſſi ie luy conſeille de choiſir Roys,
Princes, Seigneurs, Prelatz, ou Gouuerneurs de peuple & pro-
uinces, qui ſoient liberaux, quand ce ſont grandes entreprinſes,
& encores pour hommes mediocres, pourueu qu'ils ayent bon

Quelles gens entendement & bon iugement des œuures qu'on faict ; & qu'ils
doit choiſir prennent plaiſir à ce qui ſera bié, auec ſaine cognoiſſance de tout
l'Architecte ſil eſt poſſible. A tels fault faire choſe digne d'eux, car ils ne má-
en grādes en- queront à donner bonne recompéſe, & ne ſeront iamais ingrats
treprinſes. enuers les vertueux, pour leur liberalité & honneſteté. Qui plus
eſt, ils eſtimeront non ſeulement les œuures, mais auſſi ayme-
ront l'Architecte, & luy feront beaucoup de biens. Il y a des ſeigneurs, comme i'ay cognu, qui ayment & reuerent l'Architecte, & eſtiment beaucoup les œuures qu'il códuit pour eux, mais
par ie ne ſçay quelle ialouſie, ou crainte qu'ils ont de le perdre,
iamais ne luy font bien, que le plus tard qu'ils peuuent, & de cela ſort vne grande hayne à la fin. Car volūtiers les grands haiſ-
ſent touſiours celuy de qui ils ont tiré ſeruice, ſils ne luy ont faict
du bien, & ſe fachent quand ils le voyent (principalemēt quand

ils n'en ont plus affaire) comme si c'estoit vn crediteur qui impor
tune pour luy estre satisfait. Et au contraire sils vous ont faict
beaucoup de biens, plus ils vous commandent, plus se fient en
vous, & plus vous chargét & rechargét, cóme on le voit tous les
iours. De sorte que si on vous ayme, iamais on ne cesse de vous
cómáder, & dóner infinité de charges & recharges pour la fian-
ce qu'on a en vous, & grande diligence dont vous vsez. Qui faict
que pour la crainte qu'on a de faillir, & le vouloir de satisfaire à
tout, on prend tant de peine qu'on se tue & consume. I'ay con-
gneu qu'auoir trop grand credit auec les grands, est autant grand
mal que n'en auoir point, à cause des enuies: mais se sçauoir maintenir auecques vne mediocrité autour d'eux, est vne grandissime louenge & sagesse. Il suffit doncques estre homme de bien, &
monstrer que lon faict droictement & vertueusement son deuoir. Souuentesfois on a veu qu'aux riches maisons, la femme,
les enfants, les parents & seruiteurs en veulent à l'Architecte, &
ne sçauent pourquoy, sinó qu'ils ont peur que la marmitte se diminue, & que lon ne face si grande despense qu'on a accoustumé, pour le soing que le seigneur a de despendre, à fin de faire de-
pescher tous ses bastiments. Il peut aussi estre que pour lors lesdicts parents & seruiteurs ne peuuent pas tant praticquer qu'ils
voudroient, & sont regardez de plus pres pour l'espargne que
fault faire. Cela aduient souuent à ceux qui font grandes entreprinses, & pour ceste cause retrenchent leurs despenses super-
flues, lesquelles ils ayment beaucoup mieux employer à leurs ba
stiments, qu'à nourrir l'oysiueté de plusieurs, qui ne seruét qu'à
regarder & bien souuent reprendre la vie de leurs maistres. Pour
reuenir à nostre propos, l'Architecte donnera ordre de ne facher
personne, n'aussi d'estre faché d'aucuns, pour autant qu'estant
trauaillé d'autruy, iamais il ne peult rien faire ne ordonner qui
soit à propos. De sen vouloir pleindre au seigneur chacune fois,
ne seroit iamais faict, & de là se pourroit engendrer telle querel-
le, qu'on seroit contraint de laisser l'entreprinse, qui causeroit vn
grand mal pour le seigneur, & l'Architecte aussi: car on l'estime-
roit estre indiscret, leger & indigne d'auoir charge. Ie sçay par
moy combien en telles choses on endure de facheries, ie dy autant grandes qu'il est impossible de croire. Mais il fault prendre
patience, & ne faire semblát de le cognoistre. Ie vous aduise que
le plus du dommage en reuiét tousiours au seigneur & à ses œuures, pour autant qu'on se reculle desdictes œuures, & y reuient
on le plus tard qu'on peult. Et qui pis est, au retour on trouue
beaucoup de faultes que les ouuriers ont faictes, & beaucoup

Beau discours & plus que veritable.

Raisons pourquoy les parents & domestiques en veulent souuent à l'Architecte.

Querelles en bastissát estre dómageables au seigneur.

d'inuentions omifes, lefquelles ce temps pendant on euft pratiquées au grand contentement du feigneur. Le chafteau d'Annet
& plufieurs autres s'en pourroient iuftement plaindre, auquel fi
on ne m'euft tât trauaillé qu'on a faict, i'euffe excogité beaucoup
de plus belles œuures qu'il n'y a: & croy que la Dame iamais n'en
fceut rien, ou bien elle faifoit femblant de ne le fçauoir, & moy
encores moins.

L'Architecte ne deuoir manier l'argent de fes entreprinfes, ne fe rendre comptable.   CHAPITRE V.

Vltre les chofes fufdictes, il fault que l'Architecte defirant auoir l'efprit libre, & fe voulant garder d'eftre outragé & calomnié, ne manie iamais
autre argent que le fien, & ne foit comptable à
perfonne du monde : comme i'ay toufiours voulu faire, & m'en fuis bié trouué. Fault d'auantage
L'Architecte ne doit prédre prefents des ouuriers. qu'il ne préne iamais prefents, ne chofe que ce foit, des ouuriers,
à fin qu'il aye liberté de les tenfer & reprédre quand ils font faul-
te, & les chaffer de l'œuure, s'il eft de befoing: quoy faifant, ils ne
luy pourrôt rié reprocher. Il fera auffi tresbó qu'il n'ordóne point
les deniers, s'il eft poffible, & ne face les marchez des œuures. Tou
tesfois pource qu'il peult mieux entendre que tous autres les façons & la quantité de l'œuure, auecques leurs valeurs, ie fuis bié
d'aduis qu'il en die fon opinion fidelement, & encores qu'il ayde à ceux qui font commis pour faire les marchez, & qu'il prenne garde au Treforier, Contreroleur, & autres qui diftribuent
Bós enfeigne- méts à l'Ar- chitecte & di- gnes de noter. les deniers, à fin de fçauoir cóme ils les employent, de peur qu'ils
ne luy facent receuoir vne honte, en donnant entendre aux fei-
gneurs & autres que l'Architecte faict vne trop grande defpenfe, & qu'il adhere par trop aux ouuriers, & expofe beaucoup
plus qu'il ne doit : & auffi à fin qu'ils ne luy perfuadét que ce qui
ne coufte que mille efcus, en coufte deux mille. Telz officiers
qui maniét les deniers des feigneurs, pour en farcir leurs bouges,
& les pratiquer en diuerfes fortes, trouuent plufieurs mauuaifes
inuentions, pour couurir leur auarice, tant fur les voitures qu'autres matieres, & rançonnent les ouuriers, de forte qu'il leur en
fault donner pour eftre payez, qui eft caufe que les ouurages en
couftent beaucoup plus. Voila comme bien fouuent ils remettent toute la faulte fur l'Architecte, & difent qu'il eft mauuais
mefnager pour l'œuure qui coufte tant, foubs vmbre d'infinies
defpenfes & collufions qui fe font extraordinairement par eux,
& font

& font reiectées toutes fur les baftiments: ainfi que ie l'ay veu fai
re, qui eft au deshonneur de l'Architecte, mefmes quãd l'œuure
coufte plus qu'il ne conuiét. Car il ne luy doit eftre affez de bien
accommoder toutes chofes, fçauoir donner toutes mefures, &
fymmetries bien ordonnées, & proprement difpofer le tout, s'il
ne monftre par effect qu'il eft bon mefnager, & qu'il entéd bien *L'Architecte*
la valeur & pris des œuures: à fin que le feigneur ne foit trompé, *deuoir prédre*
& que l'œuure ne coufte plus qu'il n'appartiét, & auffi que outre *garde que le*
l'honneur qu'il en receura, il en ayt digne recompenfe. Par ainfi *feigneur ne*
il doit prendre garde à tout, auecques vne grande modeftie & *foit trompé.*
prudence. Mais pour obuier à tant de peines, il doit auffi choifir
vn bõ & fage feigneur qui le fouftiéne, qui le garde des enuieux,
& qui l'ayme & conferue: vous aduifant que s'il faict autrement,
iamais ne fera faicte chofe digne de grande louenge. Ie fçay trefbien cela par experience: de forte que iamais homme n'a tant enduré que ie penfe auoir faict, & principalement aux inuentions *Inuétions nou*
nouuelles, ou les enuies font fi grandes, qu'il femble que toutes *uelles eftre*
chofes doiuent nuire à l'inuenteur, s'il n'eft fort vertueux & con- *fubiectes à en-*
ftant pour y refifter. Il fault auffi que l'Architecte foit fidele à fon *uie & calom-*
feigneur, & qu'il face les œuures, comme fi elles eftoient pour *nie.*
luy mefmes, donnãt à cognoiftre par efpreue fa fidelité en tout
ce qu'il fera entieremét, à fin qu'il ayt la feule charge, & le credit de faire ce qu'il voudra. Car s'il a vn compagnon ou autre qui
l'obferue, ou qui fe vueille mefler d'ordóner, il ne fçaura iamais
rien faire qui vaille. Ie l'ay veu & experimenté au chafteau d'An *Le chafteau*
net, auquel lieu pour me laiffer faire ce que i'ay voulu en códui- *d'Annet con-*
fant le baftiment neuf, ie luy ay proprement accommodé la mai *ftruit par l'or-*
fon vieille, qui eftoit chofe autãt difficile & facheufe qu'il eft im- *donnance de*
poffible d'excogiter. Bref i'ay faict ce qui m'a femblé bon, & de *l'auteur.*
telle forte & telle difpofition que i'en laiffe le iugemét à tous bõs
efprits qui auront veu le lieu, & entédu la fubiection & contrain
te qui fy prefentoit à caufe des vieils baftiments. Et n'euffent efté
les grandes enuies & haines que m'en portoient les domeftiques
& autres, lon y eut faict encor' des œuures trop plus excellentes
& plus admirables que celles qu'on y voit. s'il y a quelque chofe
finguliere & rare, louenge en foit à Dieu. Pour conclufion Mef- *Aduertiffe-*
feigneurs & amys qui defirez faire edifices, & vous qui defirez *ment de l'au-*
faire profeffion d'Architecture, ie vous prie de vouloir bien en- *teur en forme*
tendre, retenir & pratiquer le prefent difcours, & vous aperce- *de cõclufion.*
urez le fruict, accompagné de plaifir, qui vous en reuiendra &
aux voftres.

c

Que l'Architecte doit auoir cognoissance des quatre parties du monde, & des vents qui en procedent, à fin de bien planter son logis, & l'accommoder à la santé des habitans, & reserue des prouisions de la maison. CHAPITRE VI.

Onduisant quasi par la main nostre Architecte à la cognoissance des choses qui luy sont necessaires de preuoir & sçauoir deuant que commencer ses œuures, ie ne veux oublier de l'aduertir qu'il a entre autres choses grand besoing de la cognoissance des quatre angles ou parties du mõde, pour bien planter & salubrement asseoir son bastiment, & accommoder ses ouuertures, c'est à dire les portes, fenestres, & souspiraux des caues bien à propos. Lesdictes parties, ainsi que plus amplement nous le deduirons cy apres, sont Orient, Occident, Midy, & Septentrion. Il prendra doncques garde, si entre Orient, & le lieu ou il veult bastir se trouue riuiere limonneuse, paluz, ou marescage: car seroit chose fort mauuaise si la maison estant bastie, les regardoit, pour autant que quand le Soleil se leue, il reiecte & repoulse contre ladicte maison, de grosses & puantes vapeurs espuisées de telles eaüs crouppies qui sont fort dãgereuses pour les bestes venimeuses qui y habitẽt tousiours accõpagnées d'exhalation pestilente, qui donne facilement dedans la maison, & offense incontinent les habitans. Lors il fault sçauoir tourner ladicte maison, ou bien la mettre plus hault, ou plus bas, ou à costé pour euiter telles incommoditez. Et fault, s'il est possible, qu'entre l'Orient & le bastiment n'y ayt que terre seiche, ou petites collines, ou prairies, & point de riuiere, si ce n'est qu'elle ayt son cours à trauers. Il fault aussi diligemment prendre garde à vne chose qui est la pire de toutes, ainsi que i'ay cogneu par plusieurs expériéces, & principalement en France: c'est que les maisons qui sont situées en la crouppe d'une montaigne, ou en vne vallée qui regarde entierement l'Occident, & ont l'Orient & Septentrion couuerts & empeschez, communement sont mal saines: ce que ie dy pour en auoir veu infinies situées en lieux semblables, & soubs tel aspect, ausquelles on ne pouuoit demourer sans estre malade, & offensé en la santé, voire bien souuent iusques à la mort. Les parties de Midy en aucuns lieux sont salubres, aux autres insalubres & fort mauuaises, comme en aucuns lieux de la Prouence, de Languedoc, d'Italie, & ailleurs. Celles de Septentrion sont tresbonnes en ce pays, & necessaires pour la

Les bastimẽts ne deuoir estre ouuerts contre lieux aquatiques.

Quelles sont les situations des maisons mal saines.

conferuation des corps & de beaucoup de chofes qui font requifes pour la vie des hômes. Voila quant à la generalité: mais pour
plus particulierement en philofopher, & parler pour l'vfage de
noftre Architecture, il ne fault auoir feulement la cognoiffance
des fufdictes parties & angles du monde, mais auffi des vêts qui
nous en font enuoyez, foient principaux & cardinaux, ou bien
foubprincipaux & collateraux (ainfi qu'on les appelle) qui nous
peuuêt ayder ou offenfer, felon le lieu & nature d'vn chacun:par
autant qu'ils alterent l'air, l'air les humeurs des corps & efprits
auec le fang, & par confequent la fanté, fi ledit air n'eft cor-
rigé ou empefché par fon contraire. Comme quoy? fil regne vn
vent chaud, ainfi qu'en efté, il conuient changer la chambre &
habitation chaude, ou, fi vous voulez, eftiuale, en celle qui fera
froide & hybernale, & la froide, en chaude. Ainfi que nous en-
feignent faire les arondelles & grues, lefquelles nous voyons
fe retirer de nous, & laiffer noz pays froids, quâd l'hyuer fappro-
che, & fe retirer vers ceux qui font chauds: de rechef quand il
y faict froid, reuenir à nous. Ie ne fuis d'auis que nous omettions
icy ce que Vitruue efcrit du prouffit & vtilité qu'on reçoit de la
bonne fituation d'un logis pour la conferuation & recouuremêt
de la fanté de ceux qui y font malades. Car il veult que ceux qui
feront affligez de fieures ardêtes & chaudes foiêt logez aux parties Septentrionales & chambres froides, & ceux qui aurôt maladies froides,humides & catarreufes,habitent aux parties meridionales, ou font les chambres chaudes, & ainfi des autres. Il eft
doncques tresbon & fort expedient à l'Architecte de cognoiftre
les contrées & regiôs des vents, auecques leurs qualitez & temperatures, à fin de fen fçauoir bien ayder, felon ce que nous en
propoferons cy apres. Et notez ie vous prie,que cecy ne feruira
feulement pour la fanté des habitans, mais auffi pour la conferuation des biens & viures de la maifon. Qui me faict dire hardiment, que la cognoiffance des vents eft de plus g.âde importance & confequence qu'on ne pourroit penfer. De forte qu'il vaudroit trop mieux à l'Architecte, felon mon aduis, faillir aux ornements des colomnes, aux mefures & faffades(ou tous qui font
profeffion de baftir feftudient le plus) qu'en ces belles reigles de
nature, qui concernent la commodité, l'ufage, & prouffit des habitans, & non la decoration, beauté, ou enrichiffemêt des logis,
faictz feulement pour le contentement des yeux, fans apporter
aucun fruict à la fanté & vie des hommes. Ne voit on point, ie
vous prie, qu'à faulte d'auoir bien approprié, tourné & accommodé vn logis, il rend les habitants triftes, maladifs, defplaifants,

Nature des a rondelles & grues digne de noter: auec-ques vn bel enfeignement de Vitruue.

Les reigles de nature paffer les enrichiffe-ments d'Ar-chitecture.

c ij

& accompagnez de toutes disgraces & incommoditez? desquelles on ne peult le plus souuent rendre raison, ne moins sçauoir d'ou elles viennent. Il ne fut doncques iamais mal dict, qu'il est permis à plusieurs de donner de beaux ornemēts à vn logis: mais le sçauoir bien dresser & commodément tourner, c'est œuure & industrie de peu d'Architectes. Pour dōcques obuier à telles necessitez, nous donnerons cy apres, Dieu aydant, claire intelligence, non seulemēt de la temperature & naturel du lieu auquel on veult bastir, mais aussi des quatre parties du monde, & de leurs vents domestiques, tant principaux que moitoïants, ou, si vous voulez, collateraux, auecques les natures & temperatures des chambres & lieux qui les regardent.

Ordre, lieu, & qualité des huict vents, qui nous sont familiers, & comme l'Architecte sen doit ayder.
CHAPITRE VII.

Ous auons dit nagueres que les quatre parties du monde sont Orient, Occident, Midy, & Septentriō. Oriēt est le lieu ou se leue le Soleil au temps des deux Equinocces, peu deuant la my Mars, & my Septembre: Occident, ou il se couche audit temps: Midy, ou il est au milieu de son cours, c'est à dire entre son leuer & coucher, qui faict le iour artificiel. Septentrion est le poinct & partie opposite de Midy, ou le Soleil ne paruient iamais. De ces quatre parties principales du monde soufflent directement quatre vents nommez principaux ou cardinaux, sçauoir est du poinct d'Orient, Subsolanus, marqué en la figure ensuiuant par A, duquel la qualité & nature est chaude & seiche: d'Occident vente Fauonius, noté par C, sa qualité estant froide & humide: de Midy, Auster, signé B, ayāt nature & qualité humide & chaude: & de Septentrion Boreas, marqué D. duquel la qualité est froide & seiche. Voila quant aux quatre parties & angles du monde, auecques leurs propres vents domestiques. Il fault consequemment noter, que les anciens ont encores diuisé egalement en quatre vne chacune espace qui est entre les susdicts vents principaux, & donné à vne chacune de superabondant vn vent propre. Parquoy entre Subsolanus & Auster, c'est à dire entre Orient & Midy, ou, si vous voulez, entre A & B egalement, ils ont situé le vent appellé Eurus, marqué par E, entre Midy & Occidēt, Africus noté par F. entre Occident & Septentrion, Caurus signé par G. & entre Septentrion & Orient

Les nōs, lieux & qualitez des quatre vents principaux.

Excuse de l'auteur touchant le nō des vēts.

Aquilo, marqué par H. Si nous ne donnons en Fráçois les noms des vents, c'eft pour autant qu'ils n'y ont encores efté propremét & generalemét fpecifiez, au moins que ie fçache: iaçoit que vne chacune nation & prouince les defigne & nóme à fa mode. Mais voirement pour appliquer à noftre Architecture ce que iufques icy nous auons efcrit, il fault noter que les lieux & chambres qui declineront du vray Orient bien peu vers Septentrion, & feront ouuertes contre telle partie du mondé, elles ferót toufiours fraiches pour l'efté: celles du cofté de Midy, chaudes pour l'hyuer. De la partie Occidentale, exceffiuemét chaudes, & fort propres à faire cuifines, buáderies, eftuues, poifles, & baigneries. Vers Septentrion les lieux feront trefaptes pour faire cryptoportiques, galleries, bibliotheques, greniers, & caues. Il fault ainfi iuger des autres membres, & parties dü baftiment, lefquelles on pourra tourner & accommoder vers le lieu & vent qui leur fera propre, felon la fituation de la place ou lon voudra baftir. L'étreé du baftiment ou logis fera propre au droit du vent, lequel nous auons nommé Caurus, egalement fitué entre le Septentrion & Occident, ainfi que nous auons dict, & le pouuez voir par la figure enfuyuante. Car vne partie du lieu d'ou procede ledict vent eftát chaude, & l'autre froide, temperera la faffade de la maifon. La partie regardant le vent nommé Africus, entre Occident & Midy, eft propre à conftruire chambres & lieux contre l'iniure du froid, pour l'afpect & ouuerture qu'elles auront contre la partie chaude du monde. Et telles font ou doiuent eftre les ouuertures & afpects des falles pour fe trouuer temperées. Entre l'efpace de Subfolanus & Boreas, ou, fi vous voulez, entre Orient & Septentrion, ou nous auons fitué le vent Aquilo, font les vrayes habitatiós d'efté, pour eftre fraiches, à caufe du regard qu'elles ont vers les parties froides, qui refiftent auffi à corruption & putrefactió. Parquoy elles font fort bonnes, & propres pour garder bledz, huiles, vins, fruicts, grains, lards, & chofes femblables pour la prouifion de la maifon. Vous voyez par ce peu de difcours combien eft neceffaire & proufitable à vn docte & expert Architecte la cognoiffance des quatre parties du monde, & de leurs vents. Laquelle les anciens auteurs d'agriculture & medecine ont tant eftimée, qu'ils y ont r'apporté, ie ne diray l'affiette des terres pour les vignes, bleds, boys, & femblables, mais auffi la meilleure partie de la fanté & cóferuation des hommes, beftail, & prouifions domeftiques, ainfi que vous en pourrez iuger, fi vous lifez les liures ruftiques de M. Caton, M. Varron, Virgile, Columelle, Pline, Pallade, & autres. Et des medé-

Application des vents collateraux & entremoiens aux parties des baftiméts.

Chofes fort dignes de noter, pour bien difpofer toutes les parties d'vn logis.

cins le liure de ce grand & incomparable Hippocrates, lequel
il a intitulé, Des lieux, de l'air, & des eauës. Bref ce qu'en ont escrit presque tous les medecins, cóme aussi les philosophes, poë-
tes, & Architectes. Lesquels ie vous propose pour les voir, à fin
que ie continue & poursuiue le fil de nostre entreprinse.

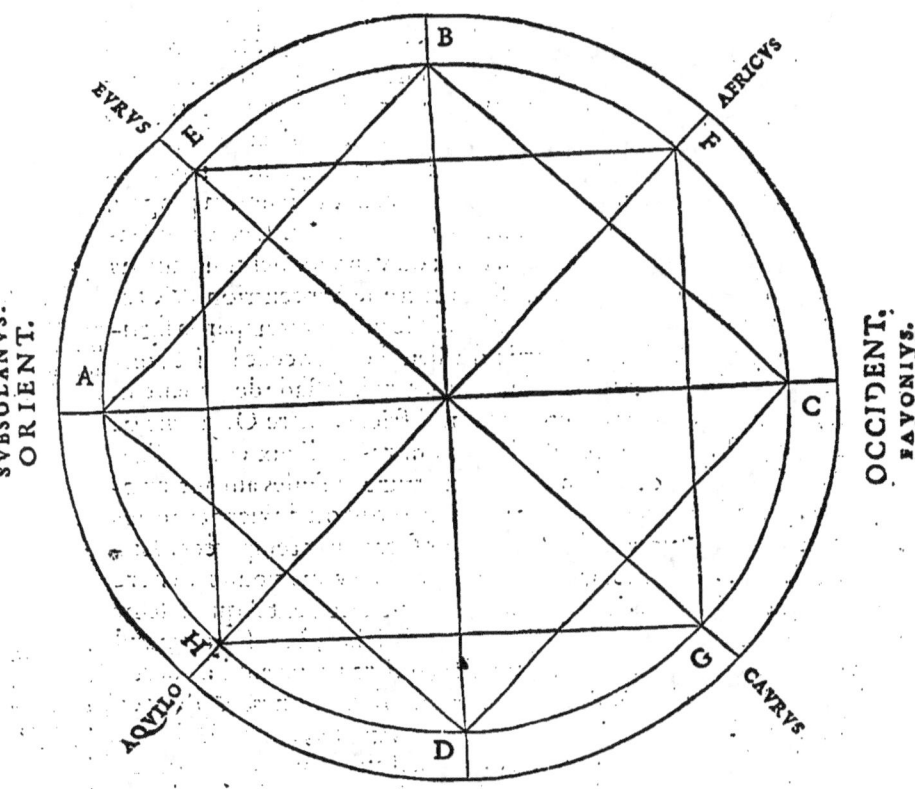

MIDY.
AVSTER.

EVRVS   AFRICVS

SVBSOLANVS.
ORIENT.

OCCIDENT.
FAVONIVS.

AQVILO   CAVRVS

SEPTENTRION.
BOREAS.

    Ie feray encores icy vn bref discours de la situation & aspects
des vents, à fin de monstrer quelle difference il y a de planter &
perser vn edifice vers les parties meridionales, & côtre les septen
trionales, où bien orientales & occidentales, & autres qui leur
sont entremoiénes. Iaçoit que la chose semble estre petite, si est-
ce qu'elle est de plus grande importance & consequence qu'on

n'eſtime : voire beaucoup plus que tout le reſte de l'œuure, à fin
de bien accommoder les habitations, donner propres & com- *L'obſeruation des vents eſtre de grande importãce à l'Architecte.*
modes ouuertures aux portes, feneſtres & fouſpiraux des caues,
bien aſſeoir les cheminées, & côſtruire vn chacun lieu, ainſi que
ſa nature & temperature le requiert, & l'auons cy deuant dict,
& dirons plus à plein cy apres, Dieu aydant . La cauſe qui me in-
duict de pourſuiure ceſte matiere bien au long, c'eſt pour autant
que ie voy la plus part de ceux qui baſtiſſent, faillir lourdement
pour ne prendre garde & ne ſe ſoucier de l'vtilité & ſanté des
habitants, par faulte de cognoiſtre & entendre la ſituation des
vents, à fin de les accommoder proprement aux parties des lo-
gis. On cognoiſtra par le diſcours du preſent œuure le domma- *Grandes incõmoditez enſuiure les logis mal perſez et dreſſez.*
ge qu'on reçoit quand l'edifice n'eſt planté & perſé, comme il
doit, & ſelon le lieu ou il eſt ſitué . Pour vous monſtrer doncques la difference qu'il y a, & comme on ſy deura conduire, i'ay
faict encoresvne figure, en laquelle ie deſcrits les huict vents(ain
ſi qu'à la precedente) & forme quatre quarrez parfaicts touchãts
& monſtrants par leurs extremitez & angles, les lieux d'ou departent les vents qui y ſont deſignez par leurs propres noms, &
marquez de lettres conuenables . Ce que i'en ay faict, c'eſt pour
autant que aucuns baſtiments veulent eſtre plantez & perſez en
vne ſorte, & les autres en autre, & bien ſouuent au contraire. De
ſorte qu'on voit certaines maiſons qui deſirent auoir ouuerture, *verbi gratia*, vers l'orient eſtiual marqué K. en la figure enſui-
uante: & les autres vers l'hybernal ſigné L. De rechef aucũs vers
la partie de ſeptentrion declinant vers l'oriẽt eſtiual marqué H.
& les autres vers ledict ſeptentrion, inclinant à l'occident eſtiual
ſigné G. Et ainſi des autres vents & parties du monde, deſignées
en la figure par leurs propres lettres, lignes, & angles: comme la
nature & ſituation du lieu le permettra, & le docte Architecte
l'aduiſera. Les raiſons ſe pourront cognoiſtre par le diſcours du
preſent œuure, ſans en faire plus lógue eſcriture. Mais voiremẽt
quelques vns ſe pourront eſmerueiller, pourquoy c'eſt qu'en la
figure prochaine des quatre quarrez entrelaſſez, ie deſcris XVI. *Obiection à laquelle reſpõd fort dextremẽt l'auteur.*
vents, contre l'opinion & aduis tant des anciens que modernes,
qui en ont mis quatre premierement, puis huict, qui ſont en ſom
me douze, ainſi que Ariſtote, Senecque, Pline, Vegece & autres les ont fort bien deſignez. Ie reſpondray, que l'Architecte eſt
en meſme liberté que le marinier, qui ſe propoſe & conſtitue
trente deux vents pour dreſſer ſon cours en toutes les contrées
& parties du monde par les adreſſes des vents. Ainſi l'Architecte qui doit conduire ſon baſtiment dextrement, & luy donner

c iiij

ouuerture en lieux diuers, selon la nature & situation de la place, ou il veult edifier, & la commodité des habitans peult diuiser l'horizon du lieu en tant de parties qu'il voudra, veu que de
tous les poincts & lieux d'iceluy peuuent proceder vents, qui ne

*Que c'est que
vent & de sa
generation.*

sont autre chose que vne exhalation, vapeur ou fumée conduite & agitée lateralement sur la terre, & procedant de diuerses
parties de l'horizō, ainsi que les philosophes le nous descriuēt. Et
de là vient que Vitruue, auteur d'Architecture le nompareil, faict
& cōstitue XXIIII.vents. Ce que n'ont faict tous autres auteurs,
soient Latins ou Grecs. Mais de ce propos sera assez, sinon que
encores ieveux mettre cy apres deux ou trois autres figures pour
exemple, & plus facile intelligéce du present discours des vents.

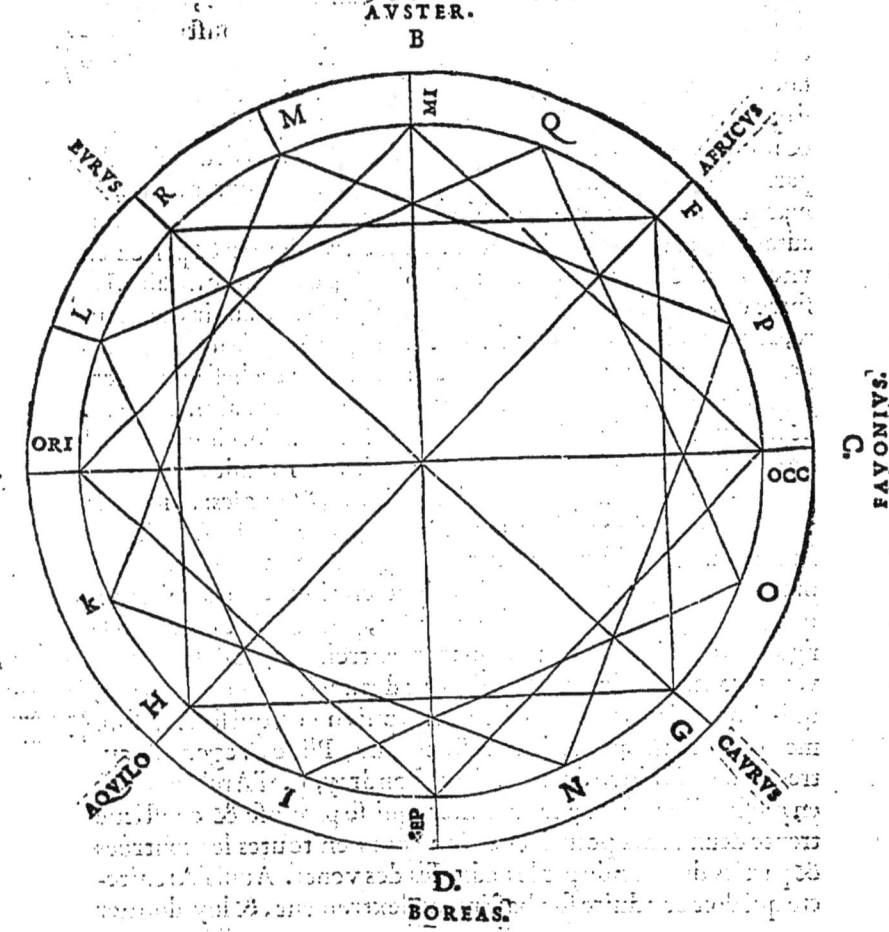

A fin qu'vn chacun puiſſe auoir la cognoiſſance de bien tourner ſon baſtiment, ſelon le lieu & aſſiette ou il voudra edifier, ie
propoſe ce plan qui eſt ci apres, quaſi ſemblable à celuy que feu
monſieur le Cardinal du Bellay me feit faire cõmençant le chaſteau de ſainct Maur des foſſez pres Paris, qui eſt auiourd'huy à
la maieſté de la Royne mere, qui le faict acheuer & cõduire auecques vne grande magnificence, ſuyuant le bon eſprit & iugemēt
qu'elle a treſadmirable ſur le faict des baſtimēts, ainſi qu'il ſe voit
non ſeulement audit lieu de ſainct Maur, mais auſſi à ſon Palais
qui ſe conſtruit pres le Louure à Paris, ainſi que plus amplement
nous le donnerons à cognoiſtre en ce preſent diſcours d'architecture & ailleurs. Vous voyez qu'audit plan, l'orient equinoctial
regarde droit ſur l'angle du baſtiment marqué A, de la partie du
vent Subſolanus : & l'autre angle marque B, regarde droict ſur
la partie de midy vers Auſter. Le tiers angle ou coing marqué D,
regarde la partie de Septentrion ou eſt ſitué Boreas. Et le quart
regarde l'Occident du coſté ou eſt marqué F, de la part du vent
Fauonius, ainſi que vous le pouuez cognoiſtre & remarquer à la
figure du quarré parfaict ABCD deſcrite cy deuant. Par ainſi
on voit audit plan de ſainct Maur, & en l'œuure propre, que la
chambre marquée D, eſt fraiſche pour l'eſté, eſtant perſée & ouuerte du coſté de Septentrion, & celle qui eſt marquée H, eſt
chaude pour l'hyuer, à cauſe du regard qu'elle a vers les parties
meridionales. & ainſi ſe peuuent accommoder tous autres edifices.

*Louenges de
la Royne mere
du treſchreſtiē
Roy Charles.*

*Situation &
diſpoſition du
chaſteau de S.
Maur pres
Paris.*

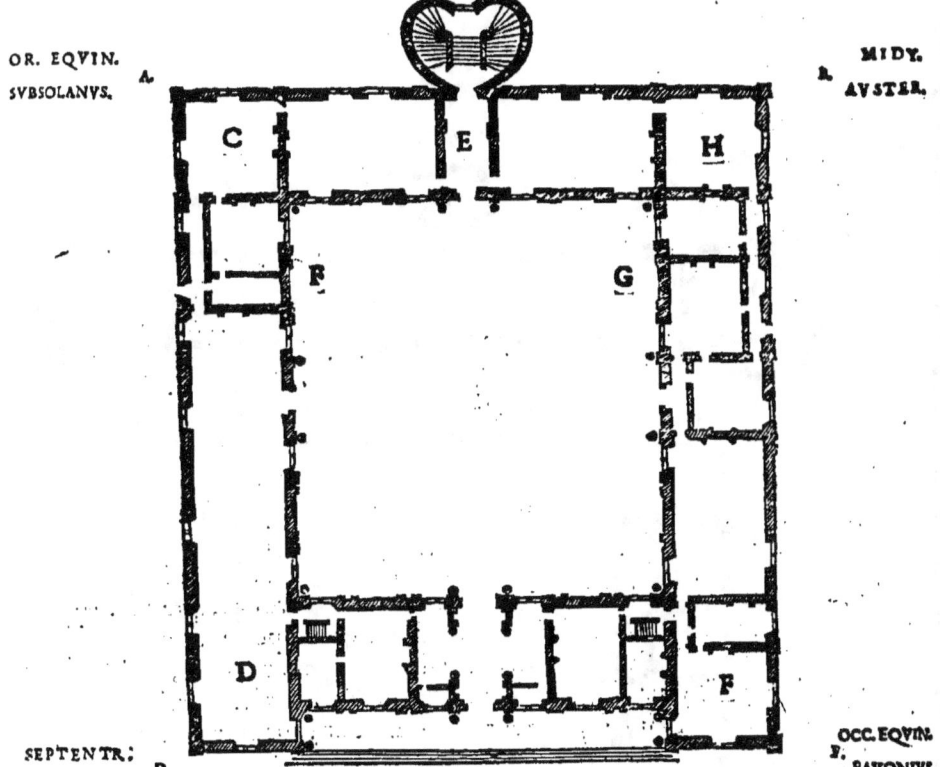

OR. EQVIN.
SVBSOLANVS.

A

MIDY.
AVSTER.

R

C

E

H

F

G

SEPTENTR.
BOREAS.

D

D

OCC. EQVIN.
FAVONIVS.

F

En tel lieu pourrez vous eftre qu'il faudra planter & tourner voftre baftiment tout au contraire de celuy lequel vous voiez cy deuant, & le pouuez confiderer en la figure du quarré parfaict des vents au lieu marqué H R F G. Et d'abondant en la fuiuante *Defcription* figure du plan d'un baftiment quafi femblable à celuy de fainct *d'yn autre ba-* Maur, lequel cy deffus ie vous ay propofé, fors que ie metz qua- *ftiment auec-* tre pauillós fur les quatre coings en forme de chafteau, aufquelz *ques fes vents.* vous voyez fur la partie de H, le vent Aquilo, qui eftoit en la figu re precedente, le vent Subfolanus, & fur la partie de R, le vent Eurus, qui eftoit Aufter en la precedente: de rechef fur la partie de G, le vét Caurus qui eftoit en l'autre Boreas, & fur le quatrief- me angle, ou partie, marqué F, le vent Africus. De forte que les quatre faces de tels baftiments regardét toufiours les quatre an- gles du ciel, fçauoir eft, Orient, Occident, Midy & Septentrion, ainfi que vous le pouuez iuger par la fuiuante figure.

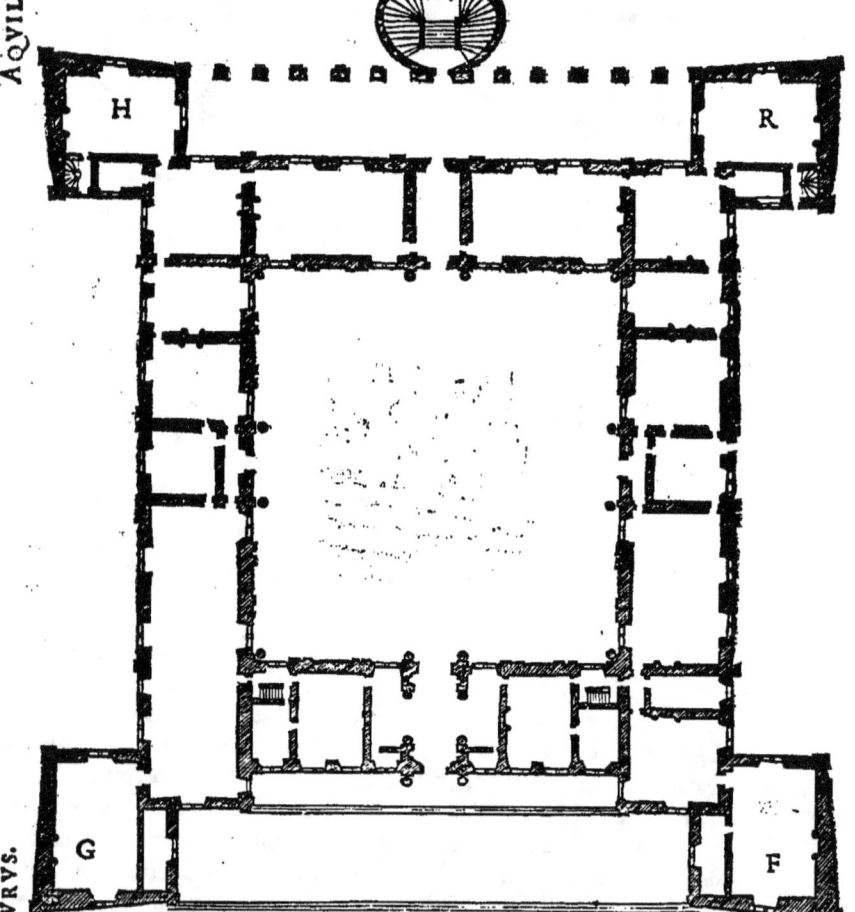

AQVILO.

EVRVS.

H

R

G

F

CAVRVS.

AFRICVS.

Ie mettray encores icy vn autre plan de baſtiment en forme d'un pauillon quarré ayant terraſſes tout autour, bouleuart, & foſſez, ainſi que vous pouuez iuger par la figure ſuyuante, ſans en faire plus longue eſcriture en ce lieu, par autant que ie le propoſe ailleurs plus amplement. Ioinſt auſſi que ie ne me veux ayder pour ceſte heure des figures & plans d'edifices que vous voiez,

finon pour vous monftrer la differête façon de tourner & planter les baftiments. Car les vns veulent eftre d'vne forte, & les autres d'une autre, ainfi que vous auez veu que l'un des angles du
baftiment de fainct Maur regarde l'Orient equinoctial du cofté
du vent Subfolanus: & à l'autre plan enfuyuant, ce mefme angle

Difcours d'un
autre bafti-
ment accom-
modé comme
les precedents
à fes vents &
parties.

regarde la partie du vent Aquilo. Quant à ce dernier, ie le figure
comme fil eftoit planté fuyuant le quarré parfaict, ainfi que vous
le voiez en la figure des vents marqué K M P N. Par ainfi vn de
fes angles feroit entre Subfolanus & Aquilo: & l'autre du cofté
de M, entre le vent d'Eurus & Aufter: & ainfi des autres, comme vous le pouuez comprendre par la figure vniuerfelle & generale des vents qui precede ces trois plans. Doncques en obfer
uant la nature & fituatiõ des lieux, vous pouuez tourner voz baftiments en telles fortes qu'auez ouy, ou autres, & faire non feulement habitations propres pour y demourer en temps d'hyuer,
mais auffi pour y loger en efté, & lieux commodes pour garder
les grains, & ainfi confequemment des autres parties de la maifon, felon ce qui leur fera requis & propre au naturel des perfonnes & prouifions du logis. Ainfi que plus amplement vous le
pourrez cognoiftre par le difcours du prefent œuure, car ie ne
faudray point d'en parler & en aduertir le Lecteur ainfi qu'il viédra à propos. Parquoy il me femble qu'il fuffit quant à cefte
matiere.

Les beaux

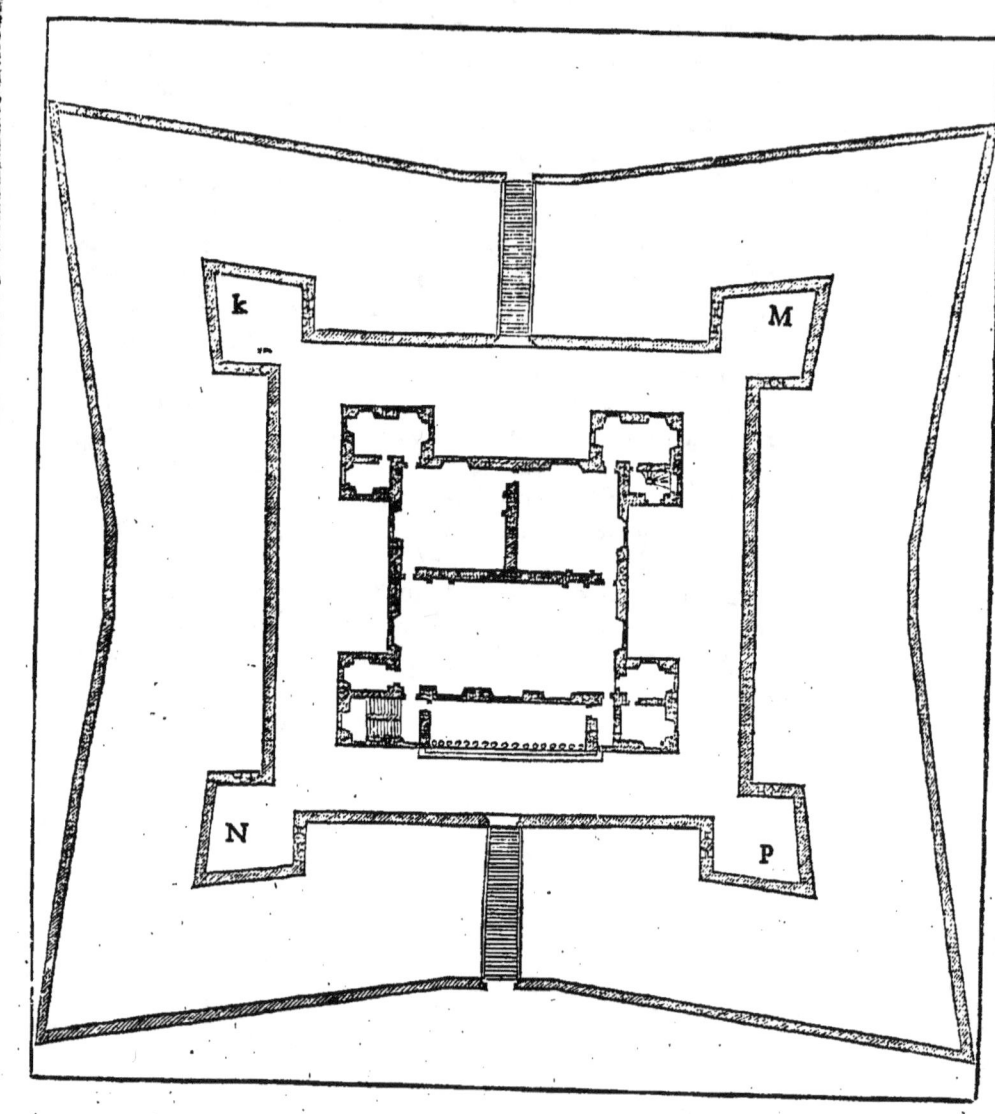

Les beaux ornements, belles façons, & enrichissements des logis, n'estre tant necessaires que la bonne situation d'iceux, & ouuerture bien accommodée aux vents.

d

CHAPITRE VIII.

I Ay toufiours efté d'auis, ainfi que nous difions
nagueres, qu'il vaudroit mieux à l'Architecte, ne
fçauoir faire ornements ne enrichiffeméts de mu
railles ou autres , & entendre bien ce qu'il fault
pour la fanté & conferuation des perfonnes &
de leurs biés. Ce qu'auiourd'huy eft pratiqué tout

La pratique d'Architectu- re eftre en ce temps mal ex- ercée par plu- fieurs.
au contraire: car plufieurs qui font profeffion de baftir, & fe veu
lent dire Architectes & conducteurs des œuures, ne feftudient à
cela, pourautant peult eftre, qu'ils ne l'entendent : & fi on leur
en parle, ils le trouuent fort nouueau. Et que pis eft, ie voy quelque-fois que noz feigneurs qui font edifier, farreftent plus à vou
loir faire de beaux ornements enrichis de pilaftres , colomnes,
corniches, moulures, frifes, baffe tailles , & incruftations de marbre, & autres, qu'à cognoiftre la fituation & nature du lieu de
leurs habitations. Ie ne dy pas qu'il ne foit conuenable & fort bõ
de faire tresbeaux orneméts & faffades enrichies pour les Roys,
Princes, & Seigneurs, quand ils le veulent ainfi . Car cela donne

Iugement de l'auteur fur les faffades et ornements.
vn grand contentement & plaifir à la veuë: principalemét quád
telles faffades font faictes par fymmetrie & vraye proportion, &
les ornements appliquez en vn chacun lieu, ainfi qu'il eft neceffaire & raifonnable. Par ainfi les chofes delicates feront aux cabinets, eftuues, baigneries, galleries, bibliotheques, & lieux ou
les feigneurs hantent fouuent & prennent plus de plaifir, & non
aux faffades des logis, veftibules, portiques, periftyles & lieux
femblables. Ie ne fçache hóme qui ne dife; qu'elles feroient mal

Fueillages & baffe taille eftre vn ra- mas & refer- ue d'ordure.
cóuenables en vne cuifine, & lieux ou logent les feruiteurs. Mais
lefdictes chofes doiuent eftre faictes auec grand art & maiefté
d'Architecture, & non point de fueillage, ny baffe taille, qui ne
r'amaffent qu'ordures, villennies, nids d'oyfeaux, de moufches
& femblable vermine. Auffi telles chofes font fi fragiles & de fi
peu de durée, que quand elles commencent à fe ruiner, au lieu
de donner plaifir, elles donnent vn grandiffime defplaifir & tri-
fte fpectacle, accompagné de grand ennuy . I'appelle tout cela
defpenfe perdue, finon pour feruir de melancholique defpit à
l'aduenir. Pour ce ie confeille à l'Architecte, & à tous qui font
profeffion de baftir, qu'ils feftudient pluftoft à cognoiftre la nature des lieux, que à faire de tant beaux ornements, qui le plus
fouuent ne feruent que de filets à prendre les hommes, ou ce qui
eft dans leurs bourfes. Veritablemét il eft trop plus honnefte &
vtile de fçauoir bien dreffer vn logis & le rendre fain, que d'y faire tant de mirelifiques, fans aucune raifon, proportions, ou me-

sures, & le plus du temps à l'aduenture sans pouuoir dire pourquoy. Combien que ie confesse qu'il fault sçauoir l'un & l'autre,
& mettre chacune chose par bon ordre & ornément, ainsi qu'on
la demande, à fin de rendre les habitations saines & belles. Ie ne
dis point toutefois cecy pour empescher ou vouloir cõseiller que
lon ne face les bastiments à la volunté des seigneurs qui les com
mandent, car il est raisonnable qu'ils soient seruis comme ils le
veulent & leur plaist. Ainsi qu'on voit auiourd'huy estre faict
au Palais de la maiesté de la Royne mere, à Paris, laquelle pour
son gentil esprit, & entendemét tresadmirable accompagné d'u-
ne grande prudence & sagesse, a voulu prendre la peine, auec vn
singulier plaisir, d'ordonner le departimét de sondit palais, pour
les logis & lieux des salles, antichambres, chambres, cabinetz, &
galleries, & me donner les mesures des longueurs & largeurs,
lesquelles ie mets en execution en sondit palais, suyuant la volun
té de sa maiesté : d'abundant elle a voulu aussi me cõmander faire faire plusieurs incrustations de diuerses sortes de marbre, de
bronze doré, & pierres minerales, cõme marchasites incrustées
sus les pierres de ce païs, qui sont tresbelles, tant aux faces du palais & par le dedans que par le dehors, ainsi qu'il se peult voir, &
auec tel artifice, qu'il n'y a celuy qui ayt quelque iugement qui
ne trouue les œuures de ceste tresbõne & magnanime Princes-
se, tresadmirables & dignes de sa grãdeur : voire trop plus grandes (sil plaist à Dieu luy donner la grace de paracheuer) que Roy
ne Prince en ayent encores faict faire en ce Royaume, cõme vn
chacun de ceux qui en sont capables le pourra iuger, voyant le
commencement dudit palais. Mais pour reuenir à nostre propos
delaissé, il fault que les ornements & decoratiõs de fassades soient à propos & correspondantes au dedans du logis, & que les
separations des salles, chambres, & ouuertures des fenestres &
croisées ne donnent aucune difformité à la face de la maison qui
est par dehors. Aussi ie ne voudrois point que lesdicts ornements
des faces empeschassent, qu'on ne peust donner les vrayes mesures qu'il fault à vne salle ou chambre, & aussi qu'on ne peust mettre les portes, fenestres & cheminées aux lieux plus commodes
& necessaires, sans y rien faire par contrainte, ains plustost par
les moiens de l'art & de nature. Si plusieurs qui conseillent de ba
stir & en veulét faire profession, ne le sçauent, & n'entendent les
dimensions & mesures d'Architecture, auecques les reigles de
nature qui monstrent à cognoistre ce qui est proufitable & salubre, ie les prie amiablement & fraternellement d'y vouloir penser & estudier. Il fault donc que l'Architecte soit diligent de no-

Digression de l'auteur sur l'excellent & diuin esprit de la maiesté de la Royne me-re.

L'Archite-cte deuoir estre obserua-teur de natu-re, laquelle ne veult estre contrainte.

d ij

ter & voir par experience ce que nature faict d'elle mesme, sans y estre contrainéte, laquelle en aucuns lieux il est tresmalaisé & presque impossible de combatre. Sur tout il fault bien pouruoir ainsi que nous auons dit, aux nuysances des vents, des palus, marais & offense de la mer, semblablement aux vapeurs qui en prouiennent, comme aussi aux riuieres, montaignes, & autres empeschements, qui se peuuent cognoistre par certaines reigles & obseruations qui seroient longues à reciter: iaçoit que nous en ayons touché quelque chose cy deuant, & en pourrons parler cy apres, comme il viendra à propos.

Instruction pour l'Architecte quand il est contrainct de plan-
ter ou tourner son logis autrement qu'il n'appartient, &
contre la raison des vents & commodité de l'air.
CHAPITRE. IX.

S V il aduiendroit que l'Architecte fust contrainct de planter son bastimét en autre sorte qu'il n'appartient, soit par la subiection du lieu, ou volunté du Seigneur qui faict bastir, pour autant, parauenture, qu'il ne se soucie point de toutes reigles & raisons, pour ne les entendre & n'en auoir ia-

Discours sur
l'affectiő des
Seigneurs,qui
dőne quelque
fois peine &
contraincte à
l'Architecte.

mais ouy parler, ou bien pour l'affection qu'il auroit de vouloir regarder sur quelque prairie, riuiere, montaigne, forest, ou sur vn grand chemin, ou bien qu'il voudroit qu'on tournast son bastiment cóme il l'aura pésé, ou pour autre subiection qui y pourroit estre par quelque vieux bastiment, lequel il y voudroit accommoder, ou autrement. Pour ce regard il fault que l'Architecte ait grandes considerations & grands iugements d'une chacune chose, pour remedier aux inconueniens & fautes qui pourroient aduenir: ainsi que nous l'auons veu plusieurs fois par experience,& en plusieurs beaux bastiméts, lesquelz on faisoit edifier pour auoir la commodité d'aucuns autres vieux: mais apres qu'ils ont esté faicts, on a cogneu l'erreur, nuysance & incommodité qu'ils portoient à la santé. Parquoy on a esté contrainct de les abbatre, ou refaire, ou bien les côtemner, & n'y loger aucunement ne prendre plaisir, apres auoir cogneu les faultes irre-

Bon conseil
deuoir prece-
der les entre-
prinses, plus
tost que les
suiure.

parables, & accompagnées d'un regret durant toute la vie: mais il n'estoit temps de penser à l'erreur, ains eust esté beaucoup plus expedient & meilleur d'auoir sceu eslire gés experts, & prins bő conseil deuant l'entreprinse, à fin de s'ayder de choses propres, selon le lieu, le temps, l'art, & la saison qu'il les fault prendre, ainsi

que ie le deduirois plus amplemét n'eſtoit que ie ſerois trop prolixe, pour les grandes matieres qui ſy preſentét à deſcrire, & auſſi que cecy ne peult gueres ſeruir à noſtre diſcours. Il fault que
l'Architecte ſe voyant eſtre ainſi côtrainct par le ſeigneur, & que
l'aſſiette de ſon baſtiment ne vient à propos pour le bien tourner
comme il fault, que lors il môſtre ſa dexterité & bon eſprit à faire tout ſeruir, & accómoder le vieil baſtimét auecques le neuf,
& trouuer quelques inuentions ſur ce qu'il y conuient faire ſoit
en forme quarrée, ronde, ouale, triangulaire ou de quelque autre façon qui ſy puiſſe bien adapter : en donnant par tout les aſ-
pects & veuës propres, & regardant que vne chacune choſe ſoit
droictémẽt en ſon lieu. Mais ſur tout il ſera pluſque bon de cercher ce qu'il fault pour la ſanté des habitãts, & quãd on ne peult
mieux, il conuient changer les veuës des feneſtres qui peuuent
eſtre mauuaiſes, & les portes, ainſi que feit Marc Terence Varron en Corſe, comme il le teſmoigne en ſes liures d'agriculture,
par lequel moien il preſerua de peſte pluſieurs de la garniſon &
compagnie en laquelle il eſtoit. Fault auſſi changer les places des
licts, des cheminées, des paſſages & autres, ainſi que le bon Archi
tecte ſçaura bien faire. Ie vous puis aduiſer, que promptemeny
remedier n'eſt peu de cas, ny peu de labeur. Les choſes qui ſont
ainſi de contrainte, & auſquelles on ne peult touſiours donner
ordre, meſures & proportions, ne moins tourner les baſtiments
comme il fault, requierent vn ſçauoir, & cognoiſſance laquelle
ſapprend par longue experiéce & pratique d'auoir mis pluſieurs
edifices en œuure, & non par les meſures & proportiós, leſquelles on y pourroit donner. Et pour mieux l'entendre, il fault que
l'Architecte ſçache bien toutes les reigles & preceptes de l'art,
non tant par liures, que par long & grand vſage, ainſi que nous
auons dict : car lors il trouuera les remedes & aydes incontinent
qu'il en aura affaire. Ie luy conſeille eſtãt appellé ne dire ſon opinion legerement, cõmme pluſieurs ont accouſtumé de faire. Car
eſtant ſur vne place il verra que chacun dône ſon aduis promptement, ſans conſiderer ne comprendre le faict, ſinó que bien peu :
de ſorte qu'en vn inſtãt ſont propoſez pluſieurs deuis. Ie me ſuis
trouué ſouuent aux lieux, ou i'eſtois contraint de dire ſoudainement mon aduis comme les autres, pour me vouloir accommoder auec tous. Mais quand i'auois en apres diligemmét conſideré le lieu pour lequel i'eſtois appellé, & penſé à ce qui luy eſtoit
neceſſaire, il me failloit faire mes deſſeings tout autrement que
ie n'auois dit, ne ouy. Parquoy c'eſt grande ſageſſe & prudéce de
ne rien mettre en auãt & ne deliberer aucunement, que premie-

L'Architecte deuoir regarder ſur tout à la ſanté des habitans.

La cognoiſſance d'Architecture ſapprẽdre par longue experience.

d iij

ment lon n'ayt bien examiné la nature du lieu, & pensé à tout ce qui luy est necessaire. Car ainsi nõ seulement on fera vn grand proufit pour le bien du seigneur, mais aussi pour la conseruation de sa santé & de tous les siens, qui est chose la plus requise.

L'Architecte deuoir manifester ses inuentions par desseings &
protraits tant de plates formes & montées, que autres, &
signamment par vn modelle qui representera au
naturel tout le bastiment & logis.

CHAPITRE I.

IL me conuiendroit icy escrire vn grandissime volume, si ie voulois deduire les erreurs & faultes que i'ay veu aduenir aux bastiments non seulement des Roys, Princes, & grands Seigneurs, mais aussi des mediocres & petis, par la seule negligence, de n'auoir bien consideré l'entreprinse, & n'auoir faict bons & suffisants modelles pour cognoistre ce qu'on vouloit bastir: comme aussi pour les tromperies & abus qui sont ausdicts modelles, le plus souuent faicts par gens ignorants. De sorte que tous les iours se voyent plusieurs donneurs de protraits & faiseurs de desseings, dõt la pluspart n'en sçauroit bien trasser ou descrire aucun, si ce n'est par l'ayde & moyen des peinctres, qui les sçauent plustost bien farder, lauer, vmbrager, & colorer, que bien faire & ordonner auecques toutes leurs me-

Plusieurs de-
ceus par pro-
traits fardez
& bien colo-
rez, plustost
que biẽ faicts.

sures. Ie dy asseurémēt que tous Architectes & maistres maçons faisants ainsi, sont cõme perroquets, car ils sçauẽt biẽ parler, mais ils ne cognoissent ce qu'ils disent, ne moins la fin de ce qu'ils promettent, qui est de bien faire. Mais quoy? par leurs beaux protraits, & vne ie ne sçay quelle temerité accompagnée de grand nõbre de paroles & arrogance, aucuns d'eux deçoiuent les hommes, & corrompent par presents ceux qui ont autorité & charges pres des Seigneurs, à fin qu'ils ne leur nuisent. Bref ils patelinent si bien que leursdicts tant beaux protraits & desseings seruent de filets à prendre ceux qui sont trop credules & eschauffez de faire bastir sans y rien cognoistre. I'ay veu auenir d'autres grandes fautes & abus, c'est qu'apres que les maistres maçons ont fait entendre ce qu'ils peuuent aux peintres pour en faire leurs protraits, lesdicts peintres se promettent incontinent estre grands Architectes, ainsi que nous auons dict, & sont si presumptueux qu'ils veulent entreprendre les œuures de maçonnerie, comme aussi font aucuns menuysiers & tailleurs d'images. Car pour a-

uoir ouy parler les maçons, on veu mesurer quelque faſſade de
baſtiment, ſoit antique ou moderne, ou auoir faict quelque modelle ſous la conduite de quelque Architecte ou maiſtre maçon,
ils ſe perſuadent & promettent incontinent eſtre les primes du
monde, & auoir merité d'eſtre reputez grands Architectes. Laquelle choſe a eſté cauſe qu'aucuns d'eux ont prins charge de códuire baſtiments dont il en eſt auenu vne infinité d'erreurs & fau
tes, qui ont cauſé grands dommages, deſplaiſirs & mocqueries
aux Seigneurs qui faiſoiét baſtir, & euſſent beaucoup mieux faict
de continuer leur eſtat. Ie ne dy pas que quelques honorables hó
mes n'ayent eſté trouuez auoir conduict de belles œuures, mais
pour vn bien faiſant, il y a beaucoup d'abuſeurs. Ie conſeille dócques aux Seigneurs qu'ils ſe ſeruent des hommes, & les employent ſeló leur qualité & l'eſtat qu'ils ont bien apprins des leur ieuneſſe, ſils ne veulent eſtre trompez, ainſi que ie l'ay veu auenir à
pluſieurs qui ne ſen oſent vanter, ne dire les grandes fautes qu'ils
ont faictes, & ſe voiét encores tous les iours. Dócques le ſeigneur
regardera qu'il ne ſoit trompé & abuſé de tels ignorants, & que
ſes deniers ſoient bié employez: qui ſe fera lors qu'il ſçaura choiſir les hommes pour bien dreſſer ſes modelles, auecques toutes
leurs proportions & ſymmetries, qui ne ſe peuuét faire ſans grád
ſçauoir & grande diligence. I'ay bien auſſi cogneu quelque-fois
des hommes, leſquels combien qu'on eſtimaſt ignorants, ſi eſt ce
qu'ils auoient par vn inſtinct de nature le iugement ſi grand, que
ſi en vn œuure y auoit quelque choſe de bon ou de mauuais, ils
en diſoient incontinent leur aduis, & ne ſe pouuoient bien contenter des fautes, iaçoit que l'œuure fuſt autrement fort riche &
orné de tous beaux ouurages, voire tels qu'on euſt peu deſirer.
Pour cela ils ne pouuoient auoir contentement, car la veuë eſt
d'autre iugement, & de beaucoup plus grande efficace en cecy,
que tous les autres ſentiments & organes de l'eſprit. A fin qu'aucune reprimende n'aduienne à l'Architecte, il fault qu'il ſoit ſage & bien aduiſé, pour preconſiderer toutes choſes de peur qu'il
ne die deuant que acheuer ſon œuure, ou quand elle ſera parfaicte, qu'il l'euſt deſirée autremét, & que c'eſt le maiſtre maçon ou
l'appareilleur qui a faict la faute. Ceux qui vſent de telle façó de
faire & excuſe ſont ignorants, & ne font rien qu'à l'auenture &
par le conſeil deſdicts maiſtres maçons. Ainſi qu'il ſe voit pratiquer en diuers pays, auſquels pluſieurs apprennent aux deſpens
des Roys, & des grands ſeigneurs, ſans ſçauoir cognoiſtre la fin
de l'œuure, ne ce qu'ils font & cherchent, ains comme borgnes
cheminent à l'auéture & ſous la conduicte d'autruy. Qui ſe faict

d iiij

La temerité
de pluſieurs
contrefaiſants
les Archite-
ctes.

Pluſieurs bié
iuger naturel-
lement d'Ar-
chitecture
ſans en auoir
l'art.

Pluſieurs ap-
prendre l'Ar-
chitecture
aux deſpens
des Roys &
grands Sei-
gneurs.

au grand mespris & contemnement de l'Architecture, & encores plus au grád dommage & derision de l'œuure des Seigneurs,
quand on y trouue des faultes & erreurs si enormes qu'elles sont
reprinses d'un chacun. Ie suis doncques d'auis, que nous suyuions
les bonnes coustumes de ceux qui souloient anciennement bien
edifier, & ne sarrestoiét, comme escrit Leon Baptiste Albert, aux
protraicts de plates peintures ou autres. Croyez (dict il) que tous
ceux qui se sont amusez à faire beaux desseings, ont esté ceux qui
moins ont entendu l'art. Il suffit donc à l'Architecte de sçauoir
bien faire ses lignes pour dresser propremét vn plan, & vne montée faicte nettement auec toutes ses proportions & mesures, à
fin que le Seigneur l'entende. Puis dresser ses modelles qui serót
de boys ou de papier, ou de charte, ou d'autre matiere, ainsi qu'el-

L'art & in-
dustrie de pro-
traire et pein-
dre apparte-
nir à l'Archi-
tecte.

le luy viendra à propos. Ie ne dy pas que ce ne soit vne fort belle
grace à l'Architecte de sçauoir bien protraire & peindre, mais il
a tát d'autres choses beaucoup plus necessaires à cognoistre, qu'il
luy doit suffire de protraire mediocrement, proprement & nettement. Car pourueu que les mesures soiét bien gardées, ses protraits ne sçauroient faillir à se bien monstrer.

Qu'il ne se fault arrester à vn seul modelle de tout l'œuure &
bastiment, ains en conuient faire plusieurs cócernans tou-
tes les principales parties de l'edifice: & des gran-
des commoditez qui en prouiendront.

CHAPITRE XI.

Ous serez icy aduertis, qu'il ne se fault arrester à
vn seul modelle de tout l'œuure, qui n'y veult
estre trompé, ainsi que i'ay veu aduenir, car pour
en dresser vn seul, on y voit bien la forme de ce
qu'on veult faire, mais toutes les parties y sont si
petites & si cachées qu'il n'est facile d'en iuger,
ny cognoistre ce que doit estre au bastiment, & comme le tout
se comportera apres que l'œuure sera faicte. Laquelle commu-
nemét ne resemble en beaucoup de parties au modelle qui pour
ce en a esté faict. Aussi les Seigneurs y pourroient estre trompez
soit de la despense ou autrement, pour autant que le modelle de
tout l'œuure se monstre trop petit, & ne represente en tout la
maiesté du bastiment: ou bien que les ouuriers l'enrichissent &
decorent tellement, qu'il semble que l'œuure doiue estre de plus
grande valeur, & de plus excellente beauté, qu'elle ne se trouuera quand elle sera faicte. Ie ne veux omettre que plusieurs choses

mifes en petit modelle ou volume, iamais ne correfpondent à ce
qu'elles reprefentent & promettét eftans mifes en plus grand &
en œuure. Comme quoy ? vous voyez plufieurs modelles d'engins à faire monter l'eaue, ou pour autre chofe, qui font biẽ leur
effect en petit volume & modelle, mais quãd ils font mis en œuure, en plus grãd, pour fen feruir, c'eft tout autre chofe, & ne fen
peult on ayder. Parquoy il fault que l'Architecte ayt grãde confideration & grand iugement en ce qu'il a à faire. Ie fuis bien d'a-
uis que vous faifiez vn modelle general de tout l'œuure que
vous defirez faire, pourueu qu'en apres il en foit faict plufieurs
autres des principales parties dudit œuure, à fin qu'on y puiffe
voir & cognoiftre les ornements & mefures d'vne chacune chofe à part. Vous ferez doncques particulierement vn modelle du
veftibule, vn autre du portique, autre des periftyles & portaux,
des eftuues, baigneries, efcaliers, chappelles, cheminées, lucarnes, & autres parties fil eft de befoing : & par tout ou vous voudrez faire ornements, ils y ferõt figurez. Quelques vns me pourront dire qu'il faudroit beaucoup de modelles, & que ce feroit
grande defpenfe & frais pour les feigneurs qui defirent faire baftir, aumoins à aucuns. Ne vaudroit il pas mieux, ie vous prie, def
pendre cent efcus, voire deux cens fil eft expediét, que d'en mettre dix ou vingtz mille à l'aduenture, plus ou moins, ainfi que
vous voudrez defpendre, à fin de vous exempter de repentance,
laquelle autrement vous accompagnera toute voftre vie? Quand
voz modelles feront ainfi faicts, il fera facile à tous bons efprits
qui ont fain iugement, de cognoiftre fi voftre entreprinfe eft raifonnable ou non, & fi elle eft telle que vous la defirez, & bien cõ
mode pour les chofes neceffaires à voftre baftiment, & fi les ornements y feront bien decents & à propos. Certainement l'une
des principales chofes à quoy feruent les modelles, c'eft qu'on
cognoift par iceux fi l'Architecte eft capable & fuffifant de conduire vne grande œuure, car on verra par là fil entend bien fon
art. Vous cognoiftrez auffi par iceux fi la defpenfe n'eft point ex-
ceffiue, & fi elle furpaffe ce que vous y voulez employer. D'auan
tage combien en voftre baftimét y aura de portes, feneftres, croifées, cheminées, colomnes, chapiteaux, & autres. De forte que
vous fçaurez particulierement la valeur d'vne chacune chofe, &
colligerez facilement toute la defpenfe que le baftiment pourra
coufter. A laquelle fera facile adioufter ou diminuer, & cognoiftre le nombre des toifes de la maçonnerie, & quantité des pierres de taille qu'il y faudra employer, comme auffi du moillon &
des ouurages & ornements que vous y voudrez mettre, auec les

*L'auteur ref-
pond aux ob-
iections de
quelques vns
fur la multipli-
cité des model-
les.*

*Difcours des
proufits qui
reuiennẽt des
bõs modelles.*

grofleurs, largeurs,& hauteurs des murs. Vous y cognoiftrez auf
fi les voultes & planchers, le pris des feneftres & portes, auecques la valeur des cheminées. Bref vous entendrez toutes chofes
par voftre modelle, lefquelles vous ne fçauriez cognoiftre par
protraits & peintures. Premier donc que commencer l'œuure
vous confidererez toutes ces chofes, & n'y ferez aucunemét tró-
pez, mais bien fort afleurez auecques vn grand contentement,
proufit & honneur tout le temps de voftre vie, & encores apres
voftre mort. Car de là on iugera la prudence, fagefie, & bon ordre lequel vous aurez tenu & gardé en toutes voz entreprinfes:
tellement que l'honneur en redondera tant à vous que à l'Archi-

tecte, duquel fe refentiront aufli les voftres, auecques ioye, plaifir & contentement de voir tant belles maifons bafties & faictes
par le moyen d'un prudent & fage feigneur, bien aduifé & bien
confeillé, & aufli par vn trefexpert & fort ingenieux Architecte. Car à dire la verité, en cela reluit la fagefie du feigneur, &
induftrie de l'Architecte, auecques vne marque de la fuffifance
de l'un & de l'autre, voire pour conduire vne meilleure & beaucoup plus grande entreprinfe. Ie veux encores dire d'auantage,
qu'un bon Architecte defirant reprefenter au naturel vn baftiment, ne doit iamais faire, comme nous auons dict, vn modelle
fardé, ou, fi voulez, enrichy de peinture, ou doré d'or moulu, ou
illuftré de couleurs, ainfi que font ordinairement ceux qui veulent tromper les hommes. Car leurs œuures ne font en apres fem
blables à leurs modelles, lefquelz ils fardent ainfi pour l'auarice,
& pour deceuoir les hommes, auecques vn cueur fi malicieux,
que toufiours ils tafchét d'attirer les yeux des regardans, à fin de
detourner leurs iugeméts de la vraye côfideration de toute l'œu
ure, & de fes parties & mefures. Ie fuis dócques d'auis auec d'au-

tres Architectes, qu'on doit propofer les modelles fimplement
vnis, & pluftoft imparfaictz que polis & mignons, pourueu que
leurs proportions & mefures y foient bien obferuées. Car il fuffit qu'on y puifle cognoiftre le bon efprit & entendement de
l'Architecte, & que fes inuentions y foient plus louables que la
mignardife, & aufli à fin qu'ils foient du tout differents à ceux
des peintres: defquelz ne vous aydez iamais en ceft affaire. I'ay
beaucoup conduict de grands edifices & petis en mon temps, &
de diuerfes fortes, voire autãt ou plus qu'homme que ie cognoif-
fe, comme aufli plufieurs forterefles de guerre, quoy faifant i'ay
veritablement apperceu, que par tout il n'y a chofe tant necéflai-
re que vn bon modelle: & ne fe trouuera hôme fçauant qui puiffe conduire vne grande œuure fans iceluy, finon qu'à la fin de la-

dicte œuure, ou la pourſuiuant il ſe vueille repentir de pluſieurs
choſes, ou bien ſaduiſer qu'il euſt mieux faict, ſil euſt premierement conſideré ſon œuure par vn bon modelle. Car il n'y a ſi gen
til eſprit qui ne ſoit bien empeſché quand il fault accommoder
les faces des maiſons auecques les colomnes, pilliers & autres ornements qui ſe doiuent approprier aux ſalles, chambres, & autres parties du dedans des logis, principalemét quand on a quelque vieil baſtiment en ſubiection, lequel il fault faire ſeruir, ainſi
que nous auons dict, & accómoder auecques vn neuf. Quelquefois vous trouuerez vn ſeigneur qui voudra qu'on baſtiſſe à ſa fan
taſie, & lors pour accómoder toutes les meſures qui ſont requiſes & luy donner contentement, parauenture il conuiendra approprier le vieux baſtiment à celuy qu'il veult faire de neuf, qui
n'eſt vn petit labeur, ains vn treſgrand rompement de teſte, car il
y fault veiller & ſonger beaucoup de fois, & faire pluſieurs eſqui
ches, pour apres dreſſer ce qui eſt treſrequis par le modelle qu'il
fault voir. Parquoy ie dy qu'il ſy trouue beaucoup plus de labeur
que pour autre œuure qu'on ſçache commencer de neuf.

Les ſeigneurs
quciquefois
vouloir qu'on
baſtiſſe à leur
fantaſie.

Pour cognoiſtre combien pourra couſter l'edifice que vous vou-
drez faire baſtir : & ce par le moyen d'un modelle qui en
ſera legitimement faict. CHAPITRE XII.

Pres qu'on aura conſideré les choſes cy deſſus
propoſées par les modelles bien faicts, il fault có
ſequemment voir ſi on aura aiſément toutes les
matieres neceſſaires pour l'edifice cu'on voudra
faire. Car il me ſemble qu'il ne ſeroit ſagement
faict, ny bien aduiſé, de ſe vouloir ayder de ce
qui eſt difficile à recouurer, & peult trop couſter. Parquoy il
fault que l'Architecte ſayde non ſeulement de la nature du lieu,
mais encores de ce qui ſy peult trouuer. Et outre ce, qu'il cherche les inuentions de bien & ſobrement appliquer les matieres
& à propos, ainſi qu'on les peult recouurer. Cela bien veu & preueu, il ſera facile de meſurer vne toiſe de chacune choſe, comme
auſſi la groſſeur des murs, & cognoiſtre combien il y entrera de
pierre de taille, de moillõ, de chaux, bricque, & autres matieres
auec la façon. En apres il faudra regarder la totalité des toiſes qui
ſerõt en l'œuure : mais d'une chacune choſe à part, comme de la
maçonnerie & du moillon à part, de la pierre de taille & bricque
auſſi à part, & ainſi des autres. Ayant ſçeu leurs valeurs particulierement, il les faudra adiouſter enſemble, qui ſera choſe facile,

Enſeignemét
fort digne de
noter pour pre
uoir les beſon-
gnes deuant
que baſtir.

principalement quand le modelle eſt bien faiĉt par meſure. Puis
ſuiuant la toiſe accouſtumée,vous cognoiſtrez incôtinent combien le tout doit couſter, non ſeulemêt en maçonnerie, mais encores en ornemêts, leſquels vous deſirez auoir. Cela faiĉt,ſi vous
ne voulez tant deſpendre, vous diminuerez de l'œuure, ou bien
vous y adiouſterez,ſil vous plaiſt d'auantage deſpendre. Si vous
y procedez en ceſte ſorte, vous ne ferez rien à l'auenture, & vous
ſera grand contentement de voir la fin de voz entreprinſes premier qu'elles ſoient commençées, qui ſera aĉte d'un homme treſſage & prudent,qui doit touſiours preuoir & precogiter ce qu'il
veult faire deuant que commençer. Il reſte à monſtrer comme
vous deuez faire les preparatifs des matieres,& en quel temps &
ſaiſon il les fault choiſir pour en faire bône prouiſion, auant que
de commençer l'œuure quelle qu'elle ſoit.

Qu'il conuient faire bonnes prouiſions de toutes ſortes de matie-
res neceſſaires, prèmier que de commençer à baſtir, à fin
que l'edifice ſe paracheue ſans diſcontinuation.
CHAPITRE XIII.

L n'y a celuy qui ne ſoit aduerty qu'on ne peult
bien faire vn baſtiment,ſoit grand ou petit (ſi ce
n'eſtoit vne loge de berger, ou ſemblable) ſans
pierre de taille, moillon propre à maçonner les
murs, & pierres pour faire la chaux, de laquelle
il fault auoir tresbonne quâtité pour faire gran-
de maſſe & aſſemblée de mortier, auecques bô & ſuffiſant ſable.
Fault auſſi auoir quantité de bois pour la charpenterie & menui-
ſerie. Quand on veult faire quelques ouurages delicats, comme
cabinets, eſtudes, bibliotheques, & autres, on faiĉt communement prouiſion de bois ſec & aſſaiſonné, & quelquefois coloré,
principalement ſi on veult faire marquetterie, côme de bois iau-
ne, & bois de deluge, qui eſt cheſne aiant demouré longues an-
nées dedans l'eauë, & deuenu noir, comme l'Ebene, lequel auſſi
y eſt tresbon, ainſi que le Breſil, & autres ſortes de bois qui ſeroient longues à reciter, qui les voudroit denôbrer toutes par le
menu. Il fault auſſi penſer de bonne heure aux ferrures, ſerrures,
vitres, ardoiſes, tuilles, plomberies, terres propres à faire la bricque, & le carreau de terre cuitte & plombée qui voudra, pour
les poiſles & incruſtations auecques peintures par deſſus, & ge-
neralement ſe fournir de toutes choſes requiſes pour la perfeĉtiô
d'vn beau & treſexcellent baſtiment. Mais pour bien dreſſer ce
meſnage,

mefnage, & amaffer tout ce qui y eft neceffaire, il n'en fault donner aucune peine au feigneur, car c'eft vn fi grand foing que malaifément le pourroit il faire, ne moins y donner ordre, finon de
cómander en aucune chofe : cóme pour auoir cómodité des bois
qui feront en fes forefts, & des pierres lefquelles on pourra tirer
de fes carrieres à moins de dómage de terres labourables qu'il fera poffible. Il pourra auffi faire cópofer & cuire fa chaux, fa bricque, & autres chofes, aufquelles couftumierement les dames qui
font bonnes mefnageres donnét bon ordre, tant pour employer
leurs cheuaux, que faire manger les foins & auoines qu'ils ont
trop. Mais pour ceux & celles qui n'y voudront prendre peine,
il fault que l'Architecte fçache choifir toutes fortes d'ouuriers
qui y feront propres. Et fi par fortune le feigneur en a aucuns qui
l'ayent accouftumé de feruir, il ne les fault changer fil eft poffible, mais bien monftrer & donner entédre à vn chacun par eftat
ce qu'il doit faire, quelles matieres il doit traicter, & en quel téps
il les fault choifir, foit pour tirer pierres, coupper bois, ou faire
autres chofes, ainfi que nous le monftrerons cy apres, dieu aydát.

Le mefnage
des prouifions
pour le bafti-
ment n'appar-
tenir au fei-
gneur.

Le feigneur
ne deuoir chá-
ger fes ouuri-
ers accouftu-
mez.

En quel temps il fault faire prouifion de pierres, & les tirer des
carrieres : femblablement comme il les fault choifir &
mettre en œuure : & auffi pour cognoiftre leur
bonté. CHAPITRE XIIII.

Outes fortes de pierres, foient pour la taille ou
pour la maçonnerie, fe doiuent tirer en téps d'e-
fté, principalement celles qui font fubiettes à la
gelée, lefquelles il fault retirer des carrieres incontinent, & les expofer au Soleil, à fin que la
chaleur attire toute leur fuperflue humidité glu-
tineufe. Eftans ainfi bien feiches, & ayant enduré les chaleurs du
Soleil, les pluyes, & vents, malaifé fera qu'elles fe puiffent geler
l'hyuer enfuyuát, ou autres, fi ce n'eftoit quelque nature de pierre fpongieufe, qui ne vault rien qu'à receuoir toutes fortes de
pluyes, vapeurs ou humiditez, & fabreuuer fi fort d'eauë, qu'elle
eft toufiours à recommencer de fe feicher. Telles pierres font de
trefmauuaife nature, & ne fen fault ayder, principalement pour
la taille. Il y en a de tant diuerfes fortes qu'il faudroit faire vn
grand difcours pour les expliquer. Les vnes fe mettent promptement en œuure ainfi qu'elles viennent de la carriere, les autres
n'y veulent eftre mifes d'une année apres qu'elles font tirées, &
fignammét que l'hyuer ne foit paffé. Il y en a d'autres que cóbien

Les pierres
fpongieufes
eftre mauuai-
fes pour la tail
le & bafti-
ments.

e

qu'elles foient tirées à propos, ce neantmoins elles ne peuuent endurer la pefanteur de l'œuure, ny moins les ligatures auecques le fardeau : principalement fi vous les mettez en œuure ainfi qu'elles fortent des carrieres. Ie vous reciterois bien au long ce que i'en ay cogneu par experience, n'eftoit que vous en trouuerez beaucoup plus en Pline, & en noz auteurs d'Architecture qui en parlent affez au long, toutesfois ie ne iairray d'en dire quelque chofe, comme il viendra à propos. Il fuffit que l'Architecte

Quelles pier-
res on doit
choifir pour
faire bon ba-
ftiment.

donne vn moien aux maiftres maçons pour les faire tirer de telle longueur & largeur, qu'elles puiffent faire grandes liaifons & propres à l'œuure qu'on veult faire, & qu'elles fe trouuent toufiours fur leur lict, ainfi que nature les a faict croiftre. Quant à la bonté ou malice, il n'y a celuy des ouuriers qui n'en puiffe iuger, & fçauoir comme il fen fault ayder, par la longue experiéce qu'il en a eu, & voiant tous les iours comme elles fe maintiennent en œuure. Fault feulement prédre garde qu'en tirant les pierres des carrieres, les carriers en oftent tout le boufin qui ne vault rien, mefmemét de celles qu'on veult tailler. Il y a en ce païs de France vne façon de terre, ou lict de pierre, que nature a voulu conuertir en pierre parfaicte, mais elle n'eft encores affez cuitte, ny dure, comme il fault. Il fe trouue femblablement du boufin qui fe delicte (ainfi que parlent les ouuriers) fur le lict & couche des

Que c'eft que
boufin, & cô-
me les carriers
en abufent &
trompent.

pierres, entre les bancs & affiettes des fillieres des carrieres, lequel les carriers qui veulent tromper, laiffent auecques la pierre, à fin qu'ils y trouuent plus grande quantité de pieds, pour en receuoir plus d'argent. Telle matiere de boufin ne vault rié, car elle eft tendre & molle comme craye, & fe deftrempe & diffoult quand elle demeure en l'eauë, & eft humectée. Vray eft qu'ayant efté long temps dedans le ventre de la terre aufdictes carrieres, elle deuient dure, & fe conuertit en nature de pierre, côme trefbien le cognoiffent par experience ceux qui frequentent les car-

Belle conferê-
ce du boufin
des pierres à
l'aubour du
bois.

rieres. Le boufin à dire verité fert autant mis en œuure auecques la bonne pierre, comme faict l'aubour trouué en vn bon bois, & mis auffi en œuure auec ledit bois : car non feulement il le mange & confume en poudre, mais auffi il gafte ce qui eft bon en luy. Ainfi faict ledit boufin, car non feulemát il gafte les bonnes maçonneries, ains bien fouuent eft caufe de leur ruine, ainfi qu'il fe voit iournellement quand il eft appliqué en œuure, tant par la malice des maçons que par le facile moien qu'ils ont d'incontinent tailler telles pierres boufinieres, & fans grande defpenfe & peine, pour eftre fort tendres, & auffi qu'ils ont auantage pour la maçonnerie qui fen haulfe pluftoft, & fy trouue plus de toifes.

Mais tel bousin se mange & consume auecques le téps, delaissant en son lieu vne grande ouuerture, qui faict prendre coup & fendre les murailles, dont il aduient grand dommage & difformité aux logis. Et cóbien qu'il semble que ce soit petite chose, si est-ce qu'elle est de tresgrande importance & consideration, qui est la cause que i'en ay bien voulu dóner icy aduertissemét, à fin qu'on se garde d'y estre trompé. Les marbres & toutes pierres de semblable nature, c'est adire tresdures, ne sont point subiettes à receuoir tels bousins. Ie n'aurois iamais faict si ie voulois descrire bié au long la nature, difference & qualité des pierres: entre lesquelles sen trouuent d'humides, seiches, spongieuses, cauerneuses, frangibles, ou fragiles, aigres, qui sesclattent, qui se delictent, qui sont pleines, pesantes, legeres, troüées, molles, ou dures: d'autres de la nature du feu (pourautant qu'elles le iectent quand on les taille) d'autres qui sont propres pour porter fardeau en tous sens, voire sans se delicter, & pour seruir en tous costez de parements & de licts: d'autres qui ne veulent estre mises en œuure que sur leur lict, ainsi que nature les a faictes, & non autrement: d'autres encores qui portent lustre & poliment comme marbre, & d'autres qui representent minieres d'or, d'argent, de cuyure & couleurs fort admirables, lesquelles nature a informé en elles. Veritablement qui se voudroit amuser à descrire toutes les susdictes sortes de pierres, il n'entreprendroit vn petit labeur. Les Architectes & maistres maçons peuuent auoir au païs ou ils habitent certaine experience & cognoissance de toutes pierres qui y sont, pour les auoir mises en œuure: mais il ne fault omettre que si les vnes sont bonnes en vn païs pour y estre posées en œuure d'une sorte, elles seront tout autremét en vn autre. Les vnes veulent estre mises en œuure auec moien mortier, les autres auec moins ou plus. Aucunes sont gastées par le vent marin qui les mange, ou par la lumiere de la Lune: les autres sy fortifient, tout au contraire: aucunes resistent contre le feu, d'autres y bruslent, & y sont calcinées ainsi que la chaux à la fournaise. De ce propos ie ne veux parler d'auantage, craignant d'outrepasser les limites de ma deliberation & entreprinse. Quant aux pierres de moilió pour cóstruire murailles, ou faire fondeméts & maçonerie hors terre, on les prend voluntiers au dessus des carrieres, qui sont descouuertes premier que trouuer la pierre à faire taillé. Car plus on va fouillant ou creusant au bas desdictes carrieres, on les trouue meilleures: de sorte que le meilleur moillon est celuy qui est le plus dur, plus pesant, plus aspre, & se récótre le plus plat, & de hauteur raisonnable: celuy qui est vn peu lóg, est plus propre

Marbres & pierres dures n'estre subiettes à bousins.

Nature admirable des pierres sous diuerses couleurs et qualitez.

Pour cognoistre et sçauoir choisir le bon et loyal moillon.

c ij

pour faire les liaiſons des murailles. Les pierres de vraye roche
ſont bónes à faire maçonneries, & meſmes les plattes, mais nó les
cailloux (principalement à vne muraille qui eſt hors de terre) ſils
ne ſont troüez & comme ſpongieux, pourautant qu'ils ne peuuent promptement receuoir & garder la graiſſe & ſubſtance de
la chaux, ainſi qu'on l'apperçoir lors que la muraille eſt ſeiche.
Mais aux fódeméts ou en gráde eſpeſſeur de muraille, leſdits cail
loux ſont fort propres & bós, pour les raiſons que vous pourrez
ouïr lors que nous parlerós de la façon d'emplir les fondements.

Des pierres de marbre qui ſe trouuent en France fort bon-
nes, ſans en faire venir des païs eſtranges.
CHAPITRE XV.

E N eſcriuát des pierres propres pour baſtir & maçonner, ie me ſuis aduiſé de la grande curioſité
de pluſieurs de noſtre païs de Fráce, leſquels i'ay
veu depuis quelque temps deſirer auoir des marbres, & ne les trouuer bons, ſils ne venoiét d'Italie, ou de quelque païs eſtráge, ou pour le moins
des monts Pyrenées: & non pour autre reſpect, que pour le plaiſir d'en orner leurs chambres & autres lieux. Ie ne me puis con-

Nul contente-
ment eſtre en
vn plaiſir ac-
compagné de
deſplaiſir.

tenter d'un plaiſir accompagné de deſplaiſir. Dictes moy, ie vous
prie, quel plaiſir trouuerez vous de coucher & habiter entre pier
res fort froides, iaçoit qu'elles ſoient bié madrées & diaprées de
diuerſes couleurs, ſans auoir eſgard à la ſanté, & au païs, ou nous
ſommes, tant ſüiet à longues froidures, humiditez & morfon-
dures, voire en eſté le plus ſouuent? Que diriez vous que ceux
qui en ont faict faire bonne prouiſion, n'ont iamais ſceu ſen ayder ne les faire mettre en œuure? Peult eſtre auſſi qu'ils n'ont eu
le moien & téps conforme à la volunté de les pouuoir employer
pour l'enrichiſſement de leurs belles maiſons. Ie trouuerois fort
louable & ſalubre à ceux qui ſont dignes de telles parades, ſils fái
ſoient ſeulemét faire de marbre quelques incruſtations, commé
pour cheminées & autres lieux ſemblables, principalemét pour
les logis d'eſté qui doiuent eſtre frais, & pour ceſte cauſe ſituez
contre vents froids, ainſi que nous l'auons eſcrit cy deuant. Sem-

En quelles
parties des lo-
gis ſont pro-
pres les mar-
bres.

blablement pour cryptoportiques, leſquels on doit tenir les plus
frais que faire ſe peut pour les habitations d'eſté, qui ſe font cou-
ſtumierement vers les parties de Septétrion, comme vous l'auez
ouy quand nous parlións des vents. Les incruſtatiós & orneméts
de marbre, au dedans des logis, comme aux ſalles, chambres,

& lieux ou lon couche, font plus propres en Eſpaigne, Italie &
païs chauds, qu'en ce païs de France & lieux Septentrionaux.
Et iaçoit que nous tirions vers les parties Occidentales, ſi eſt-ce
que pour le voiſinage du Septētrion nous ſommes ſuiects à grandes froidures, qui nous durent quelquefois, ie ne diray quatre & *Les froidures*
cinq mois, ains apres l'hyuer, bien ſouuent, tout le printemps & *eſtre de logue*
bonne partie de l'eſté : ainſi que nous le voyons ceſte preſente *durée en ce*
année 1565, & l'auions veu en pluſieurs autres precedentes, ſignã- *pays ſepten-*
ment en l'année 1555. qui fut toute entieremēt froide & pluuieu- *trional de Frã-*
ſe, laquelle choſe cauſa que les vins y furent ſi verds, qu'on n'en *ce.*
pouoit boire, & furēt pource appellez Ginguetz, dõt le nom dure encores. Il ſera dõcques tresbon & fort vtile, de regarder en ce
païs à quelle habitation on appliquera les marbres : leſquels il ne
fault d'icy en auant chercher ou enuoyer querir hors du Royaume, veu qu'il ſen trouue en diuers lieux de France, & meſmes à
Angiers, aux terres & vignes de noſtre abbaye de ſainct Serge,
qui ſont fort beaux, & en telle quantité qu'elle pourroit ſatisfaire aux baſtiments d'un Paris. Leſdicts marbres ſont autant bons
qu'il eſt poſſible, & prennent auſſi beau luſtre & poliment que
tout autre marbre eſtranger. Mais quoy? les ſingularitez de ſon
propre païs & royaume ſont touſiours moins priſées, principalement en France, que celles des eſtrãgers. Ie croy certainement *Nulle nation*
qu'il ne ſe trouuera royaume ne païs, quel qui ſoit, mieux meublé *auoir plus*
& garny de diuerſité de pierres pour baſtiments, que ceſtuy cy. *beau moiē de*
De ſorte que nature y a ſi bien pourueu qu'il me ſemble qu'on ne *baſtir, que la*
ſçauroit trouuer nation qui ait plus beau moien de baſtir que les *Françoiſe.*
Frãçois. Mais la pluſpart d'eux ont telle couſtume, qu'ils ne trouuent rien bon (ainſi que nous auõs dit) ſil ne viēt d'eſtrange païs,
& couſte bien cher. Voila le naturel du François, qui en pareil cas
priſe beaucoup plus les artiſans & artifices des natiõs eſtranges,
que ceux de ſa patrie, iaçoit qu'ils ſoient treſingenieux & excel-
lens. C'eſt la mobilité de l'eſprit mercurial des François, mais
non de tous, car il y en a grand nombre de ſages & treſprudents *L'eſprit de*
qui ſçauent fort bien regarder le proufit du Royaume, y faiſant *pluſieurs Fran-*
laiſſer l'argent qui ſe tranſporteroit aux eſtrangers, à fin de le *çois mercuria-*
faire gaiꝫner à ceux du païs, & ſayder de tout ce qu'on y trou- *liſer en incon-*
ue, ſans aller chercher dehors autres ſingularitez que celles que *ſtance & mo-*
nous auons en grand nombre, & ſçauons (graces à Dieu) bien *bilité.*
orner & diſpoſer. Ie ne veux pas dire qu'il ne ſoit permis aux
Roys, Princes, & grands Seigneurs, d'auoir ce qu'ils deſirent
pour decorer leurs chaſteaux & Palais : car à eux il appartient,
& non à ie ne ſçay quelles perſonnes, qui ſont ſi deſbordées &

De plusieurs qui follement veulent contrefaire les Roys en baffiffant. ſi mal aduiſées, que incontinent qu'ils ont apperceu quelque choſe ſinguliere en la maiſon du Roy, comme quelque beau iardin, quelque belle cheminée, ou autres façons, ils veulent incontinent le repreſenter en leurs logis, & contrefaire le Roy: voire beaucoup plus entreprendre que leurs qualitez & facultez ne portent, ſans ſe ſçauoir aucunement meſurer, ny moins conſiderer le cours du temps auecques la fin de leur entreprinſe. Par ce moyen telles perſonnes bien ſouuét ſe ruinent, & laiſſent leur poſterité en grand danger: pour autant qu'il aduient le plus ſouuent que les grands ſeigneurs aiant veu leurs belles maiſons & beaux chaſteaux, les appetent & deſirent. Dictes moy, ie vous prie, ne ſeſt il pas veu pluſieurs fois, que les braues maiſons & beaux chaſteaux ont eſté cauſe de rechercher la vie de pluſieurs & de faire faire leurs proces? Sans en eſcrire dauantage ie repren mon propos, & dy qu'on trouuera en Fráce toutes ſortes de marbres, de pierres, & matieres pour y faire les plus beaux baſtiméts & plus excellents qu'on pourroit penſer. On y trouuera auſſi artiſants pour les conduire & perſonnes admirables pour les bien deuiſer & inuenter, ſans aller aux nations eſtrangeres pour en chercher d'autres. Ie crains d'auoir icy trop extrauagué en delaiſ ſant noſtre propos des prouiſions & matieres qui ſont neceſſaires deuant que commençer à baſtir, qui eſt cauſe que i'en repren le chemin.

De la chaux & pierres propres pour la faire, & de quels ſables
& eauës il fault vſer pour preparer les mortiers, auecques
la difference & nature deſdicts ſables.
CHAPITRE. XVI.

De quelles pierres eſt faicte la bonne chaux: & cóme ſe doit cognoiſtre la meilleure. Qvant à la pierre qu'il fault auoir pour faire la chaux, ie dy que la meilleure eſt la plus dure, car la chaux ſen trouue plus graſſe & glutineuſe. Celle qui eſt faicte de marbre, ou de pierre de ſemblable nature, eſt merueilleuſement bonne. De ſorte que l'employant toute chaude, comme ſortant du four, auecques cailloux & gros ſable de riuiere qui porte autres petis cailloux, elle ſe conglutine merueilleuſemét bien auecques le temps & de telle façon, que le tout enſemble eſt ainſi qu'vne roche & maſſe d'une piece: comme vous l'entendrez par le chapitre ſuiuant. Ce temps pédant ie vous aduertiray que la meilleure chaux ſe cognoiſt, pour eſtre la plus peſante, & quád on la frappe, elle ſonne comme vn pot de terre bien cuicte. On la

cognoiſt auſſi eſtre bonne, ſi eſtât mouillée, ſa vapeur & fumée
eſpeſſe, monte incontinent & ſoudainement contremont : d'a-
uantage, ſi elle ſe lic au rabot duquel on la broye. I'ay auſſi de
long temps ouy dire, & me ſemble eſtre veritable, que la chaux
d'un lieu ſe comporte beaucoup mieux pour eſtre employée en ⟨*Choſe ſort di-*⟩
maçõnerie auec les pierres de ſa meſme patrie & carriere, qu'au- ⟨*gne de noter.*⟩
trement : c'eſt à dire, du meſme lieu duquel a eſté tirée la pierre
de la chaux. Parquoy il ſera beaucoup meilleur à ceux qui feront
baſtir, de faire la chaux, ſils ont la commodité, de meſme pierre
qu'ils voudrõt maçonner, pluſtoſt que la faire venir d'autre lieu
& païs. Quant au ſable duquel il fault auſſi faire bône prouiſion, ⟨*Prouiſion de*⟩
ſoit pour garder la chaux, ou la mixtionner pour en faire mor- ⟨*ſables neceſſai*⟩
tier, ie ne vous en feray icy long diſcours, veu que noz auteurs ⟨*re pour la con*⟩
d'Architecture en ont ſi bien traicté & ſi au long deſcrit, que ce ⟨*ſeruation &*⟩
ne ſeroit qu'vne redicte. Bien vous veux ie aduertir que les ſables ⟨*garde de la*⟩
ſont de diuerſes natures, ſçauoir eſt maſles & femelles, & auſſi de ⟨*chaux et mor-*⟩
diuerſes bõtez : de ſorte que les vns ſont plus de proufit & ſe liét ⟨*tiers.*⟩
mieux auec la chaux, que les autres. Aucuns ſont ſi gras & ſi bõs,
qu'il en fault cinq parties pour vne de chaux, voire ſept. I'en ay
veu d'autres qui n'en peuuent porter deux ou trois parties, &
d'autres qui ſont ſi mauuais, qu'il y fault autant de chaux que de
ſable. Outre ce il conuiét cognoiſtre que aucuns ſables ſont treſ-
bons & propres pour les murailles hors de terre, les autres pour
les fondements, autres pour faire les enduits, & autres pour fai- ⟨*Beau diſcours*⟩
re le cyment, ou pour ſen ſeruir comme de vray cyment, ainſi ⟨*ſur la diuerſi-*⟩
que pourcelane, qui eſt vn ſable noir, duquel lon vſe à Rome, & ⟨*té des ſables.*⟩
a la nature d'vn vray cyment. Voyez ſur ce propos Pline, par-
lant de la diuerſité des terres & du ſable de Putzoli, & de pluſieurs autres ſortes de terres qui ſendurciſſent comme pierre. Le
meilleur ſable en ce païs de France, & beaucoup d'autres lieux,
c'eſt le terrain : non qu'il ſoit propremét terre, mais pour autant
qu'il ſe prend au milieu d'vn champ dedans les terres : parquoy il
eſt beaucoup meilleur que celuy des riuieres, & faict bruict quãd
on le manie, ayant de gros grains par dedans, comme petis cailloux, qui eſt cauſe qu'il faict vn fort bõ mortier. Il en y a qui porte de la terre auecques ſoy, duquel il ne fault vſer. Mais il ne conuient icy omettre que les ſables ſont de diuerſes couleurs, de ſor- ⟨*De diuerſes*⟩
te que les vns ſont blancs, les autres iaunes, les autres rouges, & ⟨*couleurs de*⟩
les autres noirs. Vous cognoiſtrez leur bõté quand ils ſont mouil ⟨*ſable & de*⟩
lez, car ils ne tachent ou ſouillent vn drap, comme faict la fange, ⟨*leur bonté.*⟩
& ſi ne rendent point les mains ſalles, ainſi que font les mauuais
ſables en les maniant. Voiez ſur ce propos Vitruue qui en eſcrit

bien au long, fans en chercher ailleurs. Quant aux eauës qui font
le troifiefme element de la côpofition du mortier (car il y a feu à
la chaux, terre au fable, eauë pour leur agglutination, & en la fumée forme d'air nubileux, qui refpondent aux quatre elements
du monde) ie dis que l'eauë de mer ne vault du tout rien à faire
mortier, car elle ne le deffeiche aucunemēt eftant en œuure, ains
le laiffe toufiours humide, & empefche qu'il ne s'agglutine, ou lie
auecques les pierres. Les eauës pareillement des palus & maraiz
n'y font bonnes pour leur groffeur & immundicité, mais celles
des riuieres, puits & fontaines, y font fort bonnes & propres:
ainfi que nous pourrons monftrer ailleurs.

Maniere de bien deftremper la chaux, tant pour durer long
temps en œuure, que pour eftre longuement & feurement
gardée, & de l'vfage d'icelle pour les peintres.
C H A P I T R E   X V I I.

POurautant qu'en faifant prouifion (ainfi que
nous auons dict) de toutes matieres, i'ay veu plu
fieurs perfonnes qui ne fçauoient garder leur
chaux, & y eftoiēt fi fort empefchez, que quand
il la failloit mettre en œuure, elle auoit quafi per
du fa force, pour auoir efté mal deftrēpée & fai-
cte autrement qu'il ne failloit: pour ce eft il que ie vous veux biē
aduertir icy comme vous la deuez garder, auecques la diuerfité
d'en vfer, veu que les vns fen aydent d'vne forte, & les autres d'u-
Diuers moïés   ne autre. Laquelle chofe ne prouient d'ailleurs que de la nature
de garder la   de la chaux, laquelle aucuns deftrempent ainfi comme elle vient
chaux.   du four, auecques de l'eauë, fans y mettre fable, & en font vne
groffe maffe, mais fils n'entendēt le moien, ils fe mettent en danger de la brufler ou noyer, pour y mettre trop d'eauë ou trop peu,
car cela diminue beaucoup de fa force. Eftāt deftrempée ils l'ac-
cumulent & ramaffent en vn monceau, puis quand ils en ont affaire pour mettre en œuure, ils la deftrēpent & rebroyent auecques du fable, lequel ils y meflent à leur fantafie. Les autres, ainfi
que la chaux vient du four, tout auffi toft ils la deftrempent auecques vn peu de fable & d'eauë, & en font vne maffe pour garder,
puis quand ils la veulent mettre en œuure, ils y meflent du fable
Façon feconde   d'auantage, & le rebroyent bien fort. Cefte façon eft meilleure
meilleure que   que la premiere, mais celle que ie vous veux icy defcrire fera en-
la premiere.   cores trouuée beaucoup meilleure, pour autant que la chaux y
peult long temps bien garder fa force & graiffe: de forte qu'vn

pied de muraille estant maçonné de ceste chaux, vaudra mieux que trois des autres, & si la pouuez garder longuemét sans qu'elle se gaste, ou perde sa force. La façon est telle: Ainsi qu'on apporte la chaux du four, vous l'assemblerez en vne grande place bien droicte, & la mettrez d'vne mesme hauteur, comme de deux ou trois pieds, en telle lógueur & largeur que vous voudrez. Apres cela vous la couurirez de bon sable terrain, ou de riuiere, enuiron vn pied ou deux de hauteur, ou si vous voulez egalemét par tout. Cela faict vous iecterez de l'eauë par dessus en assez grande quantité, & telle que le sable en soit si fort mouillé & abreuué que la chaux se puisse fuser par dessous, sans se brusler aucunement. Si vous voyez qu'é quelque lieu le sable se fende & face voye pour la fumée qui en sort, recouurez le incontinét, à fin que la vapeur & fumée n'en sorte. Estant ainsi le sable bien mouillé & destrempé, toutes les pierres de la chaux se conuertiront en vne masse de graisse, laquelle quand vous entamerez pour faire mortier au bout de deux ans, trois, ou dix, il semblera que ce soit comme fromage de cresme, & en sera la matiere si grasse & glutineuse, qu'on n'en pourra quasi tirer le rabot duquel on destrépe le mortier, & mangera grande quantité de sable, & fera si bon mortier, qu'il s'agglutinera auecques les pierres tout ainsi cóme si c'estoit vn vray & bon cyment. Mais sur tout il fault bien prendre garde qu'en mouillant le sable, la chaux soit par tout bien couuerte dudit sable, & qu'elle ne prenne l'air, comme i'ay dict, pour autant que la chaleur & fumée de la chaux faict ouurir & separer le sable, qui pourroit estre cause de son euaporation & esuentement: par ainsi il fault prendre garde à la bien couurir tousiours. Telle nature de chaux ainsi temperée & gardée, est encores merueilleusement bonne, pour faire quelques ouurages d'incrustations, comme aussi pour enduire les murs à faire estuf, & pour seruir aux peintres qui besongnent à fiez contre les murs, quand ils veulent faire quelques histoires & ouurages, ou ils appliquét leurs couleurs sur le mortier, comme sur cymét. Estant ainsi destrempée de longue main ladicte chaux, elle ne faict rompre l'enduit, ou mourir les couleurs, comme font les autres mortiers. Il s'est trouué quelquefois qu'à faute d'auoir ainsi destrépé la chaux quand le peintre pensoit auoir faict quelque belle œuure de son estat de peinture, au bout de quelque temps apres, ses couleurs se mouroient & perissoient. Car la force & vehemence de la chaux les mangeoit & les faisoit changer autrement qu'elles n'estoient quand elles furent mises en œuure, ou bien faisoit fendre tout l'enduit & peinture, de sorte que quelquefois aucunes pieces en

Beaux enseignemens, & dignes de noter, pour la façon & conseruation de la chaux.

La chaux ne deuoir prédre air, ne s'euaporer.

La cause de l'endommagement de beaucoup de peintures.

tomboient, ou bien fy leuoient comme petites ampoulles : qui
eſtoit dommage & perte pour le ſeigneur qui faiſoit faire l'œuure, & grand deshonneur au peintre.

Des prouiſions de bois, tant pour la charpenterie que menuyſerie,
& des terres pour la bricque, carreaux, tuilles, & autres,
ſemblablement des ſerrures, clefs & ferrures.
C H A P I T R E. XVIII.

Ouchant les bois pour la charpéterie & menuyſerie, deſquels il fault faire bône prouiſió, & les
coupper & debiter quatre & cinq ans, ou plus,
deuant que de les mettre en œuure (principalement pour ſen ſeruir à la menuyſerie, à fin qu'ils
ſoient en leur bonté & bien ſecs, & qu'ils ne ſe
puiſſent retirer) ie vous renuoiray à ce que nous en auons eſcrit
& enſeigné, au premier & ſecond chapitres du liure que nous
auons faict imprimer nagueres, de la nouuelle Inuention pour
bien baſtir & à petis frais,(lequel pour la côtinuation du preſent
œuure vous trouuerez ſur la fin) pareillement à pluſieurs auteurs
qui en ont traicté, ainſi que i'ay allegué cy deuant, & ſpecifié plus
à plein en noſtredit liure. Quant à la nature de la bonne terre à
faire la bricque, carreau, tuille, & autres choſes, comme auſſi au
temps propre pour tirer ladicte terre, & la mettre en œuure, ie

Pourquoy
l'auteur n'eſ-
crit bien au
lõg des terres. ne vous en feray plus long diſcours, pour autant que pluſieurs
en ont eſcrit, & auſſi qu'en ce chapitre, mon principal but eſt de
ſeulemét môſtrer les matieres deſquelles on a affaire pour cômé-
cer, conduire, & paracheuer les baſtiments qu'on aura entrepris.
Et pour autant que pluſieurs des ſuſdictes choſes & matieres ſe
trouuent toutes formées & preſtes, comme la brique, le carreau,
la tuille, poiſles, vaſes, & autres, pource eſt il que ie ne me trauail
leray d'en faire plus long recit. Mais bié i'aduertiray le diligent
Architecte de dõner ſon aduis au ſerrurier, & luy faire entendre les façons comme il doit faire les ſerrures & ferrures, tant dés
portes que des feneſtres, & autres choſes qui y ſeront neceſſaires,
auecques les differences des vnes aux autres, comme ſont ſerrures à demy tour, & à tour & demy, des paſſe par tout ſous vne

Des clefs ap-
pellées paſſe
par tout, et de
leur vtilité. clef pour fermer toutes ſerrures & les ouurir ainſi qu'on veult,
qui eſt vne choſe propre pour le ſeigneur de la maiſon, à fin d'aller par tout, & fermer ou il luy plaira. Auſſi il fault que le ſerrurier ſçache combien il luy fault de fiches, de couplets, & de tar-
gettes, & que l'Architecte face ſon calcul & côpte ſi dextremét,

qu'il puisse faire entendre le tout audit serrurier, & principalement au seigneur, auquel il dira le nombre des portes, fenestres,
& serrures qu'il fault pour tout l'edifice, auecques la valeur: &
ainsi le serrurier se tiendra prest de toutes choses qui seront necessaires de son estat. Semblablement le menuysier fera de son co
sté diligence à faire toutes les portes, fenestres, & lambris, tant
des planchers que des cabinets, voire iusques aux meubles, sil
plaist au seigneur, à fin que tout soit prest si tost que les maçonneries seront acheuées.

Du vitrier, plombeur, couureur, & autres artisants necessaires
pour fournir les matieres de leur estat, pour l'accomplisse-
ment du logis. CHAPITRE XIX.

L fault que l'Architecte face encores ce seruice
au seigneur, de faire vn deuis pour toutes les vitres qui seront necessaires en tout le bastiment,
soit de voirre blanc, ou voirre peinct, ou en faço
d'email, comme sont les vitres que i'ay faict faire
au chasteau d'Annet, qui ont esté des premieres
veuës en France pour email blanc. Aussi il donnera les deuises &
histoires pour y mettre, mais telles qu'il plaira au seigneur. D'a-
uantage il donnera la façon & la grosseur du plomb lié, auecques
tant de verges de fer & barres qui y pourrót entrer, selon la grandeur des fenestres. Il fault bien specifier toutes ces choses, à fin
que le seigneur ne soit trompé par les artisants & ouuriers. Et en-
cōres y mettre la quantité des pieds, pour mieux cognoistre le
pris & valeur de toute l'œuure, à fin qu'en faisant prouision de
telz ouurages lon n'auance trop d'argent ausdicts artisants & ouuriers, & sen ensuiue ce que plusieurs fois i'ay veu aduenir, c'est
que la plus part d'eux sont beaucoup plus attétifs à prendre grád
argent, qu'à bien faire, & tenir parole de ce qu'ils promettent. Il
conuiendra aussi faire prouision d'ardoise & plomberie, en monstrant la nature, forme, qualité, & quantité tant de ladicte ardoise que du plomb, auecques leurs grosseurs, lógueurs, & largeurs.
Il fault de tout faire bon deuis, & specifier ce qui est necessaire
pour le proufit & vtilité du seigneur. L'architecte ayant donné
ainsi tel ordre & telle preuoyance, sil sest bien aduisé de toutes
choses, son bastiment ne demourera en arriere d'aucun cas, & se
fera tout d'une venuë sans discontinuation, qui sera vn grandissime bien & grand contentement au seigneur de voir parfaire son
œuure tout d'une venue, & auecques bonne diligence: nó point

Les vitres
du chasteau
d'Annet pre-
mieres en Frā
ce pour email
blanc.

L'architecte
ne deuoir trop
precipiter ne
retarder son
œuure.

que ie vueille qu'il y procede trop haftiuement, n'auffi tardiue-
ment, ains pluftoft auecques vne meure diligence, à fin que toutes chofes fe conduifent comme elles doiuent. Sur toutes autres
matieres il fault auoir en fes prouifions grande quantité de pierres & de bois pour en choifir & mettre en œuure, ainfi que les
lieux le requierēt: car fouuentesfois faute d'auoir vne longueur
& largeur telle qu'elle feroit neceffaire, les ouuriers font feruir
ce qu'ils ont. Laquelle chofe les faiſt fouuent retarder, non fans
grād dommage pour l'œuure, & plus pour le feigneur qui la faiſt
faire. Apres toutes ces chofes on dône ordre aux peintures & ornements à la volunté du feigneur. Voila ce que ie voulois efcrire pour l'ordre, façon & moien de recouurer & tenir preft ce qui
eft neceffaire, pour conftruire & edifier tels baftiments que vous
defirerez faire. A laquelle chofe toutes perfonnes bien aduifées
& fages doiuēt pēfer deuant que cômençer leurs baftimēts, à fin
qu'il n'y furuienne interruption & difcontinuation à faulte d'a-
uoir les matieres bien choifies & toutes preftes. Refte de paffer
plus outre & commençer de mettre la main à l'œuure, c'eft de
monftrer comme il conuient faire les fondements, & creufer
les terres pour cognoiftre fi elles font bonnes pour fonder, ainfi
que vous le verrez cy apres, moiénāt la grace de noftre Seigneur,
laquelle nous a conduiſt iufques icy.

Preparation
de matiere,
pour le liure
enfuyuant.

LE

LE DEVXIEME LIVRE

DE L'ARCHITECTVRE DE PHILI-
BERT DE L'ORME LYONNOIS, CON-
seiller, Aulmosnier ordinaire du Roy,
Abbé de sainct Eloy-lez Noyon, &
sainct Serge lez Angiers, &
n'a gueres d'Iury.

PROLOGVE EN FORME
D'ADVERTISSEMENT.

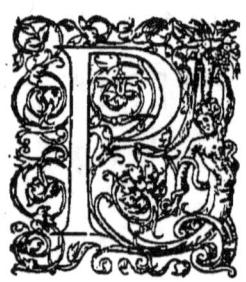

PAR le discours du precedent liure, nous
auons suffisamment aduerty l'Architecte
& le Seigneur, ou autre qui veult faire bastir (comme les deux chefz principaux de
la conduicte & entreprise) quel est leur office & deuoir, quelles considerations, preuoyances, sçauoir & suffisance sont necessaires, tant à l'vn qu'à l'autre, & finalement
quelles sortes de matieres doiuét estre preparées deuant que mettre la main à l'œuure, & dóner fondemét
au logis qu'on pretend edifier. Reste en ce second liure tourner
nostre plume & propos vers les troisiemes personnes, sans lesquelles vn edifice ou bastiment ne peult estre parfaict. Ce sont
les maistres maçons, tailleurs de pierres, & ouuriers (sur lesquels
l'Architecte tousiours domine) qui aussi ne doiuent estre frustrez
icy de nostre labeur & instructió, telle qu'il a pleu à Dieu la nous
impertir & donner. Ils seront doncques aduertis en ce liure, de
quelz instruments & moiens ils se doiuent principalement ayder pour les mesures, tant des orthographies que scenogra-
phies, c'est à dire tant des plans que des montées & fassades des
bastiments, à fin de propremét cognoistre quelles seront les œuures, premier que d'y proceder par aucuns desseings ou modelles. Ils seront d'auantage enseignez comme il fault fonder, dresser & planter toutes sortes de bastiments, soiét chasteaux, palais,
temples, maisons Royales, bourgeoises, rustiques ou autres: le

Sommaire et recapitulation des pricipaux traicts du liure precedent.

L'argument & sommaire de ce present liure.

f

tout prenant fes principes & commencements de petites reigles
& preceptes d'Arithmetique & Geometrie, ainfi qu'on le pourra colliger par le difcours du prefent liure & autres qui l'enfui-
uront. Mais deuant qu'entrer plus auant en propos, ie defire que
l'Architecte & maiftre maçon entende aucunement la pratique
de Geometrie & Arithmetique, autrement il ne fe pourra ayder
des traicts & figures que nous deliberós luy propofer, ny moins
d'autres chofes neceffaires & requifes pour le vray vfage & pratique d'Architecture. Il ne pourra auffi trouuer les dimenfions
& denombrements de ce qui luy eft neceffaire, fans l'ayde defdictes difciplines. Mais ie voudrois que non feulement il fceut les
quatre parties vulgaires d'Arithmetique, qui font adioufter, fou-
ftraire, multiplier, & diuifer, ains auffi la reigle de proportion,
autrement dicte la reigle de trois, ou bien, la reigle dorée, pour
les grandes commoditez qu'elle apporte : d'auátage ie voudrois
auffi que noftre Architecte fuft prompt à entendre les nombres
roupts, appellez des Mathematiciens fractions, auecques les racines cubes & quarrées, à fin d'accómoder le tout aux proportiós
& dimenfions, defquelles fayde neceffairement l'Architecture.
Pour cefte caufe ie prie trefaffectueufement ceux qui n'auront
eftudié aux fufdictes difciplines, y vouloir employer quelque
temps, à fin de droictement, &, tant que faire fe pourra, parfaictement pouuoir exercer ladicte Architecture. N'eftoit qu'auiourd'huy plufieurs en tiennét efcholes, & font profeffion de les
enfeigner, ie mettrois peine d'en efcrire plus au long, & m'arre-
fterois à beaucoup de demonftrations lefquelles ie pafferay legerement pour les fufdictes caufes. Ioinct auffi que nous auons
plufieurs liures, non feulement Latins, mais auffi François, Ita-
liens, & en toutes autres langues, qui en traictent doctement &
familierement. Parquoy ie n'en feray icy plus long difcours, à fin
de continuer noftre entreprife & methode. Nous difons donc
que les Architectes & maiftres maçons ne fçauroient bien commençer vn œuure, foit pour faire vn plan ainfi qu'ils le defirent,
ou pour faire modelles, ou pour commécer à traffer & marquer
les fondements, que premier ils ne tirent fur vne ligne droicte,
vne autre perpendiculaire, ou traict d'equierre (comme l'appellent les ouuriers) foit fimplement, ou dedans la circonference
d'vn cercle. Ils y peuuent femblablement proceder par deux lignes paralleles, pourueu que toufiours au bout d'icelles, ou bien
au milieu, on en tire vne perpédiculaire. On peult auffi tirer la ligne perpendiculaire fur le bout de la ligne droicte, comme quelquefois il vient à propos, quand on veult traffer les fondements

L'architecte
et maiftre ma
çon deuoir en-
tédre l'Arith-
metique &
Geometrie en
toutes leurs
parties.

Exhortation
aux profef-
feurs & ama-
teurs d'Archi
tecture.

Du traict d'e-
quierre, ainfi
que les ou-
uriers le nom-
ment.

d'un baſtiment, ainſi que vous en verrez cy apres la façon. Toutefois la tirer ſur le milieu de la ligne (pourueu que vous n'ayez
empeſchement de pierres ou de montaignes en la traſſant ſur terre) c'eſt le plus aiſé, & le plus facile en toutes choſes que vous aurez à faire: non ſeulement pour planter edifices, mais encores
pour faire toutes ſortes de figures, ſoient protraicts ou deſſeings,
pour les traicts Geometriques, & ornements d'Architecture,
pour la perſpectiue, muſique theorique, inſtruments d'art mili-
taire, engins ou autres choſes, auſquelles il fault touſiours com-
mencer par vne ligne perpendiculairement tirée ſur vne droicte: *Du chara-*
ctere & figu-
laquelle repreſente & figure vn charactere de croix, qui eſt ſi ad- *re de la croix.*
mirable, que ie ne puis paſſer outre ſans eſcrire ce que i'en ay appris de Marſile Ficin, & autres excellēts philoſophes : qui diſent
que la figure de deux lignes droictes qui ſentrecouppent par le
milieu à angles droicts, & repreſentent le charactere de la croix,
a tant eſté honnorée & eſtimée des anciens (voire long temps au
parauāt l'aduenemēt de Ieſus Chriſt) que les Egyptiēs, cōme cho
ſe treſſaincte, treſſacrée & miraculeuſe, l'auoient engrauée ſur la
poitrine de l'idole Serapis : laquelle ils adoroient pour leur dieu.
Il ſe trouue d'auātage que les Arabes treſſçauāts en la cognoiſſance d'aſtrologie & toute philoſophie , faiſoient plus de cas de ce
ſigne de la croix que de tous autres: & l'auoiēt en ſi grand' eſtime
& reuerence, qu'ils luy attribuoient plus de force, vertu & heur *Les Arabes*
auoir porté
qu'à toutes autres figures & characteres, voire iuſques à le tenir *grād hōneur*
auecques treſgrād hōneur & ſaincteté en leurs maiſons & lieux *& reuerence*
ſacrez. Mais laiſſons à part l'honneur & reuerence que nous de- *au ſigne et ſi-*
uons tous auoir en general à ceſte croix, pour la ſatisfactiō qui a *gure de la*
eſté faicte pour nous en icelle, par la mort de Ieſus Chriſt noſtre *croix.*
ſeul iuſtificateur, & la prenons & conſiderons comme vne des
premieres & parfaictes figures de Geometrie. Nous la trouue-
rons en egales longueurs & angles bien droicts, ainſi que Dieu
auteur de toutes choſes l'a faicte & ordonnée premierement en
creant le ciel & la terre, & la mettant au milieu de la circonfe- *La figure*
rence de ſes œuures. Car apres auoir creé de ſa ſeule parole tou- *de la croix a-*
te la machine de l'vniuers ſous vne forme ronde & ſpherique, il *uoir eſté inuē-*
diuiſa la circonference d'icelle en quatre parties egales mbien- *tée des la crea*
nant deux lignes droictes qui ſentrecouppent au centre & mi- *tion du mōde.*
lieu, ou, ſi vous voulez, au poinct de la diuiſiō, qui eſt la terre. Leſdictes parties ſont figurées par vne croix, & diuiſent tout l'vniuers par leurs extremitez en quatre parties, appellées Orient,
Occident, Midy, & Septentrion, ainſi que vous le pouuez voir
par la prochaine figure. Quand les eſtoilles ſont venues aux ex-

tremitez de la figure ainſi croiſée, ou, ſi vous voulez, de la croix
du mõde, par le mouuemẽt vniuerſel du ciel, elles ont trop plus
grande force & vertu qu'ailleurs, comme nous le voyons iournellement aduenir : de ſorte que ſil ſe trouue vne Eclipſe de Soleil ou de Lune, ou bien quelque grande conionction des planetes, qui nous promettent fertilité, guerre, mortalité, cherté de
viures, ou bien changement de monarchie ou religion, comme
nous la voions à preſent, ſi telles conſtellations ſe trouuent aux
extremitez du ſigne de la croix, ou, ſi vous voulez, aux angles du
ciel & monde (ainſi appellez d'aucuns) elles ont effect merueilleux & incroyable : voire beaucoup plus que ſi elles ſe faiſoient
ou rencontroient aux lieux moitoïans & qui ſont entre leſdicts
angles. Autant en peult on dire des eſtoilles fixes, quand elles ſe
trouuent iuſtement leuer, coucher, ou tenir le milieu du ciel a-
uecques les deux luminaires ou planettes, au tẽps des ſuſdictes
Eclipſes & conionctions. Qui n'eſt autre choſe qu'eſtre droictement ſur le poinct d'Orient, Occident, Midy & Septentrion, ou
bien en la premiere, ſeptieſme, dixieſme, ou quatrieſme maiſon
du ciel, ainſi que parlent les Mathematiciens. Leſquelles quatre
maiſons ne ſont autre choſe que les extremitez de ladicte croix,
ou des deux lignes qui ſentrecroiſent, ainſi que nous auons dict.
Vous voiez doncques & cognoiſſez par ce petit diſcours quelles
ſont les antiquitez, excellences, dignitez, & prerogatiues de la
figure & charactere de la croix, qui eſt autant & plus admirable,
que autre figure quelle qu'elle ſoit, veu les merueilleux ſecrets
qui l'accompagnent, & ont eſté fort bien preueuz & cogneuz
des Egyptiens, ainſi que ſçauẽt les doctes. Parquoy il n'eſt de mer
ueilles ſi leſdicts Egyptiens colloquoient ledit charactere de la
croix au lieu le plus eminent & ſingulier de tout le corps de leur
dieu Serapis, qui eſt la poitrine : au milieu de laquelle reſide le
cuœr, ſource & fontaine de la vie. Parauenture pour figurer que
la vie & le ſalut deuoit aduenir aux hõmes par la mort d'un ſeul
mediateur Ieſus Chriſt, qui ſeroit attaché au bois portãt figure de
croix, qui eſt la premiere que Dieu ſon pere a figuré au monde.
Mais nous laiſſerõs tels propos aux Theologiens, & reprendrõs
noz lignes & traicts de Geometrie, en tant que l'Architecte ſen
peult ayder. Le diſcours precedent ſe cognoiſtra par les figures
qui enſuiuent.

Les extremi-
tez & angles
de la croix du
monde eſtre
de grande ef-
ficace.

Beau diſcours
Aſtrologique
ſur les quatre
angles de la
croix du mõ-
de.

Belle philoſo-
phie, ou plu-
ſtoſt theolo-
gie.

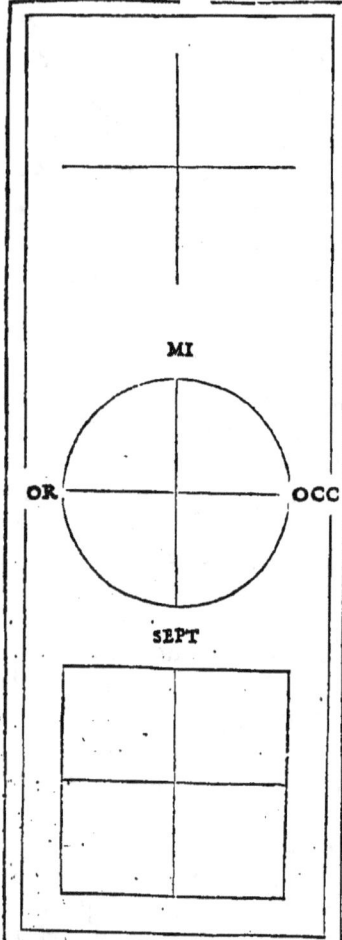

Comme on peult traſſer les fonde-
ments d'vn baſtiment, par le
moien d'vn perpendicule
au bout d'vne ligne
droicte.

CHAPITRE I.

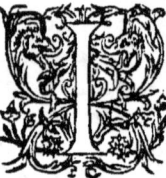

E croy qu'il n'y a
homme ſe meſlât
de cõduire baſti-
mêts, qui n'entẽ-
de bien, qu'il fault
equarrer la terre
& place ou il veult faire les fondemẽts de ſon œuure, ſil n'eſt de
lourd eſprit & beſongne à l'aduẽ-
ture, comme vn ignorant & gros
animal, ainſi que i'en ay cogneu
quelques vns. Si pour ce fait on ſe
veult ayder d'vn equarre, biẽ ſou-
uẽt il ſy trouue ſi petites brãches *Qu'on neſe*
& bras, que ſi l'œuure eſt grande *doit trop fier à*
ladicte equarre donne peu de iu- *vn equarre.*
gement : & auſſi que le plus ſou-
uẽt les equarres ne ſont bons. Et
ſil ſen trouue de grãds qui ne valent riẽ, plus grãde erreur ils font
faire. Pour dõcques euiter tels in-
conueniẽts ie mõſtreray cy apres
la façon cõme il les fault eſprou-
uer, & ſen ſçauoir ayder prõpte-
ment, combien qu'ils ne valuſſent rien du tout. Ainſi il vous ſera
facile de equarrer tresbiẽ voſtre place, comme vous cognoiſtrez
cy apres. Toutesfois ie veux premierement monſtrer vne autre
façon de traſſer les fondements par le mõien d'vn perpendicule
dreſſé ſur le bout d'vne ligne droicte, ainſi que i'ay parlé cy deſſus. Qui eſt choſe treſneceſſaire d'entẽdre, principalemẽt quand
on veult commencer d'vn coſté le baſtiment, & qu'on n'a le loiſir, ny le temps à propos de mettre à niueau toute la place ou il
conuient baſtir, pour le grand nombre des matieres qui ſont ſur
les lieux, & peuuent donner empeſchemẽt. Pour doncques employer le temps, & eſpargner l'argent, il fault commencer par vn

bout auecques bonne diligence & aduisement. Car le commencement est de si gráde importáce, que si les premiers fondeméts
ne sont bien droicts, & à l'equarre, le reste de l'edifice ne sera iamais sans auoir quelque deformité, ou dans la court, ou dans le
corps du logis, & telle faulte en amenera plusieurs autres. Il est
vray que tous n'ont pas le iugement de le bien cognoistre. Si est
ce qu'entre plusieurs il me souuient d'en auoir veu quelques vns
estre de si bon iugement, que si tost qu'ils entroiét en vn lieu accompagné de telle erreur & faulte, fust-ce dedans vn iardin, mai
son, ou ailleurs, foudainement il la remarquoient, & notoient la
deformité tát petite qu'elle fust, sen trouuans offensez à la veüe,
& disant la faulte incontinent, tant ils estoient de bon esprit.
Pour doncques bien equarrer vn fondement, vous prendrez vne
ligne ou cordelle qui foit faicte d'escorce d'arbre, commé de til
(pour autant que la ligne de chanure ne retient sa mesure quand
elle est mouillée) & la ferez de telle longueur que vous voudrez,
lors qu'on ne peult auoir vn si grand compas qu'il seroit de befoing. Au lieu de ladicte ligne on pourroit vser de longues reigles & estroictes en forme de compas, le tout selon la commodité du lieu ou vous serez. Soit en vne sorte, ou en l'autre, vous
prendrez ladicte ligne ou reigles de trois, quatre ou six toises (la
plus longue a le plus de iugemét) & en vserez ainsi que si c'estoit
vn compas, aiant vne broche ou pointe à chacun bout. Comme
quoy? prenez le cas qu'on aye dóné la ligne marquée I H, & l'u-
ne des broches ou poinctes du compas foit au poinct de I, l'autre
marquera le poinct de H, & doit tourner la ligne ou reigle iufques à tant que vous faifiez la ligne K. Puis vous remettez la poin
cte sur H, & faictes vne autre petite ligne au lieu marqué L. Les
lignes de K L, font entrecouppées au lieu & poinct marqué B,
auquel vous mettez la poincte du compas, & en tirez vne autre
petite ligne sans ouurir ne fermer ledit cópas, comme celle qui
est au lieu marqué M. Cela faict vous prenez la reigle, & la mettez à l'vn des bouts au poinct de H, & l'autre au poinct de B, & la
vous tirez vne ligne si longue, qu'elle entrecouppe la ligne M.
de rechef vous tirez vne autre ligne dudit poinct de M, iusques
au poinct de I, comme vous la voiez marquée N, & ainsi se trouuera faict vn angle droit, sur le bout d'vne ligne comme de I H,
& celle de I M, qui font iustement le traict d'equarre, ou la perpendiculaire. Cela faict vous pourrez equarrer toute la place,
comme vous voiez par la ligne parallele N O, & H P. apres
quoy vous ferez tous voz fondements ainsi qu'en aurez affaire,
leur donnant espesseurs & largeurs comme vous voudrez qu'ils

La deformité d'vn edifice dependre bien souuent des fondements.

La maniere de equarrer vn fondemét.

Conclusion de l'inuention du trait d'equar-re ou perpen-diculaire.

foient. Vous pouuez iuger de tout par la prefente figure, & non feulement par cefte façon, mais encores par la ligne perpendiculaire au droit de P, ainfi que vous le voiez dans ce quarré parfait.

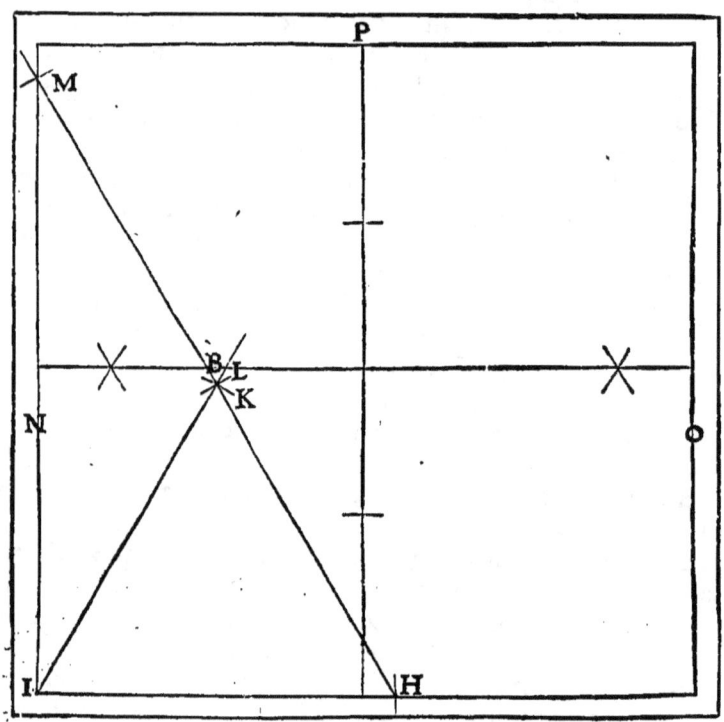

Ie vous veux encores mieux donner à entendre le precedent. Prenez le cas que vous aiez tiré la ligne R Q, & fur icelle fait vn triangle equilateral, c'eft à dire auffi grád d'vn cofté que d'autre, comme vous voyez R S T, du poinct ou eft T, vous tirez encores vne ligne courbe marquée Z, fans remuer ne ferrer le cópas: & fault que la diftance de S T, foit femblable à celle de T Z. Cela faict vous traffez vne ligne droicte du poinct de S à T, iufques à ce qu'elle entrecouppe la ligne Z, & de ce lieu, comme vous voiez au poinct marqué X, vous tirez vne autre ligne iufques au poinct de R: qui fera iuftement la perpendiculaire fur la ligne R Q, ainfi que vous le pouuez iuger par la figure enfuiuante.

Autre maniere pour iuftement trouuer la ligne perpendiculaire au traict d'equarre.

f iiij

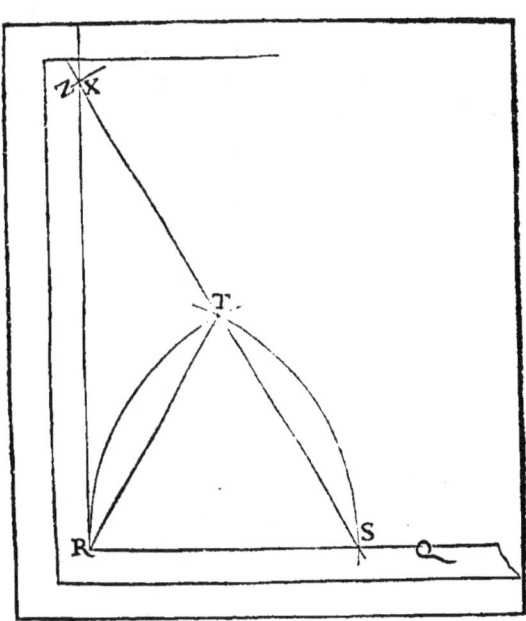

Vous y pouuez proceder en autre sorte. Prenez trois lignes desquelles l'une soit diuisée en trois, l'autre en quatre, & la troisieme en cinq parties toutes egales, & d'une mesme proportion.

Autre ma-
niere pour
trouuer ce que
dessus.
Soit par exemple A B, la premiere ligne diuisée en cinq parties egales, la seconde C D, diuisée en quatre, & la troisieme E F, diuisée en trois. Si vous mettez la ligne diuisée en quatre, pour cel le sur laquelle vous voulez tirer vostre perpendiculaire, comme vous voiez I G, puis vous prenez celle qui est diuisée en trois, & la dressez auecques le cōpas sur la precedēte, ainsi que du poinct H H; & de celle qui est proportiōnée de cinq parties, vous faictes la trāsuersale cōme de G H, ou les deux lignes de cinq & de trois s'assemblent, ainsi que vous le voiez au poinct de H, si vous tirez vne ligne tant longue que vous voudrez, de I H, cela vous fera iustemēt le traict d'equarre, ou la ligne perpendiculaire sur la ligne G I, suiuant laquelle vous tirerez les lignes paralleles pour rendre les fondements de vostre edifice tous quarrez. La figure ensuiuant vous fera cognoistre & entendre nostre dire.

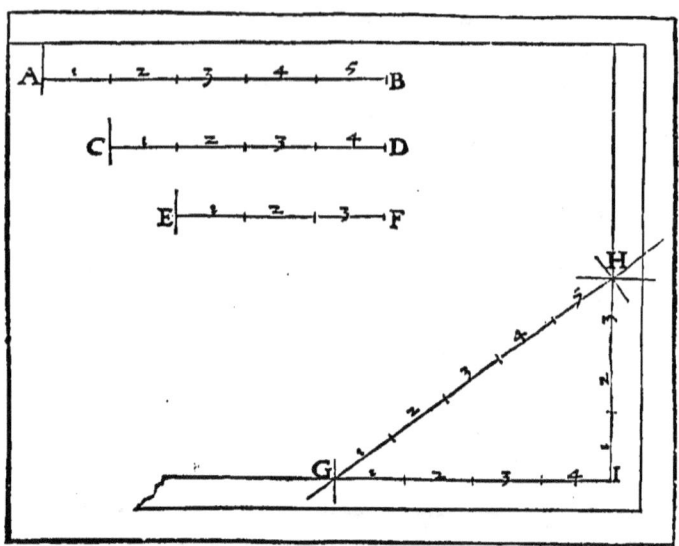

L'inuention de faire l'equarre par le moien d'un triangle est
venue de Pythagoras, ainsi qu'il se voit au neufuieme liure de Vitruue, chapitre 11. Et ne sert tel triangle & proportiós de lignes
seulement pour faire ledict equarre, mais aussi pour plusieurs autres choses, & autres figures & instruments de Geometrie necef
faires & requis pour ayder à construire bastiments, & mesurer, ie
ne diray les superfices, mais encores toutes hauteurs & largeurs,
comme ie le monstreray quand il viédra à propos. Vous pouuez
voir ladicte figure en Vitruue, laquelle i'ay mise cy dessous, semblable & de mesme proportions: comme si c'estoiét trois lignes,
l'une aiant longueur de cinq piedz, l'autre de quatre, & la troisieme de trois, lesquelles estants assemblées par leurs extremitez font l'angle droit & traict d'equarre, comme vous le voiez
cy apres. Si vous multipliez separément & par soy vne chacune
de ces lignes ou parties egales, vous trouuerez que leurs deux su
perfices moindres, *verbi gratia*, D F, ne contiédront nó plus que
la grande superfice de E. comme quoy? multipliez la superfice de
D, qui est de trois piedz de large, par soymesme, en disant trois
fois trois, vous trouuerez neuf piedz : & l'autre de F, qui est de
quatre pieds de largeur, multipliez aussi par soymesme, en disant
quatre fois quatre, vous aurez seize pieds. Puis la grande superfice quarrée qui est dessous, large de cinq piedz & marquée E, sera pareillement multipliée par soymesme , en disant cinq fois

cinq, font vingtcinq pieds . Qui eſt tout ce que contiennent les
deux ſuperfices de D & F, conioinctes, ſçauoir eſt neuf & ſeize,
qui rendent pareillement vingt cinq piedz , ou telle autre meſure que vous voudrez. Ainſi que le pouuez cognoiſtre par la figure cy deſſoubs deſcripte.

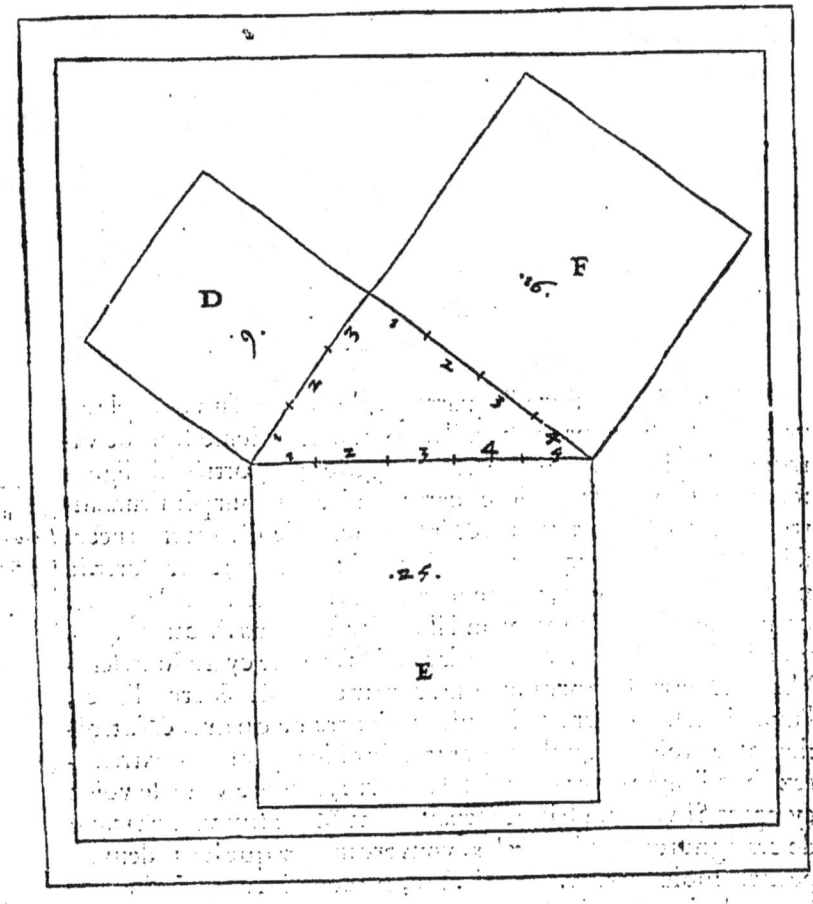

La maniere de examiner & amender vne equierre.
CHAPITRE II.

Ar les façons precedentes il fault efprouuer vne grande equierre de bois propre à equarrir & marquer les fondeméts, à fin que vous cognoiffiez fi elle eft iufte, & fi elle ne feft point iectée hors de fon angle droit. Auffi par les mefmes lignes & proportions deuát propofées vous le co-gnoiftrez fort bien. Comme fi vne des branches de l'equierre, laquelle vous voiez cy apres marquée A B, eft diuifée en cinq parties egales (ainfi qu'elles y font marquées) & d'icelles vous en prenez trois, lefquelles vous mefurez par l'ayde de voftre compas, & trãfportez depuis A, iufques à C, puis vous prenez la longueur de toutes les cinq parties auec ledit compas, & du poinct ou bout de la quatriefme diuifion au lieu marqué D, vous tranfportez ladicte lõgueur vers la marque de C, fi l'equierre eft bonne & loyalle, la fin tombera iuftement au poinct de C : mais fi la poincte du compas môte plus hault que ledit C, l'equierre eft fermée & ne fait angle droit, ains tend à le faire acut. Semblablemét fi la poincte du compas demeure ferme & fixe au poinct de D, & l'autre poincte qui eft mobile defcéd plus bas que le poinct de C, c'eft figne que l'equierre eft ouuerte & téd à faire l'angle obtus, & ne vault rien. Quand cela aduiét, & vous n'auez loifir d'améder voftredicte equierre, vfez de la façon & proportió precedente fur l'extremité de la branche de l'equierre marquée E F, & tirez la ligne qui eft diuifée en trois, fur ladicte branche au lieu que voiez marqué F, & conduifez voftre ligne apres celle la, & les proportions qui vous font monftrées, vous ne faudrez de tirer le traict d'equierre & perpédicule, duquel vous pourrez ayder à equarrir voftre place, auffi bien que fi l'equierre eftoit bône: voire quand ne feroient que deux aix, qui ne fuffent ny dreffez ny taillez. Car vous vous en pourrez ayder par ce moien, autant bien que d'vne equierre faicte à propos. La figure enfuiuant expliquera le difcours du chapitre.

Beau difcours fur la demonftration de l'examen & iuftification d'une equierre.

Traict d'equierre et perpédicule pour equarrir vne place.

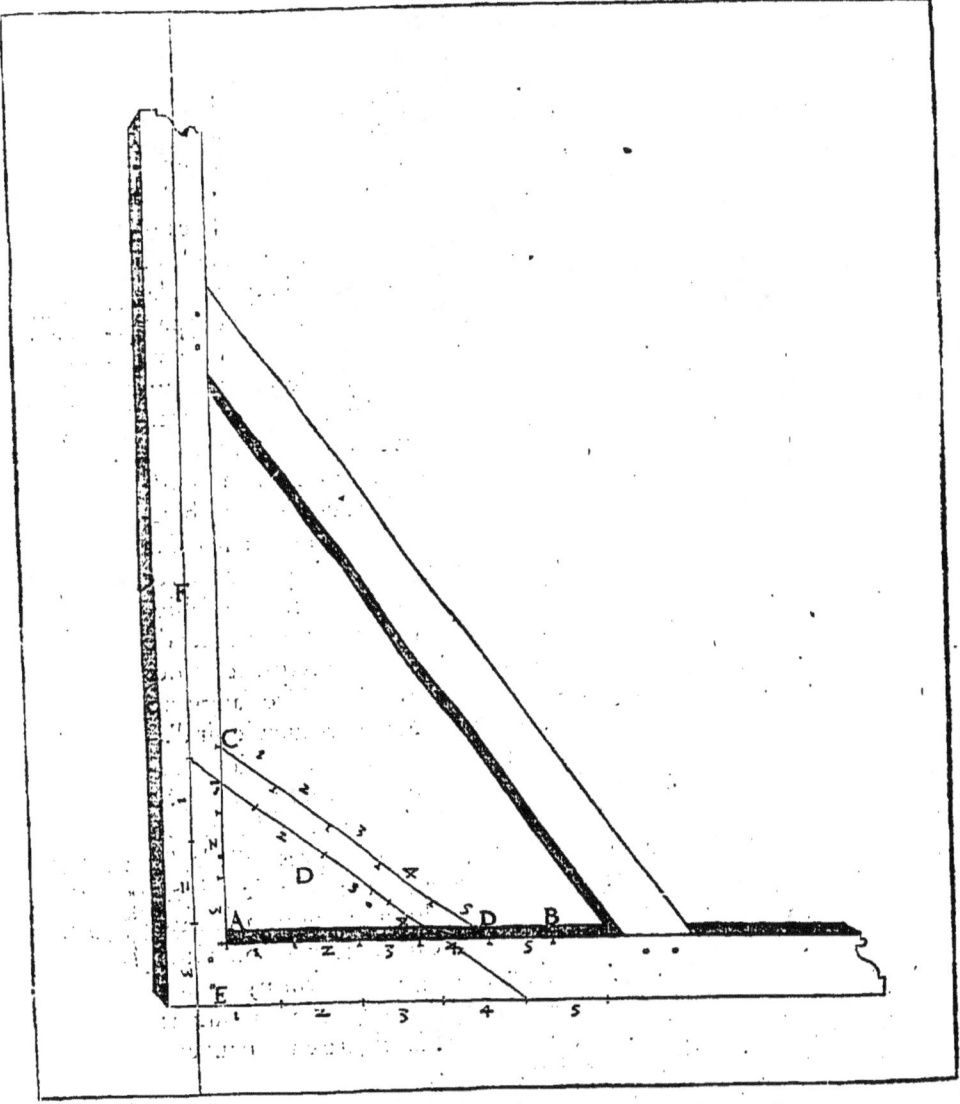

A ce propos Platon trouua vne inuention pour mesurer vne
piece de terre, qui est quasi vne mesme façon, & mesme figure
que celle de Pythagoras, cóme vous le pourrez voir au premier
chapitre du neufuiesme liure de Vitruue, ou il figure vne plate
forme toute quarrée, & tire deux lignes diagonales par le milieu
qui font deux superfices, dont chacune est la moitié du quarré:
qui donne à entédre que c'est la moitié du superfice quarré cor-
respondant

respondant au premier que vous auez faict cy deſſus. Et pouruen
que vous faciez l'angle droict iuſtement par le milieu (comme il
ſe voit en la figure cy apres au lieu marqué A) ſur la largeur de la
ligne C D, il contiendra en ſon quarré autant que font les deux
quarrez E F, ainſi qu'il a eſté dict en l'autre figure cy deuant . Par
exemple, poſez le cas que vne chacune ſuperfice du quarré de E
F cy apres figuré , contienne dix pieds en chacune face , multi-
pliât ce nombre de dix par ſoymeſme, en diſant dix fois dix ; il ré-
dra cent : par ainſi les deux ſuperfices E F, contiendront deux
cents pieds, qui eſt autant, & nõ plus, que le grãd ſuperfice quarré G contient luy ſeul, ſçauoir eſt deux cents pieds.

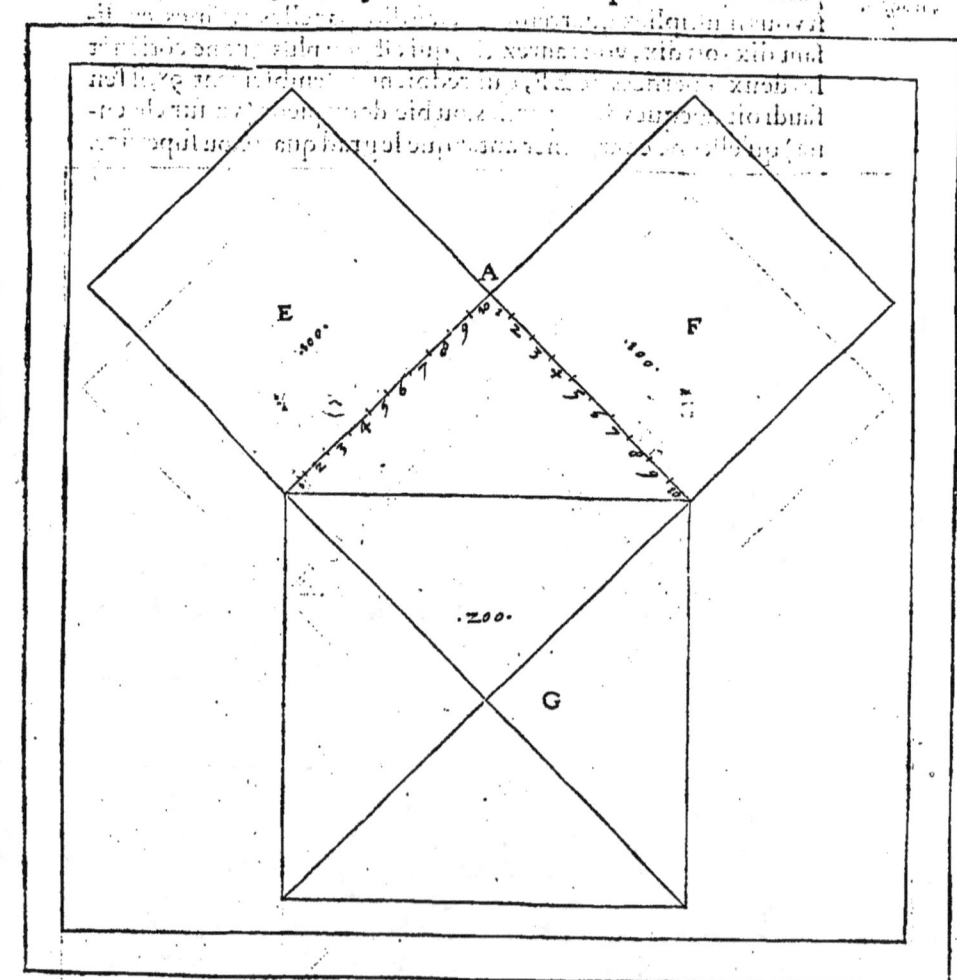

Si eſt-ce que pour le meſurer auecques le compas, il ne ſe peult
faire ſi iuſtement, qu'il ne ſen faille quelque peu, combien que la
pointe dudit cópas ſoit fort ſubtile, car elle en emporte touſiours
quelque quantité, qui eſt cauſe que le rapport ne ſe peult trouuer
iuſtement. Cóme vous le pouuez voir par vne autre diuiſion que
i'ay faicte à la figure ſuiuáte, ou la largeur & ſuperfice de A D, &
de A C, ſont de ſept parties egales, leſquelles ſi vous multipliez
par elles meſmes, en diſant ſept fois ſept, ſont 49. pour vne ſuperfice, & pour les deux enſemble, ſçauoir E F, 98. Cela faict vous re-
uenez à la gráde ſuperfice de deſſous, diuiſée par ſa largeur en dix
parties egalles & ſemblables à celles de A D, & de A C, leſquelles
ſi vous multipliez quarrémét, c'eſt à dire par elles meſmes, en diſant dix fois dix, vous aurez çét, qui eſt peu plus que ne cótiénét
les deux ſuperfices de E F, qui rédoient enſemblémét 98, il ſen
faudroit dócques deux parties, ou bié deux pieds (vn ſur chacune) qu'elles ne contiennét autát que le grád quarré, ou ſuperfice.

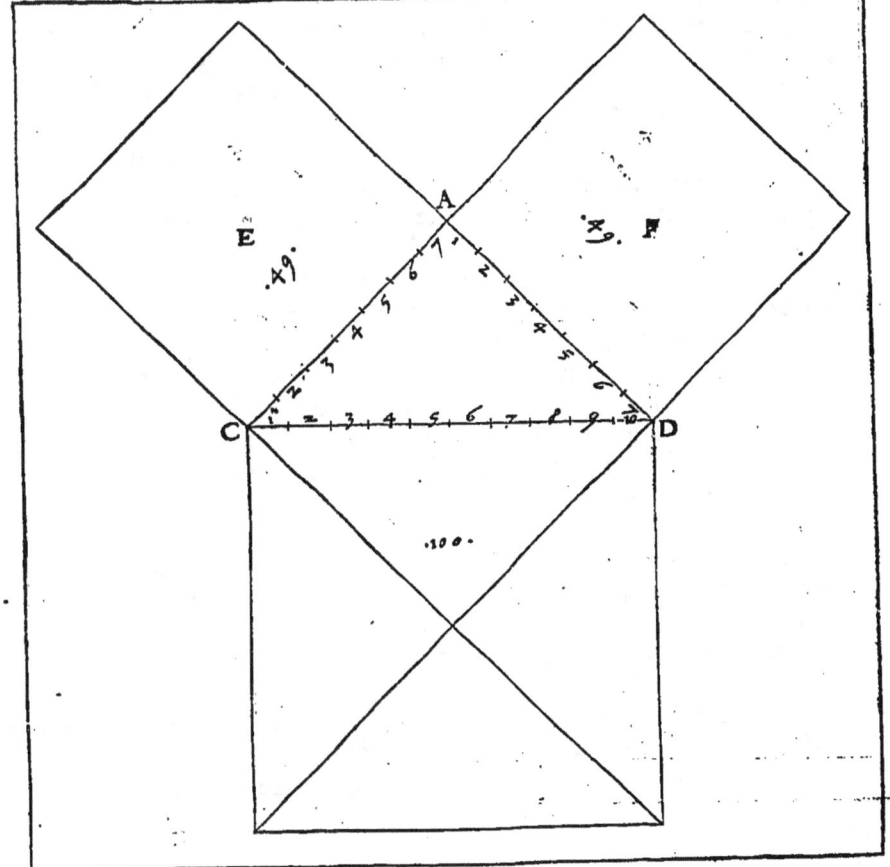

Autant en aduient il quãd on proportionne & mesure le diametre d'vn cercle auecques sa circõference & rotundité, laquelle communement contient trois fois ledit diametre, & presque
vne septiesme partie d'iceluy. Comme si le diametre est de sept
pieds, la circonferêce en aura vingt & deux, non du tout, toutefois plus que vingt & vn. ce qu'on ne peult bien iustement trou- *De la propor-*
uer par le compas. Voila la difference qui est entre la mesure du *tion du dia-*
compas & des nombres quant aux longueurs, iaçoit que les lar- *metre d'vn*
geurs soient de mesme quantité. Quoy que ce soit, si vous faictes *cercle à sa cir-*
que l'angle droit iustement tombe sur le milieu, ou aux costez du *conference.*
grand quarré, tousiours les deux petis quarrez qui en viendront
ne seront ne plus ne moins grands ensemblément, que la grande
quadrature de dessous : cõme vous le pourrez cognoistre en prenant plaisir & loisir de mesurer auecques le compas la figure que
nous venons d'expliquer presentement : comme aussi toutes autres ou se trouuent triangles equilateraux. I'ay voulu faire ce petit discours pour dõner à entêdre aux ouuriers qu'ils doiuêt estre *Raison des*
diligens à bien diuiser & iustement compartir leurs œuures par *discours pre-*
le compas, tant pour trouuer les proportions & mesures qu'il *cedêts de l'au-*
fault donner aux pierres lesquelles ils doiuent tailler, que pour *teur.*
les rempants & desgauchissements qu'il conuient faire. Il ne se
fault amuser tousiours au traict, mais bien donner la certaine
mesure qui se trouuera, en leuant les paneaux ou moules apres
lesquels se trassent & moulent les pierres. Lesquelles iaçoit qu'a-
pres la taille on ne trouue telles qu'il semble qu'elles doiuent
estre, si est-ce qu'estants mises en œuure, elles se trouuent tresiu-
stes & bien à propos. Ainsi qu'il aduient souuent quand lon met
à execution quelque traict de Geometrie, comme en quelque
voulte rempâte, & autres en façon de trompe, & en tous traicts
desquels il conuient vser auecques vne fort grande dexterité de
sçauoir bien manier le compas. Car tant iustemêt ne sçauroit faire l'ouurier lesdicts traicts, ne si bien trasser ses pierres, qu'il n'y
ait tousiours quelque chose à dire aux commissures, qui se trouuent en vn lieu plus larges qu'en l'autre. Ce qui peult bien aduenir aussi quelque fois, quand les tailleurs ne taillent bien iustement leurs pierres. Deuant que me departir du present discours
& propos, ie reciteray la question que ie fis quelque iour à vn *Question pro-*
maistre Escriuain tresdocte en l'Arithmetique. Ie luy demãdois *posée par l'au-*
qu'il me donnast la racine quarrée de deux cents, c'est à dire vn *teur, à vn cer-*
nombre lequel estant multiplié par soymesme, me feist deux cêts *tain escriuain*
iustement. Et à fin de le faire mieux entêdre à ceux qui n'ont ap- *& Arithme-*
prins l'Arithmetique, ils seront aduertis, que racine quarrée est *ticien.*

vn nombre, lequel se multipliāt par soymesme rend vn nombre
entier. Comme quoy ? si vous multipliez six par six, vous aurez
trente six, desquels la racine quarrée est six. Ainsi la racine quarrée de quarante neuf sont sept, la racine de soixāte quatre, huict:
la racine de octante vn, neuf : & la racine de cent, dix : car, comme ie vous ay dict, le nombre qui se multiplie par soymesme est
la racine de celuy qui en est produict. Or ie vous demande à ceste
heure, puis que vous entendez que c'est que racine, donnez moy
vn nombre qui se multiplie par soymesme & face iustemēt deux
cents, & non plus ny moins. Aucuns penseroient, puis que dix
est la racine de cent, il fault que vingt le soit de deux cents, qui
est faulx, car vingt fois vingt font quatre cents: quinze fois quinze n'y seroient encores propres, car ils rendēt deux cents vingtcinq. Qui diroit quatorze fois quatorze seroit trop peu, pour autant qu'ils ne font que cent nonante six. discourez par autres nō-

La racine
quarrée de
deux cents ne
se pouoir trou-
uer, que par la
figure de Py-
thagoras ou
Platon. ou-
disant, 14 /
fois 14 /
auec la 59
fois a racine
quarée de sous
cēnb

bres tant que voudrez, vous n'y sçauriez venir, & ne se peult trouuer telle racine autrement que par la figure de Pythagoras ou de
Platon, telle que vous l'auez veuë cy deuant marquée, estant de
deux superfices quarrées desquelles chacune contient dix, & se
multipliants par eux, rendent deux cents, comme vous le voiez
aux deux superfices E F, qui ne contiennent non plus que le grād
superfice quarré de dessous, sçauoir est deux cēts. Par ainsi il fault
trouuer telle racine & quantité ou grandeur de superfice par le
moien de ladicte figure, veu que vous n'y pouuez paruenir iustement par le calcul & racine d'Arithmetique, ny moins par la diuision auecques le compas, ainsi que tous bons & gentils esprits
le pourront iuger par les susdictes figures.

Comme deux lignes perpendiculaires estants tirées sur les bouts
d'vne droicte au cōtraire l'vne de l'autre, & si vous vou-
lez, l'vne dessus & l'autre dessous, monstrent à di-
uiser toute ligne de longueur en tant de parties
egales que vous voudrez, par nombres
impairs. CHAP. III.

V CLIDE, ainsi qu'escrit Charles de Bouelles,
n'a faict, comme aussi tous les anciés Geometres,
aucune métion du moien de pouuoir diuiser vne
ligne droicte en tāt de parties egales qu'on voudra. Qui est chose fort necessaire pour prompte-
mēt marquer le plan d'vn edifice & faire les fon-
demets par lignes, lesquelles il fault quelquefois diuiser pour

feparer les murs & groffeurs defdicts fondeméts. Qui eft la caufe que ie delibere icy en propofer la methode & demonftration,
combien que foit petite chofe, mais neceffaire. Soit doncques la
ligne affignée A B, laquelle ie veux diuifer en cinq parties egales, pour autant que toute diuifion eft plus difficile par nombre
impair, que par celuy qui eft pair: il eft fort facile de la diuifer en
deux, par deux cercles fentrecouppans fur elle, ainfi qu'il fe faict
en cherchât la ligne perpédiculaire: feblablemét de la diuifer en
quatre, en fix, ou dix parties qui font egales. Mais la diuifer en
trois, en cinq, en fept, ou neuf, cela eft plus long & facheux, que
difficile à fen ayder fur vne grande place pour marquer les fondemés, côme dit eft. Ie fais dôcques fur les deux bouts d'icelle ligne,
fçauoir eft A B, deux angles droicts en contraire partie, l'vn en
hault C A B, l'autre en bas A B D, par les deux lignes A C, &
B D, egales l'une à l'autre. Puis ie diuife chacune d'icelles en qua
tre parties egalement, & par chacune diuifion ie produis quatre lignes diametrales & obliques, comme C F, G H, I K, L D.
Ie conclud que par lefdictes quatre lignes, celle de A B, fera diuifée egalement en cinq parties, comme il appert en la prefente
figure.

*Façon de di-
uifer vne li-
gne droiĉte en
tãt de parties
egales qu'on
voudra.*

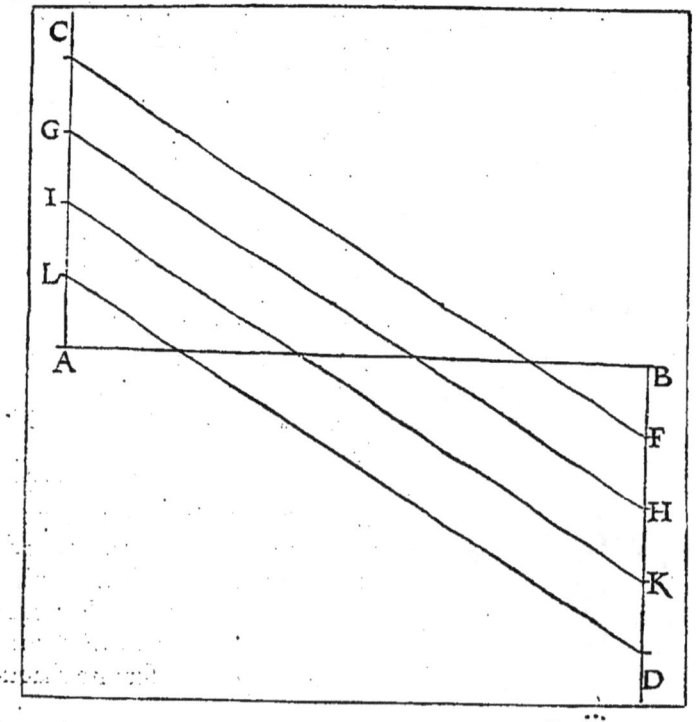

Si vous voulez diuiser ladicte ligne en sept parties, il fault diuiser les deux perpendiculaires A C, B D, en six parties, & faire
comme deuant: si vous desirez la diuiser en trois, il fault partir
lesdictes deux perpendiculaires chacune en deux, & ainsi des autres. Il se trouue plusieurs autres façons pour ainsi diuiser les mesures, & aussi pour reduire les figures geometriques en autres:
comme vn parallelogramme en vn quarré parfait, vn triangle
equilateral, ou vn quadrangle longuet & lozange, ou ce que lon
veult, en plusieurs autres belles figures, ainsi que vn chacun peult
lire en diuers liures. Qui fait que delaissant tels propos, nous cō-
tinuerons le cours de noz bastiments. Ie mettray bien cy apres
quelque figure necessaire pour niueler & cognoistre en cheminant, combien est hault ou bas le lieu ou vous serez, & voudrez
edifier. Qui est le vray niueau, & se faict de la figure du triangle
equilateral, lequel ie veux bien descrire, premier que de passer
outre, pource que c'est vne chose, tresnecessaire, soit pour com-
mēcer à eriger vn edifice, & faire les fossez d'une maison ou chasteau, ou pour conduire fontaines ou riuieres, & amasser toutes
les eauës d'vn païs en vn seul lieu, ou bien les en oster.

*Plusieurs fa-
çons pour re-
duire les mesu-
res & figures
en autres.*

*Les commo-
ditez d'vn
vray & bon
niueau.*

La forme d'vn niueau, sur la figure d'vn triangle equilateral,
& comme il s'en fault ayder pour dresser les plans des edifi-
ces qu'on voudra bastir, & cognoistre les pantes d'un
païs, ou amasser les eauës pour s'en sçauoir
ayder, ou garder qu'elles ne nuisent.

CHAPITRE. IIII.

E suppose que vous aiez vn triangle equilateral,
c'est à dire duquel les trois costez ou angles soiēt
iustement d'une mesme longueur, comme celuy
que ie figure cy apres marqué A B C: & qu'il soit
de bois assemblé, cōme lon fait vne grāde equierre, & du plus leger que faire se pourra, car il en
sera meilleur & beaucoup plus aisé. Il fault que les branches D E,
ne soient point plus larges que de trois poulces, & d'espesseur vn
poulce: les trauerses & assemblages F G (qui sont mis pour tenir
le triangle en raison) de mesme largeur, sçauoir est, de trois poulces, & d'vn poulce d'espesseur. Si vous pouuez faire le tout de
moindre grosseur, pour estre plus leger & pus facile à cōduire,
sera le meilleur, comme i'ay dict cy dessus, le tout selon la nature
du bois que vous aurez à propos. Par dessus les trauerses F G, vous
mettrez quatre petites tablettes, sçauoir est, deux sur vne chacu-

*Description
d'vn niueau,
sous la figure
d'vn triangle,
et de quel bois
il doit estre.*

ne,cóme vous le voiez aux lieux marquez H I,& KL.lefdictes tablettes feront troüées & percées (ainfi qu'il fy voit marqué)pour
y mettre de petites cheuilles qui feruiront à tenir le nombre des
mefures, à fin de cognoiftre les hauteurs, ainfi que vous chemi-
nerez auec ledit niueau.De forte que vous pourrez iuftement tenir les mefures fans rien efcrire. Et par ainfi ne vous faudra encre
ne papier, iufques à ce que vous ayez tout niuelé. Encores quãd
vous auriez à cheminer trente voire cinquante licuës, ou il fault
que vous alliez quelque fois en mótant,autrefois en defcendant,
vous retiendrez fort bien par ledit niueau, tant ce que vous aurez monté, que defcendu. Par deffous le triangle vous ferez vne
barre qui fera demy-ronde, & non pas droicte, comme celle qui
eft tirée & vient du poinct A, ainfi que fi vous vouliez faire vne
circonference, en laquelle fe trouue comme vne feptieme ou fi-
xiefme partie de tout le cercle entier. Il faudra diuifer la largeur
de ladicte barre, en trois ou quatre feparatiós par lignes, à fin d'y
marquer les poulces, demis poulces, & quarts de poulces, & en
vn autre endroit les pieds, cóme deux, trois, quatre, cinq pieds:
car l'inftrument ne peult monter ne fe leuer, que iufques au fixieme pied, comme vous le cognoiftrez mieux en pratiquãt l'u-
fage,& le pouuez auffi voir à la brâche de deffous,marquée M.la-
dicte barre my-rôde fera de mefme largeur (qui voudra)& efpef
feur,que font les branches D E, & fera le tout affemblé auecques
tenons & mortaifes. Mais il ne fault oublier de mettre vne autre
barre par le milieu tombant perpendiculairement fur la ligne de
la baffe B C, comme vous la voiez au lieu marqué N. Quoy faifant,toute la forme du triangle & niueau fera fi bien affemblée,
qu'elle ne fe pourra ouurir, ne fermer,ne defgaucher, autrement
vous ne pourrez auoir ledit niueau bien iufte. Le tout fe peult
voir par l'inftrumét que tróuuerez apres le chapitre fuiuant.Re-
fte monftrer comme il fault marquer la barre qui eft my-ronde,
au droit de M,& comme il fe fault ayder dudit inftrument pour
niuelertoutes chofes.

Continuation de la defcription des parties du fufdit niueau.

*L'vfage & pratique dudit niueau triangulaire, auec l'explica-
tion de fes parties.* CHAPITRE V.

Ous mettrez voftre triãgle fur vn lieu bié droict
& à niueau, comme eft la ligne B C, lequel aura
vn plombet pédu au bout d'vne petite cordelet-
te,ou fifcelle,attachée au poinct de A, qui fe trou
ue droite & iufte fur la ligne du milieu, ainfi que
vous le voiez au lieu de P. Cela mõftre que la baf-

g iiij

se B C, est bien à niueau . Apres ce vous tirerez iustement vne ligne perpédiculaire sur vn bout du triangle, ou vous mettrez vne
reigle si vous voulez , ou bien la colloquerez contre vne muraille bien droicte & à plomb, comme vous voiez la ligne representée par O B,ou vous marquerez les hauteurs par pouces & pieds,
côme aussi à la barre circulaire marquée M, ainsi que vous voiez
que i'ay faict.Quand vous voudrez pratiquer & auoir l'vsage du
present niueau,vous leuerez la poincte dudit niueau marquée Q,
contre ladicte ligne O B, & l'autre poincte demourera tousiours
sur la ligne qui est à niueau au lieu B C. Et quand ladicte poincte
de Q, sera de la hauteur d'vn poulce, de deux, de trois,de quatre,
de cinq, ou d'vn pied & demy , de deux pieds, ou si vous voulez
de toute la hauteur, iusques à ce que la barre de A E C,soit à plôb
ou perpendiculaire, vous marquerez tous ces nombres entre les
lignes sur la barre signée M,au droict ou se trouuera iustement le
fillet du plombet, & separerez les marques du poulce, de demy
poulce, quart, tiers de poulce, & en telle diminution que voudrez. Chacunes choses seront marquées à part en leurs interualles de lignes, qui serôt tirées en ladicte barre circulaire marquée
M, comme i'ay dit. Et quãd le plombet se trouuera au droit d'vn
des costez du triangle bien à plomb, ou si voulez à perpendicule
de la ligne A C, vous trouuerez que l'autre poincte Q, sera plus
haulte de six pieds que celle de C, faisant vn triangle equilateral contre la ligne B O. Apres que vous aurez marqué ainsi vne
moitié de la barre M, vous marquerez l'autre costé auecques le
compas, en prenant les separations aux lieux ou vous auez reperé l'endroit ou se trouuoit la ligne du plombet, & y mettrez autant de pieds, demis pieds, poulces,& autres: ou bien vous tournerez le niueau de telle sorte que la poincte C,se puisse leuer con
tre la ligne perpendiculaire B O, ainsi que vous auez faict de l'au
tre costé, & marquerez ceste autre moitié comme vous auez fait
par cy deuant. Vous cognoistrez plus facilemét le tout en le pra-
tiquant, parquoy ie n'en feray icy plus grande demonstration.
En retenant combié de fois vous tournerez vostre niueau en ni-
uelant, vous sçaurez par mesme moien combien vous aurez faict
de chemin: car autant de fois que vous l'aurez tourné, seront autant de toises. Quant à la cognoissance de la hauteur d'un lieu,ou
pour conduire riuieres & fontaines, ou pour amasser plusieurs
eauës ensemble, ou bien pour les vuyder, & aussi pour sçauoir la
hauteur de l'aire ou vous voulez edifier, à fin de faire le bastimét
plus hault, pour le rendre sain & salubre, si vous en voulez auoir
la pratique, vous prendrez vostre niueau à la main, & le tourne-

rez en cheminant, ainſi comme lon manie vn compas, & aurez
vn nóbre de petites cheuilles auecques vous. Si vous voiez que à
chacune fois que vous le tournez, il ſoit plus hault, ou plus bas
d'un poulce, ou de deux, pour tant qu'il ſen trouuera, vous mettrez autant de cheuilles aux petis pertuis de la tablette marquée
H. Et quand le nóbre de douze (qui ſeront poulces ſi vous voulez) y ſera complet, vous les oſterez toutes, pour autant que les
douze poulces font vn pied : parquoy vous mettrez vne cheuille
à l'autre tablette marquée I, ou il n'y a que ſix trous. Et quand ils
ſeront pleins tous ſix, ils feront vne toiſe qui vault ſix pieds : parquoy vous en oſterez toutes les cheuilles, comme vous auez faict
à l'autre, & au lieu d'icelles vous en mettrez vne à la tablette k, ou
il y a dix pertuis, deſquelz vn chacun repreſente vne toiſe, & có-
tinuent iuſques à dix qui eſt la derniere toiſe : à laquelle quand
vous ſerez paruenus vous leuerez toutes les dix cheuilles, & en
mettrez vne à la tablette marquée L, de laquelle vn chacun trou
vault dix toiſes. Voila pour cognoiſtre combié vous aurez monté. Si vous voulez maintenant ſçauoir combié vous ſerez deſcen-
dus, eſtants en vn lieu auquel ſe trouuent des collines & vallées,
vous vſerez de ſemblable façon, & vous ayderez des meſures,
marquées à l'autre coſté de voſtre inſtrument, pour retirer à part
ce que vous aurez deſcendu, au regard du lieu ou vous eſtiez.
Quand vous aurez en cheminát niuelé toute la longueur du païs
ou lieu que vous cherchez, vous mettrez à part ce que vous aurez
trouué qu'il móte & excede, ou bien qu'il abaiſſe & deſcend. Car
vous cognoiſtrez par la, combien vous eſtes plus hault ou plus
bas, que n'eſt le lieu dont vous eſtes party, & quelles tranchées
& profondeurs il fault faire aux montaignes & collines que
voũs pourrez auoir trouué, pour en faire vuyder les eauẽs, ou bié
y conduire fontaines. Par ainſi vous voiez les cómodités du triangle equilateral, & comme il vous peult ayder à faire vn niueau
de telle vtilité & proufit que vous pouuez bien iuger, ſoit pour
amaſſer les eaũes d'vn païs en vn lieu, pour ſeruir en vn camp,
pour coupper & oſter les riuieres autour d'vne ville, & les conduire ailleurs, & pour aſſés d'autres commodités, leſquelles ie
laiſſe à penſer aux ingenieux & ſubtils. Mó principal ſcope a eſté
de le deſcrire, pour aurát qu'il eſt neceſſaire quád il fault planter
vn edifice. Ie pourrois icy monſtrer pluſieurs autres ſortes de niueau, mais pour autant que les ouuriers en ont l'vſage, ſoit a-
uecques eauẽ, ou autrement, pource eſt il que ie me deporteray
de plus en eſcrire. Mais ie vous veux bien encores propoſer vn
autre triangle equilateral, lequel i'ay inuenté il y a plus de trente

Des cheuilles
& petis per-
tuis de la ta-
blette, et pour
cognoiſtre có-
bien on aura
monté.

Pour cognoi-
ſtre combien
lon aura deſcẽ
du.

Vne autre fa-
çon de trian-

gle equilate-
ral inuëté par
l'auteur.

ans, & m'en suis aydé en tous temps, pour prendre toutes sortes de destours, soit de villes, chasteaux, maisons, ou ce que voudrez, comme vous verrez par le chapitre suiuant.

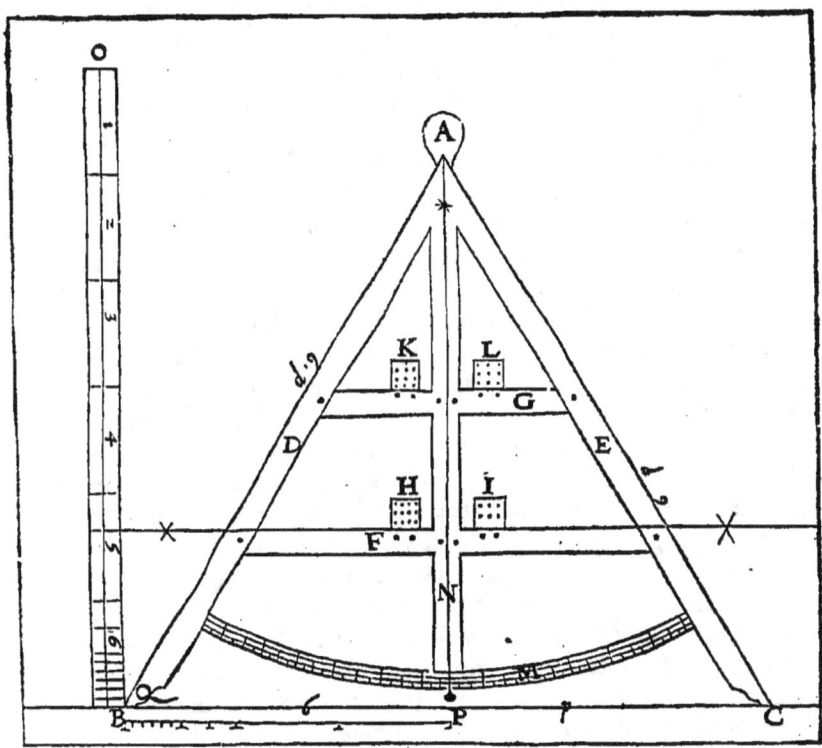

La composition & vsage d'vn triangle equilateral, duquel on se peult ayder pour prendre tous destours, & toutes sortes d'angles, soient droicts, poinctus, obtus, ou de quelque façon que ce soit: côme aussi pour mesurer iustement vne ville, chasteau, ou autre place auec ses destours, à fin d'en pouuoir representer sur papier ou parchemin la vraye forme & figure, auec ses mesures.

CHAPITRE VI.

Oit donné vn triagle equilateral de telle largeur que vous voudrez, côme A B C : plus il sera grãd, plus il aura d'asseurance & bonté. Si est ce que ie ne me suis point voulu ayder d'un plus grãd que celuy lequel vous voiez cy apres figuré : par autant que ie le faisois porter plus aysément en mes coffres, & n'allois point ordinairement sans iceluy, vn Astrola-

be, & Ephemerides, auecques quelques autres liures, & estuis
garnis de compas, & ce qu'il fault pour protraire. Dedans ce triangle figurez vne circonference, telle que vous la pouuez voir
marquée E F G H (quasi ainsi que si c'estoit vn quadran à monstrer les heures) & la diuisez en tant de parties que voudrez, comme vingtquatre, trente deux, quarante huict: le plus qu'il y en a,
c'est le meilleur. I'ay diuisé ceste cy en trente deux, & faict mettre au milieu vne esguille aymantée, ainsi que celle des quadrãts
marins & buxoles, ou bien des petis dõt on sayde pour trouuer
les heures au Soleil: mais notez que ladicte esguille doit estre fort
bonne & bien mouuante. Quand vous voudrez ayder du triangle, vous regarderez par vn des costez tel qu'il vous plaira, cõmme par celuy qui est la figure marqué D. Cela faict vous iecterez
vostre veüe sur la ville, chasteau ou place, de laquelle vous voulez prendre la forme & figure, & en ferez premierement vn esquiche marqué sur du papier grossement, ainsi que vostre iugement le peult comprendre. Puis vous ferez le destour du tout. Si
vous voulez il ne fault que tenir en memoire ou par escrit vne
chacune face & destour des murailles pour la mesure des longueurs cõme vous verrez cy apres. Ayãt faict cela, vous pouuez
commencer par vn bout du chasteau, ville, ou place, mettant vo
stre triangle contre le premier pan de mur, auecques vne reigle
pour auoir plus grand iugement, contre laquelle doit estre vostre triangle, ainsi que vous le voiez marqué K. Cela faict vous regarderez ou sarreste l'esguille, & sur quel nõbre: si c'est sur dix ou
sur quelque autre nombre, quel qu'il soit, vous le marquerez à
l'esquiche de vostre papier, au droit du lieu contre lequel vous a-
uez presenté vostre triãgle. En apres vous irez à vn autre destour
de pan de mur, & ferez comme vous auez faict, presentant la reigle & vostredict triangle contre ledit pan de mur, & regardant
le nombre sur lequel sarreste la poincte de l'esguille: lequel vous
mettrez aussi sur l'esquiche qu'auez faicte pour la place tout ainsi
qu'au parauant, & continuerez en ceste façon toute l'enceinture
& tour de la ville, ou d'autre lieu, mais marquant tousiours à
chacun pan de mur & destour les nombres sur lesquelz sarreste-
ra l'esguille de vostre triangle, comme i'ay dict: semblablement la longueur que contiendra vn chacun pan de mur. Tout
cela bien ordonné, quand vous voudrez mettre au net le plan
de vostre ville ou chasteau, vous estendrez sur vne table le papier
ou parchemin sur lequel vous voulez protraire, estant bien col-
lé & attaché par les bords tout autour. Mais vous ferez que la table soit ferme, & ne puisse tourner ça ne là, pour le moins ius-

*De quelz in-
struments l'au-
teur estoit ac-
compagné al-
lant par païs.*

*Vsage du tri-
angle de l'in-
uentiõ de l'au
teur.*

*Continuation
de l'vsage du
triãgle de l'au
teur.*

*La façon de
mettre au net
le plan du lieu
pretendu.*

ques à ce, que toutes les lignes du tour soient tirées. Puis vous regarderez combien de toises a voftre ville en lógueur & largeur: fil y en a cent, ou deux cents, vous diuiferez en tant de parties & nombres toute la longueur de voftre papier, les reduifant en petites toifes, par lefquelles vous donnerez toutes mefures à voftre deffeing qui commence par vn bout, fur lequel fault mettre le triangle duquel vous eftes aydez, & le tourner tant que l'efguille fe trouue iuftement fur le nombre qu'elle eftoit quand vous l'auez prefentée contre le mur de la ville. Mais il ne fault oublier de mettre les lógueurs que vous aurez trouuées à vn chacun pan de mur fur leur propre endroit. Cela faict vous tirerez la ligne tout au long de voftre triangle du cofté de D, par lequel ledict trian-

De quelle má- riere doit eftre faict le trian- gle.

gle a toufiours efté prefenté. Pour le mieux il fault que tel triangle foit faict de quelque matiere qui ne foit gueres efpeffe, comme de cuyure, de laiton, d'argent, ou de bois bié delié, à fin qu'on y puiffe tirer aifément la fufdicte ligne, ainfi que lon a accouftumé de faire auec vne reigle. Vous prefenterez ledit triangle ainfi que deuant pour parfaire tous les autres pans de murs, & le tournerez iufques à ce que l'efguille fe trouue iuftement fur le nombre auquel elle eftoit quand il a efté prefenté côtre le mefme endroit de la ville. Et ainfi continuant par tout, vous reprefenterez iuftement la forme de tous les angles & deftours de la ville. Par mefme moien vous pourrez dreffer les rues, & les quarrefours qui font dedans ladicte ville, auecques les baftiméts. Quand vous aurez faict cela tout autour de voftre deffeing, il n'y a plus de dáger de remuer voftre papier ou parchemin, foit pour enrichir le protraict, ou pour faire plus à voftre aife. I'ay vfé autrefois de fau-

Quels inftru- méts font Sau- terelles et Bu- ueaux.

terelles & buueaux qui font en façon d'equierre, & fouurent & ferment comme lon veult, pour prendre les deftours des places, en faifant les angles qui fe trouuent droicts, ou autrement ainfi qu'on fen veult ayder. Ie fçay plufieurs autres inftruméts de bonne façon, & qui font fort aifez pour prendre lefdicts deftours & formes des places, mais ie ne trouue chofe plus prompte que noftre triangle equilateral, ne inftrumét aucun auec lequel on puiffe befongner plus diligemment ne mieux à propos. Il peult eftre que aucuns ne l'entendront fi bien, ne fi facilement comme fils l'auoient veu pratiquer, mais la plus part des ouuriers en fçauront bien iuger, & fen ayder, ainfi que ie l'ay defcrit facilement, & expliqué (comme il me femble) tresfamilierement. Ie pourrois bien auffi donner & enfeigner quelques inftruments fous figures octogones & quadrágulaires, mais ie ne les trouue fi à propos, finon pour les arpenteurs qui veulét mefurer quelque grande quanti-

de quantité de terre ou bois, ou bien dreſſer quelques chemins
& allées, ou equarrir vn lieu, & faire toutes ſortes d'ãgles qu'on
veult. Tels inſtruments auecques le quarré Geometrique ſont a-
ptes & propres pour meſurer toutes lõgueurs, largeurs, hauteurs
ou profonditez, comme auſſi les equarrir, & en faire telle forme
& figure qu'on voudra. Ie me mettrois voluntiers à en deſcrire
la fabrique auecques la pratique, mais ie me detournerois de ma
principale entreprinſe qui eſt de parler des baſtiments, & des
traicts de Geometrie, deſquels la cognoiſſance eſt plus que neceſ
ſaire à vn Architecte. Qui faict que cy apres i'en eſcriray diligem
ment ainſi qu'il viédra à propos & ſera requis pour le ſubiect des
œuures. Icy i'ay ſeulemét voulu parler de quelques inſtrumés &
figures Geometriques propres & neceſſaires pour bié plãter, fonder & dreſſer les edifices: cõme auſſi pour accommoder les vieux
baſtiments auecques les neufs. Par ainſi i'ay bié voulu parler clairement & facilement de ces petites façons de lignes & triangles,
pour mieux les faire entendre à ceux qui auront charge de conduire baſtiments. Car à dire verité combien que telles choſes ſem
blent eſtre petites & vulgaires, ſi eſt-ce que peu de gens qui font
profeſſion de baſtir ne les ſçauent, ou ſils les ſçauét, ils n'en vſent
point, comme il ſe cognoiſt aux grandes faultes qu'ils font iournellement en leurs œuures. Mais de ce propos ſera aſſez, auquel
nous mettrõs fin apres auoir exhibé la figure du triangle d'eſcrit
en ce preſent chapitre, telle que vous la voiez en la page ſuiuãte.

La cognoiſſan
ce des traicts
geometriques
eſtre plus que
neceſſaire à
vn Archite
cte.

h

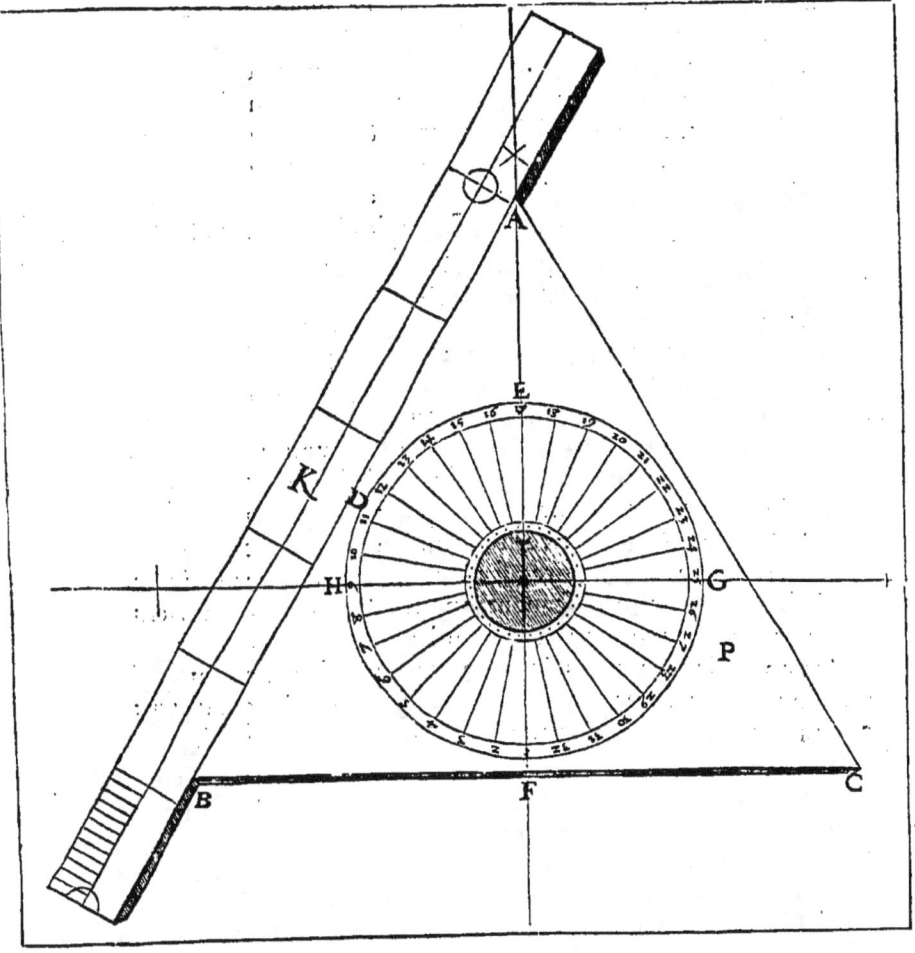

Tous ces difcours Geometriques omis, ie reprendray la fin du
liure precedent, en laquelle i'ay laiffé le feigneur qui doit faire ba
ftir, comme aiant faict prouifion de toutes matieres neceffaires
pour cómençer, continuer, & paracheuer fon logis: & l'Architecte accópagné de fes ouuriers preft de mettre la main à l'œuure,
Reprinfe & c'eft à dire de faire ouurir la terre pour donner fondements à fon
continuation edifice. Refte dócques cy apres parler cóme il fault proceder auf-
du difcours dits fondements, vèu que c'eft le cómencemét de tout l'œuure,
fuiuant la fin auquel gift vn grandiffime foing, & induftrie, de la part de l'Ar-
du premier li- chitecte, & dommage non pareil de la part du feigneur, fi ledict
ure. fondement n'eft faict ainfi qu'il appartient.

Quelles largeurs & espesseurs sont requises aux fondements selon les grosseurs & hauteurs des murs qu'on aura à faire auecques l'ordre & façon qu'on y doit garder pour l'asseurance du logis & des habitants.

CHAPITRE. VII.

A Pres auoir monstré la façon de bié trasser les fondemens, & les sçauoir reduire à l'equierre par le moien d'instruments idoines, icy consequemment ie delibere môstrer comme il fault fonder, ou, si vous voulez, comme il fault dôner cômencement à vn edifice, quelle largeur doiuét auoir les fondemêts, & comme on pourra cognoistre la nature des terres, quand elles sont bonnes & fermes pour y asseoir la premiere pierre fondamentale. Les largeurs & espesseurs des murs qu'on faict dans terre se doiuent considerer selon la profondeur qui sera aux fondements. Si c'est vn bastiment commun, ainsi que sont ceux des villes, & qu'il ait deux pieds d'espesseur au dessus des terres, ou dixhuict ou vingt poulces, vous ne sçauriez luy donner moins (pour le bien faire) que vne moitié de largeur d'auantage: côme à celuy qui a deux pieds d'espesseur hors de terre, trois dedans terre. Celuy qui a vingt poulces d'espesseur & trête dedans les fondemens, il ne peult estre de moins que d'une quarte partie de retraicte, tant dedans que dehors. Ie voudrois que selon la profondeur du fondement le maistre maçon eust ce iugement de faire le mur plus large par le bas que par le hault, en le côduisant tousiours auecques vne petite retraicte, principalement par le dehors de l'edifice. Et si c'est vn mur qui ait quatre pieds d'espesseur par sus terre, ie voudrois qu'il en eust six dedans. Si vous vouliez planter vn grâd edifice qui deust auoir aux fassades de la maison des xylobastes, ou piedestas (ainsi que le vulgaire les appelle) ou quelque parastate, pilastre ou empatemêt, pour faire vn talu, il fault que le sage Architecte côsidere & monstre au maistre maçon de luy donner tousiours vn fondement de telle façon, que l'œuure qu'il y erige par dessus terre, ait son fondement plus large que l'œuure qui doit estre plantée par dessus. Et quelquefois si le mur a quatre pieds de large, & la saillie des piedestas deux, il fault que le fondement d'ouuerture soit de 8 ou 10 pieds dedans les terres. Ce qu'on cognoist par vn bon iugement accôpagné d'experience, & qui sçache bien considerer les fardeaux & pesanteurs que lon veult mettre dessus ledit fondement, selon qu'il le fault esleuer auecques bonne prouision de tout ce qui y

Des largeurs & espesseurs des murs qu'ô fait dâs terre.

Fort bon conseil & enseignement proposé par l'autheur.

est requis:& sil est necessaire, y faire d'aussi grands talus comme
aux forteresses, ou à soustenir les terres qui poussent fort, mesme
quand elles sont subiectes à estre humides ou mouuátes, ou bien
à receuoir les eaües & pluyes, ou autremēt, ainsi qu'on peult en-

Les fonde-
ments deuoir
varier selon
les logis qu'on
pretend con-
struire.

treprendre les edifices. A ceux qui sont rōds, ou qui ont de grāds
portiques ou se fondent plusieurs colomnes, il faudroit faire les
fondements tous massifs, & aussi larges ou plus, que toute l'œuure : ie dy fonder la largeur & longueur de toute l'œuure autant
que contiét le plan de tout l'edifice qu'on veult faire. En aucuns
edifices, il ne faudroit faire que des trauerses pour tenir en ordre
& liaison les fondements. Icy ie vous veux biē aduertir que vous

Auertissemēt
sur les fonde-
ments faicts
par espaullette

ne deuez iamais endurer, si vous voulez que vostre œuure soit biē
faicte & asseurée, que les maçons façent les fondements par espaullettes, c'est à dire qu'ils ne paracheuent point vn fondement
à vn bout de la hauteur qu'il doit estre, & que la reste demeure
plus bas, en faisant ledit fondemēt par lopins & pieces. Il le fault
doncques tellement faire, que lon meine les assiettes des pierres
de maçonnerie toutes à niueau, si faire se peult que n'ayez aucun
empeschement, soient de moilon, ou autres. N'endurez iamais
que vn bout se haulse plus que l'autre, & par ainsi vous ferez que
voz fondements seront comme sils estoient tous d'vne piece. Il
est malaisé qu'une maçonnerie se puisse bien lier l'une auecques
l'autre, si elle n'est faicte toute ensemblément. Asseurez vous que
estant toute comme d'une masse, & de mesme hauteur, elle sen-
tretiendra si bien qu'il n'en auiendra point de faulte, & ne pourra prendre coup ny se corrompre, ainsi qu'elle peult faire estant
conduicte par loppins. Vous n'ignorez que la maçonnerie faicte
dans terre ou dehors en quelque nombre de iours se deseiche, &
deseichant se r'abaisse, cóme font toutes choses humides lesquelles on voit se reserrer & retirer en deseichant. Doncques si vous
faictes vn autre mur contre celuy qui est ia faict, quelque liaison
que vous y sçachez donner, ainsi qu'il deuiendra sec il se retirera
en soy, comme aura faict l'autre, & se abaissera. Et l'autre partie

choses fort
dignes de no-
ter, & bien
pratiquer.

qui est seiche ou n'a tant d'humidité, tiendra coup & demourera
comme elle est pour estre deseichée & retirée de long temps &
longue main. Par ainsi l'assemblage & liaison se deffera, ou pour
le moins les commissures ou ioincts du mortier se romprōt. Et
iaçoit que quelquefois cela ne se monstre gueres, si est-ce qu'il
n'est bon de faire ainsi maçōnerie par pieces & espaullettes. Cela
se cognoist fort bien aux forteresses, car quand le canon a donné
contre vn pan de mur ainsi faict, vous verrez fendre & separer les
vieux murs des nouueaux, sil y en a. Quand il est force de faire les

fondements en telle façon, il les fault maçonner autrement que
aucuns maçons n'ont accoustumé de faire, c'eſt auec grande retraicte, comme qui voudroit faire des degrez ou marches ſur l'eſpeſſeur des murs, auecques aucunes lógues pierres des plus grandes que lon peult recouurer. Mais pour reuenir à mon dire, cou-
ſtumieremét on voit que les maçons font ainſi par pieces les maçonneries, ce que i'ay bien voulu aduertir, à fin d'y prédre garde,
& cognoiſtre la fermeté d'un fondement de laquelle il nous con
uient eſcrire. Contre la mau uaiſtié et trö perie d'aucuns maçons & ouuriers.

Pour cognoiſtre la fermeté d'vn fondement, & des terres qui font bonnes à fonder. CHAP. VIII.

A fermeté d'vn lieu pour faire fondement ſe peult
voir & cognoiſtre en diuerſes ſortes, & ſignammét
par la nature des terres. Car ſi c'eſt vne terre qui n'a
point eſté remuée, quád vous la frappez du pied ou
de quelque inſtrument, ou d'une piece de bois de
bout, elle faict vn ſon ſourd, & ſans aucune reſonance. D'auantage la terre ſy eſleue par petites pieces maſſiues, comme ſi c'eſtoit
ſur vne carriere, ou ló tire la pierre: & ſi vous mouillez leſdictes
pieces, elles ne ſe deſtrempent facilement: telle terre doncques
eſt bonne pour fonder. D'ailleurs vous cognoiſſez les terres propres pour bon fondement, quand elles ſont trop plus peſantes
que deux ou trois fois autát d'autres, pour eſtre reſerrées & maſſiues. Il y a diuerſité de bónes terres ſous diuerſes couleurs, ſelon
les lieux & païs ou lon eſt. Voluntiers la bóne terre pour fonder
eſt ſolide & noire : en aucús lieux elle eſt comme argille plóbeu-
ſe, parquoy auſſi eſt tresbonne. Il ſen trouue de blanche (qui eſt la
pire) eſtant cómunemét moite ou humide & ſalliſſant les mains
quand on la manie, cóme ſi c'eſtoit fange ou boüe, ce que ne font
les autres bonnes terres : parquoy il ne ſe fault aſſeurer ne fier à
ſemblable. On trouue des terres aux fondements, qui ſont cóme
petis cailloux & gros grauiers de riuieres cóglutinez enſemble,
& tenants quaſi cóme ſi c'eſtoit quelque façon de cyment : telles
terres ſont tresbonnes pour fonder. On trouue auſſi de bons fondeméts ſur vne veine & nature de terre qui n'eſt gueres eſpeſſe,
& repreſente du gros ſable blác ou rouge fort amaſſé enſemble,
& bien meſlé de petis cailloux. I'ay veu quelques vns qui pour
vouloir trouuer meilleur fondemét que ſur ledit ſable, ouuroiét
la terre de plus en plus, à fin de r'encontrer mieux, de ſorte qu'ils
fouilloient encores trois ou quatre pieds plus profond, mais ils

La nature des terres mon-ſtrer la ferme-té d'vn fonde-ment.

Beau diſcours ſur la cognoiſ-ſance des bon-nes terres pour bié fonder ba-ſtiments.

ne rencontroient terre qui valuſt pour fonder, voire vingt cinq
ou trête pieds plus bas, ou moins, parquoy ils ſe trouuoient tró-
pez, pour ne ſeſtre arreſtez ou il falloit, & quelque fois eſtoient
contrainéts d'y mettre des pieux, & piloter pour les fondeméts,
qui n'eſtoient ſi bons que ceux leſquelz ils auoient laiſſez. Pour
concluſion, il ſe fault arreſter quand on trouue telle ſorte de gros
ſablon rouge, autrement les maçons feroient grands deſpens, &
dõmage au ſeigneur ſans aucune neceſſité, ainſi que i'ay veu aduenir pluſieurs fois. Pource eſt il que ie cõſeille à ceux qui ſe vou-
Autre ma- dront ayder de noſtre aduis, d'y prendre garde. Encores ſe peu-
niere de co- uent cognoiſtre les terres des bons fondements quand vous les
gnoiſtre les prenez & maniez, ſoient qu'elles ſe trouuent ſeiches, ou moittes
terres pour bõs & humides: car quand vous les mettez ſur vn linge blãc, ou drap
fondements. de laine, ou de ſoye, & apres vous le ſecoüez, ſil ne ſy faiét aucune tache, ou que le drap n'en ſoit rendu ſalle, telle nature de terre
eſt bonne pour fonder: mais ſi elle tache le drap ou linge d'aucune fange, ne vous y fiez, car le fondement n'en vaudra rien.

La façon d'amender vn fondement, quand on ne trouue terre
ferme pour le bien aſſeurer. CHAPITRE IX.

Maniere d'aſ-
ſeurer & ac-
commoder vn
fondemêt qui
n'eſt en terre
ferme.

QVAND vous ne pouuez trouuer terres fermes
pour aſſeurer vn bon fondement, elles ſe peuuét
améder en diuerſes ſortes: cõme par pilotis, plattes formes, & autres manieres, ſelon la commodité & nature du païs ou lon eſt. Si vous en dou-
tez, vous y pourrez mettre aucuns pieux par deſ-
ſus peuplez de grandes pieces de bois, ſciez de l'eſpeſſeur de cinq
& ſix poulces, tát lõgues & larges que permettra l'arbre ou pou-
tre deſquelz vous les ſcierez: mais vous les mettrez ſi egalement,
qu'il n'y en aye plus en vn endroit qu'en l'autre, principalement
ſi l'œuure ſe faiét ſur vn lieu paluſtre ou mareſcageux: à fin que
ſil fault que la peſanteur & charge de l'edifice ſabaiſſe (comme il
peult aduenir) que ce ſoit egalement par tout. Car ſi vn endroit
tenoit coup, & l'autre non, l'edifice qui ſeroit deſſus ſe fendroit
& oũuriroit en diuers lieux, & peult eſtre pancheroit ou tom-
beroit. Par deſſus telles plattes formes, les maçons pourrót faire
leurs maçonneries de grandes libes de pierre de taille, bien liées
Raiſon pour- les vnes auecques les autres. Ce que i'en dy eſt pource que les an-
quoy les an- ciens ont autant ou plus aymé edifier en lieux paluſtres & mareſ-
ciens edifioiët cageux, que ſur terre ferme, pour les ſubieétions des trêblements
en lieux palu- de terre, qui ſengendrent des exhalatiõs, & vents ſe mouuants &
ſtres et mareſ-
cageux.

agitants dedãs les entrailles & conduicts de ladicte terre, à fin de trouuer iſſue. Qui ſont ſi grands quelquefois, que non ſeulement ils font fendre l'edifice, mais auſſi le rēuerſent & precipitent. Ce que ne peult aduenir en vn lieu paluſtre & mareſcageux pour les exhalations & vēts qui neſy engendrēt & n'y peuuēt demourer facilemēt. Qui ſeroit contrainct de baſtir en tels lieux de palus, il faudroit que l'Architecte monſtraſt par ſon bon eſprit les moiēs & inuentions de vuyder les eauës deſdicts palus, & rendre le lieu ſec, à fin que les beſtes venimeuſes n'y puiſſent habiter. Ce qui eſt facile à faire, & en diuerſes ſortes, ſignãment par petis canaux, eſquelz ſamaſſent les eauës pour les conduire ou lon veult, & y faiſant telles figures & formes qu'on deſire pour donner plaiſir, & encores pour en tirer proufit par la nourriture des poiſſos, ou autremēt. Ainſi que i'ay faict faire par neceſſité au parc du chaſteau d'Annet, auquel le lieu eſtoit ſi aquatique, qu'ó n'y pouuoit aller: ce neãtmoins ie l'ay rēdu autãt delectable & plaiſant que parcou iardin qu'on puiſſe voir, pourueu qu'il ſoit bien entretenu. Mais pour reprendre le propos des terres pour faire fondements, il ſen trouue quelquefois qui ſont ſi mouuãtes, que qui voudroit y cer cher ſolidité, le fondemēt couſteroit plus que l'edifice. Ainſi que i'ay trouué & experimēté long tēps y a au baſtiment & chaſteau de S. Maur des foſſez, duquel i'ay cy deuant parlé. Ledit chaſteau a eſté baſty ſur vne colline ou petite mõtaigne qui eſtoit faicte de la terre qu'on auoit autrefois oſtée des foſſez qui ſont autour de l'abbaye qui depuis a eſté redigée en egliſe collegiale de chanoines. En faiſant faire les fondements, ie trouuois toute la maſſe mouuante, pour les pierres qu'on auoit tiré autrefois des quarrieres. Et pour paruenir iuſques au ferme, il me falloit aller plus de quarante pieds plus bas, qui eſtoit vne deſpenſe exceſſiue, & qui ne fuſt venuë gueres à propos pour le ſeigneur Cardinal, qui n'auoit pour lors beaucoup d'eſcus de reſte. Pour doncques euiter vne ſi grande deſpenſe, ie feis faire pluſieurs trous ou pertuis, cóme ſi i'euſſe voulu faire des puis de quatre ou cinq pieds de large, autant que portoit le fondemēt, & eſtoient quarrez: i'en faiſois autant de douze pieds en douze pieds de la meſme largeur du fondement, & tant profonds que i'y trouuois lieu ſolide: & ou ie ne le trouuois aſſez ferme comme ie le demandois, i'y faiſois mettre des pieux de la largeur dudit fondement, & faiſois remplir leſdicts trous ou puis de bonne maçonnerie: en apres d'vn trou à autre ie faiſois faire des voultes par deſſus dans les terres, qui ne ſe voyoient aucunement: & ſur icelles ſe continuoit la maçonnerie. Quoy faiſant il ſy trouuoit vne grāde eſpargne, tant

Conſeil quand on eſt cõtraint de baſtir en lieu mareſcageux.

Le chaſteau & baſtiment de S. Maur des foſſez pres Paris.

Cecy doiuent cognoiſtre les maiſtres Maſons, & le biē pratiquer.

h iiij

des matieres, que d'autres defpenfes, foit pour ofter les terres, ou
pour les façons, qui euffent coufté quafi la moitié d'auātage qu'il
n'a faict, s'il y euft fallu proceder autrement. Vous pouuez iuger
facilement du tout par la figure que i'en ay faicte cy deffous.

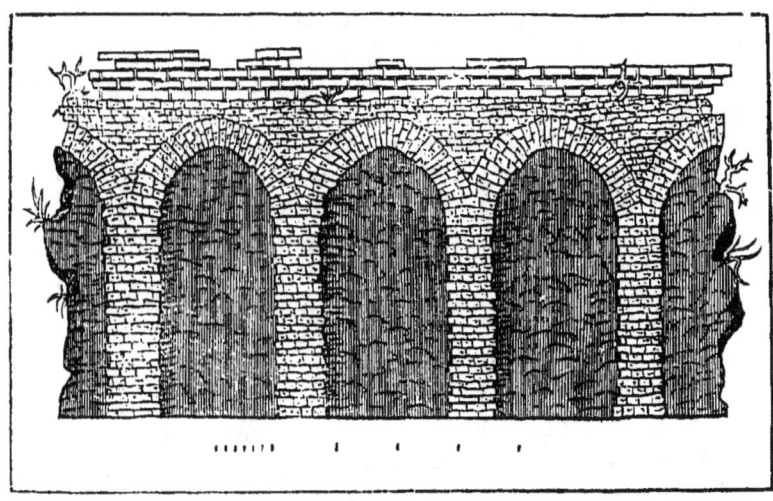

Belle inuention pour cognoiftre fi vn fondement fera meilleur
eftant creufe & fouillé d'auantage.　C H A P.　X.

Vand lon eft contrainct de beaucoup creufer &
fouiller les fondements, pour autant qu'on doute qu'ils ne foient affez bons, & qu'on efpere de
les trouuer meilleurs, ou bié que lon eft cōtraint
d'aller plus bas qu'on ne voudroit, pour les caues
& offices qu'on veult faire quelquefois dedans
terre, on cognoiftra fi le fondement fera meilleur pour eftre creu
Maniere de fé d'auantage en cefte forte. Il fault faire vn trou ainfi qu'vn puis,
cognoiftre fi & non pas de grande profondeur: de quatre ou fix pieds il fuffi-
vn fondemēt ra: en apres proceder comme quand on veult experimenter s'il y
fera meilleur a fources d'eauës en quelques lieux & païs, qui fe pratique en ce-
pour eftre creu fte forte. Prenez deux cruches de terre cuitte, ou deux pots de
fé d'auantage. quelque forme & capacité que vous voudrez (il feroit bon toutefois qu'ils tiennent enuiron vn feau d'eauë) & les empliffez de
laine, bourre, ou cotton, puis les couurez d'une tuille ou aix ; &
regardez quelle eft la pefanteur & pois de tout enfemblément,
lequel gardez à part. Cela faict mettez l'vn defdicts pots au plus
bas du fondement & à vn coing, eftant bien couuert de quelque

autre chofe, cóme qui voudroit garder que les vapeurs & exhalations n'en puiſſent ſortir. L'autre pot ſera mis dedans la foſſe faiſte en façon de puis (qui eſt le plus profond du fondemét) eſtant couuert d'aix, & de terre par deſſus, ainſi que vous pouuez auoir faiſt de l'autre. Cela eſtant ainſi accomply, vous les y laiſſez vn iour ou deux, ou plus, & en apres les oſtez, & regardez lequel eſt plus peſant des deux. Si celuy qui a eſté mis dedãs la foſſe du puis poiſe d'auantage, que celuy qui eſt à la trãche ou coing du fondemét, il monſtre que ſi vous creuſez plus bas ledit fondemét, il ſera pire, pour y auoir plus d'humidité & de terre boüeuſe. Mais ſi vous voyez qu'il ne poiſe gueres d'auãtage, & que ſeulement ſur la ligne y ait comme de petites gouttes d'eaue, ou de roſée, c'eſt ſigne qu'il y a quelque petit ruiſſeau paſſant, & coulant par deſſous, ou que les terres ſont fort humides & abreuuées d'eaüe, laquelle eſt encores aſſez profonde. Mais ſi vous trouuez toutes les cruches & vaſes d'vn meſme pois, ou biẽ que le pot qui eſtoit dans le puis ſoit plus leger, que l'autre eſtant mis à la tranche du fondemét, c'eſt ſigne que tant plus vous creuſerez la terre & irez plus bas, tant plus vous trouuerez meilleur fondemét. Si les deux pots ſont iuſtement, ou enuiron, de meſme pois, c'eſt à dire, ſ'ils ne poiſent non plus qu'ils faiſoiét quand on les y a mis, il ſe fault arreſter là, car vous ne trouuerez meilleur fondement, la terre y eſtant par tout ſolide, bien ferme, & bien conglutinée, auec competente humidité. Les vrais fondements & plus aſſeurez ſont ſur la roche, comme chacũ ſçait, ou ſur le tuf, ou ſur vne carriere. Cela donne grand plaiſir au conducteur quand il trouue telle aſſeurance de ſon œuure. Ie ne voudrois icy oublier à dire que les fondements ſe doiuent accommoder à la nature des lieux & païs ou lon eſt. Car, comme i'ay dict, aux lieux qui ſont ſubiects à tremblements, les terres ſolides & lieux les plus fermes n'y ſont pas les meilleurs. Qui peult eſtre cauſe, ainſi que nous auons dict, que les anciens cerchoient les paluds & mareſts pour bien fonder, par autant que les vapeurs & vents ſoubterrins facilement ſy eſcoulent & euaporent ſans pouuoir aucunemét esbranler les ediﬁces. Mais, comme nous diſions nagueres, il fault auſſi rendre le lieu ferme & ſolide par pieux, plattes formes, charbons, & laine qu'on met par deſſus, pour garder que le bois ne ſeſchauffe ou pourriſſe. Par meſme cauſe on a accouſtumé de bruſler le bout des pilotis pour les rendre quaſi comme charbon, à fin de les conſeruer longuement dans l'humidité de la terre. Ie croy que cecy ſuffira pour cognoiſtre la nature de la bonne terre pour y aſſoir & poſer fondemẽts. Qui deſirera en voir d'auantage, il luy eſt libre

Beau diſcours pour l'inuentiõ des eaües.

Subtils moiẽs pour cognoiſtre ſi on doit creuſer et profonder d'auantage vn fondement.

Des paluds et lieux mareſcageux, eſquels il fault quelque fois faire fondements.

de lire Vitruue, auecques plusieurs autres qui en escriuent, & aussi entendre l'aduis de ceux qui en ont bonne experience. Ie vous

aduise que tout ce que ie vous en propose & escris, a esté experimenté en diuers lieux par mon ordonnance, aduis & commandement. Ie desirerois tout d'vne venue monstrer icy les engins necessaires à tirer les eauës d'vn fondemét (puis que le propos & occasion sy presente) soit par pompe, roüe, ou autre sorte d'instrument, comme aussi enseigner diuers organes & instruments, tant pour plâter pieux aux fondemés, que pour côduire toutes sortes de pierres, bois, & autres matieres: semblablemét pour edifier dans l'eauë, soit en mer, riuieres, ou paluds: mais ie remettray le tout à nostre liure des Engins & varieté d'instrumés desquels se peult ayder l'Architecte : lequel nous mettrons en lumiere quelque iour, sil plaist à Dieu le permettre: icy seulement ie m'esforceray de rendre les edifices parfaicts en toutes leurs façons & matieres, n'y omettant les symmetries, mesures, & proportions qu'il y pourroit falloir, selon mon aduis. Ayant doncques par ordre & methode iusques icy conduit le seigneur qui veult bastir, & l'Architecte qui le veult seruir, il me semble que toutes matieres estans preparées, ainsi que nous auons enseigné, il ne reste sinon mettre la main à l'œuure. C'est de poser opportunémęt & en temps idoine la premiere pierre fundamentale de tout l'edifice, puis continuer la structure par dessus, ainsi que nous dirons.

Et pour autant que les anciens ont eu grand respect à la position & assiette de ladicte pierre, icy voluntiers i'en ferois vn fort beau discours & escrirois ce que i'en ay leu aux liures des anciens, & entendu des gens doctes tant en Architecture que Astrologie, & aussi ce que i'en ay peu colliger des obseruations de plusieurs, côformes aux traditions des anciens, pour satisfaire à plusieurs qui se delectent en la cognoissance des secrets de nature & faicts de Dieu plusque admirables: mais pour autant que c'est vne nouuelle façon (quant à nostre temps & nouueaux Architectes) pource est il que ie remettray le tout à nostre nouueau liure des Diuines proportions, si l'occasion sy presente, ou bien à quelque autre opuscule venant à propos. Auquel, Dieu aydant, nous monstrerons bien au long le grand danger ou se mettent & precipitent ceux qui commençent leurs bastimés, sans auoir preueu & premarqué l'occasion & temps idoine pour ce faire: semblablement

les disgraces & infortunes ausquelles ont esté suiects plusieurs logis pour telle negligence, ainsi que nous le confirmerons par raisons, auctoritez, & exemples tant antiques que modernes: & n'y omettrons, moiennant la grace de Dieu, certains preceptes & en-

feignements qui conduiront les Architectes & autres à choisir
& eflire temps propre pour heureufemét commencer & fonder
toutes fortes de baftiments. Remettant dócques le tout à noftre-
dict liure Des diuines proportions, ou autre, ie pourfuiuray le
propos delaifsé, qui eftoit de bien commencer la maçonnerie des
fondeméts, pour cótinuer fur iceux le corps de tout le baftimét.

Comme c'eft qu'à faulte de grandes pierres on doit remplir les
fondements pour edifices, pour ponts fur riuieres, pour ports
de mer, pour conftruire fur paluds & autres lieux
aquatiques. CHAPITRE XI.

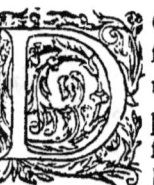

Oncques le fondement eftant preft à maçonner,
fil eft grand & large, & que vous ne puiffiez trou
uer de grandes pierres pour mettre au fond, foit
pour edifices, ou pour fonder vn port de mer, ou
faire ponts fur vne riuiere, ou baftir dans vn palus, ou encores dans la terre, la meilleure chofe
& plus própte fera de preparer le mortier ainfi que la chaux viét
du four (comme nous l'auons declaré au premier liure) auecques
du fable qui foit de riuiere, & porte plufieurs fortes de cailloux
de telle groffeur qu'ils fe trouueront, pourueu qu'ils n'excedent
la groffeur du poing pour le plus, ou la groffeur d'vn œuf, & foiét
accompagnez de plufieurs autres petits cailloux & grauois, com
me on les trouue dedans les riuieres. Telle matiere deftrempée
& meflée auecques la chaux fert de pierre & de mortier: pour
autant que tel grauois porte du fable quant & foy, & fe iecte tout
à vne fois dedans les fondements, fans que les maçons ayent peine d'y befongner auecques leur truelle, car il fuffift le dreffer vniment auecques la paelle. L'ayant ainfi refpádu iufques à vn demy
pied d'efpeffeur, vous y pouuez iecter & entremefler parcy, parla,
plufieurs groffes pierres feules, ainfi qu'ó les peult trouuer à propos, fans toutesfois qu'elles fe touchét: les plus dures y feront les
meilleures, comme font roches ou cailloux. Apres cela vous re-
iectez encores par deffus dudit mortier faict de cailloux & grauois, comme vous auiez faict au parauant. Il fault ainfi continuer
iufques à ce que le fondement foit plein, iectant le tout d'enhault
auecques toutes fortes de petits cailloux. Telle matiere ainfi dif-
pofée s'endurcit & referre fi fort dedans les fondemens, que eftát
accumulée & liée enfemblément, deuient cóme vne feule maffe & roche, laquelle nature auroit faicte toute d'vne piece, eftant
fi forte & maffiue, quand elle eft feiche, qu'on ne la peult rompre

En neceffité
de grandes pi-
erres, comme
on fe doit gou
uerner. pour
réplir les fon-
dements.

Belle compo-
fition d'vn
mortier feruät
de pierre.

Merueilleufe
matiere de
mortier, s'en-
durciffant en
pierre ou ro-
che.

auecques le pieu, ou autre inſtrumét, n'auſſi arracher les cailloux du fondement, qu'ils ne ſe mettent en pieces. La raiſon eſt pour autant que telle matiere ainſi iectée dedans les fondements larges, & participants de quelque humidité d'eauë & moiteur, detrempe le mortier, qui demeure ainſi fort long temps à ſe deſeicher: de ſorte que le gros grauois & cailloux durant ce temps ſabreunét & attirent la graiſſe & force de la chaux, voire iuſques au centre & milieu d'eux, comme ie l'ay veu par experience. Car les cailloux qui eſtoient mis ainſi en œuure eſtás rompus, ſe trouuoient par le dedans iuſques au milieu tous blancs, & de meſme couleur que ladicte chaux: ce qu'ó ne voit à ceux qui ne ſont ainſi mis en œuure. Autant en font les pierres de roches, car elles attirét auſſi la graiſſe & puiſſance de la chaux. Qui ne ſe feroit à vn fondement ayant peu de largeur, pour autant qu'il deſeicheroit trop toſt la pierre dure ou les cailloux, qui pour ceſte cauſe n'auroient le téps de tirer la force de la chaux. Laquelle eſt beaucoup

De quelle matiere ſe faict la bóne chaux & penetratiue.

plus penetratiue & propre à tel affaire, quád elle eſt faicte de pierre fort dure, comme des premiers licts de couuerture des carrieres, ou d'autre ſorte de pierre dure, telle que pourroit eſtre le marbre duquel on tire la meilleure chaux qui ſoit pour faire bó mortier, ainſi que i'ay dit cy deuát. Et notez ſil vous plaiſt, que la pierre molle ny vault rié, ou bien peu. Reprenát noſtre premier propos qui eſtoit de remplir les fondements en la façon que nous auons móſtré, ie dy d'auantage qu'il eſt auſſi fort propre pour fonder dans la mer, ou dedans vne riuiere, comme auſſi pour y faire ponts, ou en autre lieu qu'on voudra: pour autant qu'en faiſant

Pour fonder en mer ou dedans vne riuiere pour y faire ponts.

ce qui eſt neceſſaire aux lieux deſquels on ne peult oſter toute l'eauë, en iectant le mortier, ainſi faict que deſſus, dedans la caſſe ou forme du fondement, tout ſaccommode ſi bien, & ſagence au fond ſi propremét, qu'il n'y demeure rien qui apparoiſſe vuyde. Et comme il ſempliſt, il chaſſe toute l'eau qui eſt dedans la caſſe, faiſant la forme de la maçonnerie pour ledit fondement. Aucuns pourroient penſer que cela ne ſçauroit eſtre bon, pour autant qu'eſtant touſiours mouillé, iamais ne pourroit ſeicher ne deuenir dur. Qui eſt choſe treſmal entendue, car pour eſtre entretenu moitte, il ſeiche de longue main, & plus il demeure à ſeicher, plus il deuient dur. Il eſt bien vray qu'il ſera fort bon de remplir ledit fondement le plus diligemment que faire ſe pourra, &

Inſtructió & enſeignemẽt pour fonder dedans l'eaue.

principalemét quád c'eſt pour faire vn port de mer ou autre ſtructure, voire quand ce ſeroit dans vne riuiere d'eau doulce. Il y a ſeulement vne choſe que l'Architecte doit móſtrer, c'eſt la quantité de la chaux qu'il fault mettre d'auátage auecques le ſable. Ce
qu'on

qu'on doit confiderer felon les riuieres ou ports de mer ou lon
veult befongner. Il fault auffi prendre garde, que la mer ou riuiere n'emmeine ou face remuer du commencement les caffes hors
de leurs places, qui font faictes pour tenir la matiere qui fert pour
la forme du fondement. Laquelle doit eftre plus large de quelque quantité, que l'œuure qui fera fondé par deffus : & les caffes
de telle forte dreffées, que toufiours elles ayent bon talu tout autour auecques vne retraicte, ainfi que la maffe le requiert. Cela fe
fera felon le iugement de l'Architecte & de l'œuure qu'il a à faire. En efcriuant des ports de mer, fil plaift à Dieu m'en donner L'auteur pro-
met efcrire
des ports de
mer quelque
iour.
quelque iour la grace, ie monftreray la façon & affemblage pour
proceder en tel cas, & mettre dans la mer ou riuiere engins propres pour en ofter les terres, & trouuer le ferme & lieu folide, &
auffi pour y planter des pieux, fi le lieu n'eft bien ferme. Mais delaiffant tels propos, nous continuerons celuy qui eft de remplir
les fondements en autre forte, fignamment pour les baftiments
aufquels on n'a commodité de trouuer grauois & cailloux de riuiere, pour mettre auecques la chaux, ainfi que nous auons dit.

*Maniere de remplir les fondements d'vn edifice, ne fe prefen-
tant commodité de trouuer cailloux ou grauois de riuiere
pour y proceder comme deffus : & des incommoditez qui furuiennent pour n'y auoir affis les
pierres proprement, & ainfi qu'il
appartient.* CHAP. XII.

S I le fondement fur lequel vous voulez edifier eft
arrefté fur terre folide, ou fur plattes formes, ou Maçonnerie
des fondeméts
fur pilotis ou
plates formes.
pilotis, il y fault faire la maçonnerie de libes de
pierres, les plus grandes que faire fe peult, ainfi
qu'on en aura la commodité. Quant à la premiere affiette, ie ferois bien content qu'elle fuft de
pierre feiche fans mortier, principalement ou il y aura vne platte forme de charpenterie. Mais entre la pierre & la platte forme
de bois ie ne voudrois mettre que la figure preffée & ferrée le
plus que faire fe peult, à fin que l'humidité & graiffe du mortier
defcendant au fond ne pourriffe & efchauffe le bois, ainfi que la
chaux faict naturellement quãd le mortier touche le bois. Apres
la premiere affiette, on peult maçonner de pierre & de mortier
comme lon a accouftumé. Mais fur tout il fault prendre garde à
vne chofe, de laquelle i'ay efcrit en noftre liure des Inuentions
nouuelles pour bien baftir, & icy deuant : c'eft que les maçons ne

i

doinēt iamais maçōner, ne mettre en œuure, en quelque lieu que

ce ſoit, aucunes pierres, ſoient de taille ou de moilon, ſinon ainſi
que nature les a faiētes & creées, qui n'eſt autre choſe que les met
tre touſiours ſur leurs liēts, car en ceſte ſorte elles ſont merueilleuſement fortes. Si on les met debout, ou ſur le coſté, comme ſur
la face du parement de la pierre, & que vous en faciez leur liēt &
aſſiette, quand elles ſentiront grande peſanteur, elles ſeront en
danger de ſe fendre ou eſclatter par le milieu. Il n'en faudroit que
vne à qui telle fraēture aduint de la largeur d'un doz de couſteau
pour fendre vn edifice au plus haut, d'un demy pied, ou plus. Sou-
uentefois i'ay veu auenir telles faultes, & ſembloit aux ouuriers
que cela vinſt des fondements, qui eſtoit tout le contraire, car il

procedoit d'auoir mal mis leſdiētes pierres en œuure, cōme il ſe
voit aux maçonneries du chaſteau de la Muette de ſainēt Germain en Laye (lequel le feu Roy François premier fit edifier) &
en pluſieurs autres lieux. Et par ainſi la faulte, par laquelle les logis ſe fendent & fondent en pluſieurs lieux, le plus ſouuent ne
vient point du fondemēt, mais de mal mettre leſdiētes pierres en

œuure, & hors de leur liēt. C'eſt tout ainſi comme du bois, car ſi
vous mettez l'arbre de ſon long & debout pour porter ou ſouſtenir vne peſanteur, il n'y a rien ſi fort, & ne ſe peult rompre facilement: mais ſi vous le mettez de plat ou trauers, & le chargez, il
pliera ou ſe rompra. Ainſi eſt il des pierres, car ſi vous les mettez
en œuure comme nature les a faiētes, il n'en viendra iamais faulte. Il eſt auſſi neceſſaire que les maçons garniſſent bien leur mur,
& qu'ils n'y facent point de trous à rats, ainſi qu'ils les appellent,
ou bien qu'ils n'y mettent des pierres ſeiches, ou trop de mortier
ſans eſtre bien garny de menues pierres.

LE TROISIEME LIVRE

DE L'ARCHITECTVRE DE PHILI-
BERT DE L'ORME LYONNOIS, CONSEIL-
ler & Aulmofnier ordinaire du Roy, Abbé de
fainct Eloy lez Noyon, & fainct Serge lez
Angiers, & n'a gueres d'Iury.

Prologue en forme d'aduertiffement.

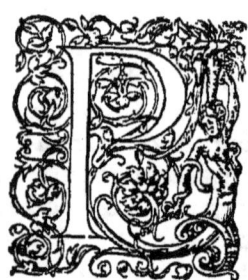OVR autant que ce Troifieme liure eft
prefque tout employé à la declaration &
defcriptió de certains traicts & lignes que
nous appellons Geometriques, fort neceffaires aux Architectes, maiftres maçós, ap-
pareilleurs de pierres, tailleurs & autres,
pour fen fçauoir & pouuoir ayder aux
lieux que nous propoferons, & felon les fa
çons que nous en donnerons & fe cognoi-
ftront par le difcours & lecture defdicts traicts, qui ne peuuent *Les traicts*
eftre proprement trouuez ny affeurément pratiquez, finon par *Geometri-*
l'ayde & maniment du compas, ie me fuis pour cefte caufe adui- *ques auoir be-*
fé de excogiter & familierement defcrire la figure & image que *foing du com-*
vous auez cy apres. Laquelle ne vous mettra feulemét deuant les *pas.*
yeux l'excellence dudit compas, mais auffi plufieurs belles chofes qui feruiront d'exemple, inftruction & cófeil à tous ceux qui
font, ou veulent faire profeffion d'Architecture, & à autres auffi
auecques vn fingulier plaifir & proufit. En premier lieu dócques
ie figure vn Architecte habillé ainfi qu'vn homme docte & fage
(tel qu'il doit eftre) & comme fortant d'une cauerne ou lieu ob- *Expofition de*
fcur, c'eft à dire de contemplation, folitude, & lieu d'eftude, à fin *la figure &*
de pouuoir paruenir à la vraye cognoiffance & perfection de fon *image qui eft*
art. Il trouffe fa robbe d'une main, voulant monftrer que l'Archi *à la fin du pre*
tecte doit eftre diligent en tous fes affaires, & de l'autre main il *fent prologue.*
manie & conduit vn compas entortillé d'un ferpent, pour figni-
fier qu'il doit mefurer & compaffer tous fes affaires & toutes fes
œuures & ouurages, auecques vne prudence & meure delibera-

tion, à fin de fe pouuoir affeurer du chemin qu'il doit tenir entre les hommes, femé par cy, par là, de chauffetrappes & efpines, c'eft à dire de picques, enuies, haines, deceptions, iniures, trauerfes & empefchemens, qui nuifent à tous bons efprits, & fignamment à ceux qui veulent bien exercer l'Architecture, comme ie l'ay af-

Grandiſſime prudence eſtre requiſe aux architectes. fez declairé ailleurs. Parquoy vne grandiffime prudence bien reiglée & mefurée leur eft requife & neceffaire : Prudence, dy-ie, telle que le ferpét la figure, & eft commandée & recommandée par Iefus Chrift en fon Euangile difant, *Eftote prudentes ſicut ſerpentes, & ſimplices ſicut columbæ.* c'eft à dire, Soyez prudens ainfi que les ferpens, & fimples comme les colombes. Voulant monftrer que prudence conioincte auecques fimplicité & modeftie conduit l'homme à toutes bonnes & louables entreprinfes. Car ainfi que Gauarre efcrit en fon liure des mots dorez : Si treshault

Les louanges & beaux effects de prudence repreſentée par le ſerpent. eft le don de prudence, que par fon moien on amende le paffé, on donne ordre au prefent, & pourroit on au futur & à venir. De cela on peult inferer, que celuy qui n'eft fourny de cefte tant belle vertu de prudence, ne fçaura recouurer fa perte, n'entretenir ce qu'il poffede, ne cercher ce qu'il efpere. P our ce eft il que ie figure ledit Architecte tenant toufiours le compas en fa main, à fin de l'enfeigner qu'il doit conduire toutes fes œuures (comme nous auons dict) par mefure : & ay auffi accompagné ledit compas d'un ferpent, à fin qu'il fe fouuienne d'eftre bien aduifé, prudent & caut, à l'exemple dudit ferpent : car, ainfi qu'efcrit fainct Ambroife, fentát approcher de foy l'enchâteur, il met vne de fes aureilles contre terre, & eftouppe l'autre de fa queuë. Ainfi faifant l'Architecte paruiendra à la Palme, laquelle ie luy propofe & mets deuant les yeux, comme le but auquel il doit vifer, & le chemin auquel il doit tendre. Luy voulant reprefenter par ladicte Palme vne conftance & ferme propos de fouftenir peine & trauail en toutes fes charges & affaires, à fin de paruenir à gloire,

Nature de la Palme fort digne de noter. honneur, & victoire, fignifiez par ladicte Palme. Qui eft de telle nature, que quelque charge & recharge que vous luy donniez, iamais elle ne flechit ou fe plie, ains feffleue, refifte, & fortifie de plus en plus contre le fais & charge qu'on luy donne, pluftoft rompant que pliant ou flechiffant. Mais voirement deuant que paruenir à ladicte palme, ou fi vous voulez, à gloire & honneur, plufieurs empefchemens fe prefentent à luy, ainfi que vous le pouuez voir par la figure, & eft fort bien expliqué par l'efcriture qui la borde, fous tels mots Latins,

Artificem doctum diſcrimina mille morantur,

> *Dum celer ad palmam quærit ab arte viam.*   c'eft à dire,

De mille peines & mille empeſchements
Eſt retardé l'artiſant docte & ſage,
Quand par ſon art, ſçauoir, & inſtruments
Promptement quiert vers la Palme paſſage.

Pour doncques ſeuremét paruenir à ceſte Palme, il fault eſtre
en tout & par tout accompagné de prudence portiere, & (comme eſcrit ſainct Bernard) voicturiere de toutes les autres vertus,
eſtant ſi ſublime & heroïque, qu'elle ne peult faire ſeiour auecques vn perſonnage depraué & mauuais. Pour ce eſt il, que ie deſire que noſtre Architecte ſoit de bonne ame, non trompeur, abu
ſeur, ou malicieux. Il ne ſera toutefoisvituperé d'imiter le ſerpét,
c'eſt à dire, eſtre cault & bien aduiſé, à fin de ſe garder du char-
me, malice, & tromperie des mauuais hommes. Ce qu'il acquerra par le moien de prudence non humaine & vulgaire, qui pluſtoſt ſe doit appeller aſtuce & ruze qu'autrement: (ainſi que le
commun attribue le nom de vice à vertu) mais bien par celle qui
tient le principal lieu entre les quatre vertus appellées des philoſophes cardinales, & n'eſt autre choſe, que vne precogitation,
diſcretion & preuoyance de ce qu'on a affaire, à fin d'y bien proceder, & en auoir bonne iſſue. C'eſt la prudence que ie deſire à
noſtre Architecte. Laquelle ſi par la grace de Dieu il peult vne
fois acquerir, elle ne le fera pas moins ſage, que bien aduiſé de ce
qu'il doit faire, de ce qu'il doit dire, de ſe ſçauoir taire quand il
en eſt temps, & ſçauoir expliquer ce qu'il veult, auecques bonne
grace, & faire bien entendre aux Roys, Princes, grands ſeigneurs
& tous autres, ſes entreprinſes & conceptions, ſçauoir diſcourir
ſur les œuures qu'ils veulent faire, & en parler fort bien à propos en temps & lieu. Car il pourroit aduenir que pour ſe taire il
ſeroit noté d'ignorance & ſimplicité: comme par trop parler, de
folie & temerité. *Omnia tempus habent* (dict le Sage) *tempus*
tacendi, & tempus loquendi. Nous donnant par ceſte ſentence
liberté de parler en vn temps, & de nous taire en l'autre. Car
touſiours ſe vouloir taire c'eſt ſimplicité grande, & vouloir
trop parler, folie plus grande. En quoy il fault garder les circon-
ſtances des lieux, des propos, du temps & des perſonnes. Il ne
fault paſſer oultre ſans vous aduertir, que i'ay mis au plus hault
de noſtre figure, l'image de Mercure auteur d'eloquence, pour
monſtrer que l'Architecte non ſeulement doit ſçauoir bien parler & diſcourir ſur ſes œuures, mais auſſi doit eſtre prompt & diligent à cognoiſtre & entendre les bonnes ſciences & diſcipli-
nes, ſur leſquelles preſide ledit Mercure. Toutesfois ie ne veux
qu'il ſoit trop Mercurial, c'eſt à dire muable & babillard, ſe ioi-

Les qualitez
requiſes à vn
bon Archite-
cte.

Quels biens
peuuét aduе-
nir à l'archi-
tecte eſtant
muny de pru-
dence.

Mercure au-
teur d'eloquē-
ce & des di-
ſciplines.

gnant tantoſt à l'vn, tantoſt à l'autre par vne ie ne ſçay quelle
inconſtance & legereté, ains pluſtoſt qu'il ſuyue & imite les
bons, à fin d'eſtre bon, & les ſçauants & ſages pour receuoir
d'eux doctrine accompagnée d'honneur & bonne renommée.
Ce faiſant il acquerra bruit auecques louange immortelle. Nous
auons accompagné ledict Mercure de ſes trophées, qui ſont
caducées & cors, ne voulans ſignifier autre choſe, ſinon que
l'Architecte acquerra bruit & renommée en tout & par tout ſil

Approches et
preparatifs
pour entrer
dans le troi-
ſieme liure.

obſerue ce que deſſus. Voila ce que ie propoſois vous dire ſur
l'interpretation de la figure ſuyuante. Reſte enfiler, comme
l'on dit, noſtre eſguille pour bien coudre & aſſembler le corps &
matiere de ce Troiſieme liure, auecques l'ayde du compas & reigle. Ce que nous mettrons peine de faire & parfaire, moiennant
la grace de Dieu, lequel de tresbon cueur ie ſupplie nous y vouloir conduire & diriger.

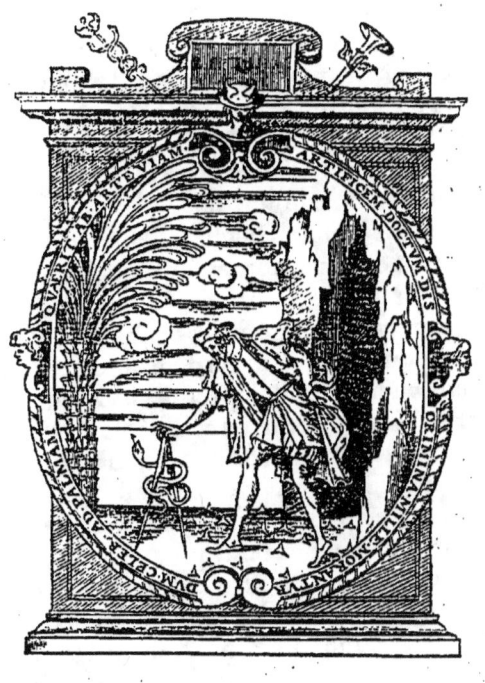

Des parties & membres des logis qui se doiuent faire dedans les
terres, entre les fondements, comme sont caues, celiers
& autres: ensemble quelles ouuertures & veuës
on leur doit donner. CHAP. I.

NOVS auons monstré au liure precedent, comme
il fault trasser & equarrir les lieux & places ou
lon veult bastir: semblablemét cóme il fault marquer les fondements selon l'œuure qu'on veult
eriger, cognoistre la nature des terres qui sont
bonnes & solides pour porter les maçonneries: le
chois des pierres propres à faire lesdicts fondements : comme il
les fault remplir, & de quelles matieres il sy fault ayder. Reste
maintenant à parler de ce qu'il conuient faire sur lesdicts fondements aux estages qui se peuuent trouuer & practiquer dans les
terres entre les fondements. Qui n'est chose de petite industrie,
ains beaucoup plus grande qu'il ne semble, pour sçauoir disposer
vne chacune chose en son endroit. Comme sont les caues à mettre le vin (qui doiuét auoir leurs clartez & lumieres par fenestres
& soupiraux du costé de Septentrion, & la porte aussi, sil est possible) les lieux pour mettre les huilles, saloirs, formages, & semblables prouisions, qui doiuent estre du costé regardant la partie
de l'Orient estiual, ou equinoctial. Au mesme estage du costé de
Midy, se bastissent cuisines, buchers & buanderies. S'il fault plus
d'une cuisine ou de deux, comme aux maisons des grands, on les
peult eriger vers les parties occidentales, qui sont aussi fort propres pour y faire la boulengerie, les baigneries, estuues, poisles, &
autres choses de mesmes . Les gardemangers pour cóseruer la vi-
ande doiuent aussi estre audit premier estage dans terre : toutesfois pour estre bien, fault qu'ils regardét le Septentrion, & qu'ils
n'ayent autre ouuerture que de ce coste là. Mais pour autant que
de toutes ces parties icy, i'ay ce me semble suffisamment parlé au
premier liure, & en pourray encores parler cómme il viendra à
propos, à ceste cause ie n'en feray plus long discours, à fin que ie
continue & suyue le fil de nostre entreprinse : qui est de móstrer
comme lon doit faire & dresser les bastiments, & conduire par
bon ordre vne chacune chose appartenant à iceux. Apres doncq-
ques auoir enseigné comme il fault remplir les fondements, à ceste heure ie veux monstrer comme il fault faire les voutes des caues, celiers, cuisines & autres lieux qu'on voudroit bastir au premier estage dans les terres, sans y omettre leurs entrées & issues,
portes & descentes, auecques la maniere de coupper & tailler les

Briene reca-
pitulation de
ce qu'a esté dit
au liure prece-
dent.

Quel lieu &
assiette doi-
uent auoir les
caues.

Cuisines, bu-
chers, buáde-
ries & autres
lieux.

I iiij

pierres pour ce faict. Mais voirement il me semble qu'il sera bon de faire vn chapitre ce pendant que nous ne sommes encores loing des fondements, pour monstrer comme lon doit donner lieu aux vuydanges des cuisines, cloaques, priuez, & autres lieux immundes, pour la santé & conseruation des habitants du logis.

*Qu'il fault pour la conseruation & santé des habitants, pen-
dant qu'on est encores bien pres des fondements, preparer
lieux pour faire escouler la vuydange des cuisines,
priuez, cloaques, baigneries,& autres lieux
immundes, à fin que les excrements
ne demeurent & croupissent aux
maisons.* CHAP. II.

IL fault tousiours pour rendre sains & agreables les lieux d'une grande maison, en laquelle y a grand nombre de peuple, que les immundicitez & vuydanges des cuisines sescoulent aisément: Autrement en peu de iours l'eauë en laquelle on laue les poissons, chairs, tripailleries, vaisselles & pots, y engendrera si grande putrefaction & puanteur, qu'il sera malaisé de demourer gueres de iours en tel lieu sans y receuoir quelque incommodité par maladie, causée de puanteurs & infections qui corrompent l'air & alterent les humeurs des corps, auecques l'esprit. Il faudra aussi par vn mesme moien donner ordre que les retraicts, baigneries & toutes sortes d'eaues croupies se puissent escouler & euacuer par lieux propres, sans apporter dommage aux habitants, & principalement les vrines & pissats qui se doiuent escouler & vuyder bien loing & en quelque riuiere, si faire se peult, ou bien dedans les fossez, si l'eaue y court ordinairement, ou dedans les terres qui de leur nature sont telles, que si tost qu'elles reçoiuent quelque eauë, elle est incontinent engloutie, beuë, & perdue. Il y a des lieux qui sont fort propres à cela, de sorte qu'il n'y entre aucune humidité qui ne soit tout incontinent rauie & à vn instant distribuée parmy les entrailles de la terre. Mais sur tout il ne fault conduire lesdictes eauës dans les fossez, ausquels elles peuuent demourer croupies, principalement sils sont pres des habitations, car cela causeroit vn fort mauuais air auec le temps, qui endommageroit la santé des habitants. Ie ne les voudrois aussi conduire en vne fosse qui fust entre le Soleil couchant, ou l'occident, & la maison:

pourautant que cela apporte auſſi vne grande infection au logis, quand le vent occidental ſouffle, qui eſt le pire de tous, meſmes en France. Ie fais ce diſcours, à fin qu'en faiſant les premiers eſtages dans les terres & fondements, on prenne garde à
bien conduire les ſuſdictes vuydanges au loing, & qu'elles ne demeurent enfermées entre les fondements du logis. Icy ie ne parleray des tuyaux & conduicts de maçonnerie neceſſaires pour
tel affaire, car il n'y a bon maiſtre maçon qui ne les entende fort
bien. Et iaçoit que ce propos ſoit choſe ſale & vilaine, voire à y
penſer ſeulement, ſi eſt-ce que ladicte choſe eſt plus-que neceſſaire, & merite tresbien qu'on en ſoit ſoigneux & curieux, pour
la conſeruation des habitants. Parquoy il fault que le maiſtre
maçon y donne bon ordre en temps & heure, & qu'il face que
les pauez y ſoient de bonne pierre dure, bien maçonnez & bien
aſſemblez auecques vne grande pente, & ioincts couuers de treſ-
forte maçonnerie & bonne matiere, comme auſſi les voultes des
cloaques, qui doiuent pareillement eſtre bien faictes & compoſées. Voila que i'ay voulu eſcrire pour la ſanté & vtilité des habitants & domeſtiques des logis, à fin qu'on y prenne garde, &
ſen ayde qui voudra.

*Aduertiſſe-
ment pour les
maiſtres ma-
ſons, & ſei-
gneurs qui
font baſtir.*

*De la façon, diſpoſition, & ſituation des caues, & comme il
fault faire leurs voultes, pour y garder les vins ſeurement
& ſainemẽt, ſemblablement les huiles, ſaloirs, formages, & toutes autres prouiſions de maiſon.* CHAPITRE. III.

Vant aux caues pour garder les vins, on a touſiours couſtume de les conſtruire dedãs terre, incontinent apres que les fondements des logis
ſont erigez. Il les fault faire eſtroictes & longues, & non point larges & haultes, auecques
peu d'air & clarté, tant par toutes leurs feneſtres
que portes & ouuertures. Leſquelles doiuent touſiours regarder
les parties Septentrionales, & eſtre faictes ſeion l'aſsiette du logis, & la largeur qui ſe trouue entre les gros murs du corps d'hoſtel, ſuyuant ſa longueur, ou de trauers par la largeur : & que la
voulte ne ſoit point plus haulte depuis l'aire des terres iuſques
au ſommet, que de ſept pieds pour le moins, & neuf pour le plus
aux grandes caues, & dix ou douze pieds de large à chacun ca-
ueau, & quinze ou ſeize pour le plus aux grandes caues qu'on
voudra faire par le trauers du logis. Ce qu'on doit practiquer &

*Les caues
deuoir eſtre
eſtroictes &
longues, auec
peu de clarté.*

cognoiftre de la longueur & largeur du corps d'hoftel auquel on
les veult conftruire, & auffi felon ce qu'on fera contrainct de les
tourner pour leur faire receuoir la lumiere feptentrionale, fil eft
poffible. On faict communement la voulte des caues & caueaux
en hemicycle, & oultre la muraille qu'on y met pour faire les fe-
parations, on faict auffi des contremurs contre les groffes murail
les, qui feruent & aydent à porter tout le fais des edifices par
Les voultes
des caues de-
leurs extremitez. Il fault auffi faire maffiues nõ feulement les mu
uoir eftre maf
railles & pilliers qu'on y voudroit dreffer, mais encore les vou-
fiues, à fin de
tes, à fin que fi on fe vouloit feruir du deffus pour celier, qu'elles
pouuoir edifi-
fe trouuent fortes pour porter grande quantité de vins, ou bien
er des celiers
de bois, fi on fen veult feruir pour bucher. Brief il fault que tout
par deffus.
foit faict de telle forte, qu'il fortifie & affeure entierement le logis, comme auffi les fondements qui doiuent eftre forts, & vn
peu maffifs, ou, fi vous voulez, pluftoft lourds que delicats, pour
le proufit & foulagement de tout le logis, ainfi que vous le pouuez voir par la prefente figure.

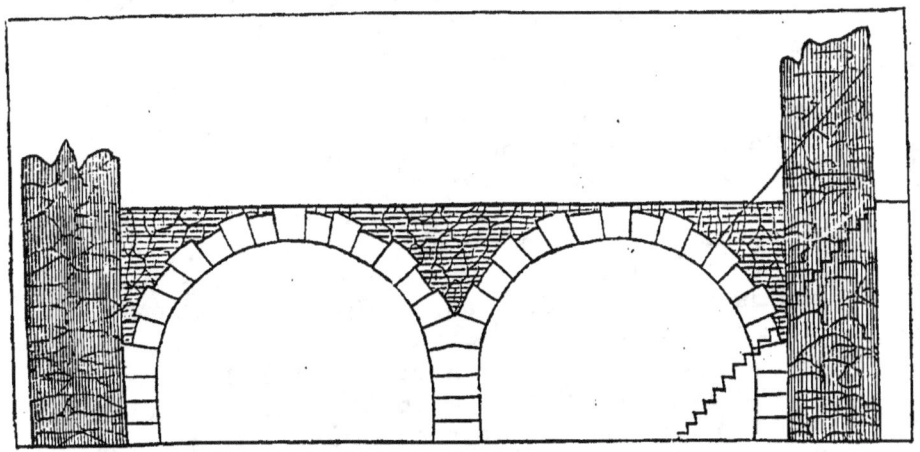

Pour auoir plus facile aifance à mettre grande quantité de
vins dans les caues, ie voudrois qu'au lieu qu'on faict les voultes
rondes en hemicycle, qu'elles fuffent en anfe de panier : car il fe-
Moïe de met-
roit ainfi fort aifé d'y renger les vins, & gerber les muids & ton-
tre grande
neaux (comme parlent les tonneliers) les mettant l'vn fur l'autre,
quantité de
vin aux ca-
ou bien aller par derriere iceux, à fin que le fommelier prenne
ues.
garde que les vins ne fe perdent. I'ay doncques mis pour ceft effect la deuxieme figure, ainfi que vous la pouuez voir cy apres, à
fin que des deux vous choififsiez celle que vous voudrez. Et cõ-

bien que icy ne foit fort à propos de monftrer la maniere de bien
garder les vins, lards, huiles, formages, & autres prouifions de
maifon, fi eft ce que de peur de l'oublier ic vous en veux bien aduertir. C'eft, qu'il fault faire le plus loing que vous pourrez de
voz caues, les voutes & conduicts des cloaques & priuez. Pour-
autant que leur puanteur corrópt & gafte le bon vin. Ce qu'auffi aduient quand les caues font trop pres de la hauteur des riuieres, c'eft à dire quand les eauës des riuieres font pres du fond des
caues, car les vapeurs qui fortent defdictes eauës, & tranfpirent
par les veines, foupiraux & conduicts de la terre, iufques aufdictes caues, les efchauffent, & par confequent le vin, qui en eft ga-
fté & deterioré: comme aufsi les lards, huiles, formages & autres chofes qu'on y pourroit loger. Il y a vne autre incommodité
aux caues des grands feigneurs à laquelle on ne penfe point, c'eft
que pour tirer tous les iours & fouuentefois grande quantité de
vin, les fommeliers en laiffent communement beaucoup tomber
& refpandre, qui fe croupift & corrompt de telle forte, qu'il engendre vne grande putrefaction, laquelle gafte le vin, ou le faict
malade, comme il eft quelquefois, ou bien le rend de mauuais
gouft. Mais il famende & guarift quand il eft remué du vaiffeau,
ou bien tranfporté incontinent en lieu qui foit exempt de toute
puanteur, laquelle luy eft fort contraire, ou bien qu'il foit logé
en caue n'ayant ouuerture ne clarté que du cofté de Septétrion.
Pource ie ferois d'auis qu'aux caues & lieux ou il fault mettre
grande quantité de vin, y euft vne pente par le milieu faicte de
paué de pierre de taille, ou de grez, ou bien de ce qu'on peult a-
uoir le plus à propos, à fin que les vuydanges des tonneaux fe
puiffent efcouler hors des caues, & qu'il foit facile de iecter de
l'eaue claire fouuent par deffus, tenant toufiours par ce moien la
caue bien nette & propre. Si vous obferuez cela, & donnez à voz
caues les largeurs & hauteurs qui ont efté monftrées cy deuant
auecques l'ouuerture du cofté de Septentrion, indubitablement
voftre vin non feulement fy gardera bien, mais encores famen-
dera, & fi les tonnerres qui viennent le plus fouuent des parties
occidentales & meridionales ne l'offenferont point, comme ils
feroient autrement. Refte à parler des defcentes des caues & des
feneftres & foupiraux pour y donner clarté, qui eft le commencement pour monftrer la pratique des traicts de Geometrie, qui
doiuent eftre cogneus des Architectes & maiftres maçons, pour
faire coupper les pierres à tous propos cóme ils en aurót affaire.
Toutesfois deuant qu'en efcrire nous parlerós fommairemét des
principaux inftrumēts defquels fay dét cómunemét les ouuriers.

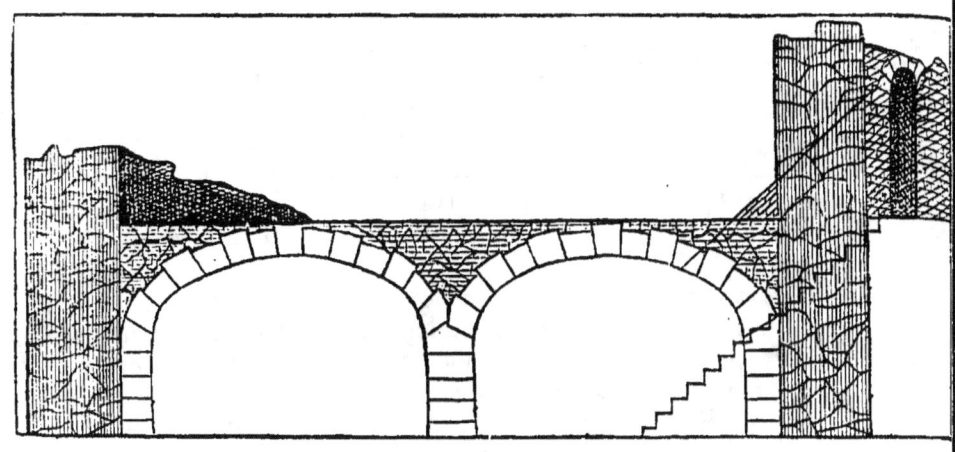

Declaration d'aucuns instruments , desquels les ouuriers
s'aydent, à fin qu'en lisant les chapitres & discours
des traicts, on les puisse mieux entendre.

CHAPITRE IIII.

Par faulte
d'entédre, bien
souuent on de-
meure tout
court.

IE me suis aduisé d'expliquer, comme en passant,
certains instruments qui sont de l'art, & desquels
nous ferons mention cy apres , à fin qu'en les
nommant le Lecteur ne demeure tout court par
faulte de les cognoistre. Ie laisseray les vulgaires,
pource qu'vn chacun les cognoist, comme la Rei
gle, l'Equierre, & autres qui sont trop intelligibles, à fin de parler seulement de ceux qui sont les plus necessaires, & moins cogneus à ceux qui ne sont de l'art: comme seroit le Buueau (ainsi
que l'appellent les ouuriers) qui n'est autre chose qu'vn instrument semblable à l'equierre, mais au lieu que l'equierre se tient
fixe, & a ses branches immobiles, le Buueau les a mobiles: de sor
te qu'elles se ferment & ouurent comme lon veulr pour faire
toutes sortes d'angles, ainsi qu'on en peult auoir affaire, soient
droicts, obtus, poinctus, & en tel nombre que vous les voudrez.

Difference
du Buueau à
l'Equierre.

D'auantage les branches du Buueau sont differentes de celles de
l'equierre, qui a ses branches à droicte ligne, mais celles dú Buueau representent vne forme de rotondité faicte apres la circonference de l'œuure laquelle vous auez à faire. Quelquefois toutes ses deux branches sont rondes, quelquefois courbes au dedans, quelquefois l'une d'icelles est ronde & l'autre droicte, quelquefois

quefois toutes deux creuſes, & la moitié d'une droicte, ainſi que lon en peult auoir affaire. Le tout vous eſt facile de cognoiſtre par les figures ſignées A.

La Sauterelle eſt quaſi ſemblable au Buueau, fors qu'elle eſt toute droicte, & ſouure & ferme comme lon veult, pour prendre vne meſure ſur le traict, ou ſur l'œuure, à faire couper vne pierre par le bout, ou autrement, eſtant ſur le chantier, premier que de la mettre en œuure. On ſen ayde en vn lieu de neceſſité & contraincte. La figure de ladicte Sauterelle eſt marquée cy apres par B. *Que c'eſt que Sauterelle, auecques ſon vſage.*

La cherche r'alongée (de laquelle nous parlerons ſouuent & en aurons fort affaire, non ſeulement pour les traicts, mais encores pour arrondir les colomnes, & les faire de differentes ſortes, ainſi que Dieu aydant nous eſcrirons au cinquieme liure) ſe faict en diuerſes manieres. Quelquefois par pluſieurs rapports de poincts iuſtement marquez : autresfois auec pluſieurs lignes paralleles & rapports de largeurs & longueurs, leſquels on marque aux extremitez par pluſieurs petits poincts trouuez auec le compas, à diuerſes fois, trois poincts à la fois. Leſdictes cherches r'alongées ſe peuuent auſſi trouuer & prédre promptement par la voye & façon qu'on trouue les trois poincts perdus. Laquelle iaçoit qu'on eſtime bien peu de choſe, i'entend n'eſtre difficile, ſi eſt-ce que ie l'ay fort bien expliquée en noſtre liure De la nouuelle inuention pour bien baſtir & à petits frais : & la veux encores icy monſtrer, quaſi d'une autre ſorte, pour ſoulager ceux qui ne l'entendent. Pour trouuer doncques promptement la cherche r'alongée d'une circonference, & la donner bien à entendre, elle ne ſe peult trouuer ou prendre tout d'vn coup auec le compas, ny d'vn ſeul centre, mais bien auec pluſieurs centres & pluſieurs lignes, courbes ou rondes, & faictes auec ledit compas, ainſi que vous le pouuez voir par exemple en la figure cy apres deſcrite. Et pour plus facilement nous expliquer, ie ſuppoſe que vous ayez à faire pluſieurs paneaux pour paracheuer quelque œuure diligemment, leſquels il fault traſſer promptement, à fin de donner beſongne à pluſieurs tailleurs de pierres, ſçauoir eſt à chacun vne piece pour parfaire l'œuure auſſi toſt que vous la deſirez. Or eſt il qu'il ne fault ſonger à leuer les moules & paneaux apres que les largeurs & longueurs deſdicts paneaux ſont tirées, & les poincts marquez ou vous voulez faire la cherche r'alongée, ainſi qu'ils ſont aux lieux ſignez D, en la figure cy apres deſcrite. La demonſtration & exemple ſe voit en ladicte figure au lieu marqué C, & ſe practique tout ainſi qu'on trouue les trois poincts *Que c'eſt que cherche r'alongée.*

La voye & façon de trouuer les trois poincts perdus n'eſtre de petite conſequence.

Familiere explication de l'auteur ſur la cherche r'alongée.

k

perdus.Comme quoy? ie propofe que vous mettiez trois poincts
à voftre volunté, & que d'vn poinct à autre vous tiriez des lignes, lefquelles vous diuifez par le milieu, & puis en faictes vne
perpendiculaire fur icelles, ainfi que vous voyez les deux lignes
A & B, & ou elles fe rencontrent & entrecouppét, c'eft le centre,
ainfi que vous le voiez au lieu ou eft C, fur lequel vous deuez
mettre vne des poinctes du compas, & l'autre marquera vne ligne iuftement, qui paffera fur les trois poincts, comme vous le
voiez par la figure marquée C au centre. Vous pouuez auffi proceder en ceft affaire auec le compas par la façon que vous voiez
gardée en la figure cy apres propofée, qui eft le moien plus affeu-
ré.De forte qu'à ceux qui font prompts à manier ledit compas, il
ne fault aucune equierre, car auffi bien fi elle n'eft iufte & bonne,
le traict ne fe peult faire iuftement. Telle façon de trouuer les
cherches r'alongées auec les trois poincts, eft tres vtile & neceffaire, car vous ne fçauriez ne faire, ne leuer vn paneau pour vn
edifice fur vne forme ronde, qu'il ne vous faille touiiours trouuer les cherches r'alongées, qui ne fe peuuent promptement faire finon par lefdicts trois poincts perdus: elles fe trouuent au paneau comme celles qui font marquées D, ainfi que i'ay dict, &
font plufieurs cherches & differentes. Semblablement quand
vous voudrez trouuer la circonference d'vn rond, ou baftir &
paracheuer vn edifice qui eft imparfaict ou ruiné (lequel toutef-
fois on voudroit r'edifier) ou bien trouuer vn traict qui feroit
perdu & effacé, pourueu qu'il y ait vn peu de la circonference
d'une cherche r'alongée, & le centre dont elle aura efté tirée, fera facile de trouuer le tout par le moyen de cefte petite aydé des
trois poincts perdus, defquels la cognoiffance, ainfi que vous
voiez, eft trefneceffaire & vtile à ceux qui fe veulent mefler d'architecture. Pour reuenir à noz inftruments & termes de l'art, les
ouuriers en ont encores quelques vns qu'ils appellent paneaux,
& fe font de differentes fortes pour feruir en diuers lieux & fous
diuerfes façons: tellement qu'ils font appellez quelque fois paneaux de doile par le deffus, cóme celuy de E : autrefois paneaux
de tefte, ainfi que celuy qui eft marqué F, & quelquefois paneaux de ioinct,comme celuy de G,qui fe font fuiuant les traicts
apres lefquels il fault marquer & traffer les pierres tout autour.
Voila que c'eft qu'on appelle paneaux, defquels vous aurez plus
ample & facile cognoiffance par le difcours des traicts Geometriques, ainfi que nous en efcrirons cy apres.
Les ouuriers vfent auffi d'vn niueau pour iuftifier & niueler
les pierres lefquelles ils mettent en œuure.Et fe faict ledit niueau

Claire demon-ftration de la figure enfui-uante.

Le grand vfa-ge & neceffi-té des trois poincts per-dus.

La cognoif-fance des trois poincts perdus eftre neceffai-re à l'Archi-tecte.

d'vn plomb reiglé, & auſſi d'vn plomb auec vne ligne ou filet bien delié, lequel on pend tant bas que lon veult, comme de tou- te la hauteur de l'œuure ſil eſt de beſoing, pour cognoiſtre ſi la beſongne eſt faicte perpẽdiculairement, c'eſt à dire droictement & à plomʒ, ou bien ſi elle ſe renuerſe & iecte au dedans ou de- hors. Vous pourrez cognoiſtre ledit niueau, la reigle plombée, & le plõbet en la figure cy apres deſcrite, aux lieux marquez H.

Que c'eſt que niueau & de ſa compoſi- tion et vſage.

Leſdicts ouuriers vſent auſſi de moules, ſuiuant leſquels ils traſſent le pourfil d'vne corniche, d'vn architraue, d'vne baſſe, ou autre ſorte de moulures. Et ſe font leſdicts moules de cuiure, de bois, de fer blanc, ou papier de charte, & ſeruent à mouler & marquer les pierres pour les tailler. Voila ce qu'ils appellent moules. Vous pourrez voir cy apres le moule d'vne baſſe de co- lomne Corinthienne.

Que c'eſt qu'on appelle moules.

k ij

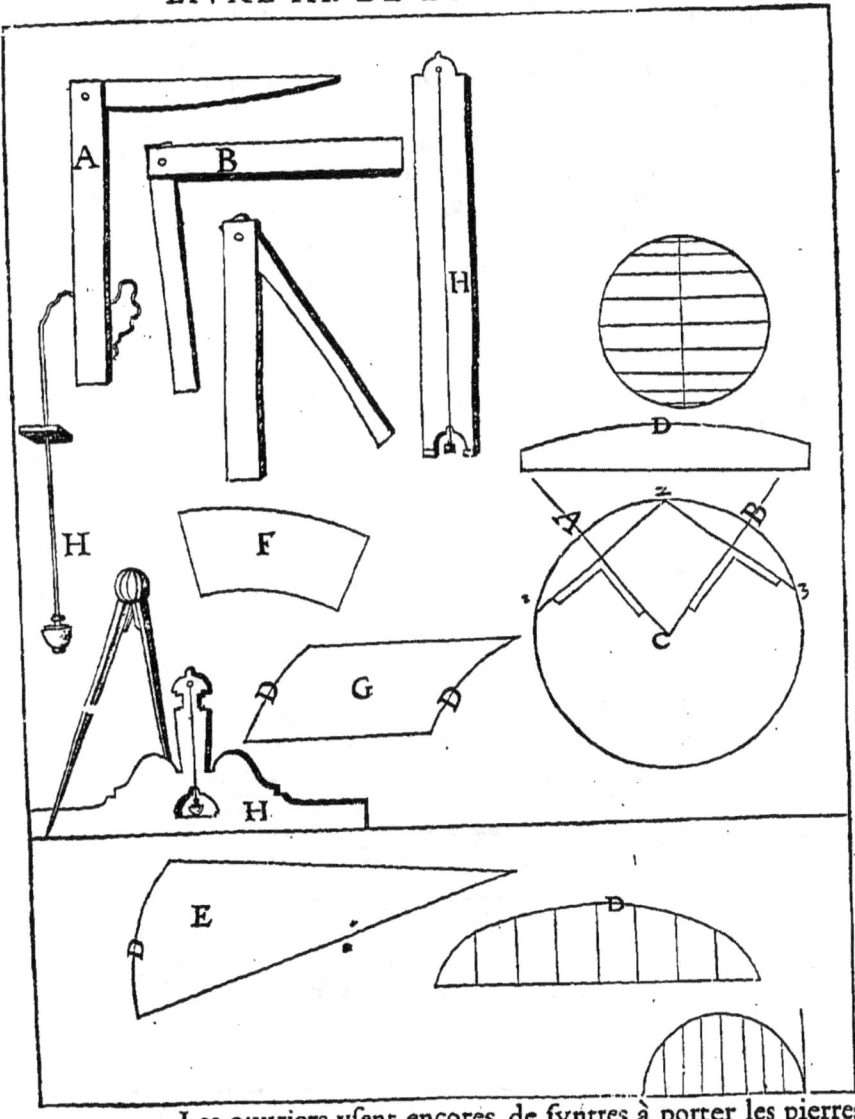

Les ouuriers vſent encores de ſyntres à porter les pierres & voutes, iuſques à ce qu'elles ſoient fermées & maçonnées. Il ſen faict de pluſieurs ſortes, entre leſquelles y en a de difficiles, *Quelles cho-* meſmes quand on les veult faire ſelon le traict de l'œuure qui ſe *ſes ſont ſyntres* trouue biaiſe & eſtrange à voir, comme ſont les trompes & por- *& à quoy ils* tes qui ſont biaiſes ſur vne tour ronde & en talus, ainſi que vous *ſeruent.* le cognoiſtrez mieux par le diſcours & deſcriptions des traicts leſquels vous verrez l'vn apres l'autre en temps & lieu, auec con- tentement & familiere cognoiſſance de tout, Dieu aydant.

Lefdicts ouuriers vfent auffi de moules pour traffer les pierres, qui font certains pourfiles de corniches, d'architraues, &
d'autre forte de moulures, comme auffi des baffes, ainfi que vous
voiez en la figure fuiuáte, qui eft le moule d'une baffe de colomne Corinthienne. Quand les pierres font equarries & iaugées,
on les moule & traffe auec vne petite broche d'acier fur les moulures des œuures qu'on veult tailler à la pierre.

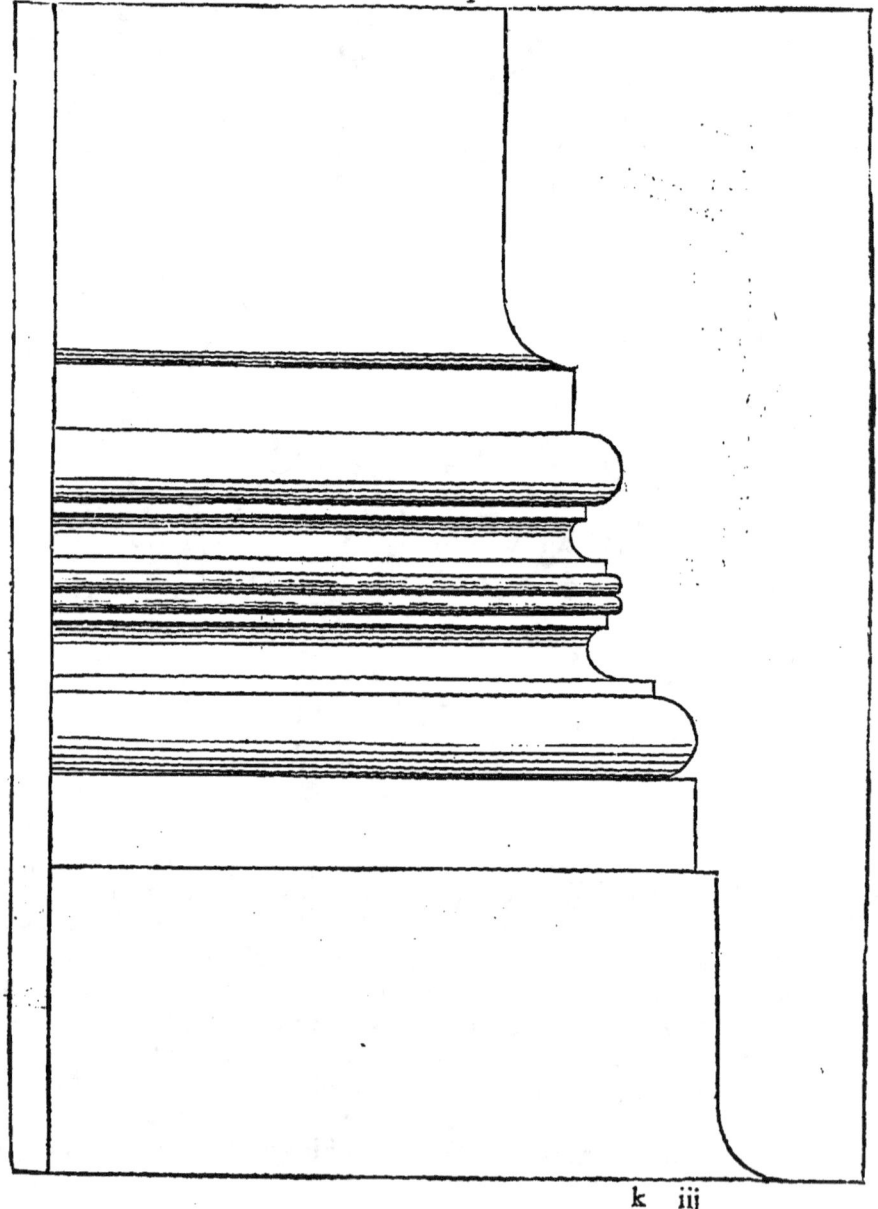

Aucuns inftruments & termes de l'art eftants ainfi expliquez,
auecques les autres chofes precedentes, il me femble maintenant
eftre fort conuenable d'enfeigner comme il fault tailler & mettre en œuure toutes fortes de pierres taillables, mefmes celles
qui font les plus difficiles. Pareillement comme il fault accommoder les vieils logis auec les neufs, & ofter les contrainctes &
fubiections efquelles on feroit, fans l'ayde des traicts Geometri-
ques.Qui ne donent feulement le moien & cognoiffance de rendre l'edifice libre & bien ayfé, mais encores pour remedier à ce
qui femble fouuent impoffible, & neantmoins eft tres facile à
ceux qui l'entendent: foit pour faire plufieurs fortes de voutes,
pour toutes fortes de portes,biaifes, droictes,rondes,ou en talus,
& ainfi qu'on voudra: côme auffi pour defcentes de caues, foient
fur angles, ou en quelque forme ronde ou quarrée : pour toutes
fortes de trompes, droictes par le deuant, rondes,creufes,biaifes,
& de toutes autres formes qu'on pourroit penfer. Brief par le
moien defdicts traicts on peult tout faire, & fe peult rendre capable le maiftre maçon de côduire toutes fortes d'œuures: pourueu qu'il fçache bien entendre les mefures, & proportions, a-
uec la pratique d'icelles. Mais iuftement icy ie me puis plaindre
qu'auiourd'huy ie ne voy beaucoup d'ouuriers prendre peine à
eftudier & cognoiftre ce qui concerne leur eftat,ains pluftoft fa-
mufer à vn tas de chofes môdaines & friuoles qui ne font de leur
vocation. De forte que fils y continuent, il fera malaifé que les
Roys, Princes, grands feigneurs, & autres qui feront baftir, foient bien feruis defdicts ouuriers (ie dy de plufieurs) lefquels ie
veux fraternellement aduertir, admonnefter & prier de fe vouloir recognoiftre, & vouloir eftudier & apprendre ce qui eft requis & neceffaire à leur art & eftat. Pour la cognoiffance duquel
ie leur ay efcrit de bon cueur, mais auecques vn grandiffime labeur, le prefent œuure d'Architecture, à fin qu'ils fen puiffent
ayder,& en retirer quelque proufit.Ie ne veux m'arrefter d'auan-
ge fur ce propos,à fin de reprendre noz traicts, qui ne font traicts
d'arbalefte pour offenfer, mais bien traicts & pratiques de Geometrie pour enfeigner, & fecrets d'Architecture dignes d'eftre
cogneus, & executez. Nous reprendrons doncques les caues cy
deffus delaiffées, & leur accommoderons lefdicts traicts.

Denombre-
mêt de ce que
l'auteur propo
fe eſcrire cy-
apres.

Par le moien
des traicts
Geometri-
ques fe pou-
noir tout faire.

Fraternelle
admonitiô de
l'auteur aux
ouuriers.

Des

Des traicts Geometriques qui monstrent comme il fault tailler &
coupper les pierres pour faire les portes & descentes des caues &
estages qui sont dedans les terres, comme cuisines, estuues, baigne-
ries, & semblables ou lon ne peult aller à niueau, & y fault des-
cendre. CHAPITRE V.

POVR entrer au discours & doctrine des traicts
Geometriques, nous commencerons par les caues. Soit donc donnée vne ligne droicte, ainsi
que A B, tant longue que vous voudrez, laquelle representera l'aire du berceau, ou voute de la
caue, marquée P, en la figure ensuiuant. Sur ladicte ligne A B, tirez-en vne autre perpendiculaire, ou vn traict
d'equierre à vostre plaisir, comme est la ligne C D, puis faictes
vne autre ligne parallele apres celle la, tombant perpendiculairement sur le bout de ladicte ligne A B, ainsi que vous voiez A E,
laquelle ligne aura tant de hauteur que vous en voudrez pour
monstrer la descente en la caue, comme vous le voiez au lieu E B.
du bout de la descente vous tirerez vne ligne circulaire telle que
B Q, qui representera la voute de ladicte caue. Cela faict vous
tirerez deux hemicycles du centre R, qui seront de la largeur de
E S & T V, lesquels vous diuiserez en sept parties ou pieces egalles, par lignes qui prouiendront du centre R, comme vous les
voiez representées par F G H I K L M, qui monstre comme doit
estre le deuant de la porte pour descendre à la caue. Toutes les
lignes qui font les separations desdictes sept pieces, monstrent
les commissures de ladicte voute & porte, desquelles commissures il fault tirer d'autres lignes perpendiculairement sur la ligne E B, comme vous en voiez vne signée X Z. Il fault tirer pareillement les autres lignes qui vont obliquement & sont paralleles à celles de E B, comme il est practiqué en vne marquée, &,
z, 15, & ainsi des autres qui touchent au berceau de la caue, & à la
ligne C D, qui monstre le plomb & perpendicule du deuant de la
voute de la porte ou descente de la caue. Apres laquelle sont tirez les paneaux pour trasser les pierres pour les doiles & ioincts
d'icelles, ou des commissures, à fin de conduire & faire la pente
de la voute & descente de la caue: qui se faict en la sorte que nous
proposerons. Et pour mieux la comprendre nous commencerons aux paneaux des doiles qui sont tous d'vne mesme largeur:
ainsi qu'il se voit de T à 9, & de 9 à 10, ou de V à 18, ou de 18 à Z,
& ainsi des autres, comme vous auez veu la voute auoir esté diuisée en sept parties egalles. Vous prendrez doncques vne de ces

Belle descri-
ption & de-
monstration
pour la voute
& descente
d'vne caue.

Continuation
de ce que des-
sus.

Des paneaux
des doiles.

k iiij

largeurs telle que vous la voudrez, comme celle de 9 à 10, & la
mettrez en mesme distance que vous voiez les deux lignes paralleles N O, D R, qui tumbent perpendiculairement sur la ligne
A B. Le premier paneau de la doile qui seruira au lieu marqué I,
se trouue faict de quatre lignes qui le ferment, sçauoir est N D,
D R, R O, O N. cedit paneau seruira pour traffer les deux premieres pieces par leurs doiles F M. Le paneau de la clef au lieu

Le paneau de
la clef.

marqué 4, se trouue tout quarré pour estre au milieu de la voute
de la porte, & non point de biais pour la pente . mais les autres
pieces marquées 2 & 3 sont de biais, & se prennent apres la ligne
R C, qui est perpendiculaire, sur celle de A B, laquelle ainsi que
vous voiez sert de ligne de pête, apres celle de la voute & descente de la caue, comme il a esté monstré. Vous pouuez prendre en
ceste sorte les paneaux auec le compas. La largeur & distance du
poinct de 11, à celuy de 13, se transporte du poinct de 14, au poinct
de 12. Apres vous prenez à part la distance de la largeur du poinct
de 12 à celuy de 15 iustement, contre la ligne de pente C D, laquelle largeur vous transportez sur la largeur des paneaux de doi
le, & la mettez du poinct de 4 au poinct de 2, & de là vous tirez
vne ligne du poinct de 2, au poinct de R, qui sera le paneau pour
seruir à traffer les pierres pour la doile, au lieu marqué, 2 & 16.
Vous trouuerez de mesme sorte l'autre piece marquée H K, au
droit de la doile marquée 3 apres la ligne de pente, ainsi que vous
auez faict celle de 2, & la pouuez cognoistre au lieu marqué 3,
tant sur la doile, que sur le paneau qui est faict entre les deux li-

Excuse de
l'auteur en-
uers ceux qui
ne font de l'art

gnes O N, & R D. Ie crain merueilleusement que cecy ne soit
trouué facheux, & malaisé d'entendre à ceux qui ne sont point
de l'art: en quoy ils me supporteront sil leur plaist, car nous l'es-
criuons principalement pour les tailleurs de pierres & maistres
maçons, entre lesquels se trouueront quelques vns qui com-
prendront incontinent l'artifice, voire sans aucune demonstration, en leur presentant seulement la figure sans aucune escriture, & signamment ceux qui auront quelque dexterité d'esprit:
de sorte que prenant le compas à la main, ils le dresseront incontinent sur les lignes propres & conuenables. Quant aux paneaux
des ioincts & commissures, comme est celuy de la marque 5, ils
se practiquent en ceste sorte. Vous prendrez la largeur de quelque commissure, comme de 17 & 18, & en tirerez la largeur par
vne ligne parallele apres celle de 11 & 18, qui est au lieu marqué
19 & 30. Apres vous regarderez la ligne qui procede de l'extremité de la commissure au poinct de 17, iusques contre la ligne
de pente marquée 20, lequel poinct de 20 vous porterez perpen-

diculairement fur la ligne 19,au poinct de 21,& de ce poinct là de
21, vous tirerez vne ligne iufques au poinct de 11, qui monftre iuftemét comme doit eftre le paneau de ioinct pour traffer au droit
de la commiffure,5. Apres quoy il fault traffer les deux pieces ou
pierres L M, au droict de leurs commiffures,5. Vous ferez de mefme forte les autres paneaux des ioincts marquez 6 & 7, ainfi que
vous les voiez fur le traict reperé & marqué 6 & 7, pres la ligne
de pente. Ayant couppé & equarri en cefte façon voftre voute
de porte, fuyuant les paneaux de tefte F G H I K L M, vous les
trafferez par le deffous des paneaux de doile qui ont efté mon-
ftrez 1, 2, 3, 4, & font entre les deux lignes paralleles O N R D, cõ
me i'ay dict plufieurs fois & le veux encores repeter pour plus fa
cile intelligence. Vous cognoiftrez les paneaux des ioincts entre
les lignes paralleles comme celle de 11 à 19, qui fert à la commiffu
re marquée,5. Celle du poinct de 15, au poinct de 50. celle póur la
commiffure qui fera au paneau de ioinct marquée 6, & celle de
51 & 52, c'eft pour le paneau de ioinct marqué 7. & tous les autres ioincts ou commiffures femblables de l'autre cofté fe traffe-
ront de mefme forte. Si vous voulez prendre la peine de les examiner auecques le compas vous les trouuerez ainfi que ie vous
les ay defcrit. Toutesfois pour mieux faire cognoiftre le tout, &
ne faire confufion de lignes vnes fur autres (comme il faudroit
qui voudroit tout mettre) de peur de troubler les lecteurs, ie delibere cy apres monftrer en autre forte le traict de la defcente de
caue biaife par le deuant, & cõme il fault leuer les paneaux pour
faire la voute tant de la defcente, que de la caue. Ce que ie faits
à fin qu'on entende plus facilement, ie ne diray les defcentes
droictes & biaifes, mais auffi qu'on trouue par mefme methode
comme il les fault faire rõdes par le deuant ou biaifes, fi le lieu le
requeroit, ou en talus, ou fur le coing. Bref de toutes fortes qu'on
les voudra, pourueu qu'on entéde la pratique de Geometrie, car
lors fans nul doute, il ne fe prefentera chofe qu'on ne puiffe galan
rement faire. Il ne fe fault eftonner fi du premier coup, vous n'entendez ces traicts & la pratique d'iceux : car il les fault tous voir
& lire l'vn apres l'autre. Ce faifant vous verrez que tous enfemble vous conduiront à leur vraye cognoiffance & intelligence:
pour autant que ce que l'vn ne monftre, l'autre l'enfeigne. Le
precedent difcours fe cognoiftra par la figure enfuiuant.

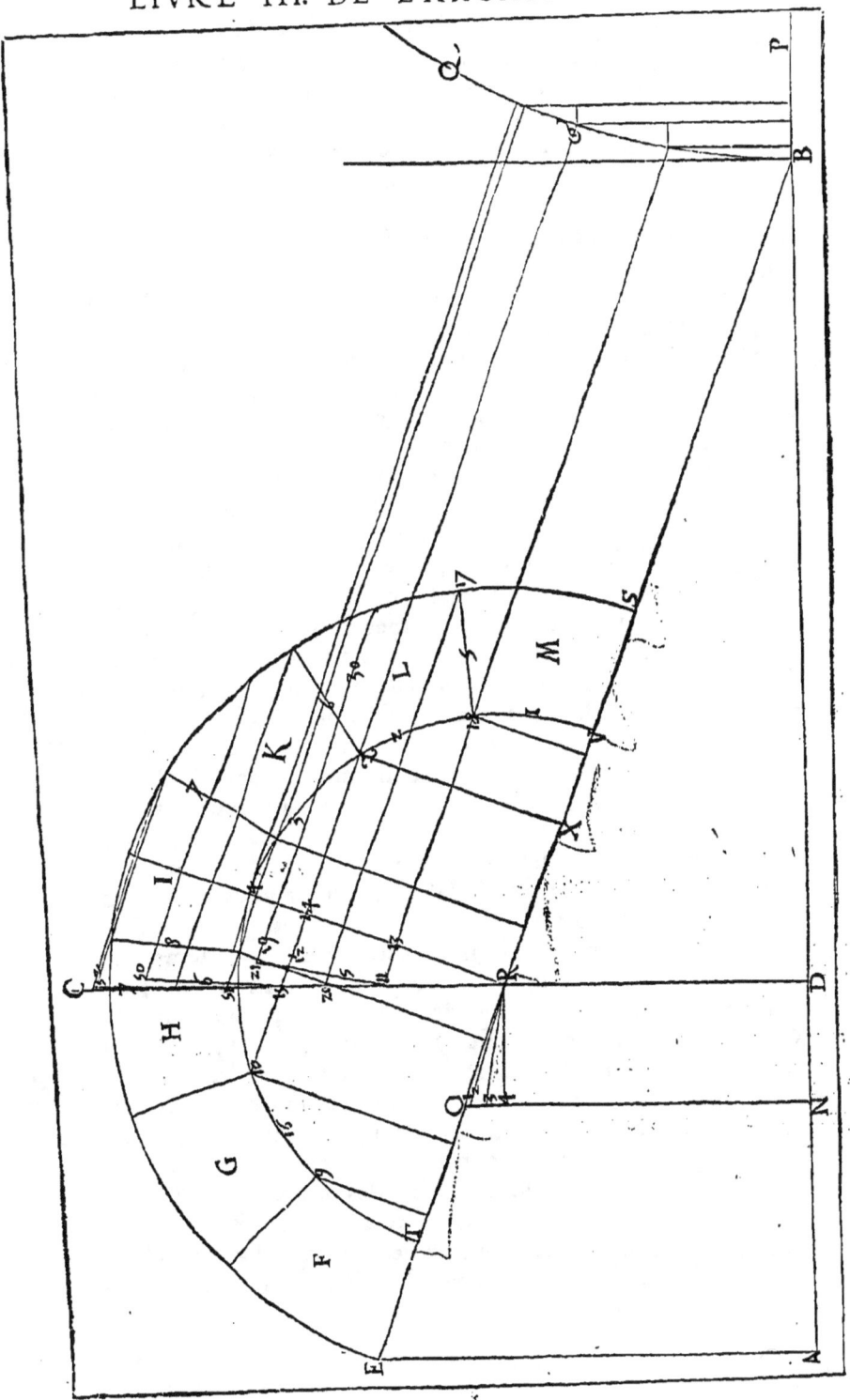

Des traicts pour la descente biaise, & droicte par le deuant des caues:
ou lon voit comme il fault leuer les paneaux, tant pour traffer les
doiles, ioincts & commiffures, que pour ceux de la voute de toute
la caue, auecques les doiles & voutes de la descente.
CHAPITRE VI.

E fuppofe que vous aiez tiré la ligne perpendiculaire C D, fur la ligne droicte A B (comme il
fault toufiours faire pour commençer quelque
œuure que ce foit) & que fur icelle vous aiez auffi erigé trois hemicycles venants du centre E, &
de telles largeurs que vous voudrez, comme
vous voiez les trois hemicycles, ou lignes hemicirculaires H I K,
G L M, F N O. Lefdicts hemicycles (qui reprefenteront le deuant de la voute de la porte & defcente de la caue) feront diuifez
en tant de parties que vous voudrez. Quant à ceux icy, ie les ay
diuifé en cinq parties egales, ainfi que vous les voiez feparez par
les lignes des commiffures qui procedent du centre E, & font
marquées 6,7,8,9: qui monftrent la voute plátée fur la ligne A B.
Cela faict vous tirerez des lignes perpendiculaires qui procede-
ront defdictes commiffures & de leurs extremitez, tant par la
doile de deffous que celle de deffus, & du milieu, comme vous
voiez en la commiffure 8, de laquelle font tirées trois lignes perpendiculaires tant longues qu'on veult, fignées 10, 11, 12, & marquées auffi en leurs extremitez de mefmes nombres qu'en la
commiffure 8. & ainfi fault faire des autres. Apres ce vous tirerez deux lignes qui feront autant obliques ou biaifes que vous
voudrez faire voftre defcente de caue, & autant diftátes l'une de
l'autre que fera la lógueur de la defcéte, ainfi que vous les pouuez
remarquer & cognoiftre par les deux lignes obliques R S, T V.
Puis vous tirerez vne autre ligne du cétre de E à P, qui fera equi-
diftante à la ligne oblique R S, fur laquelle vous tirerez vne perpendiculaire qui fera du poinct de P, & paffera par le poinct de
O, tirant au poinct de Q. telles lignes monftrent la pente de la
defcente de la caue. Cela expedié il vous conuient faire plufieurs
lignes paralleles apres la ligne A B, qui prouiendront des commiffures 6 & 7, ainfi que vous voiez les lignes marquées 13, 14, 15,
16, N Q. Puis vous tirerez celles du milieu des commiffures, &
auffi celles des doiles qui feruent à faire les paneaux pour ladicte
voute de la caue, comme celle de 17 & de 18. Il faudra auffi tirer
celles des doiles ainfi que vous en voiez vne en la ligne 19. Conclufion, il les fault faire toutes paralleles, c'eft à dire equidiftan-

Pour cômen-
cer quelque
œuure que ce
foit il fault ti-
rer vne ligne
perpendiculai-
re fur vne droi
éte.

Bel artifice
pour les mai-
ftres maçons
& ouuriers.

Continuation
du fufdit arti-
fice.

tes, & les tirer perpendiculairement sur la ligne A B, comme nous auons dict. Pour trouuer les paneaux des commissures nous

Pour trouuer les paneaux des commissures.

commençerons à celuy de 6, & regarderons sur les lignes obliques, comme sur celle de R S, au droict ou descendent lesdictes lignes perpendiculaires qui prouiennent de la commissure 6, ou nous metterons vne autre ligne pour faire l'espesseur de la voute, cóme de 20 à 21, que vous r'apporterez sur les lignes perpendiculaires de 20 à 23. Puis vous prenez la largeur sur la ligne de pente P Q, aux deux poincts marquez 13, laquelle vous rapportez sur la ligne oblique R S, au lieu de 13, & la marquez quarrément apres la ligne oblique R S, sur la perpendiculaire qui vient de ladicte commissure de 20, marquée aussi 13. cela faict vous prenez la distance sur la ligne de pente P Q, apres la perpendicule O X, aux deux poincts 14, laquelle vous mettez sur la ligne perpendiculaire qui procede de la commissure 6, comme vous voiez au droict de la ligne 21 & 24, en son extremité, puis vous la colloquez quarrément sur la ligne oblique R S, & marquez au poinct 14, lequel poinct de 14, vous rapportez aussi sur la ligne 23, qui represente la largeur de la cómissure, comme si vous vouliez faire vne ligne parallele, apres celle de A B, & la marquez encores 14. Sur ladicte ligne 23, de ce lieu de 14, vous tirerez vne ligne iusques au poinct de 13, qui monstrera comme doit estre iustement le paneau de ioinct, ou de la commissure marquée 6, apres quoy il fault trasser les deux pierres 4 & 5 à ladicte commissure de 6.

L'auteur estudier à estre intelligible et facile.

Pour plus grande intelligence nous expedierons encores vn paneau de ioinct, comme celuy de la commissure de 7, ou vous prenez les largeurs, apres la ligne de pente P Q, comme vous auez faict ci-deuant, & apres la perpendicule X & O, prenant la largeur des deux poincts 15, & les remettant sur la ligne oblique quarrément, comme vous le voiez aussi aux deux poincts 15, sur la ligne 25. Puis vous prenez encores sur la ligne de pente P Q, les largeurs des deux poincts 16, & les mettez apres la ligne oblique R S, sur la perpendicule 26, marquée au poinct 16, laquelle vous rapportez parallelement sur l'autre ligne perpendiculaire marquée 27, ou vous mettez le poinct de 16 : & de ce poinct de 16, vous tirez au poinct de 15 vne ligne qui vous monstre iustement comme doit estre le paneau de ioinct & commissure au lieu marqué 7. Ie fais ainsi de mesmes marques au rapport du compas sur les paneaux de ioinct. Les paneaux de doile de la voute &

Paneaux de la voute, & berceau de la caue.

descente de caue se prennent en mesme sorte sur le traict que vous voiez cy apres. Et à fin de bien entendre tout, ie monstreray encores separément, cóme lon doit faire les paneaux de la voute

& berceau

te & berceau de la caue, qui s'accordent auecques la descente, ainsi que vous le cognoistrez mieux cy apres. Vous noterez que tout ainsi que vous auez faict la ligne de peté P Q, & apres icelle prins les rapports du compas pour faire les paneaux, il fault aussi faire la circonference de la voute de la caue, qui sera en hemicycle ou surbaissée en anse de panier, ou autremét, comme vous voudrez. Apres quoy aussi vous ferez les paneaux de la voute de la caue, pour coupper les pierres pour les ioincts & pour les doiles. Laquelle voute ie figure, par exemple, sur la ligne A B, d'une moitié d'icelle voute, en la quarte partie d'une circonference, comme vous le voiez au costé de la voute de la porte marquée A F Y, ou il y a des lignes paralleles, qui prouiennent des commissures, comme celle de 10 & 30, celle de 11 & 32, celle de 12 & 0, & ainsi des autres, lesquelles il fault tirer toutes perpendiculairement ainsi que vous voiez la commissure 8, marquée par les deux bouts 10, 11, 12. Il fault ainsi faire des autres, & non seulement de celles des commissures, mais aussi de celles des doiles, comme vous le pourrez mieux cognoistre par ladicte figure. Quant aux paneaux ils se font en ceste sorte : Prenez la distance auecques le compas d'entre les deux poincts des deux 0, & la rapportez sur la ligne oblique T V quarrément, au droict de la ligne perpendiculaire 12, puis les marquez & reperez aux mesmes lieux signez 0. En apres vous prendrez la distance des deux poincts 32, à la parallele qui entrecouppe la ligne de la voute de la caue Y F, laquelle vous rapporterez sur la ligne de 11, tousiours apres la ligne oblique T V, lequel poinct de 32 vous marquerez quarrément sur la ligne 50, qui est la moitié de la largeur de la commissure de la voute de la porte & descente, comme vous voiez de 11 & 12, & sur telle ligne de 50 vous repererez le poinct de 32, comme si vous vouliez faire vne parallele apres la ligne A B. Cela faict vous prendrez la distance des deux poincts 30, & la rapporterez apres la ligne oblique T V, sur la ligne 10, faisant tousiours le rapport du compas quarrément, comme vous voiez marqué 30, lequel poinct de 30 vous remettrez equidistammét, ou par ligne parallele faicte apres celle de A B, sur la ligne 51, ou vous remarquerez encores 30. Lequel nombre ie mets ainsi de mesmes, à fin de cognoistre ce que rapporte l'un à l'autre. Par ainsi vous aurez trouué trois poincts, l'vn au lieu de 30, l'autre 32, & le troisieme marqué 0. De ces trois poincts la, il fault trouuer vne ligne circulaire auecques le compas, qui vous monstre comme doit estre le paneau de ioinct, ou commissure, pour coupper la pierre de la voute de la descente de la caue, portant la forme de la rotondité

Pour faire les paneaux de la voute.

Continuation de ce que dessus.

Pierres pour la voute de la descente.

I

de ladicte caue, qui sert pour la commissure marquée 8. Il fault
ainsi faire tous les autres paneaux des ioincts & doiles, soit pour
les commissures des pierres, ou pour lesdicts paneaux des doiles
dessous & dessus, en obseruant par tout les largeurs : & ou il y a
de la circonferéce, il fault tousiours mettre trois lignes qui soient
perpendiculaires & paralleles, suiuant la ligne de pente pour la
descente, comme celle de P Q, ou contre la circonference de la
voute, comme Y F, à fin que par trois poincts on puisse faire les
circonferences auec le compas de la cherche r'alongée, qui se
trouue au bout des pancaux, ainsi que celle de 0, 32, 30. Ou c'est
que la voute est droicte par le deuát, on ne faict point le r'apport
auec le cópas, qu'aux deux extremitez : pour autát qu'ayant trou
ué les deux poincts, on trouue vne ligne droicte d'vn poinct à autre. Ie sçay veritablement que plusieurs gentils ouuriers entendront incontinent ces traicts ayant iecté la veuë dessus, & tenant
le compas à la main trouueront facilement les r'apports, qui est
la cause que ie n'en feray plus long discours. Encores ceux qui ne
sont de l'estat & voudront prendre la peine de lire ce que i'en escris, & voir les figures des traicts, en pourront apprendre &

L'artifice des
traicts Geo-
metriques ne
s'acquerir le-
gerement.

comprendre quelque chose. Ie diray librement que ceste discipline, cognoissance & artifice des traicts, ne s'acquiert legeremét
ny du premier coup, ains auec grand labeur, trauail d'esprit,
experience & industrie de bien sçauoir excogiter ce que l'art
peult faire, & nature y peult ayder. Ceux qui tiendront la Geometrie en main, y auront beaucoup d'auantage, pourueu qu'ils
soient vn peu instruicts & acheminez en la pratique. Ie ne parleray pour ceste heure d'autres sortes de descentes de caues, comme biaises & rondes par le deuant, & portans forme de voute
par le dedans. Il s'en peult faire d'autres sortes qui sont tresdifficiles à conduire, comme celles qui sont en partie sur les angles, en
partie sur vne tour ronde qui est en talus biaise, & tortue, & par
le dedans de la caue vne voute de four surbaissée, biaise, rampan-
te, & assez d'autres sortes estranges qui se peuuent faire, & les
fault entendre à fin d'accommoder les bastiments d'vn chacun,
ainsi qu'il viendra à propos. I'en descrirois voluntiers icy quel-

Excuse de
l'auteur, s'il
ne descrit au-
tres sortes de
voutes et des-
entes de caue.

que quantité, mais outre le grand rompement de teste qui est à
les excogiter & monstrer, ie craindrois aussi que peu de gents y
sçeussent mordre soubs la nue & simple demonstration que i'en
pourrois faire. Ioinct aussi que pour ce faict il conuiendroit monstrer à trasser & assembler les pierres, ou bien le tout contrefaire
en bois, ou quelque pierre tédre, ou en autre matiere, pour le rendre visible, facile, & intelligible à tous. Mais pour autant que ie

fuis pour le prefent occupé en grandes charges & affaires, & fignamment pour le Palais de la maiefté de la Royne mere, ie ne
puis vacquer à ce que bien ie defirerois pour la perfection de cefte maticre: auffi que ie ne puis plus prendre tant de peine que ie
defirerois bien, à caufe de la debilitation de ma veuë, qui fait que
ie remettray le refte à quelque autre téps qui me fera plus à propos. Lequel, auec l'ayde de Dieu, i'emploiray auffi à reuoir Euclide & accommoder fa theorique auec la pratique de noftre Architecture luy accompagnant Vitruue, & le reduifant à vne certaine methode, laquelle i'apercois en fes liures eftre fort indigefte & confufe. Le tout fe fera felon le moien qu'il plaira à Dieu
m'en donner, & le temps & loifir que ie pourray impetrer des
grands feigneurs. Quelques vns pourront dire que fans caufe &
pour neant ie m'emploiray à reuoir Euclide pour accómoder plu
fieurs propofitions & demonftrations de fa theorique auecques
l'vfage & pratique de noftre Architecture, veu qu'il y a tant d'hómes doctes qui font profeffion de lire & interpreter diuinement
bien ledit Euclide. Ie ne feray autre refponfe, finon que ie reuere
& honore tous les profeffeurs & interpretes d'Euclide, foient de
noftre temps ou du paffé, & les prie de vouloir perfeuerer à l'illuftration d'iceluy: & d'abondant me vouloir coupper l'herbe fous
le pied, ainfi qu'on dict communement, c'eft à dire, vouloir anti-
ciper fur ce que ie pretend, qui eft de conioindre la pratique d'architecture, auec la theorique dudit Euclide. Ce faifant ils me re-
leueront d'une grandiffime peine, & m'obligeront, comme auffi toute la pofterité, à leur porter honneur, & rendre telles graces
qu'ils meriteront. Mais fi à leur refus ie l'entreprend, auffi ie les
fupplie, comme le moindre de leurs difciples, en ce me vouloir
fupporter & ay der. Quant à la reueuë de Vitruue, ie laiffe à penfer à ceux qui doctement & diligemment l'ont fueilleté & difcouru, combien elle eft neceffaire pour le reduire à vne facile, entiere & certaine methode: qui eft fi confufe & indigefte aux liures que nous en auons, comme auffi aux figures & demonftrations, que ie laiffe à tous gentils efprits accompagnez de bon iugement à en dire leurs aduis: les priant affectionnément de vouloir emploier & donner quelque temps pour affembler & proprement recoudre les pieces de la robbe de ce grád & incomparable auteur, par-cy, par-la, femées & refpandues, fous euident
defordre: qui fera facile à eftre reduict en bon ordre, moiennant
l'ayde & le labeur des doctes. Au refus defquels (ainfi que i'ay
dit d'Euclide) ie me parforceray d'y trauailler & emploier quelque temps, ainfi qu'il plaira à Dieu m'en faire la grace.

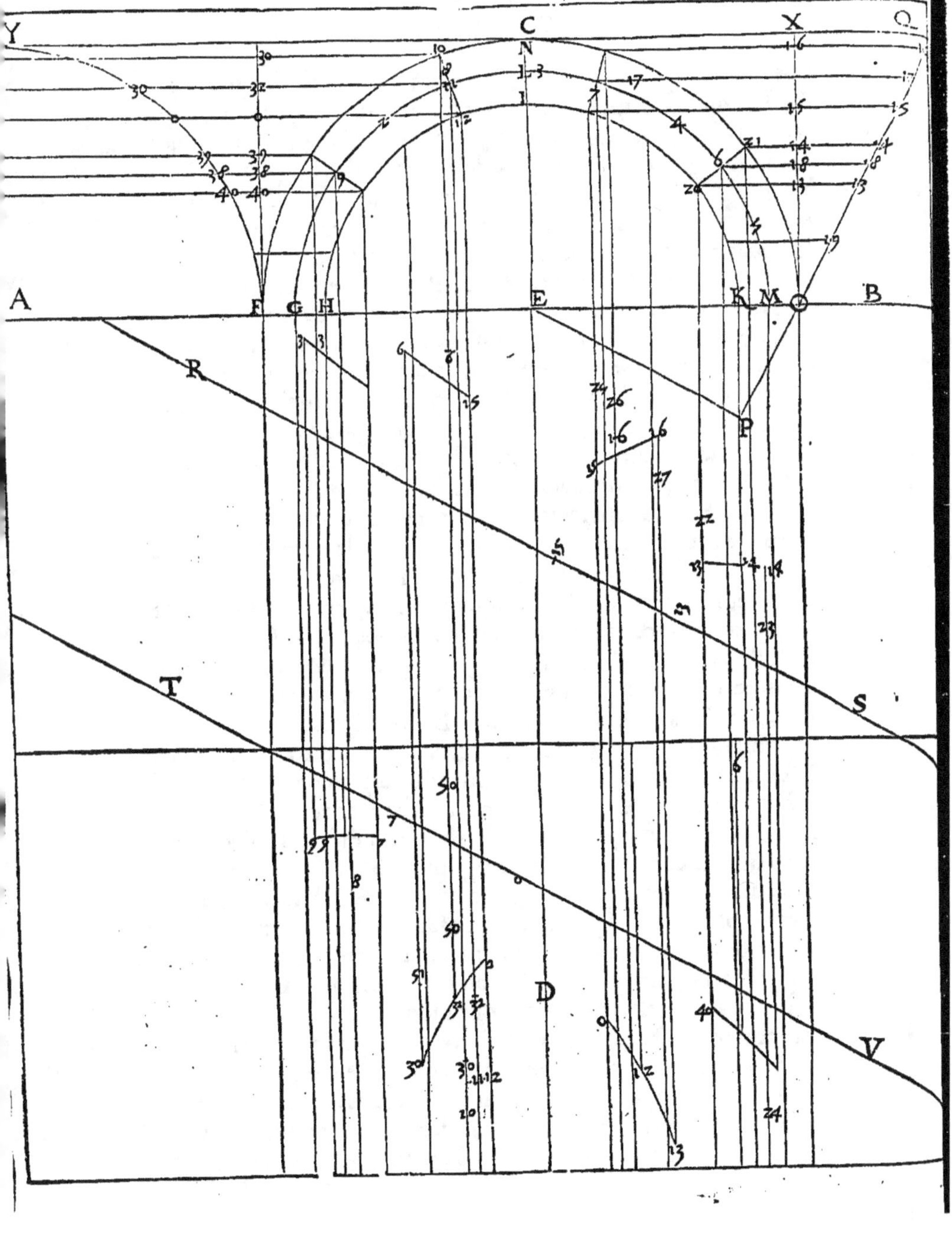
Y
C
X
Q
N
A
F
G
H
E
K
M
B
R
P
T
S
D
V

Des soupiraux & feneftres des caues, celiers, priuez, cuifines,
gardemanger, eftuues, & baigneries.
CHAPITRE VII.

L Es feneftres qu'on doit faire pour donner clairté aux caues doiuent eftre plus longues que larges, comme ayant pour leur pied droit huict pouces feulement, & deux pieds de longueur. Elles fe doiuent ouurir dedás la caue, de telle forte qu'au lieu de huict pouces de hauteur qu'elles ont par le deuant ou dehors, elles ayent trois pieds: & au lieu qu'elles ont deux pieds de large par le dehors, elles en ayent trois par le dedans de la caue. Pour telles feneftres font encores requis quelques traicts de Geometrie, pour raifon de la defcente de la lumiere, & auffi pour la voute. Lefquelles chofes peuuent eftre difficiles en aucuns lieux à caufe des pierres, lefquelles en taillant pour ce faict fe trouueront defgauchées, pour aller trouuer le berceau de la voute : mais pour eftre petites & de peu d'eftendue cela fe peut faire quelquefois d'une piece, ou de trois, oũ de cinq. Qui aura bien retenu les traicts de la defcente de la caue biaife au chapitre precedent, il luy fera facile non feulement de faire ceux cy, mais auffi tous autres. Quant aux feneftres pour les celiers, elles veulent eftre plus hautes, quafi cõme quarrées, & non point de pente en defcendant, ainfi que celles des caues: fi ce n'eft par le deffous, ou il fault qu'elles foient en pente, & leur couuerture quafi toute droite, pour raifon des planchers, ou rondes furbaiffées, fi lefdicts celiers font voutez. Les feneftres & lumieres que on doit donner aux gardemanger, & lieux deputez pour retirer & conferuer les viandes, doiuent eftre eftroictes de cinq ou fix pouces de large, & nõ plus, embrazées par le dedans & par le dehors, & beaucoup plus par dedans. Il fault qu'elles foient hautes ainfi que les canonnieres du temps paffé, & fault donner à celles qui auront demy pied de largeur, trois pieds de hauteur, en les tenant le plus pres des planchers que faire fe pourra, à fin que la lumiere & le iour viénent d'enhault. Mais fur tout il eft bõ qu'elles regardét les parties de Septétrion, lefquelles fans nul doute font fort propres à tels lieux, pour y conferuer les viandes. Les feneftres qu'on faict du cofté de Midy & d'Occident au premier eftage dedans les terres, doiuent eftre appropriées felon l'affiette de la cheminée des cuifines, ou felon les baings, eftuues, & poilles qu'on y voudra faire en accommodant le tout auecques les voutes. Car le lieu de la cuifine doit eftre hault efleué & ample de lar

Quelles doi-
uent eftre les
feneftres des
caues.

Des feneftres
pour les celiers

Feneftres du
cofté de Midy
& Occident.

I iij

geur, auecques feneſtres baſtardes, pour y mettre plus de clairté
que vous pourrez. Parquoy elles pourront auoir trois pieds de
largeur & quatre de hauteur, ainſi que vous aurez le lieu à propos. Les feneſtres des eſtuues veulent eſtre tout au contraire, car

Feneſtres des
eſtuues.

on y faict les voutes baſſes, & y donne lon vn peu de clairté qui
vient quarrément, à fin d'y mieux conſeruer la chaleur. Quand
telles feneſtres ont vn pied & demy de hauteur, ſur vn pied de
largeur, c'eſt beaucoup & pour le plus. Celles qui ſont pour les
lieux ſecrets, ou priué des eſtuues, doiuent eſtre encores plus
eſtroictes, comme de demy pied de large ſur vn pied de hault, &
ſera bien aſſez. Les feneſtres des baigneries veulent eſtre plus am-

Feneſtres des
baigneries.

ples, & le lieu beaucoup plus clair, à fin qu'on puiſſe prendre
quelque plaiſir en ſe baignant. Mais en toutes lumieres de feneſtres il fault que l'Architecte cognoiſſe le lieu qu'elles regardent
pour ſçauoir donner leur largeur & hauteur : car ſouuent il aduient que ce qui ſeroit propre pour vn lieu, ne le ſeroit pour l'autre. Cy apres parlant des eſtuues & baigneries, ie traicteray plus
au long de ceſte matiere, ſans y oublier les meſures & façons des
fourneaux pour donner chaleur, & les parties qui y ſont requiſes. Auquel lieu nous ne omettrons ſemblablement les poilles,
ainſi que les choſes ſe preſenteront & viendront à propos. I'ay
ſeulemét icy voulu parler des feneſtres, pour autant qu'on trouuera leurs ouuertures difficiles (ainſi qu'on a accouſtumé de vou
ter les premiers eſtages dans terre) à cauſe qu'elles requierent la
cognoiſſance & vſage des traicts, ainſi que nous auons dict, pour
ſçauoir coupper leurs pierres. Parquoy les ouuriers ſeront aduertis, que les meſmes traicts des deſcentes des caues y pourront ſer
uir & ayder. Quand les murailles ſeroient fort groſſes, & on
voudroit faire les riere-voulſures quarrées, ou rondes par le deuant, ou par derriere, & ſurbaiſſées, i'en móſtreray cy apres la façon, & figure du traict pour y proceder, ſans autrement la deſcri-

La pratique
& induſtrie
du compas ſer-
uir beaucoup
aux traicts.

re : car elle ſera facile de cognoiſtre à ceux qui ont commencement de la pratique, & induſtrie du compas, par le moyen des
traicts que vous auez veu cy deuant, & verrez encores cy apres.
Qui faict que ie ne vous en feray plus long diſcours : auſſi qu'il
eſt facile de pouuoir leuer les paneaux, & faire coupper les pierres pour mettre l'arriere-voulſure en œuure, ainſi que vous le
pourrez cognoiſtre par la figure enſuiuant, ſans en faire autre
demonſtration.

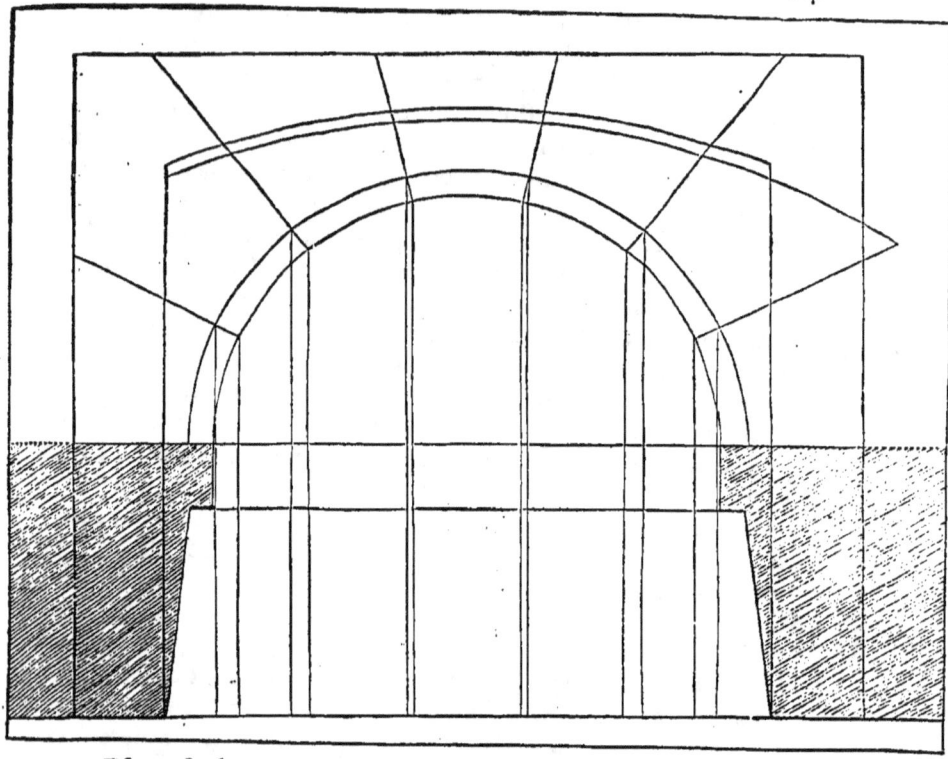

Eſtant ſur le propos des arriere-voulſures des feneſtres, ie m'a-
uiſe que encores on ſen peult ayder aux grandes portes, & principalement à celles qui ſont erigées aux murs de grandes eſpeſ-
ſeurs. Et pour leurs grandes ouuertures & largeurs de portes, &
grande peſanteur qu'elles ſouſtiennent par le deſſus (qui eſt vne
groſſe maſſe de maçonnerie) on ne peult faire les arriere-voulſures deſdictes portes droictes & quarrées, ſans danger d'eſtre of-
fenſées, pour la grande charge qu'il fault qu'elles portent: de ſor
te que les mortiers des commiſſures en ſont rompus, & quelquefois les pierres en danger de tomber. Parquoy il eſt de beſoing
combien que le deuant de la porte ſoit quarré & droict, que les
arriere-voulſures d'icelle, ſoient d'vn arc ſurbaiſſé, ainſi que vous
le pouuez iuger par le traict qui vous en eſt cy apres propoſé. Telle façon non ſeulement eſt bonne, & propre pour les portes &
grandes feneſtres qui ſont au premier eſtage dedans terre & ſeruent pour les cuiſines & autres lieux, mais auſſi elle viendra fort
à propos pour les arriere-voulſures des croiſées: leſquelles on
peult faire par derriere auecques vn arc ſurbaiſſé, ainſi que vous

*Qu'on ſe peult
ayder des ar-
riere voulſu-
res aux gran-
des portes.*

I iiij

le voiez cy deſſous. Scruira auſſi telle façon pour vn anſe de panier (ainſi que les ouuriers l'appellēt) qui eſt choſe fort aiſée pour
donner plus de clairté au plancher. Et pour autant que vous le

Des portes
biaiſes pour
les entrées des
logis, tant dās
terre, qu'ail-
leurs.

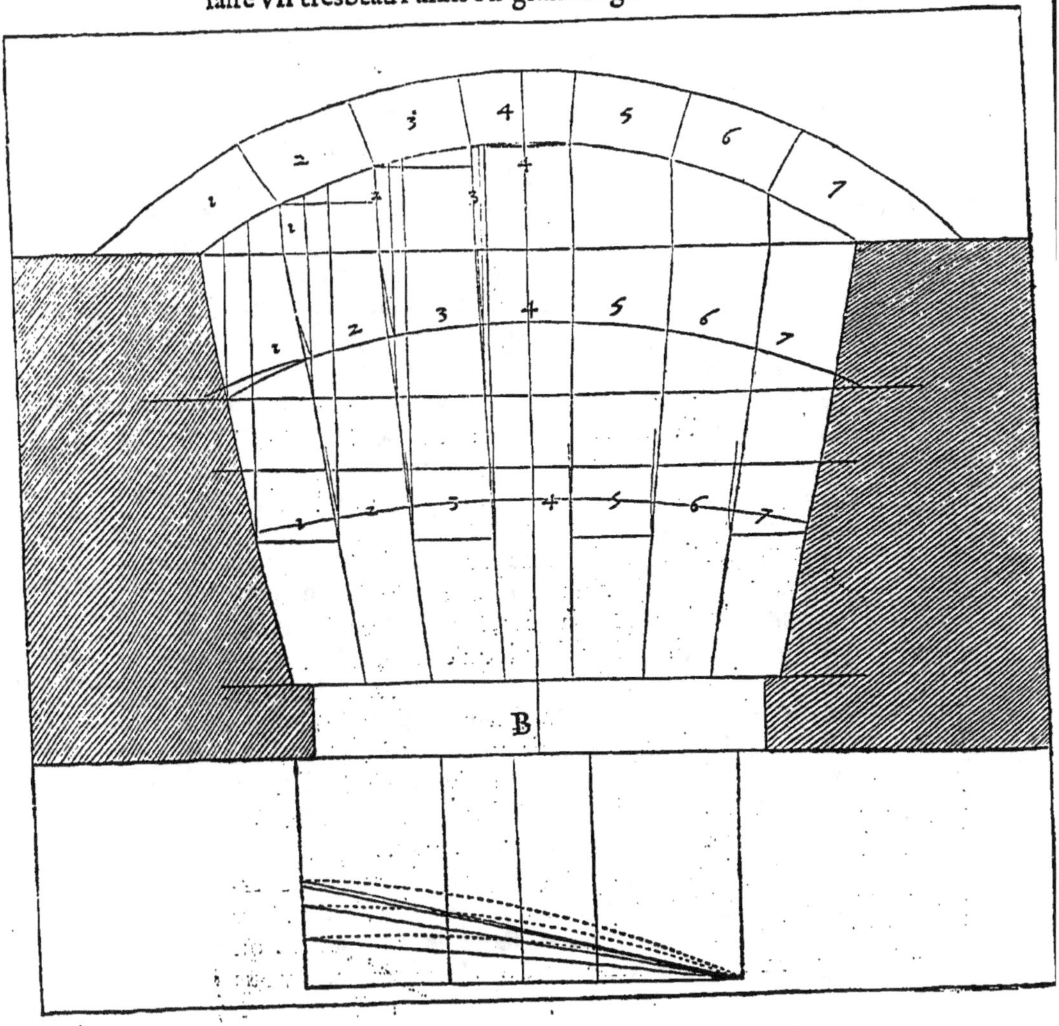

pouuez mieux cognoiſtre par la figure ſuiuāte, qu'auec grád lā-
gage, ie ne vous en feray plus long diſcours, à fin de pouuoir parler des portes biaiſes, tant pour ſen ſeruir aux entrées des logis
qui ſont dans terre, que auſſi à celles du premier, & ſecond eſtage par deſſus le rez de chauſſée des terres. Mais deuant qu'entrer
à ce diſcours, ie deſirerois premierement monſtrer par exemple,
comme d'vn edifice imparfaiét, ou mal commencé, on en peult
faire vn tresbeau Palais ou grand logis.

L'artifice des traicts Geometriques seruir quand on veult faire d'u-
ne maison, ou de deux mal commencées, ou imparfaictes, (soit
vieil logis, ou autrement) vne belle & parfaicte maison, y ac-
commodant tous les membres, & parties du vieil edifice, auec le
neuf. CHAPITRE. VIII.

E lieu me semble estre fort à propos pour mieux donner l'vsage des traicts Geometriques, & mô-strer la commodité qui les accompagne, pour euiter les empeschemêts ausquels on peult tôber quelquefois : & aussi pour accômoder les vieils logis auec les neufs, ainsi que lon en pourra auoir

Commodité des traicts Geometri-ques.

affaire, & que l'œuure le requerra pour sa perfectiô, beauté & de-coration. Car par le moien desdicts traicts on n'oste pas seulemêt les faultes qui sont faictes, ny les côtrainctes & suiectiôs des pie-ces, mais encores on rend les logis plus admirables, forts, & plai-sants à voir: auec grâde espargne pour faire seruir les vieilles ma-tieres, desquelles on se veult ayder, auecques les neufues, comme vous le cognoistrez par l'exemple que ie vous figure en ceste sor-te. Posez donques le cas, qu'il soit venu à quelque grâd seigneur ou autre, par succession hereditaire, ou par autre moien, vn cha-steau ou maison bastie par son grand pere, ou bisayeul, ou bien autre, comme pourroit estre celle qui est cy apres marquée A, & que l'heritier, ainsi que souuent il aduient, ne trouue bon ce qui est faict, quelquefois auec iuste cause & raison, quelquefois sans aucune, ou bien qu'il ne se contente de si peu de logis pour sa fa-mille: parquoy il en veult refaire vn autre tout aupres du susdit, & le tourner d'une autre sorte, ainsi qu'il luy plaist, & semble mieux estre à sa volunté: quelque fois pirement, côme plusieurs ont faict. Soit doncques le logis antique au lieu marqué B, lequel ainsi que nous auons dict, l'heritier, ou autre qui l'auroit achepté ne trouue commode, pour autant qu'il est deuenu (peult estre) plus grand seigneur, & ayant plus de moiens, il desire aussi auoir plus de suitte, & plus ample bastiment pour loger les grands, ou bien ses amis. Souhaittant doncques de faire vn fort beau logis, il ne veult abbatre pour cela l'antique edifice de ses maieurs & predecesseurs, ains s'en voudroit bien seruir pour l'espargne, com bien qu'il soit different à celuy qu'il veult faire, & ne se rencon-tre à propos, pour ne se pouuoir equarrir par le dehors, à raison de quelques riuieres ou ruisseaux qui parauâture passent aupres, & empeschent que le lieu ne se peult faire comme il desireroit, sçauoir est auecques quatre corps d'hostel pour fermer vne court

Cas figuré & supposé par l'auteur.

Cas aduenant bien souuent

ainfi que plufieurs demandent. En telle contrarieté, fubiection
& contraincte, il fault que l'Architecte ait bon entendement, &
qu'il ne parle comme font les ignorants, qui confeillent de tout
abattre incontinent, fans vouloir rien faire feruir, à fin de com-
Ou il y a fub- mençer & continuer toutes chofes de neuf, ainfi que i'ay veu ad-
iectio du lieu uenir beaucoup de fois, & de telle forte, que le plus fouuent ce
là fe monftrer qui eftoit refaict de neuf, eftoit beaucoup plus mal faict, & plus
l'induftrie de mal à propos, & de plus mauuaife matiere & grace, que l'antique
l'Architecte. lieu. Mais il fault que ledit Architecte foit diligent à cognoiftre
l'affiette du lieu, & fçauoir ou doit eftre pofée vne chacune chofe, felon qu'elle le requiert. Pareillemét entédre quel regard doiuent auoir les chambres & autres lieux, le tout auecques bonnes
inuentions & difpofitions, apres auoir entendu le plaifir & la volunté du feigneur, pour mieux tout accommoder. Mais s'il n'e-
ftoit capable de fçauoir difcerner ce qui luy fera bon, il fault que
l'Architecte le confeille & le ferue fidelement felon fon eftat
L'architecte & qualité, ainfi que nous auons dict au premier liure: & qu'il
deuoir confeil regarde diligemment fur tout de ne faire pour vn petit feigneur
ler fidelement ce qu'il faudroit faire pour vn Prince, ne pour vn marchand
aux feigneurs ce qu'il faudroit faire pour vn Prefident: car oultre ce qu'on
luy feroit beaucoup defpendre, cela luy feruiroit de mocquerie:
ioinct auffi que ce feroit vne grande indifcretion à l'Architecte
& reputation d'eftre ignorant, ou de mauuaife volunté. Il trouuera doncques comme vn homme de bien & fçauant telle inuention qu'elle y fera requife, & la fçaura bien excogiter, à fin de
faire le tout felon ce qu'on y voudra defpendre, comme pourroit
eftre vne cour octogone, c'eft à dire de huict angles & faces, ou
hexagone de fix, en hemicycle, ou autres belles façons qui feront propres pour faire feruir & accommoder les vieils logis a-
uecques les neufs: ce qu'on pourra faire commodément apres a-
uoir dreffé vn deffeing de toute la place, & des baftiments qu'on
trouuera faicts. Ainfi que ie fuppofe eftre ceux que i'ay cy apres
figurez: aufquels vous voiez deux corps d'hoftel fignez A B, lefquels i'ay defcris ainfi comme il eft venu à propos, feulement par
maniere d'exéple & demonftration. Ie ne veux oublier que ceux
Difpofition qui voudront faire quelque petite maifonnette, fe pourront bien
d'une petite feruir de telles inuentions: mais il faudra mettre les cheminées
maifonnette. & feneftres felon le lieu ou lon fera, & approprier les entrées &
petits pauillons fur les coings, à la volunté du maiftre qui fera baftir, foit pour faire le lieu fort, ou pour y accommoder garderobbes & cabinets, ainfi que lon en peult auoir affaire. Pour reuenir
aux logis cy deffous figurez & marquez A B, comme nous auons

dit, vous voiez qu'ils ne se peuuent accommoder pour y faire la
cour quarrée, pour raison de la riuiere qui est autour, ainsi que la
figure le monstre à l'endroit signé C. D'auantage vous voiez cô-
me les deux corps d'hostel sont loing l'vn de l'autre, & de diffe- *Continuation de ce que des-sus.*
rents aspects, car l'vn regarde l'Orient, & l'autre le Midy. Vous y
voiez aussi deux ponts, l'vn qui sert pour la principale entrée,
signé D, & l'autre marqué E, comme pour seruir à aller en quelque prairie ou iardin, ainsi que vous le pouuez voir par la figure
prochaine.

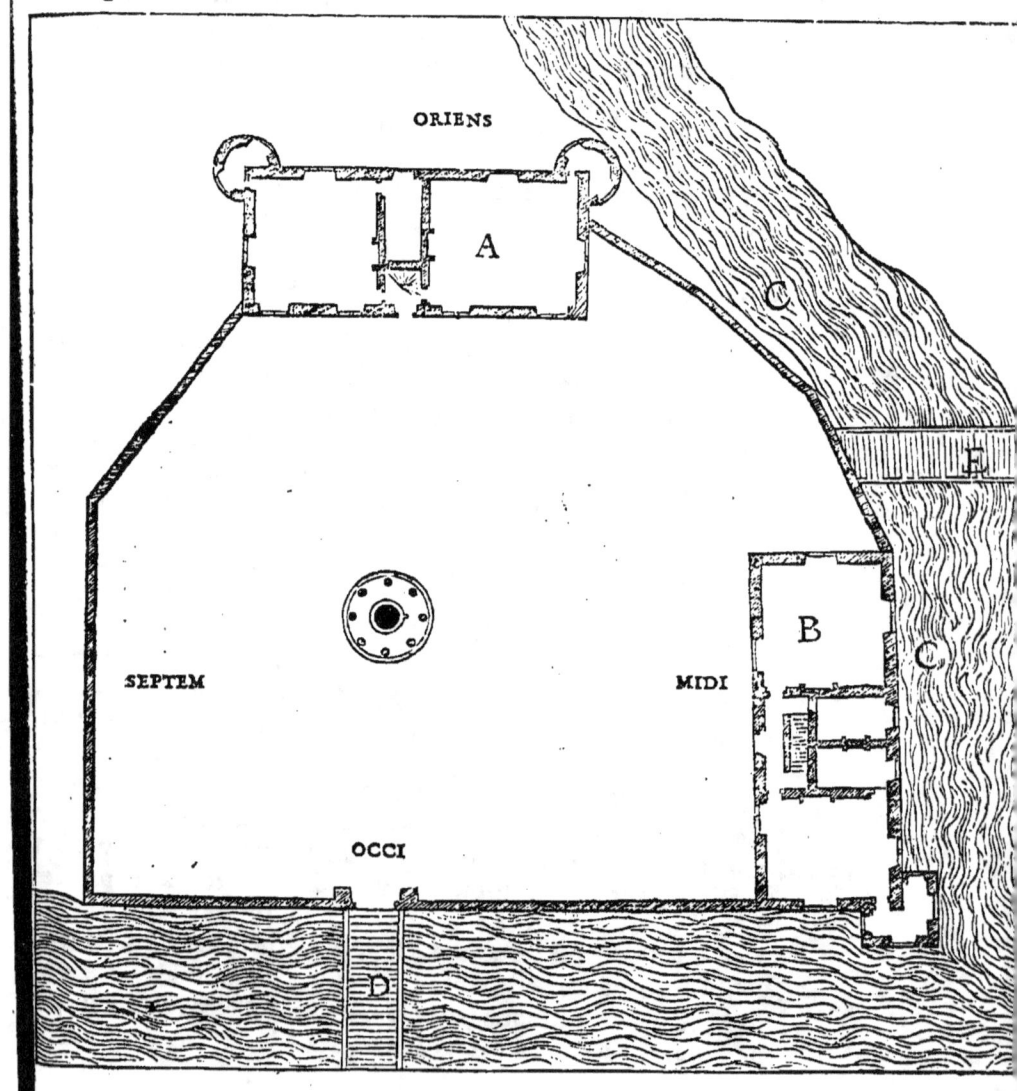

Pour fermer & aſſembler les deux ſuſdicts logis A B, vous ferez vn corps d'hoſtel d'vn logis à autre, comme vous le verrez cy
apres en la figure enſuiuant. Ledict corps d'hoſtel & additions
que vous faictes, ainſi qu'au lieu de F, pourront ſeruir pour faire
des galeries, ou grandes ſalles, ou encores d'autres logis. Et pour
oſter la difformité qui ſe voit par les deux bouts au lieu de K L,

qui ſe trouuent triangulaires, en mettāt à l'equierre les logis que
vous faictes de neuf, ces triangles ſeront propres pour faire montées en forme deſchalier, ou vis, ou bien quelque cabinet ou garderobbe à vn des coſtez. Vous en pourrez faire autant de l'autre
partie au lieu marqué I, laquelle vous approprirez en tel logis
que vous voudrez, & ainſi que vous en aurez affaire. Cela eſtant
faict, vous viendrez à regarder ſi voſtre cour qui ſe trouue en forme d'octogone, aumoins vne partie & plus de la moitié, ſera aſſez
large & conuenable à la profondeur. Et ou vous la voudriez faire
plus profonde, & l'alonger d'auantage du coſté de l'entrée, &
vous ne le pouuez pour quelque empeſchement de riuiere, ou
autrement, vous chercherez le moien de la mettre en forme d'vn
hemicycle, ou façon quarrée, pour en faire portiques, loges, ou
galeries: ou bien vne façon de quadrature comme le plan qui eſt
cy apres, lequel vous pourrez approprier en logis, & tiendrez vo
ſtre cour de telle profondeur que vous verrez eſtre bon. Apres
auoir ainſi choiſy & ordonné ce que vous cognoiſtrez eſtre pour
le mieux & plus aiſé, vous regarderez d'accómoder le tout pour
le mettre en œuure. Ce que vous ne pourrez faire ſans pluſieur

ſortes de traits geometriques pour les portes biaiſes & feneſtres:
pour d'autres qui ſeront ſur le coing, d'autres pour les entrées ſur
vn angle obtus, & d'autres pour les ouuertures ſur la tour ronde,
d'autres pour les montées, & éſchaliers, d'autres auſſi pour faire
les trompes, & gaigner quelque ſouſpente en l'air: ſoit pour faire
cabinets, ou bien paſſages, les vns quarrez, les autres ronds, ainſi
que vous les pouuez voir marquez au lieu de M & N, pour y faire les trompes ſur le coing: & au lieu de D, ſoit à la premiere entrée, ou à la tournelle ronde, pour faire portes & arcs ſur la tour

ronde, ſi vous y faiſiez l'entrée hemicirculaire, au lieu que ie l'ay
faict quarrée au lieu de Q, pour y faire vne porte ou feneſtre, la
moitié ronde, & l'autre moitié droicte: & ainſi des autres traicts
que lon y peult approprier, comme vous le pouuez voir clairement par la figure enſuiuant. Et pour autant que nous ſommes
tombez ſur le propos des portes, & que la methode de pourſuiure noſtre baſtiment nous y a conduict, nous commencerons à
en monſtrer & deſcrire des plus faciles, pour touſiours continuer,

nuer, & fuiure le fil de noftre difcours d'Architecture. Nous prédrons doncques en premier lieu, la porte biaife, appellée des ouuriers le biais paffé, apres vous auoir propofé la figure enfuiuant.

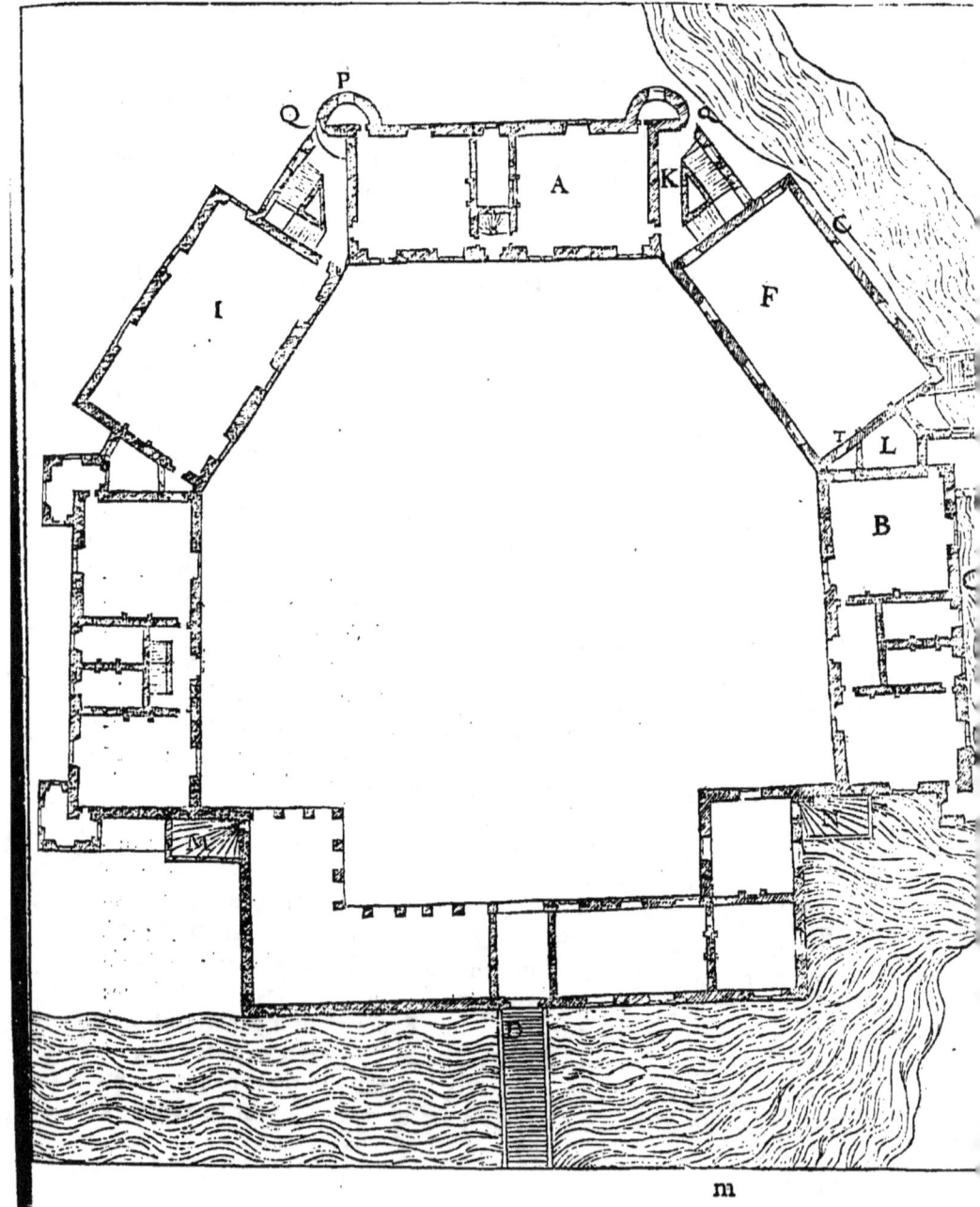

*L'artifice des traicts Geometriques, seruir pour faire vne porte,
laquelle sera biaise par moitié, ou du tout qui voudra. Pareillement pour faire vne voute qui s'accommode-
ra à vn grand passage d'vn logis, ou à quelque pont.* CHAP. IX.

*Autre vsa-
ge des traicts
Geometri-
ques.*

POur monstrer d'abondant à quoy seruent à l'Architecte les traicts Geometriques, suiuant la forme du logis figuré parci-deuant, & approprié
ainsi qu'il a esté dit, ils serõt tresnecessaires pour
y faire les portes qui se trouueront biaises, comme qui voudroit entrer du logis de A, au lieu de
K, en la figure precedente, auquel lieu de K, ie forme vn escalier. Mais pour gaigner le pallier ou double marche, qui est le
commencement pour y monter, il fault necessairement rendre
la porte biaise. Semblablement au lieu de L, faudra faire la porte
pour entrer en vne salle marquée F, laquelle porte sera de mesme façon, c'est à dire biaise, comme vous le pourrez voir au lieu
de T. Icy ie vous aduertiray que plusieurs se trompẽt, & mesmes
ceux qui veulent faire profession des deuis & bastiments, quand
ils disent par le rapport qu'ils font des logis, tels que peult estre
celuy que nous auons en main, que le tout ne vaudra rien, par

*Plusieurs s'a-
buser en leur
rapport, par
faute d'enten-
dre.*

faulte de n'y pouuoir faire les portes & entrées aisées, ou n'y pouuoir donner clairté, pour-autant que la porte regarde sur la cheminée, ou sur vn lict, ou par quelque autre raison. Mais en cela ils
s'abusent, car il n'y a rien qui ne se puisse faire, & approprier fort
bien par ceux qui l'entendent, & sont experimentez en l'art.
On pourra bien faire que les portes seront toutes droictes (ie dy
la couuerture & arriere-vousure d'icelles, qui seront toutes plates, & d'une piece, ou de plusieurs, qui ne sera chose difficile) &
les pieds droicts d'icelles ne laisseront d'estre biais, sans falloir

*Portes droi-
tes ayant les
pieds droicts
biaisez.*

vser de traicts. Mais ie veux bien aduertir que les choses qui sont
biaises, & leur couuerture quarrément droicte, sans estre voutée, sont plus subiectes à se rompre, & faire prendre coup aux bastiments, que les portes & fenestres qui sont voutées en forme
ronde. Pource est il necessaire de les faire toutes en voute, mesmes celles qui sont dedans les terres, & au premier estage. Il ne
fault oublier, que l'artifice & façon des traicts Geometriques
n'est seulement propre pour les portes, mais aussi quand lon est
contrainct de faire vne voute pour l'accommoder à vn grand passage, voire de la largeur d'vne gallerie, ou dans toute la largeur
d'vn corps d'hostel. Si c'est pour faire voutes de ponts, ou autres

femblables, cela fera plufque bon. Mais notez, ie vous prie, que faifant en cefte forte voz voutes, elles font difficiles à conduire, mefmes à ceux qui ne fçauent l'vfage des traicts : finon qu'ils les vouluffent faire toutes de brique, ou la maçonnerie de moilon, comme i'ay veu que lon faict en aucuns lieux d'Italie & autres. Quand il y a quelque difformité, cómunement les maçons pour n'entendre l'artifice defdicts traicts font les voutes de brique, ou moilon, & de pierres menues, pluftoft que de pierre de taille, pour n'auoir l'induftrie de les y accommoder, & fans y efpargner le plus fouuent, de grandes barres de fer, pour fouftenir leurs maçonneries de peur qu'elles ne tombent : qui eft vne trefmauuaife couftume & façon, pour les raifons que nous auons dict ailleurs. Vous entendrez maintenant par le traict de la porte biaife tout ce que vous fçauriez defirer faire, de quelque largeur que ce foit. Doncques vous ferez premierement vne ligne droicte, comme celle qui eft marquée I M, en la figure fuiuante, & encores deux autres paralleles, ainfi que G E, & B D, qui ferment & reprefentent la groffeur du plan de la muraille fignée A, fur laquelle vous entédez faire la porte biaife, ou biais paffé (ainfi que les ouuriers l'appellent) lequel biais fe cognoift aux deux lignes B G, & D F, qui monftrent l'efpeffeur de la muraille, & le biais de ladicte porte : ce qu'elles ne feroient fi ladicte porte eftoit droicte, comme la ligne B C, car elle feroit quarrée & non point biaife. Cela faict vous tirerez vne ligne perpendiculaire, ainfi que R H, fur lefdictes lignes qui font paralleles, cóme il fault toufiours faire à tous traicts ou il conuient commençer par lignes perpendiculaires fur vne droicte, ou traict d'equierre, ainfi qu'il a efté dict au prologue du fecond liure, quand nous parlions du charactere de la croix. Apres vous marquerez deux centres au cofté de la fufdicte ligne perpendiculaire, fur la ligne I M, au lieu de S T, qui feront diftans l'vn de l'autre, autant que fera le biais de la porte, comme de E F, ou de G C. defdicts cétres S T, vous tirerez deux hemicycles, comme ils fe voient par I H L, & K H M, puis vous en ferez deux autres pour trouuer l'efpeffeur de la voute, de telle largeur & diftance que vous voudrez, pour feruir à faire les paneaux de tefte qui font propres pour bien coupper & equarrir les pierres de la voute. Ce qu'il fault faire premierement, fi vous ne les vouliez coupper auecques vn buueau : car elles fe trouuent ainfi fort bien. Vous diuiferez lefdicts hemicycles en tant de parties qu'il vous plaira, pourueu que ce foit nombre impair, pour autant que c'eft le meilleur, à fin que la clef de la voute (qui eft la plus haute pierre qui ferme le tout) foit d'une piece, & que

m ij

les ioincts & commissures ne se trouuent par le milieu de ladicte
voute. Par ainsi la diuision des hemicycles se fera en cinq parties,
ou sept, ou neuf, ou vnze, & plus si vous voulez, selon la largeur
de la voute, ou porte que vous aurez affaire. Quant à ceste cy, ie
l'ay diuisée en cinq parties egales, pour auoir plustost faict, cõme
vous les voiez marquées à la figure cy dessoubs descrite. En apres

vous tirez les commissures & ioincts qui font les separations qui
prouiennent du centre, dont les hemicycles en sont tirez S T,
comme il fault faire à toutes sortes de voutes, & le pouuez cognoistre par ladicte figure, qui monstre encores comme sera le
biais de la porte. Pour tailler lesdites voutes on leue vn paneau de
teste, qui est d'vne cinquieme partie de la voute, cõme celuy qui
par les extremitez, ou par les quatre angles est marqué 8, 9, 10, 11.
Apres quoy on taille toutes les cinq pierres ou pieces pour estre
toutes semblables, en obseruãt l'espesseur du mur sur lequel doit
estre erigée ladicte voute, qui sera plantée sur les pieds droicts de
la porte qui auront la hauteur qu'on leur voudra donner. Ainsi
que par exéple il se peult voir à part en la figure, par vne des pieces marquée V, qui se monstre comme si elle estoit taillée, & faicte apres le paneau marqué V, & en ses quatre angles 8, 9, 10, 11: de

sorte que cinq semblables pieces contiennent toute la voute de
la porte, qui seroit quarrée par ses pieds droicts, & voutée en hemicycle, si on la laissoit ainsi: mais pour la rendre biaise, lon cou-
pe des pierres, comme vous les pouuez voir au lieu signé V, qui
seruent pour les premieres assiettes de la voute, auquel lieu lon
oste ce que vous voiez enfermé des nombres 10, 12, 11, 13, en reue-
nant à la poincte au lieu marqué 14, taillé à la reigle & ligne droi
cte, & par le deuant auecques la cherche & circonference faicte

apres les hemicycles I H L, ainsi que vous le voiez par les lignes
auecques ce qu'il fault oster de ladicte pierre V, laquelle est propre pour mettre au costé du lieu marqué 15. De l'autre partie, la
premiere piece qu'il faudroit mettre au lieu de 16, doit estre tras-
sée au contraire, toutesfois de mesme sorte que celle qui est marquée V. Il fault ainsi trasser les autres pieces iusques à la clef de la
voute X, qui se trouuera estre degauchée des deux costez, qui
ne voudroit faire la voute biaise que d'vn costé, & de l'autre costé quarrée, comme il se peult faire, & est quelque fois necessaire,
soit pour passage, ou pour vne grande fenestre, ou vne grande vi-
tre d'eglise, à fin d'y gaigner clairté. Cõbien que ce present traict
icy pourroit estre descrit plus au long, si est ce que ie m'en deporteray, pour-autãt qu'il est si facile & aisé à faire qu'il me desplaist
quasi d'en parler. Mais ce qui m'a faict prendre la peine de l'expli-

quer, font quelques gentils efprits qui le defiroient cognoiftre, iaçoit qu'ils ne foient de l'art, toutefois fort curieux de l'entendre, à fin de fçauoir fi les ouuriers font bien. Ainfi vous entendez le premier traiét de la porte biaife pour vous en pouuoir aider en lieu de contrainéte. Ie defcriray encores au chapitre fuyuant vne autre forte de voute pour feruir à vne porte, que les ouuriers appellent biaife & quarrée par les deux coftez.

Excufe de l'auteur defi-rant compLai-re à tous gen-tils efprits.

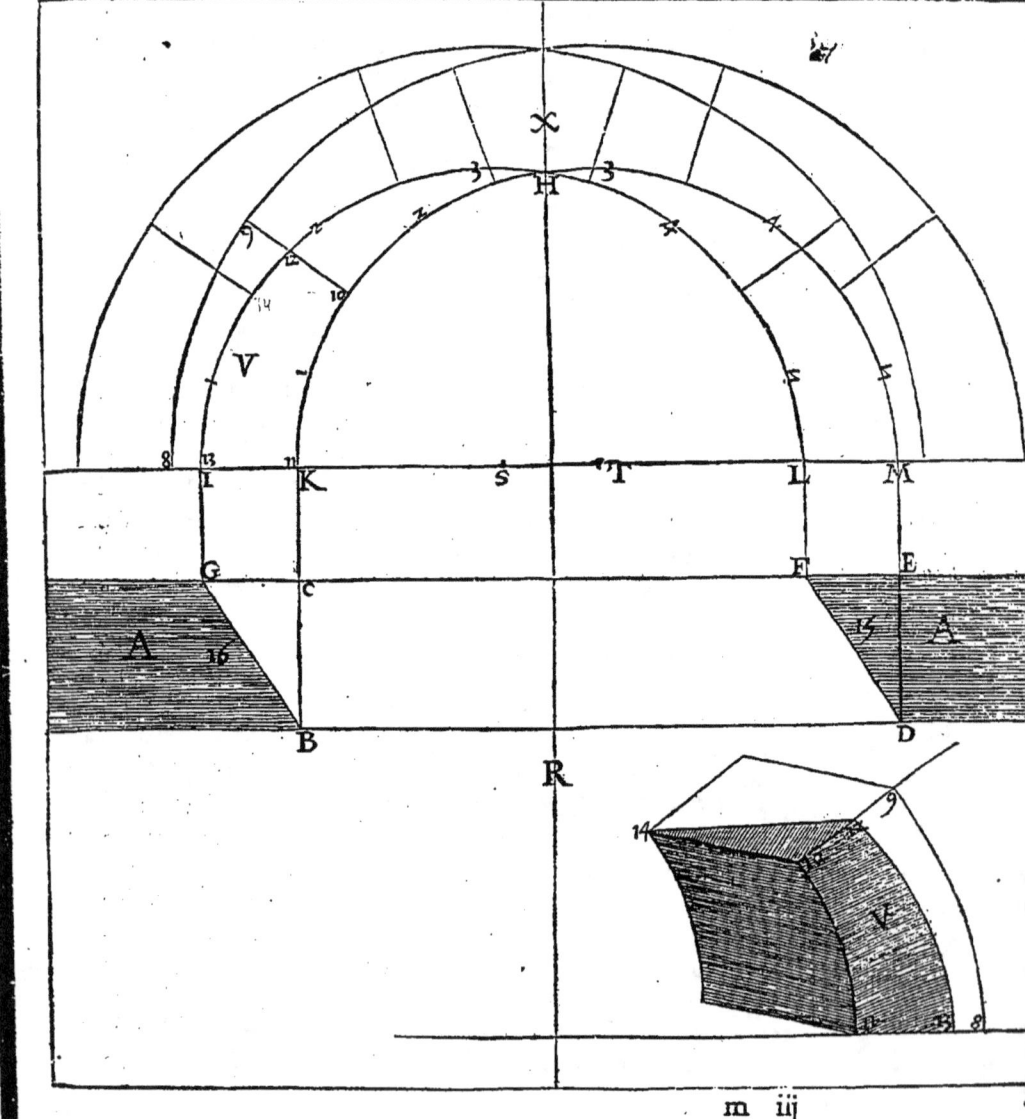

N peult faire vne porte & voute de quelque edi
fice qu'on voudra, de laquelle la moitié d'vn cha
cũ coſté ſera biaiſe, & l'autre moitié toute quarrée, pour ſeruir en diuerſes ſortes, ſoit pour paſſage, ou pour rendre aiſez les lieux contraincts,
ou bien pour receuoir les clairtez & lumieres,
leſquelles il fault quelque fois prendre obliquement. Qui faict
que lon eſt contrainct de degaucher les pieds droicts & voutes
des portes & feneſtres d'egliſe, ou autres, pour les rendre biaiſes
& obliques ſur vne muraille qui eſt droicte, ainſi que vous le
pourrez voir au traict cy apres, ou ie figure tout le mur, & propoſe de faire la porte & voute ſuiuãt les deux lignes A B, & C D,
qui ſont deux lignes paralleles, monſtrant l'eſpeſſeur & groſſeur
dudit mur. Ie fais encores vne autre ligne parallele, entre les ſuſdictes, marquée G H, qui diuiſe toute l'eſpeſſeur de la muraille en
deux parties egales, cõme vous le pouuez cognoiſtre ſur le traict.
Cela faict ie tire vne ligne perpendiculaire par le milieu L M, ou
ſe trouuent deux centres N O, pour faire les deux hemicycles,
comme vous voiez A M B, & C L D, qui monſtrent comme la
voute de la porte ſeroit ſi elle eſtoit toute droicte, i'entend ronde & quarrée par ſes pieds droicts, & non point biaiſe: & pour la
rendre biaiſe, & hors de ſa quadrature, on marque ſur le plan &
eſpeſſeur de la muraille autant qu'on la veult biaiſer ou embraſer
d'vn chacun coſté. Ainſi qu'il ſe voit par les lignes au plan des
deux coſtez de la porte, au contraire l'une de l'autre : car l'une eſt
d'vn coſté, & l'autre de l'autre, comme il ſe cognoiſt d'vn coſté
par les lignes P Q, & de l'autre par R S. Puis apres vous tirez encores deux autres hemicycles, l'vn du centre T, comme Q X D,
& l'autre du centre V, ainſi que A Y S. Puis vous diuiſez les hemicycles de la voute C L D, & A M B, en tant de parties que
vous voulez, iaçoit que celles icy ſoient ſeulement diuiſées en
cinq parties egales, marquées par lignes qui prouiennent des cen
tres N O, qui monſtrent & rapportent ſur le plan ce qu'il fault
oſter iuſtement d'une chacune pierre de la voute apres qu'elles
ſont equarries, ſuiuant ladicte voute & traict de porte, pour rendre la voute de la porte biaiſe. Par ainſi on prend la largeur du
poinct de 6 à celuy de 7, & ſe met ſur le plan du poinct de C, à 14,
& ſe tire vne ligne dudit 14, à P, apres quoy ſont traſſées les premieres pierres au droit des commiſſures 6,7. L'autre commiſſure

*Porte ou vou
te moitié biai-
ſe & moitié
quarrée.*

*Continuation
de la demon-
ſtration.*

*Grande faci-
lité de l'au-
teur en ſes de-
monſtrations.*

8,9 fe faict de mefme forte, car elle fera portée du poinct de C à
15, & celle de 10 & 11, à C & 16 : celle de 12 & 13 fe rapporte de C à
17, & de tels poincts 15,16,17, lon tire des lignes iufques au poinct
de P, qui enfeignét ce qu'il fault ofter à vne chacune pierre pour
parfaire la voute biaife. Autant en fault il faire de l'autre cofté du
mur à l'extremité marquée B R S. Ce qui eft facile de cognoiftre
par le traict & les lignes qui y font, fans en faire plus long difcours. Voila ce que ie voulois efcrire du traict de la voute & porte biaife, qui n'eft point tant difficile que neceffaire: comme tref
bien le peuuent cognoiftre ceux qui ont charge des baftiments,
auxquels (ainfi que nous auós dict) fe trouuent quelquefois lieux
de contraincte : parquoy il eft neceffaire d'y proceder par cefte
voye & methode, ainfi que vous l'auez peu cognoiftre par le chapitre qui monftroit de faire vne belle maifon d'une ou de deux
difformes & mal commencées, ou bien pour accommoder autres lieux femblables.

*Conclufion
du prefent dif-
cours & cha-
pitre.*

m iiij

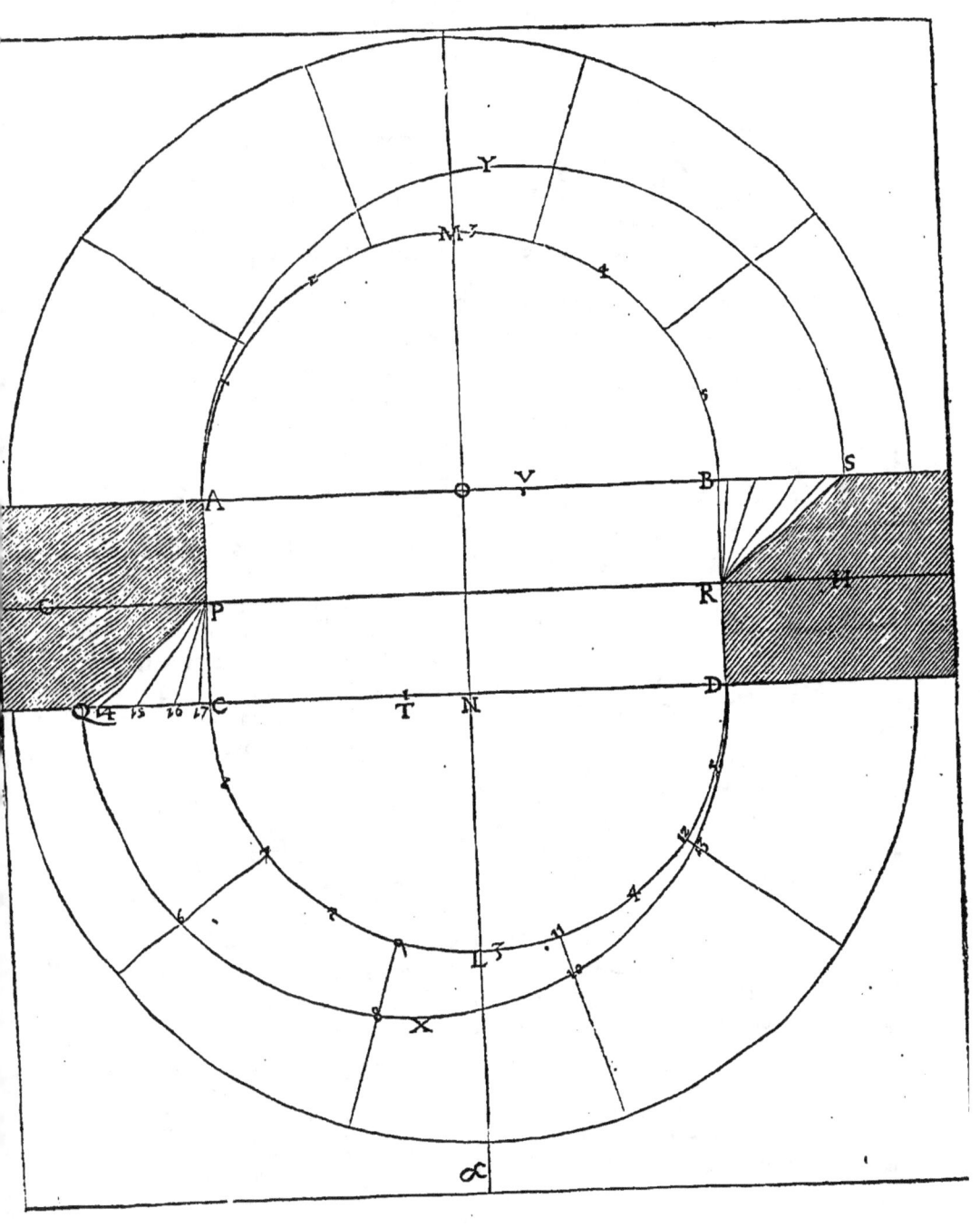

Pour faire vne porte biaiſe par teſte, ou quelque voute qu'on
auroit à faire droicte ſur le deuant, & erigée ſur vne
muraille qui va obliquement. CHAP. XI.

Vand il ſe trouue vne muraille qui va obliquement ou de trauers, quaſi comme la diagonale
d'vn quarré (ainſi qu'au baſtiment lequel nous
auons figuré ci-deuãt) on y pourroit faire vne infinité d'autres traicts, ie ne diray de la ſorte du biais par teſte, mais encores de plus ingenieux, &
beaucoup plus difficiles: comme ceux qui ſont biais par les doiles, & par les ioincts, & d'autres ſortes, leſquelles ie deſcrirois volontiers n'eſtoit que la matiere ſeroit trop longue, & le diſcours
fort ennuyeux qui les voudroit toutes propoſer & expliquer,
pour l'infinie diuerſité d'inuentions que i'en pourrois donner. Il
ſuffiſt, à ce qu'il me ſemble, d'en monſtrer ſeulement les principes
& methode: pour autant que ceux qui en apres voudront prendre peine, en trouueront à tous propos, ſelon les œuures qu'ils
auront à faire. De ſorte qu'il ne ſe preſentera choſe tant eſtrange,
ne tant difficile, qu'ils ne trouuent incontinent le moien d'en venir à bout par l'ayde de ces traicts eſtants accompagnez de Geometrie, qui eſt ſi riche que celuy qui la cognoiſt peult faire choſes admirables. Qui faict que ie m'eſmerueille grandement, &
ſuis fort deſplaiſant que nous ne trouuons quelques liures qui
accommodent la theorique de ladicte Geometrie à la pratique
& vſage, tant de noſtre Architecture que des autres arts. La façon des traicts que cy apres ie veux deſcrire pour le meſme faict
que deſſus, ne ſe trouuera fort difficile, ainſi que vous le pourrez iuger. Pour doncques enſeigner ce que porte le tiltre du preſent chapitre, ie preſuppoſe que vous tiriez la ligne droicte A B,
& que ſur icelle vous erigiez la perpendiculaire C D, puis vous
faiſiez vn hemicycle de la largeur de voſtre porte, comme ſe voit
H I K L M N: puis vn autre pour faire l'eſpeſſeur de voz pierres,
comme eſt celuy de B R Q P O A. Apres vous diuiſerez tel hemicycle en tant de parties que vous voudrez, iaçoit que ceſtuy
cy ne le ſoit qu'en cinq. Cela faict vous tirerez les ioincts du poinct
du centre marqué 30, comme vous les voiez de I à R, de K à Q,
de L à P: & de M à O. En apres vous predrez l'eſpeſſeur de la muraille biaiſe, ſur laquelle vous voulez faire la porte: & tant plus
elle ira obliquement, plus ſe trouuera ladicte porte biaiſe, ainſi
que vous le voiez aux lieux ou le deuant de la muraille ſe faict de
A, iuſques à E, & de G à F, qui monſtre la groſſeur du mur. Si la

L'artifice des traicts eſtre infiny.

La Geome- trie theorique n'eſtre encore accommodée à la pratique.

Autre inuen- tion & de- monſtration pour le meſ- me faict que deſſus.

ligne qui va de A, iufques à E, alloit de A, iufques à F, elle feroit beaucoup plus biaife. Pareillement fi la ligne de E, fapprochoit de la ligne de B, elle n'en feroit pas tant biaife : vous y procederez felon que vous en aurez affaire. Ayant tiré la groffeur de voftre muraille comme de A G, & de E F, vous tirerez toutes les perpendiculaires des ioincts & commiffures de l'arceau de la porte, ainfi que de R à 19, de I à 20, de Q à 22, de K à 23, de L à 24, de

Continuation de ce que def-fus.

P à 25, de M à 27, & de O à 28. Cela ainfi expedié vous prendrez la largeur des ioincts, comme de I à R, & la tranfporterez de 11, iufques à 13, faifant deux lignes perpendiculairement fur celle de A B. Vous ferez ainfi aux autres ioincts, comme de la largeur de K à Q, laquelle vous tranfporterez & mettrez de 9 à 12, comme vous voiez la ligne de 12 à 21, laquelle eft parallele à celle de 9 & 23, & ainfi des autres. Pour acheuer le paneau de la commiffure I R, vous mettez voftre compas fur la ligne R (qui eft le dernier du ioinct) de I iufques au poinct de 15, fur la ligne A E, & le

Procedure & examen par le compas.

portez quarrément au poinct de 13. Puis vous tirez vne ligne droicte du poinct 13 à celuy de 11, & trouuez ainfi le deuant du paneau de ioinct I R. Pour l'autre cofté vous prenez depuis le poinct I, à celuy de 19, & le portez au poinct de 16, puis vous tirez vne ligne droicte du poinct de 16, à celuy de 20, qui eft la perpendiculaire du deuant du ioinct I R. Et par ainfi tout ce qui eft enfermé entre 11,13,16, & 20, eft le paneau apres quoy il fault traffer la pierre pour la coupper au ioinct I R. Ie prefuppofe que vous auez defia equarri les pieces & doiles de voftre arceau, fuyuant le paneau qu'il fault leuer I R, H B, le tout felon l'efpeffeur de voftre muraille, compris fon auancement. Ce paneau feruira pour toutes les cinq pieces de voufure. Et pour l'autre ioinct de K Q, apres en auoir tiré fa largeur, comme il a efté dit, & fe voit 9 & 12 tombant perpendiculairement fur le poinct 21, vous prendrez depuis Y, iufques au poinct de 10, & le tranfporterez du poinct de 10 à celuy de 12, & du poinct de 12 à 9, & en tirerez vne ligne droicte, ainfi que vous voiez en la figure. Pour l'autre cofté vous prédrez de Y, iufques à 22, fur la ligne G F, & le porterez du poinct de 22, à celuy de 21, toufiours quarrément, ou bien equidiftamment de la ligne A B, tirant vne ligne droicte dudit 21, iufques à 23. Et par

Difcours plus long & en-nuyeux que difficile.

ainfi vous aurez le paneau tout faict pour feruir au ioinct K Q, qui eft fermé entre les lignes 9,12, 21, 23. Vous pourrez ainfi proceder aux autres : comme T & 7 fe rapporte equidiftamment au poinct de 6, & dudit 6, fera tirée vne ligne iufques au poinct de 8. puis vous prédrez de T à 25, & le mettrez de S au poinct de 26, duquel vous tirerez auffi vne ligne iufques au poinct de 24. Par-

ainſi 6,8,24,& 26, ſera le paneau de ioinct pour LP . Celuy de M
O, eſt ſemblable à celuy que vous voiez marqué 17,29,27. Et
quất au ioinct du fondement de la voute, comme eſt AN, & HB,
il ſe prend ſur le plan de la muraille , comme doiuent faire tous
les autres que vous auez veu cy deuant, & verrez cy apres . Mais
pour coupper le deuant des pierres pour le faire biais , il ſe prẽdra
apres la ligne A B, & celle de A E, comme i'ay dict , & le pouuez
veoir par la figure preſente.

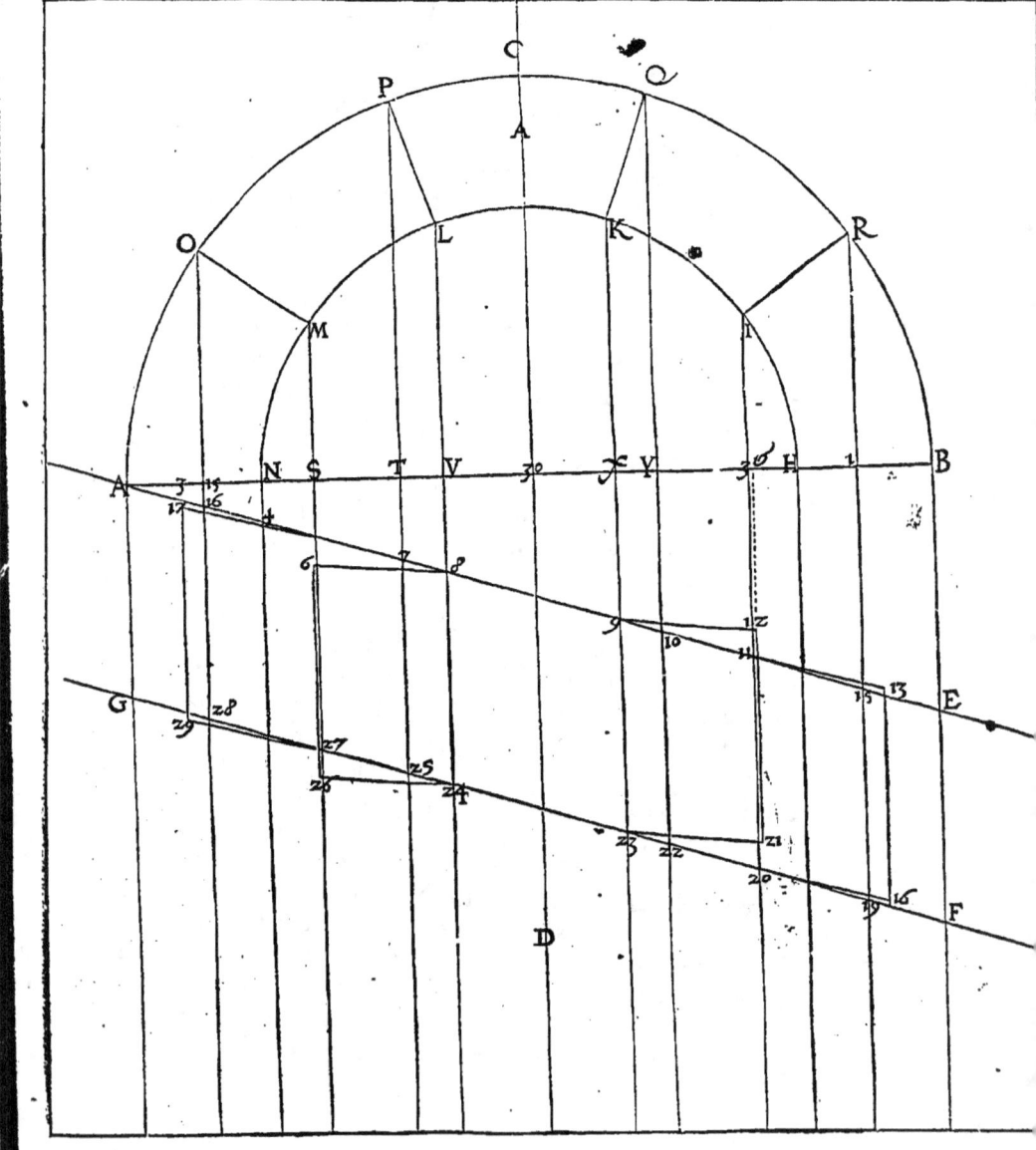

LIVRE III. DE L'ARCHITECTVRE
De la porte & voute sur le coing qui se peult faire sur vn angle
de bastiment, soit droit ou obtus, comme il vient
à propos. CHAPITRE XII.

Ceux qui ba-
stissent estre
bien souuent
contraincts et
empeschez.

Oiant la necessité à laquelle font bien souuent
redigez ceux qui bastissent, ou veulent faire bastir, telle, dis-ie, qu'ils font contraincts quelquefois de rompre les desseings & entreprinses de ce
qu'ils vouloient faire, pour n'y sçauoir remedier,
ou bien pour y auoir commis de treslourdes fau-
tes, (ainsi qu'il peult aduenir, & l'ay veu souuent faire) ou par
crainte qu'ils auoient de gaster quelque membre de salles, chambres, ou autres parties du logis, qui parauēture estoit cause qu'on
persoit les murs pour y faire les portes ou fenestres, si mal à propos qu'elles rendoient vne grande difformité à tout le logis, laquelle prouuenoit pour n'auoir eu l'industrie, ou bien n'auoir osé
entreprēdre de faire lesdictes portes ou fenestres dans les angles,
ou en partie d'iceux (pour-autant que c'est le lieu qui doit estre le
plus fort & mieux lié de toute la maison, pour porter le plus de
charge, & tenir en raison toute la masse de l'edifice) pource est il
que voulant remedier à telles contrainctes, necessitez & faultes,
ie me suis aduisé en ce lieu d'escrire ce qu'il m'en semble, estant
assez aduerty que de prime face, plusieurs le trouueront estrange
& ne sen pourront contenter, pour la grande erreur & danger

Toutes belles
inuentions
estre subiettes
à calomnies.

qui leur semblera estre de perser les bastiments sur les angles. Ce
que i'accorde fort bien, & conseille de n'y mettre la main si la necessité de l'œuure ne le contrainct grandement: & que ce soit par
vn bon maistre qui entende bien l'art de maçonnerie: car il y be-
songnera asseurément sous le conseil & ordonnance d'vn docte
Architecte qui luy monstrera comme il y fault proceder, commençant l'œuure de neuf, ou bien appropriāt vn vieil logis auecques vn neuf, pour rēdre commodes les parties & membres qui
sont dedans. Quelquefois on est côtrainct de faire les choses contre raison, pour seruir à la volunté du seigneur qui faict construire le bastiment, ou pour la grande necessité & contraincte du
lieu, pour-autant que les coings & angles, sont les lieux des bastiments, comme i'ay dict, qui doiuent estre les plus forts: ainsi

Ouuertures
de portes ou fe-
nestres, ne de-
uoir estre sur
les encoigneu-
res des basti-
ments.

que vous le pouuez auoir veu ci-deuant au plan de la maison par-
tic octogone, (ou nous accommodions le vieil logis auec le neuf)
à la salle estant au lieu marqué F, au droict de E: ou se voit vne
porte sur le coing, pour seruir à passer du logis par dessus le pont
pour aller au iardin, ou lieux semblables. Quand on est contraint
de

de faire en tels lieux les ouuertures des portes ou feneſtres, il fault
qu'elles ne ſoient quarrées, & encores moins plattes, quelques
grandes pierres & groſſes que vous puiſſiez auoir pour les faire,
car cela ne vaudroit rien. Ie veux toutesfois monſtrer comme on
y pourra ſeurement & ſans aucun danger proceder, (ſoit pour vn
neuf ou vieil logis lequel on deſire reparer ou edifier) ſi on faict
vne voute par deſſus les pieds droicts de la porte. Car combien
que la forme du lieu ſoit quarrée & poinctue par le deuant, pourueu qu'elle n'excede point l'angle droit, & qu'il ne ſoit trop
poinctu, mais bien tant obtus que lon voudra, & la muraille d'aſſez bonne largeur, vous y pourrez faire vne porte, ie ne diray de
trois pieds de large ſeulemét, ains de dix, douze, & tant que vous
en aurez affaire. La voute ſera autant forte qu'il eſt poſſible de
penſer, pour porter par le deſſus telle peſanteur & maſſe de maçonnerie qu'on verra eſtre neceſſaire, & n'y faudra rien craindre,
non plus que ſi ladicte porte eſtoit faicte à vn pan de mur tout
droict. On procedera de meſme ſorte & meſme façon à leuer les
pancaux, comme vous auez veu au precedent chapitre, à la porte
biaiſe par teſte, ainſi que les ouuriers l'appellent. Comme quoy?
Ie preſuppoſe vne perpendicule A C, tombât ſur la ligne M D L,
& à la marque de D, l'angle ou le coing du lieu ou vous voulez
faire la voute pour la porte, ainſi que vous voiez le plan du mur
faict des quatre lignes D G, C H, D E, C F, qui faict cognoiſtre
le plan du mur, & de la porte ſur le coing. Au milieu vous dreſſe-
rez la voute pour ladicte porte, comme vous la pouuez voir par
les deux hemicycles qui ſont tirez du centre D, l'vn I B K, l'autre M A L, qui monſtre l'eſpeſſeur du deuant de la voute de ladicte porte, laquelle vous diuiſerez en tant de parties que vous vou
drez, ainſi que vous auez faict des autres voutes par ci-deuant, &
le pouuez encores voir icy aux parties ſeparées par les lignes qui
prouiennent du centre D, comme à celle qui eſt marquée O P, &
ainſi des autres. Cela faict vous tirerez les lignes des ioincts &
commiſſures perpendiculairement, ſur la ligne M E, & tant longues qu'elles trauerſent le plan & eſpeſſeur de toute la muraille,
comme vous voiez celle de P S, & auſſi de O T, & ainſi conſequemment des autres qui vous ſont propoſées par la figure enſuiuant. Apres vous prenez la largeur des commiſſures, comme
de O P, & la tranſportez ſur le plan du mur au droict de la ligne
O T, & mettez le poinct de 1, à la ligne marquée 3, cela vous mó-
ſtre la largeur du paneau de ioinct. En apres vous prenez la hauteur depuis la ligne L M, au droict de celle de P S, du poinct de 6,
au poinct de 4, & la rapportez ſur la ligne 3 au poinct de 7, duquel

Grande force
de voute.

Conduicte
pour leuer les
pancaux auec
leur demőſ-
tration.

Pour les li-
gnes des
ioincts & cő-
miſſures.

vous tirez vne ligne du poinct de 2, au poinct de 7, qui monstre
le paneau de deuant pour le ioinct & commissure marquez O P.
Et par le dedans vous prenez aussi la distance du poinct de 6, au
poinct de 8, & la transportez quarrément au poinct de 9, sur la ligne 3, de laquelle vous tirez vn autre poinct de 10, au poinct de 9,
qui vous monstre aussi iustement comme doit estre le paneau de
ioinct de O P, par dedans œuure, ainsi que vous le voiez. Et par

Voutes de por-
tes faictes par
equarrissemēt

tel moien se font & prennent tous les autres, soient paneaux de
ioinct, ou paneaux de doiles. Si vous voulez, vous pouuez faire
telles voutes de portes par equarrissement, en obseruant les longueurs que vous deuez trouuer sur le plan, & prenant les auance-
ments d'une chacune piece, sans vous ayder des paneaux, autrement il faudroit tailler seulement les doiles & pieces semblables
à celles que vous voiez marquées B, qui sont taillées suyuant les
paneaux de teste, qui sont prins apres le deuant de l'arc. Mais en
cela il y a grande perte de pierres, qui faict que les bons maistres
se seruent du paneau, lequel ils mettent tout autour des pierres
pour les trasser quand ils veulent bien faire selon le traict & œuure qu'ils ont à suiure: & font equarrir leurs pierres auecques le
buueau, qui est faict apres la voute & les lignes qui monstrent les

Porte et vou-
te biaise sur le
coing.

cōmissures. Vous pouuez par mesme façon de traict faire biaise la
porte & voute sur le coing: i'entēd que le coing ne soit au milieu,
cōme il est au lieu de D, par le deuant, & de C, par le dedans, mais
biē plus à costé. Et encores qui voudra, la moitié de ce coing sera
creux, ou rond, & les autres parties droictes ou tortues, ainsi qu'il
plaira, voire en talus. Ie ne me puis côtenir de dire & repeter souuent que celuy qui a la cognoissance & pratique des traicts, estāt
mediocrement instruict à la theorie de Geometrie, indubitablement il trouuera toutes choses à propos, comme il en aura affaire. Ie descrirois icy plusieurs lignes qui sont necessaires pour
leuer les autres paneaux, & encores pour monstrer les cyntres,
mais ie crain d'estre trop long, & trop trauailler l'esprit des le-

Vne chose
bien souuent
estre expli-
quée par l'au-
tre.

cteurs. Toutefois ce qui ne sera intelligible par vn traict & vne figure ou demonstration, le pourra estre par l'autre: signamment
à ceux qui prendront peine de tout voir & le côferer ensemblément ainsi que plusieurs fois nous l'auons dict.

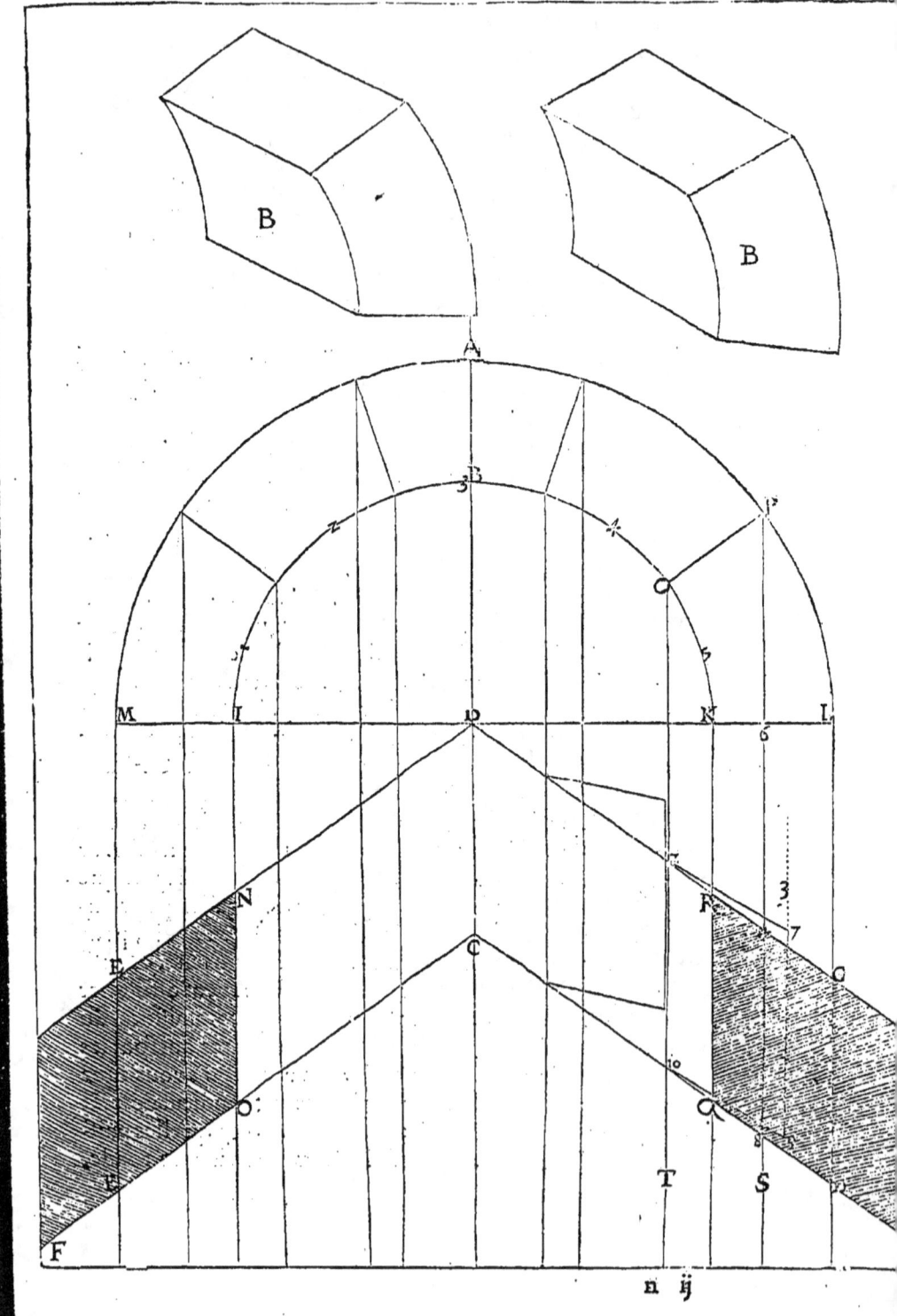

Pour faire le traict d'vne porte qui sera ronde par le deuant, creu
se par le dedans, & ronde par le dessous, pour l'ouuerture
d'vne maison, ou d'vne voute faicte sur la muraille d'vne tour ronde.   CHAP. XIII.

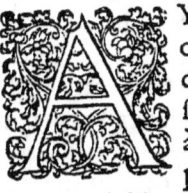

Y ant escrit ci-deuant plusieurs sortes de portes,
ou, si vous voulez, de couuertures & voutes d'i-
celles, & signammét des biaises(ou ie n'ay monstré qu'à leuer les paneaux de ioinct qui seruent
à trasser les pierres au droict des commissures,
pour autát que ceux de doile se leuent de mesme

La tour ron-
de facheuse et
difficile à con
duire.
sorte) ie delibere en ce lieu monstrer ce qu'on peult faire en semblables choses sur la tour ronde, pour autant qu'elle est plus facheuse & difficile à conduire. Doncques en premier lieu ie vous
monstreray à leuer tous les paneaux, puis ie parleray entieremét
de toute la façon du traict, lequel ie descriray le plus particulierement & simplement que ie me pourray aduiser; & non point
auecques vne methode, & si exquise curiosité de demonstratiõs,
qu'est celle des doctes professeurs de Geometrie, & des autres
parties des Mathematiques. Quoy faisant nous vserons, au plus
pres que faire se pourra, des termes, langage & façons, que les
ouuriers, à fin que plus facilement ils puissent conceuoir & entendre ce que nous voudrons dire. Pour dõcques venir au poinct

Descrition
de la figure
ensuiuant le
present chapi-
tre.
vous tirerez vne ligne droicte, comme est celle de E F, sur laquelle vous ferez le traict d'equierre, ainsi qu'ils disent, ou la perpendicule D C. Cela faict vous ferez la voute & aire de vostre porte
sur la ligne E F, qui se conduira par trois hemicycles prouenants
du centre X, & de la largeur que vous voiez les lettres G H, à la
figure prochainement ensuiuant. Apres auoir tiré l'espesseur de
la voute F D E, & son hemicycle du milieu, vous diuisez ladicte
voute en tant de parties que vous voulez (ainsi qu'il a esté dit par
ci-deuant des autres pour faire les paneaux de teste) iaçoit que
ceste cy soit diuisée seulement en cinq parties egalles, pour-autant que ie fais tousiours le moins de pieces que ie puis, pour
monstrer plus promptement ce que ie veux dire ou faire, & aussi
à fin qu'il n'y ait confusion de traicts, qui se peuuent offusquer

Multitude de
traicts s'offus-
quer l'vn l'au-
tre.
l'vn l'autre. Cela faict vous tirez les poincts ou commissures du
centre X, comme de L O, de M N, & ainsi des autres, qui font les
separations des cinq pieces pour faire la voute. Puis vous tirez
toutes les lignes des ioincts & commissures perpendiculairemét
& à plomb sur la ligne E F, qui seront tant longues qu'elles puissent trauerser l'espesseur du plan de la muraille de la tour ronde.

fur laquelle vous voulez faire la porte, comme la ligne A, qui reprefente le dehors de ladicte tour, & la ligne B, qui eft le cofté du
dedans de l'edifice, monftrants ainfi ces deux lignes l'efpeffeur
de ladicte muraille, entre les deux lignes A & B. Apres auoir tiré
à plomb toutes les lignes perpendiculaires, iufques au dedans de
la tour à la ligne B, comme vous voiez celle du poinct L, iufques *Defcription*
au nombre de 2, de P, iufques au nombre de 3, du poinct de O à 4, *des lignes*
de M à 6, de Q à 10, de N à 11, de F à 14, & de G à 9, elles vous fer- *pour trouuer*
uiront à trouuer les paneaux des ioincts. Pour faire ceux de doi- *les paneaux:*
le tant deffoubs que deffus, vous tirerez les autres lignes perpendiculaires femblables aux precedentes, comme celle du poinct
de R, iufques au nombre de 5, de S, iufques à 7, de T, iufques à 8,
& de V, à 13. Ayant faict cela, vous trouuerez lors voz paneaux de
ioinct, & prendrez la largeur d'iceux: ainfi que du poinct de L, à
celuy de O, lequel vous mettrez en vn lieu à part, comme vous le
voiez aux deux lignes paralleles de mefme marque L, O, au bas
de la figure. Mais il fault qu'elles foient bien perpendiculaires fur
vne petite ligne qui eft au deffus d'elles, fignée A B. Ie mets ainfi
les paneaux à part, à fin qu'ils n'offufquent trop le traict. Puis
vous prendrez la diftance de la ligne horizontale E F, tirant iufques à la circonferéce de la tour, ainfi que vous le voiez du poinct
de 27, à celuy de 15, laquelle vous porterez fur lefdictes lignes paralleles L O, ou fe faict le paneau de ioinct, & le marquerez com *Continuation*
me vous voiez A & C. Puis vous prendrez autre diftance ou lar- *& pourfuitte*
geur toufiours fur le traict depuis le poinct 29, iufques à 17, & la *de ce que def-*
mettrez fur le paneau, du lieu de B, iufques à D, qui monftre la lar- *fus.*
geur du ioinct. Mais il fault que tel paneau de ioinct trouue du
rond par le deuant, & non point en ligne droicte: toutesfois ceftuy cy eft fi petit qu'il n'y a pas grand iugement. Quoy que ce
foit, le mettant en œuure il le fault faire neceffairement auec vn
autre rapport de ligne par le milieu du ioinct. Comme quoy?
vous prendrez la moitié de fa largeur, telle que vous la voiez en
la voute au droict du mefme ioinct L P, & la marquerez fur le paneau de C H, & E G, puis vous tirerez vne ligne qui fera le milieu
de G H, & cela fait vous prendrez la diftance fur le traict apres le
poinct de 28 à celuy de 16, & la rapporterez fur le paneau au lieu
de I H, & ayant marqué les trois poincts C H D, vous les tirerez
auec le cópas, & y trouuerez quelque peu de ligne ronde, & non *Les paneaux*
droicte. Apres vous acheuerez voftre dict paneau de ioinct par le *de ioinct par*
dedans de la tour, & le prédrez toufiours ainfi fur le traict, cóme *le dedans de*
depuis le poinct de 27, iufques au poinct de 2, rapportant le tout *la tour.*
fur le paneau de ioinct, comme il a efté faict des autres, fçauoir eft

n iij

depuisle poinct de A,iusques à celuy de E.& du poinct de 28,iuf-
ques à celuy de 3,lequel vous mettez de I à celuy de G.puis de 29,
iusques à celuy de 4, & le rapportez de B à F. Ainfi vous auez les
trois poincts E G F, lefquels vous trouuerez auec le compas com
me vous auez fait les autres qui fe trouuent creux, & non point
en ligne droicte. Par telle maniere vous auez fait entierement le
paneau de ioinct marqué C D E F,qui feruira pour mouler & traf
fer le ioinct de la pierre de la clef & autres qui la touchét au lieu
de L P O. Vous en ferez autant aux ioincts & commiffures K,
pour l'autre cofté.Et à fin que vous l'entendiez plus facilement,
nous tirerons encores le paneau de ioinct pour feruir aux lieux
marquez M Q N. qui monftrent auffi la largeur que doit auoir
ledit ioinct & perpendiculaire fur la petite ligne E F,par laquelle vous ferez le rapport des lignes, ne plus ne moins que vous
auez fait ci-deuant,comme du poinct de 31, iufques au poinct de
19, lequel vous mettrez fur le deuxieme paneau, depuis E, iufques à 19. Apres vous prendrez le traict du poinct de 34, iufques
à 23, & le mettrez au lieu du mefme nombre, fur le deuxieme paneau, fçauoir eft 23 & 34, puis de celuy de 35 à 24, lequel vous rapporterez de F à P. Et par ainfi de ces trois poincts 19,23, & P, vous
trouuerez le paneau que vous cherchez par le deuant.Et ferez de
mefme pour paracheuer le paneau du cofté de dedans: pour lequel vous rapporterez le traict du poinct de 31 à celuy de 6, fur le
pancau de ioinct, du lieu de E au poinct de Q, & celuy de 34 iufques à 10, fera tranfporté dudit 34, au poinct de R, & celuy de 35,
à 11, depuis F, iufques à S, & par ainfi les trois poincts que vous
aurez trouuez, fçauoir eft Q R S, feront recherchez auec le com-
pas.Par ce moien vous aurez paracheué de faire le deuxieme paneau de ioinct,comme vous le voyez marqué par les quatre angles 19, P S Q. La petite ligne qui eft deffus E F, ne feruira plus de
rien, car elle y eftoit feulement pour ayder à faire ledit paneau
feruant pour mouler les ioincts, ainfi que vous le voiez aux lieux
fur le traict de la voute marquez M Q N. Elle feruira auffi pour
l'autre cofté au ioinct marqué I. Refte maintenant d'entendre
comme il fault faire les autres paneaux de doile: pour la pratique
defquels nous commencerons à celuy de deffus . Vous prendrez
doncques la largeur des trois poincts O S N, & en tirerez à part
trois lignes de mefme largeur,qui feront paralleles,comme vous
les voiez marquées D E F, & perpendiculaires, ainfi qu'il fe voit
au lieu efcrit, paneaux de doile par le deffus. De la vous venez fur
le traict au droit de la ligne perpendiculaire marquée O , & ce
que vous trouuez du poinct de 29 à celuy de 17, vous le tranfpor

Pourfuyte de la demonftra-tion de ce que deffus.

Aduertiffe-ment qui n'eft à negliger.

tez fur le paneau du poinct de D, à celuy de I : puis ce que vous
trouuez du poinct de 32 à celuy de 20, vous le mettrez fur le paneau au lieu de E, & H : de rechef ce qui eft de 35, à 24, vous le portez de F à G, & en faictes vne ligne auec le compas, qui touche
les trois poincts G, H, I. Vous ferez femblable chofe pour tous
les autres paneaux, & les prendrez toufiours apres la ligne du
traict qui eft horizontale, comme de E X F. iufques à l'extremité
de la circonference & ligne marquée A, qui monftre la tour ronde, comme ie vous ay dict, & ie repete encores vne fois, à fin que
vous ne l'oubliez. Pour acheuer le paneau qui doit feruir au dedans de la tour, il fault prendre l'autre extremité de la ligne circulaire B, comme du poinct de 29 à celuy de 4, & ce qu'on trouuera, le mettre de D à M, fur ledict paneau de doile par deffus : &
en faire autant du poinct de 32, à celuy de 7, & le mettre de E à L.
De rechef de 35, à 11, & le rapporter de F à K. Par ainfi de ces trois
poincts K L M, vous tirerez vne autre ligne auec le compas, &
fera parfaict le paneau de doile de deffus, lequel vous voiez à la
figure enfermé entre les lignes M I H G K L, qui vous feruira à
mouler & traffer la pierre par la doile de deffus au lieu de O S N.
Pour faire l'autre paneau N V F, ie ne l'ay marqué, par ce qu'il fe
faict tout de mefme forte comme celuy cy deffus defcrit. l'ay auffi mis encores à part vn paneau de doile pour feruir à traffer les
pierres par le deffous de la voute, lequel vous pouuez voir au bas
de la figure, entre le deuxieme & troifieme paneaux de ioinct,
eftant defigné par quatre lignes enfermées de Q P R S. Bref, tous
fe font de mefme façon que vous auez veu cy deuant, & par mefme rapport de lignes, ainfi que vous le pouuez cognoiftre en les
cherchant & cóferant auec le cópas : car ie m'affeure que vous les
trouuerez de mefmes rapports que ie vous ay monftré. Par-ainfi
vous auez l'intelligéce des paneaux des ioincts, & des doiles tant
deffus que deffoubs. Quant à la clef du milieu de la voute il n'y
fault point de paneaux de doile, finó le plan du milieu de la voute, qui fe faict auecques les cherches & buueaux, apres qu'on a
equarri la pierre, fuiuant le paneau de tefte de la clef, qui fert auffi pour equarrir les autres pieces qu'il fault faire pour toute la
voute. Semblablement le paneau du premier ioinct fur le fondement de la voute de la porte, fe prend fur le plan de la tour aux
lieux que vous voiez hachez par petites lignes. Mais il fault fur
tout bien obferuer les longueurs & efpeffeurs de la muraille de
la tour ronde, comme auffi les longueurs des pieces apres le plan
de ladicte tour. Prefentemét ie ne fçache autre chofe à vous propofer, finon qu'il faudra que ceux qui voudront entendre cefte

Demonftra-
tion & expli-
cation de ce
que deffus.

Pour le pa-
neau qui fert
au dedans de
la tour.

Paneaux
tous d'une fa-
çon, & mef-
me rapport de
lignes.

Chofes fort
neceffaires
d'obferuer.

pratique des traicts, ayent la dexterité de sçauoir traffer les pierres apres les paneaux, qui me femble eftre chofe facile à comprendre. Ie n'oubliray de vous aduertir que cefte façon de traicts
de porte fur la tour ronde vous donne d'abondant vne fort grande intelligence des autres traicts que vous auez veus par ci-deuant,& vous donnera auffi cognoiffance de ceux qui vous feront
cy apres propofez. Car ie delibere de vous donner encores par
ordre, le traict de la porte fur la tour ronde biaife , & fur la tour
ronde en talus, & vn autre traict de porte qui fera moitié ronde
& moitié quarrée dedans & dehors, là ou feront marquez tous
les paneaux tant des ioincts que des doiles,enfemble de ceux qui
font en talus , & font traicts plus difficiles à conduire que tous
ceux qui ont efté defcrits . Si eft ce que par les demonftrations
que i'en ay faictes & feray cy apres,ie m'affeure que ceux qui vou
dront prendre la peine de les chercher auec le compas, les trouueront & entendront facilement , mefmes les ouuriers & autres
qui font profeffion de l'art, comme i'ay plufieurs fois dit pour
mieux en affeurer le lecteur. De forte qu'ils les pourront contrefaire par modelles faicts de pieces, tout ainfi qu'il les fault appliquer en œuure. Qui a efté caufe que i'ay faict les traicts & lignes vn peu grandes, à fin qu'vn chacun puiffe mieux cognoiftre
le rapport d'icelles,& les prendre auec le compas,pour les mieux
conceuoir & entendre.

Diuerfité de
portes fur di-
uerfité de
tours.

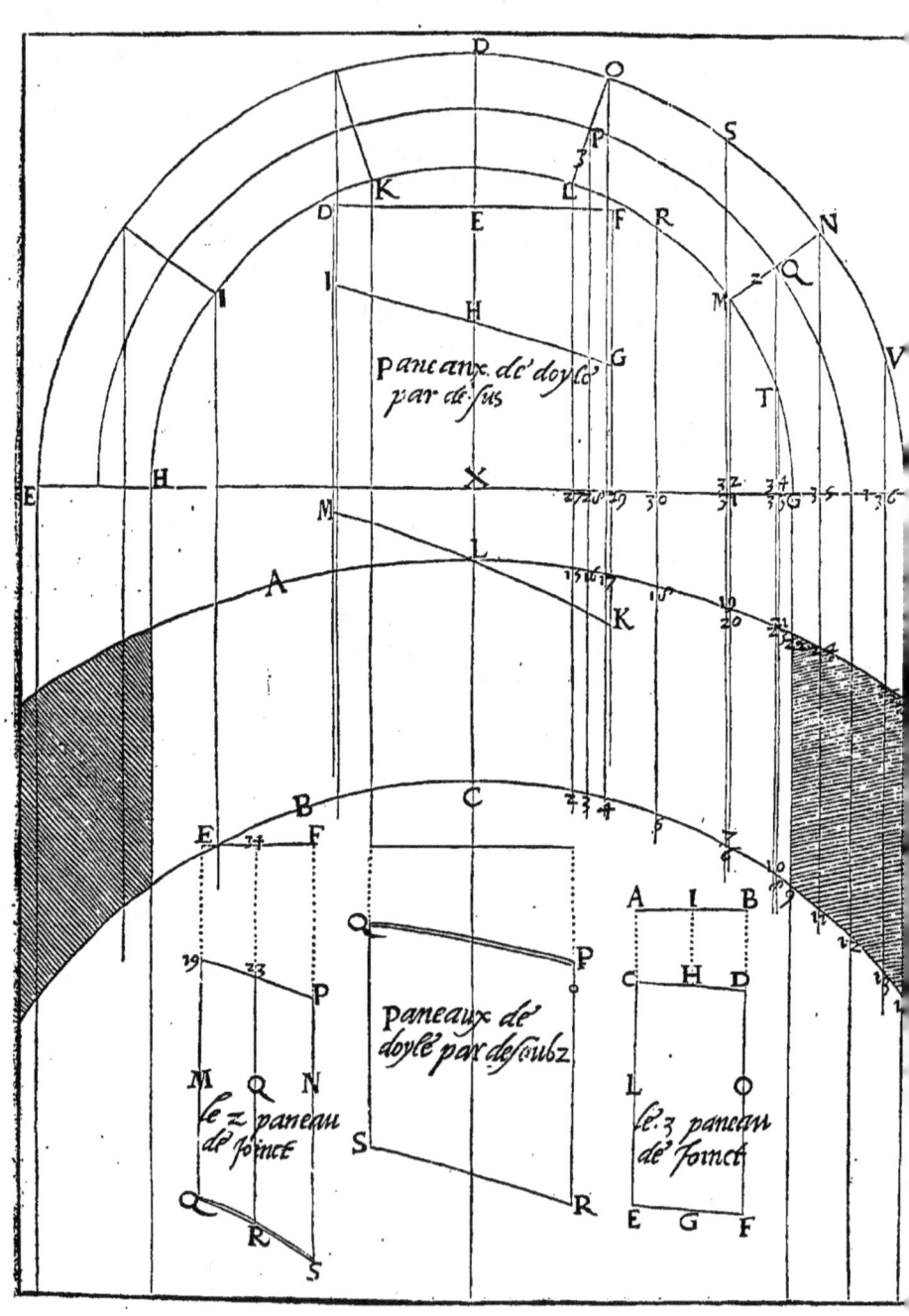

paneaux de' doylé
par de'sus

le z paneau
de' Joinct

paneaux de'
doylé par de'soubz

le 3 paneau
de' Joinct

Pour faire porte ou voute sur vne tour ronde biaise.
CHAPITRE. XIIII.

Ar le mesme artifice des traicts Geometriques,
vous pouuez cognoistre comme on peult faire
vne porte ou voute sur le mur d'vne tour ronde,
qui est oblique, ainsi qu'il se voit cy apres, par les
deux lignes A B, & C D. les ouuriers l'appellent
porte biaise sur la tour ronde. Telle façon se trou-

Porte, biaise
sur la tour
ronde.

ue fort necessaire quand on veult percer vne tour, soit pour y faire vne porte ou fenestre, à fin d'en receuoir le iour obliquement,
ainsi qu'il se cognoist par les deux dictes lignes circulaires qui representent la rotondité de la tour & grosseur du mur. Et pour
autant que ie vous ay monstré parci-deuant la façon de leuer les
paneaux sur les formes rondes, ie ne vous en feray plus long discours, car ceux icy se leuent de mesme sorte, ainsi que vous le
pouuez cognoistre par les trois paneaux que i'ay marquez, & tirez 1, 2, 3, & sont faciles à mettre en œuure, si vous entēdez bien
le traict de la porte sur la tour rōde cy deuant proposé. Ie ne veux
oublier de vous aduertir que cecy ne vous seruira seulemēt pour
portes, mais aussi pour faire voutes de ponts, soient sur riuieres
ou autrement. Et iaçoit qu'on les face cōmunement tous droicts,
si est ce qu'ils seroient beaucoup plus forts & de plus longue durée, sils estoient tous ronds, & encores plus qu'en hemicycle.
Car quelque grande & impetueuse riuiere qui se puisse presenter ne pourroit offenser les maçonneries estants ainsi disposées
comme ie les entēd. Ie n'oubliray, Dieu aydāt, d'en dire & escrire
l'artifice, lors que l'occasion sy presentera. Ce temps pēdant nous
poursuyurons noz portes.

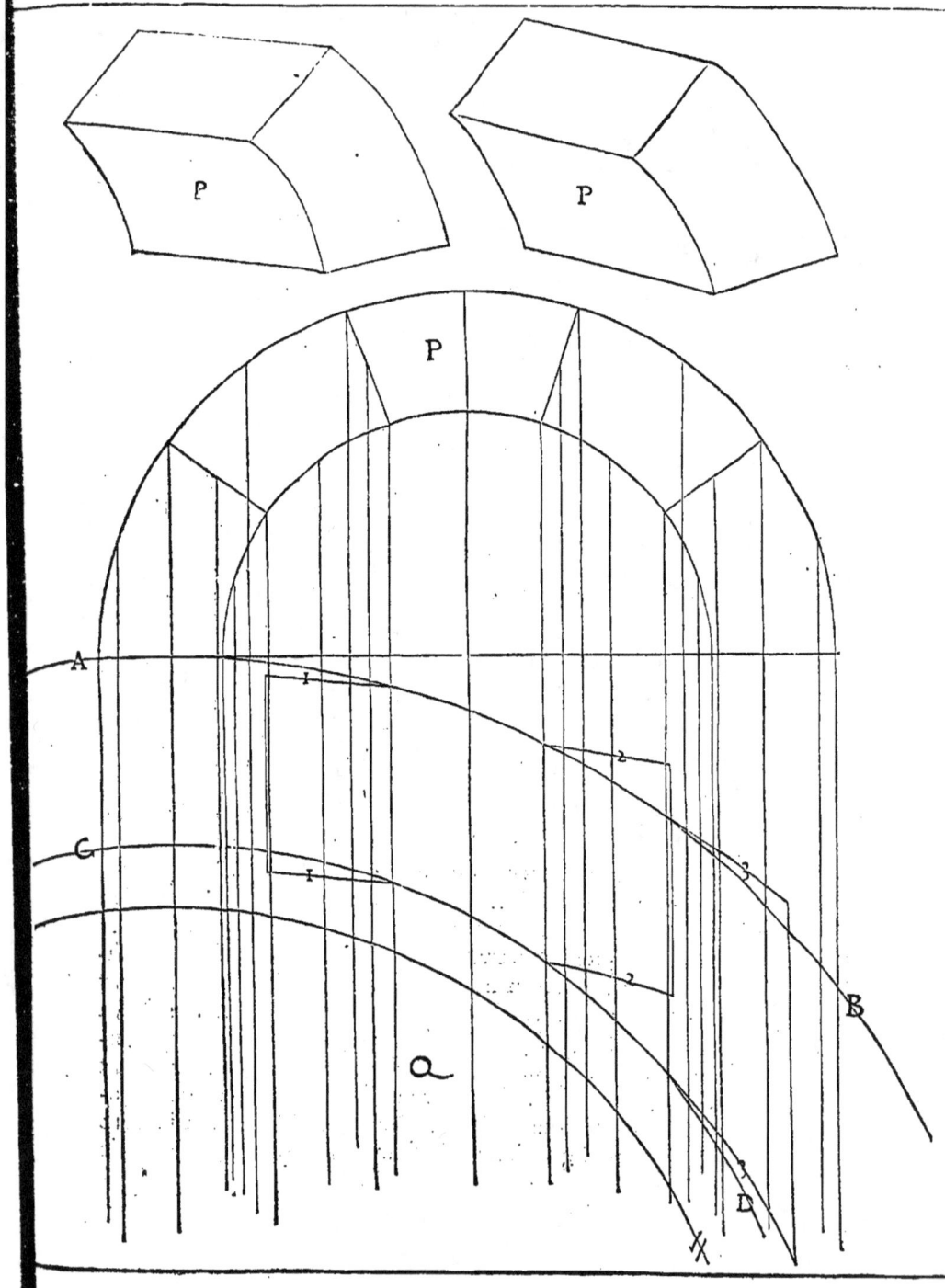

LIVRE III. DE L'ARCHITECTVRE
De la porte ſur la tour ronde & voute qui ſe peult faire en ta-
lus & en diuerſes autres ſortes. CHAP. XV.

N peult auſſi faire des portes non ſeulemēt biaiſes ſur la tour ronde, mais encores en talus, qui
eſt choſe vn peu plus difficile. Celles qui ſont
droictes & biaiſes ſe peuuēt mettre ſur vne muraille en talus & pente. Les ouuriers appellent
talus quãd la muraille appetiſſe de ſa groſſeur cō-

Que c'eſt que
les ouuriers
appellent ra-
lus.

me elle monte, ainſi que pourroit eſtre la groſſeur de la muraille
d'vne tour ayant deux toiſes d'eſpeſſeur ſur le fondemēt, & quatre ou cinq de hauteur: ladicte muraille ne ſe trouue eſpeſſe que
d'vne toiſe, & toutesfois le mur du coſté de dedans ſera touſiours
à plomb perpendiculairement, & celuy de dehors ſeſtant retiré
ſur les quatre ou cinq toiſes de hauteur, ſera d'vne toiſe de retraicte, de ſorte qu'au lieu de deux toiſes d'eſpeſſeur qu'il auoit par
le bas, il n'en a qu'vne par le hault: qui faict que cela monſtre vne
pente tout autour de la tour & retraicte de la maçonnerie que
les ouuriers appellent talus. Qui feroit vne porte ou feneſtre en

Porte ou fe-
neſtre de grãd
artifice.

ces endroicts portant vne voute, elle ſeroit ronde par le deſſous,
ronde par le deuant & biaiſe ſi vous voulez, creuſe par le dedans,
& en talus par le deuant. Et pour autant que vous pouuez apprendre le traict de telle porte ſur la tour ronde en talus, par le
moien des autres que ie vous ay eſcrit ci-deuant & que vous verrez cy apres, ie ne vous en feray ſi long diſcours, comme il ſeroit
beſoing de faire pour bien ſpecifier & eſcrire ce qui ſeroit necef-
ſaire pour la cognoiſſance de toutes les parties. Et pour autant
que la choſe eſt difficile de ſoymeſme, il eſt auſſi malaiſé qu'elle ſe
puiſſe entendre, ſinon par ceux qui ont la Geometrie en main,
& intelligence des traicts auecques la peine qu'ils prendront de
les contrefaire, couppant de petites pièces de boys ou de pierre
tout ainſi comme ſi les vouloient mettre en œuure & appliquer
en quelque grand baſtiment. Car combien que lon ayt le moien

La façon des
traicts ſe pou
voir mieux
pratiquer que
enſeigner par
eſcript.

de leuer tòus les paneaux, ſi y a il vne autre intelligence pour les
ſçauoir appliquer, & en traſſer les pierres pour les tailler. Les façons ne ſe peuuent bien monſtrer, n'y eſtre bien entendues par
eſcriture, ſi on ne les voit par effect & pratique. Toutesfois il n'y a
rien impoſſible à tout gentil & laborieux eſprit. Ceux qui crain-
dront y perdre trop de temps, & ſeront curieux de tout mieux
entendre, ils en demanderont conſeil & aduis à ceux qu'ils co-
gnoiſtront eſtre bons maiſtres. Doncques il ſuffira que ie vous
propoſe pource que deſſus, la figure ſubſequente, en laquelle
vous

vous voiez le traict d'une porte fur vne tour ronde biaife, & en talus, comme vous reprefentent les deux lignes marquées D E, & va obliquement, qui faict le biais. Vous cognoiftrez le talus & pend de la tour, par la ligne H I, qui finit fur la perpendicule I *K*. Vous voiez auffi la circonference & voute de la porte, auec les lignes tant des commiffures que des perpendiculaires qui tumbent fur l'efpeffeur du mur, & feruent pour ayder à leuer les paneaux, auec les autres qui procedent des commiffures fur la ligne de pente H I. Auffi vous pouuez cognoiftre par ladicte figure, aux lignes F G, comme elle fe trouue à la retraicte d'une chacune pierre de la voute faifant le talus, & qu'au lieu que la muraille eft large par le commencement de l'arc, autant que vous voiez les deux lignes D E, au deffoubs de la clef elle n'eft point plus large que les deux lignes que vous voiez E F, par le milieu. Vous pouuez voir aufsi en la prefente figure les paneaux de doile par le deffoubs, qui font leuez aux lieux marquez A. Et notez qu'il n'y a icy autre difference à leuer lefdicts paneaux, qu'à ceux de la porte ronde defcrits cy-deuant, finon qu'au droict des lignes paralleles qui donnent à trauers de celles qui monftrent le talus figné I H, il fault prendre la largeur & diftance de la retraicte au droict d'une chacune ligne qui prouient des commiffures, ou des lignes qui font par le milieu des doiles, & rapporter telle diftance fur le plan de la tour par mefme methode & façon comme vous auez veu leuer les paneaux de la tour ronde cy-deuant. Ie ne vous en efcriray d'auantage, à fin deuiter prolixité accompagnée le plus fouuent d'ennuy. Si quelques vns defirent en co gnoiftre d'auantage, f'il leur plaift fe retirer par deuers moy, ie leur feray part de mon petit fçauoir & induftrie, d'autant bon cueur qu'il me fera poffible.

Explication des parties de la figure cy apres propofée.

Prolixité eftre le plus fouuent accompagnée d'ennuy.

o

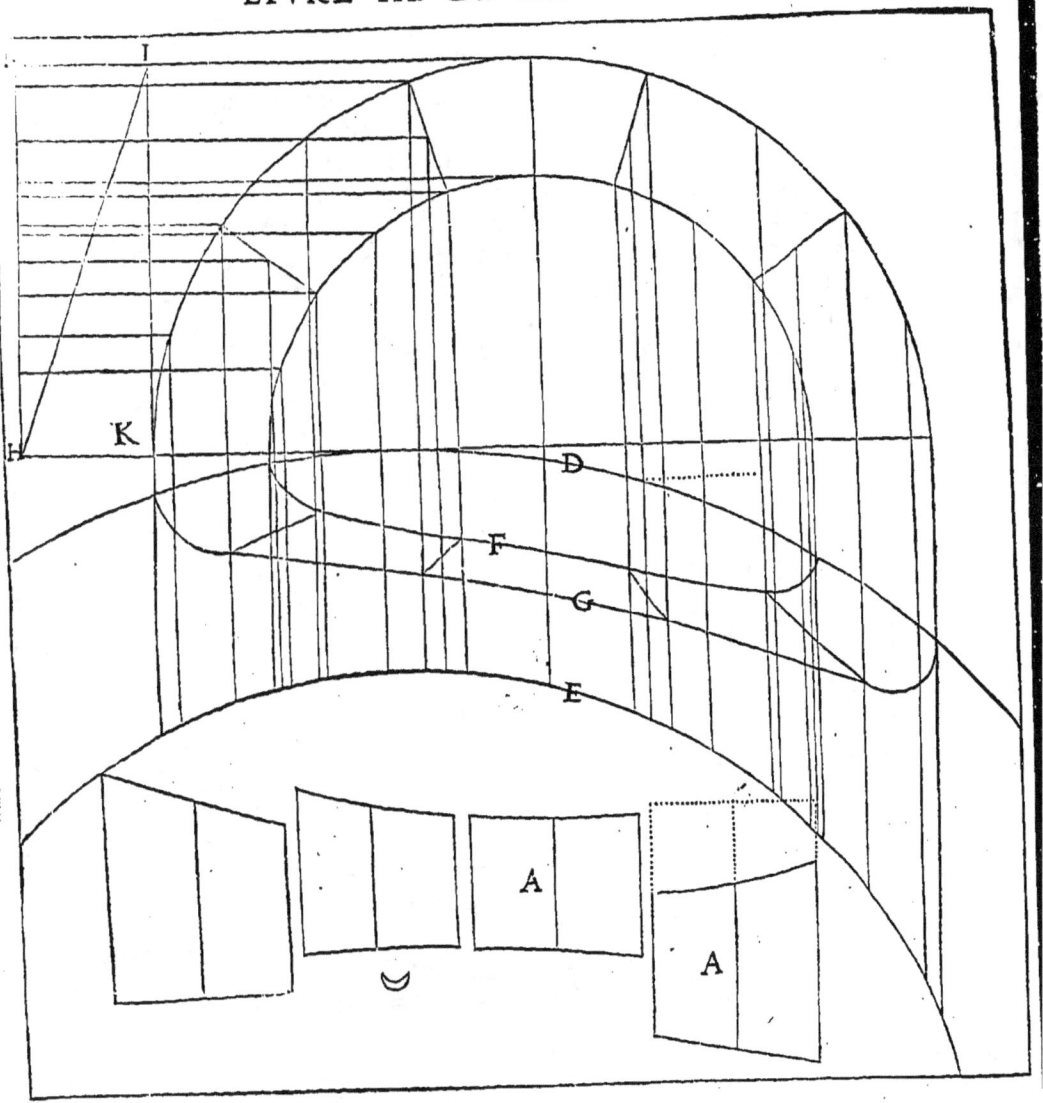

Afin que vous ayez encores plus de paffetemps, & d'occupa-
tion, fi vous la voulez prendre, i'ay tiré d'abondát en vne autre figure cy apres la façon comme lon trouue le cyntre de la fufdicte
porte en talus biaifé : ainfi que vous le voiez à la marque L, auec
fa circonference ralongée, en la ligne MO. Enfemble les paneaux de tefte par le deffus, au lieu figné C. Et ceux des commiffures ou des ioincts marquez B. Qui aura le loifir de fy occuper

& amufer longuement, il trouuera matiere pour remuer le compas, à fin de trouuer les chofes cy deffus propofées. Mais ie prieray les beneuoles lecteurs de ne trop farrefter & amufer quand ils
rencôtreront quelque chofe difficile, ains premierement bien apprendre les traicts qui font faciles, & lire & relire tous les chapitres. Auffi pour abbreger téps, & ne le point perdre, vouloir de- *Bon confeil, et*
mander l'aduis & intelligence de ce qu'ils ne pourront compren *aduertiffemēt*
dre, à ceux qui font profeffion des traicts Geometriques, & font *louable.*
fçauants en la practique & theorique d'Architecture. Car auecques peu de parolles ils leur feront entēdre, & promptement, ce
qu'ils pourroiēt cercher auecques long labeur & fatigue d'efprit.

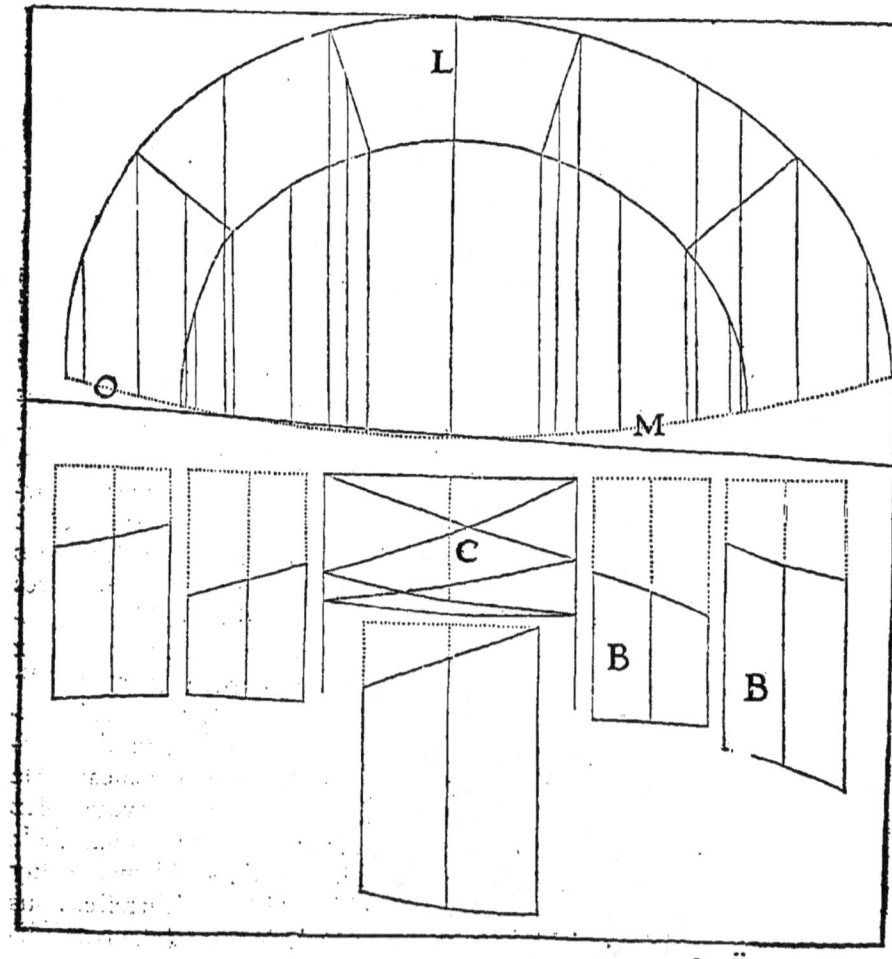

Le traict d'vne porte sur vn angle obtus, ronde d'vn costé, &
creuse en dedans, l'autre moitié droicte sur la ligne oblique,
& biaise des deux costez. CHAP. XVI.

V Ous ayant monstré iusques icy la façon des portes biaises en plusieurs sortes, comme aussi des
droictes par le deuant, & d'autres rondes & biaises, autres rondes & en talus, ie desire encores
vous en monstrer icy la figure du traict seulement, auec tous les paneaux qui sont leuez, tant

Autre façon des ioincts que des doiles, pour en coupper les pierres, & en fai
de porte fort re vne porte ou voute de telle longueur que vous en aurez à fai
estrange. re, & d'une façon fort estrange : voire quand seroit sur vn angle
obtus, la moitié sur vne forme ou tour ronde, l'autre sur vne muraille droicte & oblique, ladicte porte ou voute se trouueroit
biaise tant sur ladicte muraille droicte, que sur la tour ronde, com
me vous le pouuez iuger par la figure du plan & traict que i'ay
mis cy apres. Et i'ay faict vn peu grand expressement, pour y
mieux marquer les paneaux, & en plus grand volume, à fin qu'il
L'auteur se- soit plus aisé de les cognoistre & cercher auec le compas. Vous
studier à ren- pouuez voir le plan de ladicte porte & forme des murs sur les-
dre faciles ses quels elle est erigée, en dressant vostre veuë du poinct de F à ce-
escritures & luy de A, qui est vne ligne droicte & oblique (denotant ledit A,
demonstra- le milieu de la porte) & de A à H, qui monstre la forme ronde de
tions. la tour, & aussi oblique. Au dedans se voit la ligne D B, qui est
concaue, ou, si voulez, creuse, & celle de B C, droicte, qui monstrent ces quatre lignes auec leurs lettres F A H, & C B D, le plan
& espesseur des murs ou formes sur lesquels vous erigez la porte, ou bien vne grande arche, comme vous voiez sur la ligne 1 &
8 les hemicycles & voutes de ladicte porte tirez, auec les lignes
qui monstrent les commissures : estant le tout marqué par lettres
de chiffre, à fin de monstrer par iceux mesmes chiffres les paneaux qui seruent pour coupper les pierres aux mesmes lieux
Familiere & marquez : comme vous voiez celuy de 2 à la premiere commissu
brefue decla- re des hemicycles sous mesme marque de 2, & au plan de la mu-
ration de la fi- raille droicte le paneau de ioinct : autant en direz vous du nom-
gure ensuiuãt. bre 3, car l'endroit ou il est renuoyé, c'est le mesme paneau de la
commissure 3. De l'autre costé au droit de la tour rõde vous voiez
à la voute marqué 5, & la mesme marque de 5 sur le plan de la
tour vous monstre son paneau de ioinct : semblablement celuy
de 6 & de 7, qui se rapportent l'vn à l'autre, & ainsi du reste. Vous
voiez cas semblable pour les paneaux de doile au dessous de la li-

gne E & B, eſtant's marquez par meſmes nombres, comme ils
ſont dans l'hemicycle. Tous leſdicts paneaux de doile, tant ceux
qu'il fault faire du coſté ſur la tour ronde, que ceux qu'il fault auſſi faire ſur le mur qui eſt droict & oblique, ſeront trouuez entre la ligne E B & celle de P, en la petite figure marquée X. ainſi
que vous le cognoiſtrez en preſentant & accommodant le compas aux figures qui ſuiuent cy apres. Telles voutes & portes ſe
pourroient auſſi faire (qui voudroit) en talus, tant ſur la forme de
la tour ronde, que ſur le pan de mur droict & oblique. Ie deſcrirois volontiers ce traict beaucoup plus au long que ie ne fais,
pour monſtrer vn œuure qui ſe pourroit faire fort eſtrange : &
non point tant pour vouloir accommoder les vieux logis que
i'ay deſcrits cy-deuāt (au chapitre huitieme, ou nous enſeignons
comme de deux maiſons mal cōmençées & imparfaictes lon en
peult faire vne belle & parfaicte, ainſi qu'il ſe voit ſur le plan de
la figure au lieu marqué Q) que pour la ſubiection qu'il y auroit
de faire vne feneſtre ou vne grāde porte, pour laquelle lon ſeroit
cōtrainct de prēdre vne partie de la tour, & vne autre partie de la
muraille droite. Qui eſt la cauſe que i'ay voulu mōſtrer ce traict,
qui ne ſeruira ſeulemēt pour ce qui eſt dit, & choſes ſemblables,
mais pour pluſieurs autres, & ſignammēt pour oſter la ſubiection
& imperfection d'une maiſon : ainſi que ie le deſirerois & voudrois faire pratiquer, ſi ie rencontrois vn lieu auquel ie fuſſe contrainct de ce faire : i'eſpere qu'on verroit vne telle façon d'œuure
& ſtructure, qu'elle ſeroit priſée & eſtimée de tout hōme de bon
entendement : voire de certains Architectes & maiſtres, qui par
faute de n'entēdre la pratique des traicts, & la Geometrie, diſent
quand ainſi ils rencontrent aucuns lieux de cōtrainte, & voient
quelque eſtrāge ſtructure y eſtre accommodée, qu'il n'eſtoit beſoing de ſy amuſer, & que c'eſt ouurage de maçon. Il fault donc
dire par leur confeſſion, que les maçons ſçauent plus que tels Architectes, qui eſt contre raiſon : car l'Architecte doit eſtre docte
pour bien commander & ordonner toutes œuures aux maiſtres
maçons : mais auiourd'huy en pluſieurs païs, la charrette (comme
lon dit) conduict les bœufs : c'eſt à dire, les maçons en pluſieurs
lieux gouuernent & enſeignent les maiſtres : qui ſera dit ſans of-
fenſer les doctes, leſquels ie loüe & honore, & non ceux qui abu-
ſent les ſeigneurs pour ſe vouloir meſler d'vn eſtat qu'ils n'entendent, & n'en ſçauent autre choſe, ſinon ce qu'ils en ont ouy & apprins des maiſtres maçons. Mais de ce propos ſera aſſez, à fin de
reuenir à celuy que nous auons delaiſſé, & auſſi pour monſtrer
que Dieu nous a faict la grace de vouloir touſiours plus toſt en-

Continuation de ce que deſ-ſus.

Le prouffit et vtilité qu'ap-portent les traicts Geo-metriques.

Pluſieurs Ar-chitectes ne parler que par la bouche & organe des maiſtres ma-çons.

seigner les ignorants, & les apprendre, que les blasmer & reprendre, à son exemple & imitation.

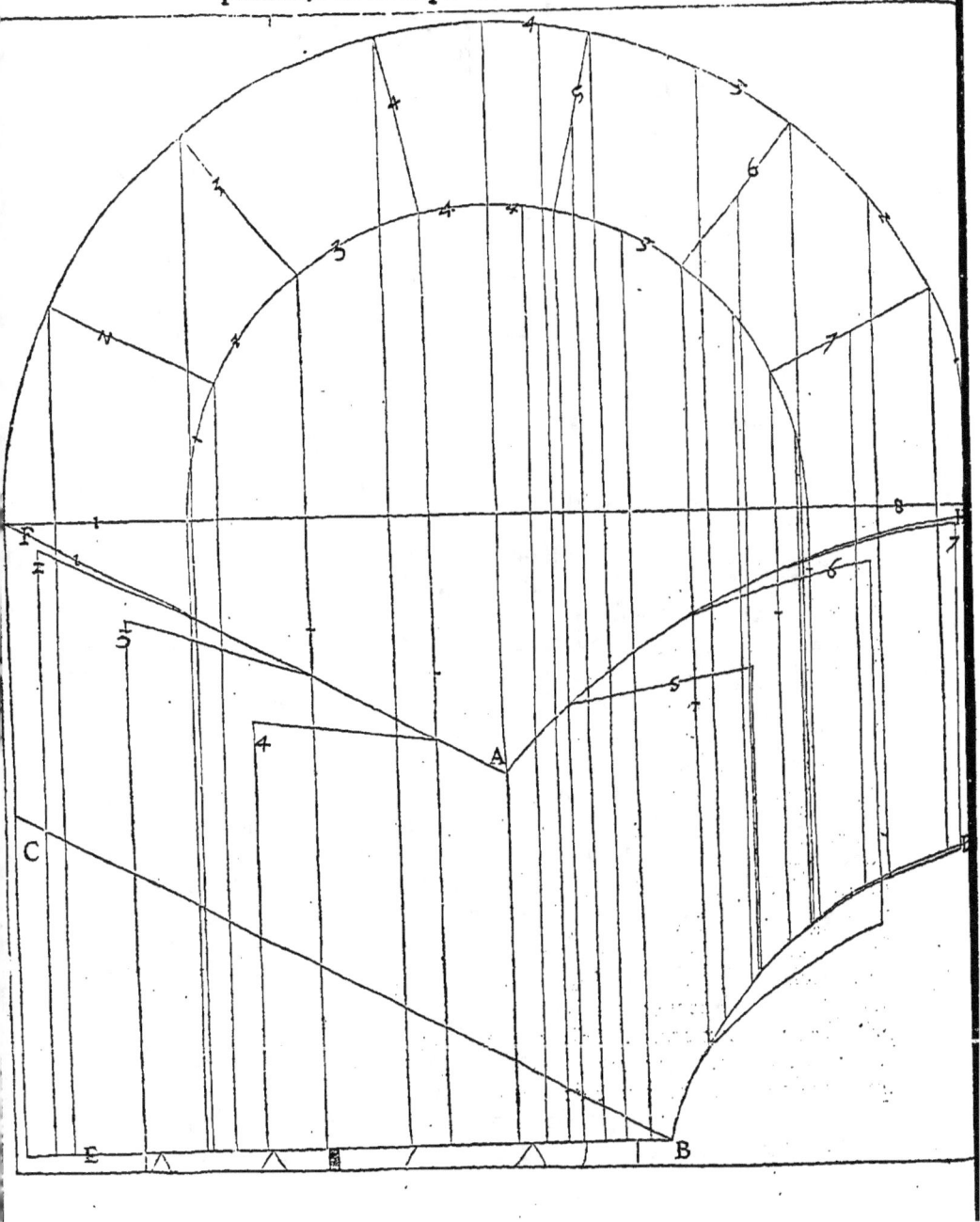

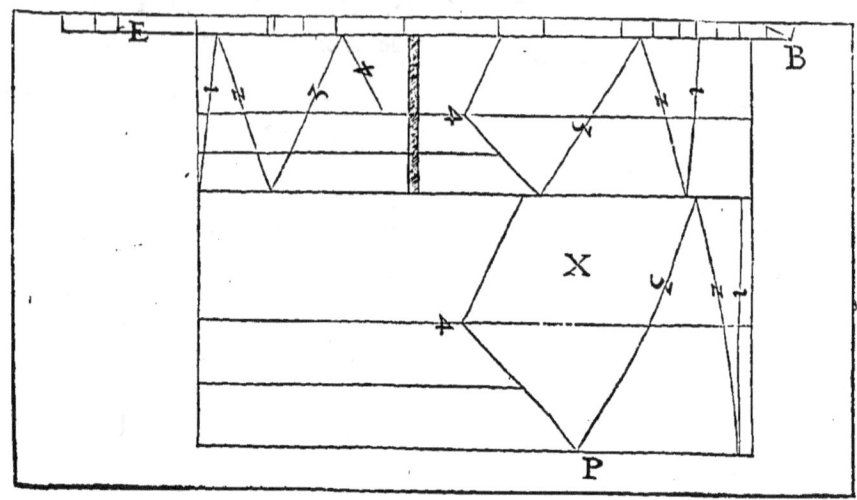

Comme lon peult faire deux portes, ou deux passages & entrées en
vne seule, dans vne forme ronde par le dedans,& quarrée par
le deuant,pour oster les subiections & imperfections d'vn logis.

CHAPITRE. XVII.

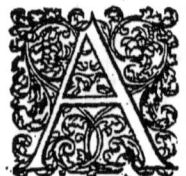

Vtres fortes de portes,passages, & voutes se peuuent faire en lieux difficiles,& qu'on estime im-
possibles, pourueu que l'Architecte ayt le sçauoir,cognoissance,& industrie de le pouuoir bié
commander & monstrer aux maistres maçons,
ne trouuant rien impossible ou difficile , à fin
d'accommoder toutes choses comme il appartient, & que rien
ne demeure imparfaict ny moins à reprendre . Voire quand il seroit en vn lieu de telle contrainte qu'il trouuast vne grande &
grosse muraille,comme on la voit quelquefois aux vestiges des
grands edifices antiques. Soit par forme d'exemple l'edifice que
vous voiez cydessous figuré , ou ie propose ses murailles rondes
& concaues par le dedans, comme vous les verrez en la ligne A
B,qui est circulaire,& par le dehors de la tour se trouue quarrée,
ainsi que vous le cognoistrez par les lignes C D E F. Le lieu auquel ie veux faire vn passage sur deux entrées ou deux portes,se
trouue tout au droict de l'angle, ainsi que vous le voiez au lieu
marquéG.Si vous voulez vous pourrez faire encores les deux dictes portes sur la ligne droicte H I, mais en quelque sorte que ce
soit il les fault trouuer . Vous pourrez beaucoup mieux cognoistre cecy par le traict que ie vous ay mis en la fin de ce troisieme

Rien n'estre
impossible à
vn docte &
expert Archi
tecte.

Declaration
de la figure
ensuiuant.

liure, auquel i'ay leué les paneaux qui y font marquez par nombres, tant par le deuant que par le dehors, ou vous voyez comme
ils portent la rotondité de dedans. Ie ferois voluntiers plus long

Longue efcri-
ture & de-
monftration
n'eftre necef-
faire à buns
& fubtils ef-
prits.

difcours de cecy, & leuerois les paneaux du cofté marqué X, auec
vne autre façon de faire, mais pour-autant que vous les entendrez cy apres, & auffi que les bons efprits les trouueront facilement d'eux mefmes, ie ne vous en tiendray plus long propos: finon que ie vous aduertiray que vous pouuez confiderer par ce
dict traict quelle feroit & comme fe porteroit vne voute fur ces
trois paffages & deux entrées, qui fe trouueroient moult eftranges & fort belles à voir pourueu que le tout fuft bien conduict.
Vous aduifant qu'il feroit encores plus bigearre & malaifé à faire
qui le voudroit conduire fuyuant la droicte ligne H I, ou bien
les deux autres circonferences au contraire de celles de A B, qui
font du cofté de dedans. Et pour-autant que vous le pourrez fort
bien cognoiftre & iuger par la figure & traict de cy deffous, ie ne
vous en feray plus long difcours: finon que vous ferez aduertis
que i'ay faict la figure en affez grand volume, pour mieux comprendre les paneaux qui y font marquez, vn peu grandelets, à fin

Pourquoy
c'eft que l'au-
teur a faict la
figure enfui-
uante vn peu
grandette.

que quand vous voudrez prédre le compas, & le prefenter deffus
le traict, il vous foit facile de cognoiftre iuftement comment ils
font faicts. C'eft doncques vne voute fur trois entrées ou paffages, ainfi que vous voyez de A à B, de R à S, & de T à V. Ce qui
les fepare, c'eft le pilier que vous voyez par le milieu marqué X.
Vous pouuez cognoiftre par cecy comme telle façon de traict
eft propre pour fe pouuoir feruir d'vne grande tour, & accommo
der quelque grand baftiment quarré à vn paffage, feruant pour
entrer en vne cour ronde fi vous voulez, ou quarrée, & de l'autre
cofté pour entrer en vn corps d'hoftel. Vous cognoiftrez par ce
peu de difcours, que fi les chofes propofées font bien entendues,
lon ne donnera iamais confeil d'abattre les grands & vieils chafteaux, quelques difformes qu'ils foient, pour autant qu'on les
pourra fort bien accommoder & faire feruir.   Lon fe peult encores feruir en diuerfes fortes de telles façons des trois entrées
en vne feule, non feulement pour portes, mais auffi pour ponts,

Les commo-
ditez du trait
des trois en-
trées en vne
feule.

aufquels il fault faire de grandes arches par le deffous: pareillement par deffus au fecond eftage des maifons pour ofter la fubiection de quelque corps d'hoftel: comme fi il y en auoit vn qui fuft
planté fuyuant la ligne E F, & de l'autre cofté y euft vn corps
d'hoftel qui fuft tourné comme vous monftre la ligne C D. Ces
deux corps d'hoftel raffemblent & touchent par l'angle de G. Du
cofté de la ligne circulaire & concaue marquée A B, ie fuppofe
que

que ce foit vne cour toute ronde, ou ouale, & en ce qui demeure entre les deux corps d'hoftel & la cour (qui eft quafi en forme de triangle ayant vn angle droict au lieu marqué G) vous
puiffiez eriger par le deffus vne vis ou efcalier pour feruir à monter au troifieme eftage, ou bien pour faire vn paffage pour aller
d'vn corps d'hoftel à l'autre, ou y dreffer vn cabinet, ou garderobbe pour accommoder lefdicts corps d'hoftel: ou bien, qui vou
droit pour augméter & croiftre la place par deffus lefdictes trois
entrées d'une toife, de deux, de trois ou plus qu'elle n'eft furpendue en l'air du cofté de ladicte cour qui eft ronde, & non feulement au droict defdictes trois entrées, mais encores tout autour
de la cour, fuyuant fa forme circulaire, A B, comme nous auons
dict, toute ronde ou ouale, & d'auffi grande faillie & furpente
en lair que lon pourra eriger par le deffus vne gallerie de la largeur de deux ou trois toifes & plus, fi vous voulez, qui continue-
ra tout autour de la cour, tout ainfi comme vn periftyle, le tout
felon le lieu & capacité que pourroit auoir ladicte cour ronde &
circulaire, fous quelque forme que vous defirerez, ou que vous
aurez affaire, & fans y mettre piliers ne colonnes pour le fouftenement du deuant, portant telles voutes de furpente & gallerie,
qui ne fe fouftiendra que fur les murailles des corps d'hoftels qui
feront à l'entour, iaçoit qu'elles foient plantées en telle difformité qu'on les y pourroit trouuer. La chofe eft facile à ceux qui entendront les traicts. Telle façon de faire gallerie furpendue autour d'une cour, eft propre pour moins occuper ladicte cour, &
auffi pour donner plus de clairté au premier eftage, & pour accommoder quelque vieil chafteau qui eft difforme, ainfi qu'il
fen voit plufieurs qui font fi mal façonnez que lon ne fçauroit
quafi dire de quelle forme ou figure ils font. Mais de ce propos
fera affez.

Application du traict precedent à diuers ouurages & diuerfes chofes.

Commodité & vfage de la galerie furpendue, autour d'vne cour.

P

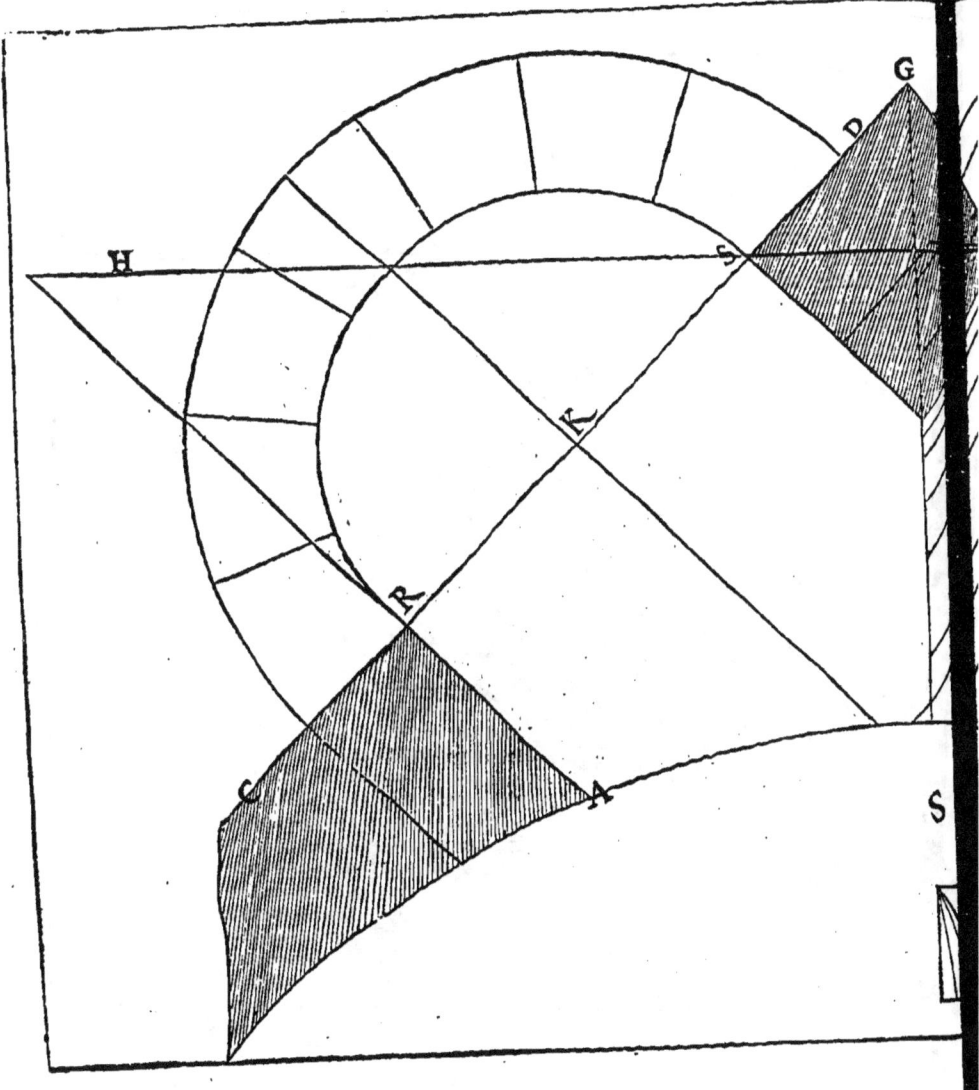

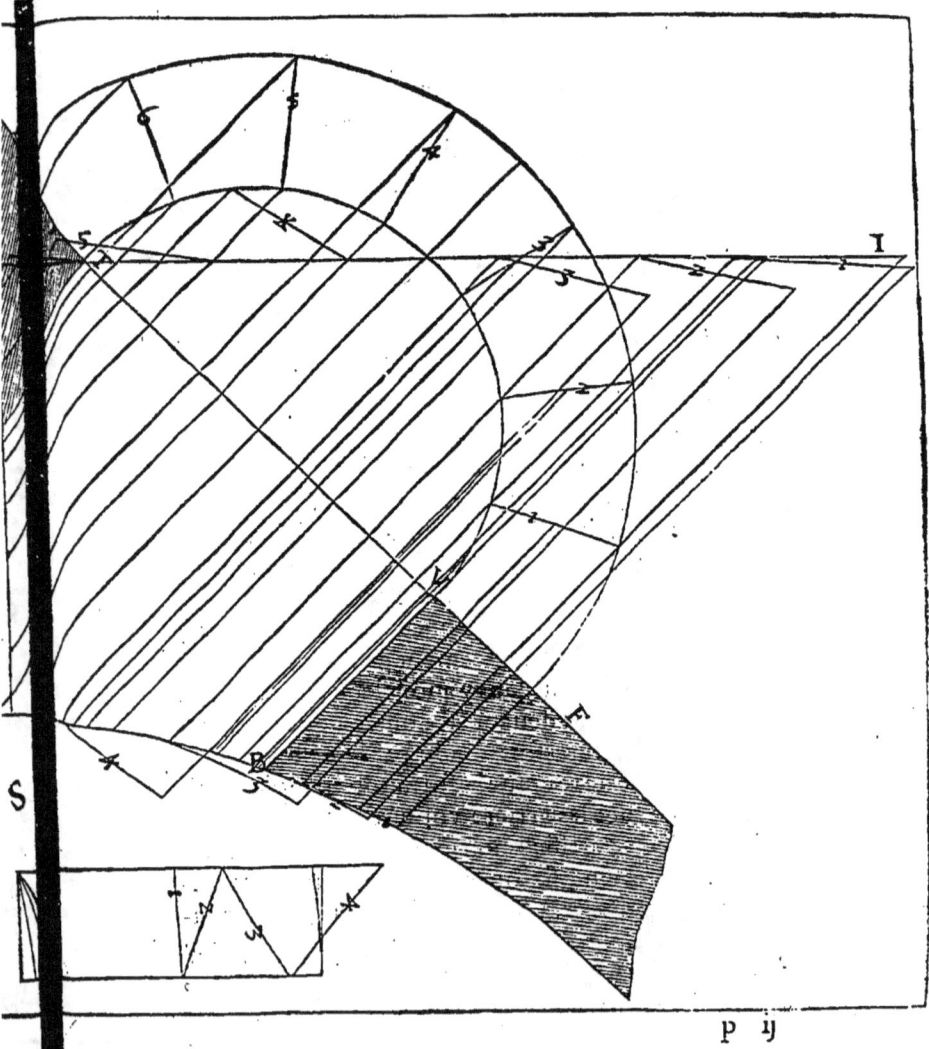

*Comme on peult faire en autre sorte sur la forme d'un triangle
equilateral trois entrées ou trois portes, estans les
voutes reduictes en vne seule porte.*

CHAPITRE XVIII.

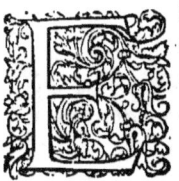

ESTANT sur le propos des trois entrées, ie vous
en ay bien voulu monstrer icy encores vne autre
de laquelle vous pouuez ayder se presentant le
lieu & necessité. Si doncques la côtrainćte estoit
telle qu'il vous falluſt faire trois portes, l'une
pour sortir dehors, comme est celle du costé de

Figure de trois portes fort estranges et bigearres.

A, en la prochaine figure ensuiuant: l'autre pour entrer en vne
cour, comme du costé de B, & la troisieme pour entrer en vn logis ou cour d'office, ainsi que du costé de C, ou bien qu'on trou-
uaſt trois corps d'hostel, desquels l'angle d'vn chacun vint à toucher l'endroit des lieux D E F, & que par necessité vous n'euſſiez
autre moien pour y entrer que par ces trois lieux A B C, tât pour
rendre commodes les logis qui s'y pourroient trouuer, que pour
aller aisément de l'vn à l'autre, par dessus lesdictes trois entrées,
que fera lors l'Architecte? Il fault qu'il y monstre son industrie
& employe son bon esprit, non seulement pour sçauoir bien ac-

L'industrie, esprit & ar-tifice de l'Ar-chitecte se mô-stre en choses difficiles.

cômoder ces trois logis, mais aussi pour monstrer à faire les voutes de ces trois portes qui se reduisent à vne, en voute de four, si
vous voulez, & plaine montée ou surbaissée. La chose sera tresfacile à ceux qui auront le moien de se pouuoir ayder des traicts,
ainsi que vous le voiez par le commencement de la figure & trait
que ie vous en propose cy dessous, sans y auoir leué aucunement
les paneaux, pour autant que le deuant est côme vne porte quarrée, sur vne ligne droićte, toutesfois ronde par le dessous: & le
dedans, comme vne voute de four sur la forme du triangle equilateral, s'accommodant auec les arriere-vousures des portes. On
peult faire par ce moien & artifice non seulement trois entrées

Plusieurs en-trées se pou-uoir faire en vne seule, sur quelques figu-res qu'on vou-dra.

en vne seule, mais encores cinq, six, ou sept, & tant que vous voudrez, soit sur quelques formes & figures qu'on puisse penser, rondes, ouales, octogones, ou autres. S'il vient à propos ie môstreray
les plans & traicts des voutes sur la forme du triâgle equilateral,
& d'autres sortes: n'y oubliant plusieurs façons de voutes, quarrées, oblongues & spheriques, n'aussi les hexagones, biaises, ram-
pantes, & de toutes autres formes qui se peuuét presenter, & des
quelles on a quelque fois grand affaire. Mais craignant d'estre
trop prolixe en ce discours, ie luy donneray fin, apres vous auoir
presenté la figure mentionnée & descrite au present chapitre.

Pour

Pour mettre fin au prefent traicté des voutes pour les portes,
& arches des ponts, defquelles ie pourrois encores propofer vne
infinité de chapitres, ie ne diray pour faire triple porte, mais aufli
quadruple, & en tel nombre que lon en auroit affaire, & toutes *Multiplici-*
enfemble voutées, foit par voutes d'aireftes, ou voutes de four, ou *té & varieté*
furbaiffées, & encores par voutes reiglées, & quafi droictes, com *de portes &*
me font celles que i'ay faict faire à Fontainebleau au premier efta *arches pour*
ge du pauillon fur l'eftang, auquel lieu on deliberoit mettre par * ponts,*
le deffus, le cabinet de la maiefté du feu Roy Henry. On peult auf
fi faire telles voutes de portes pour feruir à faire arches de ponts
en forme de S, ou autres figures rondes & creufes par le deuant,
& autant de l'autre cofté. Et encores les faire rempantes comme
qui voudroit monter par deffus vne riuiere, & de là au deffus d'u-
ne montaigne pour y côduire des eaües, ou y faire chemins. Bref
qui entend telle façon de traicts Geometriques il ne demourera
iamais en arriere, & ne luy fera propofé chofe quelle qu'elle foit
qu'il ne trouue l'inuention de la faire, ie dy de façon fi eftrange,
que ceux qui ne l'entendent diront toufiours que c'eft chofe impoffible. Mais de ces matieres icy ie ne tiendray plus long pro- *Preparatifs*
pos, à fin de paffer au liure fuyuant, auquel nous parlerons d'au- *& approches*
tres fortes de traicts & voutes qui feruent pour l'inuention, ftru- *pour le qua-*
cture & conduicte des trompes de diuerfes façons & furpendues *trieme liure*
en l'air, à fin de m'acquitter de la promeffe que i'en ay faicte, & *fuiuant.*
defire accomplir, moyennant la grace de Dieu.

q

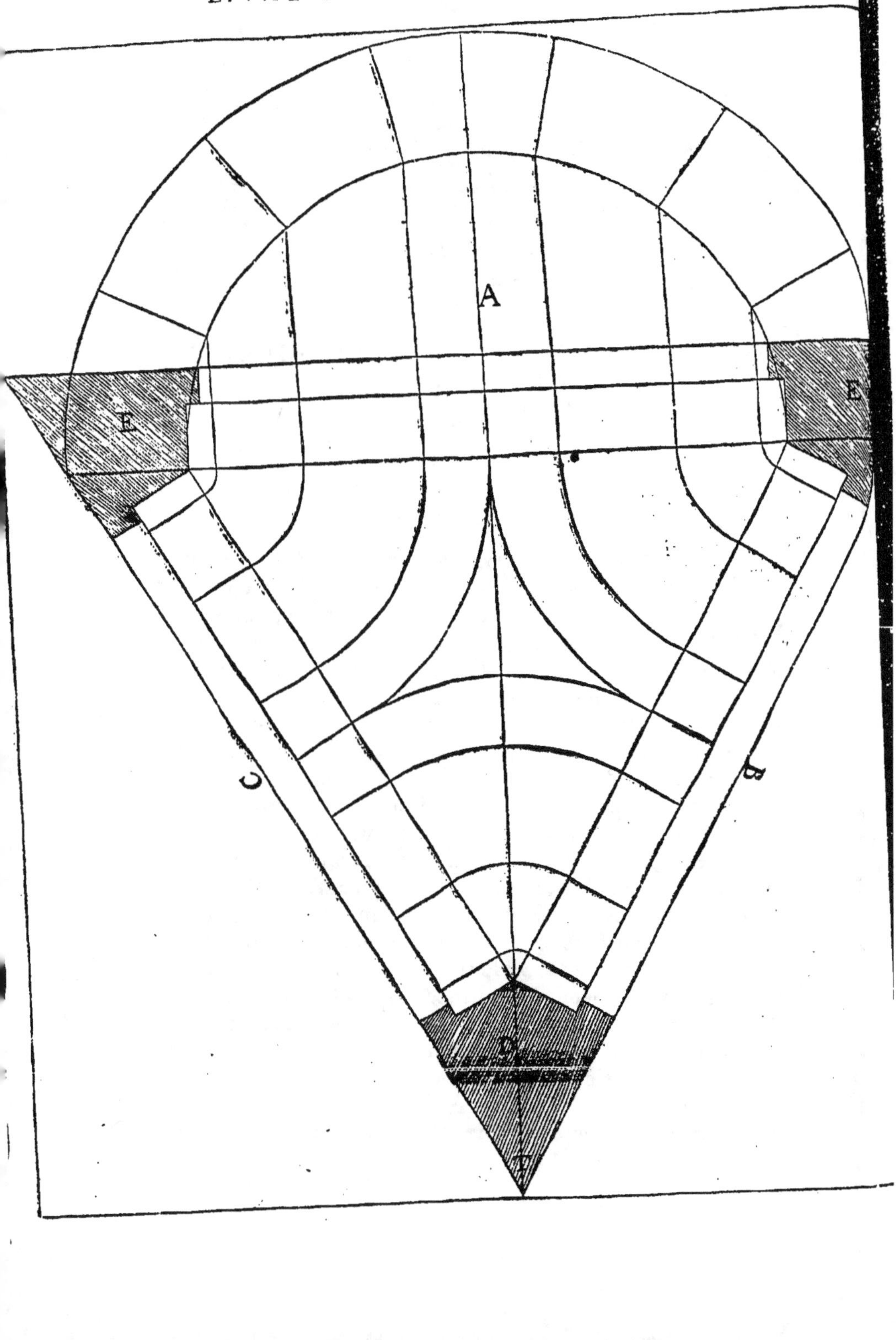
A
E
E
C
B
D

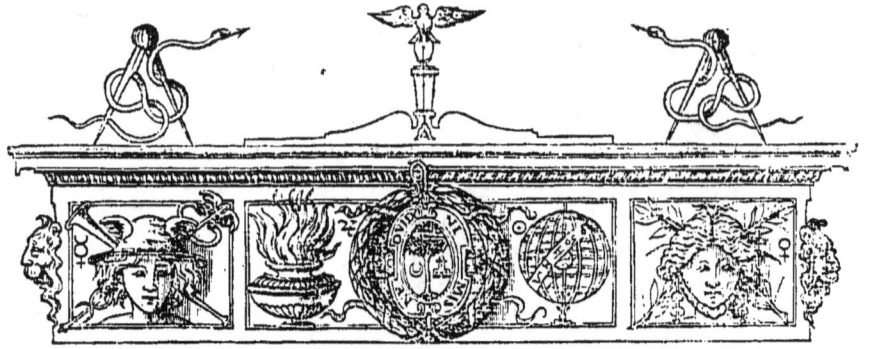

LE QVATRIEME LIVRE

DE L'ARCHITECTVRE DE PHILIBERT
DE L'ORME, LYONNOIS, CONSEILLER ET
Aulmofnier ordinaire du Roy, Abbé de
fainct Eloy lez Noyon, & de
S. Serge lez Angers.

Prologue accompagné de plufieurs bons aduertiffements.

AV liure precedent i'ay monftré comme lon doit faire les bonnes caues, auecques leurs voutes & defcentes, pour y pouuoir aller commodément: le tout eftant accompagné d'vne certaine doctrine & pratique des traicts Geometriques neceffaires pour tel affaire, côme auffi pour la ftructure & façon des portes voutées tant biaifes que droictes, fans y auoir omis les ouuertures & foupiraux defdictes caues pour leur dôner tel air & clairté qu'il conuient. En apres i'ay monftré le moien de fe pouuoir ayder des maifons incômodes, vieilles & mal-faictes, pour les approprier & accommoder auec les baftiments neufs, & rendre cômode, falubre & habitable, ce qui eftoit incommode, infalubre & inhabitable: fans toutefois abatre, ruiner ou demolir les vieux baftiments, comme trop legerement & inconfiderément font faire ceux qui n'entendent l'artifice des traicts Geometriques, & par leur ignorance ordonnent incontinent faire tout de neuf. Pour doncques pouuoir cy apres remedier à telles erreurs & indifcretions, ie vous ay monftré plufieurs fortes de traicts Geometriques, pour diuerfes portes & voutes partie biaifes, partie droictes, & pour d'autres faictes en biais paffe, comme l'appellent les onuriers, d'autres en biais par doiles, & autres en biais par tefte. Ce que auffi vous pouuez encores faire

Difcours & recapitulatiô des principaux poincts du liure precedent.

L'ignorance des traicts geometriques eftre caufe de n'accômoder les vieils logis auec les neufs.

q ij

en talus, s'il est de besoing. I'ay d'auantage monstré la façon des
voutes & portes quand on seroit contrainct de les faire sur les
coings & angles des maisons, (ou bien sur vne tour ronde) estant
rondes par le deuät, creuses par le dedäs & voutées par le dessous,
d'autres sur la forme ronde, qui se trouuent biaises par lignes circulaires & obliques: & encores d'autres qu'on peult faire moitié
droictes & moitié rondes par le deuant sur vn angle obtus: &
deux ou trois entrées & portes en vne seule. Le tout se condui-
sant par le moien des traicts Geometriques qui ne seruent seulement pour faire lesdictes portes & voutes, mais aussi pour construire grandes arches & voutes pour ponts & passages, & autres œuures que vous pourrez auoir à faire. Bref, ie vous ay des-
couuert & monstré sous l'artifice desdicts traicts plusieurs beaux
secrets en l'Architecture, ainsi que vous le pourrez de mieux en
mieux cognoistre tant par le discours du present œuure que par
l'experience que vous en ferez, qui est maistresse trescertaine des
choses incroyables & incertaines. Qui me faict bien auser dire
que l'Architecte qui aura cognoissance desdicts traicts, ne sçauroit prendre excuse qu'il ne puisse trouuer vne infinité de belles
inuentions, & faire choses qui surpasseront l'opinion, engin &
sçauoir de plusieurs qui s'attribuent le nom & tiltre d'Architecte, n'y omettät suffisantes raisons accompagnées de propres demonstrations, pourueu qu'on les vueille entendre & receuoir en
payement. Et seront lesdictes demonstrations extraictes de Geometrie, la plus subtile, plus ingenieuse & plus inuentiue de toutes les disciplines, & quatre sœurs Mathematiques, ainsi que Cas-
siodore les appelle: car elle prend son commencement de choses
manifestes, & signamment d'Arithmetique, qui est tant necessaire pour tous estats, qu'auec grande raison les hommes bien aduisez la font apprendre à la ieunesse. Ce que ie loüe grandement,
& serois bien d'aduis qu'on fust encores plus soingneux de faire apprendre auec la theorique & pratique de ladicte Arithmetique, les principes de Geometrie, & que toutes sortes d'estats des
le plus grand iusques aux plus petit entendissent bien les deux
susdictes disciplines. Car il n'y a science, ny art mechanique, ou
mestier quel que vous le sçachiez donner, qui ne s'ayde & tire
quelque prousfit & vsage d'Arithmetique & Geometrie: qui
sont si excellentes entre toutes les autres disciplines, qu'elles rendent les hommes subtils & ingenieux à inuenter plusieurs choses singulieres & proufsitables pour le bien public. I'auois grand
desir au commencement du deuxieme liure precedent (auquel
i'ay monstré plusieurs petites reigles propres pour trasser les fon-

La practique des traicts estre grande & contenir plusieurs secrets.

Les quatre parties des Mathemati-ques estre ap-pellées sœurs par Cassiodo-re.

Arithmeti-que & Geo-metrie estre necessaires à tous estats.

dements sur la terre) de pouuoir escrire quelque chose des proportions & façons de mesurer toutes superfices & corps spheriques, par le moien de ladicte Arithmetique & Geometrie : ou
i'eusse prins plaisir de monstrer pour le moins leurs principes;
mais considerant que telle matiere est vn peu longue, & que la
traictant ie ne suyurois le droict fil de nostre entreprinse d'Archi
tecture, & aussi que plusieurs font profession d'enseigner fort do
ctement telles sciences, pource est-il que ie m'en suis bien voulu
deporter. Certainement l'Arithmetique est tant excellente &   *Digression*
vtile, que ie ne la vous sçaurois assez louer : comme aussi la Geo- *sur les louen-*
metrie, qui donne mille subtiles inuentions à ceux qui l'enten-   *ges & excel-*
dent, & la sçauent bien pratiquer & accommoder auecques la-   *lées d'Arith-*
dicte Arithmetique. Lesquelles deux bien conioinctes & accou-   *metique &*
plées, esueillent les esprits, & donnent moien de trouuer les se- *Geometrie.*
crets de beaucoup de choses incogneuës, soit par nombres, lignes, ou autrement, suyuant les preceptes & traditions de l'vne
& l'autre discipline. En quoy ie n'omettray les figures superfi-
cielles, pleines, & corps solides, n'aussi les cubes compolez de
quatre faces, ou superfices quarrées, comme i'ay dit au commencement du deuxieme liure en parlant des racines quarrées & cu-
biques, ainsi que pourroit estre le nombre de 729 , qui prouient *Demonstra-*
de 9, lequel estant multiplié par soy, fait 81 en sa plaine, & 81 mul- *tion du cube*
tipliez par 9, font le cube de 729. Mais pour autant que i'ay quel- *& racine cu-*
que peu parlé de cecy audit liure, i'en laisseray le propos, à fin de *bique.*
pouuoir continuer la description, doctrine, demonstrations, &
pratique de nostre Geometrie des traicts. Vous auisant que ceux
qui voudront bien considerer ce que i'en ay escrit & escriray cy
apres, pourront aussi aisément accómoder l'vsage desdicts traicts
aux corps pyramidaux & spheriques, qu'aux trompes, & toutes
sortes de saillies qui sont surpendues en l'air, soit pour porter cabinets, pour montées, chambres ou autres choses, ainsi que i'ay
dict ailleurs. Ce qu'on pourra aussi pratiquer sur vne forme ronde, comme sur vne colomne, ou sur vn obelisque tout quarré, ou
bien sur vne pyramide. De sorte que quãd vous les voudrez couper, vous l: pourrez faire suyuant les lignes obliques & circulaires, ou telles que vous les voudrez imaginer dans lesdictes pyra- *L'vsage de*
mides, pilliers quarrez, & colomnes, tout ainsi comme si vous *la Geometrie*
les desiriez faire de plusieurs pieces. Telle chose est propre pour *des traicts*
eriger les surpendues que nous appellons trompes, & aussi pour *estre incom-*
toutes sortes de voutes qui se peuuent trouuer apres les figures *prehensible.*
spheriques, comme celles qui sont toutes rondes surbaissées, ou
vn peu plus poinctues que leur rotondité. Par la mesme doctri-

ne vous pouuez mettre vne boulle en plusieurs pieces, & y trouuer vn quarré ou cube, ou vn triangle, & autres formes ou les
angles touchent l'extremité de la circonference. Vous rendrez
auſſi les cubes concaues & creuz pour leur faire porter telles ſortes de voute que vous voudrez, mettant en apres tout cela en plu
ſieurs & diuerſes façons de pieces: & pourueu que les commiſſu
res prouiennent du centre, c'eſt à dire qu'elles ſoient couppées
ſuyuant la ligne qui vient du centre dont eſt tirée la circonference de la forme ſpherique, vous ferez vn œuure qui ſe ſouſtiendra
& portera en l'air ſans aucun dáger de tomber. Les raiſons de cecy ſeroient autant longues & difficiles à demonſtrer, que reduire le quarré en forme ronde, ou bien quarrer le rond, laquelle
chose a trauaillé pluſieurs excelléts eſprits. Quoy que ſoit, la pratique de ce traict vous ſera monſtrée cy apres, le mieux qu'il me
ſera poſſible de faire, mais non ſi familierement que ie voudrois,
pour-autant que l'inuention en eſt fort ſubtile, & que pluſieurs
traicts de Geometrie y ſont requis, deſquels il ſeroit plus facile
monſtrer la pratique, que de les enſeigner, voire de pouuoir excogiter & penſer d'ou en procedent les raiſons. Ie adiouſteray
que les choſes eſcrites ne donnent tant de delectation, plaiſir &
inſtruction, pour en retirer quelque fruict & prouffit, que celles
qui ſont pratiquées & monſtrées au doigt, ainſi qu'il ſe cognoiſt
aux traicts de Geometrie, leſquels ie vous propoſe, ſans iamais
auoir entendu qu'il en ait eſté eſcrit aucune choſe, ſoit par les Architectes anciens ou modernes. Qui me faict croire que leſdicts
traicts n'ont eſté encores gueres cogneus, & que la matiere eſt
fort difficile à pratiquer & mettre en œuure. Qui eſt cauſe que
mal-aiſément on les peult enſeigner par liure & eſcriture. Laquelle choſe me pourra excuſer, ſi en tout ce diſcours ie ne les
puis ſi bien expliquer & faire entendre, comme ie voudrois &
deſirerois: iaçoit que ie m'y employe de tout mon pouuoir & pe
tite capacité d'eſprit. Mais vous ſçauez que toutes nouuelles eſcritures & inuentions ne ſont iamais ſans grande difficulté & labeur. Cecy propoſé nous ferós fin au preſent prologue, à fin d'entamer ce quatrieſme liure: auquel, Dieu aydant, nous enſeigne-
rons la pratique tant des trompes (ainſi que les ouuriers les nomment) que des voutes modernes & autres, comme auſſi des
montées, des vis, des eſcaliers, & pluſieurs autres choſes accompagnées d'vn grandiſſime plaiſir & prouffit: ainſi que vous le cognoiſtrez apres auoir diligemmét leu & releu le preſent œuure.

La quadra-
ture du cercle
auoir tourmé-
té de grans eſ-
prits, pour ſa
difficulté.

Les traicts
de Geometrie
n'auoir eſté
accommodez
à l'Archite-
cture par au-
cun des anci-
ens ou moder-
nes iuſques au
temps de l'au-
teur.

De la voute & trompe que i'ay ordonné & faict faire au
chasteau d'Annet pour porter vn cabinet à fin de l'ac-
commoder à la chambre ou logeoit ordinaire-
ment la maiesté du feu Roy Henry.
CHAPITRE I.

V Oicy le lieu fort commode pour me descharger
de la promesse que i'ay faicte en noz liures, De la
nouuelle inuention pour bien bastir & à petits
frais, c'est de descrire & monstrer le traict de la
trompe qui est à Annet au chasteau de feu madame la Duchesse de Valentinois. Laquelle tró-
pe fut faicte par vne contraincte, à fin de pouuoir accommoder
vn cabinet à la chambre ou le feu Roy Henry logeoit estant audit chasteau. La contraincte y estoit pour n'auoir espace ou lieu
pour le faire au corps d'hostel qui ia estoit commencé, ne aussi au
vieil logis qui estoit faict: de sorte qu'on ne trouuoit rien à propos en ce lieu pour faire ledict cabinet. Car apres la salle estoit
l'antichambre, puis la chambre du Roy, & aupres d'elle, en re-
tournant à costé, estoit en potence la garderobbe. Voyant doncques telle contraincte & angustie du lieu, & outre ce cognois-
sant qu'il est necessaire & plus que raisonnable d'accompaigner
les chambres des Roys & grands Princes & seigneurs d'vn cabinet, (à fin qu'ils se puissent retirer en leur priué & particulier,
soit pour escrire ou traicter des affaires en secret, ou autrement)
ie fus redigé en grande perplexité, car ie ne pouuois trouuer ledit cabinet sans gaster le logis & les chambres, qui estoient faictes suyuant les vieux fondements & autres murs que lon auoit
commencez premier que ie y fusse. Or qu'aduint il? ie dressay ma
veuë sur vn angle qui estoit pres la chambre du Roy par le dehors, du costé du iardin, & me sembla estre fort bon d'y faire vne
voute surpendue en l'air, à fin de plus commodément trouuer
place à faire ledit cabinet. Ce qui fut faict, estant la voute en forme de trompe, à fin de la rédre plus forte pour porter les maçonneries & charges qu'il falloit mettre par le dessus, pour fermer
de pierre de taille ledit cabinet, & le couurir encores d'une voute de four, estant aussi toute de pierre de taille, sans y mettre aucun boys. Le tout se trouua de telle grace & façon que vous le
pouuez iuger par la figure qui en est cy apres representée. En laquelle vous voyez que la voute de la trópe n'est point seulement
ronde par le deuant, mais porte encores des saillies en façon de
niche, ainsi qu'il se voit par le deuant, au lieu ou sont erigées les

q iiij

trois feneſtres dudit cabinet. D'auantage par deſſous ledit cabinet on voit comme la moitié de la voute eſt rempante, à fin de
gaigner vne veuë en forme ouale pour donner clairté à vne vis
qui eſt de l'autre coſté, au lieu marqué P, qui rend la trôpe beaucoup plus difficile. Et pour la forme eſtrange qu'a ceſte voute de
troinpe, on voit la moulure, qui eſt autour par le deuant de ladi-

Explication
des ſingulari-
tez de la trô-
pe.
cte trompe racourcie, ralongée & rempant, autour d'icelle voute, qui eſt vne choſe admirable à voir, & digne d'y côſiderer comme la nature du traict conduict ce degauchiſſement ſi eſtrange.
Ce que ie laiſſe à penſer & voir à tous de bon eſprit & ſain entendement, car ils pourront facilement iuger, tant de la matiere, que
de la forme de tout le cabinet, comme auſſi des feneſtres, & de
la voute à four qui eſt par deſſus, auec les corniches, & autres
orneméts, quel eſt l'œuure & ouurage. Lequel ie deſcrirois plus
au long, n'eſtoit que ie crain qu'aucuns pourroient penſer & dire que ie le fais plus par iactance, qu'autrement: à fin d'en prendre gloire, laquelle ie remets & rend à celuy à qui elle appartiét,
& d'ou procedent toutes choſes bien faictes, plus toſt que par le
moien des hommes. Doncques ie vous veux bien proteſter que

L'auteur n'eſ-
crire pour gloi-
re, mais bien
pour enſeigner
les ignorants.
ce que i'en eſcris ne tend à autre fin qu'à inſtruire & apprédre les
hommes de bonne volunté, & ſignamment les ignorants, auſquels ie deſire de bon cueur communiquer le talent lequel Dieu
m'a liberalement donné en ce peu de cognoiſſance que i'ay de
l'art d'Architecture. Mais pour reprendre le propos delaiſſé, vous
ſerez aduertis que ie vous ay ſeulement mis en ce lieu la montée
& forme dudit cabinet du Roy, ainſi qu'il ſe voit par le dehors,
Cy apres vous verrez le plan de la trôpe & ſaillie dudit cabinet.

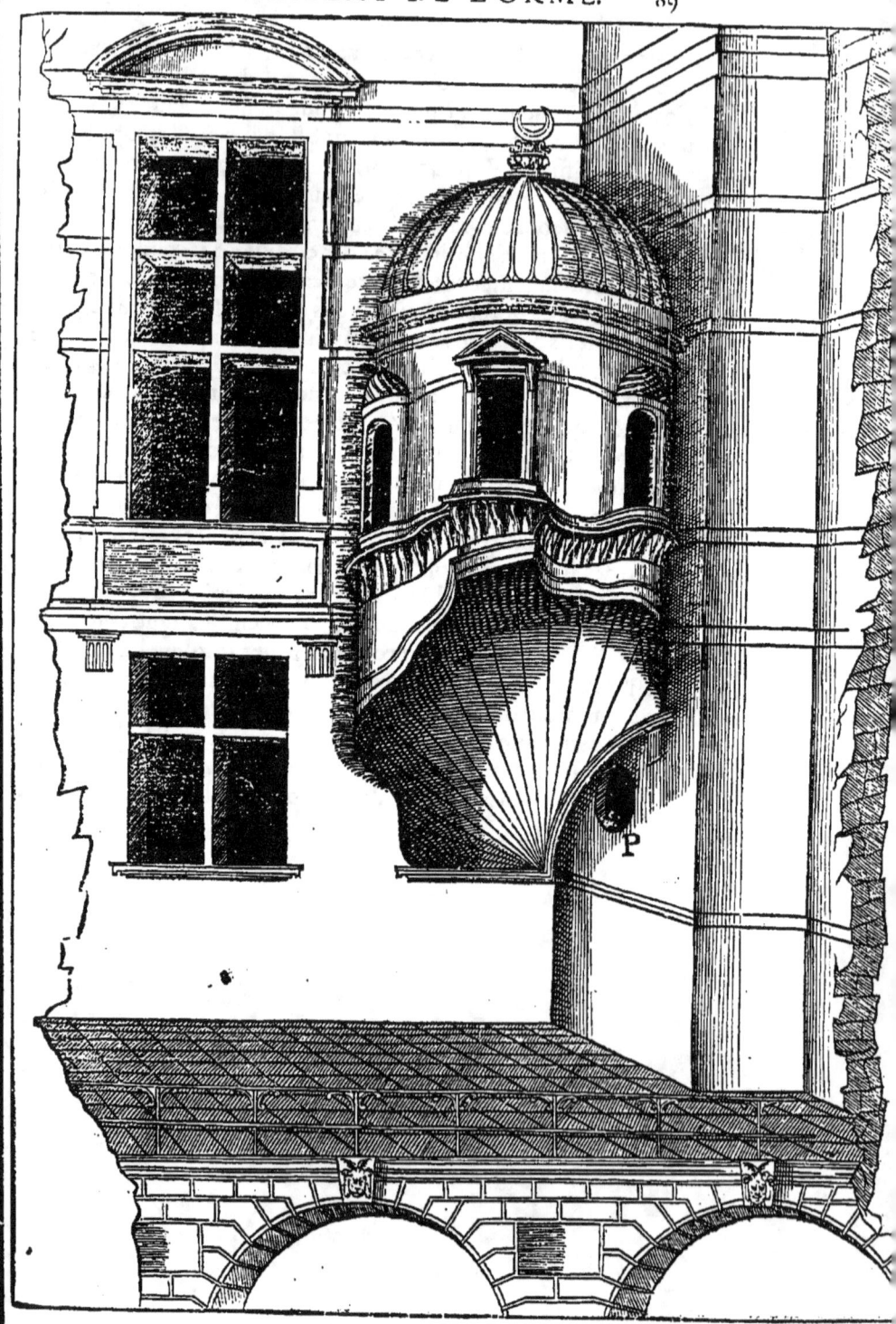

Le plan de la trompe & saillie du susdict cabinet du Roy
estant suspendu en l'air, & comme il fault faire voutes
& trompes semblables. C H A P. I I.

LA voute de la trompe, sur laquelle est erigé le sus
dit cabinet du Roy à Annet, est sur vn angle
droict, ainsi que vous le voiez en la figure suiuāt
aux deux murailles marquées G H, estant le tout
suspendu en l'air, comme vous le pouuez iuger
du plan designé par les marques A B I D F C,
sous vne forme ronde par le deuant, sinon qu'au milieu & par les
costez aux lieux marquez I D F, se trouuét trois fenestres en saillie outre la forme ronde & en façon de niche, toutesfois portant
par le dessous la forme de la voute de la trompe, comme vous l'a-
uez cogneu par la montée cy-deuant proposée, & le pouuez aussi iuger par son plan ensuiuant, lequel i'ay voulu faire de forme
estrange pour rendre la trompe de la voute plus difficile, & belle
à voir. Mais voirement plusieurs pourrót demander que ie veux
dire & entendre par ce mot de trompe, pour autant qu'il n'est
vsité sinon qu'entre les ouuriers, & par consequent cogneu de
peu de personnes, & mesmes d'aucuns nouueaux ouuriers. Qui
est cause que ie le veux bien declairer, & aduertir le lecteur qu'il

Ce mot de trō- me semble que le nom de trompe, duquel nous vsons icy, est ve-
pe n'estre en- nu, ou bien a esté prins & vsurpé de la similitude que sa structure
tendu de tous. a auecques la trompette, appellée en beaucoup de païs trompe.
Car l'vne & l'autre estant large par le deuant, va en estroississant
par le dedans en forme d'vne voute. Mais de ce propos sera assez,
à fin de faire approches à la description & cóstruction de la trom
pe dont il est icy question pour les bastiments. Vous serez donc
aduertis qu'elle se peult eriger sur vn angle droict, obtus, ou poin
tu, & de quelque forme que vous voudrez par le deuant, soit
droicte, quarrée à pend, cóme la moitié d'vn hexagone ou octo-

Trompes se gone, ou bien toute ronde. Et par ainsi vous pouuez faire trom-
pouuoir faire pes droictes, creuses, rampátes, ou de quelque façon qu'on pour-
de quelque for ra penser, selon la necessité & contraincte du lieu auquel on les
me qu'on sçau veult accommoder. Toutes sortes de voutes se peuuent faire en
roit penser. forme de trompe, & toutes suspendues en l'air, sans auoir fondement par le dessous, sinon aux deux costez qui font l'angle, le
tout par vne mesme methode de trait, ainsi que vous le verrez cy
apres, & sous telle sorte qu'il vous plaira : auec vn grand abrege-
ment & grand auantage de temps, estude & labeur pour ceux
qui en voudront sçauoir la pratique, au regard de moymesmes

La voute
de la trompe
d'Annet estre
sur vn angle
droict.

qui l'ay appris & cogneu auec vn grandiſſime trauail en ma ieuneſſe. De ſorte qu'il me côuenoit vſer d'autant de ſortes de traiĉts
comme il failloit faire de differétes œuures & trompes. En quoy
les ouuriers cy apres ne ſe trouueront empeſchez, car du ſeul
traiĉt que ie propoſe, ils pourront faire toutes ſortes de trompes
& de ſurpentes creuſes par le deſſous : i'entend toutes façons de
voutes que vous voudrez penſer pour eſtre ſurpendues en l'air.
Car la force & peſanteur tôbe touſiours ſur l'angle, & n'a garde   *Grande force*
de ſencliner par le deuant pour vouloir tomber, quand encores   *des voutes et*
le tout ne ſeroit bien conduiĉt. Si eſt ce que telle choſe ne ſe laiſſe   *trompes ſur-*
pas traiĉter par maiſtres ignorants, car il fault qu'ils ſoient ſça-   *pendues en*
uants en leur art, & ayent grande experience pour mettre telles   *l'air.*
choſes en œuure. Qui ſont bien d'autre façon que les ſurpentes
des cabinets qu'on voit ordinairement ſe conduire & pratiquer
tant à Paris qu'en autres diuers lieux: ou lon fait des ſaillies, qu'ils   *Des ſaillies*
appellent cul de lâpe, pour porter leſdiĉts cabinets ſur les coings   *appellées cul*
& angles des maiſons, à fin d'accommoder les logis, & leur don-   *de lampe.*
ner beauté & aiſance: mais telle façon n'a point d'art, & moins de
ſçauoir, car ce n'eſt qu'ouurage de longues pierres qui auancent
l'une ſur l'autre, & ſont ainſi diſpoſées par les maiſtres maços, qui
ſe côfient à la force deſdiĉtes pierres, & le plus ſouuét aux grâdes
barres de fer & ferrures qu'ils y mettent, & ne ſeruét que de charge & porter dômage aux baſtiments, pour-autant qu'ils ne durét
tant en leur entier, côme ils feroient ſans cela. Mais les trôpes deſ   *Trompes de*
quelles nous parlons, ſont façons de voutes qu'on peult faire de   *grande ſaillie*
beaucoup plus grande ſaillie & ſurpendue en l'air, pour gaigner   *& ſurpendue*
place ſur vne cour, ou ſur vne riuiere: ſaillie, dis-ie, telle qu'on en   *en l'air.*
pourroit auoir affaire, principalemét quand elle procede de l'an-
gle, & ſerige ſur iceluy. Car pourueu que les murailles y ſoient
bonnes, vous trouuerez à vn beſoin ſur la voute de trompe lieu
pour y faire vne chambre ou quelque grâd cabinet, ou bien pour
y eriger vne viz ou eſcalier, voire vne gallerie au long du mur,
ou pour y gaigner quelque paſſage, eſtant le tout ſurpendu en
l'air, & ne portant qu'en l'angle & ſur les coſtez, comme i'ay dit.
Vous pouuez voir vne telle façon de petite trompe, laquelle   *Façon de trô-*
i'ay faiĉt faire autrefois en ceſte ville de Paris en la rue de la Saua-   *pe de l'inuen-*
terie, auec vn petit corps d'hoſtel qui eſt de telle grace & propor-   *tion de l'au-*
tion, que ie vous en laiſſe à iuger pour le reſpeĉt du petit lieu &   *teur, en la rue*
peu de place qu'il contient. Le tout fut faiĉt pour vn banquier   *de la Sauate-*
nommé Patoillet, en faueur de quelque plaiſir qu'il m'auoit faiĉt   *rie à Paris.*
de ſon eſtat & vacation. Qui fut cauſe que ie prins la peine de
monſtrer à ſes ouuriers les traiĉts, meſures, deſſeing & artifice

qu'il falloit garder, pour ce faict. I'en ay aussi ordonné & conduit long temps y a deux autres à Lyon beaucoup plus difficiles, & d'assez grande saillie, veu le petit lieu ou elles sont, & aussi que l'une est biaise, rempante, soubaissée & ronde par le deuant: l'autre estant à l'angle opposite fut faicte en sa pleine montée, ronde par le deuant & de grande saillie. Sur chacune desdictes trompes furent erigez des cabinets accompagnez de galeries d'une trompe à l'autre: le tout estant surpendu en l'air, à fin de seruir pour aller d'un corps d'hostel à l'autre, & accommoder les cabinets pour les chambres. Laquelle chose rend ces deux logis fort aisez & commodes, qui estoient autrement tresmal à propos & fort incommodes, pour n'y pouuoir rien construire, à cause de la cour qui estoit fort estroicte & longue: comme aussi le logis de grande hauteur, qui me fit trouuer telle inuention. Vous verrez sur ladicte trompe vn ordre Dorique & Ionique, desquels ie laisse le iugement à ceux qui les contempleront & qui s'y entendront. Ie fis faire tel œuure l'an 1536, à mon retour de Rome & voyage d'Italie, lequel i'auois entrepris pour la poursuitte de mes estudes & inuentions pour l'Architecture. Les deux susdictes trompes furent faictes pour le general de Bretaigne monsieur Billau en la rue de la Iuifrie à Lyon. I'en ay depuis assez commandé & ordonné faire en autres sortes, & soubs tel nombre que ie serois bien long de les reciter. Pour conclusion i'ay voulu seulement nommer entre plusieurs ces deux ou trois trompes, pour autant qu'elles me semblent estre de bonne grace & tresdifficiles à conduire. Mais pour faire mieux entendre la structure desdictes trópes, & comme elles se conduisent par certaines lignes & traicts que i'appelle Geometriques, (qui se monstrent auec le rapport du cópas; à fin de trouuer la façon de les faire auec les moules & paneaux pour coupper & assembler toutes sortes de pierres ou de boys, ainsi qu'on en pourroit auoir affaire à la cóstruction des bastiments) il me semble que ic feray fort bien à ceste heure, de commencer à monstrer celles que i'ay faict faire au susdit chasteau d'Annet. Doncques les murailles marquées, G.H, ainsi que nous auons dict) seruent pour le corps d'hostel, & font vn angle presque droict, au lieu de A. Desquelles si ie me fusse bien asseuré, & que ie les eusse faict faire, au lieu que la voute de la trompe a de saillie par le milieu de A à D, dix ou douze pieds, ie luy en eusse baillé vingt ou vingt & quatre, & par le deuant ie l'eusse faicte en forme ouale, & d'une façon la plus estrange & la plus difficile que i'eusse peu penser: ou bien ie y eusse erigé vn cabinet dont on se fust beaucoup plus esbahy, que lon ne faict encores, de voir

Deux sortes de trópes ordónées à Lyõ par l'auteur.

Voyage de l'auteur en Italie, & à quelle fin entrepris.

Declaration de la trompe du chasteau d'Annet.

de voir si grande saillie. Mais craignant les vieilles murailles que
ie trouuois faictes, & ne sçachant comme elles estoient fondées,
ie me contentay de faire telles trompes & saillies de voutes auec
vne mediocrité, de peur de honte & dommage. Toutesfois en
faisant faire vn cryptoportique par le dessous, ie remediay non
seulement à cela, mais aussi à tout le vieil corps d'hostel qui estoit
tresmal fondé. Ie suis bien asseuré que tous les ouuriers de ce royaume n'auoient iamais ouy parler de semblable trompe à celle
que ie fis faire à Lyon, estant (ainsi que nous auons dict) soubaissée, biaise & rempante, & quasi le trois parts de sa rondeur en
saillie: ne aussi à celle que i'ay fait faire audit Annet, qui est grandement prisée par ceux qui sont de l'art: combien que sils vouloient prendre peine d'estudier, & entendre la methode que i'en
escris, ie m'asseure qu'ils en pourroient faire & excogiter de plus
estranges. Si ie rencontre les hommes à propos, i'en feray faire
d'une autre sorte, laquelle on admirera d'auantage. I'en trouuay
le traict & inuentay l'artifice en ladicte année mil cinq cés trentesix, par le moyen & ayde de Geometrie, & grand trauail d'esprit: lequel ie n'ay plainct depuis, ains plustost loué Dieu grandement, de ce que d'vn seul traict, & seule façon de trompe, on
les peult faire toutes. Le discours en seroit plus long si ie ne crai-
gnois qu'on pensast que mon dire procedast de gloire: laquelle
ie ne me voudrois aucunement attribuer, mais bien la laisser à
Dieu seul, auquel elle appartient, comme tout honneur & louange.

Empesche-
ments & con
trainĉte faire
perdre la fa-
çon et inuen-
tion de beau-
coup de belles
choses.

L'auteur a-
uecques grãd
labeur et ay-
de de Geome-
trie auoir trou
ué l'inuention
des traiĉts.

r

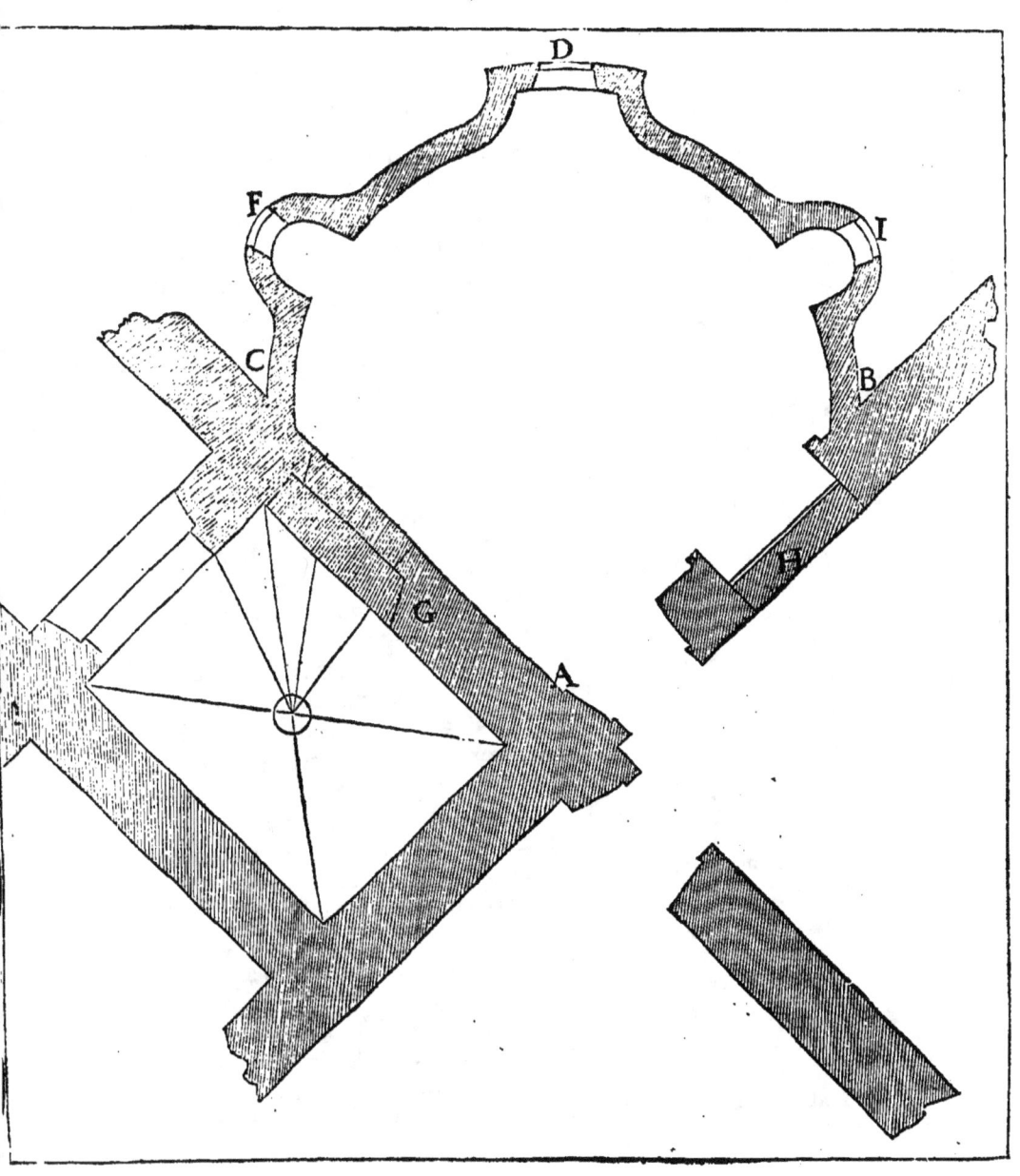

La façon par laquelle on pourra entendre le traict de la Trom-
pe du chasteau d'Annet, & leuer les panceaux pour coup-
per les pierres applicables en œuure quand il vien-
dra à propos. CHAP. III.

IE vous ay dit par-cy deuant que la voute surpendue & Trôpe du chasteau d'Annet est sur vn angle droict faict de deux murailles comme vous
le verrez marqué G H en la figure cy apres descrite, auec la forme de la circôferéce du deuât de
ladicte trôpe, designée par les lettres C F D E B.
Il fault entendre que ladicte trompe est rempâte, c'est à dire plus
haute d'vn costé que de l'autre, comme la hauteur de C F, &
la ligne B F, le vous demonstrét : ioinct aussi que vous l'auez peu
cognoistre par la figure de la montée cy-deuant proposée. Sur ladicte ligne B F, vous faictes vn arc rempant comme vous le voiez
figuré de sept pieces representées par autant de nombres. Toutesfois vous pouuez faire ledict arc d'autant de pieces que vous
voudrez, car plus il y en aura, plus la voute de la trôpe sera forte,
& beaucoup plus aysé à adoucir le traict. Tel arc rempant pourroit seruir si vous ne vouliez faire qu'vne trompe qui fust rempante & droicte par deuant suyuant la ligne B C. Apres auoir
tiré toutes les commissures dudict arc droit rempant, vous tirerez les lignes perpendiculaires qui prouiennent des commissures
& ioinct dudict arc rempant sur la ligne B C. comme elles y sont
marquées 8. 9. 10. 11. 12. 13. & en ferez autant des autres qui prouië-
nent du milieu des doiles dudit arc rempant, comme de celles de
14 & 15, 16 & 27, & ainsi des autres. Cela faict vous mettrez la reigle sur l'angle au lieu marqué A, & de tous les nombres que ie
vous ay nommez, qui sont sur la ligne B C, vous tirerez d'autres
lignes, iusques à l'extremité de la trompe, comme vous voiez de
8 à 18, de 14 à F, de 9 à 19, de 16 à 20, & ainsi des autres. Apres ce il
fault trouuer auec le compas la ligne droicte ralongée de tout le
deuant de la trompe, par plusieurs petis rapports dudit compas.
Ainsi que vous le voiez par exemple en la distance de C à 18, &
de 18 à F, & de F à o, & de o à 19, & de 19 à 20, & ainsi consequemment iusques à ce que vous ayez trouué toute la circonference
du deuant de ladicte trompe pour en faire vne ligne droicte : comme vous le voiez à la figure ensuiuant.

Description
& demôstra-
tiô des traicts
& façon de
la voute &
trompe d'An-
net.

Poursuite &
continuation
de ce que des-
sus.

Ayde du cô-
pas pour trou-
uer la ligne
droicte ralon-
gée.

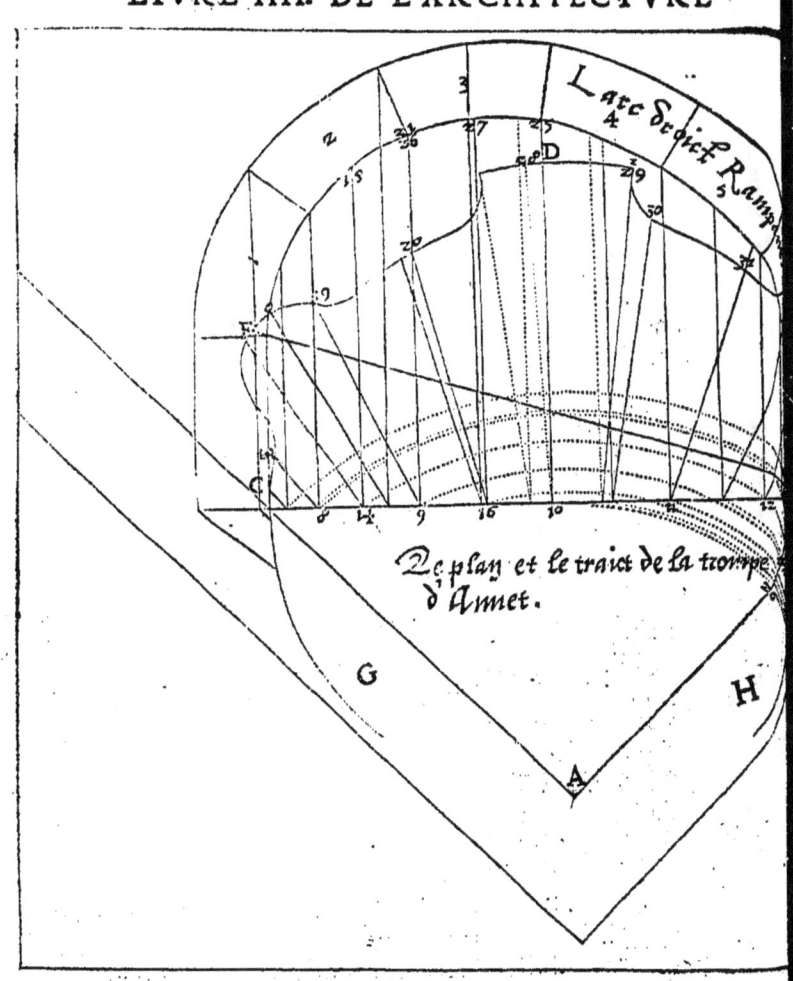

Le plan et le traict de la trompe d'Annet.

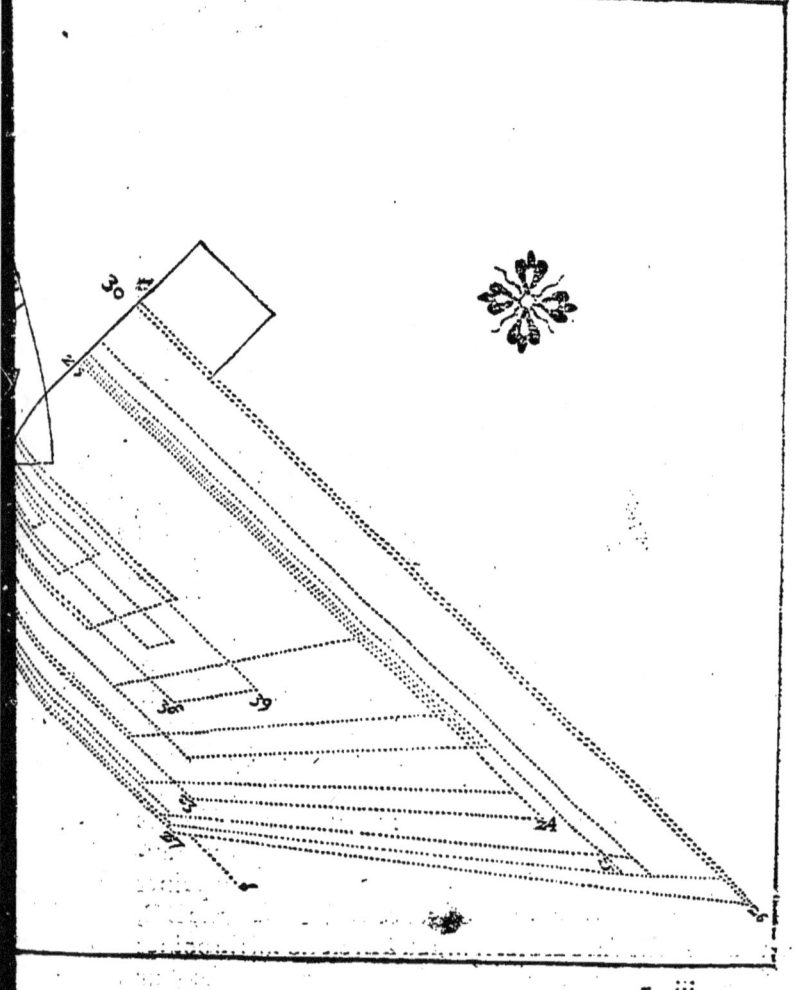

Par mefme façon fe pratiquera la figure venant apres cefte cy:
qui eft de la cerche ralongée & paneaux de tefte par le deuant de
la trompe. En laquelle vous voyez lefdicts paneaux de tefte marquez *K* L M N O P Q R, auec toutes leurs diftances de largeur
fur la ligne C.B, marquées par mefmes nombres & lettres. Eftans
ainfi expediez les paneaux de tefte, vous reprendrez la preceden
te figure, & mettrez la poincte du compas fur le centre & angle
qui eft deffous A, & d'iceluy vous tirerez plufieurs circonferences par petites lignes feinctes (comme font punctuations,) iufques fur la ligne A B, qui prouiendront des nombres 8, 14, 9, 16,
10, & autres, ainfi que vous les voyez au traict. Puis fur icelle mef
me ligne A B, vous ferez plufieurs perpédiculaires marquées auffi par femblables lignes feinctes, ou punctuations, (appellées lignes de pente) ainfi que vous les pouuez voir en ladicte figure,

Demonftra-
tion fort bien
conduicte.

& les fault trouuer en cefte forte: Mettez vne poincte du compas
au centre A, & tendez l'autre iufques à l'endroit de 9. & vous ferez la circonference tumbant fur la ligne A B, laquelle vous ma
quez 22, fur ladicte ligne perpendiculaire A B. En apres vous pre
nez la hauteur depuis 9, iufques à 21, au droit d'une des commiffures de l'arc droit rempant, & la portez du poinct de 22, à celuy
de 23, aux lignes de pente : puis vous tirez vne ligne du poinct de
23, à celuy de 24, qui prouient du centre A (le tout eftát toufiours
marqué auec petis poincts ou lignes droictes, fi vous voulez, qui
departent dudit centre A, comme i'ay dict) & de celuy de 23, iuf-

Pourfuite de
la fabrique de
la voute &
trompe fufdi-
cte.

ques au poinct de 24, qui fe rencontre apres la ligne parallele, qui
eft faicte de la diftance & largeur que vous voiez fur le plan de 9,
à 19, fur l'extremité de la trompe : de 24, à 25, eft la hauteur que
vous rapporterez à la figure des paneaux de tefte au lieu marqué
de mefmes nombres 23, & 24, comme il fe peult voir. Nous pour-
fuiurons encores vn autre exemple, car de moftrer tous rapports
de compas feroit chofe trop longue : & auffi qui en entendra vn,
les entendra tous. Vous remettrez doncques voftre compas au
poinct de A, & l'eftendrez iufques au poinct de 10., faifant la circonference comme vous auez faict auec petits poincts iufques
fur la ligne A B. En apres du lieu marqué 20, vous faictes vne autre ligne perpendiculaire, ainfi que vous la voyez de 20 au poinct
de 27, qui eft la hauteur de ce que vo faurez pris fur la ligne BC,
iufques au deffous de l'arc droict rempát, qui eft depuis le poinct

Difcours de-
monftratif de
ce que deffus.

de 10, iufques au poinct de 25. Cela faict vous prenez la largeur
depuis le poinct de 10, iufques à l'extremité de la trompe, au lieu
marqué 28, & en faictes vne ligne parallele apres celle de 26, &
27, comme vous voyez 29, & 30, prouenant par vne autre ligne

du poinct de A, au poinct de 27, iusques à ce qu'elle entrecoupe la ligne de 29 & 30, ainsi que vous le cognoistrez audit lieu marqué 29. Puis apres vous prenez toute la hauteur sur ladicte ligne A B, au lieu signé 30 & 29, & l'apportez sur les cerches ralongées, & paneaux de teste aux lieux marquez 30 & 29. Il me semble que toutes les autres lignes & rapports du compas sont faits & marquez sur le traict si à propos, que quiconques sçaura bien trouuer vne hauteur des paneaux de teste (comme il a esté mostré ci-deuant) facilement il pourra trouuer tous les autres. Il se fault seulement souuenir qu'en mettant sur le traict & plan de la trompe precedente, la poincte du cõpas en l'angle au lieu marqué A, & l'estendant sur la ligne droicte C B, au droict de quelque hauteur que vous voudrez cercher, vous ne sçauriez faillir à la trouuer: comme quand vous mettrez ledit compas du lieu de A, au poinct de 8, vous regarderez l'endroit ou tombe la ligne circulaire sur la ligne A B, comme il se voit au lieu marqué 38, duquel lieu vous tirez aussi vne perpendiculaire, ainsi que vous la voyez semblablement marquée 38, & trouuerez sa hauteur depuis le poinct de 8, iusques en la commissure de l'arc rempant, laquelle hauteur vous transportez sur lesdicts deux poincts de 38, & en tirez vne ligne, prouenant du centre A, ainsi que vous le voyez en 38 & 39. Puis vous prenez la distance du poinct de 8 à celuy de 18, sur l'extremité de la trompe, & en faictes vne ligne parallele apres celle de 38, sur la ligne A B. Et la hauteur que vous trouuez depuis ladicte ligne A B, iusques au poinct de 39, vous la portez en la figure de la cerche ralongée, & paneaux de teste cy apres descrits, & la mettez du poinct de 18, au poinct de 39. Cela vous monstre iustement la hauteur que doit auoir le paneau, & le deuant de la trompe, au lieu marqué 2. Il fault ainsi trouuer toutes les autres lignes que vous voyez designées en la figure ensuyuant, qui vous monstre les hauteurs du dessous de la trompe par le deuant, suyuant lesquelles vous trouuez le pourfil de la voute de ladicte trompe. Et ainsi se trouuent tous les paneaux de teste marquez K L M N O P Q R, comme vous le pouuez cognoistre par la figure prochaine.

Continuation de la demonstration de la figure precedente & subsequente.

Poursuitte de ce que dessus.

La Cherche ralongee et panneaux de
tosse par le devant de la trompe

Apres que vous aurez cogneu le plan de la trompe, & comme se font les lignes de pente pour trouuer les hauteurs d'vne chacune chose, semblablement comme il fault faire les paneaux de teste: consecutiuement vous pourrez voir en la figure ensuiuāt (ou vous auez en escrit au milieu, Les paneaux de doile par le dessous de la trompe) comme se trouue le coussinet de ladicte trôpe au lieu marqué *K*, ou est escrit, Le coussinet de la trompe, & hauteur du rempant: qui est fermé entre les trois lignes A B, A C, & B C. Le premier paneau marqué L, est fermé de trois lignes, côme vous voyez A C E, & se faict en ceste sorte: Vous retournez sur la figure du traict de la trompe, & mettez la poincte du compas depuis le poinct de A, iusques à celuy de 18, & rapportez la distance en la figure precedéte intitulée, La cherche ralongée & paneaux de teste &c. la colloquāt sur la ligne C B, au point de 18, & tenant vn pied du compas ferme sur ladicte ligne, vous ouurez l'autre iusques à ce qu'il touche la commissure 2 au lieu de 39. Puis vous rapportez la distance dudit 18 à 2 sur la figure qui est cy dessoubs inscrite, Les paneaux de doile par le dessoubs de la trompe: & la mettez du poinct de A, iusques à celuy de E. En apres vous retournez à la susdicte figure des paneaux de teste, & prenez la distance du poinct de D, iusques à 39, laquelle vous rapportez en la figure cy apres ensuiuant, & mettez depuis le poinct de C, à celuy de E, qui vous monstre le premier. Le deuxieme paneau se cognoist en la lettre M, & ainsi des autres, comme vous les voyez tous ensemble en ladicte figure ensuyuant, soubs vne estrange façon & marquez en teste par les lettres B C D E F G H I K L M N O P Q R: lesquelles toutes ensemblémét monstrent les paneaux qu'il fault necessairement leuer & auoir pour trasser les pierres des doiles du dessoubs de la trompe. Vous pouuez voir aussi au lieu marqué E G I L N P, les paneaux des ioincts pour trasser les pierres au droict des commissures. Et se peult le tout bien voir aux lieux marquez 1,2,3,4,5,6, en la figure suyuant ce petit discours.

Continuation de la demonstration de la figure des paneaux de doile par dessous la trompe.

f

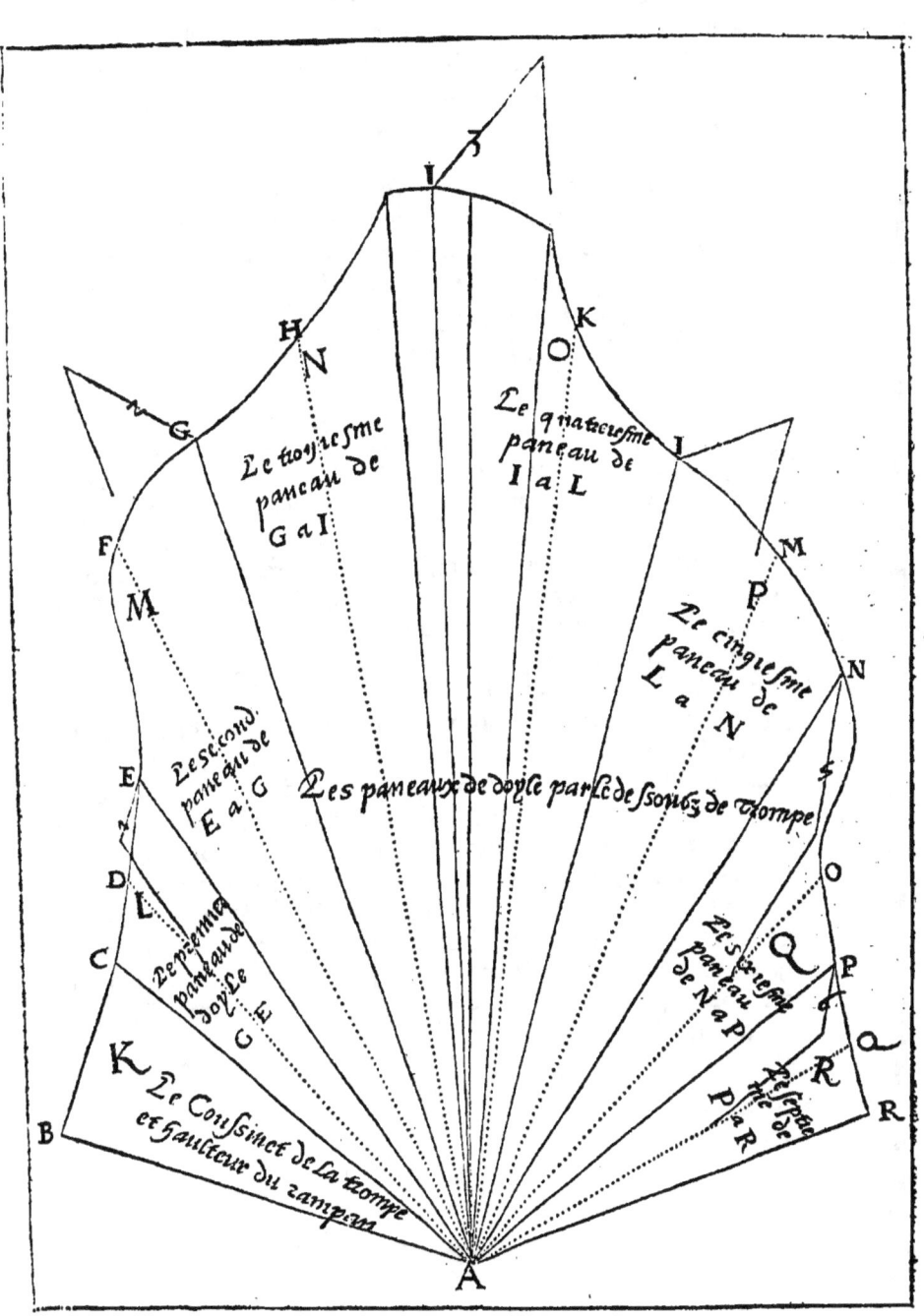

3

H
N
K
O

G
Le troysiesme
paneau de
G a I

Le quateiesme
paneau de
I a L

I

F
M
P
Le cinquiesme
paneau de
L a N
N

E
Le second
paneau de
E a G

Les paneaux de doyle parte deffoubz de trompe

o
D
L
C
Le premier
paneau de
doyle
G H
Q
P
Le sixiesme
paneau
de N a P
R a
R
K
Le Coussinet de la trompe
et haulteur du rampau
B
Le septie
sme de
P a R

A

Voila ce que ie deliberois vous escrire sur la demonstration
& explication des trois figures precedentes . Lesquelles à fin que
vous puissies mieux cognoistre & entendre ie vous en proposeray encores quatre pour le mesme faict, qui vous conduiront à
plus facile intelligence & cognoissance de tout.

Autre figure & demonstration du plan & traict de la trompe du
chasteau d'Annet: auec les lignes de pente, lignes ralongées &
paneaux de doiles, ou vous auez la façon comme il fault faire
& trouuer tous les paneaux de doile, de teste, & de ioincts : auec
vn abregé bien intelligible pour coupper les pierres d'vne trom-
pe semblable à celle qui est audict chasteau d'Annet.
CHAPITRE IIII.

Ous voyez à la premiere figure subsequente le
plan & traict de la trompe d'Annet semblable à
celuy que vous auez veu cy-deuant, fors que les
lignes de pente sont en vne figure à part. Ce que *L'auteur este-*
i'ay voulu faire, à fin de plus familierement ensei *dier à s'expli-*
gner le tout : craignant qu'il ne fust assez entedu *quer familie-*
par le precedent discours . Doncques nous reprédrons les lignes *rement.*
de pente pour faire les paneaux : & vous souuiédrez de ce que ie
vous ay dit cy-deuant, c'est que sur la ligne B C, il fault tirer les
lignes perpédiculaires qui prouiennent des ioincts & du milieu
des doiles, autant le dessous que le dessus, comme vous le voyez
pratiqué à la ligne du ioinct de 21 au poinct de 6, sur la ligne B C:
semblablement de 20 au poinct de 4, de 19 au poinct de 3, de 18 au
poinct de 2, & ainsi de toutes les autres lignes perpendiculaires
sur la ligne C B, comme vous le voyez en la figure cy apres. Cela
faict vous mettez la reigle sur le poinct de A , & en tirez des lignes iusques à l'extremité de la trompe, ainsi que de 2 à 12, de 3 à
13, & consequemment de toutes les lignes perpendiculaires, com
me vous l'apperceuez en discourant & iettant vostre veüe sur la
prochaine figure.

f ij

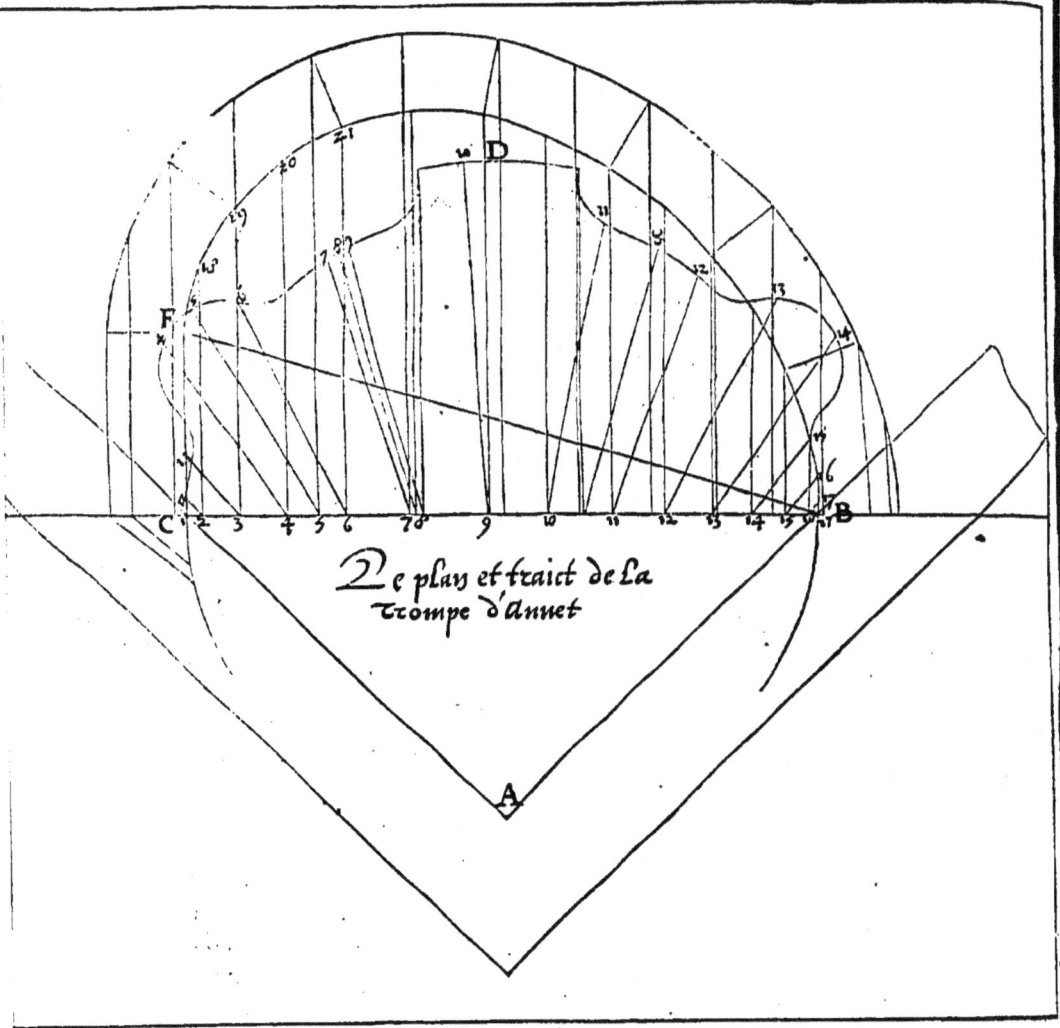

De plan et traict de la trompe d'Annet

*Que c'est que
ligne ralōgée,
& de son in-
uention.*

Apres auoir faict ce que dessus, il est question de trouuer la ligne ralongée, qui est vne ligne droicte qui contient autant de longueur que toute la circonference du deuant de la tròpe, & se prent par petis rapports de compas, ou il fault marquer l'endroit du perpendicule des commissures & ioincts, ainsi que vous le pouuez cognoistre par la ligne ralongée en la figure ensuiuant: laquelle ie ne descris plus amplement pour autant que vous l'aurez assez entendue par le discours de celle que nous en auons fait cy-deuāt en la figure de la cherche ralongée & paneaux de teste.

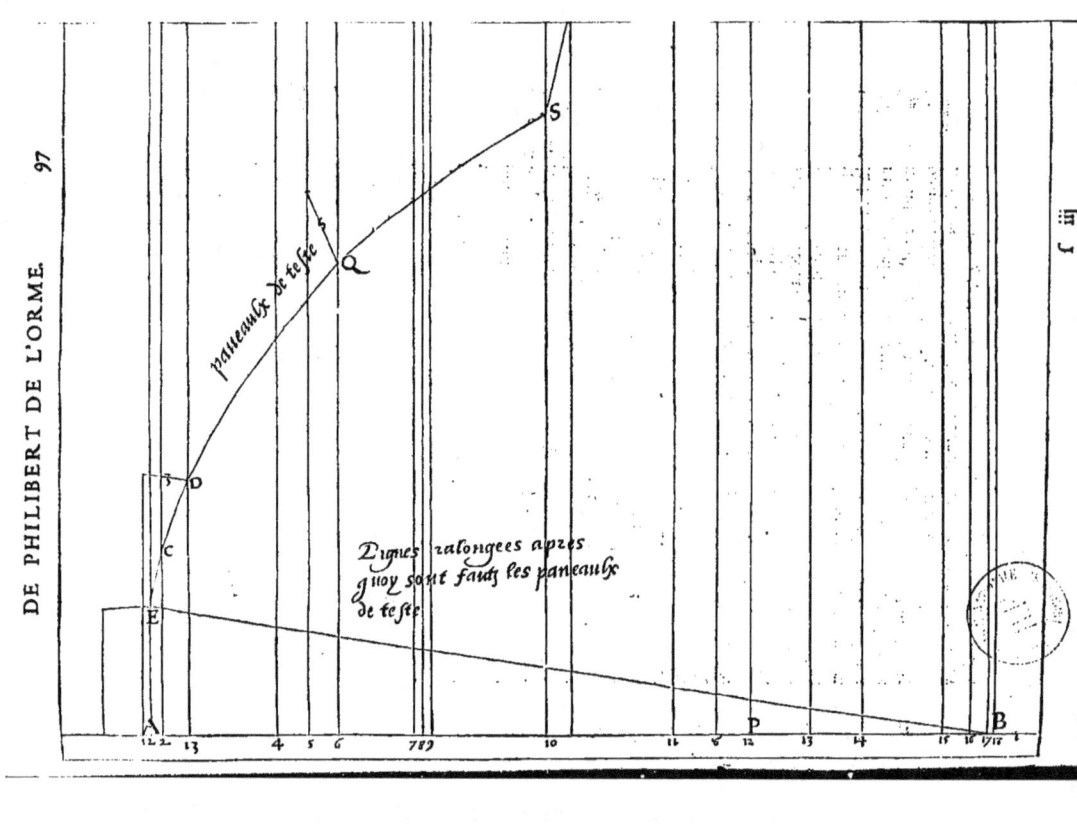

panneaulx de teste

Lignes ralongees apres
quoy sont faicts les paneaulx
de teste

Les lignes de pente se prennent en ceste sorte, pour trouuer les hauteurs du cyntre & paneaux de teste. Vous presentez le cōpas sur la figure du plan cy-deuant proposé, & ce que vous trouuez du poinct de A à celuy de 3, vous le portez sur la figure des lignes de pente cy apres descrite, & le mettez aussi de A au poinct de 3, & à l'endroit vous tirez vne ligne perpendiculaire, sur celle de A B. Ce faict vous prenez la hauteur sur le plan de la figure precedente, du poinct de 3 à celuy de 19, laquelle vous marquez au lieu de D en ladicte figure des lignes de pente. Apres ce vous

tirez vne ligne du poinct de A à celuy de D, tant lōgue que vous voulez, & retournez sur le plan precedent pour prēdre la distance du poinct de 3 à celuy de 13, qui est sur l'extremité de la trompe, laquelle distance vous portez de rechef à la ligne de pente, comme vous le voiez de 3 à 5, & tirez vne perpendiculaire qui est parallele à celle de 3 & D, & là ou elle entrecouppe la ligne de pente au lieu de 13, vous prendrez ceste hauteur de 5 à 13, & la porterez sur la figure des lignes ralōgées, la mettant depuis le poinct de 13, iusques au poinct de D, qui vous monstre la hauteur & l'endroit ou doit tomber perpendiculairement le second ioinct que vous voyez marqué 19 en la deuxieme figure du plan de la trompe, & se trouue sur le coussinet, comme vous auez entendu par les premieres figures cy-deuant. Et à fin que vous le puissiez bien

retenir nous proposerons encores vn autre exemple. Remettez le compas sur le plan du poinct de A au poinct de 2 sur la ligne C B, & apportez telle distance en la figure des lignes de pente, la mettant sur la ligne de A au poinct de 2, & tirant vne perpendiculaire sur la ligne A B. Cela faict vous retournerez à la figure du plā, & prēdrez la hauteur depuis le poinct de 2 iusques au poinct de 18, & la rapporterez sur les lignes de pente, puis la mettant du mesme nombre de 2 à 18, tirerez la ligne de pente du poinct de A audit 18, tant longue que vous voudrez. Apres vous tirerez vne autre ligne parallele, & de telle distance comme vous la voyez au plan, du poinct de 2 à celuy de 12, tousiours sur l'extremité de la trompe, & la rapporterez à ladicte ligne de pēte, pour faire vne parallele à celle de 2 & 18, ainsi que vous voyez 12 & C. & ou c'est qu'elle entrecouppe la ligne de pente au lieu de C, vous prendrez

la hauteur comme de C à 12, & la porterez en la figure des lignes ralongées, ainsi que vous le voyez marqué de 2 & C. Cela vous monstre iustement la hauteur pour faire les cerches ralongées, & paneaux de teste. Ainsi se trouueront toutes les autres lignes, cōme vous voiez celle de Q & 6, & de S & 10. Mais notez que vous ne trouuerez seulement le dessous & pourfil de la trompe, ains auſſi le deſſus pour la largeur des paneaux de teſte, & meſmes pour les paneaux des ioincts, comme plus amplement vous le co gnoiſtrez cy apres,& l'auez auſſi peu comprendre par cy-deuant.

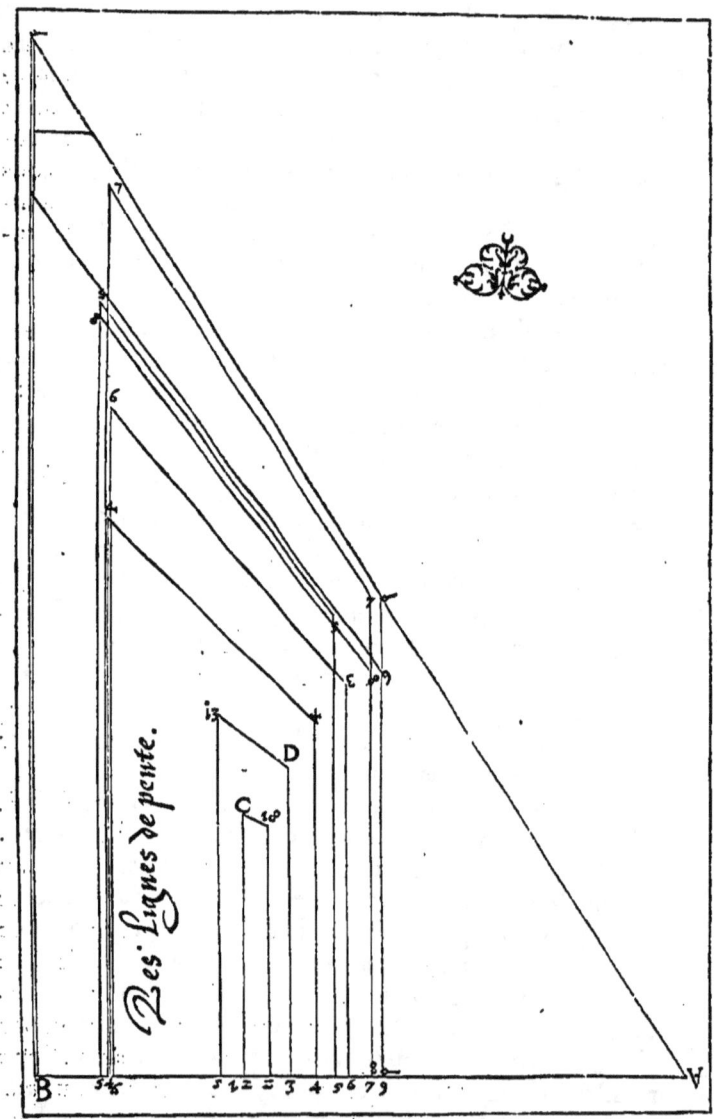

Pour monſtrer côme apres cecy vous trouuerez les paneaux des doiles, tant pour le deſſoubs que pour le deſſus, nous auons adiousté la figure qui est cy apres intitulée au dedans, paneaux de doile. Mais il fault tousiours vous ayder de la figure du plan, & aussi de l'autre figure qui l'ensuit, auecques telle escriture, Paneaux de teste, ou bien, lignes ralongées. Tout premierement doncques, à fin de faire le coussinet, vous prenez sur le plan, ce qui est du poinct de A à C, & portez la distance en la figure des paneaux de doile cy apres descrite: laquelle distance vous mettez de A au poinct de E, & en tirez vne ligne: puis vous colloquez la mesme distance sur la ligne de C B, tenant vne poincte du compas au lieu de C, & l'autre demeurant ferme sur ladicte ligne, se stendra iusques à ce qu'elle touche le poinct de F, à la ligne perpendiculaire C F, & la distance y estant prinse, sera portée aux paneaux de doile, & mise du poinct de A à celuy de F, duquel sera tirée vne autre ligne & prinse la hauteur du coussinet à ladicte figure du plan, comme de C F, laquelle sera aussi portée à la figure des paneaux de doile depuis E iusques à F, pour en tirer la troisieme ligne, qui monstre le paneau du coussinet de la trompe, c'est à dire la premiere assiette des pierres de la voute de la trompe qui est à pied droict, & monstre la hauteur de son rempant.

Pour trouver les paneaux de teste, tant pour le dessoubs que dessus.

Nous ferons encores par forme d'exemple vne autre demonstration pour trouuer le paneau de la seconde assiette, & aussi pour voir comme on se peult ayder des paneaux de teste. Vous reuiendrez doncques au plan & remettrez vostre compas sur le centre A, l'estendant iusques au poinct de 13 iustement sur l'extremité de la trompe: cela faict vous apporterez la distance en la figure des lignes ralongées, tenant le compas par vne de ses branches sur le poinct de 13, & l'autre poinct bien fixe sur la ligne ralongée qui est A B. Puis vous ouurirez ledit compas iusques à ce que vous touchiez le poinct de D, & porterez la distance en la figure des paneaux de doile cy apres descrite, & la mettrez depuis le poinct de A iusques au poinct marqué G. Cela faict vous prendrez en la figure des paneaux de teste, la distace de D, iusques au poinct de E, & la porterez aux paneaux de doile depuis le poinct de F à celuy de G, qui monstre iustement la largeur du paneau de la seconde piece, comme vous le pouuez cognoistre par ladicte figure. Et par ainsi les trois lignes A G, G F, F A, figurent le paneau. Et pour autant que ledit paneau ne se trouue point droit par le deuant, à cause des rondeurs, il fault chercher vne autre ligne par le milieu, (comme vous la voiez marquée 2) qui se trouue par mesme moyen & façon que la derniere, & les trois poincts, comme vous voiez F O G, se trouuent auec le compas: ainsi vous faudra il trouuer ceux de G I H, & autres. Quant aux paneaux de

L'auteur se expliquer par plusieurs sortes d'exeples & demostrations.

doile par le deſſus,& paneaux de ioinchs, comme ceux que vous
voyez marquez 3, 5, & ſemblables, ils ſe trouuent par meſme façon & meſme methode. Qui eſt la cauſe que ie me deporteray
d'en faire plus longue eſcripture: ioinch auſſi que vne façon enſei- *Vne façon de traict enſei-*
gne les autres. Si quelqu'un en doubte & deſire d'en ſçauoir *gner les au-*
d'auantage, s'il luy plaiſt venir à moy, de bon cueur ie luy mon- *tres.*
ſtreray comme telles choſes ſe doiuent entendre & mettre en
œuure. Mais ie veux biē aduertir le lecteur que les pierres de toutes ſortes de trompes ſont plus difficiles à tailler que de beaucoup d'autres ſortes de traicts, pour autant qu'apres auoir fait vn
parement à la pierre pour la doile de deſſous, vous pouuez bien
traſſer ſon paneau iuſtement, mais pour les autres, comme pour
les paneaux de ioincts, paneaux de teſte, & auſſi paneaux de doile par le deſſus, gardez vous bien de les traſſer pour coupper la
pierre du premier coup, car vous la gaſteriez, & ne pourroit plus
ſeruir. Il fault doncques oſter vn peu d'vn des ioincts, & puis vn *Inſtruction*
peu du coſté de la teſte, ſemblablement du coſté de la doile de deſ- *pour les ou-*
ſus, & ainſi conſequemment vn petit de l'vn & petit de l'autre, *uriers & mai-*
& non point tout à vn coup, mais couppant ſi dextrement le tout *ſtres maçons.*
que vous puiſſiez armer voſtre pierre de paneaux tout autour
qui ſe rapportent iuſtement & ſe touchent l'vn l'autre par toutes
leurs extremitez, tant par les ioincts que par les doiles & par le
deuant, ou eſt le paneau de teſte, car ſi vous n'y preniez garde, vo
ſtre pierre ſeroit incontinent gaſtée, & ne pourroit ſeruir. Voila
ce que ie vous voulois propoſer & expliquer pour les traicts de
la trompe du chaſteau d'Annet, à fin que vous en ſçachies ayder
pour en faire de ſemblables. Vous pouuez eſtre aſſeurez, que ſi
vous ſçauez cognoiſtre ce traict icy, vous entendrez fort aiſémēt
toutes ſortes de trompes. Toutesfois pour ſatisfaire à pluſieurs *L'auteur vou*
gentils eſprits qui appetent choſes rares & ingenieuſes, ie leur *loir ſatisfaire*
propoſeray encores le traict de la trompe quarrée ſur le coing, *aux bons &*
laquelle ie deſcriray familierement pour donner intelligence *gētils eſprits.*
de tout, ainſi qu'il viendra à propos.

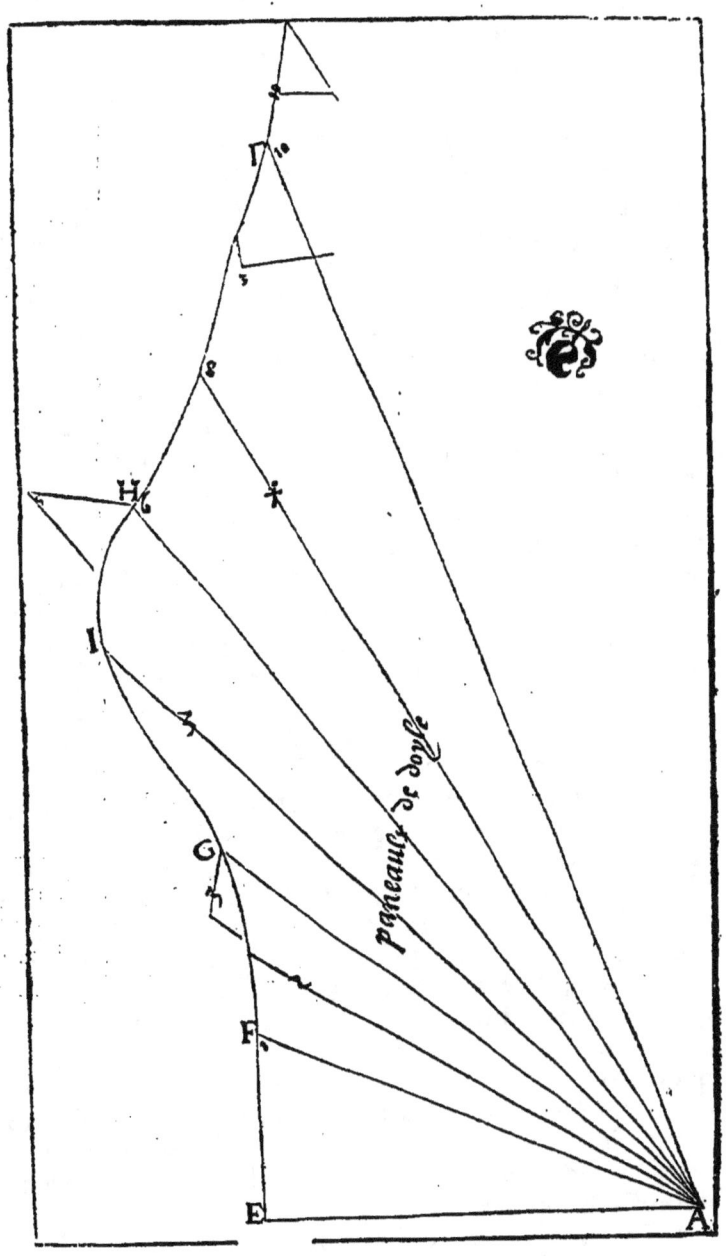

Panneaux de Doyle

Comme lon doit proceder à faire la trompe quarrée fur vn angle droict, poinctu, ou obtus, appellée des ouuriers, La trompe fur le coing. CHAPITRE V.

Vand vous voudrez faire vne trôpe quarrée fur l'angle d'une muraille, comme vous la voyez figurée cy apres fur l'angle marqué A (qui eft vn angle droict, & la faillie de la trompe toute quarrée, i'entend d'vn quarré parfaict eftant auffi large d'vn cofté que d'autre, côme il fe voit par les quatre angles droicts A D F E) pour y proceder vous tirerez en *Façon de la trompe quarrée fur l'angle d'une muraille.*

premier lieu vne ligne diametrale, ainfi que vous la voiez en C B, & fur icelle vous ferez la perpendiculaire A F, qui monftre le milieu de la trompe. Apres cela vous tirerez vn hemicycle de la largeur du deuant de la trôpe, comme fi vous la vouliez faire toute droicte fuyuât la ligne C B, & procedera ledit hemicycle du cêtre O, ainfi que vous le voiez par D F E. Cela faict vous tirerez encores vn autre hemicycle, côme il fe voit en B Y C, pour môftrer l'efpeffeur de la voute, & la feparation du nombre des pièces que vous y voudrez faire, qui font icy fept feulemêt, ainfi que vous les voiez marquées par autant de nombres. En apres vous tirerez les commiffures qui prouiennent du centre, & fe peuuent voir par X Y, V Z, T &, et ainfi des autres. Confequemment vous tirerez les lignes perpendiculaires defdictes cômiffures fur la ligne C B, comme vous les voiez en X G, Y H, V I, Z K, & ferez ainfi des autres, côme auffi du milieu des doiles, tant par le deffoubs que par le deffus, ce que pourrez cognoiftre au traict propofé cy apres. Ayant tiré toutes ces lignes perpédiculaires, vous mettrez la reigle fur l'angle au poinct de A, & de G, defquels vous tirerez vne ligne droicte iufques à l'extremité de la trompe au lieu marqué S, & continuerez ainfi toutes les autres, iufques à l'extremité de ladicte trompe prenant toufiours, comme pour leur centre, l'angle marqué A, comme vous le voyez par A H R, A I Q, A K P, A L O, & A M, & auffi A B. Mais il ne fault tirer telles lignes que d'vn cofté. Vray eft que fi la trompe eftoit plus longue d'vn cofté que d'autre, ou qu'elle fuft biaife, ou rempante, il les conuiendroit faire de tous les deux coftez, felon les perpendiculaires qui viendroient des commiffures de larc, & ainfi que le plan de la trôpe fe trouueroit, pour autant que les paneaux ne feroient tous féblables, & que ce qui eft propre pour vn cofté, ne le feroit pour l'autre. Tout eftant ainfi bien côduict, il fault tirer d'autres lignes à part, telles que vous les voyez en la prochaine figure.

Belle inftruction pour la fabrique de la fufdicte trompe.

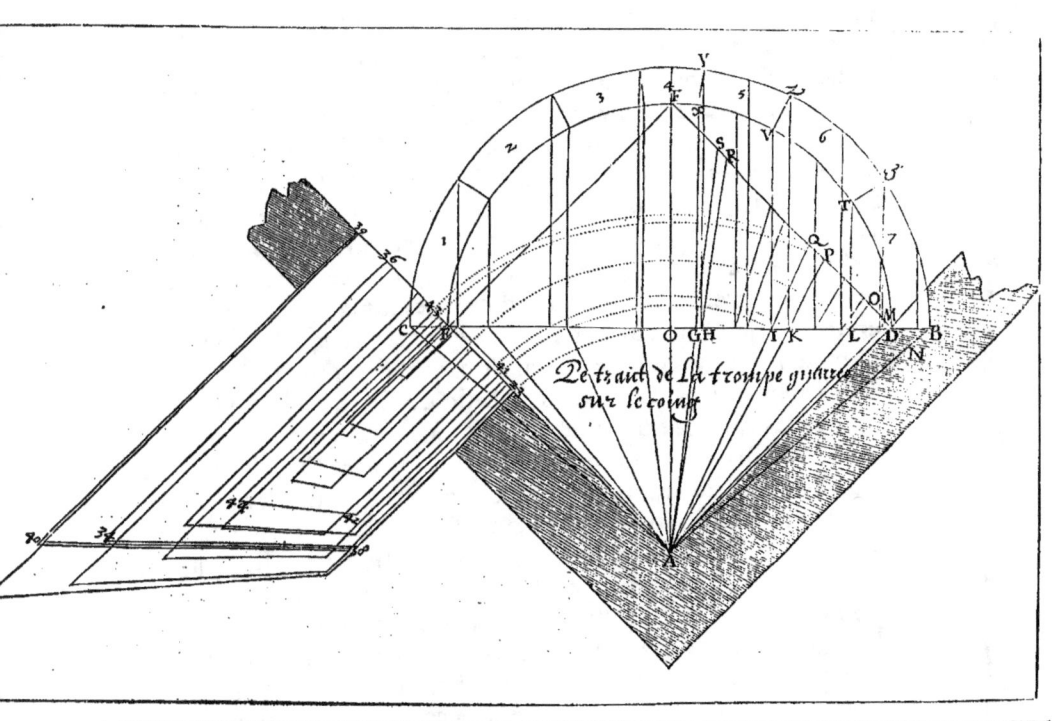

Le traict de la trompe quarrée sur le coing

Pour continuer l'inſtruction du ſuſdit traict, vous prendrez la largeur d'une des faces de la trompe cy-deuant propoſée, com- me de N à F, & y marquerez toutes les diſtances & largeurs, ainſi que vous les voiez du poinct de N à celuy de D, & de D à M, & les pouuez remarquer cy apres en la figure qui eſt pour faire les pa- neaux de teſte, au droit de la ligne marquée 9 & 17. Cóme quoy? vous prendrez en la figure du traict cy-deuant propoſée, ce qui eſt du poinct de N, au poinct de D, & le porterez ſur ladicte figu- re des paneaux de teſte, le mettant du poinct de 9, à celuy de 10. Puis vous retournerez à ladicte figure du traict, & prendrez la diſtance du poinct de D, au poinct de M, laquelle vous porterez à la figure ſuyuáte & mettrez du poinct de 10, à celuy de 11, con- tinuant d'ainſi prendre toutes les diſtances ſur le traict & plan de la trompe, cóme de M à O, de O à P, de P à Q, de Q à R, & de R à S, iuſques à F, qui eſt la poincte du deuant de la trompe. Cela faict vous portez leſdictes diſtances ſur la figure ſuyuante, & les met- tez du poinct de 11 à 12, de 12 à 13, de 13 à 14, de 14 à 15, à 16, & 17. En apres vous tirez les lignes perpédiculaires ſur la ligne 9 & 17 aux endroicts que vous aurez marqué. Pour trouuer la hauteur d'u- ne chacune ligne, & faire les paneaux de teſte pour la trópe, vous retournez à mettre le compas ſur la figure du traict, & en icelle prenez la diſtance du poinct de A, iuſques à O, au droict du cen- tre & milieu de la trompe, laquelle vous portez ſur la ligne A E, ainſi que le vous monſtrent les circonferences qui ſont faictes par petits poincts ſur le traict, puis ſur icelle ligne vous faictes vne perpendiculaire au lieu marqué 23, & y mettez la hauteur de voſtre hemicycle, comme elle ſe voit de O à F, la tranſportant du poinct de 23 à celuy de 38, & tirant vne ligne parallele de meſme largeur, comme vous la pouuez voir de 23 à 39, qui ſera tant lon- gue que vous voudrez. Apres cela vous tirez vne autre ligne du poinct de A au poinct de 38, iuſques à ce qu'elle entrecouppe la ligne qui prouient de 39, au lieu que vous voyez marqué 40, puis vous prenez la hauteur deſdicts 39, & 40, & la portez ſur la figure des paneaux de teſte cy apres deſcrite, la mettant du poinct de 17 à celuy de 25. Pour plus manifeſte declaratió de tout, nous ad- iouſterons ce qui ſenſuit. Mettez voſtre compas ſur le traict du poinct de A à celuy de I, en la figure precedente, & le marquez ſur la ligne A E au droit de 41, puis ſur icelle tirez vne perpendi- culaire, comme vous auez fait cy-deuant, & prenez la hauteur du poinct de I, à celuy de V, laquelle mettez du poinct de 41, à 42, cela fait vous tirez vne autre ligne parallele à celle de la lar-

*Demonſtra-
tion bié pour-
ſuiuie pour les
traicts de la
precedente
trompe.*

*Inſtruction
pour les pa-
neaux de te-
ſte.*

*L'auteur s'ex-
plique plus fa-
milierement.*

geur de l à Q, comme vous voyez que la circonference le vous
monstre par les petits poincts au lieu de 43, & la ferez si haulte
qu'elle se puisse trouuer & rencontrer auec celle qui se tirera du
poinct de A à 42, se venant entrecoupper au poinct de 44. En a-
pres vous prendrez la hauteur du poinct de 43 à celuy de 44, &
la mettrez sur la prochaine figure des paneaux de teste, du poinct
de 14 à celuy de 21. Par mesme moyen vous pouuez trouuer toutes les hauteurs des autres parties, tant au droict des commissu-

Belle & do-
cte poursuitte
de la demon-
stration pour
la figure sui-
uãt le present
chapitre.

res que par le milieu des doiles dessus & dessoubs, & faire de petites circonferences, comme vous auez fait sur le traict de la trópe en la figure qui est cy-deuant, pour parachever les paneaux de
teste, comme la circonference de O à 23, de I à 41, & celle que
vous voyez marquée L: mais il fault qu'elles tombent toutes sur
la ligne A E, ainsi que i'ay dit des autres circulaires cy dessus. Sur
telles lignes se doiuent tirer les perpendiculaires, ainsi que vous
en voyez beaucoup de faictes en la figure du traict, au droict des
lignes de pente, auec plusieurs paralleles & equidistances qui se
prennent depuis la ligne C B, iusques à l'extremité de la trompe,
au droit de la ligne D F, comme de L O, de K P, & ainsi des autres. Apres auoir fait telles paralleles sur les lignes de pente, vous
prenez toutes les hauteurs des commissures, ou des doiles, comme de I & V, G & X, & ainsi des autres, lesquelles vous apportez
depuis la ligne A E, & les marquez, ainsi que vous auez faict de
42 & 38. Et de telle marque au poinct de A, vous en tirez vne autre aussi grande qu'elle entrecouppe la ligne parallele que vous
aurez faicte: cela vous monstre depuis l'entrecouppeure iusques
à la ligne A E, la hauteur que vous aurez à faire pour la porter à
la figure qui est cy apres des paneaux de teste. Et pource que cecy n'est quasi que vne redicte de ce que ie vous ay proposé par

Facile inuen-
tió des lignes
pour les pa-
neaux.

cy-deuant, & aussi qu'il vous sera facile de trouuer ainsi tout le
reste des paneaux comme de 13 à 20, de 15 à 22, de 16 à 23, de 12 à 19,
& de 11 à 18, & en tirer d'autres petites lignes, comme du poinct
de 18 à 19, de 20 à 21, & de 22 à 23. Par semblable façon vous trouuerez les autres lignes par le milieu des paneaux pour tirer les
cherches ralongées pour les doiles, tant du dessus que dessoubs,
comme vous le pouuez cognoistre par la figure des paneaux de
teste cy apres descrite, en laquelle vous voyez lesdicts paneaux
de teste ainsi marquez: le premier entre les quatre nombres 9, 10,
19 & 18 : le second entre 18, 19, 21, & 20 : le troisieme entre les quatre lignes 20, 21, 23 & 22 : le quatrieme est fermé de quatre lignes
22, 23, 25 & 24, qui est la moitié desdicts paneaux de teste. Et com-

bien qu'il en faille autant de l'autre cofté, fi eft-ce que ie n'ay fait
que ceux-la que vous voyez cy-deffoubs, pour autant qu'il fuffit
pour mouler & traffer toutes les pierres par leurs teftes. Quant
aux paneaux de doile & des ioincts, vous les verrez defcrits cy
apres, en la figure qui enfuyura la prochaine, en laquelle vous
trouuerez efcript, Paneaux de doile, qui font tous marquez par
lettres de chiffre, comme vous le verrez plus à plein fpecifié &
defcript cy apres.

Aduertiffe-
ment de l'au-
teur digne de
noter.

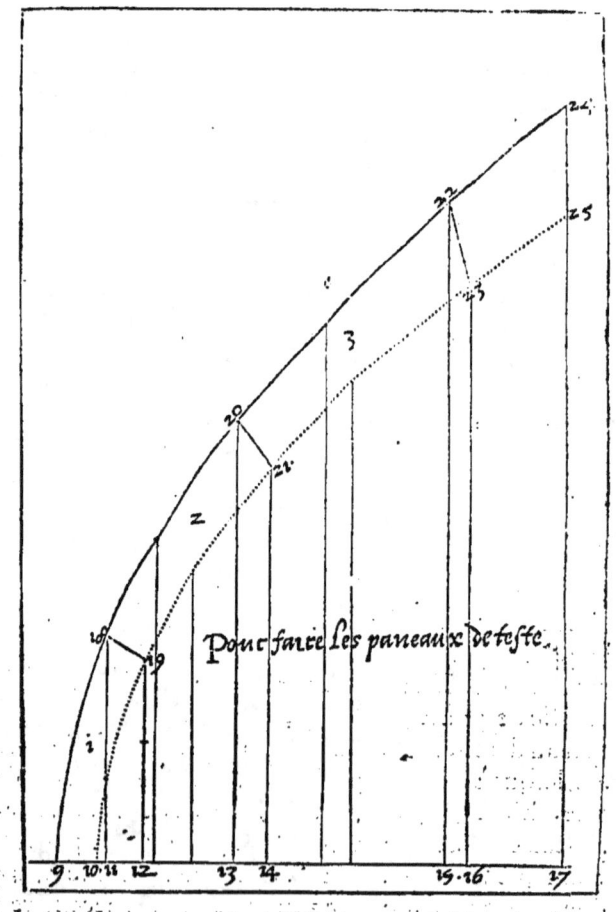

Pour faire les paneaux de tefte.

Quant à l'inuention & fabrique des paneaux de doile par le

Paneaux de doile par le dessoubs.

deffoubs d'une chacune pierre, comme pour la premiere, vous retournerez sur le traict de la trompe proposé cy-deuant, & prendrez auec le compas la largeur depuis le poinct de A, iusques à celuy de D, & la porterez sur la figure des paneaux de doile cy apres descrite, en la mettant du poinct de 41 à celuy de 42. Puis vous retournerez encores mettre voftredit compas sur ledit trait de trompe, le transportant du poinct de A, à celuy de O, vers l'extremité de la trompe, & apporterez la largeur en la precedente figure des paneaux de teste sur la ligne de 9 & 17, laquelle vous marquerez tenant la poincte du compas au lieu de 12, sur la mesme ligne, & l'eftendant iusques à ce qu'il touche le poinct de 19 au droict du ioinct : cela faict vous rapporterez telle longueur en la figure enfuiuât, & intitulée Paneaux de doile, depuis le poinct de 41, iusques à celuy de 43. En apres vous prendrez en la figure cy deffus inscripte, Paneaux de teste, la diftance qui eft depuis le poinct de 10, iufques à celuy de 19, & la porterez en la figure des paneaux de doile, la mettant du poinct de 42, à celuy de 43. Et ou fe fera la rencontre de la ligne 41 & 43, illec iuftement fera faict le premier paneau, ainfi que vous le voiez aux lignes 41, 42, & 43.

Pourfuite du moyen pour leuer les paneaux.

Le deuxieme paneau & tous autres fe leuent de mefme forte: Comme quoy? retournez mettre voftre côpas sur le traict à l'angle du poinct de A, au poinct de Q, & le rapportez en la figure des paneaux de teste sur la ligne de 9 & 17, au droict du poinct de 14, & tenant le compas ferme fur ladicte ligne, eftédez le iufques au poinct de 21, & portez telle longueur ou diftance fur la figure des paneaux de doile, la mettant du poinct de 41 à celuy de 44, & y faifant vne marque feulement. Puis prenez en la figure des paneaux de teste la longueur depuis le poinct de 19, iufques à celuy de 21, & la portez fur les paneaux de doile, du poinct de 43 à celuy de 44, & ou fe fera l'entrecoupeure fur la petite ligne ou marque qui a efté faicte auparauant, de là vous tirerez vne ligne côme eft celle de 44 à 41, & 44 à 43, & par ainfi vous aurez la figure & façon du deuxieme paneau de doile par le deffoubs, & ainfi des autres, lefquels vous cognoiffez, & l'endroit ou ils doiuent eftre, par les chiffres, 1, 2, 3 &c: tât aux paneaux de teste que de doile. Les paneaux de ioinct fe conduifent & trouuent par mefme moyen: ainfi que vous les voyez marquez aux lieux de 43, 44, 45

Conclufion eftant accompagnée d'vn beau aduertiffement.

& 46. Vous ayant ainfi monftré à tirer ce qui eft neceffaire tant pour la figure du traict de la trompe, que pour celle des paneaux de teste & paneaux de doile, il me femble que fera affez : car les ouuriers, auec l'aide du compas, d'eux mefmes pourront facile-

ment entendre le furplus, fans en tenir plus long propos: & auffi
que veritablement ie ne me fçaurois expliquer d'auantage, fi ie
ne monftrois vifiblement la pratique pour mettre le tout en œuure & execution manuelle. Ce que ie ne voudrois entreprendre
en tant d'occupations, & trefvrgents affaires qui fe prefentent &
me furuiennent de iour en iour.

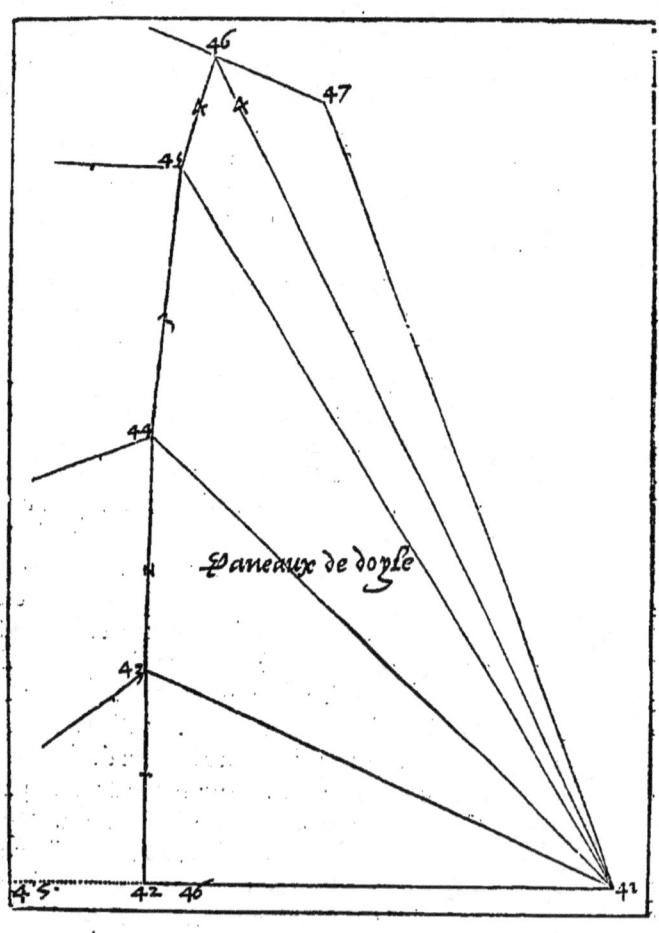

Description de la trompe qui aura vn angle obtus par le deuant
& sera la moitié ronde, & l'autre moitié droicte.

CHAPITRE VI.

Deliberation de l'autcur sur la description de plusieurs autres tropes.

I'Auois icy deliberé descrire bié au long plusieurs autres sortes de trompes, soubs la mesme metho-de que i'ay pris pour celle du chasteau d'Annet, & signamment la trompe quarrée qui est cy de-uant, à fin de monstrer plus particulierement tou tes ses parties, soit pour leuer les paneaux, ou pour autres choses qui y sont requises. Semblablement celle qui a vne moitié ronde par le deuant, & l'autre moitié droicte, auec d'autres qui sont creuses & concaues par le deuant, sans y omet-tre les doubles trompes estants l'une sur l'autre, c'est à dire telles qu'apres que l'une est faicte lon en peult faire encores vne autre par dessus, à fin de gaigner place pour côstruire plus grandes châ-bres, voire iusques à y faire des sales qui voudroit, & soubs telles formes qu'on pourroit penser, par le deuant rôdes, en talus, rem-

L'auteur a-uoir esté de-tourné de sa deliberation par le conseil deses amys.

pantes, biaises & autres, comme i'ay dict cy-deuant. Mais ayant esté conseillé par mes amys, qu'apres auoir suffisammét monstré la methode, preceptes & figures de quelques vnes, ie me deuois deporter d'en vouloir descrire d'autres si copieusement, i'ay de bon cueur acquiescé à leur conseil. Parquoy ie prie les lecteurs se vouloir contenter cy apres des traicts que ie figureray pour au-tres trompes auec bien peu d'explication. Comme pour la subt-sequente(qui est pour seruir à vn angle ainsi que celuy marqué Z qui a vne moitié ronde par le deuant, côme monstre la ligne cir-culaire marquée A, & l'autre droicte, soubs la lettre de B. Si est ce que ie ne me puis garder pour la beauté de son traict, qui est diffi-cile & quelque-fois fort necessaire, d'en dire quelque chose, à fin de conduire & acheminer les lecteurs à la familiere cognois-sance d'iceluy. Doncques apres auoir figuré le plan de la trompe

Declaration des parties de la figure pro-posée cy des-sous.

que vous voyez cy dessous, & auoir tiré vne ligne droicte par le deuant, ainsi que V O, & faict vn hemicycle par le dessus separé & distingué en sept pieces,(comme vous les voyez par les com-missures qui sont iusques au nombre de 6, marquées par lettres de chiffre, sans compter les premieres assiettes, ou, si voulez, le premier lict des pierres) vous tirez les lignes perpendiculaires des ioincts & des doiles, sur ladicte ligne V O. Puis vous retour-nez tirer lesdictes lignes du poinct de Z, qui est l'angle de la trôpe iusques sur l'extremité du deuant aux deux lignes A B. Cela faict vous prenez les distances & lôgueurs desdictes lignes A B pour

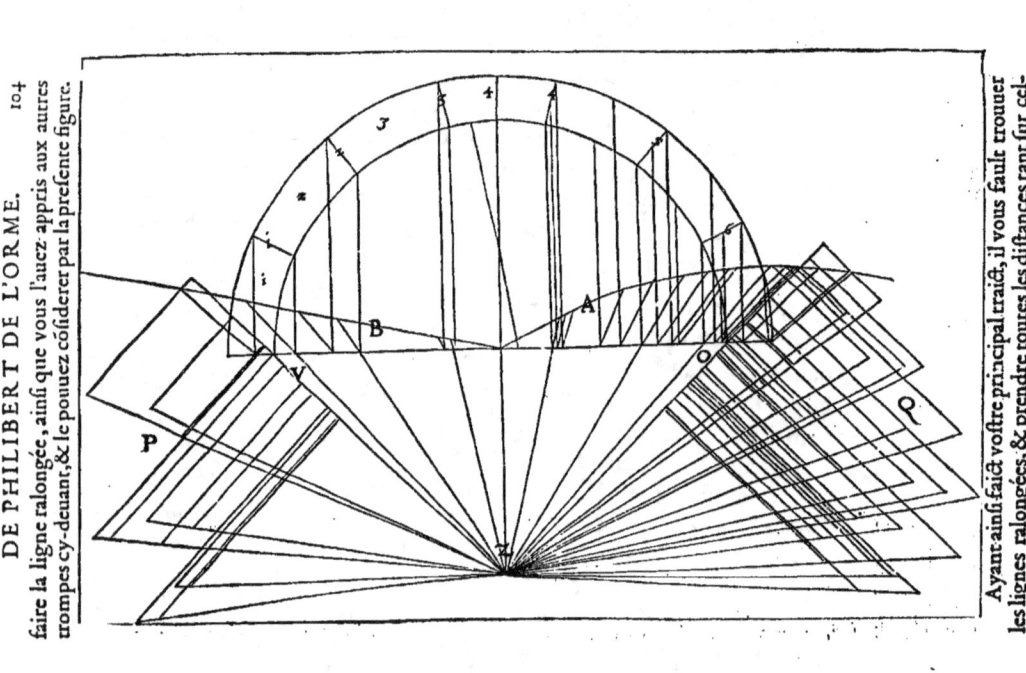

faire la ligne ralongée, ainsi que vous l'auez appris aux autres trompes cy-deuant, & le pouuez côsiderer par la presente figure.

Ayant ainsi faict vostre principal traict, il vous fault trouuer les lignes ralongées, & prendre toutes les distances tant sur cel-

le qui est droicte, que sur celle qui est circulaire, marquée A B en
la figure cy-deuant, & les rapporter en la figure suyuante, sur la
ligne marquée S T, ou sont erigées les lignes perpendiculaires
pour trouuer les paneaux de teste, qui sont marquez iusques au
nombre de 7, contre les characteres de *K*, ainsi que vous le voiez
aux deuxieme, quatrieme & septieme paneaux, trouuez apres les
Explication lignes de pente qui sont en la precedente figure, les vnes traslées
de la prochai- du costé P V, les autres du costé O Q, & se font de mesme sorte,
ne figure. comme vous l'auez appris cy-deuant au traict de la trompe quarrée & de celle d'Annet. Le tout est conduict de telle sorte, qu'il
me semble que vous ne pourrez faillir de l'entendre, & trouuer
lesdicts paneaux en presentant le compas sur les figures, pourueu
que vous souueniez des traicts que ie vous ay monstré ausdictes
trompes d'Annet, & celle qui est quarrée sur le coing, descrite cy
deuant.

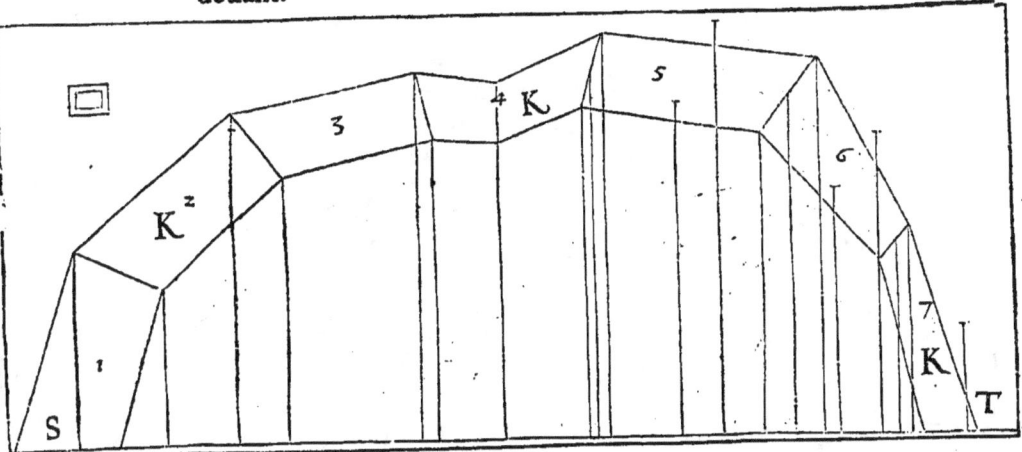

Premier que de laisser ce discours ie veux bien vous aduertir,
qu'en la figure cy apres descrite vous cognoissez les paneaux de
Explication doile pour tailler les pierres de la trompe, qui se trouuent droi-
de la figure cy ctes d'vn costé par le deuant, aux lieux ou vous voyez marqué C,
apres proposée & côtiennent depuis la ligne D, iusques à celle de E. & pour couper aussi les pierres, au droict ou se trouue la ligne circulaire vous
voyez les paneaux du costé de R, qui se cognoissent par le deuât,
depuis E iusques à F, & tous lesdicts paneaux sont separez par lignes qui prouiennent du centre signé H, comme vous les voyez
marquez par le deuant depuis D iusques à F, continuant le nombre de sept paneaux. L'endroit ou vous voyez marqué E, môstre
estre le paneau de la clef de la trope qui faict l'angle obtus, ayant

vne moitié droicte, & l'autre moitié faicte par lignes circulaires.
Vous voyez auſſi en ladicte figure, & en meſme lieu, les paneaux
de ioinct pour couper les pierres au droit des cómiſſures, eſtans *Continuation de ce que deſ-ſus.*
tous marquez par la lettre I, & par lettres de chiffre, iuſques au
nombre de 6, & ayant de petites lignes entrecroiſées, quaſi en forme d'eſtoille pour monſtrer le repere & marque qui ſe faict à fin
de trouuer leſdicts paneaux des ioincts, ce qui eſt aiſé à cóſiderer
aux figures cy-deſſus eſcrites : comme auſſi les paneaux de teſte
qui ſont en la figure cy apres propoſée tous reperez & marquez
par meſmes nombres, pour monſtrer ou chacun paneau ſe doit
accommoder en traſſant & couppant les pierres. Ie ne vous ſçau-
rois dire d'auantage ſur ce propos, ſi ce n'eſtoit que ie vouluſſe *Excuſe pro-poſée par l'au-teur.*
parler des paneaux de doile leſquels il fault faire par le deſſus,
mais pour autant qu'ils ſe font tout ainſi que les paneaux de doile que vous auez veu par cideuant, ie ne vous en feray autre diſcours pour ceſte heure.

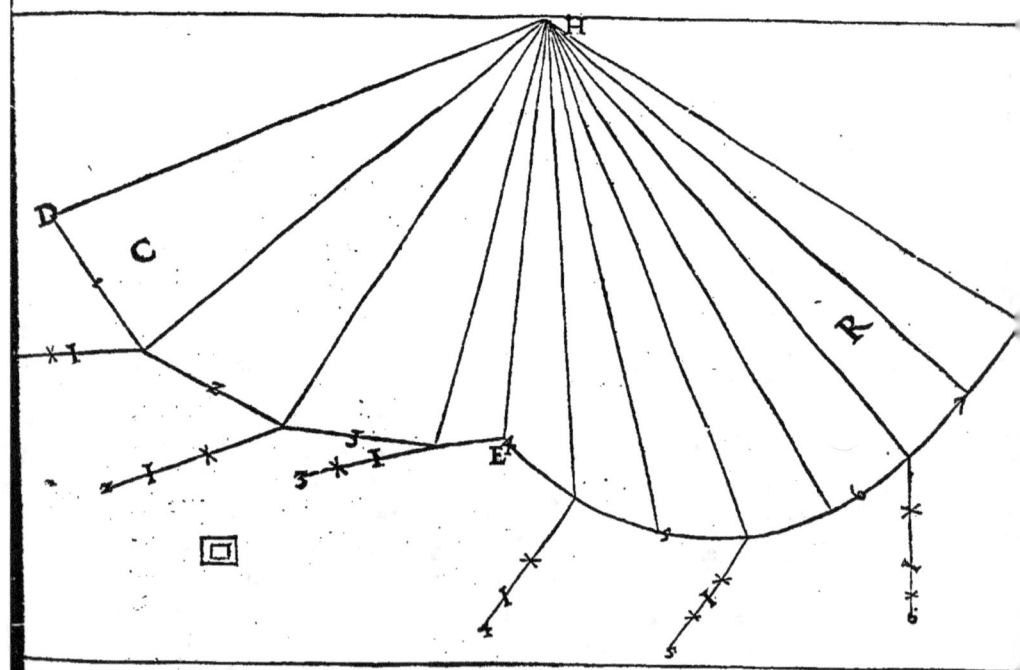

Le traict de la trompe rempante, creuse & concaue par le deuant,
estant plus haulte d'vn costé que d'autre, & aussi surbaissée.

CHAPITRE VII.

E delibere de vous monstrer icy vne autre sorte de traict pour faire vne trompe sur vn angle tel que vous le voyez marqué I, en la figure ensuy-uant, & les costez semblables comme I F, & I L. Vous remarquez ladicte trompe estre concaue et creuse par le deuant, suyuant la ligne BAC, la-

Declaration
de la figure
monstrant la
fabrique de la
trompe men-
tionnée au til-
tre du present
chapitre.

quelle nous auons figuré en ceste sorte comme si vous estiez con trainctz de la faire ainsi pour quelque vieille tour de maçonnerie que vous voulez faire seruir, ou bien pour suiure la forme d'vne cour qui seroit ronde ou ouale, & seriez contrainctz en faisant telle surpente de trompe, de la rendre concaue & creuse par le deuant, ou en quelque sorte que ce soit qu'en ayez affaire, & que encores il la faille conduire en rempant plus hault d'vn costé que d'autre, & que la voute soit surbaissée, & non en sa plaine mon-tée, pour seruir de montée en forme d'escalier par le dessus, ou autrement qu'en auriez affaire, ainsi que vous voyez la hauteur du rempant en la figure cy dessoubs proposée, depuis E iusques à F, & le rempant suyuant la ligne D E, sur laquelle vous faictes l'arc surbaissé, & non point en sa plaine montée, pour quelque contraincte que vous puissiez auoir: car il fault tenir la voute de la trompe basse, & non point haulte, ainsi que vous voyez la li-gne circulaire L K E, apres laquelle vous en faictes encores vne autre semblablemét circulaire pour trouuer l'espesseur de la vou-

Demonstra-
tion côtinuée
de la figure
ensuyuant.

te. Et ce faict, vous tirez les commissures de l'arc surbaissé, & en faictes des pieces iusques au nombre de 7, comme vous les voiez marquées par lettres de chiffre. Puis vous tirez desdictes commis-sures les lignes perpendiculaires sur la ligne D F. lesquelles vous conduisez aussi iusques à l'angle de la trompe au poinct de I, (ain-si que vous voyez qu'elles sont) & trouuez voz lignes de pente d'vn costé sur la ligne I L, comme vous voyez que ie les ay tirées, tout de mesme sorte que vous auez appris par cy deuant.

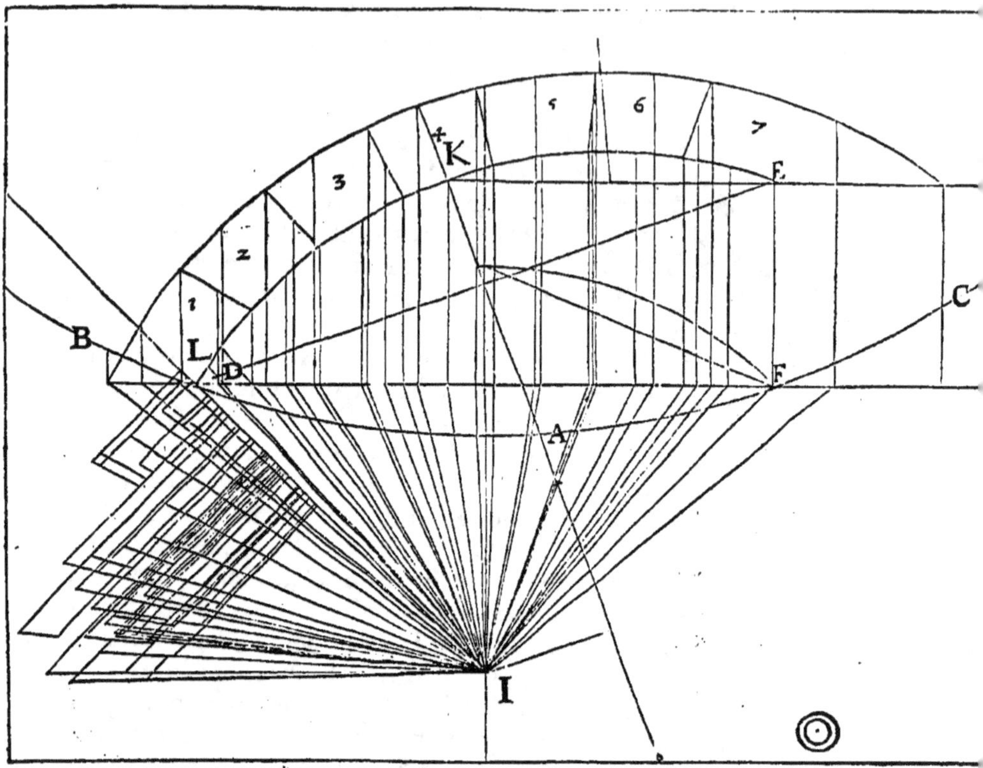

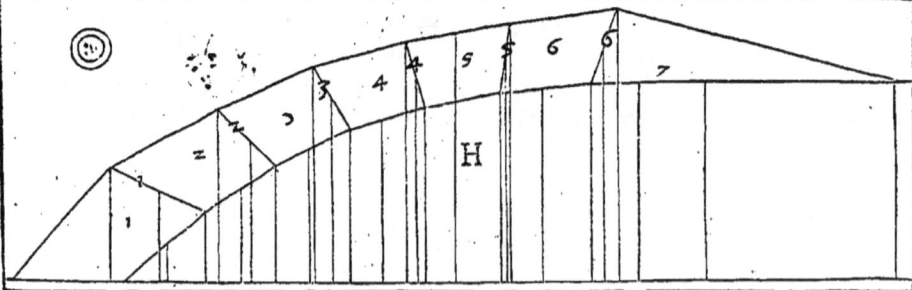

Apres auoir trouué les lignes de pente & hauteur de l'arc sur-
baisé rempant, vous trouuez les paneaux de teste, ainsi que vous
les voyez en la figure cy dessoubs descrite, marquez tous par nóbres de chiffre, tant au droict des commissures, que au droit desdicts paneaux de teste, comme vous le pourrez iuger par la presente figure.

La figure proposée cy apres monstre à trouuer les paneaux de
doile, estants tous reperez par le milieu, à fin de les faire apres les

trois poincts & reperé du compas, fuyuant la cherche & rondeur
dudit compas qui fy trouue. Vous voyez auffi en la mefme figure
les paneaux des ioincts, & les reperez de petites lignes entrecou-
pées quafi en façon d'eftoille, eftant le tout marqué par mefmes
nombres, comme vous auez veu aux paneaux de tefte en la figure precedente : & feruent pour monftrer comme doiuent eftre
les paneaux de ioincts des doiles par le deffoubs, pour traffer les
pierres à faire la trompe rempante, furbaiffée & creufe par le deuant. Toutesfois ie veux bien aduertir les lecteurs que ie ne trou-
L'auteur fe ue mes figures fi iuftement taillées que ie les auois protraictes,
plainct, que pour autant que les tailleurs ont couftume de mouiller, & quel-
fes figures luy quefois faire vn peu bouillir le papier de la protraicture, premier
ont efté mal que de le coller fur la planche, pour la conduite de leur taille. Et
taillées. felon ce qu'ils tirent ledit papier, il feftend d'vn cofté, & reftroif-
fift de l'autre. Qui eft caufe que ie ne trouue en beaucoup d'endroicts mes figures fi iuftes que ie les auois defcrites & proportionnées. Mais cela ne donnera empefchement ne retarde-
ment à ceux qui voudront prédre la peine de cognoiftre la Geometrie des traicts. Et encores que d'eux mefmes ils ne la fceuffent
entendre, ce ne leur fera deshonneur ne vitupere de fe retirer
vers ceux qui en ont le fçauoir & cognoiffance, à fin d'en eftre
inftruicts. Voila que ie vous voulois cómuniquer pour l'inuention & cóftruction de toutes fortes de trompes. Refte cy apres
pour continuer la fuitte de noftre Architecture, vous monftrer à
Preparation faire & conduire toutes façons de voutes, tant pour les Temples,
pour le dif- chappellés & eglifes, que pour fales, bafiliques, & autres grands
cours des cha lieux qu'on voudra vouter & faire de pierre de taille. Nous com
pitres fuiuãs. mençerons doncques à efcrire des voutes modernes pour feruir
d'exemple à celles que cy apres ie vous propoferay.

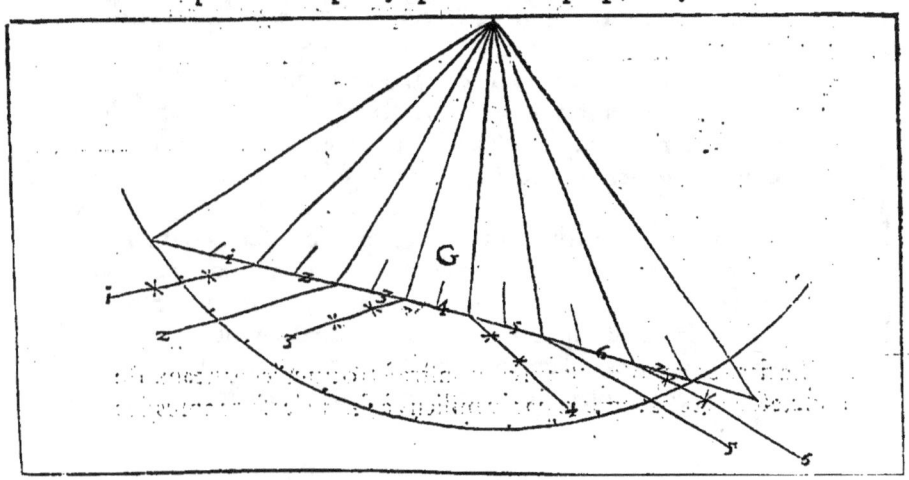

Des voutes modernes, que les maistres maçons ont accoustumé
de faire aux eglises, & logis des grands seigneurs.
CHAPITRE VIII.

LEs maistres maçons de ce royaume, & aussi d'autres pays, ont accoustumé de faire les voutes des
eglises esquelles y a grande espace (comme sont
grandes sales) auec vne croisée qu'ils appellent
croisée d'ogiues. Aucuns y vsent de liernes, formerets & tiercerons, auec leurs doubleaux, &
plusieurs autres sortes de branches, lesquelles ils mettent dans
les voutes: les vnes en forme de soufflet, qui sont formes rondes,
& rampent pour rencontrer les branches. Telles choses sont difficiles à conduire, principalemét quand on y veult faire vn pendentif par dessus qui soit de pierre de taille, & s'accommode iu-
stément sur les branches ou arcs de pierre, qui sont tous d'une
mesme grosseur, & correspondants aux moulures des croisées
d'ogiues, liernes, formerets, & autres. Ces façons de voutes ont
esté trouuées fort belles, & s'en voit de bien executées & mises
en œuure en diuers lieux de ce royaume, & signamment en ceste ville de Paris, comme aussi en plusieurs autres. Auiourd'huy
ceux qui ont quelque cognoissance de la vraye Architecture, ne
suiuent plus ceste façon de voute, appellée entre les ouuriers La
mode Françoise, laquelle veritablemét ie ne veux desprifer, ains
pluftoft confesser qu'on y a faict & pratiqué de fort bons traicts
& difficiles. Mais pour autant que telle façon requiert gráde bou
tée, c'est à dire grande force pour seruir de poulser & faire les
arcs boutans, à fin de tenir l'œuure serrée, ainsi qu'on le voit aux
grandes eglises, pource est il que sur la fin de ce present chapitre
pour mieux faire entendre & cognoistre mon dire, ie descriray
vne voulte auec sa montée, telle que vous la pourrez voir soubs
la forme d'vn quarré parfaict, autant large d'vn costé que d'autre, ou vous remarquerez la croisée d'ogiues, ainsi appellée des
maistres maçons, qui n'est autre chose que l'arc ou branche allant
diametralement ou diagonalement (selon diuerses situations de
la figure) d'vn angle à l'autre, comme vous le voyez aux deux lignes marquées B, qui monstrent ladicte croisée d'ogiues. Vous y
aperceuez aussi vne autre croisée estant tout au contraire, car au
lieu que celle d'ogiues procede des angles, ceste cy regarde le mi
lieu de la face du quarré parfaict, ainsi qu'il se voit par les deux lignes marquées C, l'une estant au droict de D, & passant par le milieu du centre signé A, & l'autre faisant vne perpendiculaire sur

*Façon de dres-
ser & condui-
re les voutes
du temps pre-
sent.*

*L'auteur ap-
prouuer la fa-
çon moderne
des voutes,
toutesfois ne
s'en vouloir
ayder.*

*Que c'est que
croisée d'ogi-
ues.*

V

celle la, cóme vous le voyez en la ligne A E. Toutesfois les branches marquées C, ne vont point iusques à l'extremité de la voute, ains demeurent au droit de la clef marquée H, & sont appellées Liernes par les maistres maçons & ouuriers. Vous voyez aussi d'autres branches qui procedent des quatre angles, comme celle de F H,& vne autre marquée T, & semblables qui vont rencontrer les liernes à la clef aux lieux marquez H. telles branches s'appellent tiercerons ou tiercerets par les susdicts maistres maçons & ouuriers. Il y a aussi d'autres branches qui ne sont que moitié de la grosseur de l'ogiue ou tierceron, appellées formerets, & se mettent à l'extremité de la voute au long des murailles marquées D. D'auantage il y a certains arcs appellez doubleaux, qui font les separations des voutes, & se mettent ainsi au lieu marqué E, mais ils sont de plus grande espesseur que les ogiues, tiercerós, ou autres, & enrichis de telles moulures que lon veult. Il y a encores le tas de charge. Ce sont les premieres pierres que on voit sur les angles, & monstrent le commencement & la naissance des branches, des ogiues, tiercerons, formerets, & arcs doubleaux, commé celuy qui est au lieu de F. On peult aussi remarquer sur les branches au lieu signé I, les petits moulés des ogiues ou se mettent tels ornements de moulures qu'on veult, suyuant lesquels on moule & taille les moulures qu'on veult faire aux croisées d'ogiues, liernes, tiercerós & formerets. Apres que vous estes ainsi aduertis des nós & parties de la voute laquelle ie vous propose cy apres, vous y recognoistrez consecutiuemét sa montée aux lignes circulaires descrites au dessus du plan de ladicte voute, comme aussi celle des ogiues marquée O, des tiercerons marquée T, des formerets & doubleaux signée E, & des liernes signée L, comme vous le pouuez remarquer & cognoistre auec le compas, en prenant tousiours la longueur des branches sur le plan & commençant aux angles, ainsi que de F à A, pour la moitié de la longueur de l'ogiue qui faict la diagonale, suyuát laquelle on faict sa montée, & ainsi des autres parties, lesquelles il fault chercher par mesme façon. Car à vous dire la verité, ie n'en sçaurois gueres enseigner d'auantage, si ie ne le vous monstrois par effect & pratique, qui me seroit pour le present impossible. Mais ie ne veux oublier de vous aduertir qu'il y a en ceste figure de voute quelque autre chose beaucoup plus difficile que le precedent, c'est la façon du pendentif de pierre de taille estant par dessus les ogiues, tiercerons, & liernes. Laquelle se cognoist au plan par les lignes paralleles entre D F, toutes rapportées à la montée sur la ligne marquée 1,2,3, iusques au nombre de 12, ainsi que vous les

Quelles choses font liernes.

Quelle chose sont tiercerons ou tiercerets, comme aussi formerets.

Que c'est que le tas de charge en vne voute.

De la montée de la voute et de ses parties.

Bon aduertissement pour la façon du pendentif.

y voyez tirées perpendiculairement & equidistamment, iusques
à la hauteur des circonferences & montées des ogiues, liernes &
autres. Vous voyez d'auantage sur le plan quelques autres lignes
paralleles qui vont quarrément, & le rapport qui sen faict à la figure estant aupres de la montée, ou elles sont toutes marquées
par mesmes nombres, à fin que vous les puissiez mieux cognoistre au rapport du compas, & prendre les hauteurs pour les de-
gauchissements d'une chacune piece, comme vous le pouuez remarquer au costé de ladicte figure, en plusieurs lignes paralleles
& rempantes par le dessus, suyuant lesquelles on prend le desgau
chissement pour tailler les pierres des pendentifs : estant le tout
marqué par mesmes nombres de chiffre qui se rapportent vn cha
cun en son endroit, tant à la montée des branches d'ogiues, & autres, que sur le plan. Il me semble que cecy deura suffire. Si quelques vns desirent d'en sçauoir d'auantage pour le pratiquer, fault
qu'ils sadressent aux Architectes ou maistres maçons qui l'enten
dent. Car il est malaisé de le pouuoir mieux expliquer, que par
œuure & effect, c'est à dire en demonstrant au doigt & à l'œil
comme les pierres se doiuent trasser & assembler. Doncques
vous contenterez, sil vous plaist, de la presente figure accompagnée du precedent discours.

Continuation du discours des parties de la figure de voute ensuyuant.

La pratique des traicts estre beaucoup plus seure que la theorique.

v ij

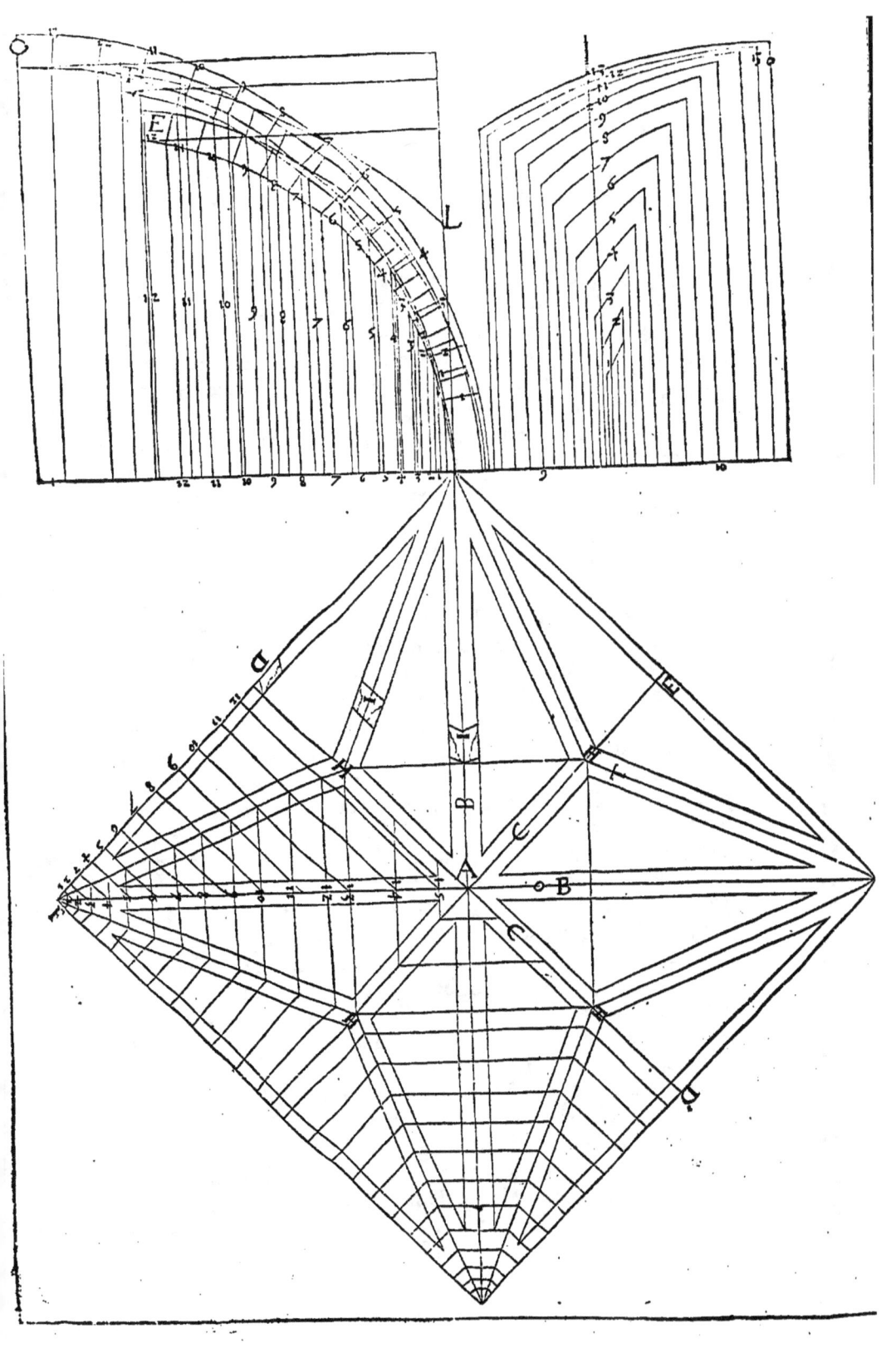

D'une autre sorte de voute moderne pour une eglise: laquelle est
faicte au droit du grand autel , vulgairement appellée
crouppe, ou bien cœur de l'eglise. CHAP. IX.

Ous auez doncques veu comme les ouuriers ont
coustume de vouter les eglises par diuerses sortes de branches, & diuerses montées, tant à leurs
ogiues, que liernes, tiercerons, formerets, & autres, ainsi qu'il se peult voir par la figure precedéte. Outre laquelle, i'ay aussi faict celle que vous *Autre façon*
voyez cy dessoubs, pour monstrer comme on peult faire lesdi- *de voute pour*
ctes voutes au droict du cœur, ou, si vous voulez, du grand autel, *les eglises.*
sur la forme d'vn demy octogone. Ladicte voute sera forte pour
les branches qui y sont entreliées, & s'entretiennent toutes ensemble, côme vous le voiez, & le pourront bien aisément iuger
ceux qui ont la pratique des traicts Geometriques. Ie n'ay cy mis
que certaines lignes pour monstrer côme doiuent aller les branches, & non point les espesseurs des ogiues, doubleaux, & autres,
pour autant que les ouuriers les sçauront bien faire. Par le dessus,
au lieu marqué A, vous voyez la montée tant des ogiues, que des
liernes & tiercerons, lesquels vous pouuez cognoistre & appren
dre par le compas, à fin que ie ne vous en face long discours, qui
me semble n'y estre necessaire, comme aussi de vouloir parler du
pendentif que lon met par dessus les branches: ioinct que la plus
part des pendetifs de voutes d'eglises, ne se font de pierre de taille, comme est celuy que i'ay monstré cy-deuant: peult estre qu'il
n'est permis à tous de les faire tels, pour la difficulté qui sy presen- *Pourquoy*
te. Et de la vient que souuét on les faict de brique, ou de quelque *c'est que tous*
pierre tédre de moilô. Pourueu que les couches des licts de la ma *pendetifs des*
çonnerie soient tousiours faictes par lignes droictes, & qui pro- *voutes d'egli-*
uiennent du centre dont est tirée la montée, & que les branches *se ne sont de*
soient conduictes à droite ligne, & par le dessous auec leurs cyn- *pierre de*
tres, sans que leur circonference face aucun iarret, les ouuriers *taille.*
ne sçauroient mal faire. Mais il ne fault oublier que le tout doit
estre conduict suyuant la circonference du compas, apres lequel
auront esté tirées les bráches des voutes, ainsi qu'il se voit au lieu
marqué A. Sur tout il fault vser des plus petites cômissures qu'on
pourra, à fin qu'il n'y faille de grandes escailles, qui sont morceaux de bois qu'on met entre les ioincts. Il ne fault aussi y em- *Aduertisse-*
ployer grand mortier, ains seulement les abreuuer de laictance, *ment sort di-*
qui est la graisse de la chaux, resemblât à du laict, dont elle prend *gne de noter.*
le nom. Telles voutes faictes ainsi, dureront long temps.

V iij

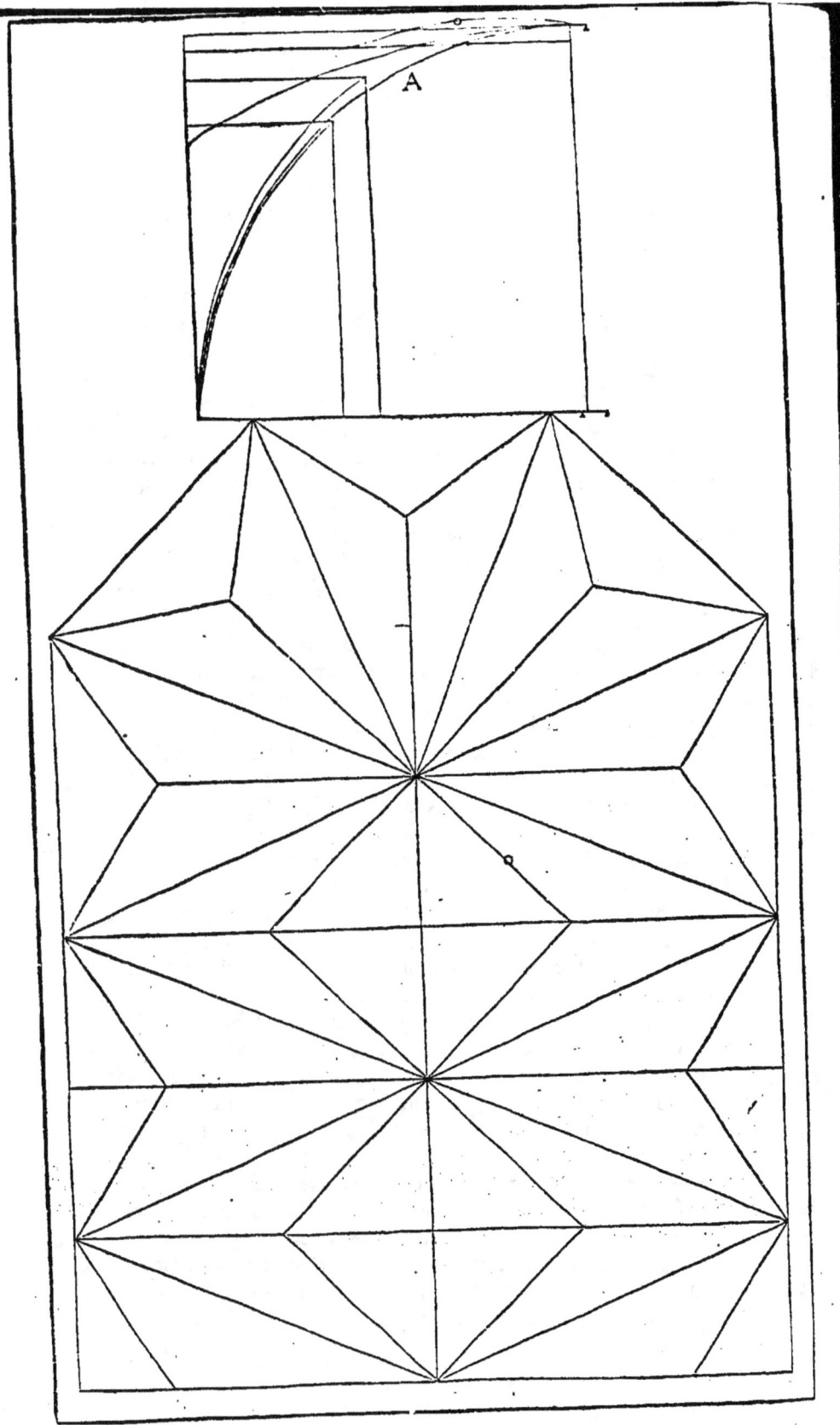

A

D'vne voute à croisée d'ogiues, ayant vne clef surpendue.
CHAPITRE X.

L'auteur cercher tous moyens pour se faire bien entendre.

POur faire entendre & cognoistre plus facilemēt ce qu'on appelle branches des voutes, croisées d'ogiues, formerets, & doubleaux, aussi pour mō strer comme les pendētifs se mettent sur les branches, ie me suis aduisé de m'ayder d'une figure extraicte du liure de nostre nouuelle inuention de charpenterie, lequel ie fis imprimer l'an mil cinq cens soixante & vn, monstrant en iceluy, entre plusieurs autres choses, cōme lon peult autant bien faire les branches d'ogiues, de charpenterie ou menuyserie, cōme de pierre de taille. Et outre ce, comme on y peult appliquer des clefs surpendues, c'est à dire des dernieres pierres qui fermeront les voutes, & seront si longues qu'on voudra, & plus basses que la voute de quatre ou six pieds & plus, (ainsi qu'il plaira à l'ouurier, & la commodité de la longueur des pierres qu'il aura le permettra) en accompagnant lesdictes clefs d'autres petites branches d'ogiues, comme vous le verrez en la figure cy apres exhibée, laquelle ie vous propose, comme si la voute estoit erigée sur deux murailles par dessus les corniches. La

Explication de la figure ensuyuant le present chapitre.

quelle voute monstre ses doubleaux aux lieux marquez E, & les formerets estants au long des murs aux lieux signez F. La croisée d'ogiues se voit par les deux brāches qui s'entrecouppent & croisent au lieu de la clef, soubs les marques A B, laquelle croisée, formerets & doubleaux ie figure comme si tout estoit en hemicycle: toutesfois quand on veult faire telles voutes, & y mettre des culs de lampe & clefs surpendues, comme vous en voyez vne en ceste cy marquée C, on faict, ou doit lon faire, lesdictes branches d'ogiues plus hautes que l'hemicycle: & d'une circonference, que les ouuriers appellent à tiers poinct, & de hauteur plus ou moins, à la volunté de l'ouurier: elles se tirent de deux centres, au lieu que l'hemicycle ne se tire que d'vn. Telles clefs surpēdues sont à propos pour cela, par autant qu'il est bon que la voute soit chargée par le milieu, quand elle est ainsi faicte à tiers poinct, ou plus hault que son hemicycle: car ainsi qu'on charge de maçōnerie les reins de la voute, par dessus les stats de charge, ladicte voute souure par le milieu, comme voulant monter contremont: mais telle clef surpendue l'empeschera pour raison des branches qui s'assemblent à ladicte clef, aux lieux que vousvoyez marquez D, cela charge & tient la voute en raison. Les ouuriers ne font pas seulement vne clef surpendue au droict de la croisée d'ogi-

Quand c'est que les ouuriers font plusieurs clefs surpendues.

ues, mais auſſi pluſieurs, quand ils veulent rēdre plus riches leurs
voutes, comme aux clefs ou ſaſſemblent les tiercerons & liernes
& lieux ou ils ont mis quelquefois des rempants, qui vont d'une
branche à autre, & tōbent ſur les clefs ſurpēdues, les vnes eſtants
circulaires, les autres en façon de ſoufflet, auec des guymberges,
mouchettes, claire-voix, fueillages, creſtes de choux, & pluſieurs
beſtions & animaux : qui eſtoient trouuez fort beaux du temps
qu'on faiſoit telles ſortes de voutes, pour lors appellées des ouuriers (ainſi que nous auons dict) voutes à la mode Françoiſe. Et
iaçoit qu'auiourd'huy lon ne ſen ayde gueres, & qu'elles ſoient
bien peu en vſage, ſi eſt-ce qu'elles ſont tres difficiles, ſignamment quand on les accompagne de pendentifs de pierre de taille. Qui ne ſont autre choſe, ainſi que nous diſions cy-deuant,
que la maçonnerie qu'on met par deſſus les branches, comme
vous le pouuez cognoiſtre & remarquer en la figure enſuyuant,
au lieu de A B. Quand leſdicts pendentifs ſont faicts de brique
ou petites pierres de maçonnerie, ils ne ſont tant difficiles : mais
les faiſant de pierre de taille qui touche iuſtement ſur les branches, les pieces ſy trouuent deſgauchées, biaiſes, & d'eſtrange
figure, ſelon l'œuure qu'on faict, qui ſe monſtre fort belle & tres
difficile à conduire. Par ainſi la prochaine figure vous faict cognoiſtre comme ſont les branches des voutes, & qu'elles ſe peu-

*Concluſion de
ce preſent cha-
pitre & de ſa
figure.* uent faire auec clef ſurpendue & pendentif par le deſſoubs. Et
iaçoit que ladicte voute figurée, monſtre auoir eſté faicte à propos pour quelque charpenterie à cauſe des trous & mortaiſes
qui y ſont marquées pour appliquer cheuilles & liernes, & auſſi
que la clef ſurpendue ſemble eſtre vne piece de bois quarré, ſi
eſt-ce que par la meſme ſorte vous pouuez faire voutes de pierre
de taille, qui eſt choſe beaucoup plus à propos que de les faire de
bois. Ladicte figure enſuyuant vous mettra deuant les yeux le diſcours contenu au preſent chapitre & texte. Qui ſera ſans plus
parler de telles voutes modernes, appellées, ainſi que nous auōs
dit, voutes de la mode & façon Françoiſe.

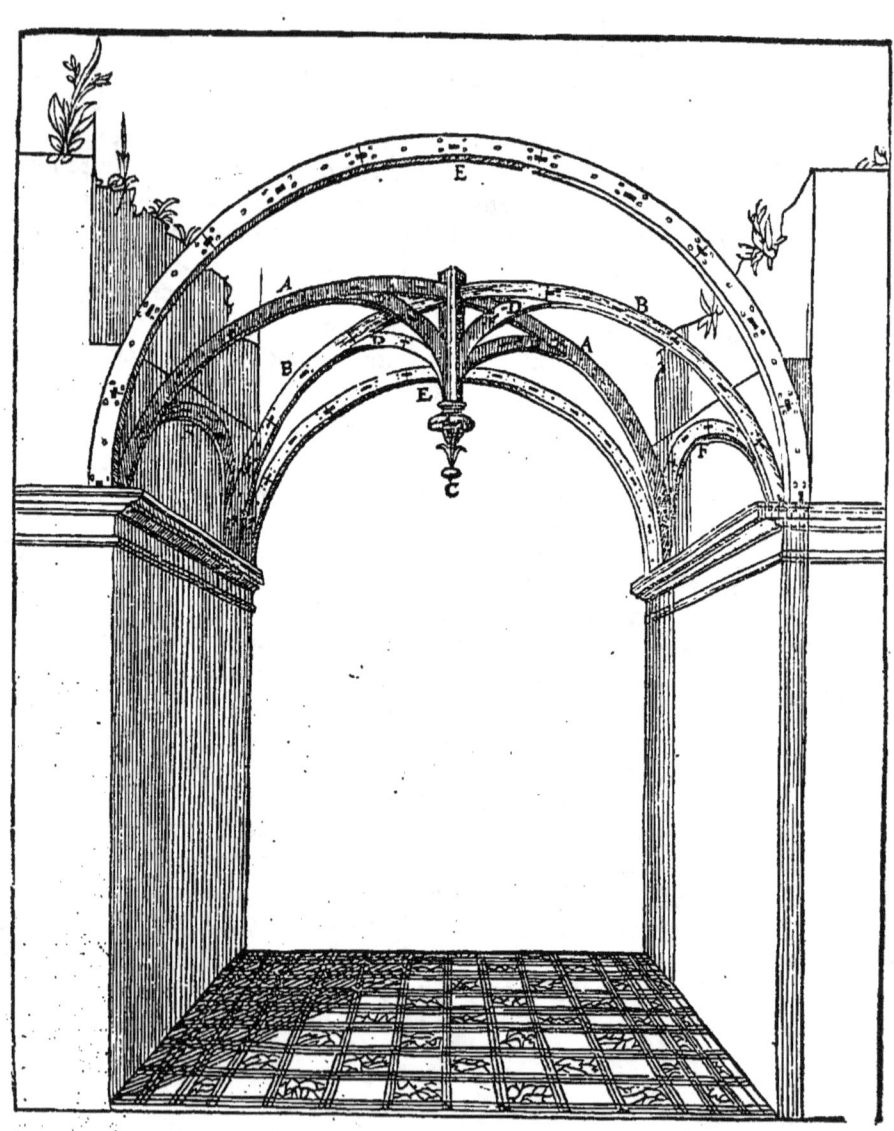

*D'autres sortes de voutes pour appliquer aux Eglises, ou autres
lieux qu'on voudra : & premierement de celle qui est
pratiquée & faicte sur la forme spherique.*

CHAPITRE XI.

Es voutes desquelles ie veux icy parler sont trop
plus fortes & meilleures que celles qu'on auoit
accoustumé de faire par cy-deuant, & de beaucoup plus grande industrie, & plus longue durée, (pourueu qu'on les sçache bien conduire &
mettre en œuure) comme aussi de beaucoup

moindre despense, pour n'y appliquer des arcs-boutans. De sorte
qu'en ces voutes on espargnera grands frais, pour estre de telle
nature, qu'elles ne poussent tant les murailles par les costez, que
les precedentes : ains se portent quasi d'elles mesmes sur icelles
(moyennant qu'elles soient bonnes, & de grosseur suffisante, &
bien faictes) sans y mettre aucuns arcs-boutans : ainsi que les gen
tils esprits, qui font profession de Geometrie, le pourront voir &
iuger incontinent par le discours ensuyant. Posez donc le cas
qu'il soit donné vn corps spherique, comme pourroit estre vn
globe, ou vne grosse boulle toute ronde par le dehors, & spheri-
quement creuse par le dedans, ainsi que vous le pouuez remarquer en la figure cy apres proposée, par la ligne circulaire A B
C D, & aussi iuger l'espesseur dudit globe par la ligne D E F, ainsi qu'elle sy monstre par vn quartier seulement. Si vous couppez

quarrément tout cedit globe, ou boulle, cóme vous le voyez par
les lignes A B, B C, C D, & D A, ce qui demourera en ceste quadrature, sera vne voute toute quarrée & toute ronde par le dessoubs & dessus qui voudra. De sorte qu'en mettant la poincte du
compas au centre H, & tournant l'autre poincte par toute la superfice quarrée, & au long des quatre lignes A B C D, elle tou-
chera iustement sur toutes les extremitez de la voute, laquelle
nous appellerons voute spherique. Mais il nous fault trouuer les
pieces tant pour la faire quarrée (comme vous la verrez cy apres)
que pour la rendre d'autre sorte, ainsi que nous le vous proposerons consecutiuement. Vous pouuez cognoistre cóme telle voute n'a point de poussée, ou bien peu, pour estre spherique, ou se-
micirculaire, ainsi que vous voyez qu'elle doit estre par les lignes
du milieu B H D, car sa mótée, comme vous l'aperceuez, est l'hemisphere B A D, & ainsi de l'autre ligne par le milieu A H C, qui
faict en sa montée A D C. Desia vous cognoissez que telles voutes ne sont semblables à celles que vous auez veuës par cy-de-

uant, (qui auoient les branches d'ogiues & autres, telles que i'ay
dict) mais pluftoft faictes en pendentif, ou, fi vous voulez, eftre
toutes vnies, & fans aucunes branches, & les affiettes de la voute
eftre fuyuant les lignes paralleles, ainfi que vous le voyez au plan
à commençer fur les angles, le tout eftant marqué par lettres de
chiffre, iufques au nombre de 9, en continuant iufques à la clef *chofes dignes*
H, autant d'vn cofté que d'autre. Quand vous voudrez y mettre *de noter pour*
des compartiments & ornements de moulures, auec autres for- *l'enrichiffe-*
tes d'ouurages, vous le pourrez faire beaucoup plus richement *ment des vou-*
que aux voutes dont ie vous ay parlé cy-deuant. Vous pouuez *tes.*
encores faire par deffous le pendentif de mefmes fortes de branches, que lon a faict en la voute de la mode Françoife, foit en façon d'ogiues, liernes, tiercerons, ou autres, voire auec des clefs
furpendues, & de plus grande grace que lon n'a point encores
veu. Ceux qui voudront prendre la peine, cognoiftront ce que ie
dy par la voute fpherique laquelle i'ay faict faire en la chappelle
du chafteau d'Annet, auecques plufieurs fortes de branches rem
pantes au contraire l'une de l'autre, & faifant par mefme moyen
leurs compartiments qui font à plomb & perpendicule deffus le
plan & paué de ladicte chappelle, qui faict & monftre vne mefme façon & femblable à celle que ie propofe par la figure fubfe-
quente. En laquelle vous cognoiffez d'abódant les paneaux mar
quez 1, 2, 3, iufques au nóbre de 9, pour traffer les pierres qui font
aux angles à l'arrachement de la voute, que lon appelle le tas de
charge. Et ceux que vous voyez à cofté marquez 10, 11, 12, font
pour feruir aux pierres qui cómencét à faire les quarrez parfaicts
de ladictevoute, aux lieux marquez par mefmes nóbres fur le plã.
Tels paneaux fe font apres les lignes de la circonference fignée *Des paneaux*
D A, qui fe tirent d'une commiffure à autre, comme de 14 à 13, ou *de la figure cy*
de 13 à 12, & procedent iufques à ce qu'ils touchent la ligne du mi *apres propo-*
lieu qui va de C à F, continuant iufques au nombre de 9, ainfi que *fée.*
vous voyez les marques & rapports par mefmes lettres de chiffre, iufques au nombre de 9. De telles marques & lieux vous met
tez la poincte du cópas, fur la ligne du mileu, qui paffe par le centre H, comme pourroit eftre par exemple du poinct de 9, & l'e-
ftendez iufques contre la ligne circulaire A D, au droict de la có-
miffure qui fepare la piece 9 & 10, & en tirez vne ligne circulaire, qui vous monftre à faire les paneaux de doile, tels que vous
les voyez faicts & marquez de mefmes nombres. Pour plus fami-
lier exemple & demonftration, fi vous regardez au droict du tas
de charge & racine de la voute qui prend fon commençement à
l'angle marqué A, vous voyez plufieurs lignes paralleles, ou bié

perpendiculaires paſſer ſur la ligne A H, & donner iuſques aux
commiſſures & lignes circulaires, qui môſtrent la voute de four
pour le quartier ſigné A D. En apres vous voyez comme deſdictes lignes perpendiculaires au droict des commiſſures, lon tire d'une commiſſure à autre, vne ligne qui continue iuſques à
ce qu'elle touche la ligne qui prouient du milieu de la voute
marquée H A. de ſorte que la plus petite au deſſus de A, ſignée
1, monſtre la longueur & diſtance pour trouuer le peu de circon
ference que doit auoir la premiere pierre du tas de charge, com-

me vous le voyez au premier paneau poinctu marqué 1. Pour faire l'autre circonferéce pour le deuxieme paneau marqué 2, vous
prenez la diſtance & longueur de la ligne de la deuxieme commiſſure, iuſques ſur la ligne H A, au lieu marqué 2, & la portez depuis la poincte du paneau du tas de charge pour en faire
vne autre petite circonference au meſme endroict, marqué 2.
Et de meſme ſorte vous faictes tous les autres paneaux, & prenez leur largeur ſur le plan de la voute, au meſme endroit ou
les commiſſures & ioincts des pierres tombent perpendiculairement, & continuez ainſi faire iuſques à ce que vous ayez faict les
paneaux, leſquels vous voyez marquez iuſques au nombre de 9,
qui monſtrét les quatre tas de charge de la voute, iuſques à l'endroit du quarré parfaict marqué 10, & lors il fault changer d'autre ſorte de paneaux, ainſi que vous en voyez trois tirez & marquez 10, 11, 12. Il ſeroit beaucoup plus expedient de monſtrer à
l'œil la pratique de telles voutes pour les contrefaire manuellement, que vouloir entreprendre d'eſcrire tout ce qui ſeroit neceſ
ſaire pour faire entendre ladicte pratique. Car, à dire verité, qui
voudroit par le menu expliquer le tout, il entreprendroit œuure
de grand labeur & exceſſiue eſcriture. Et encores que i'euſſe eſ-

crit tout ce que i'en pourrois penſer, ſi eſt ce qu'il y a beaucoup
de choſes à la pratique des traicts que lon ne ſçauroit faire enten
dre, ſans monſtrer au doigt comme elles ſe doiuent mettre en
œuure, ſoit pour traſſer les pierres, ou pour les appliquer en ladicte œuure. Pource eſt il que ie vous prie de vous vouloir contenter, de ce que ie vous en monſtreray par figures & traicts. Qui eſt
comme vn commençement de faire cognoiſtre le tout à ceux
qui voudront y mettre peine. Dócques la prochaine figure vous
pourra propoſer ce que ma plume en peu de paroles ne ſçauroit
expliquer.

De la voute de four quarrée, soubs forme de pendentif, estant
d'autre sorte que la precedente. CHAP. XII.

Voute de four
en forme de
pendentif tou
te ʋnie.

IE vous propose encores cy apres vn autre traict
pour la façon & forme de la voute quarrée, qui
est faicte spheriquemẽt, & appellée des ouuriers
voulte de four en forme de pendentif, estant tou
te vnie. De sorte qu'aux lieux ou par ci-deuant
les pierres se trouuoient quarrées, en ceste cy elles se presentent en forme circulaire, comme vous les voyez par
le plan, & aussi par les paneaux marquez A, estants tels que quiconques les sçaura trouuer, facilement il trouuera tout le reste,
suyuant la ligne spherique de tout le globe, ainsi que vous en
voyez vne partie par B C D E. Et pour autant que la description
& demonstration de toute la voute seroit fort longue à traicter,
& aussi que les traictz lesquels vous auez veu ci-deuant, & verrez cy apres, en donneront facile intelligence, & de toutes
autres : pource est il que ie ne vous en diray autre chose, sinon que les voutes faictes en four selon le cercle parfaict, sont

Quelle diffe-
rence est en-
tre les ʋoutes
à four & à
anse de panier

plus fortes que si vous les faisiez surbaissées, & à anse de panier, car lors elles sont plus foibles & demandent plus grosse muraille, & de plus grãde force pour soustenir les poulsées qu'elles
font. Et par ainsi il fault entendre que l'espesseur desdictes voutes doit estre la moitié de la grosseur du mur, sur lequel elles sont
plantées, & qu'en montant elles doiuent diminuer de ladicte
grosseur, de sorte qu'au droict de la clef elles ne seront si espesses
de la quarte partie que par le bas. C'est tout ce que presentemẽt
ie vous escriray pour l'intelligence de la voute proposée : vray est
que si le lieu vient à propos pour descrire quelque edifice, auquel il faille faire telle sorte de voute, ie ne feray aucune faulte
d'en dire ce que ie pourray, & cognoistray y estre necessaire.

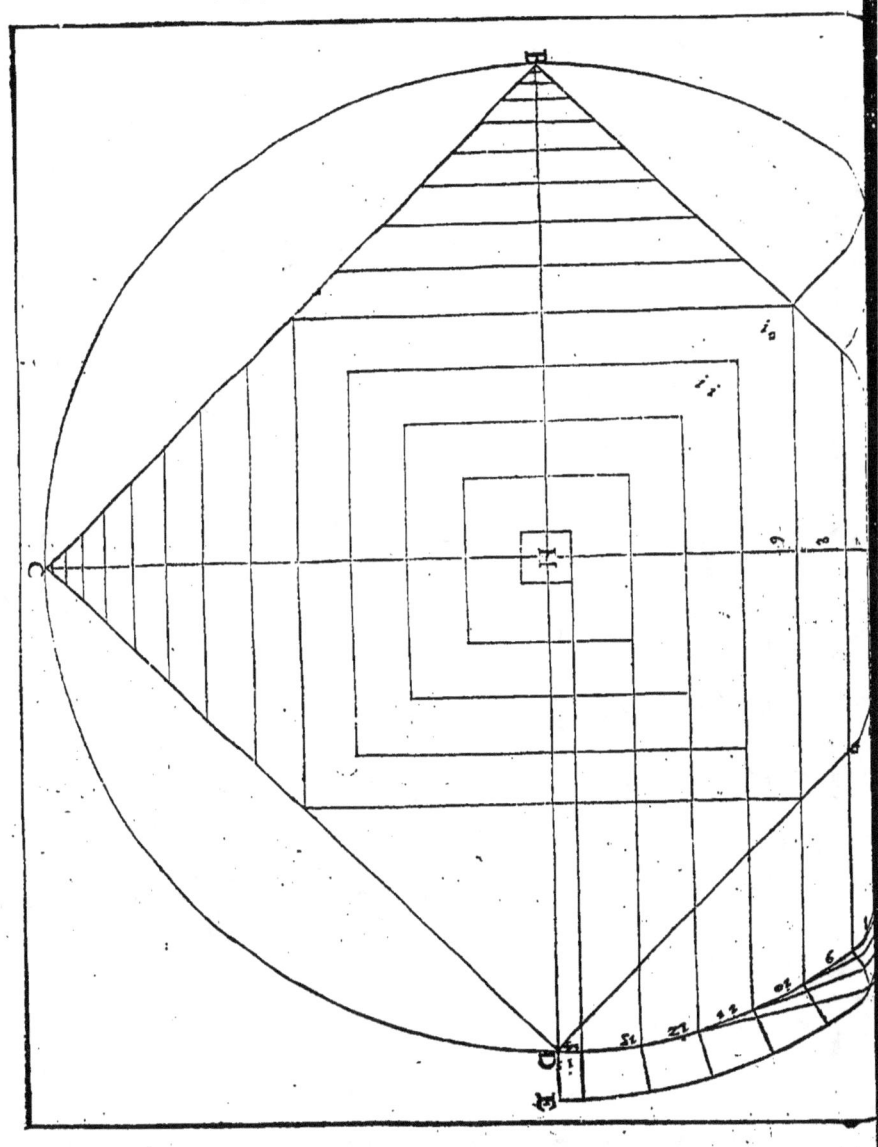

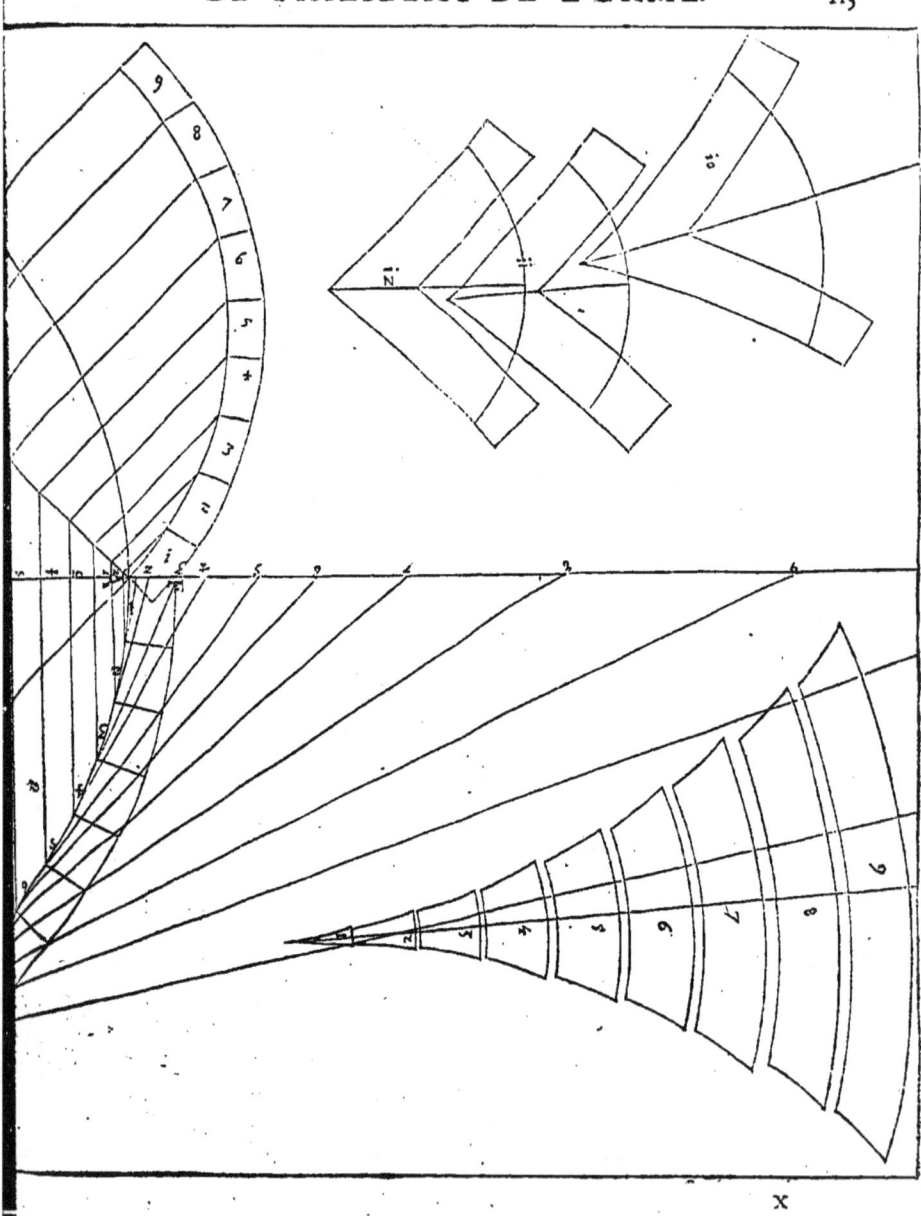

X

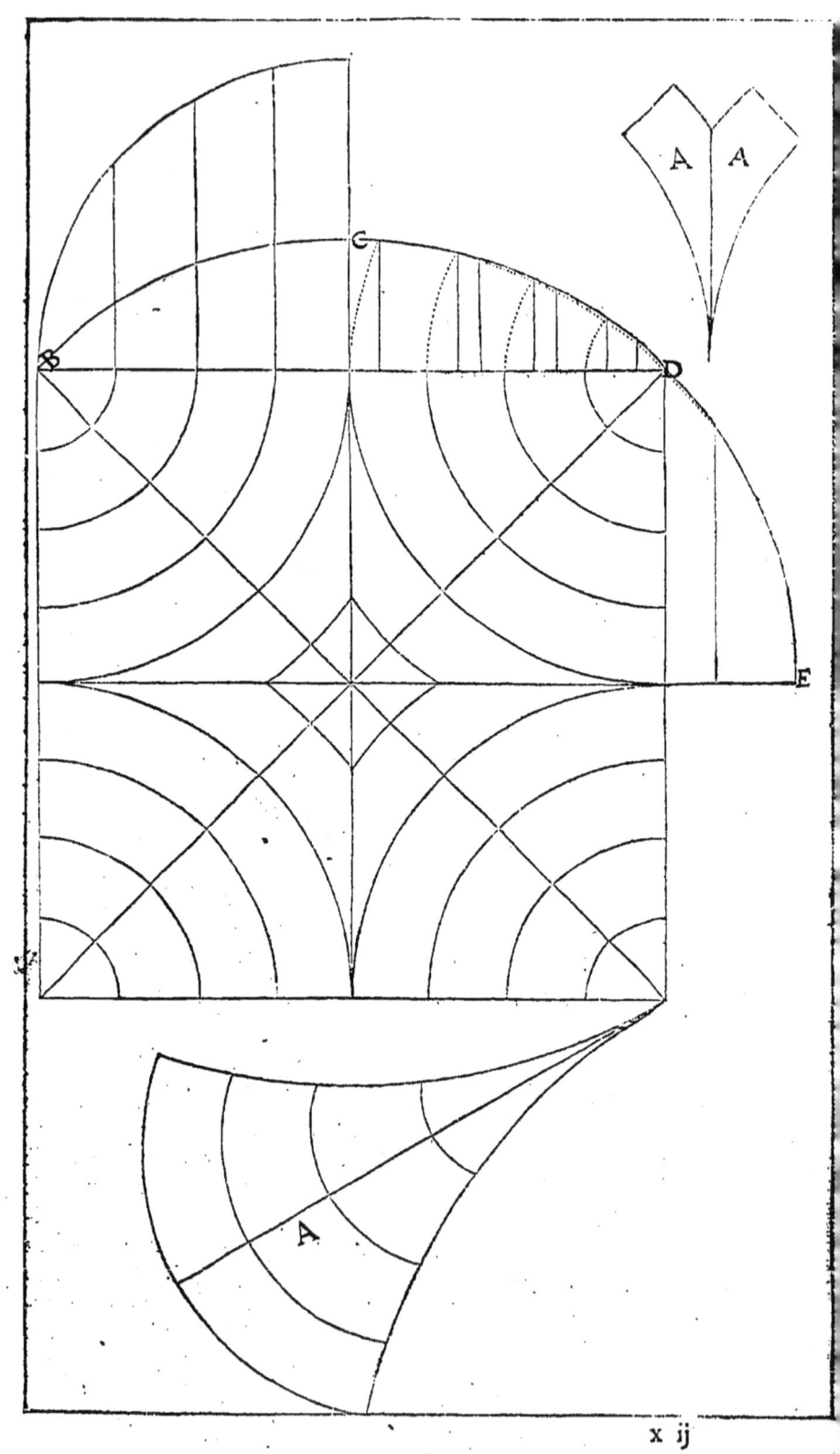

Encores d'une forte de voute ſpherique qui ſera oblongue, &
non point quarrée (comme celles de cy-deuant) c'eſt à dire
plus longue que large, & toutefois faicte en pen-
dentif. CHAPITRE XIII.

I
E vous ay monſtré cy-deuant les traicts de deux
ſortes de voutes en pendentif, faictes ſous la forme ſpherique & voute de four, ainſi que les ouuriers l'appellét : cy apres i'en figure encores d'au
tres vn peu plus grandes, à fin d'en donner meilleure intelligence : vous aſſeurant que quicon-
ques les entendra bien, il entédra aiſement toutes les autres pre-

L'auteur pren cedentes. Pour doncques pouuoir faire la ſubſequente voute,
dre peine à ſe vous tirerez tout premierement vne circonference, comme ſi
rendre facile vous en vouliez faire vne toute ronde, tant en ſon plan qu'en ſa
& intelligi- montée & hemicycle, ainſi que vous voyez la circóference A B C
ble. D E F G H, & dedans telle circonference & rotondité vous trou
uerez la longueur & largeur de la voute que vous deſirez faire,
comme vous monſtrent les quatre lignes qui touchent l'extremi
té de ladicte circonference, B D F H. En apres vous tirerez vne
ligne paſſant diametralement par le centre de ladicte circonference & milieu de la voute, comme vous le voiez en la ligne B F,
laquelle on tire tant longue que faire ſe peult, ainſi qu'il ſe voit
qu'elle paſſe le nombre de dix. Sur telle ligne diametrale la montée & voute ſera par le milieu, ſuyuant la ligne B F, comme l'hemicycle B C D E F : lequel hemicycle vous diuiſez en tát de parties egales que vous voulez faire d'aſſiettes, comme ceſtuy cy qui
eſt diuiſé en 13, pour la moitié, iuſques au droit de la clef, qui fait
la quatorzieme partie, ainſi que vous le cognoiſſez par les lignes

Pourſuite de perpendiculaires qui tumbent ſur la ligne B F, comme vous les
l'explication voyez marquées par lettres de chiffre : & ſuyuant icelles vous en
& demóſtra- tirez d'autres ſur le plan de la voute en façon de lozáges, qui mó-
tion de la figu ſtrent comme doit eſtre la forme du pendentif, ainſi qu'il eſt aiſé
re enſuiuãte. à cognoiſtre par la figure qui vous en eſt cy apres propoſée. Cela faict vous cherchez la montée ſur la largeur & longueur de la
voute, comme vous la voyez ſur la ligne H F, ou vous faictes vne
quarte partie de la circonference, qui vous monſtre comme doit
eſtre la montée de la voute ſur la largeur par l'extremité, au droit
de ladicte ligne H F, ſur laquelle vous tirez des lignes perpendiculaires qui prouiennent du pendentif que vous auez marqué au
plan de la voute, & ſuyuant icelles vous tirez les commiſſures
pour trouuer les paneaux de teſte, comme vous les voyez marquez

De la voute sphérique & à four sous la forme d'vn triangle equilateral. Chap. xiiii.

I E vous figureray d'abondant vne autre sorte de voute qui se prend sur la forme sphérique, & s'appelle voute de four par les ouuriers, representāt comme vn triangle equilateral. Ladicte voute seruira, si vous auiez vn lieu de cōtraincte auquel il en fallust faire vne qui ne fust pas seulement en triangle equilateral, mais qui eust vn angle droict, & deux poinctus, ou bië obtus, ou, si vous voulez, deux costez egaux, & vn inegal, ou tous les trois inegaux, que les Geometriens appellent isoscele & scalene, ou bien qui fust de forme hexagone ou octogone: bref de telle forme & figure que vous sçauriez imaginer, & seriez contrainct d'y faire vne voute en four, qui aura mesme montée & mesme circonference en soy, comme est l'hemicycle ou hemisphere. Pour conclusion, toutes sortes de voutes se peuuent faire, ainsi que nous auons dit, par le moyen des traicts Geometriques: la source & origine desquels est en Euclide, nagueres doctement interpreté, commenté, illustré & mis en lumiere par monsieur François de Candale, & publiquement leu & exposé, par les professeurs du Roy, en ceste docte vniuersité de Paris, messieurs De la Ramée, Charpentier, & Forcadel, cōme aussi tous autres bons liures & auteurs qui traictent & enseignent les Mathematiques. De sorte que ceux qui desireront les sçauoir & entendre, signamment les Architectes, maistres maçons & ouuriers, n'auront aucune excuse, mesmes pour l'Arithmetique, Geometrie & autres disciplines, lesquelles familierement lit en langage François, & doctemēt les interprete ledit seigneur Forcadel. Qui est la cause que ie prie ceux qui font ou veulent faire profession d'Architecture, & n'ont appris lesdictes Arithmetique & Geometrie, d'y vouloir employer quelques heures, à fin d'auoir facile entrée, ie ne diray en la pratique d'Architecture, mais aussi en sa theorique, & toutes ses inuentions & demonstrations. Ce faisant ils auront tres asseurée intelligēce de ce que nous leurs proposerons, mesmement de la pratique des traicts Geometriques pour sçauoir proprement coupper les pierres & boys, selon les œuures qu'ils auront à faire: autremēt s'ils en sont ignorants, iamais ne pourront conduire vn edifice en toutes ses parties, qu'ils n'y façent vne infinité de faultes, ainsi qu'ailleurs nous l'auons bien amplement deduit. Qui sera cause que ie n'en feray plus long discours, à fin de vous exhiber le plan & le traict,

Diuerses formes & façōs de voutes estre inuentées & cōduictes par le moyen des traicts Geometriques.

Messieurs Frā çois de Cāda le, De la Ramée, Charpētier et Forcadel.

L'auteur prie et exhorte les amateurs d'ar chitecture de vouloir apprē dre l'Arithmetique & Geometrie.

auec quelques paneaux, de la voute & pendentif fur la forme du
triãgle equilateral, lequel vous pourrez cognoiftre de vous mefmes par la methode des traicts que ie vous ay propofé cy deuant.
Ce temps pendant vous verrez en la figure enfuiuant, la clef de la
voute qui eft auprès de T, & lieu marqué 9, auffi le nombre de
chiffres qui fe rapportent aux paneaux de doile faicts & tirez des
lignes qui viennent de la grande circonference & touchent aux
extremitez de la voute triangulaire, iufques à la ligne du milieu
qui prouient du centre 9, laquelle ligne on faict tant longue que
lon en a affaire, iufques à ce que les lignes qui font reperées 2, 3, 4,
5, la puiffent toucher, ainfi que vous l'aurez entẽdu par la figure
cy-deuant propofée, & le pourrez encores mieux cognoiftre par
celle qui enfuit les deux prochaines, qui ne doiuent faire enfemble qu'vne figure entiere.

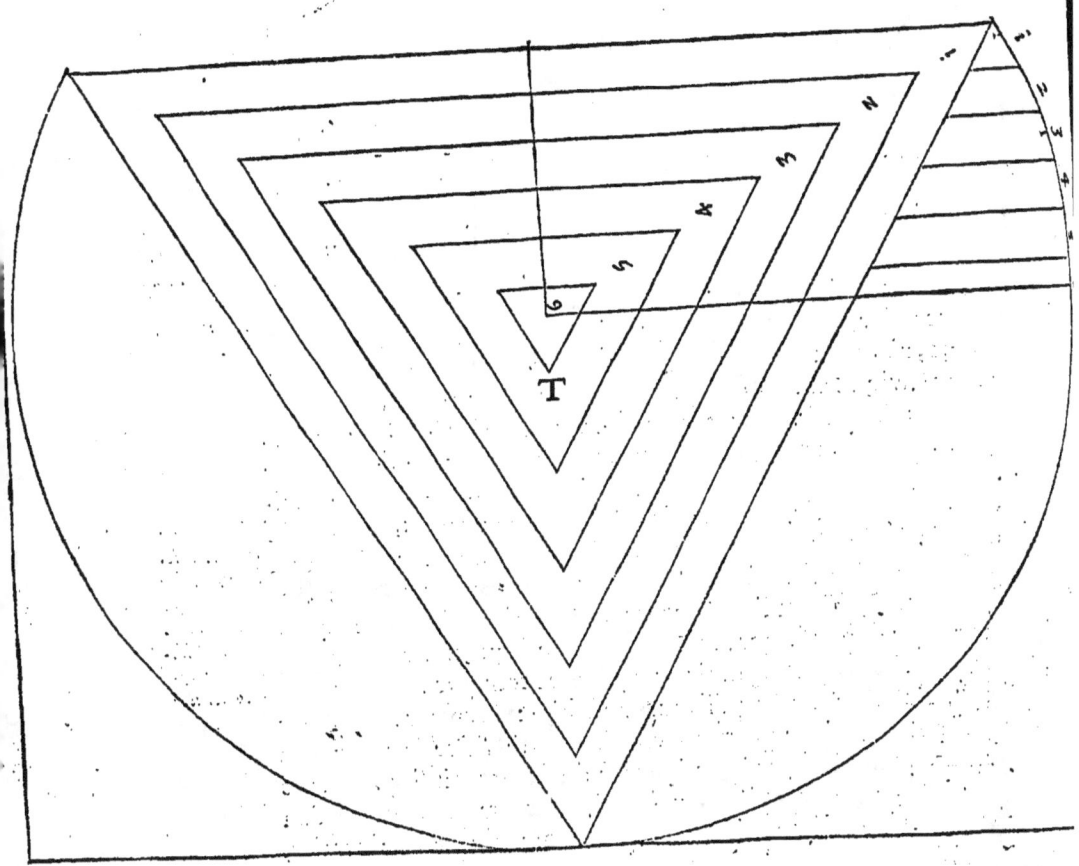

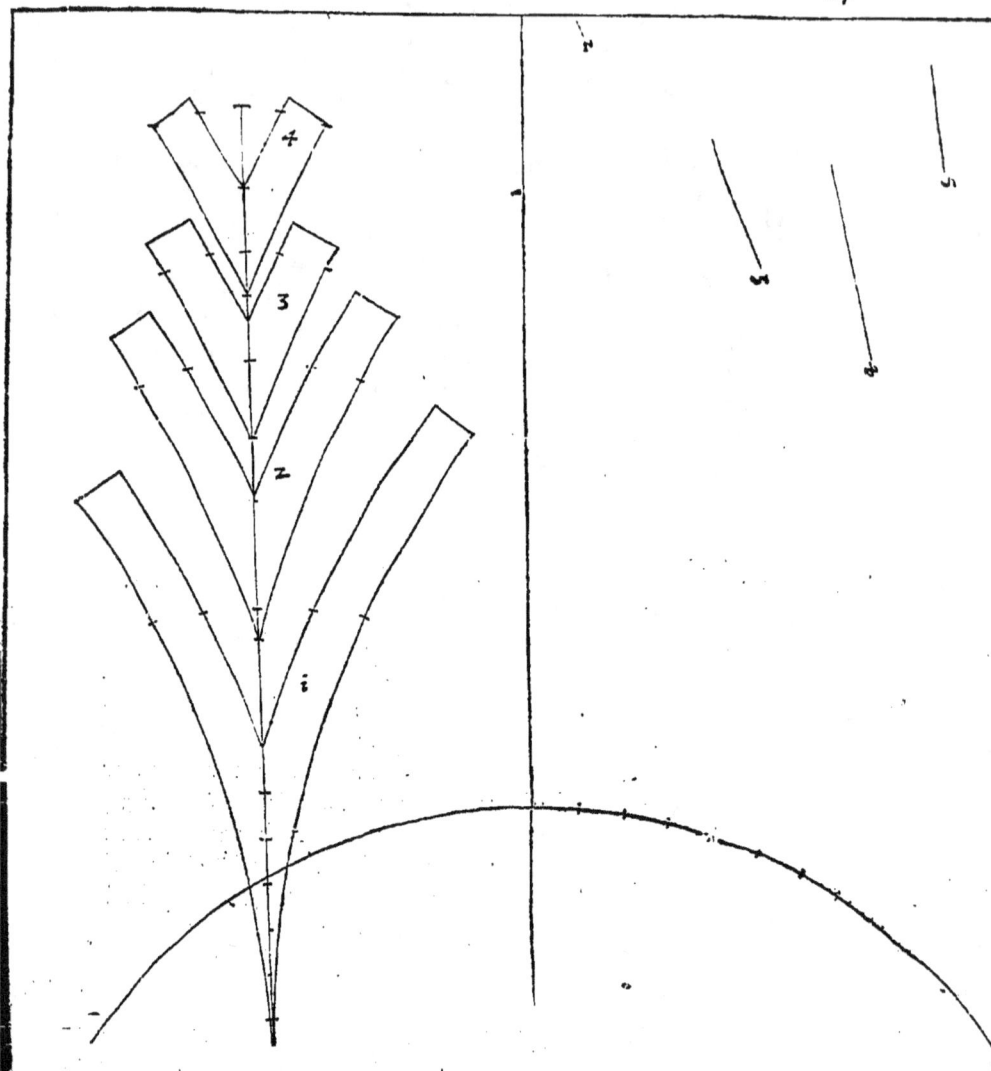

Le traict & figure d'vne voute toute ronde, & surbaissée
en façon de four.　　C H A P.　X V.

E vous escriray icy tant de sortes de traicts Geometriques qu'ils suffiront pour en auoir quelque intelligence. La voute que ie vous figure cy apres est toute ronde, ainsi que vous le voyez en la moitié de sa circonference, par la ligne circulaire A B C. Et iaçoit qu'elle soit toute

y

ronde, elle est aussi surbaissée en anse de panier, comme il se voit par la ligne H D G. Apres auoir tiré l'espesseur de la voute, comme vous le voyez en la ligne A I C, vous tirez les commissures & ioincts des pierres, aux lieux marquez 0,1,2,3,4, puis desdictes cómissures vous tirez des lignes perpédiculaires sur la ligne A F C, ainsi que vous le voyez en la commissure de 3 à *K*, de laquelle vous tirez vne circonference du centre F, comme elle se voit en *K L*, & ainsi se font toutes les autres, lesquelles vous voyez en la figure cy apres proposée, & monstrent le perpendicule des commissures auec le tour & façon des pierres. Les paneaux de teste de l'anse de panier, qui est faicte pour la voute, se voyét marquez au milieu par 1,2,3,4,5,6. Pour plus facile intelligence, vous tirerez

vne ligne par la doile du dessous de la voute, comme celle de la commissure 0, à celle qui est marquée 1, laquelle vous ferez tant longue qu'elle puisse toucher la ligne qui passe par le milieu de la voute, comme est celle que vous voyez designée par B, F, I, & le lieu ou elle s'entrecoupe iusques à la commissure 0, seruira pour trouuer les paneaux de doile representez en la seconde figure ensuiuant au lieu marqué 1, & M. Si vous le voulez encores mieux cognoistre, tirez vne autre ligne du dessous de la voute surbaissée, au droict de la doile marquée 3, depuis la commissure signée 1, iusques à celle qui est marquée 2, & la faictes tant longue qu'elle entrecouppe la ligne B F I, qui passe par le milieu de la voute aux lieux ou vous voyez marquez I. Telle longueur & distance de lignes depuis I, iusques à la cómissure marquée 1, seruira pour trouuer les paneaux de doile, que vous voyez en la seconde figure cy apres, au lieu marqué 2 & N. Mais pour-autant que vous

pouuez cognoistre le tout par la prochaine figure & celle qui l'ensuit, tant pour le plan de la voute, que pour la mótée qui est surbaissée, ie ne vous en tiendray plus long propos.

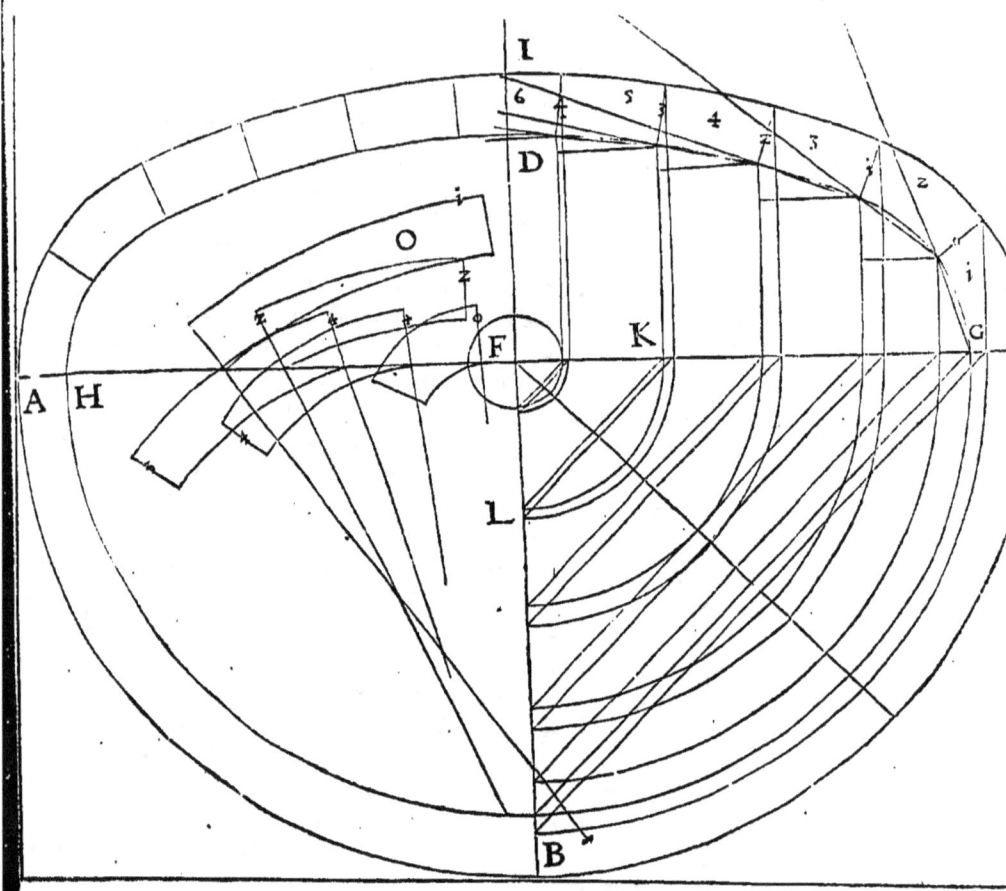

Ie ne veux oublier de vous aduertir, qu'en la figure precedente vous voyez à costé les paneaux qui sont tirez pour seruir à traf
ser les pierres de la voute surbaissée, au droict des commissures, *Aduertisse-*
lesquelles sont toutes reperées & marquées par mesmes nom- *ment sur la*
bres, comme vous les voyez à la voute de four surbaissée 1,2,&c. *precedente fi-*
du costé ou vous voyez marqué O. Les assiettes des pierres mon- *gure.*
strent comme elles tourneront tout autour de la voute, ainsi que
vous les voyez marquées aux lignes circulaires en la figure cydeuant, entre les lettres F C B. Les lignes paralleles qui sont dessus
la ligne F G, vous monstrent vne chacune en son endroit, comme vous deuez prendre les hauteurs des pierres desquelles vous
aurez affaire. Comme pour celle qui vient de la commissure O, il
fault prendre la hauteur depuis tel parallele, iusques au dessus de

y ij

la commiſſure marquée 1, & ainſi des autres. Telle façon eſt enco
res propre quand on veult faire la voute & tailler les pierres par
equarriſſement: mais il y a bien plus d'art & plus d'induſtrie de
les coupper toutes, & les traſſer auec les paneaux. La figure que

Explication de la figure enſuiuant. ic vous ay mis cy deſſous vous monſtre comme doiuent eſtre les
paneaux de doile: le lieu marqué 6, monſtre le centre & clef de
la voute: & le cinquieme, quatrieme, troiſieme, deuxieme, & pre
mier, monſtrent les paneaux des doiles, neceſſaires: la ligne que
vous voyez tirée 6 & E, vous repreſente celle qui paſſe par le mi
lieu de la voute. Il me ſemble que ce peu de diſcours pourra ſuf
fire pour l'intelligence de la voute de four ſurbaiſſée, que vous
voyez en la figure cy deuant propoſée, & les paneaux des doiles
en la prochaine.

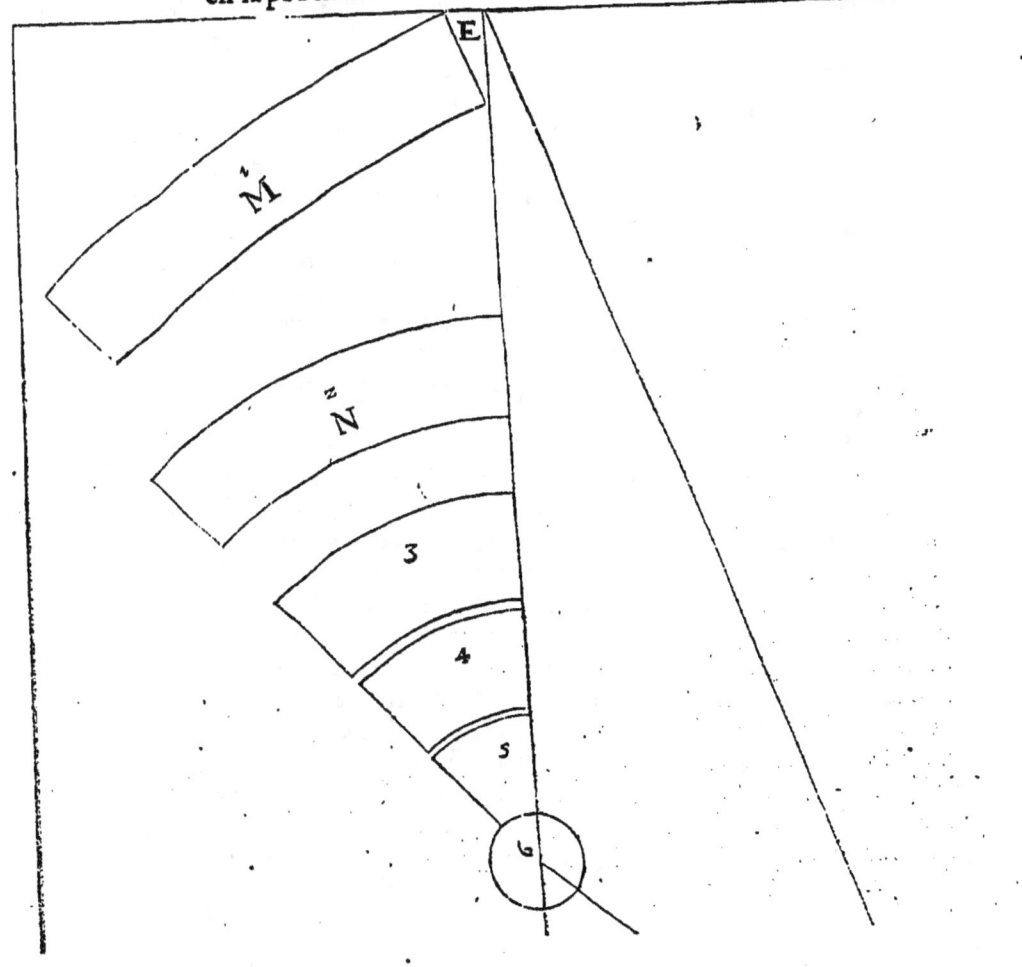

La façon d'vne voute pour couurir vne tour ronde, ou le
deſſus d'vne vis, en forme d'vne coquille de Li-
maçon. CHAPITRE XVI.

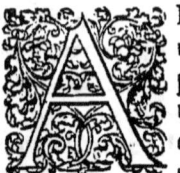

APres auoir conſideré les belles choſes qui ſe peuuent faire par le moyen de la Geometrie accompagnée de ſes traicts & lignes, ainſi que nous a-
uons dict, ie me ſuis icy aduiſé de vous monſtrer
encores la façon & methode de faire vne voute
propre pour vouter vne grande tour ronde, ou

l'accommoder deſſus vne vis qu'on pourroit faire en forme de
pyramide, voire pour monter iuſques au plus hault lieu du centre ſigné A, en la figure cy apres deſcrite: ou bien pour couurir ladicte tour & vis en forme d'vne coquille de limaçon. Le traict eſt
fort ingenieux & de gentil eſprit, lequel vous pouuez auſſi pratiquer ſur vne forme ſpherique, ou boulle toute ronde, ou bien
ſur vn corps pyramidal, les couppant en tant de pieces que vous
voudrez, & appliquant en œuure ſous telle forme que vous deſirez: ainſi qu'il ſe peut voir & cognoiſtre par le plan de limaçon
cy apres propoſé, & par le traict des panceaux qui ſont tirez pour
coupper les pierres côme vous les voyez marquez par nombres,
& les pouuez prendre auec le compas. Il fault penſer ſeulement
à la figure que vous voulez, & ſorte d'œuure que vous deſirez,
car indubitablement vous en viendrez à bout auec l'intelligence de la Geometrie: laquelle ie voy eſtre en noſtre Architecture
d'autre ſorte & d'autre pratique que celle qui eſt enſeignée, &
ſeulemét ſans aucun vſage demôſtrée par les profeſſeurs des Mathematiques. Vous pourrez aiſément cognoiſtre la forme & façon de la voute métionnée en ce chapitre, par la figure que nous
en propoſons cy deſſous. Reſte pour continuer noſtre entreprinſe de donner quelques ſortes de montées de quartiers de vis ſurpendues, d'eſcaliers & d'autres traicts à ce propos, fort neceſſaires
d'eſtre bien entendus des ouuriers. Mais quand ie côſidere la longueur de leurs deſcriptions & demôſtrations, & la confere auec
ce peu de loiſir que i'ay, veritablement ie crains de n'y pouuoir
vacquer, car il y faudroit employer ſi grandes eſcritures que l'explication que i'en ferois, ne me ſeroit ſeulement laborieuſe, mais
auſſi aux bons eſprits fort ennuyeuſe, qui facilement conçoiuent
les deſcriptions & figures qu'on leur propoſe auec peu de paroles. Pource eſt il qu'il me ſemble qu'on ſe doit contenter de ce
peu que i'en eſcris & figure le mieux qu'il m'eſt poſſible, & comme il vient à propos.

Façon de vou-
te fort inge-
nieuſe et ſub-
tile portât for-
me de coquil-
le d'vn lima-
çon.

L'Archite-
cte auoir grãd
beſoing de la
cognoiſſance
de Geometrie.

Excuſe de
l'auteur fort
modeſte &
fauorable.

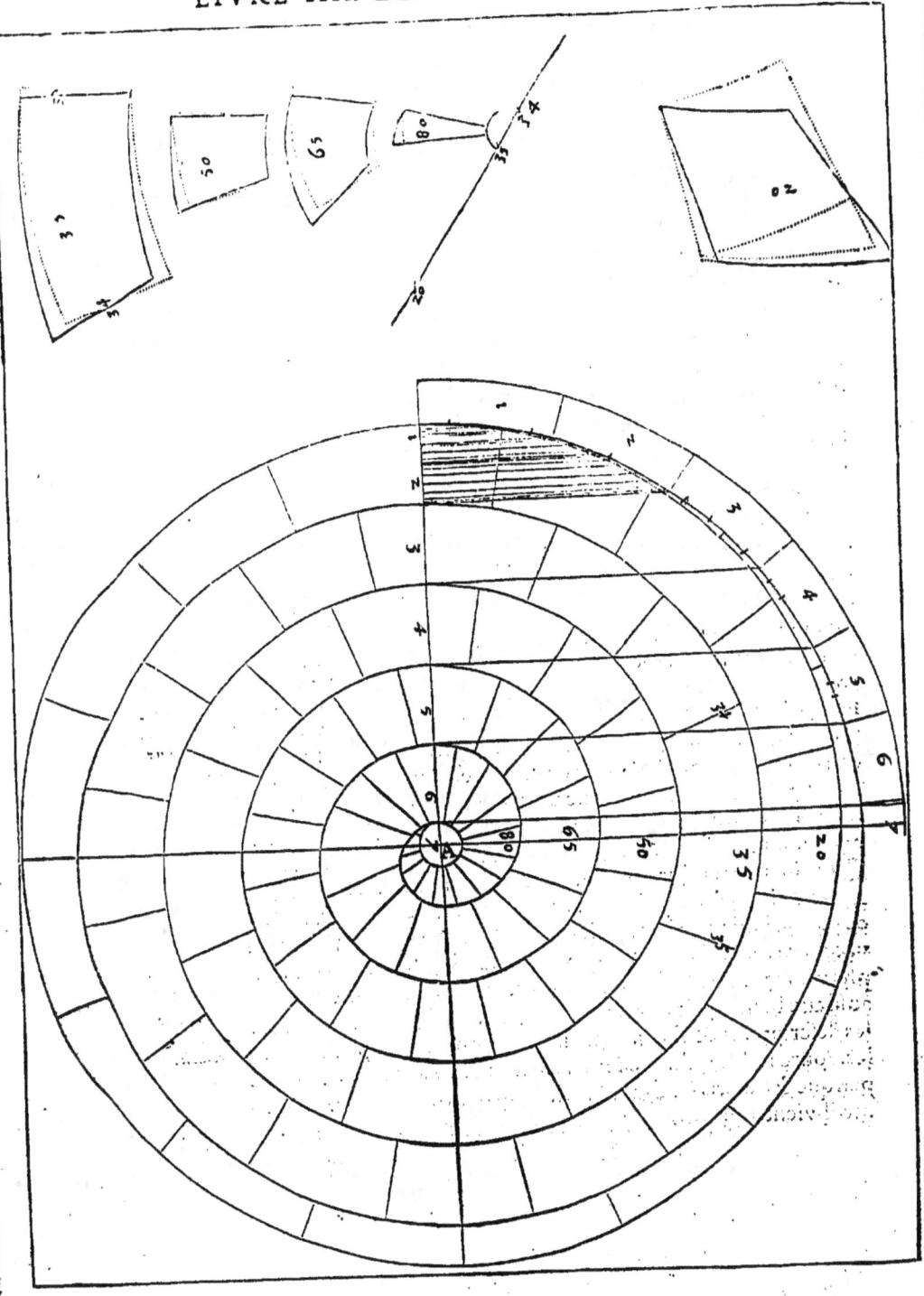

Des montées de vis pour seruir aux estages des salles, chambres
& galetas des bastiments, & mesmes d'vn quartier de
vis surpendu. CHAPITRE XVII.

Yant escrit par cy-deuant plusieurs façons de
voutes, tant pour les descétes des caues, que pour
les portes, ensemble de diuerses sortes de portes
& surpentes qui se font en l'air pour gaigner place, comme aussi plusieurs façons de voutes pour
les téples, eglises, & lieux sacrez, voire pour seruir aussi aux grandes salles & galleries des Palais & chasteaux:
reste maintenant pour la continuation & conduicte de noz bastimens, escrire des montées des vis qu'on peult faire en diuerses
sortes, ie ne diray en leurs marches toutes vnies, & le noyau tout
droict & perpendiculaire, mais aussi pour faire remper & tourner ledit noyau, ainsi que les marches montent, & de telle esten-
due qu'on veult. De sorte que ceux qui seront au hault de la vis,
verront iusques à la premiere marche: les ouuriers l'appellent
vis à iour: laquelle se peult enrichir de moulures & corniches
qui portent les marches & rempants, & d'autres qui seruent de
tienmains. On les peult aussi faire doubles, c'est à dire à doubles
môtées pour seruir à deux corps d'hostel, tellemét qu'on y pourra monter des deux costez, sans que l'vn des montans soit veu de
l'autre, & se puissent incommoder aucunement. Lesdictes vis se
peuuent aussi faire triples, sçauoir est vne petite au droit des noy-
aux pour seruir à ceux qu'on voudra, & deux aux costez pour aller à cheual, voire pour y mener vne charrette qui voudroit: &
qui ne pourroit trouuer les marches aussi lógues qu'il y faudroit,
ladicte vis se peult faire de plusieurs pieces, ainsi que vous le verrez au chapitre ensuiuant. Mais la montée que l'ouurier aura à fai
re pour quelque logis que ce soit, ne doit estre conduicte à l'auan
ture comme i'ay veu faire à plusieurs: de sorte que quand ils sont
au premier estage à l'endroit du pallier ou double marche, il fault
qu'ils descendent dans les chambres, ou qu'ils y montent par autres petites marches, qui empeschent le pallier. Laquelle chose
vient mal à propos, & est fort incommode, & de mauuaise grace,
pouraütát que la derniere marche doit acheuer au droit du pallier, & le pallier doit estre au nyueau des chambres ou des salles.
Il n'y a rien qui empesche que lon ne puisse aller à plein pied, si
ce n'est la hauteur des fueillures ou du sueil de la porte qui aura
deux ou trois poulces, ainsi qu'on le cognoistra estre plus à propos. Pour bien y proceder ie voudrois que l'ouurier fist sa mon-

Recapitulatió
des voutes,
portes et surpé
tes, cy deuant
descrites.

Que c'est vis
à iour, & cô-
me elle se peut
faire double.

Vis pour aller
à cheual & y
mener vne
charrette.

Aduertisse-
ment pour les
maistres ma-
çons & ou-
uriers.

y iiij

téc de vis premier que son logis, ou bien qu'elle se haulsast ainsi que les maçonneries du logis se haulsent, sans y proceder comme plusieurs qui font le logis premierement que de toucher à la montée, & en apres ils plantent & font les vis à l'auéture, & quelquefois par contraincte, qui fait que les marches sont trop hautes, ou trop peu larges: dont aduient qu'elles sont de mauuaise grace & mal-aisées. Pource il fault que le maistre maçon préne de bonne heure la hauteur d'vn chacun estage, & qu'il dresse le plan de sa vis & montée aussi grande qu'elle doit estre. Et aussi qu'il calcule combien il faudra de marches pour y monter, & y faire vn tour, ou tour & demy, ou deux, selon la hauteur qu'il aura à faire. Ou-

Beaux et bós enseignemëts pour les stru-Ctures de vis. tre ce il regardera que les marches n'ayent que six poulces de hauteur pour le plus, & cinq pour le moins, & vn pied de large, ou quatorze poulces pour le plus. Aux moyens logis & aux grands telles mesures se mettent au long des murs qui portent les marches selon qu'il se trouue estre raisonnable. Et pour autant qu'il aduient souuent que lon est contrainct de faire les montées de vis aux angles des cours du logis, ou il ne se peult donner clarté que par l'endroit d'vn quartier de la vis, ou de deux, pource est il que les ouuriers ont trouué l'inuention de ne se contenter seulement d'y faire vne fenestre, mais bien de mettre tout vn quartier de vis à iour, & en faire vn traict qu'ils appellent le quartier de vis surpendu. Lequel se faict en differentes sortes : car les vns le font par equarrissement, & les autres par paneaux. Quant à moy,

Conseil et ad-uertissement de l'auteur. ie ne voudrois sinó qu'vn buueau ou sauterelle auec vne equierre : de sorte qu'apres auoir tiré la cherche ralongée, ie feroisle quartier de vis rempant en toutes sortes, & ne seroit pas iusques aux ioincts & commissures, qui n'y fussent desgauchées. Mais pour vous faire entendre que c'est d'vn quartier de vis surpendu, ie le figure cy apres, & le quartier d'une circonference qui est tirée du centre A, representant le lieu ou doit estre le noyau des marches, qui auront de longueur, comme de A à B, ou de A à E: la grosseur des murs de la vis sera autant comme B C, & D E: le rempant & ce qui est surpendu sera autant comme les lignes circulaires D C, & E B. la hauteur du rempant se voit par les lignes E F G, & B H, qui sont perpendiculaires sur la ligne E B, & ledit rempant & moitié de quartier de vis, par la ligne H G. La hau-

Explication tres facile de la figure en-suiuant & de ses parties. teur dudit quartier de vis se cognoist par les hauteurs de vis au dessus I & K. Entre les deux lignes I & G, vous voyez les pieces & commissures, ou bien les ioincts ou pierres dont sont faicts les rempants auec les sommiers qui sont aux deux bouts, & ioincts d'engressements. Le tout est fort aisé à cognoistre par la figure, &

fignamment par les lignes courbes *I K*, qui font les cherches ralongées du rempant. Au deffous pres des lettres A S, font deux
paneaux tirez, qui monftrent par les lignes punctuées ce qu'il
fault ofter des pierres qu'on doit tailler pour les faire remper.
On voit auffi deux autres paneaux fur le plan du quartier de vis,
auec les lignes perpédiculaires qui procedent des commiffures,
monftrans facilement, tant par le traict du rempant, que par le
plan du quartier de vis, comme le traict en eft faict. On peult faire auffi des quartiers de vis furpendues, par autre forte de traicts,
comme il a efté dict, & feront encores plus forts que ceux cy, côme les arcs rempants, qui feront ronds par le dehors, creux par le
dedans fuiuant la cherche & rotondité de la vis, mais par le deffous, au lieu que ceux cy font tous droicts, feroit vne voute rempâte, pour laquelle ie ferois vne figure & defcription à part, n'e-
ftoit que telle façon fe conduict ainfi que la porte fur la tour ronde, de laquelle vous pouuez voir le 13 chapitre du troifieme liure
precedent: auquel vous trouuerez non feulement le traict de ladicte porte fur la tour ronde, mais auffi pour la rendre biaife,
& encores vn autre traict pour la rendre en talus, auec les paneaux des doiles de ioincts, & autres. Et par cas femblable vous
pouuez faire vn quartier de vis furpendu de la forte des arcs rempants, fuiuant le traict duquel auons parlé cy-deffus, tant fur-
baiffé que vous voudrez, ou bié en talus, par le moien des traicts
que ie vous ay allegué; & vous en pourrez feruir à faire le quartier de vis furpendu en l'air, autant grand comme eft la ligne C B
& B E, en la figure cy apres propofée. Qui eft caufe que ie cef-
feray pour cefte heure d'en plus efcrire: à fin de parler d'vne vis
double, & faicte de pieces.

*Aduertiffe-
ment digne
de noter.*

*Approches
pour le propos
enfuiuant.*

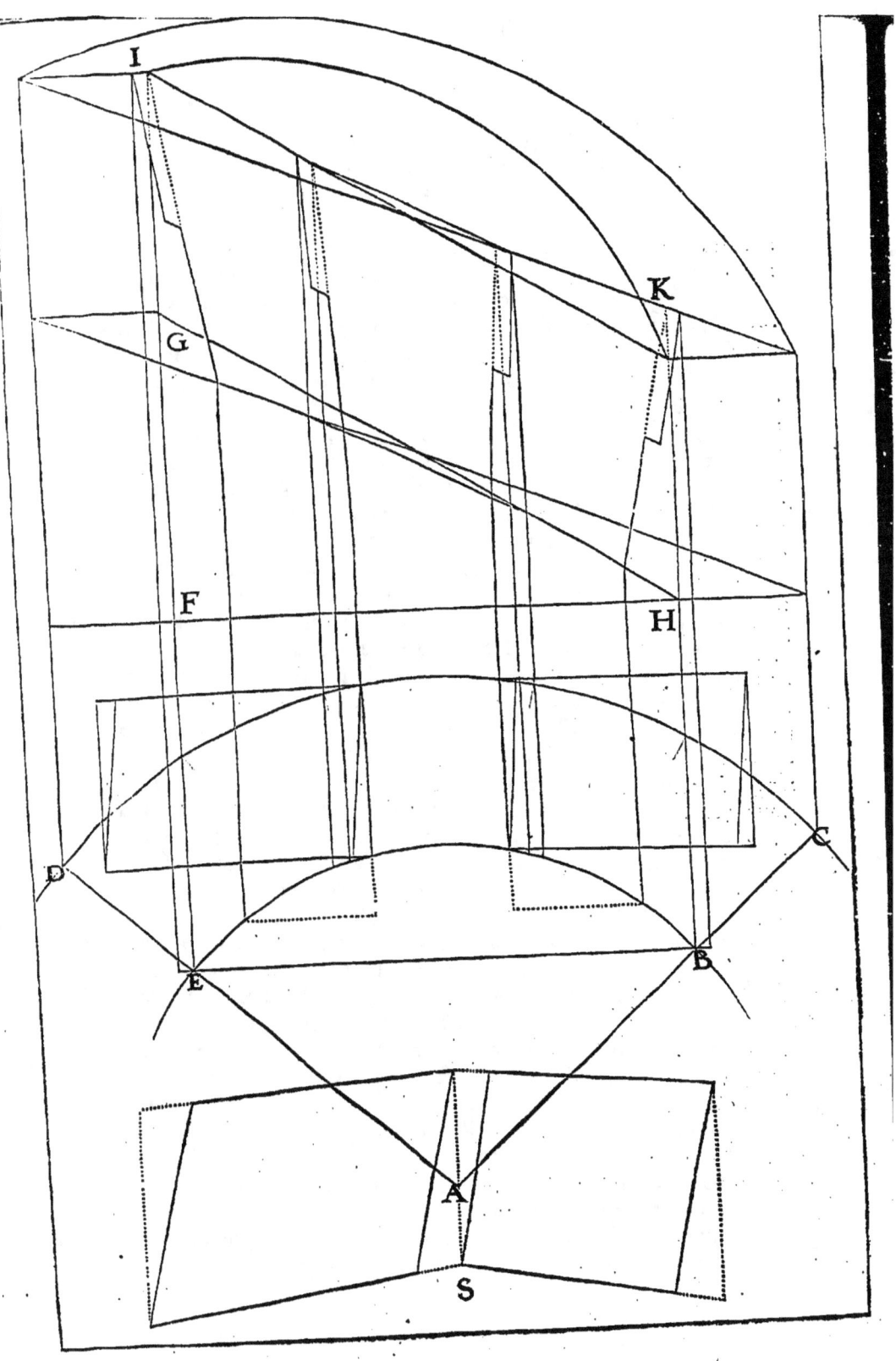

De la montée & vis double faicte de pieces.

CHAPITRE XVIII.

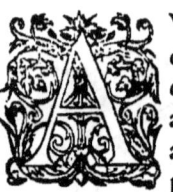 Vx lieux ou lon est contrainct de faire vne gran-
de montée & large, ainsi qu'aux Palais, & logis
des grands Seigneurs, ou il la conuient faire plus
ample & spacieuse, soit pour y aller à cheual ou
autrement, si par fortune on n'a point de pierres
propres & longues pour faire les marches de la-
dicte montée, il y fault proceder en ceste sorte. Ie préd le cas que
voz marches ayent six, sept, & huict pieds, plus ou moins, & les
pierres que vous auez pour faire les marches de ladicte montée
ne soient que de la lógueur d'vn pied, ou pied & demy, ou deux:
ou bien soit qu'il aduienne, comme en beaucoup de pays, que
vous ayez pierres assez longues, & tant que vous les desirez, mais
de telle nature, que estants frágibles elles ne se peuuent maintenir en œuure, sinon auec petites pieces: lors il fault trouuer le
moyen & inuention de sen ayder, & faire les marches aussi fortes & longues, comme si vous auiez telles pierres que vous les
pourriez desirer. Le tout sera facile à cognoistre par la figure d'u-
ne vis laquelle icy ie descris double, c'est à dire auec deux montées, l'une estant d'vn costé, & lautre de l'autre: comme qui la
voudroit faire seruir pour deux corps d'hostel, ou bien à fin d'y
auoir plus gráde espace & aisance pour la grande multitude des
hommes qui y monteront & descendront: comme il se voit aux
maisons Royales, & maisons des Princes & palais des grands seigneurs. Les vns y pourront monter d'vn costé, & les autres descendre de l'autre, ainsi que vous le voyez en la premiere marche
du costé de A B, & en l'autre du costé de C D, ou ie figure les mar
ches auec le noyau de cinq pieces, combien que vous les pourrez
faire de tant que vous voudrez. Lesdictes pieces & marches seront faictes si à propos, qu'elles feront vne voute en hemicycle,
& sassembleront trois & quatre marches à la fois, comme il se co
gnoist par les lignes qui prouiennent des cómissures des ioincts
de pierre à autre. La chose est fort aisée à cognoistre par la figure
cy apres proposée: la façon de laquelle me semble estre de fort
bonne grace. On en pourroit encores faire vne de telle sorte que
les murs qui la ferment seroient tous surpendus en l'air, & porte-
roient de quartier en quartier, ou plus qui voudroit. Et encores
en vn besoing, pourueu que la montée ne fust point trop grande
ny trop haulte, ie la ferois surpendue en l'air tout autour, & ne
porteroit que sur les huict premieres marches, sur lesquelles se-

Que c'est qu'il fault faire ou ne se trouuent pierres assez longues pour vne montée fort ample.

Marche de montée de plusieurs pieces.

Description & explicatió de la figure ensuiuant.

Merueilleuses façons de vis de l'inuention de l'auteur.

roit fondée la maçonnerie du rempant, mais il faudroit vſer d'u-
ne autre ſorte de traict, car ceſtuy cy n'y ſeroit propre, ny aſſeuré
pour telle façõ. Lon pourroit enrichir par le deſſous les marches
& voutes rempantes des compartiments, ſuyuant la hauteur &
largeur des pieces des marches, qui ſeroit vne choſe fort belle,
pour le racourciſſement qui ſy monſtreroit aupres du noyau, &
repreſenteroit quaſi vne perſpectiue auec tresbõne grace, eſtant
accompagnée d'une inuention fort belle & aggreable à la veuë:
pourueu que le tout fuſt cõduit auec vne grãde dexterité. Pour
autant que ſi lon n'y prenoit garde, & que le rempant du gros

Aduertiſſe-
ment digne de
noter. mur qui ferme la vis ne fuſt bien faict, & les liaiſons bien aſſemblées, les ioincts & commiſſures des marches facilement ſouuri-
roient. Ceux qui ſeront bons ouuriers y pouruoiront fort bien,
& conduiront leurs œuures ſi dextrement qu'ils en auront honneur & contentement. Ie n'oubliray à dire qu'on peult faire trois
vis de meſme ſorte, l'une qui ſera au lieu du noyau, & les autres
deux qui ramperont tout autour, ainſi que nous auons dit cy deuant. Bref il ſen peult faire en beaucoup de ſortes, les vnes voutées par le deſſous des marches, qui ſont communement appellées des ouuriers, la vis ſainct Gilles, pour autant qu'au prieuré de
ſainct Gilles en Languedoc y en a vne ſemblable, portant vne
voute à hemicycle, rãpante par deſſous les marches. On en peult
auſſi faire qui ſeroient non ſeulement toutes rondes, mais encores quarrées à pend en forme d'octogone, ou d'exagone, & de diuerſes autres ſortes. Vous me ferez ce bien & faueur de vous vou
loir preſentement contenter des traicts & lineaments que ie
vous propoſe cy deſſous pour la montée & vis faicte de pieces
ſans en faire plus long diſcours & eſcriture.

Autre ſorte

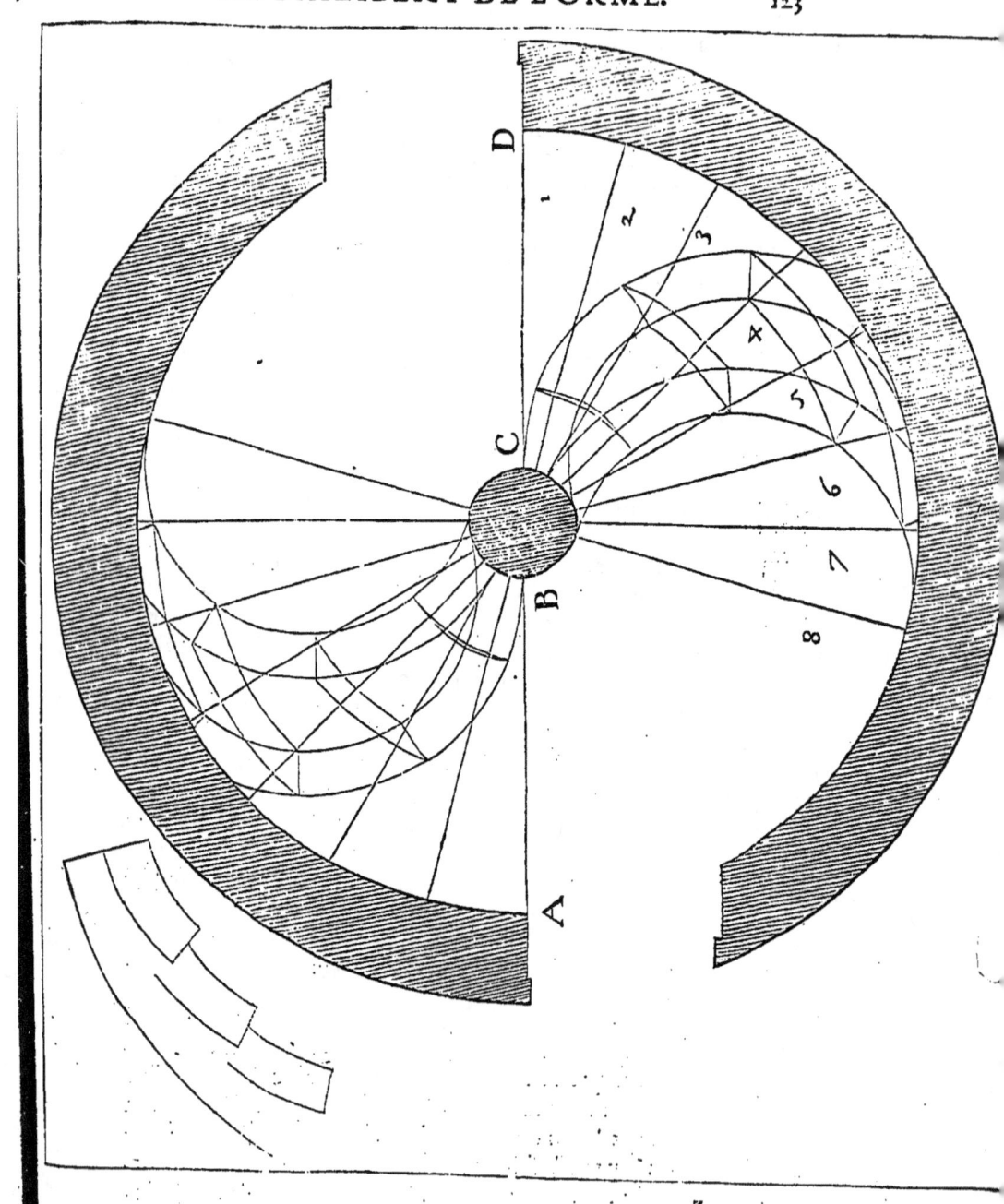

Autre sorte de vis & montée qui peult estre voutée entre le noyau
& les murailles qui ferment la vis: & sera vne voute toute droi
cte qui voudra, ainsi que lon faict la voute sur le noyau, au plus
hault de la vis, ou bien rempante pour porter les marches, comme
la vis sainct Gilles. CHAPITRE XIX.

Explication
& demostra-
tion de la figu-
re ensuiuant
le present cha-
pitre.

IE figure cy apres le plan pour construire vne voute sur le noyau d'vne vis, ou bien rempante pour
porter les marches & faire ladicte vis, ainsi que
vous voyez la circonference marquée en la figure ensuiuât par A D C Q. L'espesseur & grosseur
de la muraille est faicte à plaisir, comme vous le
voyez par la distance d'entre L & C. La moitié de la grosseur
du noyau de la vis est comme I & B. Entre le noyau, comme
depuis I iusques à L, est la largeur de la voute qui se voit par
l'hemicycle I O L, sur lequel hemicycle, apres auoir prins l'espesseur de la voute, vous tirez les commissures qui procedent du centre dudit hemicycle, ainsi que vous l'auez veu en
beaucoup de lieux par cydeuant. Desdictes commissures vous tirez les perpendicules sur la ligne B C. En apres vous mettez le
compas sur le centre B, & faictes plusieurs circonferences, comme vous les voyez à la figure cy apres descripte, qui monstre l'ordre des assiettes & pierres pour faire la voute entre le noyau & la
muraille. Telle façon de traict, sans en faire lóg discours, monstre
à faire vne voute sur le noyau & muraille d'vne vis, quand on la

Aduertisse-
mèt digne de
noter.

veult faire à nyueau sans estre rempante. Mais quand on veult
qu'elle soit rempante pour seruir de montée, & y faire des marches par le dessus (comme vous le voyez aux lignes qui procedét
du centre B, en tirant contre le mur de la vis, ainsi que est la ligne
de B & o, monstrant le departement & largeur des marches) à
cela y a quelque affaire pour conduire dextrement la voute. Telle voute ainsi rempante est appellée des ouuriers, la vis sainct Gil-

D'une vis
estant au pri-
euré de S. Gil
les en Lan-
guedoc.

les: pour autant qu'il y en a vne semblable au prieuré de sainct
Gilles en Languedoc. I'ay veu en ma ieunesse que celuy qui sça-
uoit la façon du traict de ladicte vis sainct Gilles, & l'entendoit
bien, il estoit fort estimé entre les ouuriers, & se disoit communement entre eux que celuy auoit gráde cognoissance des traicts
Geometriques, qui entendoit bien la vis sainct Gilles. Et à dire la
verité en ce temps la les ouuriers trauailloient fort à l'entendre
& principalemét pour la faire par paneaux, ou il se trouue beaucoup de sortes de cherches ralógees. On en rencótroit quelques
vns qui la faisoient par equarrissement, mais en cela n'y a gueres

d'esprit ne d'industrie, & y fault perdre beaucoup de pierres. Auiourd'huy i'en voy plusieurs qui entendent non seulement la façon de ladicte vis sainct Gilles, mais aussi plusieurs autres bons traicts. Si ie l'auois à côduire ie ne me soucierois gueres de la faire par pancaux, ny moins par equarrissemét, vous aduisant qu'il n'y a point tant de peine, ny tant de difficulté que les ouuriers le pensoient pour lors, & que plusieurs encores le pensent, pour ne le sçauoir. Il est aussi fort aisé & facile de la faire auec des buueaux & sauterelles: car en ayant les cerches ralongées qu'il y fault, & leurs equierres, il est facile d'en traffer iustement toutes les pierres. Qui voudra voir chose semblable, se transporte au chasteau de Boulongne pres Paris, combien qu'il sen trouue aussi en quelques autres lieux. Ceux qui sçauront bien entendre & conduire proprement l'endroit des doubles marches ou palliers, (ainsi que les ouuriers parlent) sans que l'œuure face iarret, & que le tout aille d'une venue par vne ligne rempante & bien adoucie qui suiue la forme du traict, il entendra fort aisément les autres sortes de vis. Quant aux cerches ralongées, & difference des rempants d'une chacune piece, vous les trouuerez en la figure cy apres descrite, au lieu marqué P, & par nombres des hauteurs des marches qui se rapportent l'une à l'autre. Vous voyez aussi aux lieux marquez R & Q, les cerches ralôgées, suiuât lesquelles on peult prédre les répants pour coupper les pierres auec les buueaux & sauterelles, ou bien en leuer des paneaux. Qui voudroit mettre d'auantage de lignes qui y sont necessaires, seroit chose trop lôgue. Il fault apprendre les traicts plus en les contrefaisant, imitant & representant, que par longues escritures & discours de parolles. Ceux qui n'auront esté nourris en l'art, & n'auront prins grande peine à l'estude des traicts, il est malaisé qu'ils puissent receuoir promptement l'intelligence de ce que ie propose en ces liures, ne moins faire & conduire œuures, dont ils puissent receuoir grand honneur & louange des hommes doctes. I'ay bien cognu quelques vns qui auoient fort bonne part de la pratique des traicts Geometriques, & en parloient comme fort bien entendus, mais en leurs œuures ils estoient tres infelices, & ne faisoient rien digne d'admiration. Ce qui rend telle chose difficile, c'est l'artifice des pierres de taille qui se trouuent desgauchées, biaises & de diuerses figures, & formes pour les faire venir à propos aux œuures, ainsi qu'on les demande. I'ay veu vne vis quasi semblable à celle que nous descriuons, aü lieu nommé Belleuedere pres le Palais du Pape à Rome, ou il va quelquefois pour se recréer, qui est vn lieu accompagné d'une infinité de beaux ouurages & sta-

Diuers moyens pour contrefaire la vis de S. Gilles.

Explication de la figure ensuiuant.

Belleuedere palais du Pape à Rome.

z ij

tucs de marbre, côme auſſi d'autres belles antiquitez, & ſignamment d'vn Laocoon & d'vn Apollo, qui ſont tres admirables à
voir pour eſtre diuinement bien faictes. Il y a auſſi vn Hercules,
vne Venus,& pluſieurs autres ſtatues antiques de marbre, colloquées dedãs des nyches:le tout accompagné de belles fontaines,
orengiers, citronniers, & infinies autres choſes fort excellentes
& de grandiſſime plaiſir. Tout aupres y a quelque baſtimét ayant
vne vis ronde aſſez grande, & à iour par le milieu, dont elle reçoit la clarté. Ladicte voute eſt portée ſur des colomnes du coſté

Diſcours ſur
la voute &
vis du Palais
de Belle-ve-
dere,à Rome.

du iour, & de l'autre coſté ſur des murailles,n'ayant point de mar
ches,ſinon la voute qui rempe tout autour deſdictes colomnes:
& monte fort doucement, eſtant pauée de brique, ainſi qu'on a
accouſtumé faire à Rome. Par le deſſous y a vne voute de brique
faicte en berceau qui rempe fort doucement, ainſi qu'à la montée. Ladicte voute eſt portée par des corniches ſur vne forme ron
de de muraille,& au milieu ſur des colomnes comme i'ay dict,&
ſe monſtre l'œuure fort belle & bien faicte. Mais ſi l'Architecte
qui l'a conduicte euſt entendu les traicts de Geometrie, deſquels
ie parle, il euſt faict tout réper, ie dy iuſques aux baſſes & cha
piteaux,qu'il a faict touts quarrez,comme ſil les euſt voulu faire
ſeruir à vn portique qui eſt droit. & à nyueau: par le deſſus des
chapiteaux, & au deſſous des baſſes du coſté de la deſcente, il a

L'auteur mõ-
ſtre,les anciẽs
n'auoir cognu
l'artifice des
traicts Geo-
metriques.

mis des coings de pierres pour gaigner la hauteur du rempant.
Laquelle choſe monſtre que l'ouurier qui l'a faicte n'entendoit
ce qu'il fault que l'Architecte entende. Car au lieu qu'il a faict la
voute de brique,il l'euſt faicte de pierre de taille,& d'une colomne à autre des arcs rempants.Et encores qu'il n'euſt voulu faire le
tout de pierre de taille, pour le moins il deuoit faire vn arc rempant à trauers la voute de douze pieds en douze pieds, & le reſte
de brique ſil euſt voulu. Par là on euſt cogneu qu'il euſt bien entendu ſon art d'Architecture. Cela eſtoit vn fort beau ſubiect
pour faire vne voute, non ſeulement ſemblable à celle de ſainct
Gilles,mais encores plus admirable,eſtant accompagnée de com
partiments. & moulures toutes répantes,& euſt eſté choſe nom-
pareille : lors on euſt veu tourner & deſgaucher l'œuure, qui ſe
fuſt monſtré fort ſuperbe & tres-difficile à conduire, ainſi que ie
penſe. Nous auons vne infinité de beaux traicts en France, deſquels on ne tient aucun compte, pour ne les entendre, & que pis
eſt, l'on ne ſe ſoucie gueres de chercher l'excellence & beauté des

Perron eſtant
à Fontaine-
bleau; de l'in-
uẽtion de l'au
teur.

œuures. I'ay faict faire à Fontainebleau vn perron qui eſt en la baſ
ſe court,ou vous voyez les voutes par deſſous les marches qui rã
pent comme la vis ſainct Gilles, mais il eſt encores plus difficile,

car il y a trois fortes de traicts enfemble, le premier eft comme la porte ou arc rempant fur la tour ronde, le fecond font arcs rempants & creux par le deuant, qui vont d'vn pilier à autre. Et ces deux traicts icy qui font à l'extremité de la montée faccommodent & affemblent auec la voute répante & eftant faicte en berceau (qui eft pour le troifieme traict) tous encathenez & liez enfemble, non fans grãd artifice & merueilleufe difficulté. I'ay fait faire femblablement au chafteau d'Annet, entre plufieurs autres belles œuures, vn perron fous la forme d'vn croiffant, lequel fe voit au iardin, deuant le cryptoportique, pour monter fur la terraffe, & deffus ledit cryptoportique, comme auffi pour aller du logis au iardin. Ceux qui voudront voir telles œuures tant au fufdict Fontainebleau, que à Annet, fils ont quelque fcintille de bon iugemét, ils y pourront trouuer quelques bons traicts. Ie diray encores d'auantage fur ce propos pour aduertir les Architectes & ceux qui font profeffion de conduire baftiments, que ce n'eft pas affez d'entendre bien tous les traicts pour fçauoir monftrer & enfeigner ce qu'il fault faire, mais bien plus toft de choifir & trouuer de bons maiftres maçons qui le fçachent proprement executer & mettre en œuure: comme eftoiét ceux que i'ay eu pour la cõduicte du perrõ de Fontainebleau, d'Annet, & d'autres lieux: lefquels i'auois façonné petit à petit, & de lõgue main: ne leur celant iamais rien, & fur tout ce qui fe prefentoit les aduertiffant & enfeignant amiablement: ainfi que ie fais encores, & feray tout le temps de ma vie, comme il viendra à propos: defirant qu'ils entendent bien leur eftat au proufit, vtilité & honneur du Royaume & bien publique. Car fi vous auez à conduire vne grande œuure, & que vous n'ayez de bons maiftres maçons qui vous fçachent bien entédre, il fera mal-aifé que vous puiffies faire quelque chofe de bon: & fignamment fi l'Architecte n'a luy mefme traffé les pierres, iaçoit que ce ne foit fon eftat, ny chofe à propos, & à laquelle il fceuft fournir, pour auoir le foing à tant d'autres chofes aufquelles il luy fault pouruoir, pour donner les mefures & commander en temps & lieu aux ouuriers, pour les affaires qui fe prefentent. Mais quant à ce difcours, fuffira pour le prefent, apres vous auoir exhibé la figure du traict de la vis rempante, de laquelle nous auons parlé au commencement de ce chapitre.

Perron fous la forme d'vn croiffant, au chafteau de Annet.

Bon zele de l'auteur enuers les maiftres maçons & ouuriers.

z iiij

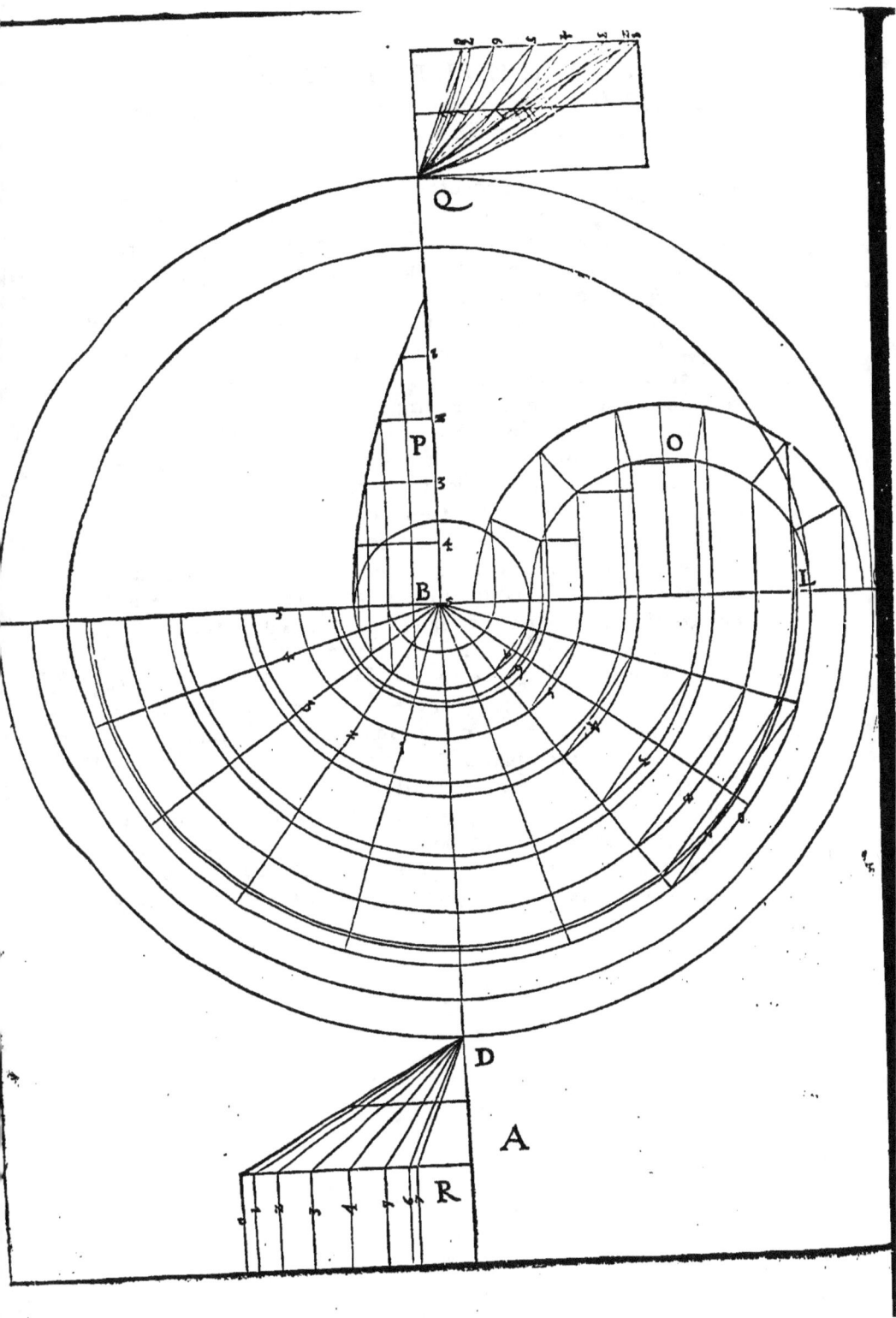

Le traict d'une autre sorte de vis & montée rempante en façon
de la vis sainct Gilles. CHAP. XX.

E defire encores monftrer le traict d'une autre
forte de montée de vis, qui fe peult faire en la façon de celle de fainct Gilles, ce que i'accópliray
auec peu d'efcriture, car il doit fuffire pour cefte *Explication*
heure que vous voycz feulement les circonferen *de la figure*
ces, tant du mur que des affiettes des pierres & *enfuiuant.*
noyau de ladicte vis, comme auffi l'hemicycle de la voute qui
fera rempante & de fept pieces, à chacune defquelles il fe voit
comme lon peult prendre le rempant & cerches ralongées : le
tout fe pouuant conduire auec le buueau marqué feulement
de lettres de chiffres, pour móftrer le rapport du compas fur vne
chacune chofe en fon endroict. Ie prieray ceux qui auront quelque iugement de vouloir bien noter ce traict icy : car fils l'entendent, ils en entendront plufieurs autres. Il feroit bien expedient
d'y mettre plufieurs autres lignes, mais cela feroit vne grande
confufion,& rédroit la chofe plus malaifée.Vray eft que ce traict
cy feroit biê fuffifant pour en faire vn ou deux grands chapitres,
voire trois & quatre,à fin de fpecifier & declairer toutes fes parties. Mais pour autant que c'eft quafi vne mefme chofe que ce *Aduertiffe-*
que vous auez veu par cy deuant, nous abbregerons la matiere : *ment de l'au-*
ioinct auffi que cy apres vous verrez vn traict d'efcalier, & vis *teur digne de*
quarrée, qui fera rempante & voutée cóme ladicte vis de fainct *fiderer.*
Gilles,fauf qu'elle eft en forme ronde, & celle qui enfuiura, eft
en forme quarrée. Si quelques vns defirent la fçauoir mettre en
œuure, & n'en peuuent receuoir l'intelligence, fils ne trouuent
autre perfonne plus à propos que moy, qu'ils me viennent voir,
ie leur diray de bon cueur ce que par la grace de Dieu i'en fçay.

z iiij

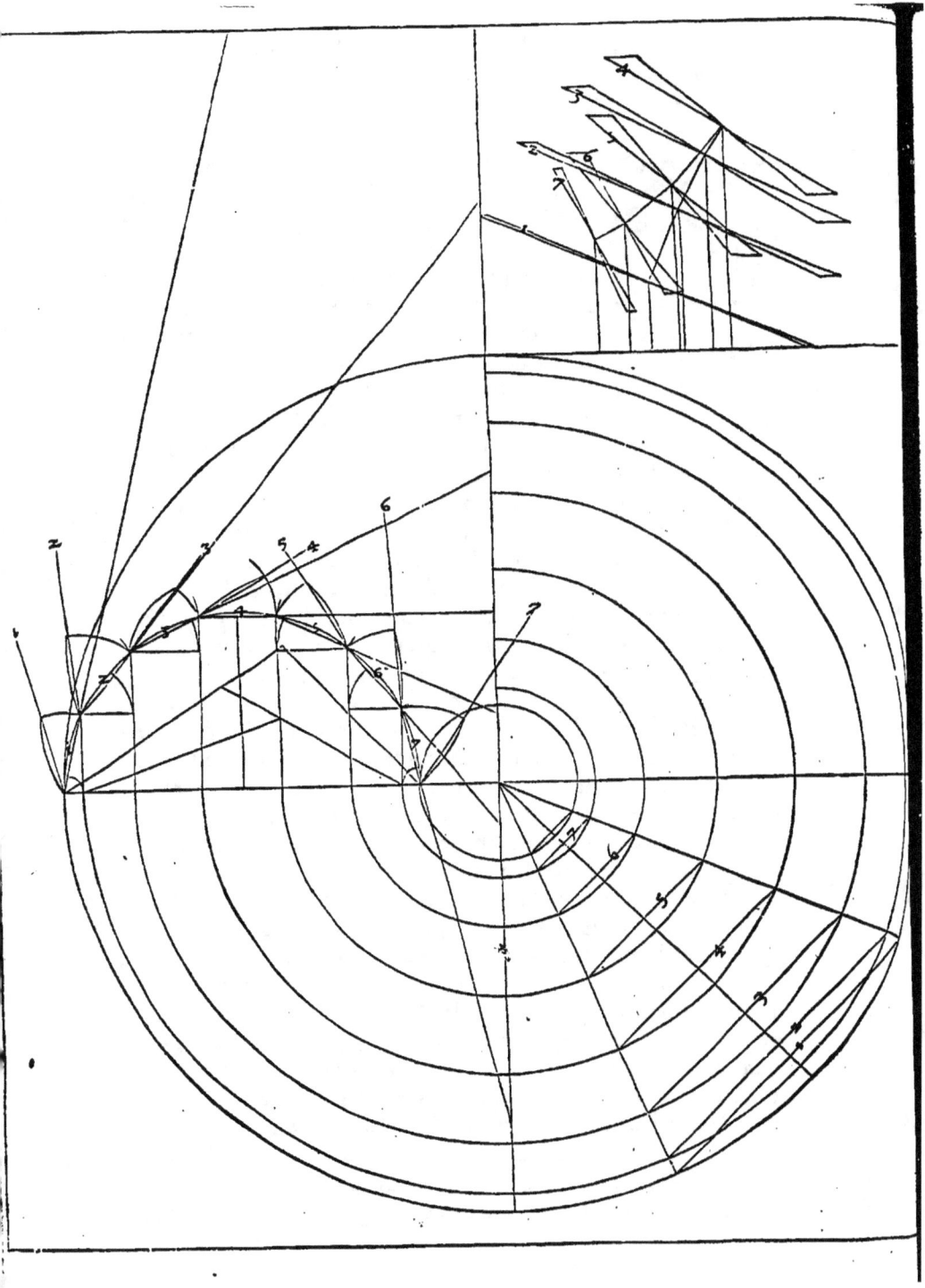

*Le traict d'une montée & escalier ou vis quarrée, faicte en la
forme de la vis sainct Gilles.   CHAP. XXI.*

Our satisfaire aux gentils esprits ie proposeray
encores le traict d'une vis faicte comme celle de
sainct Gilles, laquelle vous pourrez dresser sur
vn quarré parfaict, ou bien oblong, c'est à dire
plus long que large, & sur toutes autres formes
& figures que vous desirerez: ie ne diray toutes
quarrées, ou toutes rondes, mais encores sur la forme hexagone
ou octogone, c'est à dire de six à huict pents, ainsi que les nomment les ouuriers: ou bien sur vne forme triangulaire, soit equi-
laterale, ou autremét. L'ouurier qui aura l'industrie & intelligen
ce des traicts, y peult proceder en telle sorte qu'il voudra. Mais
pour reuenir au present traict estant tout quarré, il a vne autre
consideration que vous n'auez veu à ceux de cy deuant, car les
arcs & montées de la voute rempante ne sont semblables. Ceux
qui sont au milieu des quatre faces sur les deux lignes qui font le
traict d'equierre, cóme l'hemicycle que vous voyez C H D, sont
tous d'une mesme sorte: mais ceux qui sont sur les angles, ainsi
que à l'endroit de 6, E & L, iaçoit qu'ils soient bien d'une mesme
hauteur, si est ce qu'ils sont beaucoup plus larges. Et telle façon
d'arcs s'appelle arcs de cloistre, qui sont cóposés d'une autre sorte de traict, duquel i'eusse bien parlé cydeuant, n'eust esté que lesdicts arcs se font tout ainsi que la porte qui est sur le coing, descri
te au troisieme liure apres le traict de biais par teste. Qui le voudroit appliquer à la vis sainct Gilles quarrée, il se trouueroit fort
difficile, pource qu'il est rempant & fault qu'il s'accommode aux
autres arcs & voutes qui sont de differentes largeurs cóme vous
voyez celuy qui est marqué F & G, si est ce qu'ils sont tous d'une
mesme hauteur, ainsi que celuy que vous voyez signé C H D, auquel sont tirées les commissures, estant faicte la voute de cinq
pieces, cóme vous les voyez marquées par lettres de chiffre. Lesdictes commissures sont tirées des lignes perpendiculaires sur la
ligne C D, qui tourne tout autour du quarré de la vis, & remon-
te au droit d'vn chacun arceau perpendiculairement, pour trouuer les commissures & ioincts des pierres, suiuant lesquelles se
font les assiettes de la voute rempant. Lequel rempant se faict selon la largeur des marches que vous voyez marquées, & la hauteur d'icelle, comme il se peult voir en la ligne I D, ou sont les lettres de chiffre iusques au nombre de 5. qui monstrent la hauteur

*Le traict en-
suiuant est
fort different
des autres.*

*Continuation
de la demon-
stration de la
figure ensui-
uante.*

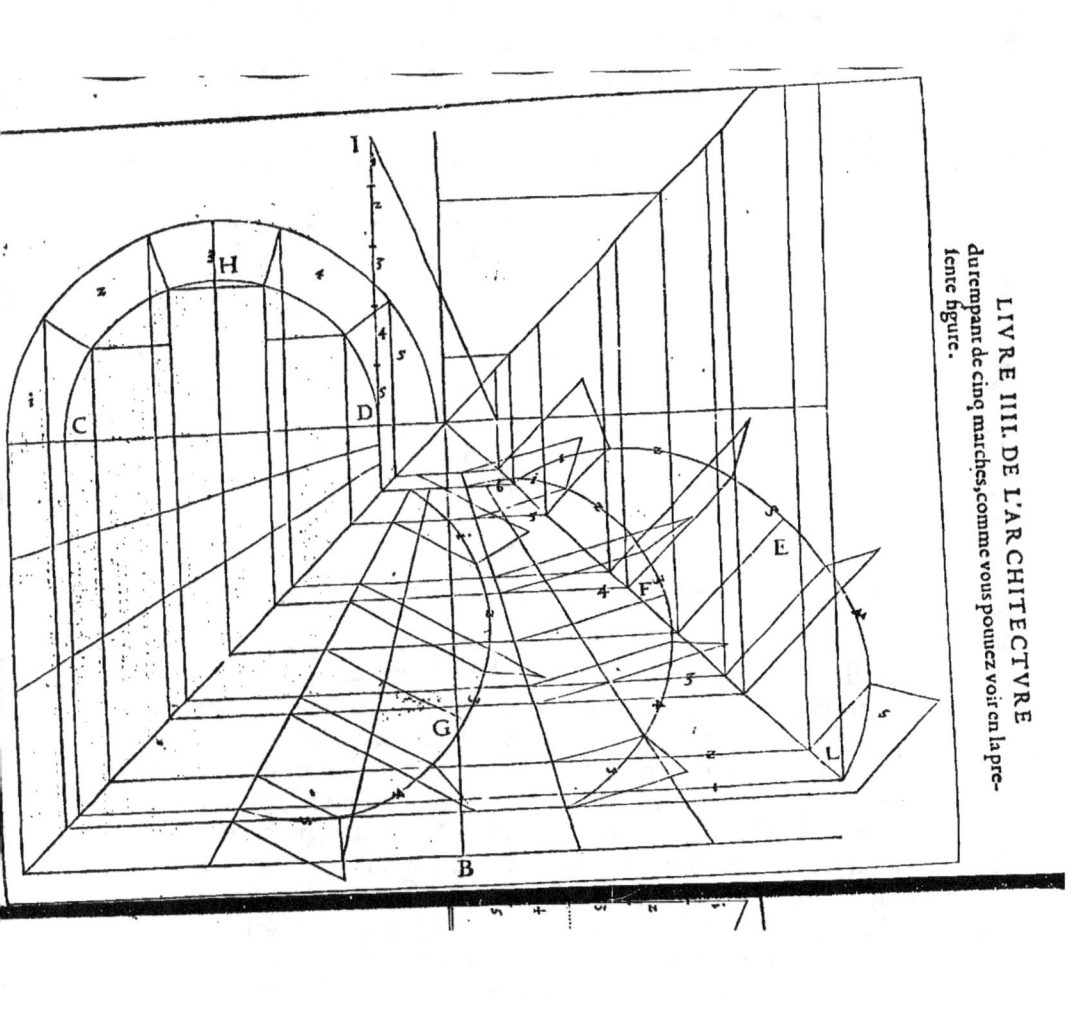

LIVRE IIII. DE L'ARCHITECTVRE

du rempant de cinq marches, comme vous pouuez voir en la presente figure.

l'ay encores cy apres defcrit vne petite figure pour trouuer les lignes de pente fuyuant la hauteur du rempant au long du mur. Apres quoy lon peult prendre le defgauchiffement d'vne chacune pierre & affiette de la voute rempante : fur laquelle lon erige les marches par deffus, le plus propremét que faire fe peult. Quoy faifant il fault que l'ouurier ayt telle confideration & in- duftrie, que les marches ne foient fi hautes & larges que lon n'y puiffe monter aifément. De laquelle chofe ie ne vous feray au- tre difcours pour cefte heure, ny auffi de l'efcalier rempant & vis fainct Gilles.

Explication de la petite figure cy def-fous propofée.

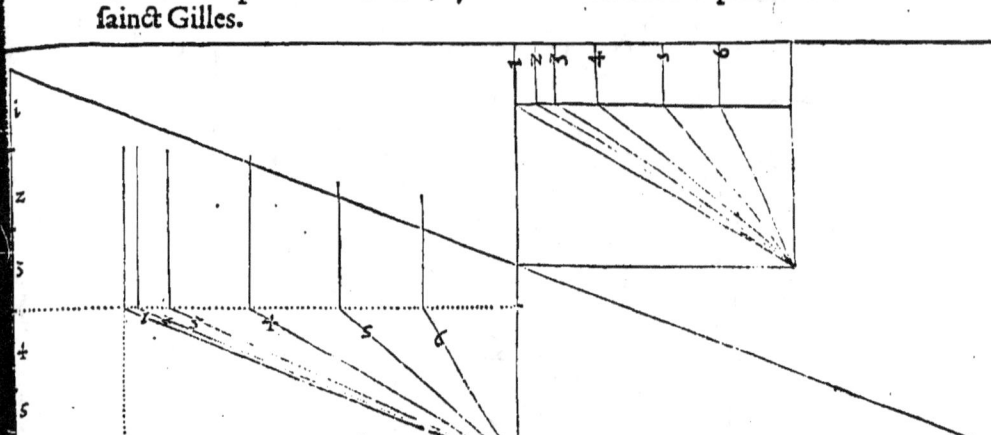

Icy doncques ie dóneray fin à la doctrine, fruict, & vfage des traicts Geometriques, fruict, dy ie, & vfage beaucoup plus grand que ie ne le fçaurois expliquer, & le pourront bien iuger & com- prendre ceux qui auront quelque peu verfé en la Geometrie. Car par le moyen & ayde defdicts traicts ils cognoiftront comme on peult coupper la forme fpherique & pyramidalle en plufieurs & eftranges fortes, & par mefmes artifices & inuentions, trouuer le moien de tailler toute maniere de pierres, pour faire toutes for- tes de voutes & trompes fur la forme des corps cubes, & y ap- pliquer lignes rempantes, façons ouales & triangulaires, com- me qui voudroit tirer des lignes diagonales par les coftez, par la moitié, & en tant de fortes qu'on pourroit penfer. Semblablemét fur vne forme de colonne, laquelle on peult creufer par le milieu auec vne ligne rempante & oblique, & la façonner en telle forte qu'on voudra. Ie veux aduertir d'auantage que pour la neceffité qui fe peult trouuer aux baftiméts, l'Architecte doit fçauoir vne infinité de ces fortes de traicts: vous aduifant que i'en ay encores

Conclufion de la doctrine et difcours des traicts Geo-metriques.

plus de deux cens fort beaux, outre ceux que i'ay proposé cy def-

L'auteur n'a-
uoir icy propo-
sé toutes les
sortes de traits
lesquels il a
en main.

fus. Mais voiant le grand labeur & longueur de temps qu'il fault employer pour les sçauoir bien expliquer, i'ay pensé plusieurs fois que vn si long chemin & discours se peult gaigner & abreger par le moyen de l'intelligence & cognoissance de la nature de six sortes de traicts ou figures Geometriques extraictes de Euclide & Archimedes. La premiere sorte seruira pour toutes descentes & voutes de caues tant estranges qu'on voudra, comme nous l'auons dict & monstré au commencement du troisieme liure: l'autre seruira pour sçauoir toutes sortes d'arches & portes: la troisieme pour toutes tropes : la quatrieme pour toutes sortes de voutes spheriques & autremēt faictes: la cinquieme pour toutes façós d'escaliers: & la sixieme pour toutes sortes deuis. Si quelques vns les peuuent trouuer, ils seront cause d'vn grand repos & soulagement pour moy. Toutesfois si ie voy que personne n'y touche, & que Dieu me donne la vie & téps de les pouuoir mon-

Promesse de
l'auteur si
Dieu luy don
ne la grace de
l'accomplir.

strer, ie m'efforceray de faire encores quelque discours particulier & assez grand des susdictes six figures Geometriques, pour monstrer l'espreuue & experience d'une chacune chose. Ie loue Dieu auteur de toutes graces, & le remercie treshumblement du bien & faueur qu'il me faict de pouuoir distribuer aux hommes vne partie du talent lequel il a pleu à sa saincte bonté me departir à fin que les hommes de bon esprit en reçoiuent quelque fruict & prouffit à sa louange, luy en donnant gloire & honneur à tout iamais.

Le cinquieme

LE CINQVIEME LIVRE

DE L'ARCHITECTVRE DE PHILIBERT
DE L'ORME LYONNOIS, CONSEILLER, ET
Aulmoſnier ordinaire du Roy, Abbé de
ſainct Eloy lez Noyon, & de
S. Serge lez Angiers.

Prologue contenant l'inuention, ordre, parties, meſures, & noms
des colomnes, & comme lon ſ'en ſeruoit anciennemết, & des pre-
miers qui les ont apportées à Rome, ſelon Pline.

YANT ſatisfaict à mon intention & deliberation, laquelle eſtoit de monſtrer l'artifice & vſage des traicts Geometriques qui doi
üent eſtre cogneus aux Architectes & mai-
ſtres maçons, pour auoir l'induſtrie de bien *Sommaire de*
faire & proprement conduire tout ce qui a *ce qui eſt en*
eſté dit & declairé aux troiſieme & quatrie- *partie conte-*
me liures precedents, comme auſſi pour plu *nu aux deux*
ſieurs autres choſes qui concernent l'eſtat, fa *liures prece-*
brique & façon des baſtiments, ie ne diray qui ſont dedans les ter *dents.*
res, comme caues, celiers, cuiſines, & autres, mais auſſi pour tous
les eſtages qui ſont par deſſus leſdictes terres, de quelque ſorte
qu'on en pourra auoir affaire, ſoit pour les lieux ſacrez, pour cha
ſteaux, palais, maiſons bourgeoiſes ou autres: il me ſemble que
cy apres il ſera fort conuenable & à propos de monſtrer & eſcrire comme il fault orner & decorer les murailles des temples &
de leurs portiques, veſtibules & autres endroicts, côme auſſi des
faſſades des chaſteaux, palais, & maiſons, ainſi qu'il ſera requis.
Doncques pour ce faire nous commencerons à parler de l'ordre

A

& parties des colomnes defquelles les anciens auoient couftume
orner & enrichir leurs baftiments, ainfi que les hiftoires en font
mention, & fignamment ce grand & incomparable Pline, fecre-
taire & greffier du confeil priué de dame Nature, par lequel nous

Theatre de M. Scaurus au mont Palatin.

fommes enfeignez que Marcus Scaurus eftant Edile à Rome fit
venir trois cés & foixante colónes de marbre, pour faire vn theatre au mót Palatin de bien petite durée, car à peine deuoit il eftre
vn mois en vfage. Contre l'ordonnance des loix il fut des premiers qui feirent voir à Rome les colomnes de marbre, fans que
iamais on luy en dift mot, par quelque fupport & diffimulation,
& auffi que c'eftoit pour donner plaifir au peuple. Toutesfois ledit Scaurus ne fut le premier qui fit venir defdictes colomnes à
Rome, car on voit au troifieme chapitre du xxxvj. liure dudit Pli
ne, comme lóg temps au parauant, Lucius Craffus ce grand ora-
teur auoit enrichy fa maifon qui eftoit au mont Palatin de fix colomnes, defquelles le marbre auoit efté tiré du mont Hymettus,
qui eft en la contrée d'Athenes, & n'auoient lefdictes colomnes
que douze pieds de hault. Pour raifon defquelles Marcus Brutus

L. Craffus appellé Venus Palatine, & pourquoy.

appella ledit Craffus, Venus Palatine, entre autres propos faf-
cheux qu'ils eurent enfemble. En quoy on peult voir que defia
de ce temps la, l'ancienne difcipline & feuerité Romaine eftoit
perdue ou abatardie, & que pour raifon de ce, on ne difoit mot
de toutes ces fuperfluitez. Mais depuis les hómes fe font bien de-
bordez & deprauez d'auantage: de forte qu'ils eftoient encores
trop plus modeftes en ce temps la, que lon n'eft auiourd'huy. Car
on verra à l'œil, & fe trouuera que les Papes, Empereurs, Roys &
grands feigneurs, ne font aucunes magnifiques excellences en
leurs chafteaux & palais, foit en ornements de marbres ou incruftations, en belles chambres, beaux iardins, meubles exquis &

Vn chacun vouloir imiter la magnificence des grands feigneurs.

riches, que incontinent les gentilshommes, bourgeois, officiers,
& autres n'en vueillét auoir le femblable, auec tres-folles defpen
fes, & autant demefurées que ceux qui les font. Ie ne dy pas qu'il
ne faille baftir proprement pour la decoration des villes, & fum-
ptueufement felon les facultez & qualitez d'vn chacun, auec ornements modeftes & competents, ainfi qu'il fe voit en plufieurs
villes de noftre France & d'autres nations & republiques bien
policées & reformées: mais fur tout ie ne voudrois qu'on baftift
à l'imitation & façon des anciés Roys d'Egypte, qui faifoient de
merueileufes & exceffiues defpenfes, pour la ftructure de leurs
pyramides, à fin d'y occuper le peuple eftant en oyfiueté bien fou
uent feditieux & rebelle, & auffi à fin que ceux qui fuccedoient
à leur couronne, ou autres qui afpiroient au Royaume d'Egypte,

n'eussent aucune enuie de pourchasser leur mort, à cause de
leurs biens, ou par quelque opinion de leurs richesses & thresors.
Mais ils ont monstré en telles structures pyramidales vne grande
legereté pour les auoir cōmencé tant superbes & prodigieuses,
sans bien souuent les pouuoir continuer & paracheuer, pour les
frais insupportables qui sy presentoient. De sorte que Herodote
escrit qu'vn Roy d'Egypte nōmé Cleope, ayāt entrepris d'en faire vne de pierres Arabiques, apres y auoir employé & fait besongner ordinairemēt six cens mille ouuriers, par l'espace de xx. ans,
trouua la despense & frais si grands & excessifs, que n'y pouuant
plus satisfaire, il fut contrainct (ô malheureux Roy & pere) de
prostituer sa fille, qui estoit fort belle & ieune, ainsi que porte l'hi
stoire, à fin de pouuoir subuenir aux frais du paracheuement de
ladicte pyramide. De laquelle Pline recite que 1800 talents (qui
valent dix cents mille escus, ou, si vous voulez, vn milion & quatre vingts escus, prenant l'escu à trentecinq sols, ainsi que nostre
docte & incomparable Budée) furent exposez en aulx, oignons,
& reforts, pour alimenter les ouuriers & maneuures. De là certainemēt on peult estimer cōbien a esté excessiue la despense du
reste. Pleust à Dieu, & à ma volōté, que les riches bourgeois, marchands, fináciers, & autres qui iouissent des biens de fortune en
toute affluence & outre mesure, s'adonnassent aussi tost à faire &
fonder quelques hostels-dieu, ou colleges pour le soulagement
des pauures, & vtilité du bien publique, que edifier vn tas de superbes & magnifiques maisons qui ne leur seruent que d'enuie
& malheur, ainsi qu'il se voit ordinairement. Ie suis souuentesfois honteux de plusieurs qui desirent faire bastiments indignes
d'eulx, & me demandent conseil sur leur deliberation : ausquels
ie respond qu'vn chacun se doit mesurer selō son pied. Mais voirement ce propos (ainsi qu'on dit) n'est à propos : parquoy nous
reprendrons nostre chemin delaissé, qui estoit des premieres colomnes & marbres. Menander qui fut en son temps grād dechi-
freur des superfluitez (ainsi qu'escrit Pline) parle biē peu du marbre diapré & marquetté, & encores ne dit rien des colomnes de
marbre situées aux temples, non pour braueté (car lors on ne sça-
uoit que c'estoit) ains pource qu'elles sembloient plus dures que
les autres. Et de faict le tēple de Iupiter Olympique estoit commencé de ceste estoffe à Athenes. Duquel temple Sylla fit venir
des colomnes de marbre, qu'il employa au temple du Capitole.
Quant aux Romains, Cornelius nepos recite qu'vn nommé Ma-
mura gentil-homme Romain, cōmis & superintendant des ma-
reschaux, charrōs, charpētiers, & autres ingenieux qui suiuoient

Meruilleuse histoire d'vn Roy qui pro-stitua sa fille, pour subuenir aux frais d'u-ne pyramide.

Chose esmer-ueillable & digne de no-ter.

Temple de Iu-piter Olympiē à Athenes.

le camp & la gendarmerie de Iules Cesar estant aux Gaules, fut le premier de tous qui fit reuestir de marbre les murailles de sa maison, laquelle il auoit au môt Cælius. Aussi ledit Cornelius nepos dit que ce fut le premier qui fit faire toutes les colônes de sa maison du marbre de Carystus, & de Luni de Thoscane. Apres luy

Marcus Le-
pidus Consul
à Rome.

Marcus Lepidus qui fut Côsul auec Catullus, trouua le moyé de faire du marbre de Barbarie les lintheaux de sa maison, que nous appellons entablements: dont toutesfois il fut bien mercurializé & syndiqué. Ie trouue audit Pline certaines mesures, ordre & denôbrements de colomnes que ie ne veux icy omettre. Quant aux colomnes, dict il, tant plus elles sont mises espesses, tant plus elles semblent grosses. Les anciés Architectes les ont diuisées en quatre ordres & quatre sortes. Le premier est de celles qui sont aussi grosses au pied que la sixieme partie de leur haulteur porte, & sont appellées Doriques. Le secôd est de celles qui ont la neufieme partie de leur hauteur en la grosseur de leurs pieds, nommées Ioniques. Le troisieme est de celles qui ont la septieme partie, ainsi que dessus, appellées Thoscanes. Le quatrieme ordre est des Corinthiennes qui ont la mesme proportion que les Ioniques, toutesfois auec quelque differéce, car le chapiteau des Corinthiennes est aussi hault qu'elles sont grosses par le bas. Et de là vient que les Corinthiennes semblent plus gresles que les autres: mais les chapiteaux des Ioniques ont seulement de hault, le tiers de la grosseur du pied desdictes colomnes. Il fault noter que anciennement on prenoit la hauteur des colomnes au tiers de la largeur des temples ou on les vouloit mettre. On tient aussi que l'inuention de mettre des pieds de stat, vases & chapiteaux aux colomnes, fut premierement pratiquée au temple de Diane Ephesienne. Touchant leur proportion, on escrit que du commencement

Proportion
des colomnes
anciennes.

il failloit que les colomnes eussent en grosseur la septieme partie de leur hauteur, & que leur pied destat fust d'espesseur de la moitié de leur grosseur d'auantage: & finalemét, qu'elles fussent d'vne septieme plus gresles à la cyme que au pied. Oultre les colomnes que dessus, il y en a encores qui sont faictes à l'Athenienne (appellées Attiques) & ont quatre angles distinguez de tous costez, par interualles egaux. Voila ce qu'escrit Pline, en peu de parolles, touchant l'ordre & mesure des colomnes, monstrant fort bien comme elles doiuent estre seulemét pour vne certaine hauteur: Mais il les faudroit changer, & en prendre d'autres selon les œuures qu'on auroit à faire, ainsi que vous en verrez cy apres la pratique, comme aussi des corniches, frize, & architrabe, desquel les ledit Pline ne parle aucunement.

Des mesures desquelles nous auons vsé & nous sommes aidez, en
mesurant & recherchant les antiquitez de diuers païs, & pre-
mierement du pied antique, & palme Romain.

CHAPITRE I.

ESTANT à Rome du temps de ma grande ieunesse, ie mesurois les edifices & antiquitez, selon
la toise & pied de Roy, ainsi qu'on faict en France. Aduint vn iour que mesurant l'arc triũphant
de saincte Marie noue, comme plusieurs Cardinaux & Seigneurs se pourmenants visitoient les
vestiges des antiquitez, & passoiët par le lieu ou i'estois, le Cardinal de saincte croix lors simple Euesque seulemët (mais depuis
Cardinal, & Pape sous le nom de Marcel, homme tresdocte en di
uerses sciences, & mesmes en l'Architecture, en laquelle pour
lors il prenoit grand plaisir, voire iusques à en ordonner & faire
desseings & modelles, ainsi que puis apres il les me monstra en
son Palais) dit en son langage Romain, qu'il me vouloit cognoistre, pour autant qu'il m'auoit veu & trouué plusieurs fois mesurant diuers edifices antiques, ainsi que ie faisois ordinairement
auec grand labeur, frais & despens, selon ma petite portée, tant
pour les eschelles & cordages, que pour faire fouiller les fondements, à fin de les cognoistre. Ce que ie ne pouuois faire sans
quelque nombre d'hommes qui me suyuoient, les vns pour gaigner deux Iules ou Carlins le iour, les autres pour apprëdre, com
me estoient ouuriers, menuisiers, scarpelins ou sculpteurs & semblables qui desiroient cognoistre comme ie faisois, & participer
du fruict de ce que ie mesurois. Laquelle chose donnoit plaisir audict seigneur Cardinal, voire si grand qu'il me pria estant auec
vn gentilhomme Romain qu'on nõmoit misser Vincencio Rotholano, logeãt pour lors au Palais de sainct Marc, que ie les vou-
lusse aller voir, ce que ie leur accorday tresvoluntiers. Ledict seigneur Rotholano homme fort docte aux lettres & en l'Architecture prenoit grandissime plaisir à ce que ie faisois, & pour ceste
cause me monstroit, comme aussi ledit seigneur Cardinal, grand
signe d'amitié. Bref apres auoir discouru auec eux de plusieurs
choses d'Architecture, & entendu d'ou i'estois, ils me prierent de
rechef de les visiter souuët audit Palais, ce que ie fis. Auquel lieu
ils me conseillerent entre autres choses, (apres auoir cogneu la
despense que ie faisois pour cercher les antiquitez, & retirer toutes choses rares & exquises en l'art d'Architecture) que ie ne me-
surasse plus lesdictes antiquitez selon le pied de France, qui estoit

Cardinal de
S. Croix Pape
& homme do-
cte.

Misser Vin-
cencio Rotho-
lano homme
docte.

A iij

le pied de Roy, pourautant qu'il ne fe trouueroit fi à propos que le palme Romain, fuyuant lequel on pouuoit fort bien iuger des anciés edifices qui auoient efté côduicts auec iceluy pluftoft que auec autres mefures, & fignamment auec le pied antique, me dô-

Les anciens edifices auoir efté conduicts auecques le palme et pied antique.

nants lors & l'vn & l'autre auec leurs mefures, lôgueurs, & diui-fions telles que ie les vous propoferay cy apres. D'auantage ils m'enfeignerent les lieux ou ie les trouuay infculpées en vn mar-bre fort antique. L'vn eftoit au Câp-dolle, qui eft le palais ou les Romains faffemblent pour traicter de leurs affaires, comme lon faict en France aux maifons de ville : & l'autre au iardin du feu Cardinal de Gady, ou ie les trouuay raillez & marquez en vne pierre de marbre fort antique, auec plufieurs autres fingula-ritez, & grand nombre de diuerfes fculptures & ornements d'Ar-chitecture, comme auffi de belles frifes, fueillages, chapiteaux, & corniches accompagnées d'infinies fractures & veftiges fort an-

Grande & admirable di-ligence de l'au-teur.

tiques & plufque admirables à l'œil humain : lefquels ie retiray, auec plufieurs autres, ainfi que ie les pouuois trouuer. Depuis l'aduertiffement des fufdicts feigneurs tant doctes & fages, ie ne voulus plus m'ayder du pied de Roy, mais bien du pied antique, & fignamment du palme Romain, pour autant que lors il eftoit plus vfité & cogneu des ouuriers à Rome, que le pied antique. Ie ne veux pas dire qu'on ne puiffe bien mefurer (ainfi que chacun fçait) par toutes fortes de mefures, comme par le pied vulgaire, le palme, la couldée, & autres: mais il n'y a point de mefures plus à

Defcription & mefure du pied antique, Palme, & doigt, auec leurs parties.

propos que ledit pied antique, qui eft iuftemét de la longueur la-quelle vous voiez cy apres marquée en deux fortes, fçauoir eft M O, & F K, eftât diuifée en quatre parties egales, côme on les voit aux lieux F G H I K, defquelles vne chacune eft appellée Palme. De rechef vn chacû palme eft diuifé en quatre autres parties, qui font nommées doigts, & diftribuent toute la lôgueur dudit pied en feize doigts, côme vous le voyez par la figure marquée M O, en fes extremitez. Par ainfi ledit pied a quatre palmes de lon-gueur, qui font enfemble feize doigts, pourueu qu'on en donne quatre à vn chacun palme. De rechef vn chacun defdicts doigts eft diuifé en quatre autres parties, appellées d'aucuns minutes

Minutes et onces.

& des autres onces: & par ainfi ledit pied en contiendra foixante quatre. Bref le pied antique a de longueur quatre palmes ou fei-ze doigts, ou foixante quatre minutes ou onces. On trouue enco-res ladicte longueur du pied antique eftre diuifée en douze par-ties appellées des vns poulces, & des autres minutes, ainfi que i'ay veu qu'aucuns ouuriers en vfoient, & diuifoient de rechef leurs poulces en douze autres parties: quelques vns en fix, & les

autres

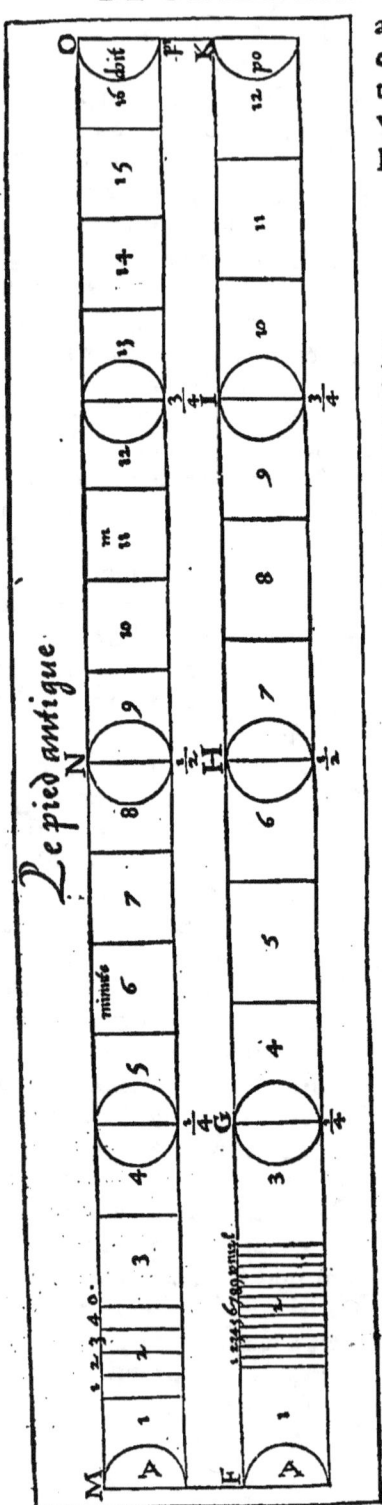

autres en cinq, pour conuertir en ſoixante parties de longueur tout ledit pied antique, comme vous le pouuez voir icy à coſté par la figure dudit pied.

Palme Ro-
main auec ſes
diuiſions &
parties.

Quant au Palme Romain, (duquel on vſe le plus ſouuent à Rome) il eſt diuiſé en douze parties egales apellées minutes: mais toutes les douze ne côtiennent en leur lôgueur que douze doigts du pied antique, dont les ſeize font toute ſa lôgueur. Ledit palme eſt auſſi diuiſé en quatre parties, deſquelles vne chacune contient trois minutes. Et de rechef chacune minute eſt diuiſée en quatre autres parties, appellées onces, & par ainſi toute la longueur dudit palme Romain contient quarante huiſt onces, comme vous le pouuez voir en la figure cy apres, au lieu de P Q R.

Et pour-autant que aucuns deſireront cognoiſtre au long pluſieurs autres ſortes de meſures, pour ceſte cauſe i'en ay bien voulu deſcrire cy apres quelques vnes extraictes tant de Pline que d'ailleurs, ſous differentes ſortes, ainſi que vous le cognoiſtrez par le diſcours enſuyuant.

A iiij

IL me ſemble que le ſuſdit pied antique ſoit la meſme longueur de pied dont les Grecs vſoient aux meſures des edifices & autres: veu ce qu'en recite Pline en ſon Hiſtoire naturelle, parlant de pluſieurs ſortes de meſures & pois, & ſignamment de ceſte cy, de laquelle (comme il eſcrit)

Meſure des Grecs, tant en pieds & palmes, que doigts et poulces. les Grecs vſoient es dimenſions de tous interualles. Et ſur le meſme propos il dict, que le doigt dont les Grecs ſe ſeruoient à la dimeſion des tiges & racines, eſt prins pour la ſezieme partie d'un pied, & le poulce pour la douzieme, & le palme pour la quatrieme, contenant quatre doigts. Il dit en autre endroit que le pied comprend ſeize doigts, ou quatre palmes. Mais il ne fault oublier que le pied Grec eſt plus grand de demy poulce, ou d'une vingtquatrieme partie, que le pied Romain. Ce qui eſt veritable du pied antique, ainſi que vous le pouuez voir par le pied qui eſt cy apres marqué S T V, eſtant conferé au pied antique deſigné par cy deuant. Ie pourſuiuray ce que dit Pline touchant les differences qui ſont aux meſures, non ſeulemét pour les pieds & palmes, mais auſſi pour les couldées & autres: pour autant que nous parlerons ſouuent en noz œuures d'Architecture, de pluſieurs ſortes de meſures & proportiós, ainſi que vous le verrez. Doncques

Couldée vulgaire, & braſſe Grecque. la couldée vulgaire eſt de vingtquatre doigts, qui font vn pied & demy: & ſe prend la vraye meſure de ladicte couldée du bout du coulde, iuſques à l'extremité du doigt du milieu de la main.

La braſſe Grecque eſt de quatre couldées, qui font ſix pieds: ſurquoy il fault noter, que la braſſe Grecque paſſe la braſſe Romaine d'vn pied & vn quart d'iceluy. Le ſuſdit Pline recite (comme aſſez d'autres auteurs leſquels i'ay leu) que les anciens vſoient pour meſurer tous interualles de la maniere qui ſenſuit. C'eſt qu'ils prenoient pour vn grain la moindre meſure de toutes: duquel les quatre faiſoient vn doigt, qui eſt prins pour la ſezieme partie d'vn pied. Il fault auſſi noter qu'il y a grande difference en-

Difference entre vn doigt & poulce. tre vn doigt & vn poulce, car quatre doigts ne ſont que trois pouces. Auſſi au pied Geometrique il y a douze pouces & ſeze doigts de ſorte qu'en parlant d'vne once Geometrique, il fault entendre vn poulce qui contiét vn doigt & le tiers d'iceluy. Quant au pal-

Palme de deux ſortes. me que les Latins appellent Palmus, il en y a de deux ſortes, ſçauoir eſt le petit, qui eſt prins pour quatre doigts, qui valent trois poulces, ou trois onces, & le grand qui comprend cinq doigts. Il

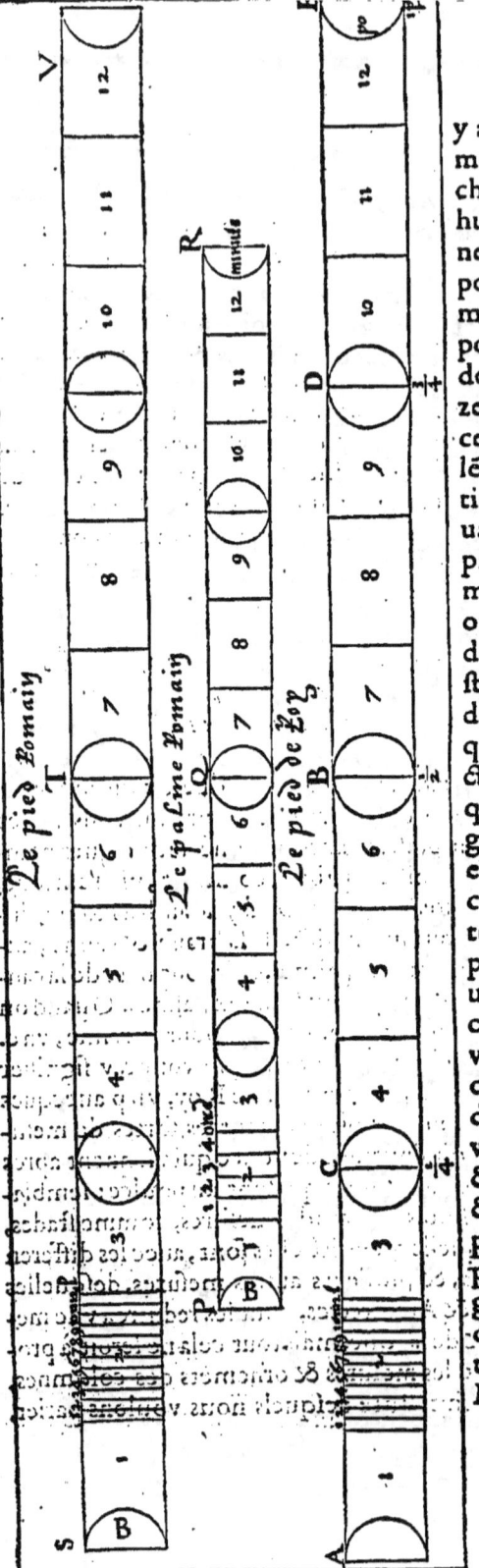

y a aufsi le double pal-
me dict des Grecs di-
chas, lequel contient
huict doigts. Aucuns
neantmoins prennent
pour le plus grand pal-
me l'eftendue depuis le
poulce iufques au petit
doigt, qui côprent dou
ze doigts, ou neuf poul
ces: les Grecs l'appel-
lêt fpithame, & les La-
tins dodräs. Il fault d'a-
uantage noter, que le
pied fe mefure diuerfe-
ment, car quelquefois
on le préd pour l'efté-
due de la main, y adiou
ftant la longueur du
doigt du milieu, iuf-
ques à la feconde ioin-
cture inclufiuement:
quelquefois pour la lar
geur de deux poings,
en ayant les deux poul
ces eftendus & rappor
tez l'vn à l'autre. On le
prend aufsi pour l'inter
ualle qui eft entre la
couldée, & la clef ou
vertebre de la main. La
couldée qui eft dicte
des Latins cubitus &
vlna, compréd vn pied
& demy, faifant vingt
& quatre doigts, ou fix
palmes. Nous dirós en
paffant, que la vraye
grandeur ou hauteur
d'un chacû eft de qua-
tre de fes couldées.
Mais il fault icy noter

Diuerfes for-
tes de mefures
du pied.

que la couldée Geometrique eſt prinſe pour vne toiſe & demie,
vallant neuf pieds, ou ſix couldées communes, qui eſt la vraye
canne des Hebreux. Toutesfois la canne du ſanctuaire auoit dix
pieds, ainſi que nous le deduirons en temps & lieu auec l'ayde
de Dieu, en noſtre œuure & tome Des proportions diuines. Le
degré Geometrique dict des Latins Gradus, contient deux pieds.
Et le pas, dict auſſi des Latins Paſſus, eſt de deux pieds & demy,
lequel on prend ordinairement pour vne demie toiſe, en ſeffor-
çant vn peu de le faire grand. Si lon veult engember & marcher
bellement, les trois pas feront la longueur de la toiſe de Roy, ainſi qu'on parle à Paris. Quant à la braſſe elle contient cinq pieds,
mais il fault noter que la Romaine eſt plus petite que celle des
Grecs d'vn pied & vn quart, ainſi que nous auons dict n'a gueres:
& pour entendre plus facilement les meſures, nous continuerons, & en ferons encores vn petit chapitre, pour les mieux cognoiſtre & leurs characteres.

De certaines marques & characteres de meſures, leſquelles
nous employons, & faiſons ſeruir en ce preſent œuure
d'Architecture. CHAPITRE III.

E ne veux faillir de vous aduertir qu'en toutes
les figures de ce preſent œuure ou vous verrez
marqué p, eſtant accompagné de quelques nombres, il ſignifiera palme, comme ℘, pied antique,
m, minute, & o, once. On ſay de auſſi à Rome, ainſi que nous auons dict, de la braſſe, & canne, au-
quel lieu la braſſe cotient quatre palmes, & la longueur de la canne y eſt de deux braſſes & demie, qui ſont dix palmes. Quand on
veult denoter la braſſe on met vn b, comme pour la canne, vn c.
D'auantage vous ſerez aduertis que quand ie voudray ſignifier
la toiſe, ie mettray vn t, & pour le pied de Roy, vn p auecques
vn r. Ie vous deſcrirois encores pluſieurs autres ſortes de meſures, comme des petites diminutions de l'once qui viennent apres
le grain d'orge, & des douze lignes qui ſont au poulce: ſemblablement ie vous propoſerois les grandes meſures, comme ſtades,
perches, arpens, & de quelle quantité elles ſont, auec les differen
ces des miliaires, lieuës, & pluſieurs autres meſures, deſquelles
vſent les Geometriens & Architectes, pour les reduire à vne meſure du pied de Roy & de la toiſe, mais tout cela ne ſeroit à propos pour faire entendre les meſures & ornemēts des colomnes,
& autres artifices d'Architecture deſquels nous voulons parler,

Marginalia (left column):

Couldée geo-
metrique, toi-
ſe, & canne
des Hebreux.

Que c'eſt que
pas & braſſe.

Certaines
marques de
meſures, deſ-
quelles vſe
l'auteur en ſes
figures.

L'auteur
omettre beau-
coup de peti-
tes choſes, à
fin de pourſui-
ure les grādes.

& monftrer les differences qui font aux proportions qu'on leur doit donner felon les lieux aufquels on les appliquera. Plufieurs ont efcrit bien amplement des fufdictes mefures, & de leurs diuerfitez, ainfi qu'on en vfe en vn païs d'une forte, & à l'autre d'une autre, côme auffi des pois, & varietez d'iceux, tãt pour les marchandifes que medecines: qui fera caufe que ie leur renuoiray ceux qui ne fe contenteront du prefent difcours, à fin de les lire à leur bon plaifir & loifir. Voila ce que ie defirois vous communiquer quant aux mefures & leurs differences deuant qu'entamer le propos des colomnes, lequel ie defire faire entendre auec peu de parolles, tant que faire fe pourra, & tout ainfi que i'en fais pratiquer l'vfage (fe prefentant l'occafion) fignamment des colomnes qui ne font que de dix, douze & quinze piedz de hauteur ou enuiron. Nous commencerons dôcques aux proportions des quatre colomnes que Vitruue nous propofe, les conduifant & expliquant par ordre l'une apres l'autre. La Thufcane doncques ira la premiere.

Bon vouloir de l'auteur enuers les apprentifs.

De la colomne Thufcane, & de fes parties, ornements & mefures. CHAP. IIII.

Ombien que Vitruue nous defcriue & enfeigne l'ordre de la colomne Thufcane, fi eft-ce que ie n'en ay point veu aux edifices antiques, dont ie me puiffe aduifer, mais bien affez aux modernes. Toutesfois ie ne lairray d'en parler, pour autant que c'eft vn ordre tresbeau, & grandement neceffaire & vtile pour les lieux qui ont à porter grande pefanteur, & ou il fault que l'œuure foit fort maffiue pour fouftenir les charges. Ie diray d'auantage que la façon des colomnes Thufcanes eft propre pour ornements ruftiques qu'on doit faire au premier eftage des edifices, & merueilleufement conuenable à porter les voutes des grands lieux audit premier eftage, ou bien dans les terres, ou lon faict les voutes des cuifines, falles du commun & autres: ou bien pour faire portiques, periftyles, & veftibules: principalement aux chafteaux & palais qui font dans les forterefses: pour autant que tel ornemét eft trop lourd & maffif, n'ayant aucune chofe de delicat, comme doiuent auoir les premieres entrées & afpects des logis pour donner plus de contétemét à ceux qui y vont & viénent. Doncques pour autant que telles colomnes doiuent eftre maffiues & fortes, elles meritent auoir lieu au premier eftage. Qui eft la caufe que nous les defcriuons icy les

La colomne Thufcan: rare aux edifices antiques.

Les colomnes Thufcanes de noir eftre maffiues & groffes.

premieres, comme celles qu'il fault premierement appliquer en
œuure quand on veult mettre deux, trois, ou quatre ordres de co
lomnes l'une sur l'autre. Quoy que ce soit, les plus fortes & massi-
ues doiuent estre tousiours les premieres pour faire aller l'œuure
par ordre: sans lequel ordre toutes choses perdent leur grace &
desplaisent à l'œil, ie ne diray aux bastiments & structures, mais
aufi aux liures, escritures & toutes choses. Ainsi qu'il se voit en
la disposition & ordre de plusieurs chapitres de Vitruue, & signa-
ment du troisieme, quatrieme, & cinquieme liures de son Archi-
Plusieurs cha- tecture, qui me semblent estre si confus, meslez & transportez,
pitres de Vi- que ce qui deuroit præceder ensuit, & au côtraire. Laquelle cho-
truue n'estre se plusieurs fois m'a faict penser, ou que ledit Vitruue ne les a ia-
en leur ordre. mais ainsi disposez, qui est tresveritable (pour-autant qu'à la mode des anciens il a escrit son œuure tout d'vn traict & sans aucune
Quelques con- discôtinuation ou diuision par chapitres) ou bien que quelqu'vn
iectures de a voulu ainsi dresser les chapitres tout expres, à fin de rendre l'œu
l'auteur sur la ure & l'artifice de bastir difficile: ou que les liures ont esté ramas-
confusion & sez par pieces, & ainsi imprimez ou bien transcris & copiez apres
desordre des le deces de Vitruue: ou que ledit Vitruue a colligé son œuure de
liures de Vi- plusieurs auteurs, lesquels il a confusément allegué, sans auoir eu
truue. le temps de disposer le tout par ordre & bonne methode, estant
parauanture preuenu de mort. Quoy qu'il en soit son œuure est
si enueloppé, confus, obscur, & difficile, que plusieurs ne sen peuuent gueres bien ayder. Dieu donnera le moien à quelque gentil
esprit de reduire tel desordre en bô ordre. Mais delaissant ce propos, & reprenant celuy que nous auions entamé des mesures des
colomnes Thuscanes, & de leurs ornemêts, ie voudrois que celles qui seront de dix ou douze pieds, eussent six fois la grosseur de
leur diametre, par le bas, pres de la basse, pour leur haulteur. Et
pour plus clairement le monstrer, ie prendle cas que la colomne
ayt deux pieds de diametre & douze de haulteur, sondit diametre sera diuisé en cinq parties & demie, desquelles quatre & demie seront données au plus hault de la colomne, & sa retraicte &
rotondité en telle sorte conduicte, que toute la haulteur de la co
lomne soit diuisée en trois parties egales, desquelles la premiere,
verbi gratia, au lieu de F, aura deux pieds & vne vnzieme partie
de grosseur par son diametre, estant vne vnzieme partie plus gros
Adoucisse- que n'est le pied de la colomne pres de la basse. Vous ferez adou-
ment de la ro- cir la rotondité de toute la haulteur de la colomne par vne cerche
tondité de tou ralongée, ainsi que vous le voyez à la figure qui vous en est pro-
te la haulteur posée cy apres, & ne se peult mieux faire, côme ie l'ay approuué
de la colomne par experience beaucoup de fois, & en diuerses sortes d'œuures,
Thuscane. ainsi

ainſi que, Dieu aydant, ie le vous deduiray fort familieremēt &
par le menu. Donc apres auoir arreſté la haulteur de la colomne
Thuſcane que vous voudrez faire, comme i'en propoſe & figure vne cy-apres ayant deux pieds de groſſeur par ſon diametre
au deſſus de la baſſe, & douze de haulteur (qui eſt ſix fois ſa groſ
ſeur) ſi vous diuiſez ladicte groſſeur en cinq parties & demie, &
en donnez quatre & demie au deſſus de la colomne pour faire *Familiere ex-*
ſa retraicte, & de toute la haulteur de ſa colomne en tirez plu- *plication de*
ſieurs lignes paralleles (ainſi que i'ay faict pour ceſte cy douze) *la figure en-*
les quatre monſtreront la tierce partie de la haulteur de la co- *ſuiuant pour*
lomne, auquel lieu vous mettrez vn cêtre, comme vous le voy- *de la colomne*
ez au lieu marqué F, & d'iceluy vous tirerez deux circonfe- *Thuſcane.*
rences, l'une de la largeur & groſſeur de la colomne par en-
hault, qui eſt la plus petite, comme vous le voyez en la prochaine figure, aux deux lignes qui tombent perpendiculairement
ſur l'extremité de ladicte circonference: l'autre circonference
eſt plus large que le diametre de la colomne par le deſſous d'une
vnzieme partie de ſa largeur, pour faire que ladicte colomne
ſoit enflée & aye ventre au droict de la ligne F. Ce que aucuns
ont obſerué & faict ainſi pour beaulté, comme auſſi pour les raiſons que vous entendrez plus amplement cy apres. Et tout ainſi
que ladicte colomne eſt diuiſée en douze parties, auſſi vous faictes douze parties egales dedans la circonference, comme vous
les voyez en ladicte figure, ſçauoir eſt quatre au deſſous de la ligne F, & huict au deſſus, & ou c'eſt que les lignes qui font ſeparation ſe rencontrent ſur l'extremité de ladicte circonference,
vous en tirez des lignes perpendiculaires. Et là ou elles ſe rencontrent ſur le bord des lignes paralleles qui diuiſent toute la
haulteur de la colomne en douze (ainſi que nous auons dit) vous
faictes vne cerche ralongée de toute la haulteur de ladicte colomne pour l'arondir, à fin qu'elle ſe monſtre de belle forme &
façon. Mais il fault que le bon maiſtre maçon tire ceſte cerche
ralongée à part, comme vous voyez que ie l'ay faict & figuré à *Inſtruction et*
coſté de la colomne cy apres deſcrite, monſtrant la concauité *aduertiſſemēt*
de ladicte colomne en forme d'une reigle, pour faire entendre *les maiſtres*
aux apprentifs & ignorants que quand ils tailleront leur colom *maſōs & ou-*
ne ils doiuent ſouuent preſenter telle reigle perpendiculaire- *uriers.*
ment & à plomb ſur la ligne du pied de ladicte colomne: ce faiſant il leur ſera aiſé de la tailler auec vne telle dexterité, qu'ils
oſteront de la pierre autant qu'il fault, & ſera arondie & agroſ-
ſie de ſi bonne grace, qu'elle donnera contentement à la veuë

B

de tous ceux
qui la regar-
derót. Et pour
autát que tel-
le façon se voit
en diuerslieux
& auſſi que
pluſieurs l'ont
voulu mõſtrer
cela me gar-
dera de faire
plus long diſ-
cours ſur le
preſent pro-
pos, pour le-
quel no⁹ vous
donnõs la pre-
ſente figure.

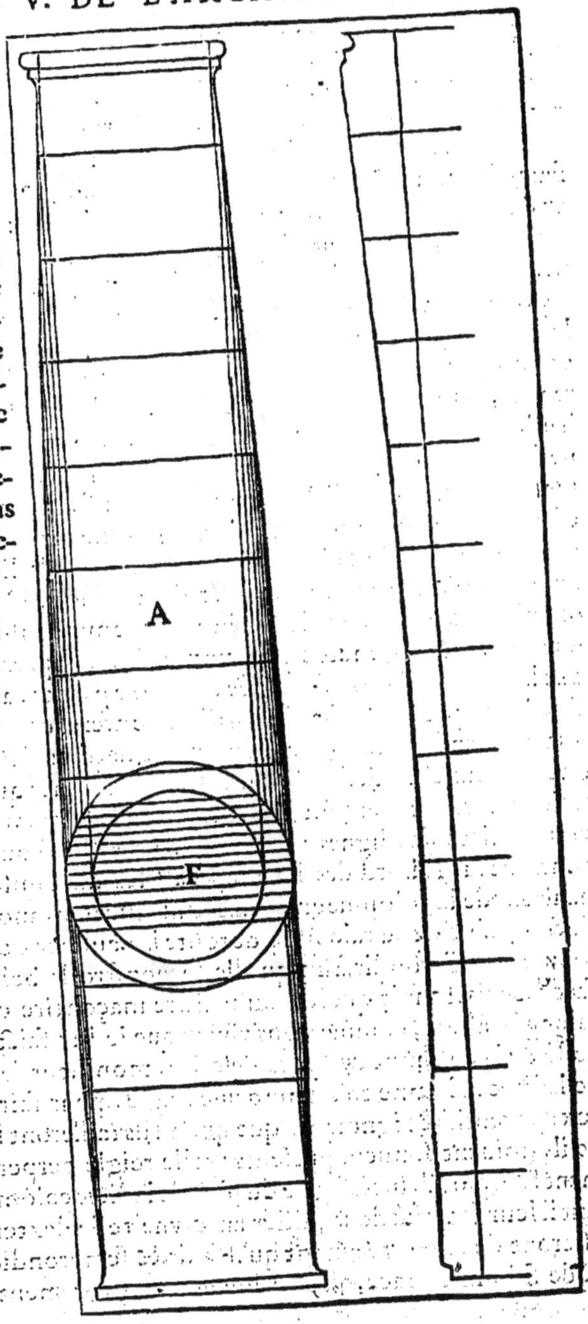

A

F

De la baſe, ou baſſe (ainſi que parlent les ouuriers) de la co-
lomne Thuſcane. CHAPITRE V.

AY veu pluſieurs baſſes des colomnes Thuſcanes
qui auoiēt pour leur haulteur la moitié de la groſ
ſeur de leur colomne, & quelque fois plus. Et par
ainſi à celle que ie figure cy apres, au lieu que le
diamettre de la groſſeur de ſa colomne a deux
pieds, pour la haulteur de ſa baſſe, il luy en faudroit bailler la moitié, qui ſeroit vn pied. Mais quant à moy, ie ne
luy voudrois donner ſinon que neuf poulces de haulteur, & à
ſon plinthe quatre & demy, & au thore marqué B, autres quatre
& demy: l'eſcappe de la colomne au lieu marqué C, ſera de la
haulteur de la quarte partie du thore, & la ſaillie de la baſſe de
trois poulces, de ſorte que le plinthe aura pour toute ſa largeur
deux pieds & demy. Quãd vous voudrez haulſer la colomne, &
mettre quelque carreau au deſſous de ſa baſſe au lieu des pieds de
ſtats, (ainſi que i'ay faiçt à la figure propoſée cy apres) elle ſera de
haulteur autant que toute la baſſe: & en vn beſoing, ſil eſt de neceſſité, vous en ferez vn quarré parfaiçt, ou luy baillerez autant
de haulteur, comme eſt large le plinthe de la baſſe: ainſi que
vous le pourrez cognoiſtre par la petite figure prochaine.

Breſue expli-
cation & de-
monſtration
de la petite fi-
gure enſuiuãt

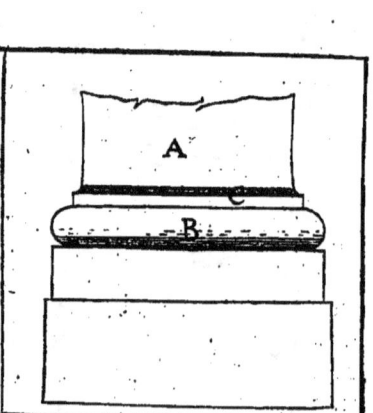

L'auteur s'ex-
cuſe s'il vſe en
ſes liures de
mots Grecs,
Latins, Ita-
liques, ou au-
tres.

Euant que parler du chapiteau de la colóne Thuſcane, ie prieray les Lecteurs (ce que ie deuois
auoir faict au parauant) ne trouuer eſtrange ſi ie
vſe quelquefois en ce diſcours des colomnes, &
ailleurs, de mots Grecs, Latins, Italiques, ou autres. Car pour dire verité noſtre langue Françoiſe
en l'explication de pluſieurs choſes, eſt ſi pauure & ſterile, que
nous n'auós mots qui les puiſſent repreſenter propremēt, ſi nous
n'vſurpons le langage & mot eſtranger: ou bien que nous vſions
de quelque longue circonlocution. En quoy ie ne veux omettre
que la plus grande partie des mots que nous vſurperons, ſont entendus, receus & cogneus de pluſieurs ouuriers & maiſtres en
ce Royaume: ioinct auſſi que nous eſcriuós autát pour les eſtrangers, que pour noz François. Pour venir doncques au chapiteau
Thuſcan, il aura pour ſa haulteur, la moitié de la groſſeur de la colóne par le bas, & autant pour toute ſa largeur, ainſi que ſe cópor-
te la groſſeur de ladicte colomne pres la baſſe, qui a deux pieds de
large pour ſon diametre, cóme nous auons dit. La haulteur dudit
chapiteau eſt diuiſée en trois parties egales, aiát vne chacune quatre poulces, deſquels vous en donnerez quatre au tailloir marqué
A, qui eſt comme vn plinthe quarré: & à l'echine ſigné B, autres
quatre, cóprins ſon filet quarré qui eſt au deſſous, & à la frize du
chapiteau C, quatre autres, qui ſont les trois parties, ou ſi vous

Des parties
& meſures
du chapiteau
Thuſcan.

voulez les douze poulces eſquels eſt diuiſée ladicte haulteur du chapiteau. Surquoy il
fault prendre encores la quarte partie d'icelle pour la haulteur du filet quarré, qui eſt entré l'echine & la frize dudit
chapiteau. Quant à l'aſtragale

Pourſuite des
parties de la
ſuſdicte coló-
ne.

D, & le petit quarré E, qui eſt
au deſſus de la colomne, ils auront autant de largeur par le
diametre qu'eſt la groſſeur de
la colomne par le bas, & autát
de haulteur que eſt la retraicte
de la colóne, ainſi que le pouuez voir par la preſente figure.

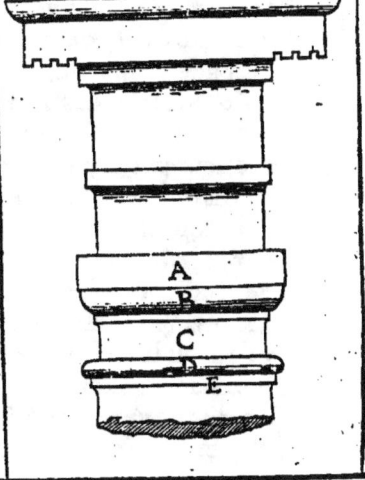

De l'epiſtyle, friʒe, corniche & architraue de la colomne Thuſcane. CHAPITRE VII.

Vant à l'epiſtyle ou architraue & friʒe, vn chacun d'iceux doit auoir pour ſa haulteur la moitié de la groſſeur de ſa colomne par le plus hault, pres du chapiteau. Mais l'architraue doit eſtre diuiſée en cinq parties pour toute ſa haulteur, & vne d'icelles dónée à ſon quarré ou ataſtre, lequel aucuns ont appellé face ou liſte, qui monſtre la ſaillie de ſon epiſtyle. La friʒe doit eſtre toute vnie & ſans aucuns ouurages ny moulures. La corniche aura vne meſme haulteur que ſon epiſtyle, laquelle ſera diuiſée en quatre parties, & vne d'icelles donnée à ſon cymace, puis deux autres à la couronne, & la quatrieme à ſon quarré & reiglet au deſſous de la couronne: mais il ne fault oublier de mettre à la courône trois ſtrieures ou caneleures quarrées, iaçoit que pluſieurs l'ayent faict d'autre ſorte, vn chacun ſelon ſon aduis, & quelques fois les vns de meilleure grace que les autres. Voila qu'il me ſemble de la ſtructure des colomnes Thuſcanes & de leurs ornements. Ie ne parle point icy des ſtylobates, ou pieds de ſtats, car l'ordre Thuſcan ne les requiert, ſinon que vous vouluſſiez eſleuer d'auantage voſtre œuure. Quant à moy, ie n'y en voudrois aucunement mettre, ains plus toſt au lieu des baſſes & corniches, faire des plinthes & quarrez aſſez gros, comme l'œuure le requiert: car lors vous pourrez mettre par deſſous la baſſe, vn plinthe tout quarré, d'vn pied pour le moins de haulteur, ou de deux pour le plus, qui ſeruira de pied de ſtat: autre ouurage ie n'y voudrois faire. Par ainſi voſtre colomne aura huict parties & demie pour ſa haulteur auec ſes ornements, comme baſſe, chapiteau, epiſtyle, friʒe, & corniche. Quand on eſt contrainct de faire des pieds de ſtats, toute la haulteur ſera diuiſée en dix parties, qui ſont vingts pieds, aiant la colomne deux pieds de groſſeur par ſon diametre au deſſus de la baſſe, ainſi que nous auons dit. Telle meſure ſera bonne pourueu que la haulteur de la colóne n'excede point dix ou douze pieds, car ſi elle auoit quinze pieds de haulteur, il la faudroit faire autrement: & tout ainſi de vingt, ou de trente, pour autant qu'il fault ſçauoir donner les vrayes meſures ſelon la haulteur qui ſe trouuera en l'œuure: ainſi que nous le deduirons ailleurs, Dieu aidant, auecques bonnes & ſuffiſantes raiſons, ſi nous n'en ſommes deſtournez par quelques grands & vrgents affaires.

Icy ie ne me veux amuſer à eſcrire l'inuention & origine de

Epiſtyle, friʒe, & corniche de la colóne Thuſcane.

Aduertiſſement, conſeil & aduis de l'autheur fort digne de noter.

Les vrayes meſures des colomnes eſtre ſelon la haulteur de l'œuure.

B iij

la colomne Thuſcane, ny de ſes ornements, ſoit qu'elle ayt eſté
faicte au païs Thuſcan, ou ailleurs, n'auſſi la raiſon pourquoy ſeſ-
dicts ornements ſont ainſi compoſez. Quant à moy, ie faits ladicte colomne plus groſſe en ſa tierce partie de haulteur qu'au plus
bas, pour la monſtrer plus forte, comme ſi elle ſaccraſſoit en en-
flant côtre bas pour la charge qu'elle porte. Il doit ſuffire aux ouuriers de bien entendre les meſures pour les mettre en œuure, à
fin que la colomne ſoit elegante & de belle proportion, ſelon les
lieux eſquels on la voudra employer. Et pour autât qu'il me ſemble que ie n'ay aſſez ſpecifié l'ordre Thuſcan, pour contenter celuy qui en deſirera plus ſçauoir, i'ay figuré encores cy apres auec
plus grandes figures vne baſſe, chapiteau & corniche, leſquels
i'ay retiré & extraict, auec leurs meſures & diuines proportions,
de l'eſcriture ſaincte, ainſi que vous le cognoiſtrez plus particulierement cy apres: comme auſſi les nôbres & diuiſions que i'applique à tous les ordres des colomnes,& de leurs ornements, enſemble des faſſades des edifices,& plans de toutes ſortes,ſembla-
blement des orthographies, & ſcenographies de tous edifices.
Doncques,qui voudra prendre la peine, verra l'ordre Thuſcan,
comme ie l'ay cy apres particulierement deſcrit & figuré.

Diligence de l'auteur accô-pagnée de bô zele & vou-loir enuers les apprentifs.

Encores de la colomne Thuſcane & de ſes meſures, ſelon noſtre aduis, & comme lon y doit proceder. CHAP. VIII.

Vant aux proportions & meſures de la colomne
Thuſcane elles ont eſté dictes par cy deuant: mais
pour bien appliquer en œuure ladicte colomne, il
fault noter qu'aux lieux ou elle porte plus de charge & peſanteur, il eſt neceſſaire de la rendre plus
groſſe & maſſiue, à fin de pouuoir mieux reſiſter
contre la ponderoſité & charge qu'on luy voudra donner. Pource fault il qu'elle ſoit groſſe & courte mediocrement, ſuiuant la
ſtature de l'homme bien proportiôné, qui n'a que ſix fois la lon-
guèur de ſon pied pour ſa hauteur. Auſſi telle colomne ne doit
auoir que ſix fois le diametre de ſa groſſeur par le pied, pour toute ſa haulteur. Mais ſi on luy vouloit donner vne plus grande force ou beauté, ou bien que lon vouluſt côſiderer que pour la grâde
peſanteur qu'elle porte, la matiere de ſon corps ſabaiſſaſt & accra-
ſaſt par le ventre, lors il ſeroit de beſoing qu'elle euſt la haulteur
de ſa tierce partie, comme au lieu de quatre pieds par deſſus ſa baſſe, qu'elle fuſt plus groſſe d'une dixieme ou douzieme partie
qu'elle n'eſt ſur ladicte baſſe. Et encores à telle façô de colomne,

En quels lieux il fault rendre plus groſſe & maſ-ſiue la colom-ne Thuſcane.

Inſtruction,et aduertiſſemêt fort digne de noter.

pour se monstrer plus forte & massiue, il ne seroit point mal seant de la rendre plus grosse qu'elle n'est par le pied, de la douzieme partie, ainsi que nous auons dict. Vous aduisant que si i'en ay quelquefois affaire, ie le feray ainsi. Pour la retraicte de ladicte colomne par le hault, il suffira que ce soit d'une sixieme partie de son diametre: comme si la colomne estoit diuisée par sondit diametre, au dessous, en six parties, les cinq en seront données pour le diametre au-dessous du chapiteau. Aucunefois il sera bô qu'ellesoit diuisée en cinq parties, & que les quatre soient la grosseur du dessus de ladicte colomne. Mais sur ce propos ie vous aduertiray que nostre Vitruue est de telle opinion & aduis, que si les colomnes ont de douze à quinze pieds de haulteur, le diametre du dessous doit estre diuisé en six parties egales, desquelles lon en dônera cinq pour le hault bout de la colomne, qui est vne sixieme partie de retraicte. Celles donc qui auront de quinze à vingts pieds, leur diametre sera diuisé en six parties & demie, desquelles les cinq & demie seront pour le dessus de la colône: & celles qui auront de vingt à trente pieds, leur diametre sera diuisé en sept parties, desquelles six seront pour le plus hault de ladicte colomne, & ainsi des autres. Il fault doncques apprédre telles proportions & mesures de nostredit Vitruue, qui sont fort bônes & tresdignes d'obseruer. Parquoy vous les pouuez & deuez voir audit auteur, comme aussi celles des colomnes antiques, lesquelles ie vous môstreray en ce cinquieme & sixieme liures, tout ainsi que ie les ay iustement proportionnées à leurs antiquitez, sous differentes mesures & retraictes. Mais pour reuenir à nostre colomne Thuscane, ie vous veux bien encores aduertir, que quand à sa basse ie la voudrois prendre sur la moitié de la grosseur de la colomne, qui sont douze poulces, en comprenant la haulteur de l'escappe de la colomne, qui est le quarré estant au pied, & reuiendra quasi à la proportion & mesure que vous auez veu cy-deuant fors que la basse dont nous parlions, auec le plinthe & thore sont de mesme haulteur. Ie vous aduise que maintenant ie m'ayde de telles dimensions & nombres, ainsi que plus à plein ie le vous feray cognoistre quelque iour, Dieu aydant. Ladicte basse est diuisée en douze parties egales pour sa haulteur, ou bien douze poulces, desquels son plinthe signé A, à la figure ensuiuante, en a six parties pour sa haulteur: le thore, ou mébre rond marqué B, quatre: & le filet quarré ou escappe par dessus ledict mébre rond ou thore, deux. Voila les douze parties qui font la moitié du diametre de la grosseur de la colône. La saillie de la susdicte basse a trois de ses parties, qui font vne quarte partie de la hauteur de toute

Lieu de Vitruue expliqué & dilaté par l'aduis de l'auteur.

De quelles dimensions & nombres s'ayde maintenât l'auteur pour les colomnes.

B iiij

ladicte baſſe. l'ay veu aucuns Architectes en Italie qui faiſoient
le plinthe de la baſſe Thuſcane marqué A, tout circulaire. Quant
à moy, i'entend qu'aux lieux des baſſes Doriques, Ioniques, Corinthiennes, compoſées, & autres, les plinthes y ſoiét tous quarrez ſur leurs pieds de ſtats, fors qu'à ceſtuy cy, qui le doit auoir
rond, pour monſtrer la difference des autres : & auſſi pour monſtrer que la baſſe doit eſtre forte & ſolide, tout ainſi comme la co
lomne. Aucuns ont trouué la ſaillie de la baſſe en ceſte ſorte:c'eſt

qu'apres auoir tiré la circonference de la largeur de tout le diametre du plinthe, ils pratiquent vn quarré parfaict dans telle circonference dudit plinthe, au droit marqué A, & font que les angles touchent iuſtemét l'extremité de ladicte circonferéce. Puis
dedans ce quarré ils deſcriuent vne autre circonference & rondeur qui monſtre la groſſeur de la colomne, pourueu que tel cir-
cuit ou circonference touche iuſtement les extremitez du quarré parfaict, & entre les deux circonferences monſtre la ſaillie de
la baſſe Thuſcane au droit de ſon plinthe : mais cela doit eſtre ſelon la grandeur des colomnes, & le lieu auquel on les veult appli
quer. Et pour autant qu'il fault que telle choſe (comme i'ay dict)

ſoit maſſiue, il n'eſt point de beſoing de luy donner aucun ſtylobate ou pied de ſtat, mais bien vn grand plinthe quarré de haulteur, ſi vous voulez, de la moitié de la groſſeur de la colóne, comme vous le voyez en la prochaine figure, au lieu marqué D, ayant
douze poulces, & auec la baſſe vingt & quatre, ou bié deux pieds
ainſi qu'il eſt deſigné en vne ligne des coſtez. Quand vous ſerez
contrainct de haulſer d'auantage voſtre colomne, vous pourrez
bien faire ſon plinthe de la haulteur de la groſſeur de ladicte colomne, pour le plus que ce ſoit en forme d'vn cube quarré, ou ród
& ſans moulures, pour y faire des corniches baſſes, comme lon
faict aux pieds de ſtats : mais quant à moy, ie n'y voudrois faire

aucuns ouurages. Et pour autant que les figures Thuſcanes cydeuant propoſées m'ont ſemblé eſtre trop petites, ie les vous ay vou
lu figurer cy apres en plus grand volume, ainſi que vous le pouuez voir par la baſſe Thuſcane qui enſuit.

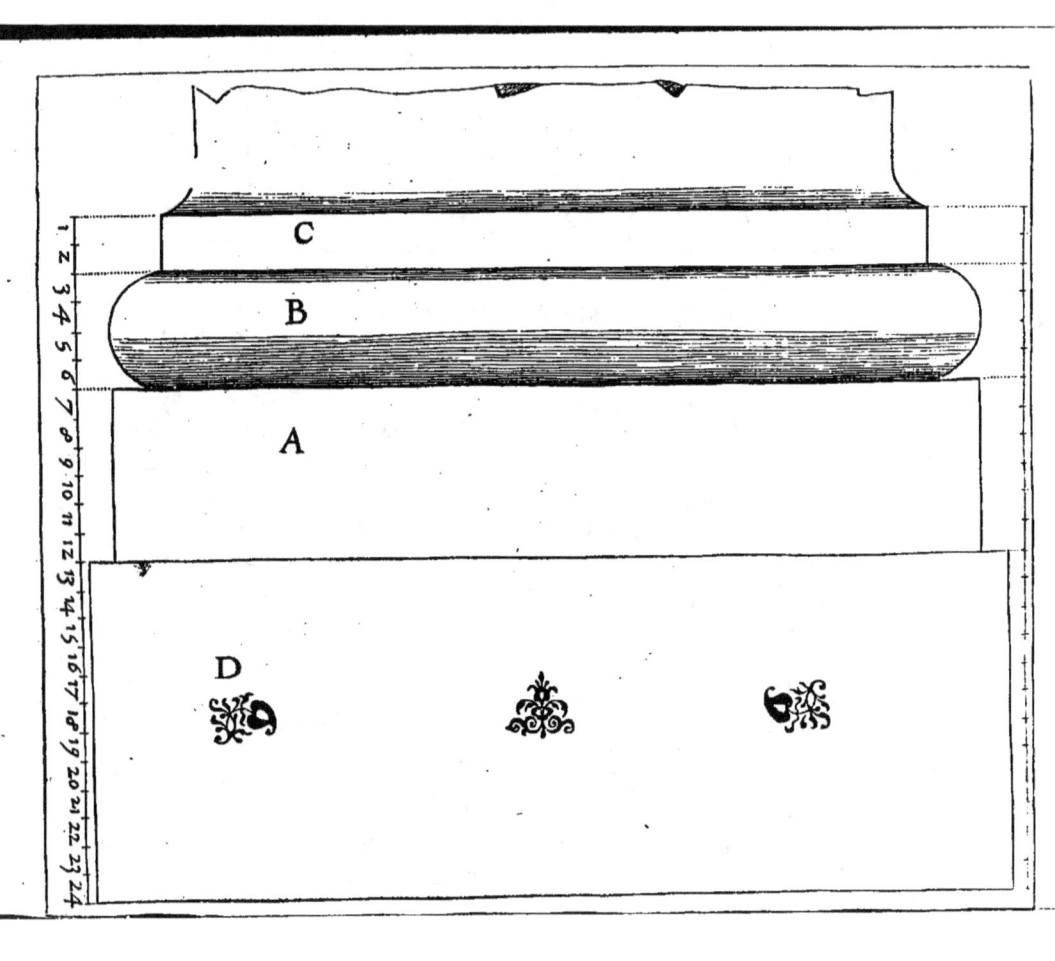

Du chapiteau de la colomne Thuscane.
C H A P I T R E   I X.

Vant au chapiteau Thuscan, i'ay tousiours trouué que la moitié de la grosleur de sa colomne par
le pied aupres de la basse, est fort couenable pour
sa haulteur, pourueu que la colomne n'excede
point douze ou quinze pieds de haulteur, car autrement (comme i'ay dict souuentesfois) il faudroit changer les mesures, & donner les proportions differentes, selon la haulteur de l'œuure. Ladicte haulteur doit estre diuisée en douze parties, qui sont douze pouces, desquels la frize mar
quée E, à la figure ensuiuant, en aura quatre, sa petite reigle ou filet quarré, signé F, vn: son echine ou mebre rod marqué H, trois:
& son abacus & couuerture du chapiteau, quatre: desquels de rechef y en aura deux pour le quarré marqué *K*, & deux autres au
lieu marqué I. Quant à l'ypotrachelio, ou gorgerin, ainsi qu'au-

cuns le nomment, ou membre rond du dessus de la colomne, auec
son filet quarré, signé L, tout cela a deux parties de haulteur, lesquelles on diuise coustumierement en trois, desquelles le petit
mébre rond en a deux, & son petit filet quarré vne. Touchant la
saillie du chapiteau, elle est tousiours aussi large côme est le diametre par le pied de la colomne, auec vne sixieme partie de son
diametre d'auantage, ainsi que vous le pouuez voir en la figure
cy apres: de sorte que luy presentant le compas vous trouuerez
qu'il sera malaisé de pouuoir faire vn plus beau chapiteau pour
l'ordre Thuscan. Ie ne passeray outre sans vous aduertir que i'ay
trouué des colomnes Thuscanes qui estoient au dessous du chapiteau, de la cinquieme partie de retraicte, comme le diametre
du dessous de leur colomne estoit diuisé en cinq parties au dessous dudit chapiteau, qui n'estoit que quatre de ses parties. Cela
est propre pour donner plus grande saillie au chapiteau. Ie vous
en figure cy apres vn qui me semble estre fort bien.

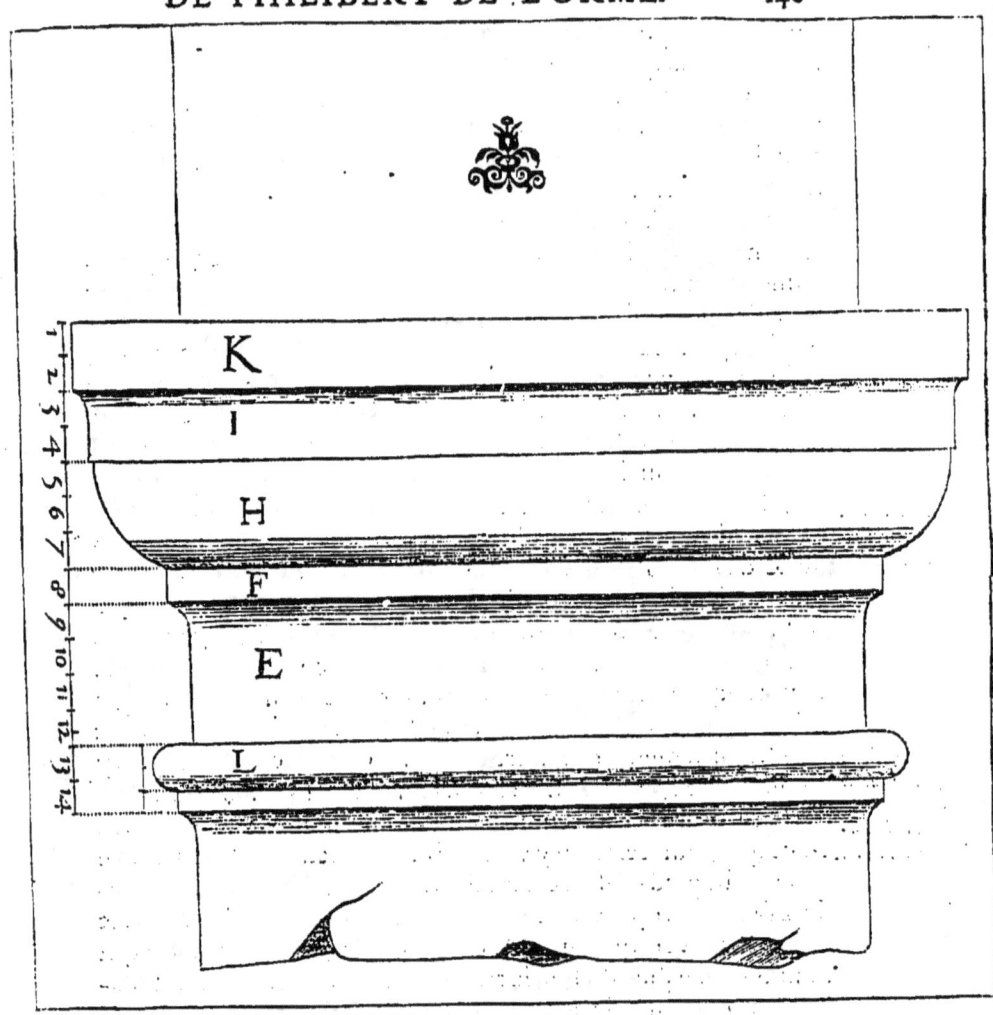

De l'architraue, fri%e & corniche Thuscane. ***CHAP. X.***

Oute la haulteur de l'architraue, frize & corniche est diuisée en quarante parties, que nous appellerons poulces, côme par cydeuant. Et quant à la haulteur particuliere dudit architraue, ie ne luy voudrois dóner que dix poulces, ou dix parties: desquelles son plinthe marqué M, en aura deux: son filet quarré signé N, vne: & les sept qui restent demeureront à la reste de la face de tout l'architraue au lieu marqué O,

qui sont sept poulces, ou bien sept parties. La haulteur de la frize au lieu marqué P, sera autant comme la moitié de la grosseur
de la colomne qui a douze poulces: & le petit thore ou membre
rond qui est au dessus marqué Q, aura la sixieme partie de la haul
teur de ladicte frize, qui sont deux poulces: la face ou quarré
marqué R, sera de trois poulces ou parties: la couronne S, de quatre: le quarré T, de deux: le petit thore marqué V, d'autres deux:
le cymas ou partie du grand membre rond signé X, de cinq: & la
saillie de toute la corniche, de quinze. Et pour autant que toute
la haulteur desdictes corniche, frize, & architraue, est diuisée par
parties egales & poulces, qui sont quarante, ainsi qu'il a esté dit,
& le pouuez voir en la figure suiuante, à la ligne perpendiculaire
estant à l'vn de ses costez vers l'extremité de la corniche, ie n'en
feray plus long discours: ioinct aussi qu'en prenant le compas &
le presentant sur lesdictes parties de la figure, vous cognoistrez
qu'elles doiuent estre les saillies d'une chacune chose. Qui me
Excuse propo sée par l'au teur. gardera de vous faire plus long discours de la colomne Thuscane, & de ses ornements: remettant à vne autrefois vous declarer
plus particulierement les diuisions, nombres & proportions de
ses membres & parties, comme aussi d'autres sortes d'ornements
de la corniche Thuscane. Ce temps pédant en peu de parolles ie
vous repeteray les mesures de tout l'ordre Thuscan, à fin que
mieux vous les reteniez. Docques la haulteur de la colomne auec
Repetition fort bresue de toutes les me- sures de l'or- dre Thuscan. tous ses ornements doit estre diuisée en dixhuict parties, sans y
comprendre le pied de stat: lequel quand vous serez contraints
d'y faire, toute la haulteur sera diuisée en vingt & vne parties. Si
est ce que pour cela ie n'y voudrois faire aucunes moulures, ne
basse dudit pied de stat: car si vous le faictes trop hault, vous rendrez l'œuure trop delicate, & nó point robuste, comme elle doit
estre. I'ay veu quelques Architectes modernes en Italie qui
donnoient au pied de stat la tierce partie de la haulteur de sa colomne, mais à mon iugement c'estoit trop: pour autant qu'il suffit, quand vous seriez contraints d'y en faire, qu'il soit de la quarte partie de la haulteur de sa colomne, qui est vne fois & demie
le diametre de ladicte colomne. Ou bien que ladicte haulteur de
colomne soit diuisée en douze parties, & les trois données pour
le pied de stat, puis la haulteur dudit pied de stat encores diuisée
en six parties, & l'une donnée à la corniche qui est syncopée,
Belle recolle- ction de la co- lomne Thus- cane et de ses parties. comme à vn plinthe, vne autre à la basse, & les quatre demeureront dedans le quarré du pied de stat entre la basse & la corniche.
Cela rend & mostre l'œuure forte & robuste. Par ainsi il y a trois
parties pour le pied de stat, vne pour la basse, & douze pour la

colomne

colomne, qui font feize, & cinq pour le chapiteau, architraue, fri
ze & corniche, qui font vingt & vne parties: fi vous obferuez telles mefures, vous les trouuerez fort belles. Si la grandeur du papier pouuoit porter qu'on peuft mettre & affembler toutes les
parties & ornements des colomnes l'une fur l'autre, comme fur
la baffe, la colomne, le chapiteau, l'architraue, frize, & corniche,
à fin qu'elles fuffent d'une grandeur competente pour cognoiftre les mefures, ie les y mettrois voluntiers, comme aucuns ont
faict, en reprefentãt par fueilles imprimées les ordres des colomnes: mais cela feroit fi petit, veu la capacité du papier de noftre liure, que malaifément le lecteur en pourroit tirer quelque fruict.
Et auffi que môftrant la façon pour vn ordre, ne feroit affez pour
fen feruir à tous propos, aumoins à plufieurs fortes d'edifices,
pource qu'il les fault faire de differentes mefures felon l'œuure
que lõ veult faire. Par ainfi il m'a femblé pour le mieux, (à fin que
les ouuriers puiffent entendre les differences qu'on doit donner
aux mefures & ornemés des colomnes) de les môftrer & enfeigner par pieces l'une apres l'autre, & quelquefois propofer par
exemple ce que i'en ay retiré des edifices antiques, ou bien des
liures, & longue experience, en accompagnant le tout de figures plus petites les vnes que les autres, & quelquefois autãt gran
des que le fueillet du liure le peult porter, à fin que lon puiffe
mieux voir & cognoiftre la vraye forme, mefures & ornements
des colomnes. Ce que vous fera aifé de voir par effect cy apres
tant à l'ordre Dorique, Ionique, Cornithien, que autres. Et fur
ce propos ie ne vous tiendray d'auantage pour le prefent, à fin
de commençer à defcrire les mefures & proportions des colomnes Doriques, comme auffi leurs ornements & parties.

L'auteur fe excufe et mõftre pourquoy il a faict fes figures maintenant petites & quelquefois grandes.

C

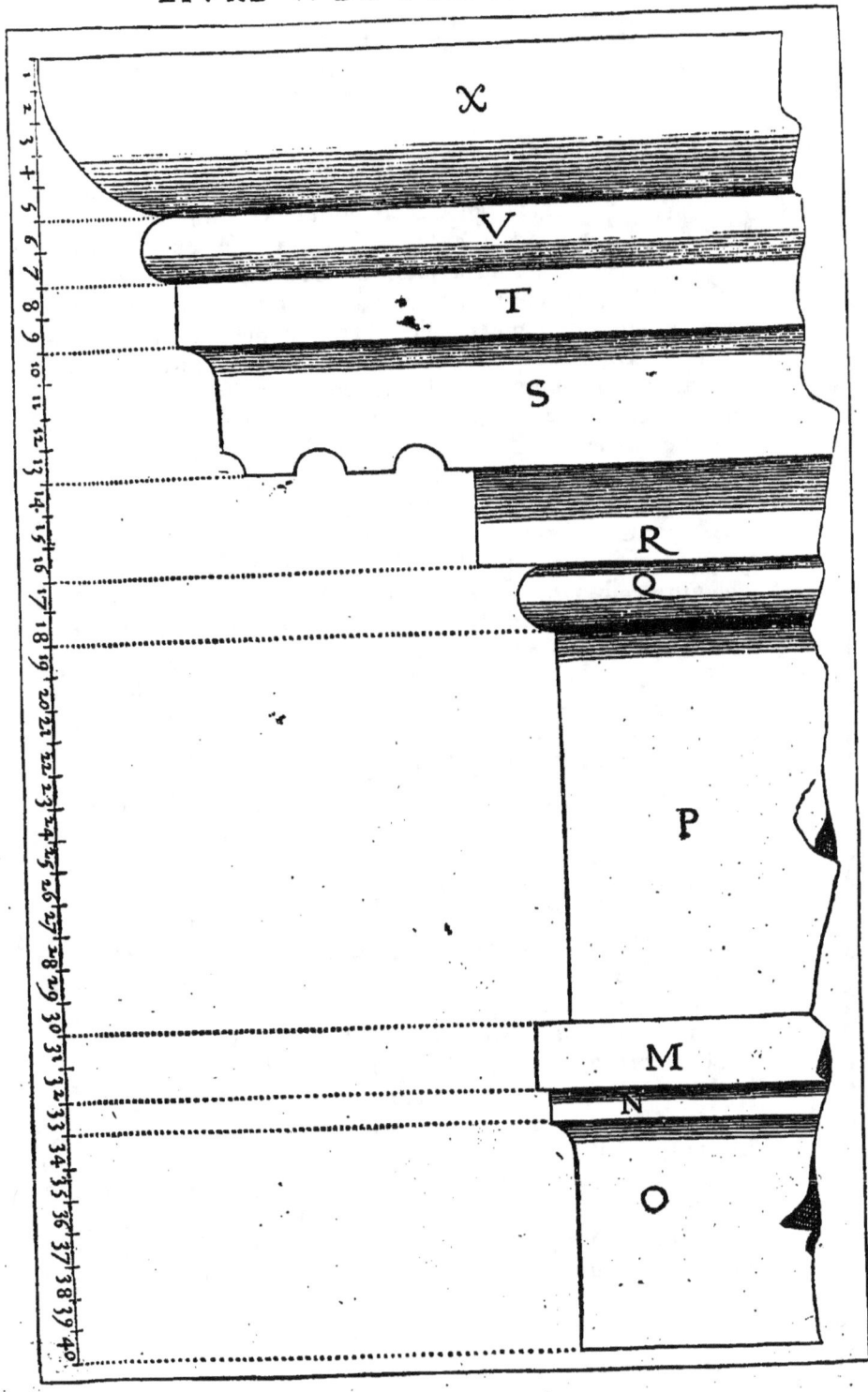

De la colomne Dorique auec ses mesures, ornements &
parties.   CHAPITRE XI.

Ombien que par cy-deuant i'aye dict que ie ne
m'amuserois point à descrire au long & prolixement l'origine & inuention des colomnes autrement que i'ay faict, si est ce que ie vous aduertiray sommairement que la Dorique a esté trouuée apres les mesures de l'homme, ainsi que vous
le pouuez voir au premier chapitre du quatrieme liure de Vitruue, qui est la cause que ie n'en feray autre discours, à fin de declarer l'artifice & proportions de ladicte colomne. Quand dócques
vous desirerez faire vn ordre Dorique, vous regarderez que les
colomnes ayent pour leurs haulteurs la septieme partie de leur
grosseur par le diametre pres la basse. Comme quoy ? si elles ont
deux pieds de grosseur, elles en auront quatorze de haulteur, laquelle sera de mesme grosseur de deux pieds iusques à la tierce
partie de leur haulteur par dessus la basse, ainsi que vous le voyez
à la figure ensuiuant au lieu marqué 3. Puis toute la largeur de
leur diametre sera diuisée en six parties egales, desquelles vous
en donnerez cinq à la grosseur de la colomne par le dessus, & s'en
fauldra vne sixieme partie qu'elle ne soit aussi grosse par le plus
hault qu'elle est par le bas au dessus de la basse. Il la fauldra bien
adoucir auec la cerche ralongée, comme i'ay dit de la Thuscane,
parquoy ie n'en feray plus longue escriture: ioinct aussi que vous
le pouuez encores aisément cognoistre par la figure qui vous en
est cy apres proposée ; aux lignes perpendiculaires qui tumbent sur l'extremité de la circonference qui est faicte du centre
marqué 3. Quant aux basses de ladicte colomne Dorique on les
faict de la haulteur de la moitié de la grosseur de la colomne: &
pour autant qu'elles sont en pleine veuë, il ne fault point changer de mesure pour leur donner autre sorte de haulteur, en quelque ordre que ce soit. Vray est que vous les pourrez enrichir de
moulures telles que vous voudrez, suiuant l'ordre. La grosseur de ceste colomne est diuisée en trois parties egales, suiuant
l'opinion de Vitruue, qui me plaist grandement, & la veux alleguer à fin que vous en puissiez seruir. Vous mettrez doncques, en
suiuant ledit Vitruue, vne desdictes trois parties sur la basse tirant
en bas, & ce qui restera sera pour la haulteur du plinthe de ladicte basse, ainsi que vous le voyez signé B, en la figure cy apres. Le
reste de la basse sera diuisé en quatre parties, desquelles vous en
donnerez vne au thore de dessus signé C: & le surplus, qui sont

*La colomne
Doriqueauoir
esté trouuée
apres les me-
sures de l'hom
me.*

*Mesure des
parties de la
colomne Do-
rique.*

*La haulteur
des basses de
la colóne Do-
rique.*

*Opinion de
Vitruue ap-
prouuée par
l'auteur.*

trois parties, fera diuifé en deux, dont l'une feruira pour le thore
inferieur, marqué D, & le refidu pour la concauité qui eft entre
les deux thores, auec les deux filets quarrez, marquez E, & appellez des ouuriers naucelle, qui eft vn nom duquel ils vfoient par
cydeuant aux edifices modernes, qu'ils difoient eftre faicts à la
mode Françoife, de laquelle on fe vouloit encores ayder lors que
ie fis commencer le chafteau de fainct Maur pres Paris. Mais tel-

L'auteur a-
uoir apporté
la maniere de
bien baftir en
France.

le façon barbare eft abolie entre les ouuriers pour auoir trouué
meilleure celle que ie leur ay monftré & apporté en France il y a
plus de trente ans, fans en prendre aucune gloire ne iactace. Telle concauité & naucelle de baffe eft diuifée en fix parties, defquelles on en prend deux pour donner aux deux filets ; fçauoir eft à
chacun vne : mais le deffous doit eftre vn peu plus hault. Cela fe
pourra beaucoup mieux cognoiftre par le deffeing que ie vous
en propoferay expreffément, que par longue efcriture, fignamment en la baffe qui eft deffous la colomne fignée A, comme

Pour la faillie
de la baffe Do-
rique.

vous le verrez cy apres. Quant à la faillie de la baffe Dorique, elle aura la quarte partie de la groffeur de fa colomne, qui font
fix poulces, de forte que tout le plinthe de ladicte baffe auec les
faillies auront pour leur largeur vne fois & demie le diametre de
la colomne, qui ferót trois pieds. Pour le regard des pieds de ftat
ou ftylobates, il les fault faire auffi larges qu'eft tout le plinthe de
la baffe, & y former de telle largeur vn quarré parfaict, que vous

Continuation
de ce que def-
fus.

puiffiez tirer vne ligne diagonale d'vn angle à autre, & autant lógue que fera la haulteur du ftylobate oultre fa corniche & fa baffe, qui doiuent eftre chacune d'vne cinquieme partie de la haulteur du dedans du pied de ftat : fçauoir eft vne pour la haulteur
de la baffe, & vne autre pour la corniche, qui font fept parties, efquelles doit eftre diuifée toute la hauteur du ftylobate Dorique.
Qui voudroit adioufter vn plinthe deffous ledit ftylobate, il le
pourroit faire d'vne haulteur des fufdictes fept parties. Ie ne parleray des moulures de la corniche de la baffe, pour autant que
vous les verrez plus particulierement cy apres.

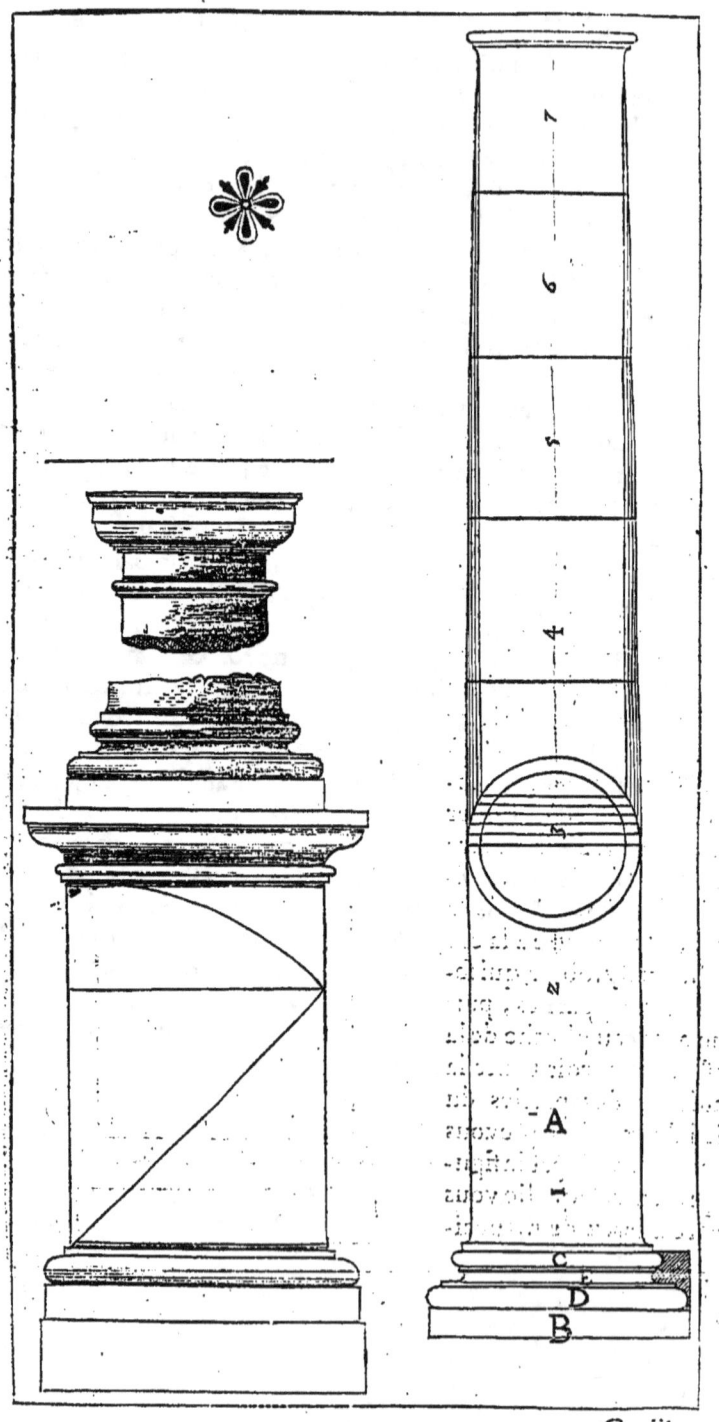

'Ay defcrit cy deſſus vne façon de ſtylobate Dorique ſuiuant l'opinion de pluſieurs, & ainſi que aucuns modernes l'ont miſe en œuure, & figurée, ou pluſtoſt tellement quellemét dechiffrée de Vitruue, pour ſen ayder (comme chacun faict de ce qu'il peult) mais telle façon, haulteur &

Cõtre aucuns qui veulent cõtrefaire les Architectes par larrecins.

proportion de ſtylobate ſeroit beaucoup plus propre pour vne colomne Ionique, voire pour la Corinthienne à vn beſoing, que pour l'appliquer à l'ordre Dorique. Si ie l'ay voulu deſcrire ce n'a eſté pour autre choſe ſinon que ie l'ay trouuée ainſi, n'y voiant toutesfois aucune grace ne beauté pour eſtre hors de meſure & vraye ſymmetrie. Ce que ie dy pour aduertir que tout ainſi que la colomne Dorique eſt faicte ſelõ la proportion de l'homme, auſſi eſt elle propre pour porter choſes fort peſantes, apres la Thuſcane. Ie ne voudrois que ſon ſtylobate fuſt tãt eſleué qu'on le faict, mais bien au contraire qu'il euſt ſeulemét la haulteur d'vn quarré parfaict entre ſa corniche & baſſe, qui ſeroit de la largeur du plinthe de la baſſe de ſa colomne. D'auantage ie voudrois diuiſer

Des meſures particulieres de la colomne Dorique.

ledict quarré en quatre parties, & donner vne d'icelles à la haulteur de la baſſe, & vne autre à la corniche du ſtylobate, qui ſeroient cinq parties, puis vne autre au plinthe de la baſſe, qui ſeroit toute la haulteur des parties du pied de ſtat, ainſi que vous le pouuez voir par la figure preſente, laquelle vous ne trouuerez de mauuaiſe grace.

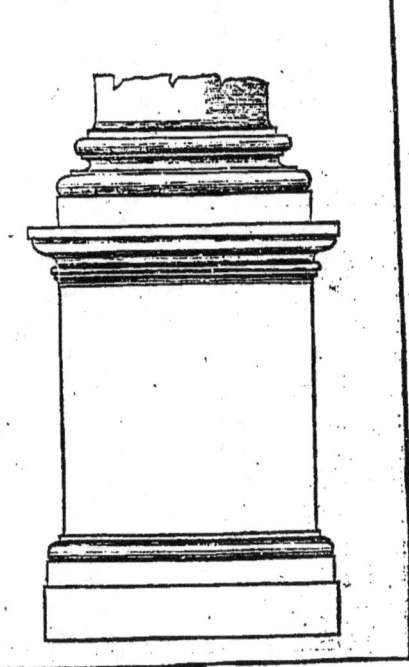

Encores d'une autre forte de pied de ftat Dorique. C H A P. X I I I.

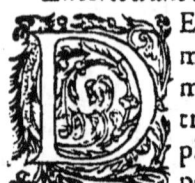

Esirant pratiquer petit à petit les proportions &
mesures que i'ay obserué en la saincte escriture, il
m'a semblé fort bon de vous proposer icy vne autre forte de pied de ftat, laquelle vous trouuerez
plus belle en œuure qu'aucune qu'on puisse voir
pour l'ordre Dorique, ainsi que ie pense. Qui est

*Inuēction ex-
traicte des
proportions de
l'escriture
saincte.*

la cause que pour rendre plus content le Lecteur, ie me suis par-
forcé de vous en faire icy dessous vne figure pour la troisieme
marquée A, au milieu : en laquelle ie m'ayde d'une proportió que
i'ay pratiquée apres auoir dressé le quarré parfaict du dedans du
stylobate : lequel ie diuise en quatre parties, ainsi que dessus, &
donne vne d'icelles à sa hauteur, qui est, de cela, plus que son quar
ré. Et se trouuent par ce moien les proportions entre la basse & la
corniche si à propos, qu'il y a cinq parties de haulteur sur quatre
de largeur. De rechef vne de ces parties est donnée pour la haulteur de la basse du pied de ftat, & autát pour sa corniche, comme
vous le pouuez voir par la presente figure, qui me semble tres-
belle. Il vous fault ainsi gar
der telle mesure, quand
vous voulez rédre voftre
œuure plus gaye & plus
esleuée et la pratiquer sem
blablemét aux plinthesde
la basse dudit pied de ftat,
ou stylobate, au lieu signé
B, en esleuant voftre œu-
ure d'une de sesparties, voi
re de deux, s'il est besoing.
Par ainsi toute la haulteur
dudit stylobate, auec sa bas
se & corniche sera diuisée
en sept parties, cóme sa co
lomne, qui a sept fois pour
sa hauteur la largeur de só
diametre par le bas. Ledit
stylobate se trouuera de
hauteur, auec son plinthe
B, de six pieds sur trois de
large, ou bien il aura deux

*L'auteur fe-
ftudier à con-
tenter les Le-
cteurs.*

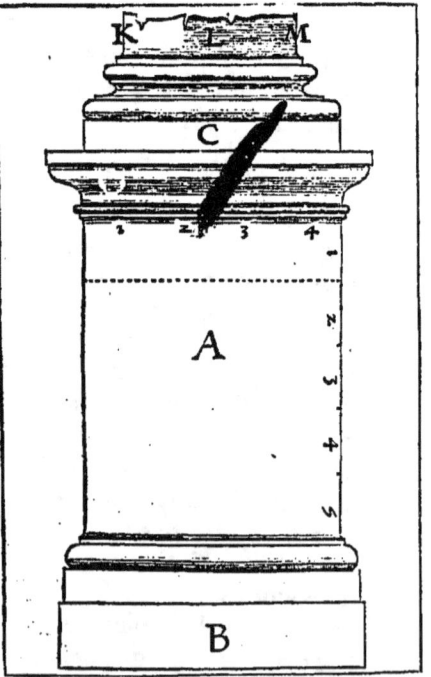

fois autant de haulteur, comme il est large, ainsi que vous le pouuez cognoiftre & mesurer auec le compas fur la presente figure.

Continuation de la description & mesure des parties de la colône Dorique.

APres vous auoir monstré les mesures du stylobate de la colomne Dorique, cõme aussi de la basse & de son plinthe, reste icy consequemment parler de son chapiteau, epistyle, triglyphes, & metopes qui contiennent la haulteur de la frize, & des coronnes ou corniches, ainsi que le vulgaire les appelle. Doncques les chapiteaux Doriques, pour leur haulteur doiuent auoir la moitié du diametre de la grosseur de leur colomne par le bas, qui peult estre vn pied de haulteur, supposant que la colõne aye deux pieds de grosseur en son diametre. Ladicte haulteur sera diuisée en trois parties egales, desquelles la premiere sera pour le plinthe & cymas du chapiteau marqué D, en la figure descrite cy apres: la seconde pour l'echine auec ses filets quarrez, & la troisieme pour l'espace de la frize dudit chapiteau, qui sera à plomb & perpendiculé, & de mesme grosseur que le dessus de la colomne. Puis toute la haulteur dudit chapiteau sera diuisée en neuf parties, desquelles vous en dõnerez vne à la haulteur du cymas, ou cymace, auec son filet quarré par le dessus, deux pour le plinthe, deux pour l'echine, & vne pour les filets quarrez: les trois qui restent seront pour la frize dudit chapiteau: le tout faisant les susdictes neuf parties. Toute la saillie du chapiteau au dessus, &

Continuation des mesures du chapiteau Dorique & de ses parties.

au droit du filet quarré de la cymace marqué D, sera aussi large, comme est le diametre de la colomne par le bas, auec la sixieme partie dudit diametre d'auantage, qui seront deux pieds & quatre poulces. Mais la saillie du chapiteau qui est depuis le neud de la colomne, iusques à l'extremité du filet quarré marqué E, sera diuisée en quatre parties, desquelles vne sera donnée pour la saillie de la cymace, & le reste demourera pour la saillie du plinthe, & de l'echine & filet quarré, ainsi que vous le pouuez fort bien cognoistre par la figure cy apres proposée, sans en faire plus long discours. Toutefois ie vous veux bien aduiser que

Aduertissement fort digne de noter.

Vitruue n'a pas mis grande difference entre les mesures du chapiteau Dorique, & du chapiteau Thuscan, mais bié plustost aux ornements, pour leur auoir baillé à tous deux la haulteur de la moitié de la grosseur de leur colomne par le pied, & en apres diuisant ceste haulteur en trois parties, & en donnant vne pour la frize, l'autre pour l'echine, & la troisieme pour le dessus ou est le cymas ou quarré, auec quelque petit ornement different. Mais telles mesures des chapiteaux Doriques, & encores de toutes

leurs parties, se doiuent faire selon le bon iugement de l'Architecte, & correspondence de la haulteur & grandeur des œuures,
par les raisons que i'ay dit cydeuant, & allegueray cy apres, comme il viendra à propos &
en sera de besoing. Par ain
si vous verrez par exem-
ple & figure la difference
qui est entre les colónes,
ie ne diray pas seulement
en leurs chapiteaux, mais
encores aux corniches &
autres parties, sans y omet
tre leurs ornements, ainsi
que vous le pourrez iuger
par celles que i'ay mesu-
rées apres les antiquitez,
& vous seront proposées
cy apres chacune en son
ordre. Mais delaissant ce
propos nous acheuerons

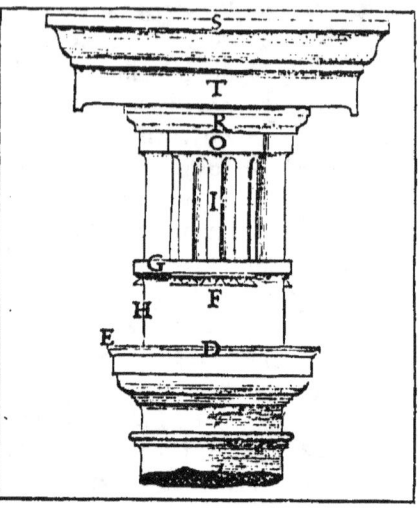

L'ordre de
toutes les coló
nes estre diffe
rent l'yn de
l'autre.

le discours de la colomne Dorique, & parlerons tant de son epistyle que triglyphes, metope & coronne, c'est à dire de l'architraue, & frize, ou sont les caneleures, orneméts, corniche, & autres.

De l'epistyle Dorique, comme aussi de ses parties, &
triglyphes. CHAPITRE XV.

Our pertinemmét parler de l'epistyle marqué F,
en la precedente figure, & appellé des ouuriers
Architraue, estant de mesme haulteur que le cha
piteau, & ayant la moitié de la grosseur de sa colomne (sçauoir est vn pied de haulteur) vous le di
uiserez en sept parties, & donnerez vne d'icelles
à la haulteur du filet quarré, signé G, lequel aucuns appellent li-
ste: Vitruue, tenie, ensuiuant les Grecs: & les autres, autrement:
soit ainsi qu'on voudra, pourueu que lō en ait cognoissance. Puis
vous diuiserez encores toute la haulteur dudit epistyle en six parties, & en donnerez vne à la haulteur des gouttes & petite reigle
ou filet quarré, qui pourroient estre deux poulces de haulteur,
suiuant ce que nous auons proposé par cideuant, qui estoit de dō
ner deux pieds de grosseur à nostre colóne Dorique par son diametre. Quant à la face dudit epistyle estant au lieu marqué F, il

Que c'est que
epistyle & de
sa diuision en
sept parties.

fault qu'elle foit correfpondante & à plomb auec la colomne par
le bout d'enhault, ainfi qu'il eft aifé à cognoiftre par la ligne qui
en monftre le pourfil, comme vous le voyez au lieu figné H. Au
deffus de l'epiftyle il fault faire la haulteur des triglyphes marquez I, laquelle fera autant que eft vne fois & demie la haulteur
dudit epiftyle, fçauoir eft d'vn pied & demy. Touchât la largeur
elle fera d'vn pied, qui eft la moitié de la groffeur de toute la colomne marquée K M, en la deuxieme figure precedente. Les
triglyphes fignez I, en la figure du chapitre precedent, feront,
ainfi qu'il a efté dict, autant larges comme eft la haulteur de
l'epiftyle, ou bien comme eft la largeur de la moitié de la colomne K L, qui eft vn pied, lequel fera diuifé en fix parties egales, & trois d'icelles données pour le quarré, deux pour la concauité des triglyphes, & deux demies pour les deux coftez, l'vn
à droict & l'autre à gauche, ainfi que vous le pouuez cognoiftre par la figure propofée au chapitre precedent, & le cognoiftrez encores mieux cy apres, par autres figures antiques. Mais
notez qu'il fault que les triglyphes foient toufiours au droict du
milieu de la colomne. Et pour autant que les figures font icy fort
petites, à fin que vous les puiffiez mieux entendre i'en propoferay d'autres plus grandes, lefquelles (ainfi que nous auons dit) i'ay
retiré & mefuré apres les antiques qui font diuinement bien faictes. Par icelles donc vous ne pourrez faillir de conceuoir & entendre l'artifice. Ce temps pendant nous acheuerons de dire, &
vous aduertir que par deffus le triglyphe y a vn chapiteau, ou petit plinthe quarré, qui eft de la haulteur d'une feptieme partie de
tous les triglyphes, ou haulteurs des frizes. Aucûs l'ont faict de la
fixieme partie, mais cela fe doit confiderer & apprédre de la haulteur de l'œuure que lon veult faire. On met à cofté des triglyphes
quelques metopes qui font auffi larges comme haultes entre lefdicts triglyphes, ainfi que vous le verrez & cognoiftrez beaucoup mieux par les grandes figures qui vous en feront propofées
cy apres, ainfi que des Thufcanes. On faict la haulteur de la corñi-
che d'autant qu'eft la moitié de la groffeur de la colomne, & vne
troifieme partie d'auantage: & luy donne lon autant de faillie
pour le plus, & pour le moins, qu'à la ligne qui refpond perpendiculairement aux plinthes eftans fur les fondemens deffous les
ftylobates. La haulteur du cymas auec fon filet quarré, au lieu
marqué R, en la figure precedente, eft la cinquieme partie de la
haulteur du triglyphe ou frize, auec fon quarre. Le refte de la hauteur de la fufdicte corniche eft diuifé en deux parties egales, defquelles l'vne eft pour le cymas auec fon filet quarré figné S, qui

eſt la quarte partie de la haulteur de la moitié de la groſſeur de la colomne: l'autre eſt donnée à la couronne marquée T. Et pour autant, comme ie vous ay dict, que vous verrez cy apres des corniches, triglyphes, metopes, & epiſtyles, auec leurs gouttes en plus grand volume, accompagnez de leurs meſures eſcrites au deſſus, & auſſi vn pied de ſtat antique, ie ne vous en feray plus long diſcours, eſperant auec la bonne ayde de noſtre Seigneur que facilemẽt vous entendrez l'ordre & ſymmetrie de la colõne Dorique, apres auoir veu les deſſeings & protraicts que ie vous en dõneray. Les deux figures precedẽtes ſatisferont au diſcours du preſent chapitre.

L'auteur pro-met des figu-res en plus grand volu-me.

D'vne autre ſorte de pied de ſtat, retiré des antiquiteʒ. CHAP. TRE XVI.

Ombien que ie vous ay eſcrit aſſez amplement par cideuãt des pieds de ſtat de l'ordre Dorique, ſi eſt-ce que pour mieux eſueiller les gentils eſ-prits, & leur faire recognoiſtre comme les an-ciens Architectes y ont procedé, ie veux encores monſtrer icy quelque autre ſorte de meſures & ornements d'vn ſtylobate & pied de ſtat antique, pour l'enrichiſ-ſement duquel les Architectes ne ſe ſont ſeulement contentez l'orner de feſtons attachez à teſtes de mouton ſur les angles, & d'une teſte de Mercure, auec deux cygnes ſituez à la face du pied de ſtat, & trois eſpis de bled accompagnées de petits oyſeaux (le tout portant quelque deuiſe incogneue) mais encores ils ont eſté ſi curieux, pour monſtrer que c'eſt de l'ordre Dorique, qu'ils ont faict des triglyphes au deſſous de la corniche, eſtants de meſme haulteur que ladicte corniche, & au deſſous à chaſque triglyphe trois petites gouttes. Mais au lieu qu'on en met communement ſix à l'architraue Dorique, ils n'en ont voulu mettre que trois à ces triglyphes des pieds de ſtat, & ont laiſſé eſpace entre leſdicts triglyphes pour les metopes qui ſont tous quarrez, comme il ſe trouue aux frizes antiques de l'ordre Dorique. Quant à ſa meſu-re, ie trouue qu'elle ſe prend apres la baſſe de ſa colomne, laquel-le baſſe a de haulteur autant qu'eſt la moitié du diametre de la co lomne, cõprins la ſaillie de l'eſcape ou filet quarré, qui eſt au pied de la colomne ſur ladicte baſſe. La haulteur de la meſme baſſe eſt donnée cinq fois pour la haulteur du pied de ſtat, en ce compre-nant ſa baſſe & corniche, comme depuis P, iuſques à Q, au deſſus du plinthe du pied de ſtat. Oultre ce la moitié de la haulteur

Bon vouloir de l'auteur enuers les ap-prentifs ama-teurs d'Ar-chitecture.

Declaration des parties de la figure en-ſuiuant.

de la baſſe de la colône eſt dônée pour la haulteur de la corniche
du pied de ſtat, comme vous le voyez de H à F ſur la figure enſuiuant, & autant pour la haulteur des triglyphes & metopes, comme il appert depuis P, iuſques à B, ou de H, iuſques à D, qui eſt la

Facile & fort haulteur de toute la baſſe de la colône. De rechef ie trouue qu'ils
ample decla- ont baillé pour la haulteur du dedans du pied de ſtat entre la cor-
ration de la fi- niche & la baſſe, marquée I, ou bien entre F & E, autant que eſt
gure enſuiuât. vne fois & demie la longueur du plinthe de la baſſe marquée A.
Par ainſi lon cognoit côme la haulteur de la baſſe du pied de ſtat
marqué I Q, eſt trouuée. Quant au plinthe & quarré du deſſous
dudit pied de ſtat, ils l'ont faict auſſi hault, comme eſt la haulteur de la baſſe de la colomne: ainſi que vous le voyez depuis le
poinct de I, iuſques au deſſous du plinthe. Touchât la largeur dudit pied de ſtat, ils l'ont faict auſſi large qu'eſt le plinthe de la colomne marqué A, ce qui doit touſiours eſtre, côme vous le voyez
de P à H: ſemblable largeur ſe voit de I à E, ou bien de B à D, au
deſſous des triglyphes. Quant au departimêt des moulures vous
les pouuez trouuer & cognoiſtre auec le compas. Et pour autant

Aduertiſſe- que i'ay ſuffiſamment eſcrit cy-deuant des haulteurs, largeurs &
ment non in- meſures qu'on doit donner aux parties du pied de ſtat, ie vous ay
digne de no- bien voulu cômuniquer la preſente figure, pour ſeulement vous
ter. exhiber ſes ornements & ordre auec les meſures, à fin que vous
les puiſſiez imiter, & enrichir les faces du pied de ſtat & ſtylobate, de tels ornemêts & deuiſes que vous voudrez. Reſte cy apres
vous monſtrer ce que i'ay encores trouué des chapiteaux, epiſtyles, metopes, triglyphes & couronnes de l'ordre Dorique.

Encores

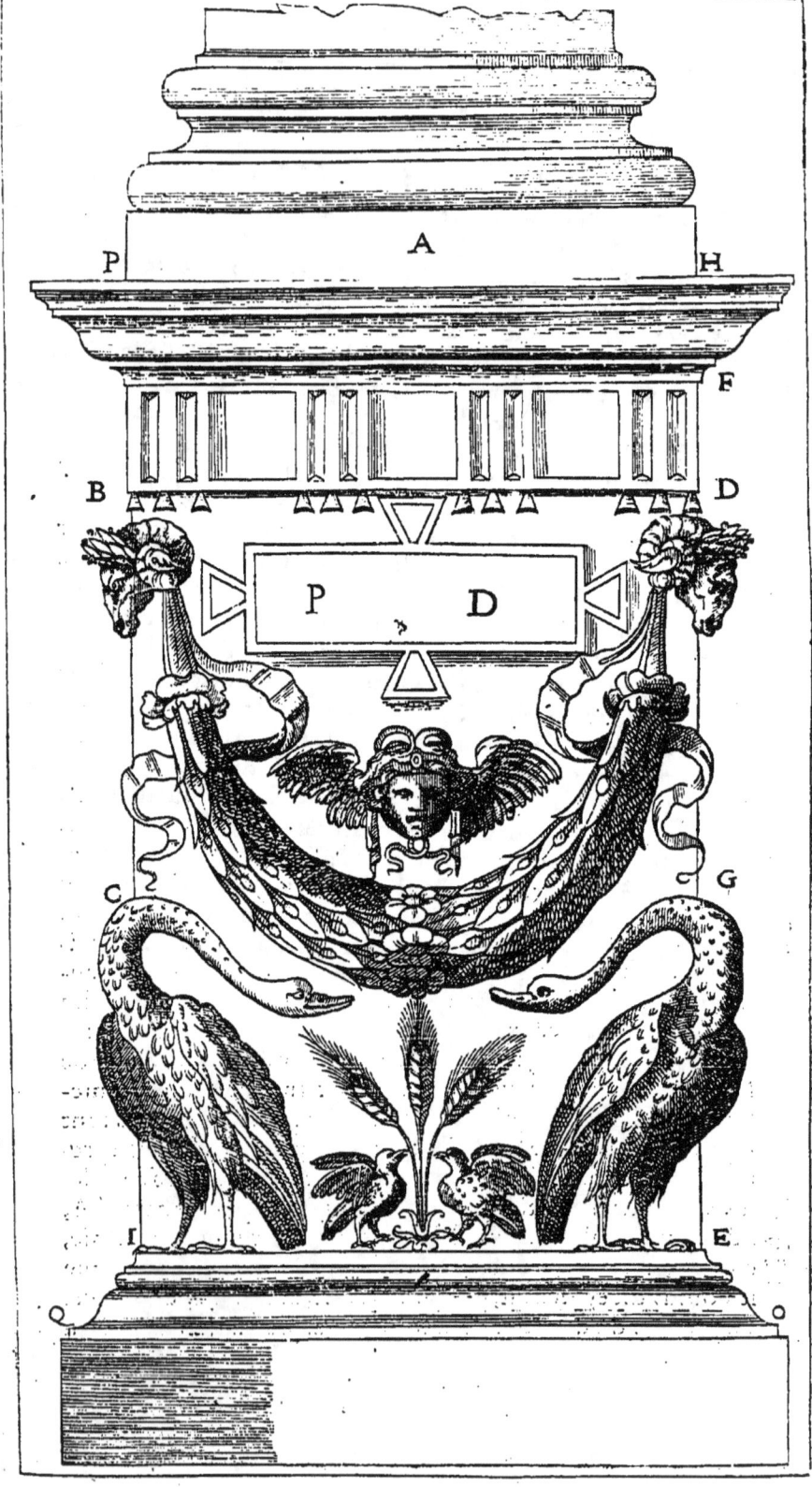

Encores du chapiteau, epiſtyle, metope, triglyphe & couronne
de l'ordre Dorique: le tout meſuré & deſcrit apres les an-
tiquitez du theatre de Marcel à Rome.
CHAPITRE XVII.

I Açoit qu'aucuns aient voulu deſcrire & figurer
les ornements de l'ordre Dorique du theatre lequel on dit que Auguſte auoit faict faire à Rome
ſous le nom de Marcel ſon nepueu à cauſe de ſa
ſœur Octauia, eſtant ledit theatre au coſté de la
place Montenaire, ainſi qu'il ſy voit auiourd'huy
preſque tout en ruine, & n'en peult on auoir que bien peu de co

Le temps que
l'auteur eſtoit
à Rome, &
de ſes diligen-
ces pour cer-
cher & re-
fouiller les
antiquitez.
gnoiſſance, ſi eſt ce que du temps que i'eſtois en ladicte Rome (il
y a enuiron trente ans) on y pouuoit encores cognoiſtre & meſurer les deux ordres ſelõ leſquels il auoit eſté edifié, ſçauoir eſt l'ordre Dorique & Ionique, deſquels il eſtoit orné par le deuant, &
les faces des portiques. Qui fut la cauſe que ie meſuray leſdits ordres fort diligemment & fidelement en tout ce qui ſe pouuoit
voir ou toucher. Et me ſembla lors & ſemble encores l'ordre Dorique eſtre ſi beau & admirable, que ie le veux bien deſcrire &
mettre icy en ſon entier, & ſignammẽt les meſures du chapiteau,
epiſtyle, triglyphes, metopes, & couronnes, ou bien corniches,
& de tous leurs ornements, fors que des colomnes & baſes qui
ne ſe pouuoient lors recouurer, pour eſtre atterrées & preſque
ruinées & rompues. Quant au dedans du theatre ie ne me voulus
ingerer d'y entrer, pour autãt que pluſieurs maiſons y eſtoiẽt ba-

Le dedans
du theatre de
Marcel abba-
tu à Rome.
ſties, & pour les accommoder on l'auoit quaſi tout abbatu. I'ay
doncques ſeulement à faire en ce lieu de donner bien à entendre
& bien monſtrer comme doiuent eſtre les couronnes ou corniches Doriques auec leurs ornements, eſtants accompagnez d'autres figures fort belles & plaiſantes. Laquelle choſe deura ſuffire
au lecteur pour bien entendre l'ordre & les meſures de la colomne Dorique. Doncques les ornements Doriques du theatre de
Marcel, leſquels ie vous figure, ſont faicts non ſeulemẽt par meſures apres leur antiquité, mais encores leſdictes meſures ſont
rapportées au palme Romain, ſuiuant lequel nous les auons re-
preſentées & recerchées, comme il ſe voit par l'eſcriture miſe deſ

Declaration
de la figure
enſuiuant, &
de ſes parties
& meſures.
ſus vne chacune partie d'icelle. Par ainſi le chapiteau marqué A,
a de hauteur palmes deux, minutes trois, & onces deux & demie,
cõme vous le voyez eſcrit au coſté dudit chapiteau, car ainſi que
ie vous ay dit cy-deuant, p ſignifie palme, m minute, & o, once.
La groſſeur du diametre de la colomne aupres de ſon chapiteau
a palmes

a palmes 3, minutes 5, & onces 3. ce que vous pouuez encores voir à la frize dudit chapiteau. Lequel, ainsi que vous voyez à la figure ensuiuante, n'est semblable aux mesures que Vitruue nous donne, & desquelles plusieurs ont vsé, sçauoir est de diuiser ledit chapiteau en trois parties, & en donner l'une pour l'astastre & cymace, l'autre pour l'echine, & la troisieme pour la frize dudit chapiteau. Ce qui est icy bien au contraire, comme vous le voyez : car la frize a sept minutes de haulteur, les trois filets quarrez ensuyuans au dessous de l'echine, chacun minute vne, & once vne : l'echine quatre minutes, & once vne : l'astastre au lieu marqué A, minutes sept, & onces deux : son cymas minutes trois, & once vne : & son filet quarré par dessous, minutes deux, & once demie. Quant à la saillie du chapiteau, elle a palme vn, & minute vne, cóme vous le voyez marqué au droict de la frize dudit chapiteau, qui est quasi vne tierce partie de la largeur de la colomne par le dessus. Et pour autant que vous voyez toutes les autres mesures particulieres tant des saillies que des haulteurs d'une chacune chose, ie ne vous en feray plus long discours, sinon que ie vous laisseray à considerer ledit chapiteau, lequel ie trouue excellemment beau & admirable, pourueu qu'il soit appliqué en œuure comme il appartient, & proprement situê dessus vne colomne conuenable à ses mesures. Si vous l'appliquez sur vne colomne de plus grande haulteur, ou plus petite que celle du theatre dudit Marcel, certainement il ne se trouuera point bien, pour les raisons que vous entendrez cy apres. Voila ce que ie vous desirois proposer touchant le chapiteau Dorique, delaissant le surplus à la contemplation de la prochaine figure, & iugement que vous luy donnerez.

Beau discours sur la mesure des parties de la figure ensuiuans.

Aduertissement fort digne de noter.

D ij

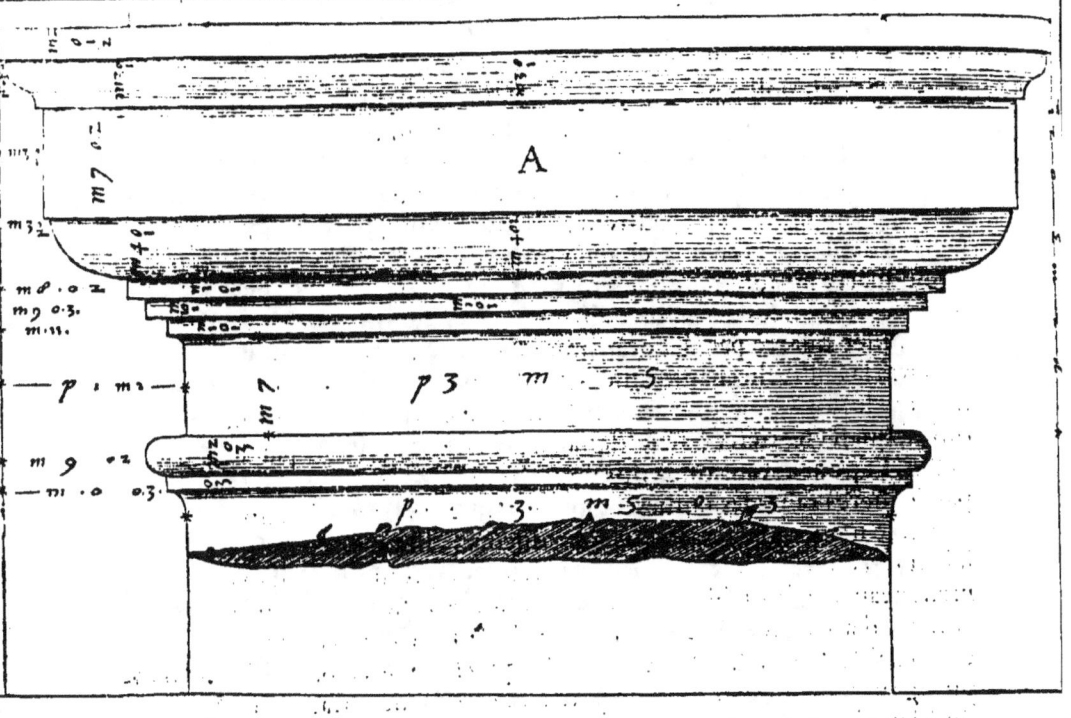

*De l'epiſtyle, triglyphes & couronnes de l'ordre Dorique trou-
uez aux colomnes du Theatre de Marcel à Rome.*
CHAPITRE XVIII.

L'Epiſtyle ou architraue trouué & meſuré au thea
tre de Marcel, a de haulteur palmes deux, minutes deux, & onces deux: ſon quarré ou liſte, ainſi
qu'ils l'appellĕt à Rome, minutes quatre, & once vne: ſon filet quarré du deſſous, minutes deux,
& la longueur des gouttes, minutes trois & on-
ces trois, ainſi que vous le pouuez cognoiſtre par la figure ſuiuante, en l'architraue, marqué B. La haulteur de la frize, ou ſe trouuent les triglyphes & metopes, a palmes trois, & onces deux:
ainſi que vous le voyez ſigné ſur les petites lignes marquetées
de petits poincts en forme d'eſtoille, procedant d'une à autre, ou ſe voyent les haulteurs & largeurs d'une chacune choſe.
Toute la hauteur des triglyphes auec leurs chapiteaux au deſſus,
& du filet quarré, a palmes trois, & minutes cinq, comme vous le
pouuez

pouuez cognoiſtre au droiⓒt de la ligne marquéc C. La largeur
deſdiⓒts triglyphes a deux palmes : & ne ſe voit au deſſeing qui
eſt cy apres, que la moitié du triglyphe, duquel la ligne C
monſtre le milieu. Quant à la haulteur de la corniche elle ſe trouue de deux palmes, dix minutes, & trois onces. Touchant les autres membres particuliers, tant des cymaces, denticules, couronnes, gueulles, que autres, vous voyez en vn chacun endroit de la
figure cy apres propoſée toutes leurs meſures particulierement :
cóme auſſi de leurs ſaillies, leſquelles i'ay iuſtemét deſcrites cóme
ie les ay trouuées ſur l'œuure, parquoy ce ſeroit propos perdu de
en vouloir faire plus long diſcours. Bien diray ie encores que au
deſſous de la couronne, au lieu marqué D, ſe trouuét grauées &
inſculpées dixhuiⓒt gouttes, (qu'ils appellent ainſi) comme vous
les voyez aux dixhuiⓒt ronds, deſquels l'vn eſt marqué D, & con
tiennent tous enſemble, auec leurs vagues & ſeparations par le
deſſous, palme vn, minutes neuf, & onces trois de large : & de
longueur palmes trois, & minutes quatre, laquelle longueur ſe
trouue au droit des metopes, qui ſont certains ornements deſquels les anciens ſouloient decorer leurs colomnes : comme ſont
anatomies de teſtes de bœuf ornées de fruiⓒts ou fueilles, attachez aux cornes auec rubans. Les autres y mettoient des fleurs,
ou certaines deuiſes, cóme auſſi des baſſins : leſquelles choſes furent inuentées à cauſe des ſacrifices qu'on faiſoit aux temples, eſquels eſtoient immolez bœufs, moutons & autres animaux deſquels on receuoit le ſang en pluſieurs ſortes de baſſins, & auſſi
pour autres raiſons qui ſeroient longues à eſcrire auecques leur
origine & ſource. Quoy qu'il en ſoit les Architeⓒtes ſen ſont
aydez pour orner leurs metopes, triglyphes & autres endroiⓒts
des baſtiments, comme vous le verrez par les figures cy apres deſcrites.

Pourſuite des meſures & proportions des colomnes Doriques du theatre de Marcel eſtát à Rome.

Continuation des parties et meſures de la colomne de Marcel fort antique.

E

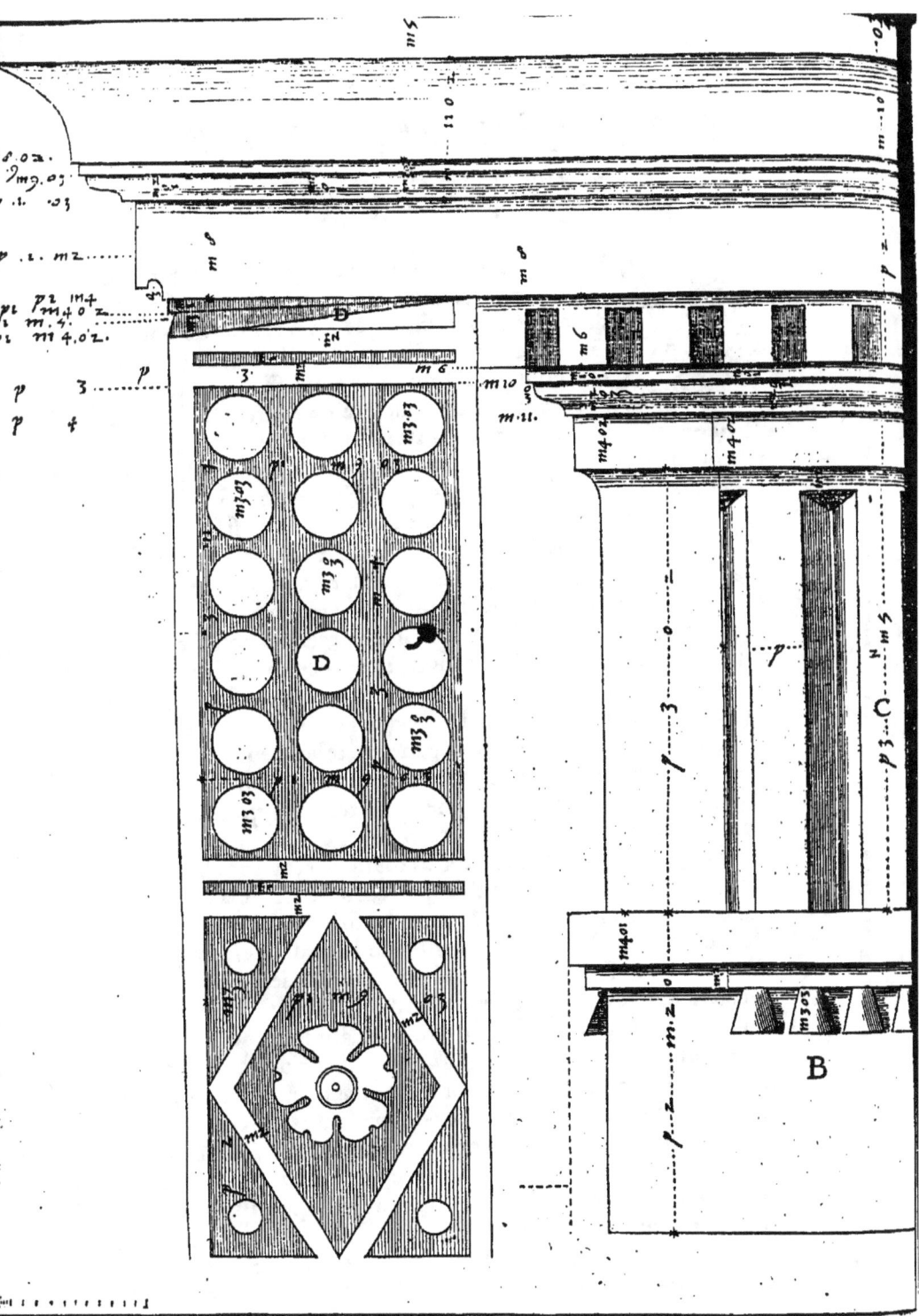

*D'autres parties de l'ordre & colomne Dorique du theatre
de Marcel, & de son chapiteau racoursi en perspectiue, estant accompagné d'architraue.*
C H A P I T R E X I X.

A Fin que vous puissiez bien cognoistre comme se
monstrera en œuure ce que nous auons escry cy
deuant, (pourautant que ce n'est qu'vn pourfil
seruant de moule à tracer les pierres) le desseing
que vous verrez cy apres vous fera apparoir côme la corniche du theatre de Marcel se monstre
estant en œuure, tant pour les gouttes qui sont sur les déticules,
marquées D, à la figure ensuiuant, que pour les triglyphes marquez C. & aussi pour les metopes signez F: & combien que l'œuure se monstre estroicte à cause de la perspectiue, si fault il que
les metopes au lieu de F, soient tous quarrez & aussi haults que
larges entre les triglyphes, comme vous en auez veu les raisons
par cy deuant. Aucuns ont faict quelques ornemêts par dessus les
triglyphes, & y ont mis des anatomies de teste de bœuf, comme
nous auons dit, & entre les triglyphes au lieu appellé metopes,
des bassins auec diuerses autres sortes d'ornements, lesquels ie
monstreray ailleurs sil vient à propos. Telles choses se peuuent
approprier selon les lieux, pour y mettre telles deuises qu'il plaira à la volunté du seigneur pour lequel se fera le bastimêt. Quant
à l'inuêtion des susdictes corniches, gouttes, triglyphes, & caneleures qu'aucuns y ont faictes, côme aussi des hemicycles & autres figures triâgulaires, tout a esté trouué par l'artifice & moyen
des cyments & matieres semblables, comme seroit la cire qu'on
y appliquoit pour conseruer le bout des soliues qui portoient les
planchers des bastiments. Car ainsi que la chaléur estoit grande,
elle fondoit & faisoit distiller les susdictes matieres qui rendoient au dessous des triglyphes des gouttes, ainsi qu'on les voit au
lieu de G. Doncques les Architectes voulant imiter ce que nature leur apprenoit, & s'ayder de l'artifice d'autruy, ont donné de
superabondant quelques mesures & ornements aux corniches
de leurs colomnes. De sorte qu'en ensuiuant les charpenteries ils
y ont appliqué des membres de moulures, les vns au lieu de che-
urons, les autres pour les ais, & quelques vns au lieu de poutres,
selon la coustume qu'ils auoient de couurir leurs bastiments, ainsi que vous le pouuez voir amplement dans Vitruue, ou il descrit
l'inuention & origine de telles choses. Depuis quelques vns ont
trouué la façon des moulures apres les lettres, comme d'une S,

*Comme se
monstre en
œuure ce qui
a esté cy des-
sus proposé.*

*De l'origine
& inuention
de certaines
parties de la
colomne Do-
rique.*

*L'industrie
des Archite-
ctes en imitât
nature et l'ar-
tifice d'au-
truy.*

ils en ont fait vne cymace ou cymacion, d'vn C, les thores & mébres ronds, & ainſi des autres lettres. Ils ſy ſont auſsi aydez de la
forme du viſage humain, comme du nez du front, des yeux, des
leures, méton & col: ſuiuant la proportion deſquels, ils ont trou
ué toutes ces belles inuentions qui ſeroient bien longues à deſcrire, comme de la teſte de l'homme bien proportionné, laquelle
eſt diuiſée en trois parties pour ſa haulteur, prinſes depuis le deſſous du menton, iuſques au commencement de la racine des che
ueux deſſus le front: chacune deſdictes trois parties en contient
ſix, qui font enſemblémét dixhuit parties pour toute la haulteur
du viſage. De tels nombres & parties ſe peult ayder l'Architecte,
L'Archite- ſil les ſçait entendre & cóprendre, pour former & ordonner vne
Ete ſe pouuoir belle corniche Dorique auec ſes proportions & meſures. Car de
ayder des pro- la haulteur du frót auec le teſt de la teſte, il en peult faire vne bel-
portiós du Vi- le gueulle ou cyme de corniche, & de la haulteur du nez, la cou-
ſage humain, ronne de ladicte corniche, qui a vne ſaillie eminente, cóme peult
& les accom- auoir le nez au viſage. De rechef de la haulteur des leures & men
moder aux co ton, il peult trouuer les denticules, filets quarrez, & cymaces. Si
lomnes. vous deſirez mettre & faire beaucoup d'ornements, vous les y
pouuez diſtribuer auec leurs haulteurs, ſuiuant les dixhuit parties que vous auez trouuées à la haulteur du viſage, comme nous
auons dit cy deſſus. Mais ſur le diſcours de telles proportiós ie ne
me veux arreſter d'auantage, pour autant qu'au ſecond Tome &
L'auteur pro- œuure Des diuines proportions, (lequel i'eſpere faire imprimer
met vn œu- ſi Dieu m'en donne la grace) vous verrez non ſeulement le moien
ure Des diui- & nouuelle inuétion de faire des corniches, mais auſsi par les me-
nes proportiós ſures de tout le corps humain, trouuer toutes les proportions de
toutes ſortes de plans & montées de baſtiments que vous deſire-
rez, conformément auec les meſures & proportions qui ſe trouuent en la ſaincte Bible: & encores pour les ſçauoir donner à tous
les ordres des colomnes & ornements des mébres & parties d'i-
celles. Pour concluſion le chapiteau Dorique du ſuſdit theatre de
Marcel a de haulteur deux palmes, minutes trois, onces deux &
Meſures du demie: l'architraue palmes deux, minutes deux, & onces trois: la
chapiteau Do ſaillie de la corniche iuſques à l'extremité du cymas au deſſus du
rique & de chapiteau ou triglyphe, palmes quatre, & minutes vnze. Par ainſi
ſes parties. ceux qui voudront cóſiderer les raiſons, proportions & meſures
de l'ordre Dorique, ſen pourront ayder pour faire de belles œuures, ſelon le bon iugement & dexterité que Dieu leur aura donné. Vous pouuez facilement cognoiſtre le precedent par les figures que i'ay miſes cy deſſous, auec le chapiteau de la colomne Do
rique racourcy en perſpectiue & accompagné de ſon architraue.

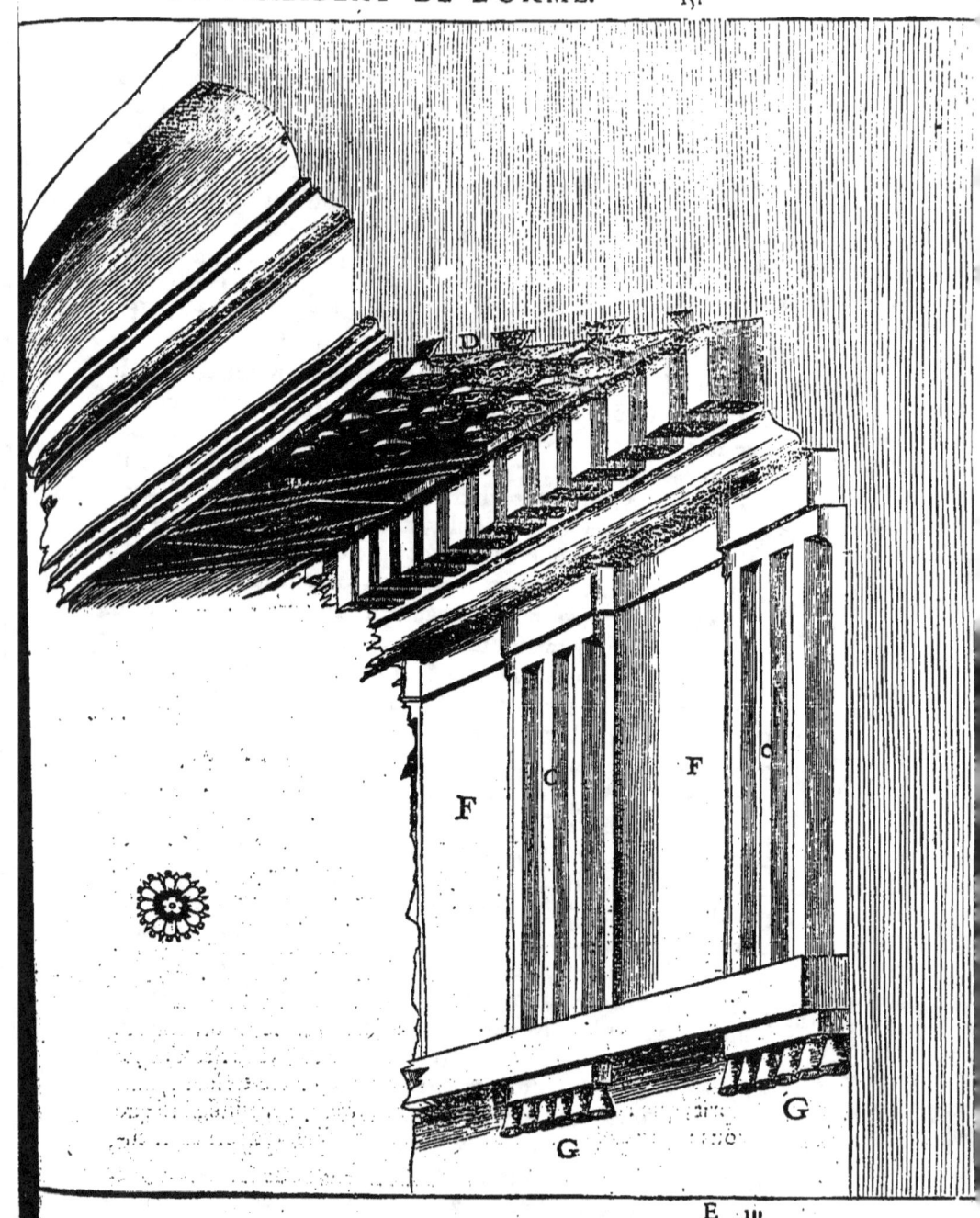

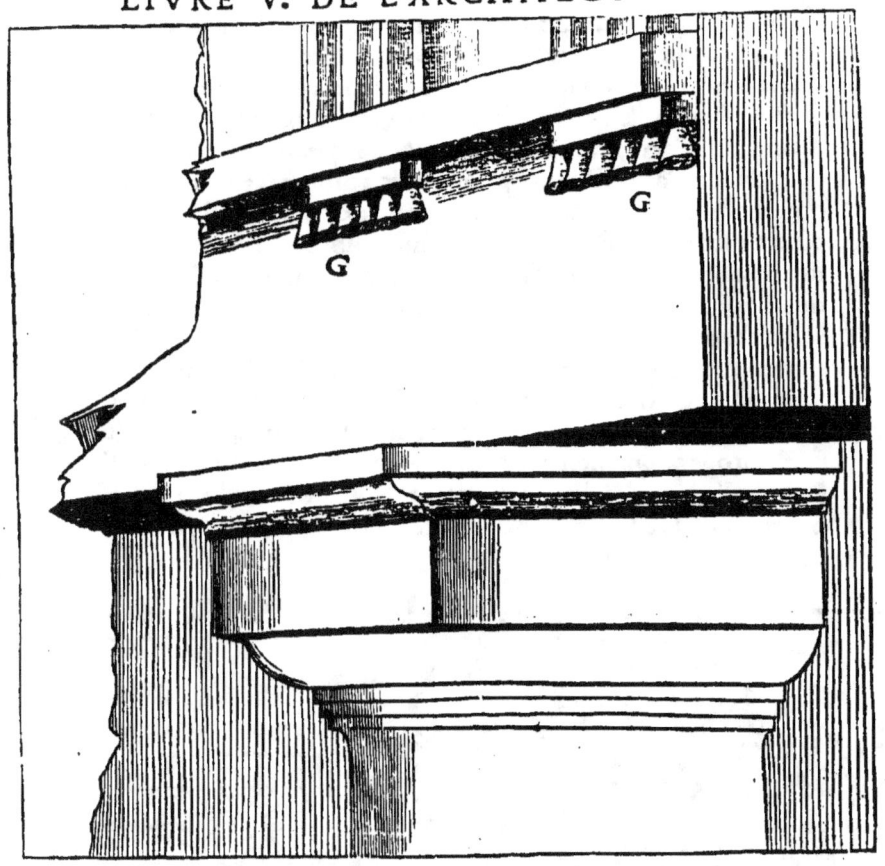

Autre sorte de chapiteaux Doriques. CHAP. XX.

ESTANT sur le propos des chapiteaux Doriques & vous ayant faict entendre, & monstré ce que i'en ay trouué au theatre de Marcel à Rome, il m'a semblé estre bon de vous faire encores voir deux autres sortes de chapiteaux que i'ay retiré des antiquitez, non point pour vous parler de leurs mesures, pour autant qu'il me semble que vous en auez assez entendu par cy-deuant, mais bien des inuentions de leurs ornements estranges: car les Architectes anciens ont esté fort curieux de cercher diuerses sortes d'ornements, tant par gayeté de leur gentil esprit, que aussi, quelque fois, pour certaine necessité, ainsi que vous voyez en la prochaine figure comme ils les ont ornez & en-

Les anciens auoir esté fort curieux de cercher diuerses sortes d'ornemēts pour les chapiteaux.

richis: & à l'autre qui eſt aupres, comme oultre la haulteur que le
chapiteau doit auoir, ils luy ont baillé encores vn ornement au
deſſous entre ledit chapiteau & la colomne, cóme ſi c'eſtoit choſe quaſi ſemblable à vn architraue, ou bien à vne frize: cela ſe fait
quand on eſt contrainct de gaigner quelque haulteur, ou bien
quand on ne doit faire trop longue la colomne, à fin de ne luy
donner mauuaiſe grace: & auſſi qu'on ne doit pas haulſer le chapiteau plus que de ſa meſure. Par ainſi le docte Architecte monſtre que le chapiteau & ſa colomne ont les meſures & raiſons
qu'ils doiuent auoir, & adiouſte entre le chapiteau & ladicte colomne telle frize que vous la voyez en la figure ſuiuante, comme
ſil vouloit bailler autant de haulteur au chapiteau Dorique que
lon faict au Corinthien. Pour reuenir aux ornements, ie dy qu'ils
n'ont mauuaiſe grace quand ils ſont bien ordonnez, & les meſures & proportions bien gardées, qui me faict vous laiſſer à conſiderer les figures des deux chapiteaux Doriques enſuiuants. Leſquels i'appelle compoſez pour eſtre participans de plus d'vn ordre. ce que ie monſtre.

L'auteurne reprouuer les ornemēts des colomnes.

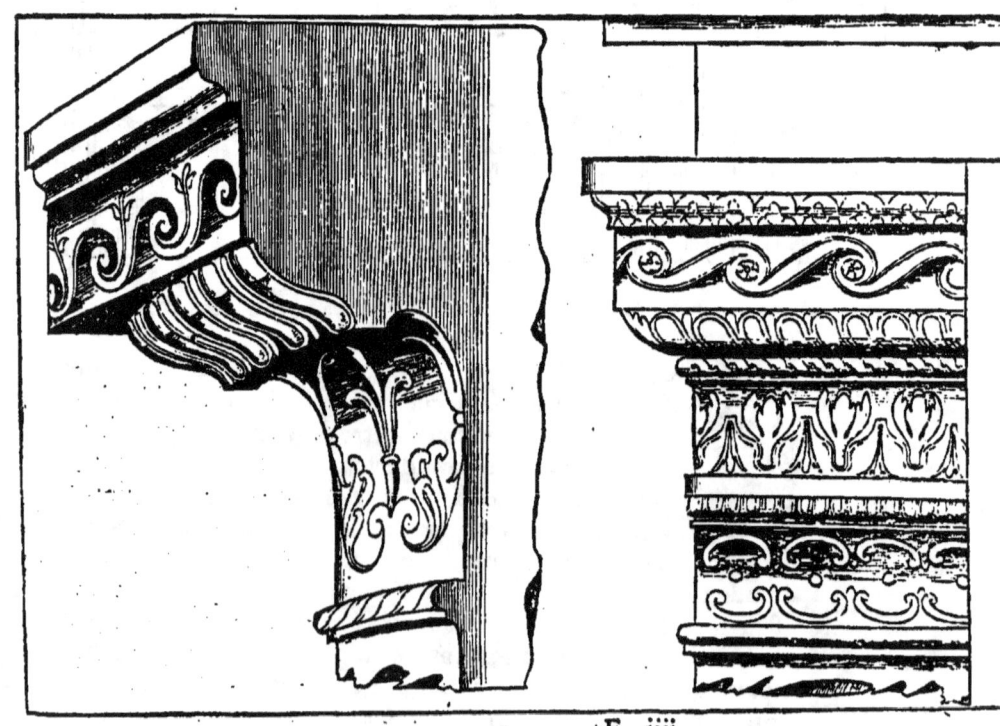

Autre façon de corniche Dorique proposée par l'au teur.

VLtre la corniche Dorique du theatre de Marcel que vous auez veu cy deſſus, ie vous propoſe encores cy apres le deſſeing d'une autre que i'ay retiré d'une piece de marbre fort antique, pour mieux reuciller les gentils eſprits, & les ayder de toutes belles inuentions. Vous voyez audit deſſeing comme les couronnes de la corniche ſont ſouſtenues par façon de modelons enrichis de vingt & quatre gouttes faictes en forme de petites pyramides, & à l'entredeux des compartiments y auoir des roſes fort bien faictes & elaborées ſur le marbre. Ie trouuay ce petit morceau de corniche ſans triglyphe, metope, & epiſtyle, dans le Palais ſainct Marc à Rome en la baſſe court, duquel on ne tenoit compte. Depuis ie le voulus reuoir, mais on me

Chaufourniers à Rome deſtruĉteurs des antiquitez et ſingularitez de marbre.

dit qu'il auoit eſté mis en pieces pour en faire de la chaux, comme ont accouſtumé de faire tous les chaufourniers à Rome, car ils n'y eſpargnent tant de marbre qu'ils en peuuent trouuer, ſans aucun reſpect de l'antiquité, & des beaux ouurages. Qui eſt choſe à deplorer, pour la reſte des veſtiges de ladicte antiquité, leſquels ſils aboliſſent, & continuent ainſi faire, ils ſeront cauſe, que on ne cognoiſtra plus Rome à Rome. Mais delaiſſant tel propos ie figureray la ſuſdicte corniche meſurée & proportionnée iuſtement auec le palme Romain, ſelon les meſures que ie y trouuay: deſquelles l'ouurier & artiſan ſe pourra ayder, ſoit en augmentant, ou diminuant & appetiſſant par le pied ou palme, en telle ſorte qu'il voudra, donnant deux ou trois fois d'auantage (plus ou moins) à vne chacune partie de ladicte corniche: mais icy ie

Aduertiſſement ſur la corniche enſuiuant.

vous veux bien aduertir d'obſeruer & prendre garde comme elle a double couronne, l'une ou ſont les mutules enrichis de roſes, & l'autre au deſſus des cymacions des denticules. Cela ſe faict ſelon le bon & gentil eſprit de l'Architecte, qui ſçait donner les raiſons & meſures à toutes ſes inuentions eſtants bien accommodées à l'œuure, laquelle ſe trouue lors touſiours belle, admirable & excellente.

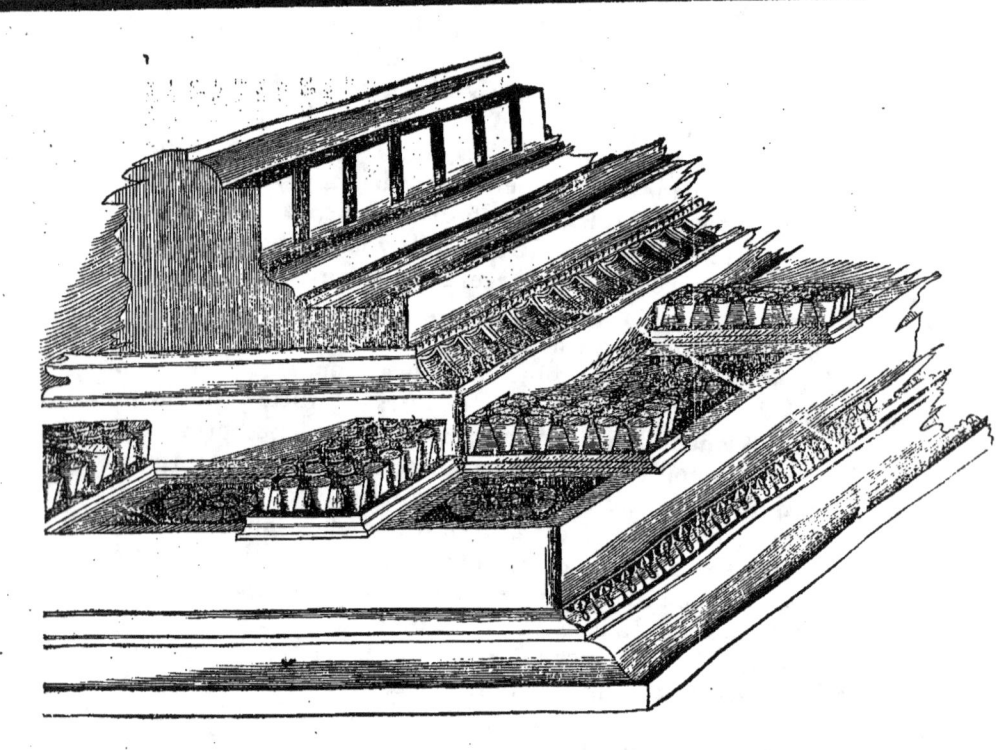

Des ornemẽts d'une autre corniche Dorique fort ancienne et belle.

'Auois icy deliberé de ne plus parler des ornements de la corniche Dorique, mais en ayãt trouué encores quelque vne que i'ay faiĉt tailler, eſtãt extraiĉte d'vn marbre fort antique, & figurée de toute autre ſorte que celles qu'on a couſtume de voir, ie l'ay bien voulu mettre au nombre & reng des precedentes, pour eſtre tres-belle, rare & excellente. Auſſi qu'elle monſtre pouuoir ſeruir d'architraue, frize & corniche, eſtant de cela propre à l'ordre compoſé (duquel nous parlerons cy apres) pour participer du Dorique & Ionique, comme il ſe voit à ſon architraue, au pourfil des teſtes de Lyon, & auſſi que ſes moulures ne ſont ſemblables à l'architraue Dorique, ny les faces dudit architraue perpendiculaires, ou, ſi vous voulez, à plõb: mais biẽ réuerſées par le deſſus. Ce qu'a eſté faiĉt pour gaigner la ſaillie de la corniche, à fin qu'elle ne fuſt ſi grãde, & ne laiſſaſt d'auoir tant de beaulté, laquelle choſe ie trouue de fort bonne grace

Inſtruction qui n'eſt à negliger.

eſtant ainſi en œuure. Ie vous veux bien aduertir que i'ay meſuré ceſte corniche auec le palme Romain: de ſorte que la premiere face a minutes huiĉt & onces trois: vn des membres ronds, minutes quatre, onces 3: la ſeconde face ou ſont inſculpées les teſtes de Lyon, palme vn, onces trois: l'autre mẽbre rond ou le thore eſtãt au deſſus, minutes cinq, onces quatre, & par deſſus ſon filet quarré minutes 2. La troiſieme face ſert comme ſi c'eſtoit vne frize, & au milieu d'icellẽ frize au lieu des metopes y auoit de grandes roſes d'aſſez competẽte ſaillie, comme vous le voyez au lieu marqué A. Entre telles roſes y auoit des modellons d'aſſez grande ſaillie, ainſi que vous les voyez par la figure qui eſt cy apres. La

Declaration des parties de la figure cy apres enſuinãt.

ſuſdiĉte face qui ſert de frize, n'auoit de haulteur que palmes vn, minutes cinq, onces deux, ainſi que vous le pouuez iuger & cognoiſtre, comme auſſi de la couronne, gueulles, & autres parties qui ſont fort diuerſes, & d'autre façon que lon n'a encores accouſtumé de voir, mais autant belles & admirables qu'il eſt poſſible de penſer: ainſi que ie le vous laiſſe à conſiderer, & y cercher les meſures auec le compas & par l'eſcriture & nombres de chiffre qui les monſtrent: par iceux vous ſera fort facile de trouuer toutes les ſaillies d'une chacune partie, ainſi que vous les voyez toutes eſcrites en la prochaine figure.

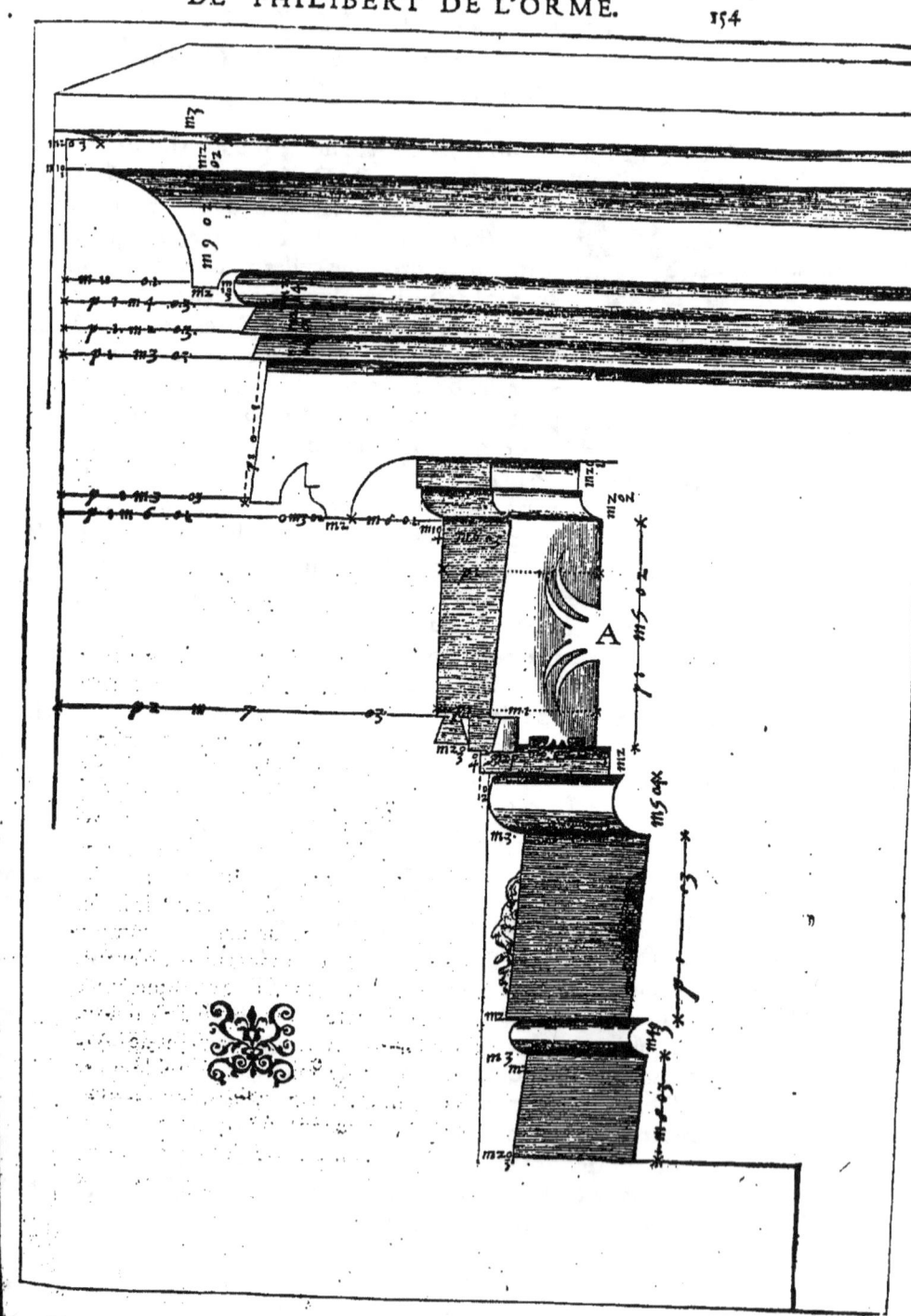

Ie serois contrainct d'icy faire longues escritures si ie voulois parler de tout ce que i'ay veu touchant l'ordre Dorique, aux temples & ailleurs, & mesmes de la distributiõ des triglyphes & metopes, lesquels ie reserue à descrire aux lieux ou ie parleray des portiques & distributions des colomnes, & de leurs interualles. Mais ie vous veux biẽ aduertir que pour l'ordre Dorique par vne forme de mesure generale (pourueu que les colomnes ne soient que d'enuiron douze ou quinze piedz de haulteur, pour le plus) vous deuez prendre toute la haulteur du lieu ou vous voulez faire les colomnes, & ornements Doriques, & la diuiser en vingt parties, desquelles la colomne en aura quatorze de haulteur, son chapiteau vne, & sa basse vne autre. La haulteur de l'architraue aura vne partie, & la frize vne autre & demie, qui sont quatre parties pour l'architraue, frize & corniche, representãts la quarte partie de toute la colomne auec sa basse & chapiteau. Quant au pied de stat ie ne vous en diray autre chose, pour autant que i'en ay escry bien au long ci-deuant. Reste doncques à ceste heure de cy apres traicter de l'ordre Ionique, à fin de poursuiure nostre œuure par bon ordre.

Plusieurs choses estre reseruées par l'auteur, à descrire ailleurs.

Approches pour la colomne Ionique.

De l'ordre & mesure des colomnes Ioniques, auec leurs ornements. CHAPITRE XXIII.

LEs colomnes Ioniques doiuẽt auoir de haulteur selon leur grosseur, & aussi selõ les lieux ausquels on les veult appliquer, soit à vn portique de quatre, six, huict, oũ dix colomnes, ou pour faire ornemẽts de portes, ou peristyles. Il les fault doncques faire de differentes mesures, & quelquefois de differents ornements, pour les rendre plus agreables & plus plaisantes aux spectateurs: & tout ainsi qu'aux colomnes Thuscanes on donne six fois leur diametre pour leur hauteur, & aux Doriques sept fois: en pareil cas, les Ioniques doiuent auoir huict fois leur diametre par le pied, pour toute leur haulteur, comme ie l'ay trouué & obserué en plusieurs colomnes: mais à d'autres i'ay aussi trouué differẽtes haulteurs: de sorte que quelques vnes auoient plus de huict fois leur diametre, les autres huict & demy, & huict auec trois quarts ou enuiron, selon le iugement de l'Architecte qui les auoit faictes, comme il luy auoit semblé pour le mieux. Quand lesdictes colomnes Ioniques seront appliquées sur l'ordre Dorique, comme l'on a accoustumé de faire en plusieurs edifices, & se peult encores voir dans le Colliset à Rome,

Les colomnes Ioniques deuoir estre de differétes mesures.

& aux

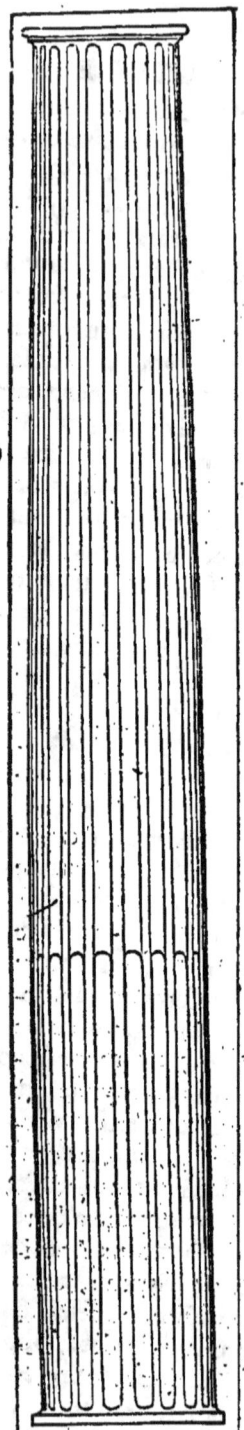

& aux theatres, āphitheatres, & plusieurs palays modernes) ou bien par dessus elles l'ordre Corinthien, & quelquefois l'ordre composé: quand, dy-ie, l'ordre Ionique sera ainsi esleué dessus vn autre, il le fault tenir de plus haulte mesure auec ses parties & ornements, selon le iugement du bon Architecte. Qui peult estre la cause, que audit ordre Ionique on a baillé huict fois son diametre : mais pour bien y proceder, l'Architecte ne doit estre ignorāt des symmetries & reigles optiques, ou si vous voulez de perspectiue. La mesure de huict, laquelle nous attribuós à ceste colomne Ionique pour sa hauteur, a esté trouuée apres le pied de la femme, qui doit auoir (ainsi qu'on dit) estāt bien proportionnée, huict fois la longueur de son pied pour sa haulteur: & de la viét qu'aucuns estiment que l'ordre Ionique a esté trouué suiuant les mesures & proportions d'une femme, ainsi que, apres Vitruue, nous le vous deduirons cy apres. Ces choses ainsi expliquées, nous entrerons aux mesures de la colomne Ionique, qui doit auoir de retraicte par le hault vne sixieme partie. Ie veux dire que son diametre par le bas doit estre diuisé en six parties, desquelles y en aura cinq par dessus pres le chapiteau, qui est vraye raison & proportion pour la retraicte des colónes qui sont de douze à quinze pieds de haulteur : mais notez que sils estoient de differentes haulteurs, il les faudroit faire de differétes retraictes. La longueur de la colomne sera arōdie auecques la cerche ralongée, depuis la tierce partie de sa haulteur, iusques au dessous du chapiteau : & la tierce partie du dessous de ladicte colomne sera d'une mesme grosseur que le pied d'icelle, ainsi que nous auons monstré à la Dorique. La Ionique se doit

L'Architecte ne deuoir estre ignorant de prespectiue

L'auteur explique & interprete les mesures de la colomne Ionique.

F

strier ou caneler de vingt & quatre caneleures, ou bien de vingt
& deux, ou vingt pour le moins : & ne doiuent estre concaues
sinon iusques à la haulteur de la tierce partie de la colomne, puis
de là toutes pleines & arondies comme bastons ronds & tuyaux
d'orgues, ou bien flustes qui se trouuent au milieu desdictes caneleures, iusques à la haulteur de ladicte tierce partie, ainsi que vous
le cognoistrez par la colomne laquelle vous verrez cy apres. Le
reste de ladicte colomne , sçauoir est les deux tiers , iusques au
dessous du chapiteau, doit estre strié & cancelé, comme la moitié
Quelles doi- d'une câne de rozeau, & faict auec le compas en hemicycle, que
uent estre les l'angle de l'equierre puisse toucher par le milieu, ainsi qu'il est
caneleures de monstré ailleurs, & plusieurs le peuuét cognoistre par les œuures
la colomne Io- antiques ou modernes, & se peult aussi voir par les desseings de
nique. tous les ornements , que i'ay cy apres proposez.

Aduertissement sous forme d'une petite digression.

I
E ne passeray oultre sans vous aduertir que i'ay choisy
le present ordre Ionique entre tous autres, pour orner
& illustrer le Palays lequel la maiesté de la Royne, mere du treschrestien Roy CHARLES neufieme de ce
Le Palays de nom, faict auiourd'huy bastir en ceste ville de Paris , sous ses or-
la Royne me- donnances & desseings, car ie y procede tout ainsi qu'il plaist à sa-
re, qu'on edi- dicte maiesté le me commander, sauf les ornements, symmetries
fie à Paris. & mesures , pour lesquelles elle me faict ceste grace & faueur de
sen fier à moy . I'ay voulu accommoder le present ordre à sondit
Palays pour autant qu'il n'est gueres vsité , & que encores peu de
personnes l'ont mis en œuure aux bastiments auec colomnes. Plusieurs en ont bié patrouillé quelque chose en bois pour des portes, mais ils ne l'ont encores bien cogneu ny representé. L'autre
raison pourquoy i'ay voulu figurer & naturellement representer ledict ordre Ionique au Palays de la maiesté de la Royne, c'est
Pourquoy pour autant qu'il est femenin, & a esté inuenté apres les propor-
c'est que l'au- tions & ornements des dames & déesses, ainsi que le Dorique
teur employe des hommes, comme m'ont apprins les anciens : car quand ils
plus tost l'or- vouloiét faire vn temple à quelque Dieu, ils y employoient l'or-
dre Ionique dre Dorique : & à vne Déesse, le Ionique. Toutesfois tous Archi-
au Palais de tectes n'ont pas obserué cela, voire par le recit de Vitruue, com-
la Royne que me il se peult voir au prologue de son septieme liure, ou il escrit
autre. & recite que Pronius de Ephese, & Daphnis de la ville de Mile-
te, feirent le temple d'Apollo en symmetrie Ionique. Il escrit

aussi que le temple de Iupiter Olympique fut fait à la mode Corinthienne par vn nommé Cossutius: & celuy de Diane en Ephese, à
la Ionique, par Ctesiphõ. Qui en demãdera les raisons, il les trouuera dedans ledit Vitruue. Ie me suis doncques iustement voulu
ayder au susdit Palays de la maiesté de la Royne de l'ordre Ionique, comme estant delicat, & de plus grande beauté que le Dorique, & plus orné & enrichy de singularitez. Car l'ordre Dorique de soy, pour estre masculin est plus rude, & semble auoir
esté inuenté pour choses fortes, à fin de soustenir grands pois &
grands fardeaux (ainsi que nous auons dit au parauant) & porter
grandes haulteurs de maçonnerie, comme aux chasteaux & forteresses, sans gueres d'ornements. Mais cestuy cy est pour edifier
vn Palays ou chasteau de plaisir, & donner contentement aux
Princes & grands Seigneurs: comme aussi l'ordre Corinthien.
Qui faict que ie prend grandissime plaisir de mettre tel ordre Ionique en execution, non point tant pour monstrer aux ouuriers
de bien conduire l'œuure, que pour la curiosité que i'ay de l'enseigner à plusieurs pauures compagnons qui sont de bon esprit,
& s'efforçent iournellement d'apprendre à mesurer, contrefaire
& protraire ce qu'ils voyẽt pour s'en pouuoir ayder lors que l'occasion se presentera. Ce que ie louë grandement, & beaucoup
plus que la subtilité d'aucuns, qui ne sçachants protraire, contrefaire & prendre les mesures, desrobent & emportent les paneaux & moules suiuant lesquels on couppe les pierres: ainsi que
les maistres maçons à qui ie donne les charges, s'en pleignent
quelquefois: qui m'est peine pour en refaire d'autres. Voyant
doncques telle diligence des bons ouuriers, accompagnée d'vn
si grand vouloir d'apprendre, i'ay esté de ma part aussi animé &
embrasé de bien faire, non seulement pour eux, mais encores
pour les seigneurs qui les employent à leurs bastiments. De sorte
que i'ay prins resolution de familierement expliquer tout ce que
ie proposeray en ce present œuure d'Architecture, & signamment l'artifice des parties, mesures & ornements des colomnes,
ainsi qu'on le pourra voir, non seulement par mes escrits & figures sur ce proposées, mais aussi par les œuures & bastiments
qui ont esté faicts sous mon ordonnance, & se pourront faire
encores, selon la saincte volunté & grace de Dieu.

Pourquoy c'est que l'auteur s'est aydé au Palays de la Royne de l'ordre Ioni-que.

Bon vouloir de l'auteur enuers les ou-uriers.

Les bons ou-uriers et estu-diants exci-ter les bons maistres.

F ij

De la haulteur des basses Ioniques & de leur proportion.

POur bien faire les basses des colónes Ioniques, on a tousiours accoustumé de leur dóner pour haulteur autant qu'est la moitié de la colomne, ainsi que vous le pourrez voir par celle que ie vous figure cy apres, laquelle i'ay trouué aux edifices antiques, & comme estant tres-belle, mis en œuure & employé au susdit Palays de la maiesté de la Royne, pour y estre fort conuenable en ses mesures, & à l'ordonnance que i'ay faicte. Ladicte basse est quasi de la proportion & mesure que Vitruue la descrit, fors qu'il y a difference à la saillie, & aussi que Vitruue ne met qu'vn astragale sur le plinthe, & la presente en a deux. Ie feray icy par maniere de digression vn petit discours des colomnes Ioniques, lesquelles ie fais employer au susdit Palays de la maiesté de la Royne mere, puis ie reprendray le propos de la basse Ionique. Lesdictes colomnes seront en nombre soixante

Des colónes Ioniques employées par l'auteur au Palays de la Royne.

quatre du costé de la face des iardins, & aura vne chacune deux pieds de diametre par le bas, iaçoit qu'elles ne soient toutes d'vne piece, pour autant que ie n'en pourrois trouuer si grand nombre, ny de telle haulteur qu'il les fault, si promptement, & aussi que l'œuure pourra estre plustost faicte que les colónes ne pourroient estre recouuertes : lesquelles i'ordonne comme vous les verrez, & auec propres ornements pour cacher les commissures. Qui est vne inuétion que ie n'auois encores veuë ny aux edifices antiques ny aux modernes, ne encores moins dans noz liures d'architecture. Il me souuient d'en auoir faict faire quasi de sem-

Colónes nouuellement inuitées par l'auteur, et appliquées à la chapelle de Villiers coste-Rets.

blables du temps de la maiesté du feu Roy Henry en son chasteau de Villiers coste-Rets, au portique d'une chappelle qui est dedans le parc, & se trouuent de fort bonne grace, ainsi que vous en pourrez iuger par la figure que ie vous en donneray cy apres, tant pour le plan que pour la montée, si autrement vous ne pouuez voir l'œuure. Mais delaissant ce discours, ie repren la basse Ionique, laquelle a de haulteur vn pied, pour estre la moitié de la grosseur de la colomne qui contient deux pieds, lesquels il fault diuiser en trois parties, & d'icelles en prendre vne, comme seront huict poulces, (qui sont la tierce partie de la colomne) que vous mettrez dessus la basse, & ce qui restera par le dessous, sera pour le plinthe. Cela faict le reste de la haulteur de la basse sera diuisé en sept parties, & trois d'icelles données pour le thore de dessus, signé A, puis des quatre qui restent, l'une sera pour les

deux aftragales qui feront fur le plinthe figné B, l'autre pour la
premiere nancelle marquée C, la tierce pour l'aftragale marqué
D, & la quatriefme qui reftera deffous le rhore A , fera pour la
nancelle de deffus. Laquelle fera auffi diuifée en quatre parties &
demie, dont l'une fera donnée à la latitude des filets quarrez,
marquez E. Semblablement l'une des hermyles ou aftragales du
milieu feront diuifées en trois parties, & vne d'icelles donnée à *Mefures &*
la latitude du filet quarré F: l'autre filet quarré qui eft deffous les *des parties de*
hermyles, eft auffi large que celuy de E. Les deux aftragales qui *la baffe.*
font fur le plinthe , feront diuifez en fept parties, defquelles l'a-
ftragale premier, qui eft plus pres dudict plinthe, n'en aura que
trois; l'autre quatre, & les autres parties demeureront à l'aftragale de deffus. Toute la largeur du plinthe a deux pieds, neuf poulces & quatre lignes, qui n'eft femblable à celle de Vitruue. Vous
verrez celle que ie defcris & figure cy apres, pour la cognoiffance & demonftration de tout le difcours du prefent chapitre.

F iij

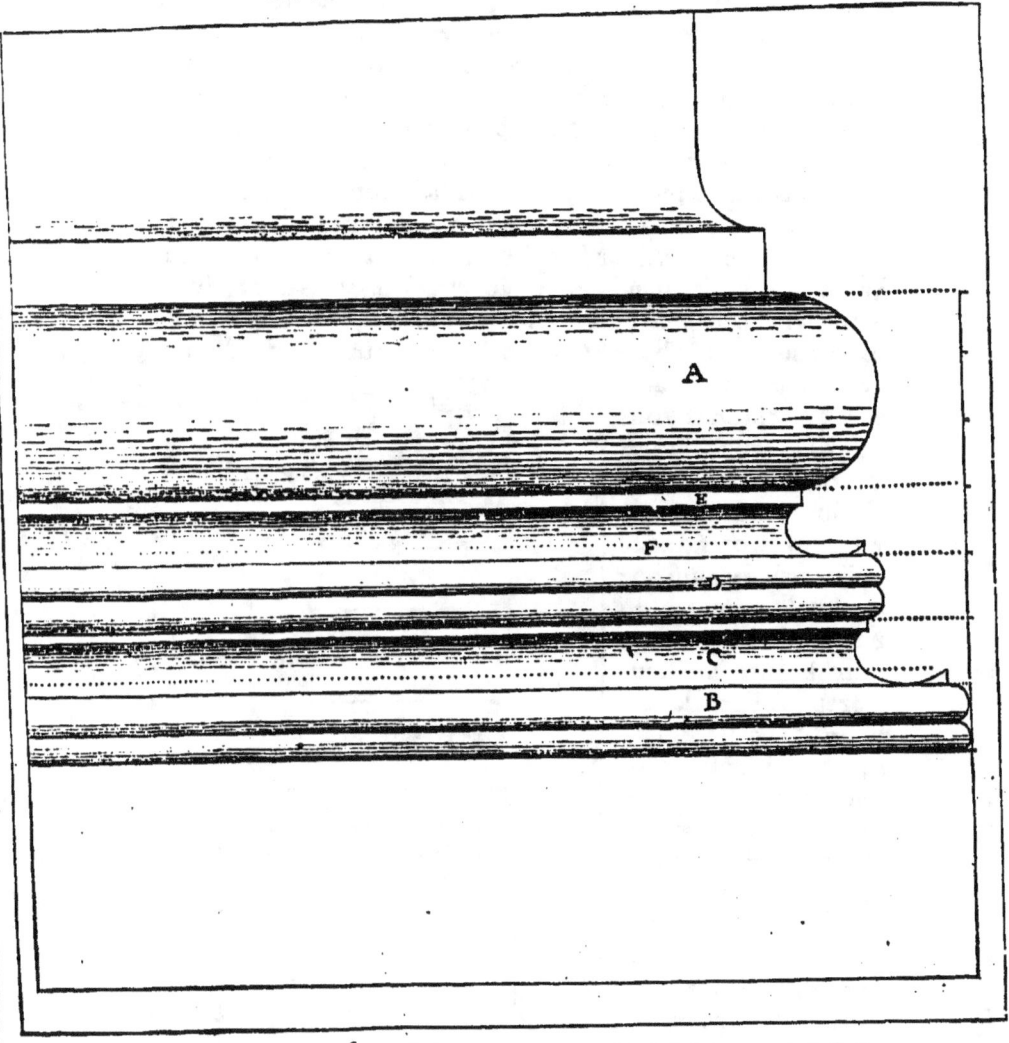

Des mesures & proportions du stylobate ou pied de stat
Ionique. CHAPITRE XXV.

De la haulteur des stylobates ou pieds de stat de la colomne Ionique.

ES stylobates, appellez du vulgaire pieds de stat, doiuent auoir de haulteur, comprins leurs corniches & basses, deux fois autant qu'est la longueur du plinthe de la basse de la colomne, comme vous le pouuez voir depuis A iusques à B. la largeur doit estre tousiours de mesme, que est le

plinthe de la baſſe. Vous diuiſerez doncques la haulteur de A B
en neuf parties egales,& en donnerez vne au plinthe du pied de
ſtat,vne autre à ſa baſſe,& vne à ſa corniche pour leurs haulteurs:
par ainſi il en reſtera ſix entre la corniche & la baſſe, ou les meſures ſe trouuent ſi à propos & tant bien correſpondantes à la proportion,qu'en mettãt ceſdictes ſix parties en quatre pour la haulteur du dedans du pied de ſtat,entre ladicte corniche & baſſe, les
trois font iuſtement la largeur, comme vous le pouuez voir en la
figure cy aupres deſcrite.Mais pour mieux entendre ces meſures
(à fin de n'y faillir quand vous en aurez affaire) vous ſerez aduertis que la baſſe du pied de ſtat auec ſon plinthe, eſt de ſept poulces de haulteur: ſa baſſe & ſa corniche ſe trouuent auſſi de ſept

*Bourſaire des
meſures des
parties de la
colomne Io-
nique.*

autres poulces de haul-
teur . Ie n'entends vous
parler icy ſeulemét des
proportions & meſures
antiques, mais auſſi de
celles qu'on prend auec
le pied de Roy,ainſi que
le tout ſe monſtre en
œuure , & ne vous en
ſçaurois faire meilleu-
re preuue. Entre la cor-
niche & la baſſe (ou il y
a quatre ſur trois)ſe trou
uent trois pieds & neuf
poulces pour la hauteur
& deux pieds dix poul-
ces pour la largeur.Mais
pour faire mieux enté-
dre le tout, ie mettray
peine de vous dóner en-
cores particulierement
les meſures des moulu-
res des baſſes des corni-
ches, & deſdicts pieds
de ſtat.

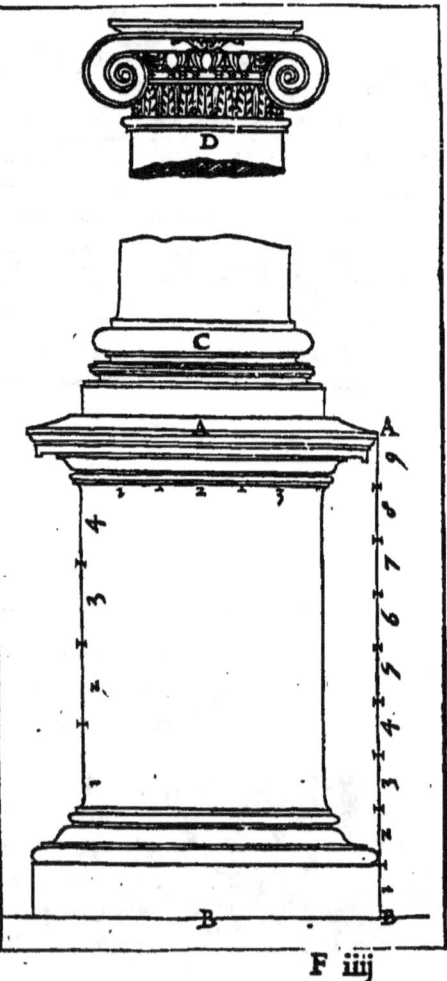

Pour reuenir à la baſſe des ſuſdits pieds de ſtat, laquelle à ſept poulces de haulteur, ils feront diuiſez en dixhuict parties, & d'icelles la ſaillie de ladicte baſſe depuis A, iuſques à B, à la figure ſuiuant, en aura 19 : deſquels de rechef vous prendrez cinq parties pour la haulteur du thore, ou membre rond au lieu ou vous voyez marqué C, & vne pour ſon filet quarré ſigné D, puis huict autres pour la haulteur du cymas ou cyme renuerſé qui eſt E, & vne pour l'endroit marqué F, & trois pour le petit membre rond qui eſt G, qui font les dixhuict parties iuſtement. Quant au ſcappe quarré qui eſt le commencement du dedans du pied de ſtat marqué H, il a deux parties de haulteur qui font vingt parties en tout. Pour les ſaillies d'une chacune choſe, comme du premier membre rôd marqué C, vous y trouuerez trois des ſuſdictes parties, & dixſept depuis le filet quarré F, iuſques à la ligne perpendiculaire B I, eſtant accompagnée de nombres : & ainſi des autres conſequemment. De forte que vous ne ſçauriez faillir ſi vous

ſuiuez les meſures & diſtances qui font marquées en ladicte ligne B I, comme vous le pouuez cognoiſtre par la figure cy après deſcrite & propoſée.

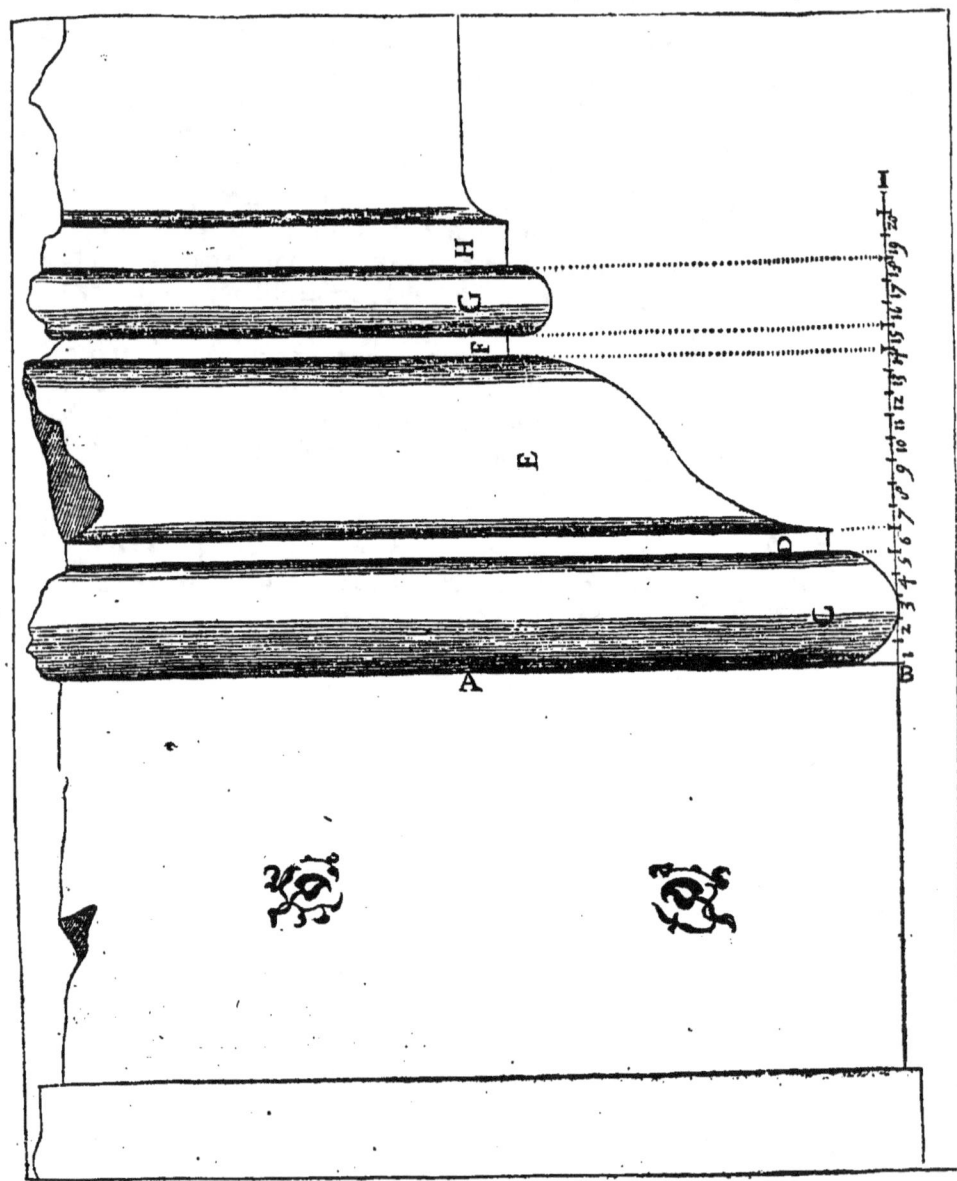

Quant à la corniche du pied de ftat, qui a fept poulces de haulteur pour fes moulures, ie luy en ay donné deux d'auantage pour la vuydange de la pluye qui peult tomber deffus & l'endommager, ainfi qu'il fe voit que les anciens ont faict en diuers lieux: & auffi pour mieux releuer les baffes des colomnes, & que

De la haulteur de la corniche & de fes mefures.

la faillie de la corniche du pied de ftat n'en ofte quelque chofe à
la veuë, comme vous le pouuez cognoiftre au lieu figné A, en la
figure fuiuante. Toute la haulteur de la corniche eft diuifée en
dixhuiᵈᵗ parties egales, tout ainfi que la moulure de la baffe, com
me vous le pouuez remarquer en la ligne B C : & font lefdictes
parties diftribuées à vn chacun membre, tant pour faire les haulteurs que faillies : de forte que vous voyez le filet quarré de ladi-
ᵈᵗe corniche au droit de la lettre B en auoir deux : le rond qui eft
au deffous, trois : fon filet quarré, vne : fa couronne, quatre : le filet

Des mefures
de la colom-
ne Ionique.

quarré qui eft deffous ladicte couronne a vne de fefdictes parties
de haulteur, & le cymar quatre : le petit filet quarré qui eft entre
ledit cymat & le thore ou membre rôd a vne partie de haulteur,
& ledit membre rond en a deux, & ainfi des autres : côme vous
le pouuez recognoiftre fur ladicte ligne B C. Par mefme moyen
auec le compas vous pouuez aifément remarquer & cognoiftre
les faillies d'une chacune partie de ladicte corniche, & en don-
ñer voftre aduis & iugement, iaçoit qu'il y ait peu d'œuure, pour
n'auoir efté bien taillée : qui faict que le traict des lignes fy prefente fort gros. Ceux qui auront le moyen de voir les pieds de
ftat & ftylobates, qui font faicts au Palais de la maiefté de la Royne mere au lieu nommé les Thuilleries, pres les faulxbourgs de

Pieds de ftat
ou ftylobates
du Palays de
la Royne me-
re à Paris.

fainᵈᵗ Honoré lez Paris, ils les trouueront d'autant bonne grace
& iufte proportion & mefure qu'il fen puiffe gueres voir. Si eft
ce que ce que ie vous ay monftré par cy-deuant en la baffe du
pied de ftat, & auffi en la corniche d'iceluy que vous voyez cy
apres, n'eft rien, ou bien peu de chofe, au regard du pied de ftat
quand on le voit tout entier auec fes parties. Il me femble que
c'eft affez d'auoir propofé le pourfil des corniches & baffes de
moulures pour feruir à mouler & traffer les pierres : ioinct auffi que vous les auez veu en leur entier. Qui eft la caufe que ie ne
vous en feray plus long difcours : auffi que la prochaine figure
vous donnera plus facile cognoiffance du côtenu en ce chapitre,
que toute l'efcriture que ie vous en fçaurois propofer.

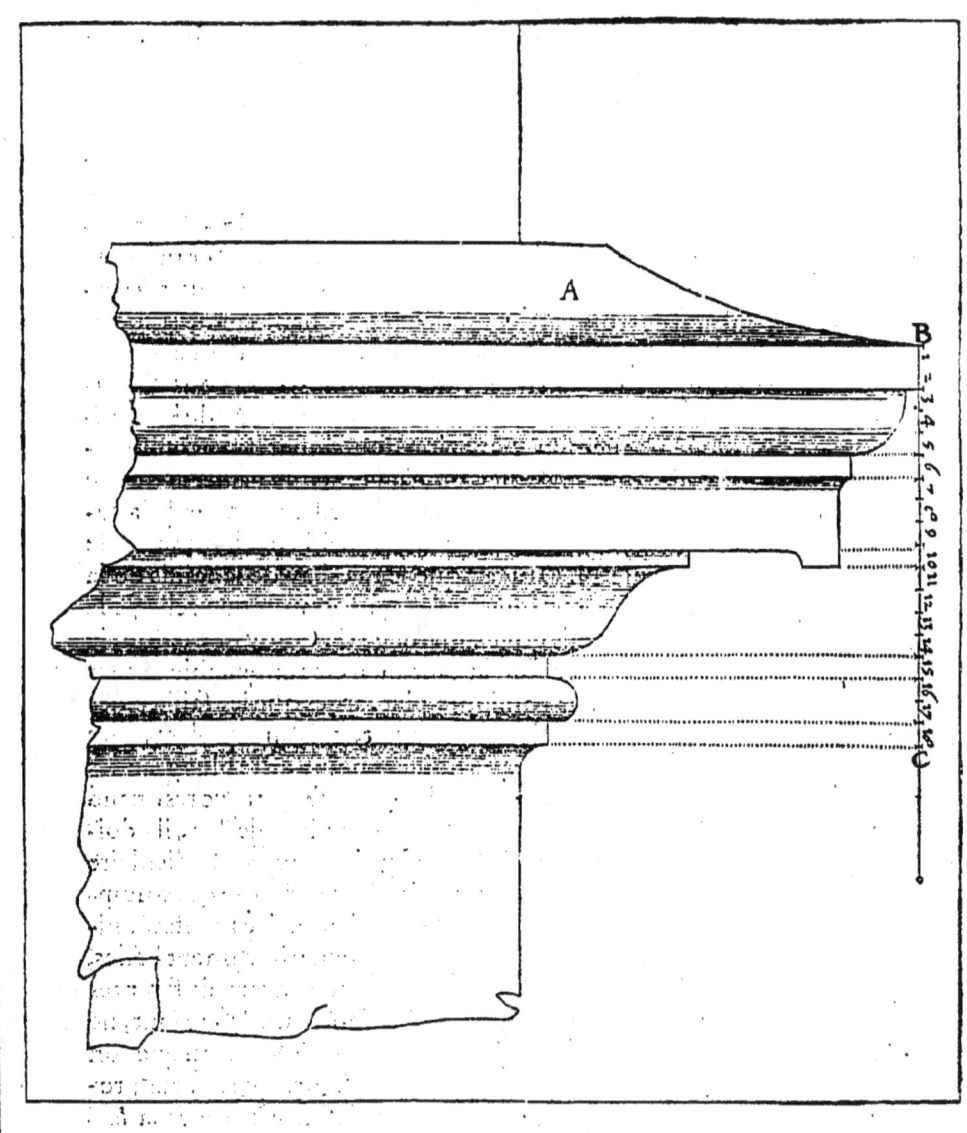

D'une forte de pied de ftat Ionique retiré & mefuré apres
vn antique , auec la baffe de fa colomne.
CHAPITRE XXVI.

Our vous monſtrer la varieté des meſures, ie vous
ay deſcrit cy apres la figure d'vn pied de ſtat Ionique auec la baſſe de ſa colomne, tout ainſi com
me ie l'ay trouué & meſuré apres les edifices antiques. Doncques vous y voyez que la baſſe du
pied de ſtat auec ſon plinthe eſt la tierce partie de

*Declaration
de la figure
enſuiuant par
ſes parties.*

la haulteur du pied de ſtat entre la corniche & ſa baſſe : & que de
ces trois parties les deux font la largeur dudit pied de ſtat, comme il ſe voir de E à F. Telle haulteur entre la baſſe & corniche ſe
trouue eſtre d'autant que la ligne diagonale de ſon quarré parfaict, ou bien de trois parties ſur deux. Et la haulteur de la corniche dudit pied de ſtat eſt ſemblable au plinthe de ſa baſſe marquée O. Quant au departiment des moulures, ie ne vous en puis
dire outre ce que vous voyez, ſinon que la couronne de la corniche marquée C, auec ſon cymacion, ou cymat, ſans comprendre le petit filet quarré deſſus, eſt d'vne meſme haulteur que le
cyme marqué D, auec ſon filet quarré qui eſt au deſſous de la colomne. Les anciens ont donné quaſi ſemblable haulteur au cyme

*Aduis de l'au
teur pour la
ſaillie du pied
de ſtat.*

de la baſſe marqué N. Qui fait que ie m'eſbay de la ſaillie de la
baſſe du pied de ſtat, marqué P, n'eſtant ſi grande que celle de la
corniche, laquelle vous voyez marquée Q. Quoy que ce ſoit, ie
ne voudrois faire ainſi, pour autant qu'il eſt raiſonnable que les
baſſes de deſſous ſoient touſiours plus larges que les ſaillies des
corniches, nõ ſeulemét des pieds de ſtat, mais encores les ſaillies
des corniches des colomnes ne doiuent point eſtre plus grandes
que celles des fondemients, i'entend des baſſes. Et encores quand
on fait les doubles plinthes aux baſſes des pieds de ſtat, ils doiuent exceder & auoir plus de ſaillie que la ligne perpendiculaire
ou cathete qui procede de l'extremité de la corniche des colomnes. Mais quoy qu'il en ſoit, telles meſures des pieds de ſtat Ioniques au lieu d'ou ie les ay retirées ſe trouuent diuinement belles,
& en autre lieu ou on les pourroit appliquer ayant differentes
haulteurs, & eſleuées ſur terre plus ou moins qu'elles ne ſont, ne

*Aduertiſſe-
mēt qui n'eſt
à negliger.*

ſe monſtreroiét pas bien: ce que i'aduertis touſiours, à fin que lon
y prenne garde. Auſſi i'ay trouué qu'en la figure que ie vous propoſe, la baſſe eſt vn peu plus haulte que n'eſt la moytié de la largeur de ſa colomne. Ce que ie n'ay trouué en toutes autres, ne
dedans Vitruue, qui veult qu'elles ſoient touſiours d'autant de
haulteur comme eſt la moitié du diametre de leur colomne. Auſſi vous voyez que le plinthe de la baſſe marqué B, eſt autant que
la tierce partie de toute la haulteur de la baſſe. I'ay trouué pareillement la groſſeur de la colomne (comme vous le voyez marqué

qué fur le plan) au milieu du pied de ftat entre la lettre ï & *K*, eftre diuifée en fept parties, & la retraicte de la colomne par le deffus, ainfi que vous voyez la circonference entre L & M, n'a-uoir que fix de telles parties. Par ainfi la colomne a de retraicte vne feptieme partie. Si vous voulez cercher plus particulieremét ledit pied de ftat Ionique auec fa baffe de colône, vous le pouuez trouuer auec le côpas, fuiuât la figure que i'ay cy apres defcrite le plus iuftemét que ie l'ay peu mefurer, & reprefenter en plus grád volume que les autres: ce qu'auffi i'ay voulu faire au precedét de la Dorique, & le continuerons (Dieu aydant) à la Corinthienne cy apres. Ie fais les parties de ce que i'ay mefuré apres les antiques tant des corniches que autres, autant grandes que le liure & pa-pier le permet, à fin que lon y voye mieux les formes & faces, & f'y puiffent cognoiftre plus parfaictement les mefures, foit par ef- *L'auteur vfer* criture ou auec le côpas: comme auffi les differences qui font des *de grandes fi-* vnes aux autres, à fin de choifir celles qui feront plus agreables *gures, tât que faire fe peult.* entre plufieurs que ie defcry & propofe. Quant au dedás du pied de ftat & des œuures & ornements qui fe font entre les baffes & corniches d'iceluy, ie les ay trouuez aux antiquitez fort differéts: de forte que les vns leur donnent vne forte de mefure, les au-tres vne autre: mais quand l'ouurier defirera faire quelque baffe *Pour les orne-* taille ou ornemét au milieu dudit pied de ftat, pour les moulu- *ments du mi-* res qu'il y faudra tout autour, fault prendre la dixieme partie de *lieu du pied de* fa largeur, comme depuis E iufques à F, & mettre vne defdictes *ftat.* parties tout autour & au long des aireftes, comme fi vous vou-liez faire vn quarré ou table d'attéte, puis diuifer telle largeur en trois parties, defquelles deux feront pour le quarré qui regnera tout autour, & la tierce pour le cymat & aftragale. Telles mefu-res doiuent eftre felon l'ornemét du pied de ftat & de fon ordre: car fil eft de l'ordre Dorique, il n'y faudra proceder comme à ce-luy de l'ordre Ionique: n'auffi à celuy de l'ordre Corinthien, com me au Ionique: felon l'œuure qu'on aura à faire il fault donner les mefures & ornements. Ie vous veux auffi aduertir que à toutes fortes de pieds de ftat ou ftylobates vous pouuez encores adiou- *Aduertiffe-* fter par deffous le plinthe de leur baffe, d'autres foubaffes, qui *ment fort di-* font quafi comme vne autre forte de ftylobate: mais cela fe faict *gne de noter* quand on eft contraict de donner plus grand exaulfement à l'e- *& bien enten* difice, pour monftrer que la haulteur de la face du baftiment eft *dre.* conuenable à la longueur. Mais de cecy nous efcrirons lors que nous monftrerons les faffades des maifons. Ce téps pendant vous contenterez, fil vous plaift, du pied de ftat ou ftylobate Ionique, lequel ie vous prefente & figure cy apres.

G

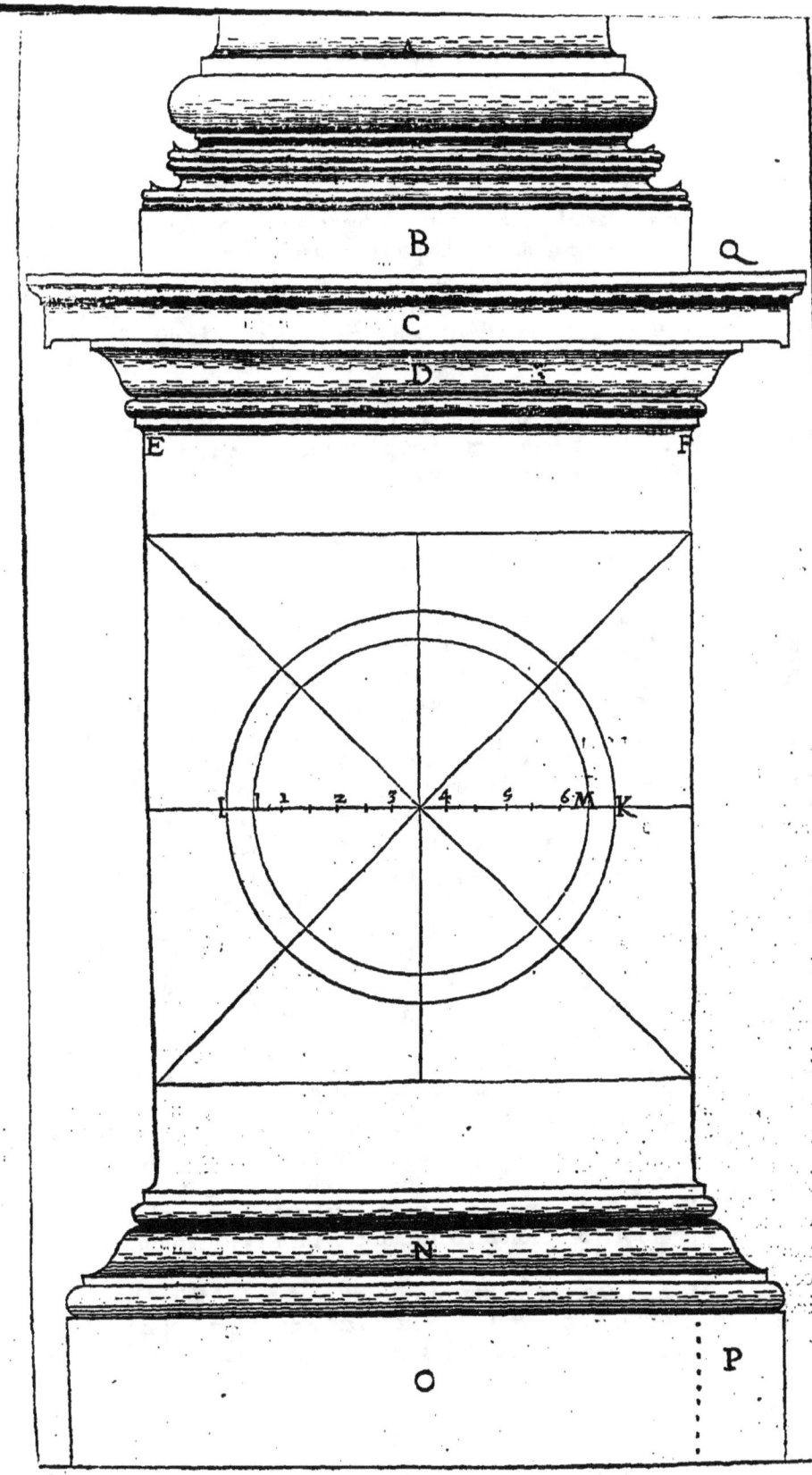

Apres que vous auez entendu l'ordre, mesures, & proportions de la colomne Ionique, & signamment de sa basse & pied
de stat, cóme aussi de quelques exaulsements d'assiette que vous
pourrez mettre par dessous le plinthe dudit pied de stat, pour l'esleuer plus hault si vous voulez (ainsi que i'ay faict à ceux qui sont
au Palays de la maiesté de la Royne mere, en ceste ville de Paris)
reste maintenant à vous monstrer & proposer les chapiteaux Ioniques auec leurs ornements & epistyle ou architraue, pareillement les frizes, couronnes, ou bien corniches, & vous declairer
le tout fort familierement & par le menu, ainsi que iusques icy
nous auons faict du precedent.

Recapitula-tion du pre-cedent dis-cours.

*Des mesures du chapiteau Ionique, & la façon comme lon doit
faire ses volutes.* CHAPITRE XXVII.

N doit enrichir le chapiteau Ionique de volutes,
qui ont esté inuentées apres les trousses & entor-
tillements des cheueux des femmes, comme elles
ont encores, en aucuns lieux, accoustumé de les
entortiller à l'étour de leurs testes. Vous pouuez
voir Vitruue sur l'origine & inuention de telle
chose, comme aussi pour les mesures du chapiteau Ionique, qui
doiuent estre telles que vous verrez cy apres. Vous aduisant que
ie ne me veux ayder en cecy totalement dudit Vitruue, ains seulement en partie, l'accópagnant de ce que i'ay trouué aux chapiteaux antiques, & mesmes à ceux de l'eglise de nostre Dame de
Transtebre qui est aux faulxbourgs de Rome du costé de sainct
Pierre de Montorio dela le Tybre. C'est vne eglise bastie de plusieurs sortes de colomnes accompagnées de chapiteaux Ioniques
fort differents les vns des autres, & ramassez de plusieurs edifices & ruines des antiquitez pour edifier ladicte eglise. Il me souuient d'auoir veu en vn d'iceux (qui n'auoit esté acheué) vne face qui n'est que equarrie, ayant au dessus des volutes (au droit de
l'œil) les centres à mettre le compas pour faire la circonferéce de
sa volute, en la sorte que vous verrez cy apres, laquelle me semble la plus belle & la plus aisée de toutes. Du temps que i'estois à
Rome, (il y a trente ans) ie monstray ladicte façon à plusieurs qui
pour lors l'ignoroient, & les aduerty ou ie l'auois trouuée & mesurée. Si depuis quelques vns l'ont faicte imprimer & s'en attribuent l'honneur & inuention, ils y penseront. Mais pour venir à
ce que nous pretendons, vous ferez le dessus du chapiteau Ionique, tout quarré, (lequel aucuns ont appellé tailloir, & les autres

Le chapiteau Ionique de-uoir estre en-richy de Volu-tes, & de leur origine et in-uention.

L'eglise de nostre Dame de Transtebre à Rome.

Continuation de l'explication du chapiteau Ionique & de ses parties.

abaco, pres du Latin) c'est à dire, autant long que large, & de la mesme longueur que est le diametre de la colomne par le bas, & vne dixieme partie d'auantage. Aucuns pour y donner vne haulteur certaine, en comprenant ses volutes, luy ont accommodé la moitié desdit tailloir. Les autres ont diuisé la colóne en trois parties, & de l'une des trois ils ont faict la haulteur dudit chapiteau, puis ont diuisé en dixhuict parties toute la largeur du tailloir, & prins neuf & demie d'icelles pour les distribuer à la haulteur dudit chapiteau, y comprenant les volutes. De rechef ils en ont dóné vne & demie pour la haulteur de l'abaco, vne à sa cyme, & l'autre à son quarré: les huict parties qui restent, demeurent pour la volute. Vous pouuez voir telles façons & mesures dans

Distribution de la mesure des parties du chapiteau Ionique.

Vitruue, Leon Baptiste, & autres qui les ont descrites, & encores aux bastiments antiques, esquels lon en trouue de plusieurs sortes, & tant diuerses que ie proteste n'en auoir iamais rencontré deux semblables en diuers edifices, ie ne diray quant aux ornements, mais encores quant aux proportions & mesures. De sorte (ainsi que i'ay dict par cy-deuant) que quand les ordres des colomnes estoient de differentes haulteurs, ie les trouuois aussi de differentes mesures, auec leurs parties & ornements. Mais pour continuer mon propos ie poursuiuray la façon du chapiteau & volute Ionique, laquelle ie trouuay, ainsi que nous auons dit, il y a trente ans & plus, au lieu cy dessus mentionné. Ledit chapiteau estoit veritablement diuisé en neuf parties & demie en sa haulteur, dont les huict estoient pour la volute, & vne d'icel-

Declaration & descriptió de la figure ensuiuant, & de ses parties.

les pour la largeur de l'œil, trois an dessous dudit œil, & quatre au dessus, qui faisoient la huitieme partie, ainsi que vous le voyez marqué au lieu R S, en la figure ensuiuant: qui monstre la haulteur de l'astragale, ou membre rond, enrichy de patenostres, ainsi que vous le cognoistrez cy apres. Puis on tiroit vne ligne cathete ou perpendiculaire par le milieu dudit œil, cóme vous la voyez de A C, sur D B, & de rechef vne autre oblique, ainsi que T V; dedans l'œil, sur laquelle d'abódant se faisoit vne autre oblique, ou perpendiculaire sur la ligne T V, de sorte que l'œil estoit diuisé en huict parties egales, comme vous le pouuez cognoistre dans la circonferéce Q T R O V S, & ainsi des autres. Lesdictes lignes obliques, comme celle de T V, sont diuisées en six parties, ainsi que vous le cognoissez par les petites separations qui y sont marquées, & seruent de centres à mettre la poincte du compas: cómme sur la separation marquée 1, pour en tirer vne circonference

Fort belle doctrine pour tirer les circonferences de la volute Ionique.

du poinct de A, à celuy de B: puis sur celle de 2, en la mesme ligne de T V, pour tirer la circonference de B, iusques à C. De rechef

pour le remettre fur le poinct de 3, pour faire vne autre circonference de C à D : en aprés fur le centre de 4, & continuer ladicte
circonference de D à E, puis retourner au poinct de 1, ou eft auffi
marqué 5, & continuer de faire la ligne circulaire de E à F. Cela
faict il fault remettre le compas au poinct de 6, & côtinuer la circonference ou ligne circulaire de F à G : & prendre en aprés le
centre de 7, qui monftre à tirer la ligne de G à H : & le centre de
8, qui vous conduira pour faire celle de H I, comme le centre de
9, celle de I à *K*. Cela faict vous diuiferez le centre de l'œil (qui
eft le milieu au poinct de 6) en deux parties, côme il eft marqué
fur les diagonales, & en tirerez la ligne de *K L*. Continuant ainfi vous ferez iuftement voftre lymace ou volute ainfi que vous la
voyez adoucie & de fort bône grace de A à B, de B à C, de D à E,
de F à G, de H à I, de *K* à L, & ainfi confequémént des autres : de
forte que l'œil, fuiuât lequel vous auez fait telle lymace ou volute, demeure en la circôferéce de Q T R V S. Voila la vraye façon
pour bien faire & adoucir voftre volute, fans prendre celle de
Vitruue, ny des autres qui l'ont defcrite, car ils ne font, comme il
me femble, fort intelligibles pour les apprentifs, ne leur methode tant facile que cefte cy extraicte & recerchée des antiquitez,
qui n'eft autre chofe, pour plus grande facilité, que de faire vn
quarré parfait, comme fi vous le vouliez appliquer dedans la largeur de l'œil dudit chapiteau Ionique. Et aprés auoir tiré les lignes diagonales d'un angle à autre, vous y trouuez deux autres li
gnes perpendiculaires qui procedent du milieu des faces dudit
quarré, lefquelles lignes vous diuifez en fix parties egales, & les
poincts ou marques qui font les diuifions feruét à mettre la pointe du compas pour feruir de centre, monftrant iuftement à faire
la volute dudit chapiteau. Laquelle fe peult encores faire par autre voye, fçauoir eft par la ligne appellée des mathematiciens, cathete, ou bien par la perpendiculaire qui tombe fur la ligne horizontale paffant par le centre de l'œil & faifant vne circonferéce,
& que la diftance des deux poinctes du compas foient autant côme la haulteur de toute la volute. Vous diuifez ladicte circonference en autant de parties egales comme vous defirez que la volute face de tours, & feront lefdictes parties autant larges comme
eft la moitié de l'œil : en aprés vous tirez les lignes du centre qui
eft fur la ligne horizontale, & font les feparatiôs egales marquées
en la ligne circulaire, & auffi longues qu'elles puiffent toucher la
ligne cathete ou perpendiculaire qui monftre iuftement les haulteurs. Comme par exemple le monftre, en la figure de la volute
propofée cy-aprés, la haulteur depuis A, iufques à E, & de E, iuf-

Pourfuitte de l'explication de la figure enfuinant le prefent chapitre.

Diuerfes for-tes & façons de faire la vo-lute du chapiteau.

Demonftra-tion de la vo-lute cy aprés propofée.

G iij

ques à I, & depuis I, iufques à N, & ainfi des autres parties. Mais
pour autant que telle façon de faire n'eſt ſi bonne à mon iugemét
que celle que ie vous ay deſcrit cy deſſus, ie n'en ay point voulu
faire autre figure, que celle que vous voyez cy deſſous, ou vous
trouuerez par meſme moyen la haulteur qui ſe trouue pour l'e-
chine X, qui eſt depuis E, iufques à S. Vous voyez auſſi le pourfil
du chapiteau, & non ſeulement du cymar, mais de tout le tailloir
auec ſa ſaillie, & des autres iufques au ſcape, ou ſi vous voulez du
collerin de la colomne pres de l'hypotrachelio, qui monſtre la
haulteur de tout le chapiteau, ainſi que vous le pouuez voir par
la preſente figure.

Continuation de ce que deſſus.

Aduertissement fort digne de noter.

E vous descrirois encores assez d'autres façons de volutes & lymaces (comme vous en auez peu voir vne au
xvj chap.du iiii. liure precedent, ou ie monstrois la façon d'une volute & voulte qu'on peult faire en forme
de la coquille d'vn lymaçon) mais le peu de loisir que i'ay ne le
permet aucunemét. Albert Durer en son liure de Geometrie descrit au commencement quelques sortes & façons de lymaces &
volutes,les rendant bien fort aisées, cóme vous les pourrez voir,
sil vous plaist d'y employer la peine. C'est qu'il prend vne circon **Explication**
ference autant grande qu'on peult faire toute la superfice de la ly- ***d'une façó de***
mace, ou volute : laquelle il diuise en douze parties par lignes ***Volute selon***
droictes qui passent par le centre, & donnent iusques aux extre- ***Albert Du-***
mitez de ladicte circonference. Cela faict il prend vn diametre ***rer.***
d'icelle, & diuise la moitié en tát de parties que vous voulez que
la volute ou limaçon face de tours, cóme si c'est pour deux tours,
il diuise ladicte moitié en vingtquatre parties: si c'est pour trois,
en trentesix: puis il met le compas sur le centre de ladicte circonference,& rapporte ces parties icy l'une apres l'autre au droit des
lignes qui diuisent ladicte circonference en douze parties,& con
tinuant il conduict le tout si doulcement,qu'il viét à en faire vne
circonference qui se racourcist & rend si petite,que vous voulez,
aupres du centre.Ie vous en descrirois bien d'autre sorte,comme **Conseil &**
i'ay dit, & mesmes vne qui se pourroit faire tout d'une venue de ***aduertissemét***
compas, mais telles choses ne sont si necessaires,que curieuses.Si ***de l'auteur.***
vous me voulez croire, vous ne prendrez point d'autre inuétion
& façó de volute pour faire le chapiteau Ionique, que celle que
ie vous ay monstré cy dessus, auecques vn costé tout taillé & en-
richy.Mais à fin que plus facilement vous puissiez cognoistre ledit chapiteau Ionique auec ses ornemés, i'ay mis cy apres la propre figure sur laquelle i'ay trouué & pratiqué l'inuention de fai- **Diligence**
re la susdicte volute, de laquelle ie n'auôis ouy parler, & ne la ***gráde de l'au-***
sçeus iamais trouuer ailleurs que au lieu prememoré, auquel el- ***teur pour re-***
cercher les
le estoit tournée & enrichie de tels fueillages que vous les voyez ***choses anti-***
par vn costé seulement, car l'autre n'estoit acheué, comme i'ay ***ques et belles.***
dit.Il y auoit aussi des enrichissemens d'œufs faicts de fort bon-
ne grace & elegante taille comme vous le pouuez voir à la figure que ie vous en ay proposé cy apres. Le dessous à l'astragale
estoit enrichy de patenostres qui estoient de la haulteur du centre de l'œil de la volute, au lieu ou vous voyez au milieu vne ro-

G iiij

ze. Mais fi le chapiteau fe monftroit beau, & fes mefures & proportions admirables, les fueillages & ornements l'eftoient d'a-
uantage. Qui a efté caufe que i'ay prins grand plaifir de le defigner & protraire beaucoup de fois: mais le tailleur n'a fi bien con
duit l'œuure fur la planche de bois, comme i'euffe bien voulu:
principalement au cymat de l'abaco, ou les ornements ne font
fi bien faicts que ie defirerois. La colomne du chapiteau eftoit ca
nelée: comme vous en voyez le commençement par la figure
enfuiuant.

Complainſte
& doleance
de l'auteur,
que ſes figu-
res ne ſont biẽ
& iuſtemẽt
taillées.

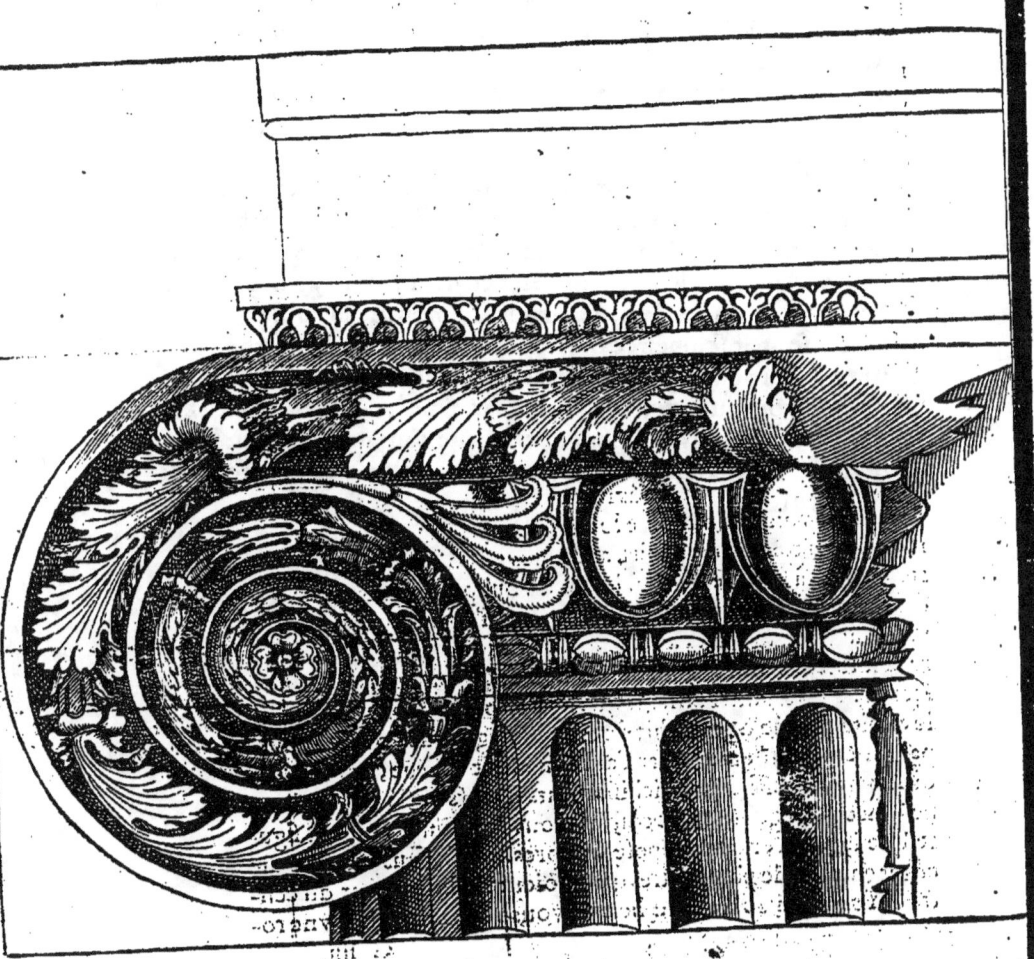

Figure & desseing de la moitié d'une volute.
CHAPITRE XXVIII.

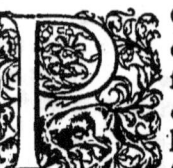

OUr vous monstrer par figure ce que ie ne puis
en peu d'escriture, i'ay faict encores vn autre desseing cy dessous de la moitié d'une volute, ainsi
qu'on peult voir le chapiteau par les costez. Le
lieu marqué A, est le milieu du chapiteau, aïat des
fueilles de laurier, en façon côme si c'estoit pour

vn chapeau de triumphe qui donne iusques au dessous de l'abaco,
estant toutesfois entourné côme sil faisoit vne ligature des fueilles qui vont en seslargissant contre ladicte volute, ainsi que vous
voyez que de B à C, il est plus estroit que sur le deuant du chapiteau au costé de D. Le tout est enrichy de tel fueillage qu'il n'a
aucune refente de fueilles, & auec vne grace & beaulté de petites coquilles, qui faict monstrer l'œuure si tres-belle, que ie ne
sçaurois dire plus, & ne pourrois escrire sa singularité, tât elle est
grande. Il y faict aussi bon voir les strieures qui en departent par
le dessous, & au lieu de H vn desgauchissement qui est faict de
telle dexterité qu'on ne le peult expliquer sans le monstrer en
œuure. Au costé de la circonference de la volute y a des patenostres toutes rondes: le lieu marqué D, monstre la saillie de l'echi-

ne, ou sont insculpez & taillez les œufs. Mais le lieu signé F, mô-
stre la saillie de l'astragale, ou sont insculpez les patenostres lesquelles vous auez veu cy-deuât en mesme lieu, auec le petit filet
quarré au dessous. Et pour autant que vous pouuez bien considerer le tout par les figures proposées, ie ne vous en feray autre discours.

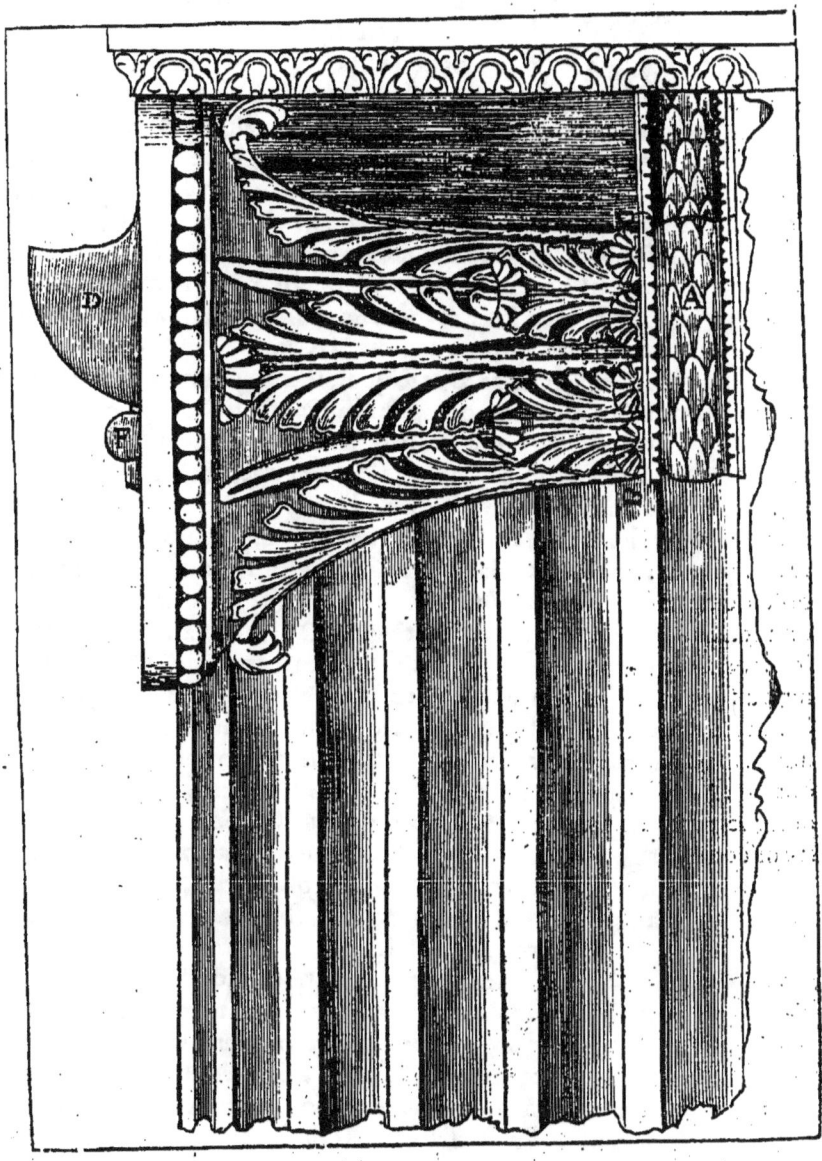

Autre sorte de volute fort belle & elegante,
CHAPITRE XXIX.

E veux monftrer encores pour la varieté des chofes, vne autre forte de volute qui n'eft gueres *Bon vouloir*
moins belle que celle de cy-deuant. Vray eft que *de l'auteur*
au lieu que la precedente eft quarrée, & droicte *enuers les a-*
par deffous le tailloir, cefte cy eft ronde, comme fi *mateurs d'ar-*
chiteEture.
elle naiffoit de la fleur ou petit bouillon de fueilles qu'on met couftumierement au milieu des chapiteaux, (ainfi
que vous le voyez au lieu marqué A) auec vne ligne circulaire
qui f'adoulcift de loing, comme le monftrent A B, & B C, en faifant doulcement la volute : laquelle doit eftre femblable à celle
qui a efté monftrée cy-deuant, hors mis la ligne A B, qui fe faict
d'une plus grande circonference, comme les bons efprits le fçauront bien entédre & pratiquer. Ie n'ay point mis cefte figure tant
pour fes mefures, que pour l'inuention : & auffi pour monftrer
l'ordre de l'ornemét & forme des fueilles, qui eftoient fort bien
faictes à mon exemplaire & protype, ainfi que parle Vitruue.
Mais ceux qui taillent mes pláches fur lefquelles font imprimées
les figures, ne les ont fi exactement reprefentées, qu'elles eftoiét *L'auteur fe*
à mondict exéplaire & deffeing, dót i'en ay bien grand regret & *complaint en-*
defplaifir, pour l'enuie que i'auois de donner plaifir auec proufit *cores, que fes*
à ceux qui defirent apprendre. Qui eft la caufe que encores vne *figures font*
mal taillees et
fois, voire deux & trois, ie prie le Lecteur de fe vouloir conten- *reprefentées.*
ter de ma bonne volunté. Vous noterez qu'en la figure fuiuante,
l'œil de fa volute eft beaucoup plus grand, que celuy de la precedente, qui n'a non plus de largeur que fon aftragale : & auffi que
l'aftragale marqué H, en la figure cy apres propofée, eft beaucoup
plus petit : le chapiteau que vous voyez cy apres eft plus grand
d'une tierce partie que celuy que vous auez veu cy-deuant. Les
bons & gentils efprits fen fçauront ayder, & encores inuenter
d'autres fortes d'ornements, en obferuant toufiours leurs mefures & proportions felon la haulteur, ou on les voudra appliquer:
fils font bié taillez, il ne fault doubter qu'ils ne fe móftrent toufiours fort beaux. Et pourautant que vous en pouuez iuger par la
prochaine figure, ie ne vous en feray autre recit: finó que ie vous
aduertiray comme i'ay trouué quafi femblables volutes, & de
mefme façon, au chapiteau cópofé. Vous vous en pourrez ayder
non feulement au chapiteau Ionique, mais auffi audict compofé.

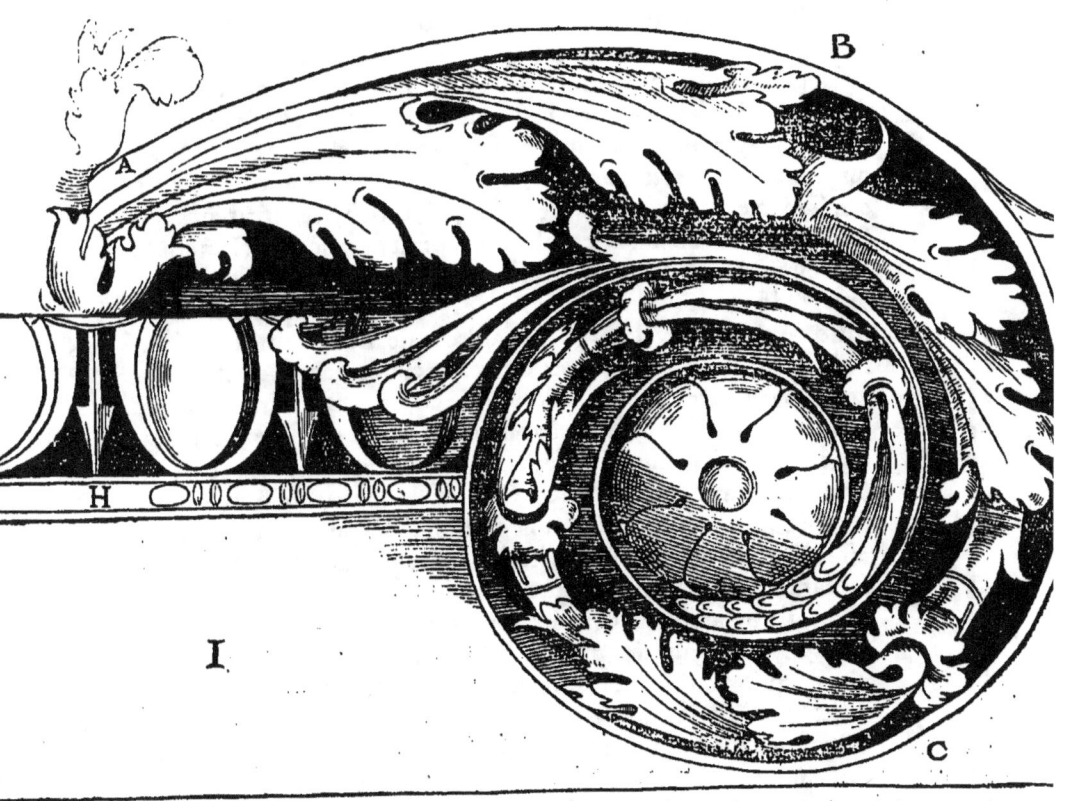

De l'ordre & mesure de l'epistyle, frize, & corniche de la colomne Ionique, suiuant nostre inuention extraicte des anciennes & diuines mesures & proportions de l'escriture saincte. CHAP. XXX.

Nouuelle in-
uetion de l'au-
teur, sur les
mesures des
parties & or-
nements de la
colomne Ioni-
que

IE vous descriray encores les susdictes parties de
la colomne Ionique le plus succinctement que ie
pourray, mais d'une façon nouuelle, comme aussi leurs proportions & mesures, lesquelles ie ne
poursuiuray en m'aydant des modes antiques,
n'aussi de ce que noz liures d'architecture escriuent pour la symmetrie & dimension d'une chacune des susdites
parties, mais bien en ensuiuant l'ordre des proportions que i'ay
trouuées en l'escriture saincte, & les dimensions & mesures du
corps humain, lesquelles i'ay accommodées à la diuision & mesure des

sure des ornements de la colomne Ionique. Ie dône donc en premier lieu à son epistyle ou architraue pour sa haulteur la moitié
de la grosseur de sa colomne par le bas, qui est vn pied: puis ie diuise ladicte haulteur en trétesix parties, desquelles le cymace en a
six pour sa haulteur (qui est la sixieme partie de toute la haulteur
dudit epistyle ou architraue) & son filet quarré par dessus, deux:
qui sont huict parties pour tout le cymace ou cymar. Du reste
des susdictes xxxvj parties, qui sont 28, i'en fais les trois faces du
susdit epistyle auec l'astragale B, & petit cymace C. Doncques
la premiere face au dessus du chapiteau aura cinq parties de haulteur, & le cymace trois : la seconde face, huict : le petit membre
rond ou astragale, deux : & la haulteur de la troisieme face, dix.
Pour les saillies vous vserez de ces mesmes parties, lesquelles
vous cognoistrez & prendrez auec le compas. La premiere saillie
de la face qui est dessus le chapiteau se trouue de six parties, sçauoir est depuis la ligne D E, iusques à ladicte premiere face, & ain
si consequemment des autres. Quant à la deuxieme & troisieme
faces, elles ne sont par le deuât en lignes perpédiculaires : ce qui
est faict pour gaigner les saillies de l'astragale B, & du cymace C.
Les anciens l'ont ainsi pratiqué en diuers edifices, à fin que tout
l'epistyle ou architraue n'eust point tât de saillie. Parquoy moins
vous luy en donnerez, plus sera il facile de voir la frize & ornements qu'on met au zophore & à ladicte frize entre la corniche
& architraue. Auquel zophore & frize si vous faictes faire quelques ouurages, comme fueillages, deuises, ou autres, il doit auoir
pour sa haulteur autant que est l'epistyle, & la quarte partie d'a-
uantage: mais si vous n'y faictes aucuns ornements, ou autres tail
les de sculpture ou fueillage, il suffist qu'il soit de la haulteur dudit epistyle, & quelque fois moins. Telles choses se doiuent cognoistre & recolliger des dimésions & proportiós de tout l'œuure que vous aurez à faire.

Explication des parties & mesures de la figure ensuiuante, selon l'inuention de l'auteur.

Des ouurages du zophore et frize.

H

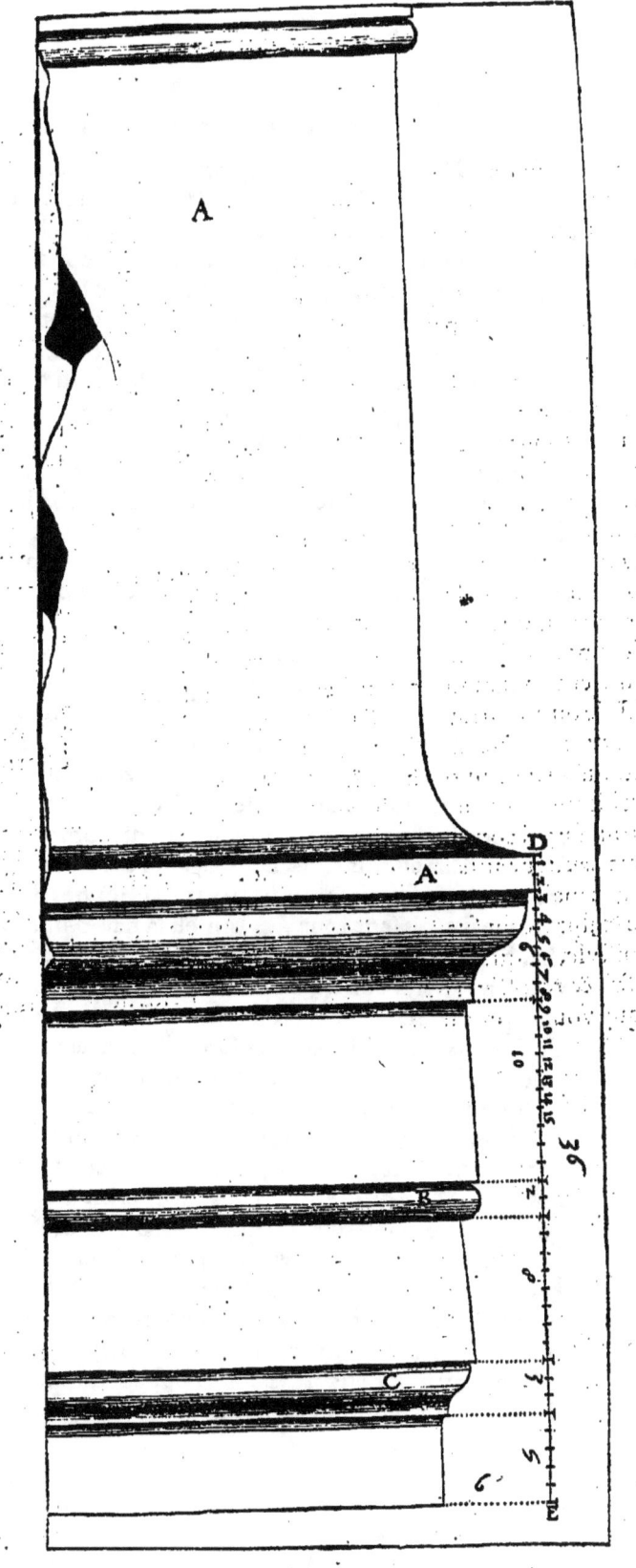

Quant à la haulteur de la couronne & corniche, tout ainſi que
vous auez mis l'epiſtyle en ſa haulteur par ſix fois ſix, qui ſont trē-
te ſix, vous mettrez auſſi la haulteur de la corniche par quarante
deux de ſes meſmes parties, qui ſont ſix fois ſept. Il ſe faudroit icy
reſouuenir des meſures que vous auez veües cy-deuāt au ſtylobate Ionique, qui ſont de quatre parties de haulteur ſur trois de largeur entre la corniche & baſſe dudit pied de ſtat. Toute la haulteur enſemble dudit pied de ſtat eſt diuiſée en dix parties, y adiouſtant vn ſecond plinthe ou ſoubaſſe. Souuenez vous auſſi que la
haulteur de la baſſe du ſtylobate eſt diuiſée en 18 parties, ſçauoir
eſt en trois fois ſix : & la corniche dudit ſtylobate en 18 autres : &
la haulteur de la colône auec ſon chapiteau & baſſe en neuf parties, ou en dixhuict fois la haulteur de la baſſe de la colône, de laquelle baſſe le plinthe eſt trouué apres vne tierce partie de la grol-
ſeur de ſa colomne, comme vous l'auez entendu. Le reſte eſt diuiſé en ſept parties, d'où ſont faicts ſes membres. Quant au chapiteau i'ay enſuiuy les antiquitez & auſſi quelques reigles de Vitruue, de ſorte qu'il eſt diuiſé en neuf parties & demie, & de là ſont
trouuées les volutes. La haulteur de l'epiſtyle ou architraue, eſt
auſſi diuiſée en trête ſix parties, & ſa corniche en quarante deux.
Ie propoſe toutes ces meſures à fin que vous côſideriez les nombres deſquels vous deuez ayder, qui ſont trois, ſix, ſept, doublez,
triplez ou multipliez en eux quarrément, comme deux fois trois
font ſix, & trois fois trois, neuf. Et ainſi des nombres de ſix, comme deux fois ſix, trois fois ſix, ſix fois ſix : & des nombres de ſept,
comme ſix fois ſept font 42, qui eſt la haulteur de noſtre corniche. Mais que vous ſçachez biē accommoder tels nombres pour
vous en ayder, vous ſçaurez trouuer des meſures & proportions
pluſque admirables. Par ainſi vous voiez comme à ladicte corniche les quarante deux parties ſont diſtribuées : & comme en prenant le côpas vous trouuez les ſaillies d'une chacune choſe, ſans
y pouuoir faillir. Ie n'vſe point icy du pied de Roy, ny du pied
antique, ny moins des palmes Romains, ny autres meſures ſinon
des proportiôs leſquelles i'ay tirées de l'eſcriture ſaincte du vieil
teſtamēt, & (ce que ie diray ſans aucune iactāce) les mets en vſage le premier, ainſi que ie feray apparoir de bref, Dieu aydant,
par le diſcours de noſtre ſeconde partie d'architecture, qui portera le tiltre & nom Des diuines proportions. Quant aux ornements & enrichiſſements des epiſtyles, zophores & corniches,
des colomnes Ioniques du Palais de la maieſté de la Royne mere, ie n'y ay point encores penſé, pour autant que cela ſe doit conduire ſelon ſa volunté, comme auſſi ce qu'on doit faire dedans

H ij

les frizes, ou i'efpere mettre les deuifes de fadiĉte maiefté. Vous
pouuez voir par les pourfils des epiftyles, courónes, & corniches
que i'ay defignez cy-deuant, & apres, au lieu marqué A, à l'endroit de la frize, comme l'architraue cy deffus faffemble de la
corniche cy deffous. La prefente figure vous donnera cognoiffance du difcours precedent.

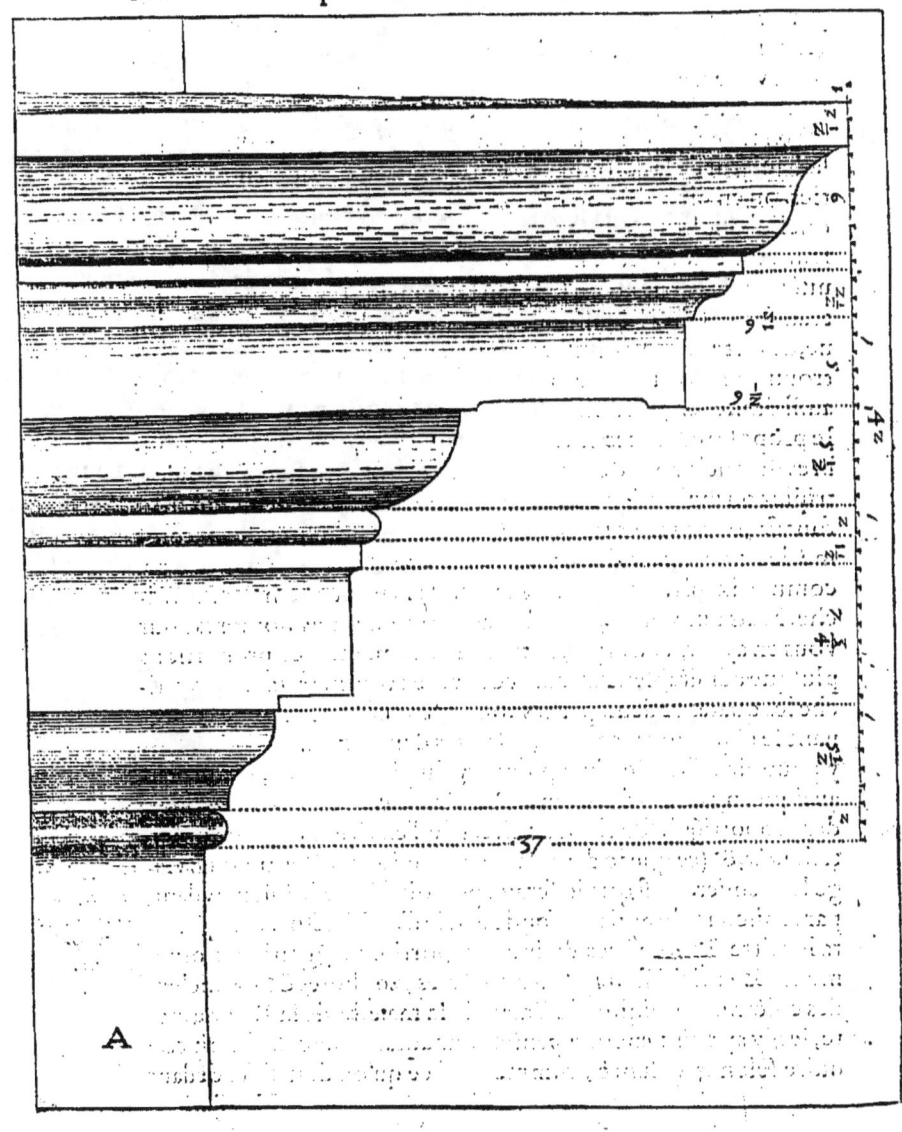

Pour accompagner la corniche Ionique cy deſſus deſcrite, &
cognoiſtre vne partie des ornements qui ſy peuuent faire, i'en ay
mis vne autre cy apres, que i'ay retirée & meſurée à Rome apres
les antiquitez, & faict ſuiuăt le pied antique (qui eſt diuiſé en ſoixante parties) accompagnée de la haulteur de ſa frize, qui a deux
pieds & trentedeux minutes de haulteur, comme auſſi de ſon architraue eſtant aupres, & monſtrant par le nombre de dix ou ſe
doit aſſembler le tout. Par la meſme figure cy apres propoſée
vous voyez la premiere face de l'architraue auoir trente cinq mi
nutes de haulteur, la ſeconde trenteneuf, la troiſieme quarante
ſix & demie, ſon cymacion vingt, & le filet quarré par deſſus dix.
Vous noterez icy que audit cymacion n'y a point de ſaillie ſur la
troiſieme face, comme ont tous les autres qui ſont aux architraues: mais cela ſe vient adoulcir en pente par le deuant ſur ladicte
troiſieme face, auecques ſaillie differente, comme vous le voyez
au droit du cymat, ou il y a dixhuict minutes iuſques à la ligne
perpendiculaire qui prouient de toute la ſaillie dudit architraue:
& au deſſous de la troiſieme face, vingt minutes: au droict de la
deuxieme vingt & vne: & à la troiſieme, vingt trois. Quant à la
corniche il vous eſt aiſé de cognoiſtre en ladicte figure toutes les
ſaillies & auancemens d'une chacune de ſes parties, ſemblablement de leurs haulteurs: par ainſi le premier aſtragale a huict minutes, le cymacion vingtſix, les denticules trenteſix, & le filet
quarré de deſſous trête neuf, ainſi que vous le pouuez cognoiſtre
par les nombres eſcrits ſur vne chacune partie en ſon lieu & endroit. Puis donc que vous les pouuez cognoiſtre par les meſures
qui y ſont deſignées, il me ſemble qu'il n'eſt beſoing de vous en
faire plus lóg diſcours, vous laiſſant à conſiderer la figure, laquelle ie vous ay bien voulu dóner pour vous inſtruire & aduiſer des
ornements & meſures qu'on y peult faire.

Declaration de la figure cy apres propoſée.

Continuation de ce que deſſus.

H iij

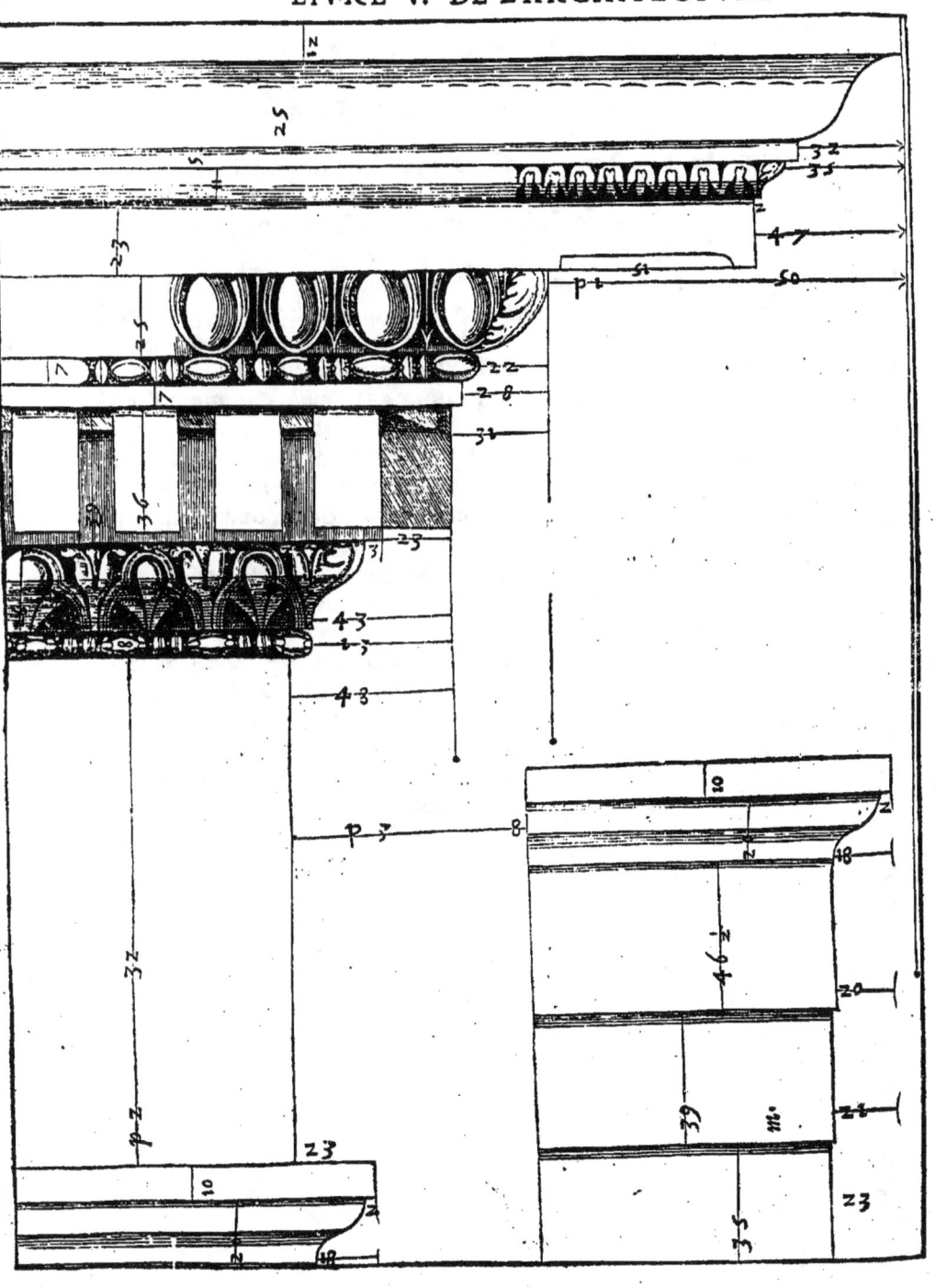

D'une autre forte de chapiteau, architraue, frize & corniche
mefurez apres les edifices antiques, & fans grands
ouurages. CHAPITRE XXXI.

POur mieux faire entendre l'artifice des orneméts de la colomne Ionique, & ce qui me femble appartenir à fes dimenfions & mefures, ie mettray encores cy apres l'ordre d'une Ionique, laquelle i'ay mefuré apres les antiquitez. Vous y voiez fon chapiteau, fon epiftyle ou architraue mefurez en toutes leurs parties auec le palme Romain efcrit deffus vne chacune, tant aux haulteurs que faillies: femblablement des zophores & frizes, auec l'ornement que i'y ay trouué, comme auffi de la corniche, cymace, couronnes, faces, filets quarrez & autres. Eftant le tout fi bien difpofe, qu'il n'y a celuy, quel qu'il foit, lequel y voulant prendre peine ne fen puiffe facilement ayder, & appliquer l'ordre Ionique à quelque lieu qu'il voudra, fuiuant les proportions & mefures que nous y auons efcrit à vn chacun endroit: comme à l'architraue, qui a palme vn, minutes neuf, once demie, pour toute fa haulteur. La premiere face de l'architraue a minutes trois, once vne & demie: la feconde, minutes quatre, onces deux: fon aftragale qui eft enrichy de patenoftres, minute vne, once vne & demie: la troifieme face, minutes fept: le cymat trois, & fon filet quarré deux : ainfi que vous le pouuez voir à la figure cy apres, auec les autres mefures pour les faillies, & encores pour le chapiteau. Ce que ie vous ay bien voulu repre fenter, à fin que vous voiez diuers ornements.

Explication et demonftra-tion de la figu-re enfuiuante & de fes par-ties.

H iiij

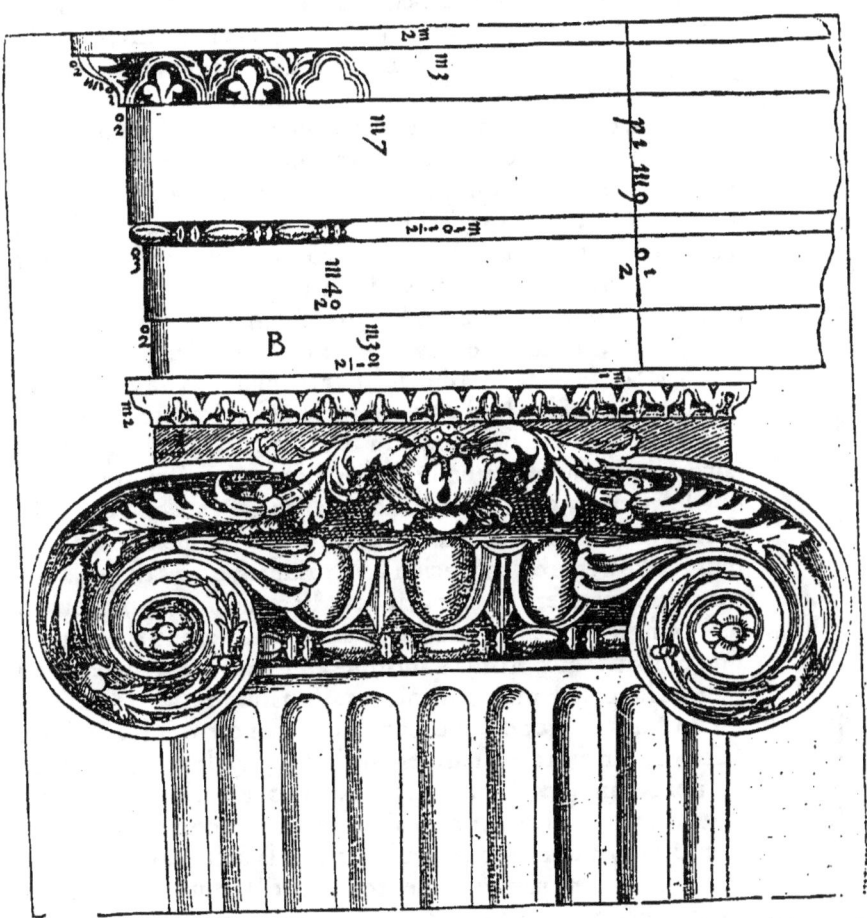

Il nous fault paracheuer la defcription de la frize & corniche
du mefme ordre qu'eft l'architraue cy deffus propofé. A la figure
cy apres defignée i'ay mis le mefme cymacion & filet quarré, qui
eft deffous la frize, à fin que vous cognoiffiez comme ils faffem-
Explication blent. l'ay trouué que ladicte frize a mefme haulteur que fon ar-
demonftrati- chitraue cy deffus mentionné, fçauoir eft, palme vn, & minutes
ue de la figu- neuf, eftant enrichie d'une tefte feche de bœuf, auec des feftós, &
re enfuiuante, vne Aigle, fuiuát les deuifes que l'Architecte luy a voulu donner
& de fes par- Le tout fe voit fort bien taillé, ie ne diray la frize, mais encores
ties. toutes les parties de la corniche, architraue & chapiteau. Ladicte corniche a trente & vne minutes, & trois onces de haulteur:
ou bien deux palmes, minutes fept, & onces trois: la haulteur de

la frize a palme vn, minutes neuf, qui est la mesme haulteur de l'ar
chitraue cy-deuant proposé: mais auecques vne demie once d'a-
uantage, qui est peu de chose. Le cymacion estant au dessus de la
frize a deux minutes de haulteur, & son filet quarré trois onces,
la face marquée B, (qui est l'endroit ou lō met les déticules quãd
on en veult faire) a minutes quatre, once vne & demie pour sa
haulteur: la gueulle qui est au dessus, minute vne, onces deux:
son quarré deux onces, l'echine ou mēbre rōd, ou sont taillez les
œufs, qui se trouuent dessous la couronne, a minutes trois, & ladicte couronne sept minutes de haulteur: le quarré au dessus de
ladicte couronne trois onces, le cymace minutes deux, once vne:
son filet quarré, minute vne: le cyme ou sont insculpées les testes
de Lyons & fueillages, a de haulteur six minutes, onces deux, &
le quarré qui est le plus hault, minutes deux. Par ainsi vous pouuez distribuer ces haulteurs ainsi separément quand en aurez affaire pour composer vne belle corniche. Vous trouuerez aussi
que le cyme, la couronne, la face marquée B, auec le cymacion
& filet quarré qui est au dessous, sont quasi d'une mesme haulteur, car le cyme ou cymacion a six minutes, onces deux, la couronne minutes sept, la face B, auec ledit cymacion & filet quarré,
sept minutes & demie once. Ie dy cecy pour autant que i'ay veu
que plusieurs aux edifices antiques ont faict ces trois parties de
mesme haulteur: mais laissant les raisons iusques à vne autre fois
qu'il viendra à propos, nous continuerons nostre deliberation de
faire voir, en moins de paroles que ie pourray, les corniches & ornements Ioniques. Des saillies ie ne vous en parle point, pource
que vous voyez leurs mesures toutes escrites, comme au droit de
la couronne minutes onze, qui monstre la saillie du cyme ou cymacion & filet quarré: la petite dent de la couronne a minutes
deux, once vne. Sans en faire autre discours, vous pouuez voir
à la figure cy apres descrite, vne chacune mesure, tant des haulteurs de tous les membres de la corniche, que de ses saillies.

Continuation de la mesure des parties de la figure sui-uant le pre-sent chapitre.

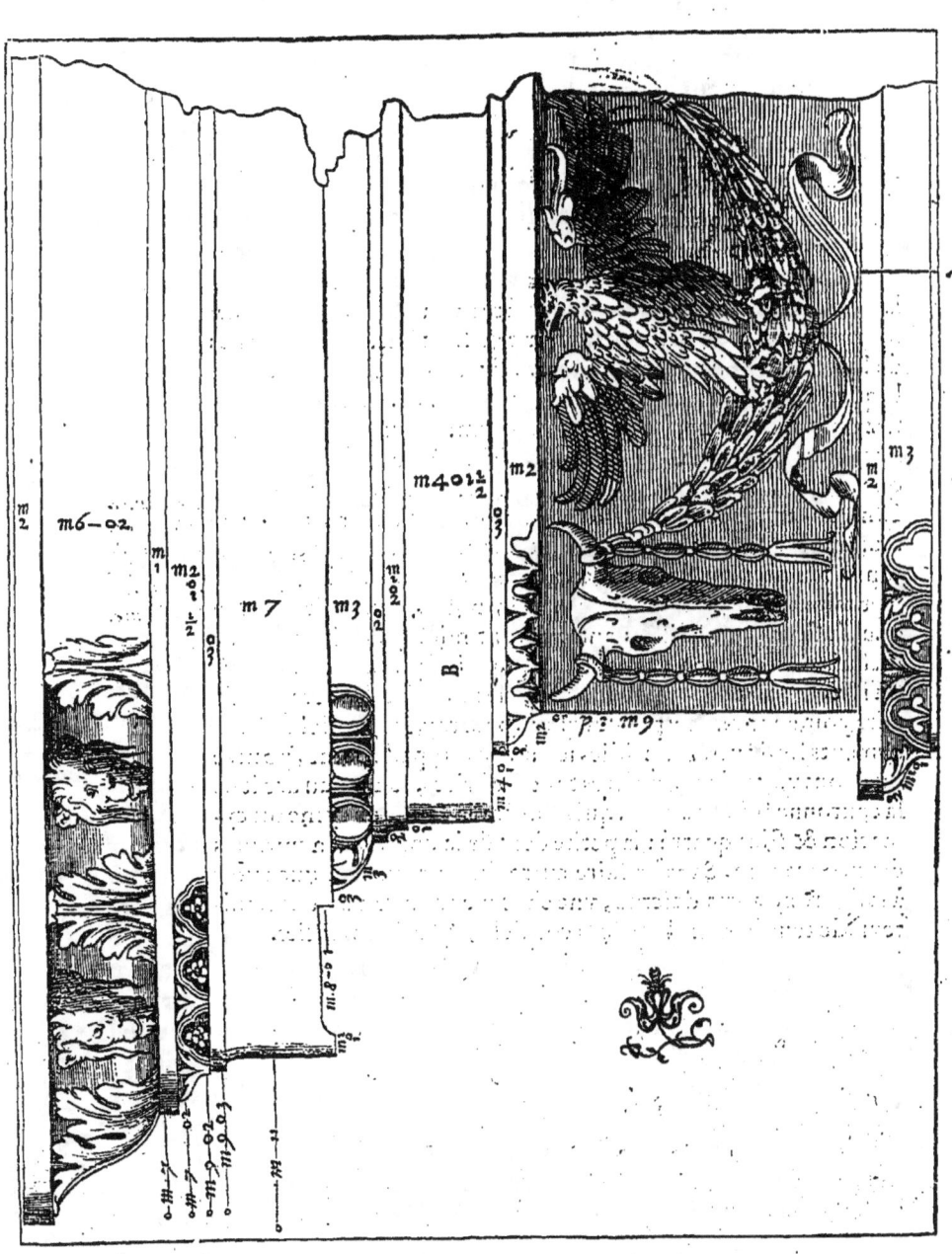

Si vous voulez auoir plus ample cognoissance des mesures de
l'ordre Ionique, vous aurez recours à certaines reigles de Vitruue, lesquelles ie trouue tresbelles & dignes de bien grande louan
ge, obseruation & pratique. En premier lieu, parlant des architraues il leur donne telle raison & mesure, que si la colomne a de
douze à quinze pieds de hault, ou enuiron, leur haulteur doit
auoir la moitié du diametre de ladicte colomne par le bas. Et si elle se trouue estre de quinze à vingt pieds, elle sera diuisée en treze
parties, & l'une d'icelles donnée à la haulteur de l'architraue. Si
ladicte colomne est de vingt à vingtcinq pieds, toute la haulteur
sera distribuée en douze parties & demie, & l'une d'icelles accō-
modée à la haulteur dudit architraue. Si elle a de vingtcinq à tren
te pieds de haulteur, elle sera diuisée en douze parties, & l'une d'i
celles donnée audit architraue. Ainsi Vitruue monstre comme
on doit prendre les proportions des membres à l'equipollent de
la haulteur de tout le corps de la colomne, à raison que tant plus
la veüe de l'homme regarde en hault, auec plus de peine elle pe-
netre la grosseur & haulteur des parties & membres des edifices.
Parquoy suruenant telle debilité & diminution de force de la
veüe, pour le regard de la grande espace, il fault cognoistre &
auoir iugement d'y sçauoir bailler vne certaine proportion de
modules, & augmentation de mesures, à fin que lon puisse donner belle apparence & beaulté aux edifices. Il y fault tousiours
adiouster vn supplément raisonnable, à fin que quand les ouurages seront colloquez en lieu esleué, & les edifices se trouueront
de grandes haulteurs & comme demesurées à les voir, on les cō-
duise auec telle dexterité qu'elle puisse representer vne conuenable quantité correspondante en largeurs & haulteurs. Vitruue
nous enseigne encores certaines reigles tant pour les epistyles ou
architraues Ioniques, que pour la haulteur des zophores, frizes,
corniches, denteleures, & autres parties, comme tympanes, acroteres, strieures ou caneleures desdictes colomnes: ainsi que vous
le pouuez voir sur la fin de son troisieme liure. Mais de telles parties ie vous veux bien escrire vn peu plus particulierement comme chose tres-necessaire. Donc apres que vous aurez trouué la
haulteur de l'architraue, Vitruue veult que son cymace soit de la
septieme partie de la haulteur dudit architraue, & d'autāt de saillie. Puis que le reste dudit architraue non comprins le cymace
soit diuisé en douze dimensions, ou parties, desquelles trois serōt
dōnées à la premiere face, quatre à la deuxieme, & cinq à la troisieme. La frize estant par dessus l'architraue, sera de la quarte partie moins: & s'il y a des frizes & fueillages, la quarte partie sera

plus que la haulteur dudit architraue. Iaçoit que ie vous aye mõ-
ſtré quaſi choſes ſemblables cydeuant, ce neantmoins il me ſemble eſtre fort bon de les repeter breſuemẽt ſur la fin d'vn chacun
ordre des colomnes, à fin de les retenir, & ſen ſçauoir mieux ayder. Pourſuinant donc ce que deſſus, le cymace de la frize aura de
haulteur vne ſeptieme partie de la haulteur de ladicte frize, &
autant de ſaillie. Au deſſus d'icelle frize on faict des denticules
auſſi haults que eſt la ſeconde face de l'architraue, qui a quatre
parties. Vitruue veult que leſdicts déticules ayent autant de ſaillie que eſt leur haulteur: ce que me ſemble eſtre trop, & ne ſe
voit ainſi aux edifices antiques. Les ſuſdicts denticules ont pour

Recapitula-
tion des meſu
res & propor
tions des par-
ties & mem-
bres de la co-
lomne Ioni-
que.

largeur la moitié de leur haulteur. Quant au concaue qui eſt entredeux, des trois parts de la largeur des denticules, on luy en
donne deux, & à la doulcine ou cymace qui eſt au deſſus, vne ſixieme partie de la ſeconde face de l'architraue. La couronne de
la corniche auec ſon cymace (non comprins ſon petit filet quarré) doit porter autant de haulteur que ladicte ſeconde face de l'ar
chitraue, & la ſaillie d'icelle couronne garnie de ſa petite dẽt par
le bout, doit contenir d'eſtendue autant qu'il y a depuis la frize
iuſques à la plus haulte cymace de ladicte couronne: qui eſt autant de ſaillie que de haulteur: choſe digne d'eſtre notée.

LE SIXIEME

LE SIXIEME LIVRE
DE L'ARCHITECTVRE DE PHILIBERT
DE L'ORME LYONNOIS, CONSEILLER, ET
Aulmoſnier ordinaire du Roy, Abbé de
ſainɛt Eloy lez Noyon, & de
S. Serge lez Angiers⸱ɪ iou

Preface accompagnée de ſinguliers aduertiſſementses

IE VOVS ay enſeigné & expliqué au liure precedent, les ordres des colomnes Thuſcanes, Doriques, & Ioniques: pour continuer nous deſcrirons cy-apres l'ordre de la colône Corinthiéne. Mais il me ſemble, premier que d'en parler, qu'il ſera bon de dôner quelque aduertiſſemét & conſeil, non moins vtile que agreable, aux nouueaux apprétifs qui deſirent faire profeſſion d'architeɛture, à fin qu'ils ſe puiſſent bien ayder de ce que nous leur propoſerons & auons propoſé: comme auſſi de ce qu'en traiɛtent les liures d'architeɛture, tant pour edifices antiques que modernes, à fin de pouuoir le tout accommoder aux œuures, & faire choſe qui ſoit digne de louange. Ce que ie dy, pour autát que i'ay veu pluſieurs fois qu'aucuns, qui veulét faire profeſſion d'architeɛture, ſe ſont abuſez grandement quand ils ont voulu mettre en œuure les ordres des colomnes, enſuiuant celles qu'ils auoient meſurées à Rome ou ailleurs, pour autant que leurs œuures eſtoient beaucoup plus petites que celles ou ils auoient prins leſdiɛtes meſures : iaçoit qu'elles fuſſent bien meſurées & reduiɛtes au petit pied, ou petit palme & autres meſures, leſquelles ils appliquoient aux haulteurs des colomnes & ornements dont ils auoient affaire.

Bon vouloir de l'auteur enuers les apprentifs & amateurs du noble art d'architeɛture.

I

Mais l'œuure estant parfaicte ne se trouuoit iamais de telle beauté & excellence que celle qui leur auoit donné la forme & premier exemple : n'aussi les ornements, corniches, frizes, architraues, chapiteaux, basses, & pied de stats. Puis dócques qu'il est ainsi que les experts Architectes, qui entédent tresbien la conduite
des edifices, faillent à dóner les mesures & symmetries, que peuuent faire les apprentifs & noueaux? Ie diray asseurément que
nul Architecte, quel qu'il soit, peult faire vne belle œuure en prenant ses mesures proportionnément à celles des anciens, s'il n'accommode sadicte œuure à la mesme grandeur, largeur, mesures,
ordres, & façons de celles qui luy ont seruy de patron, pouueu
qu'il les sçache conduire ainsi qu'il les aura trouuées, car lors il fera vne mesme œuure & de telle beaulté & excellence que l'antique, laquelle il aura imité. Toutesfois il semble bien à plusieurs
qu'il n'y a tant d'affaire, & qu'ils entendent fort bien comme il
fault composer toutes sortes de colomnes auec leurs ornements :
mais à dire la verité ils sont tres-loing du bon chemin, car ce n'est
assez de sçauoir bien mettre les colomnes à l'equierre, les bien iau-
ger, & mettre à pan pour les proprement arrondir ou faire tourner au tour suyuant leurs cerches ralongées, & les rappetisser &
renfler auec leurs contractures par le plus hault au dessous de
leurs chapiteaux, comme il appartient : pour autant que si vous
auiez affaire de mille sortes de colomnes, & encores qu'elles fussent toutes d'vn mesme ordre, fust il Dorique, Ionique, Corinthié
ou autre, pouueu qu'elles soient de differentes haulteurs, il les
conuient aussi faire de differentes mesures : & non seulement les
colomnes, mais aussi tous leurs membres tant stylobates ou pied
de stat, que basses, chapiteaux architraues, frizes & corniches. Et
encores quand les colomnes se trouueroiét toutes d'une mesme
haulteur, si les vnes sont d'vn ordre de quatre colomnes, elles ne
conuiennét point à celles de six, ny celles de six à celles de huict,
ou d'autres nombres : parquoy elles doiuent estre d'une autre sor
te de mesures selon leur haulteur & nombre, autrement elles ne
donneroient aucun contentement à l'œil, ne correspondance à
la proportion & beaulté. Vous les pourrez enrichir tát que vous
voudrez, si est-ce que tous hommes de bon iugement pour cela
ne les trouueront à leur gré & contentement, sans en sçauoir dire la raison, pour n'auoir la cognoissance d'Architecture. Et à fin
de le faire mieux cognoistre, i'ay proposé & proposeray cy apres
plusieurs sortes d'ornements & mesures de colomnes que i'ay
retiré diligemment des antiquitez, pour monstrer par exemple
qu'elles differences il y a des vnes aux autres. Aucuns se pourrót

En quoy fail-
lent auiour-
d'huy beau-
coup d'archi-
tectes experts

Bien dresser
& colloquer
colomnes n'e-
stre œuure de
petite indu-
strie et entre-
prinse.

Beaux aduer-
tissements &
fort dignes de
noter.

esbahir que vn ordre de quatre colomnes se trouuant fort bien, pour le faire de six, de huiét, ou de dix colónes, il faille tout chá-ger: sils ont versé tát peu que ce soit en la perspeétiue & aux de-monstrations de la force & debilitation de la veuë, ils confesse-ront incontinent mon dire estre veritable du changement des mesures des colomnes, combien qu'elles ayent vne mesme haul-teur: soit pour les faire seruir aux portiques, vestibules, peristy-les, ou fassades des temples, palays, & autres edifices. Il fault dóc qu'elles soient de differétes mesures, suiuant la theorique & me-thode du contentement de la veuë, & preceptes des ornements & decoration des choses qui plaisent & applaudissent a l'œil. Vi-truue monstre fort bien en son troisieme liure, chapitre deuxie-me, les differences d'aucunes mesures, & comme il sy fault con-duire selon l'ordre qu'on aura à faire. Qui a esté cause que, pour mieux faire entédre le tout, i'ay proposé & descrit au cinquieme liure precedent, plusieurs differentes & diuerses sortes de mesu-res & proportions de colomnes Thuscanes, Doriques, & Ioni-ques, comme aussi vous en verrez cy apres pour les Corinthien-nes & autres. Ce que i'ay bien voulu monstrer & aduertir, à fin que cy apres on sçache choisir, apprendre & cognoistre quels or-dres & mesures il conuient tenir aux bastiments qu'on aura char-ge de conduire. Car ce qui se voit en vn portique de quatre co-lomnes, de six, ou de huiét, comme i'ay dit cy-dessus, cela est tres different l'vn de l'autre. L'ordre de quatre colomnes qui ont de dix à douze pieds de haulteur, pour estre pres de la veuë & peu haultes, faiét que le iugement de l'homme les estime d'une sorte. Mais si l'ordre est de huiét colónes, la veüe a plus de trauail pour la grande distance & elongation de l'œil par les costez, & aussi pour le racourcissement, ainsi qu'il se cognoist par les reigles de perspeétiue: & se voit quand on veult faire vn paué de carre-aux, ou de quelque plan d'edifice: car lors certainemét vous trou-uez, que ceux qui sont plus parfonds ou plus eslongnez de l'œil se trouuent tousiours plus r'appetissez (tant par les costez, que par autre partie) que ceux qui en sont les plus proches. Quant dóc-ques les choses sont trop haultes, ou fort eslongnées du centre de l'œil, elles sont bien de differentes mesures, & se monstrent d'au-tre sorte que celles qui sont peu haultes ou proches dudit œil. Pour doncques bien faire il ne fault obseruer l'ordre, ne donner les mesures des grandes colomnes aux petites, ou bien que vous aurez donné à celles qui n'auront que quatre colomnes, & ne sont que de dix ou douze pieds de haulteur. Quant aux grandes ou celles qui sont de six, il les fault faire plus grosses & plus haul-

Beau discours extraict des preceptes & raisons opti-ques, ou si vou-lez de perspe-ctiue.

Choses fort belles & di-gnes de consi-derer.

tes, comme qui les voudroit faire hors de toute raison & mesures. Toutesfois en gardant l'ordre & proportions qu'on doit tenir, ce qui semble n'estre bien hors d'œuure, estants encores les
pierres en leur chantier & se mōstrants lourdes, lors qu'elles sont
mises en œuure, pour estre loing de la veuë, elles se monstrēt fort
bien & de belle mesure & bon ordre auecques meilleure grace:
ainsi que facilement le peuuent iuger & cognoistre tous bons &
gentils esprits. Si doncques vous voulez bien & proprement faire quelque figure d'vn par-terre ou plan de bastiment en perspectiue, vous tirerez premierement vne circonference qui sera de
telle haulteur & longueur qu'il vous plaira, prouenant du centre de la veuë, & se trouuant iustement à sa raison, ou qu'vne cho
se se r'appetisse : comme ce qui est le plus loing, & ce qui est le
plus pres se monstre le plus grand & plus spacieux, comme vous
le pourrez bien iuger par les figures que i'espere mettre, moyennant l'ayde de Dieu, à la fin de mes œuures, en escriuāt de perspectiue, & aussi en autres lieux(quand il viēdra à propos)ou ie mō-
streray tres volūtiers ce que i'en ay apprins apres y auoir vacqué
beaucoup de temps, ie ne diray seulement à celle qui monstre à
faire les desseings, mais bien encores à celle qui enseigne de donner aux edifices leurs propres clartez & lumieres selon les regiōs
du ciel, conformément au lieu & endroit ou lon sera: comme aus
si aux salles & chambres d'esté d'une sorte, & à celles d'hyuer
d'une autre: & ainsi aux bibliotheques, estuues, baigneries, greniers à tenir les bleds, caues pour conseruer les vins, & autres
lieux qui desirent auoir la lumiere du ciel differemment. Le tout
suyuant les reigles de perspectiue qui sont tres-belles & fort necessaires à tous Architectes, ainsi que nous l'auōs mōstré ailleurs.

Plusieurs cho
ses n'auoir
vne mesme
grace hors
d'œuure &
en œuure.

L'auteur pro-
met donner
quelques rei-
gles & figu-
res de perspe-
ctiue.

La perspecti-
ue estre fort
necessaire à
l'Architecte.

De l'inuention & origine de la colomne Corinthienne, & de son chapiteau. CHAPITRE I.

Yant móstré au liure precedent les premieres cólónes desquelles on vsa à Rome, ensemble l'ordre & ordonnáce des colomnes Thuscanes, comme aussi des Doriques & Ioniques : reste maintenant poursuiure & monstrer l'ordre Corinthié, lequel Vitruue met pour la troisieme espece des colónes iaçoit qu'il pourroit faire la quatrieme, qui vouldroit mettre premiere la colomne Thuscane, cóme veritablemét elle doit estre, pour autant qu'elle est plus massiue & plus forte que les autres, ainsi qu'il a esté dit cy-deuant. Doncques vous serez aduertis que tout ainsi que la colomne Dorique a esté inuentée selon les mesures & proportions de l'homme, & la Ionique suiuant celles de la femme: aussi la presente a esté faicte à l'imitation d'vn delié & ioly corps d'une pucelle. Pour autant que les filles en leur ieune aage ont le corps gresle, & menu, & estans bien parées se monstrent beaucoup plus belles, & d'apparéce plus exquise, ainsi que font les colomnes Corinthiennes. Car elles apparoissent ou doiuent apparoir beaucoup plus riches & deliées, plus mignonnes & mieux parées que les autres. Pour ceste cause, on leur donne pour leurs haulteurs plus de huict fois leur diametre par le bas, voire neuf, & plus quelquefois, selon le lieu auquel on les applique. Voila qui les faict móstrer plus gresles & delicates que la Ionique, qui ne doit auoir de haulteur que huict fois & demie son diametre pour le plus, & quelquefois moins. Auec ce, le chapiteau Corinthien a de haulteur autant qu'est la largeur dé tout le diametre de sa colomne. Ceux qui luy ont voulu donner plus grande beaulté, y ont adiousté quelque-fois la septieme partie dudit diametre d'auátage, comme vous le verrez cy apres quand ie monstreray les mesures dudit chapiteau. Duquel l'inuention est attribuée à vn nommé Callimachus, qui pour l'excellence & subtilité de son art en matiere de tailler marbres, fut par les Atheniens surnommé Catátechnos, c'est à dire homme industrieux, & plein d'artifice. L'inuention en fut telle. Aduint vn iour qu'apres le deces & inhumation de quelque ieune fille Corinthienne, sa nourrice, en consolation de ses douleurs, se souuint que ladicte fille en son viuant souloit prendre grandissime plaisir à aucuns vases qu'elle auoit: parquoy en memoire de ce elle les mist tous dans vn panier, & les porta sur la sepulture de sadicte fille, pour le soulagement de ses douleurs & recordation de la defun-

L'ordre de la colomne Corinthienne fait ve la troisieme espece en Vitruue.

Quelle difference ont les colomnes Corinthiennes auec les autres.

Callimachus auteur du chapiteau de la colomne Corinthienne.

I iiij

cte. Et à fin qu'ils fuſſent long temps conſeruez & deffen...us con
tre l'iniure du temps & des pluyes, elle couurit le panier d'une
groſſe tuille. Mais notez que par cas fortuit ledit panier fuſt mis
ſur vne racine d'Acanthe ou branque Vrſine, laquelle par ſucceſ-
ſion de temps pour eſtre empeſchée & preſſée du ſuſdit panier,
elle iecta ſes tiges enuiron le Printemps tout à l'entour dudit pa-
Belle hiſtoire nier, teillement que ainſi que l'herbe croiſſoit autour d'iceluy,
ſur l'inuentió la tuille l'empeſchoit de monter, & la rabbatoit ſur les bords &
& origine du coings: de ſorte qu'elle eſtoit contrainte de ſe courber & deſcen
chapiteau Co- dre contre bas: quaſi comme vous le voyez aux rouleaux & vo-
rinthien. lutes des chapiteaux qu'on faict auiourdhuy. Paſſant doncques
le ſuſdit Callimachus aupres du ſepulcre de la ſuſdicte vierge Co
rinthienne, & voyant l'artifice de nature enuers ledit Acanthe
& panier, il pratiqua & print de là l'ornement du chapiteau Corinthien, tel que vous le verrez cy apres, & pourrez auſſi voir au
premier chapitre du quatrieme liure de Vitruue. Mais deuant
que entrer à la deſcription dudit chapiteau Corinthié, il me ſemble qu'il ſera tresbon de parler premierement de ſa colomne, baſſe & ſtylobate.

Des meſures de la colomne Corinthienne tant en ſon corps que membres & parties. CHAPITRE II.

De la diuiſió A colomne Corinthienne faicte, ainſi que nous
& meſure des auons dit, apres les meſures & proportions d'u-
parties de la ne ieune fille, doit eſtre diuiſée tant en ſa haul-
colomne Co- teur que celle de ſa baſſe & chapiteau, en dix par-
rinthienne. ties egales: deſquelles vne ſera donnée à la groſſeur de la colomne; & vne autre auec vne ſeptie-
me partie d'auantage, à la haulteur de ſon chapiteau, puis la moitié d'une autre à la haulteur de ſa baſſe. Par ainſi reſtent huict parties & demie, moins vne ſeptieme, de la haulteur de toute la colomne. Laquelle il fault de rechef diuiſer par ſon diametre d'embas en ſept parties, deſquelles ſix ſeront pour le plus hault du deſ
ſus de la colomne pres le chapiteau. Et par ainſi ſa contracture &
reſtroiſſiſſement ſera d'une ſeptieme partie de ſa groſſeur: mais
telle contracture ſe faict ſelon la haulteur & grandeur des colomnes qu'on veult faire. Ie n'en ay point trouué qui fuſſent ſem
blables, ainſi touſiours differentes de meſures, comme ie le vous
Trois colom- veux bien monſtrer par l'exemple de trois ordonnances de co-
nes Corinthié- lomnes Corinthiennes qui ſont dans le Pantheon à Rome, (au-
nes au Pan- trement appellé, noſtre Dame de la Rotonde) & encores par
theó à Rome.

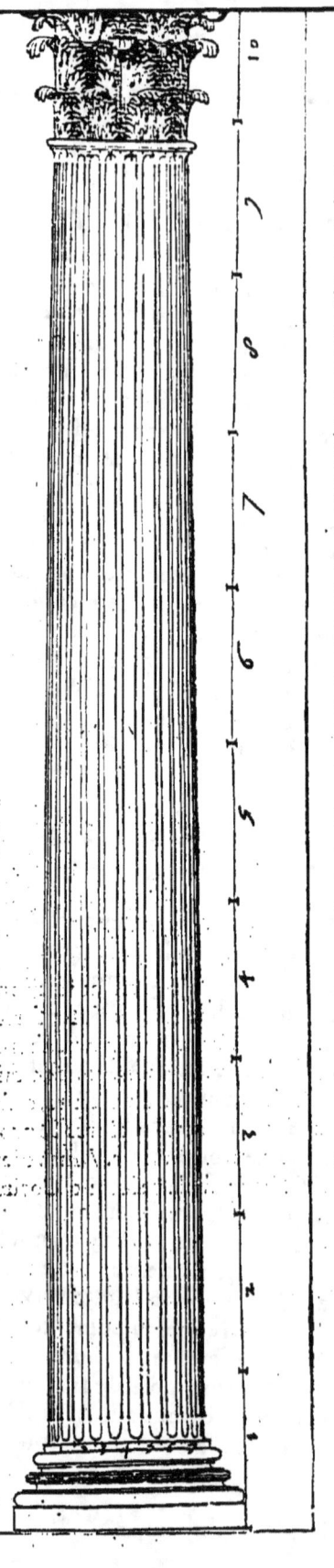

d'autres qui sont en ladite Ro
me. Mais premier que les descrire, il me semble que nous
deuós acheuer de mõstrer les
proportiõs, ornemẽts, & mesures de la colomne Corinthienne. Ie descrirois bien au
long ses basses, mais pour-autant que vous en verrez cy a-
pres de marquées sur vne chacune de leurs parties, tãt pour
les haulteurs que saillies, ie n'ẽ
feray si lõg discours. Et à cause
que telles basses se voyẽt tous
iours de pres, il les fault tenir
d'une mesme haulteur, qui est
la moitié de la grosseur de leur
colomne. Quant à leurs ornements, comme sont les thores, astragales, petis filets quar
rez, nancelles & plinthes, on
les a tousiours faits tant riches
qu'on a voulu : les vns d'une
sorte, les autres d'une autre.
Lesdictes basses furent trouuées du commencemẽt, apres
les boucles & cercles de fer
qu'õ mettoit au bout des trõcs
d'arbres qui seruoient de colomnes à fin qu'ils ne se fendis
sent, & que le bois ne souurist
trop, ou entrebaillast (comme
il a accoustumé de faire par le
hasle du Soleil) pour le faire
seruir au lieu des colõnes, ainsi
qu'on faisoit deuant l'inuention des colomnes Doriques
qui furent les premieres, com
me vous le pourrez voir en la
figure marquée P, au liure ensuiuant, auecques vne spire ou
basse telle qu'on la mettoit au

Choses dignes de noter de la premiere in-uention des parties des Co lomnes Corin thiennes.

I iiij

lieu de foliers, comme aucuns ont efcrit, & les ftylobates au lieu
de pantoufles, pour releuer l'œuure plus hault, & luy dóner plus
de beaulté, & aufli pour monftrer les differences. En pareil cas
au chapiteau Ionique on colloquoit des volutes, comme perru-
ques ou cheueleures crefpes entortillées & pendentes des deux
coftez: & eftoient enrichis les fronts des cymaces les vns de fe-
ftons, les autres de fueillages, au lieu de bagues ou ioyaux que
les dames & filles portent au front. Tout autour de la colomne
y auoit des caneleures pour reprefenter les plis des veftements
des dames. Par ainfi l'ordre Dorique fut inuenté à l'imitation de
l'homme, comme nous auons dit: & du traict delicat & riche ve-
ftement des femmes, celuy qu'on nomme Ionique: & fuiuant la
plus gráde fingularité & beaulté d'une ieune fille, le Corinthien:
duquel la fpire, baffe, chapiteau, architraue, frize & corniche
font beaucoup plus riches que de tous les autres ordres: & le ftylobate plus allegre, plus riche & de plus grande haulteur en mefures: y eftant le tout fous diuerfes fortes & proportions, comme
vous l'auez peu cognoiftre par la figure precedente accompagnée de fes mefures, qui m'a femblé eftre des plus belles.

Brefue repeti-
tion & reca-
pitulation de
ce que deffus.

Diuifion &
mefures du fty
lobate ou pied
de ftat Corin-
thien.

Quant au pied de ftat ou ftylobate de la colóne Corinthienne, tout ainfi que ladicte colomne auec fon chapiteau & baffe eft
diuifée en dix parties egales, nous diuiferós aufli la haulteur dudit ftylobate en dix parties egales. Laquelle aura deux fois autát
que la lógueur du plinthe de la baffe de fa colomne, comme vous
le voyez de A à B. De ces dix parties, l'une fera pour le plinthe de
la baffe du pied de ftat marqué C, l'autre pour fa baffe marquée
D, & la troifieme pour fa corniche marquée E. Par ainfi refterót
entre la corniche & la baffe fept parties pour fa haulteur, & cinq
pour fa largeur, qui font fept parties fur cinq. Touchant les moulures des baffes de la corniche, aucuns les ont faictes d'une forte,
les autres d'une autre. De vous vouloir efcrire plus particulierement des mefures, feroit chofe bien longue: i'efpere vous en faire voir de tant de fortes au prefent difcours d'architecture, qu'il

L'auteur abô
der en l'exhi-
bition de di-
uerfes figures.

fera tresfacile cy apres de vous ayder de toutes mefures & proportions que vous aurez à faire pour tous baftiméts. Vous voiez
cy apres la figure du pied de ftat & baffe de la colomne Corinthienne.

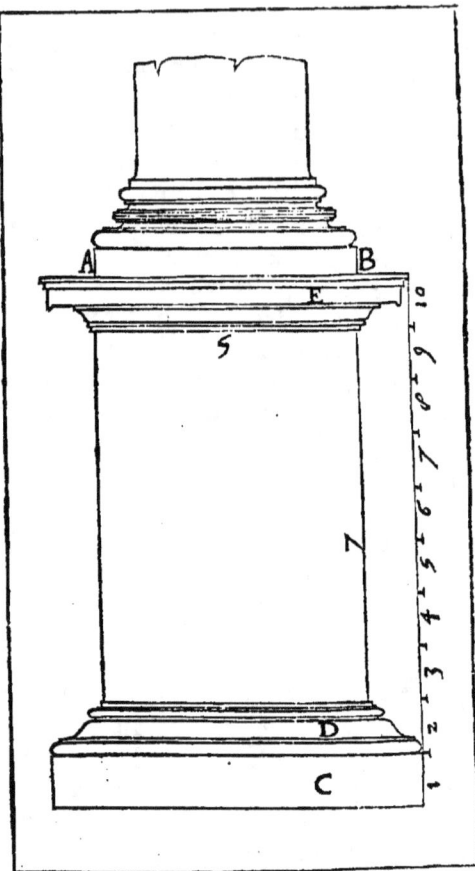

I'ay cy apres exhibé vn autre ſtylobate auec la baſſe de ſa colomne accompagnée de quelque ornement pour deuiſe : auquel
vous voiez figuré vn Soleil par le milieu auec autres choſes. Quãt
aux meſures ie les vous laiſſe à prendre auec le cõpas en la figure
cy apres propoſée, laquelle i'ay fidelement retirée, & iuſtement
proportionnée & meſurée ſpres vne antique, cõme vous le pouuez voir. Mais à fin que vous puiſſiez auoir plus facile intelligence de noſtre dire, i'ay fait le ſuſdit ſtylobate vn peu grãd, comme
auſſi les autres ornements de colomne. Car apres auoir monſtré *L'auteur eſtu-*
les principales proportions & meſures des parties, qui me ſem- *dier à ſe faire*
blent eſtre les plus difficiles, ie les figure & repreſente touſiours *entendre, ſoit*
en plus grand volume, à fin qu'il ſoit facile d'en leuer des moules *par eſcriture,*
pour tailler les pierres, en les augmentant de telle grandeur que *ou figures.*
lon en aura affaire : & pour voir auſſi comme les anciens Architectes les ont faictes, auec leurs ornements & moulures.

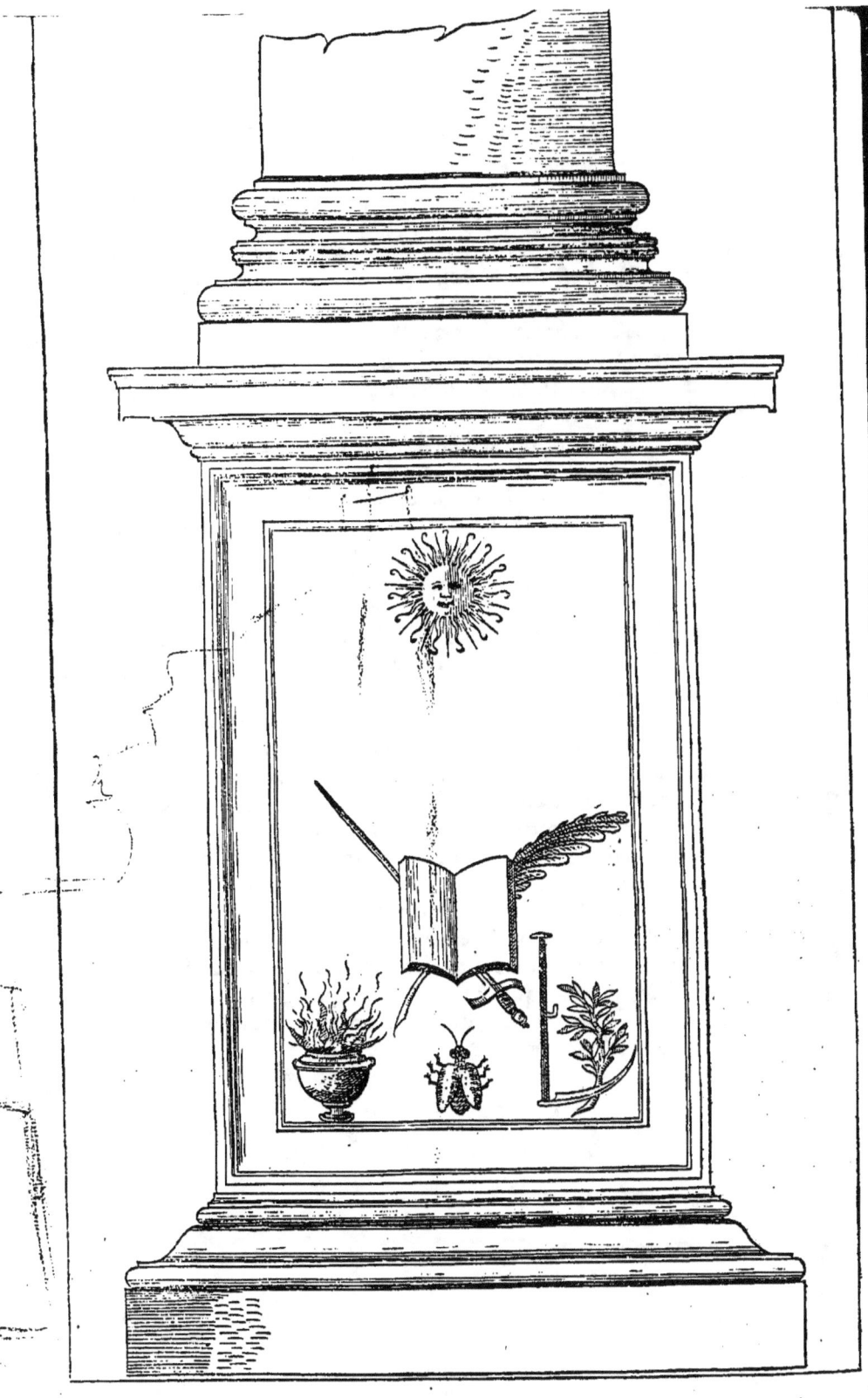

Par mefme moyen ie vous mettray icy le pourfil auec les ornements d'une baffe Corinthienne laquelle i'ay retirée & mefurée apres quelques veftiges fort antiques. Ie luy auois efcrit les
mefures de deffus, mais le tailleur les a couppées en befongnant
fur la planche: fi eft-ce que vous ne fçauriez faillir d'y cognoiftre
les proportions, faillies & haulteurs d'une chacune chofe, pour
autant que i'ay reprefenté fort iuftement ladicte baffe en toutes
fes mefures. Vous cognoiftrez auffi la groffeur de fa colomne, qui
a deux fois autāt de largeur qu'eft la haulteur de la baffe, ainfi que
vous le voyez par les lettres A & B. Vous remarquez pareillemét
le pourfil de la colomne au lieu figné C: & fi vous tirez vne ligne
perpendiculaire fur celle de B, ou de A, qui touche iuftement le
pourfil de la colomne au lieu de C, elle vous fera cognoiftre iuftement la faillie de la baffe. Mais pour autant que ie vous monftreray cy apres plufieurs fortes de baffes Corinthiennes auec les
mefures de toutes leurs parties, ie ne m'amuferay à en faire autre
difcours pour le prefent: finō que ie vous aduertiray, que la colō
ne de ladicte baffe eftāt diuifée en vnze parties par fon diametre,
les cinq & demie font la haulteur de la baffe. Quant à la haulteur
du plinthe, ie l'ay trouuée eftre autant cōme vne de ces cinq parties: & touchant les quatre & demie qui reftent par deffus ledit
plinthe, i'ay trouué que de rechef elles font diuifées en trois parties, dont l'une eft donnée pour le thore ou membre rond qui eft
deffus ledit plinthe, auec fon aftragale & filet quarré: & la deuxie
me au thore & membre rond du milieu, auec l'aftragale ou font
les patenoftres enrichies, y comprenant la nanfelle de deffous:
puis la troifieme eft pour le thore & membre rond de deffus en y
comprenant la nanfelle & filet quarré, qui eft au deffous. Toutefois la derniere des trois parties n'eft pas bien iufte, fe trouuant
fur l'aftragale, ou font les patenoftres rondes, qui eft deffous la co
lomne. Mais quoy que ce foit, la baffe qui vous eft propofée cy
apres, eft iuftement faicte, fuiuant les mefures que i'ay trouuées
aux veftiges antiques.

Explication tres familiere de la figure enfuiuante.

Pourfuite des mefures de la figure cy apres defcrite.

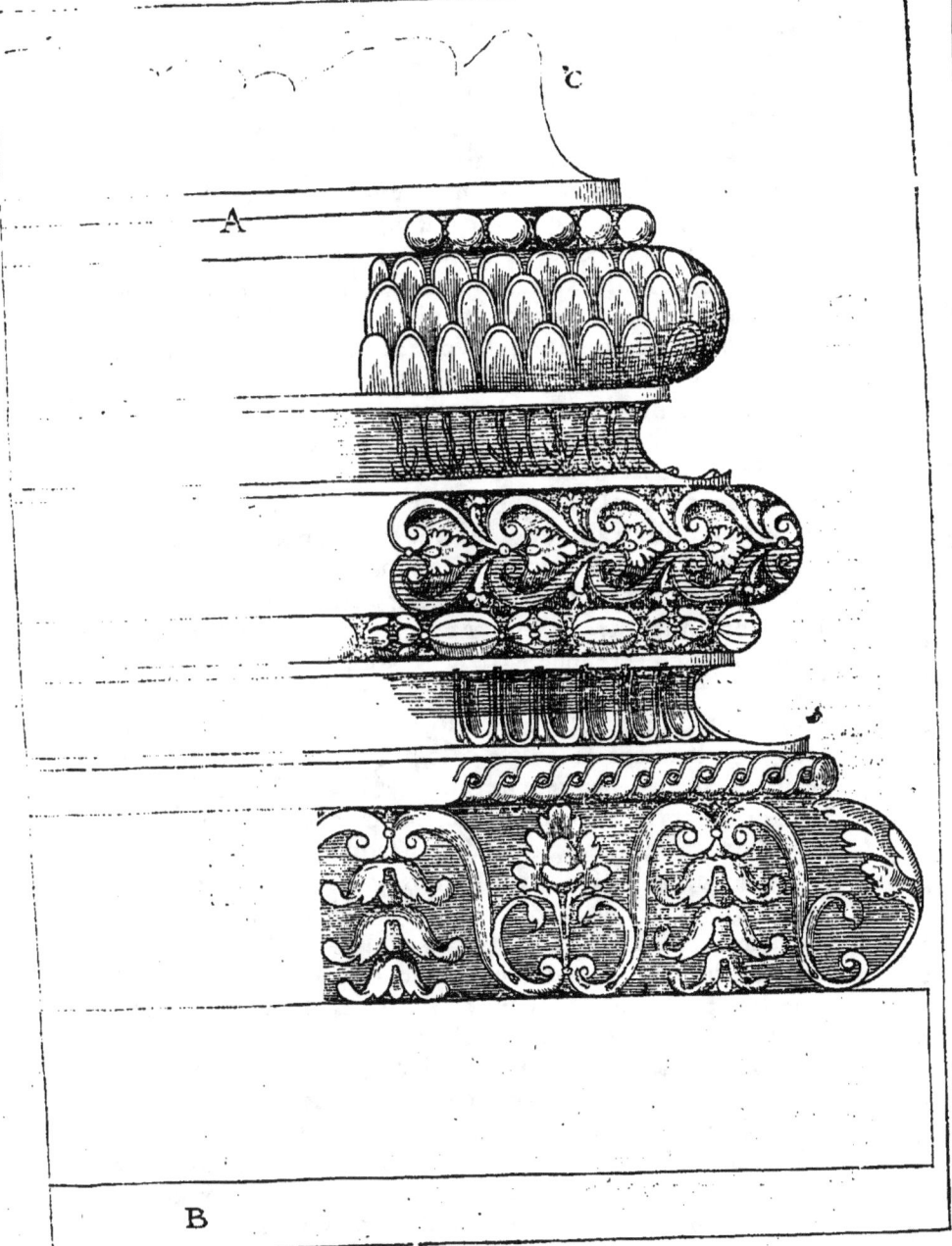

Du chapiteau

Es chapiteaux de l'ordre Corinthien se feront en
ceste sorte. Vous prendrez le diametre de leur co *La façon & cōposition des chapiteaux Corinthiens.*
lomne par le pied, ou elle est plus large, & en fe-
rez vn quarré parfaict : dedans lequel vous tirerez vne ligne diagonale, comme vous la voyez
en F G: & de tant qu'elle sera longue vous ferez
la largeur de vostre chapiteau par le deuāt au droit de l'abaque,
ainsi que vous le voyez estre rapporté depuis A iusques à B, sur
l'extremité des cornes du chapiteau. Lesquelles cornes se font *Comme sont trouuées & faictes les cornes du chapiteau Corinthien.*
en prenant toute la largeur du chapiteau A B, & faisant vn trian-
gle equilateral, comme vous le voyez en A B C: puis mettant la
pointe du compas au lieu de C, & l'estendant iusques au lieu de
D, & finalement faisant vne ligne circulaire, lors vous trouuerez
les cornes dudit chapiteau, & leur largeur au droit de A B, & par
le milieu à vn chacun endroit des quatre faces la saillie & largeur
que doit auoir la rose marquée E, qui se trouue aux faces dudit
chapiteau contre l'abaque, ainsi que vous le pourrez mieux cognoistre (sans vous en faire plus longue escriture) par la figure
que vous verrez cy-apres. Le tout se peult beaucoup plus aisé-
ment apprendre auec le compas par ceux qui ont quelque com- *Le compas esclaircir plu-sieurs choses qu'on ne peult brefuement descrire.*
mencement en l'art, que à l'ouïr par long discours d'escriture.
Vous verrez en la prochaine figure le plan de la grosseur de la co
lomne par le dessus, & par le dessous, auec la haulteur du chapiteau, qui est autant de ladicte colomne par le bas, comme F H,
semblablement la haulteur de l'abaque D, qui est d'une septieme
partie du diametre de la colomne, & quelque bien peu d'auantage. Le reste du chapiteau dessous l'abaque, iusques au dessus de
la colomne, est diuisé en trois parties egales, desquelles l'une est
donnée pour la haulteur des premieres fueilles, & deux parties
monstrent la haulteur des plus grādes fueilles, & la troisieme est
pour les volutes. Qui ne doiuent auec les fueilles exceder la ligne droicte, qui va de la corne de l'abaque, iusques au thore ou
membre rond du dessus de la colomne, comme vous le pourrez
apperceuoir de I à *K* en la prochaine figure. Si vous voulez
voir le discours de telle matiere dans Vitruue en son quatrieme
liure, il vous sera permis, pour en sçauoir faire vostre proufit, qui
n'est pas tousiours bien aysé pour les choses qui y sont fort entre-
meslées & sans ordre, comme chacun le voit: car au commencement des ordres il parle de la colomne Ionique, apres de la Corinthienne, & puis il reprend la Dorique, sans garder la metho-

K

La defcriptiõ & ordre des colomnes eftre fort confus et entremeflez dedãs Vitruue.
de de les conduire l'une apres l'autre ainfi qu'il faudroit: puis à la fin des ordres des colomnes il defcrit la Thufcane, qui doit eftre la premiere. Quoy qu'il en foit, ie n'impute le defordre à Vitruue, mais bié à quelquesvns qui l'ont faict imprimer: & pour n'entédre l'art, ils ont trefmal ordóné les parties de fon œuure, ainfi que i'ay dit ailleurs. Ce que ie defire vous eftre propofé, non par aucune iactance & certain vouloir de reprendre ou Vitruue ou autres excellents Architectes, mais bien pour en dire & declairer mon aduis en faine confcience, auecques vn defir de bien faire aux hommes, comme plus à plein ie le feray cognoiftre, fil plaift à Dieu me faire tant de grace, de pouuoir quelque iour mettre en bon ordre ledit Vitruue, ainfi que i'ay de long temps eu trefbonne enuie de ce faire, & le feray de bonne volunté, felon mon petit pouuoir, incontinent que la commodité fe prefentera, & mes affaires le permettront: non que ie vueille m'ingerer ny moins promettre d'y adioufter ne faire mieux, mais bien de rendre l'autheur plus intelligible, & le reduire à plus grande facilité

Bon vouloir de l'auteur, pour l'augmétation & illuftration d'Architecture.
pour fen pouuoir mieux ayder, tant en la theorique que pratique moderne de noz baftiments, ainfi que nous auons couftume de nous loger en France & en autres diuers lieux: comme auffi pour temples, eglifes, & autres edifices tãt priuez que communs & publiques. Voila que ie defirois vous efcrire & communiquer touchant l'ordre, mefures & ornements des parties des quatre colomnes propofées, (ainfi que nous auons dit) affez confufémét par Vitruue & autres.

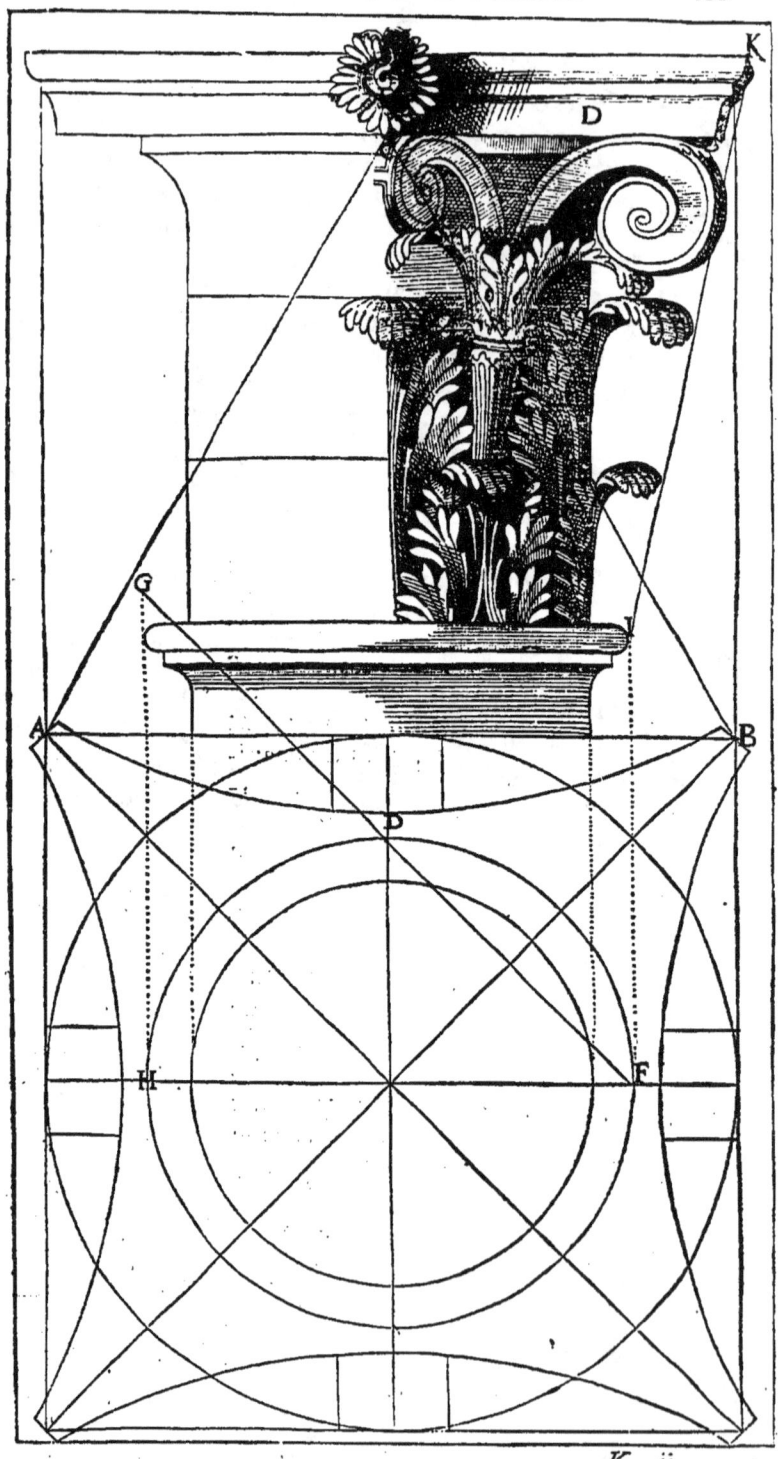

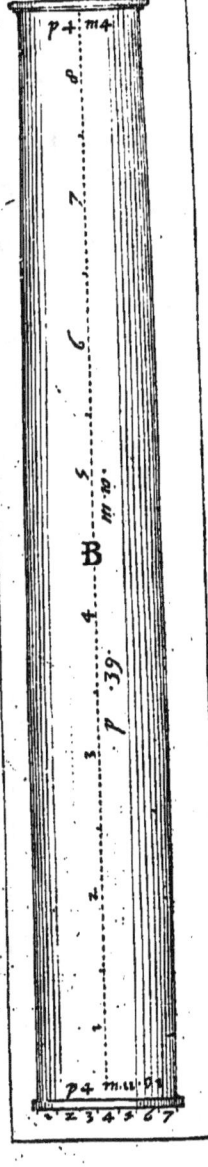

Pour mieux faire entendre les ornements de la colomne Corinthienne par diuerſes figures & exemplaires, ie mettray encores cy apres les meſures tāt du plan que de la môtée du chapiteau de la colomne qui eſt dans le Pantheon à Rome, auec ſon epiſtyle, friſe, & corniche, pour autant qu'ils me ſemblent eſtre de grande beaulté, & de fort rares meſures, ainſi que vous le pourrez iuger. Premierement la colône marquée B laquelle i'ay extraicte des chappelles dudit Pantheon, à trente neuf palmes de haulteur, & minutes dix : i'entend parler des palmes Romains, deſquels ie m'y ſuis aydé. Ladicte colomne par le pied ſe trouue auoir en ſon diametre palmes quatre, minutes vnze, & once vne. Et par le deſſus aupres du chapiteau, palmes quatre, & minutes quatre. Apres auoir diuiſé ſon diametre d'embas en ſept parties, ie trouuay qu'au deſſus il n'y en auoit que ſix : par ainſi la contracture & retraicte par enhault eſt d'une ſeptieme partie, côme eſt le pied : & la tierce partie de la haulteur de la colomne, de meſme groſſeur. Le reſte va touſiours en diminuāt, ainſi que vous le voiez en la figure icy propoſée. En laquelle vous remarquez auſſi comme ladicte colomne n'a pour haulteur que huict fois ſa largeur par le bas, comme vous le pouuez promptement meſurer & iuger.

Meſures du plan & môtée d'une colône eſtant au Pantheon à Rome.

Quant à sa basse qui est cy dessous representée auec les mesures d'une chacune partie, comme vous les pouuez voir, en premier lieu la petite assiette, sur laquelle est posé le plinthe marqué
B, ainsi que vous en voyez la forme, contient minutes vne, & onces trois de haulteur, & ledit plinthe minutes huict, onces trois
& demie: son thore ou membre rond qui est dessus ledit plinthe,
minutes cinq, onces trois pour sa haulteur, & ainsi des autres, cōme il est aisé à voir par la figure: l'escape, qui est le pied de la colomne, a minutes deux & vn tiers: & toute la saillie de la basse depuis le pourfil de ladicte colomne, iusques à la ligne perpendiculaire qui prouient du plinthe de la basse, se trouue auoir minutes
vnze & vn quart d'once. Et pour autant que vous voyez fort particulierement les autres saillies en la presente figure, il me semble qu'il doit suffire, sans en faire plus long discours.

*Explication
de la figure cy
apres proposée*

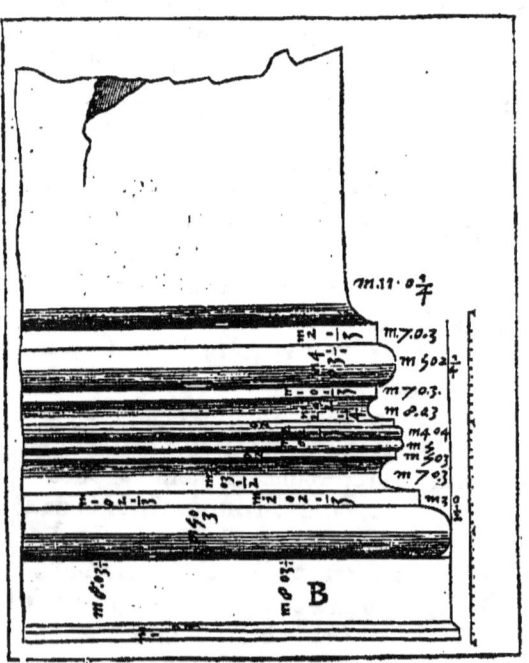

K iij

Touchant le chapiteau de la fufdicte colomne (duquel i'ay
tiré cy deſſous le plan auec la groſſeur de ſa colomne & montée
d'iceluy)vous voyez comme vne chacune des quatre faces d'une
corne à l'autre a palmes ſept, minutes cinq, & la ſaillie des roſes
qui ſont au milieu dudit chapiteau, minutes dix, & onces deux.
Auſſi vous y voyez les diametres des groſſeurs de la colomne par
le pied & par en hault:ce que ie vous ay nommé par cy-deuant la
montée de ſa colomne. Vous voyez ſemblablemét par ledit plan,
comme la colomne eſt faicte de vingtquatre ſtrieures, ou caneleures, & que les deux parts du deſſus de la colomne ſont canelées, & auſſi que le deſſous de la haulteur de la tierce partie monſtre les ſtrieures toutes quarrées, comme vous le pouuez iuger
par ledit plan à l'extremité de la circonference, qui monſtre le
plus gros de la colóne. Vous voyez auſſi par ledit plan en la prochaine figure comme la haulteur du chapiteau eſt diuiſée en trois
parties, deſquelles la premiere a palme vn, minutes huict : la
deuxieme autant, & la troiſieme, auec toute la haulteur de l'abacus, palmes deux, minutes ſix. Ledit abacus a minutes huict, onces deux:& le quarré de deſſous, minute vne, onces deux. Vous
voyez ſemblablement combien le pourfil des fueilles a de pente ou retumbée: la premiere, minutes ſept, onces deux: la ſeconde, minutes huict, once vne. Et pour autant que facilement vous
pouuez iuger du reſte, meſmes de la ſaillie des cornes du chapiteau par les lignes perpendiculaires qui tumbent ſur le plan dudit chapiteau, cela me gardera d'en faire plus long diſcours.

Fort belle deſcription du plan & montée du chapiteau d'une colomne eſtant aux chappelles du Pantheö à Rome.

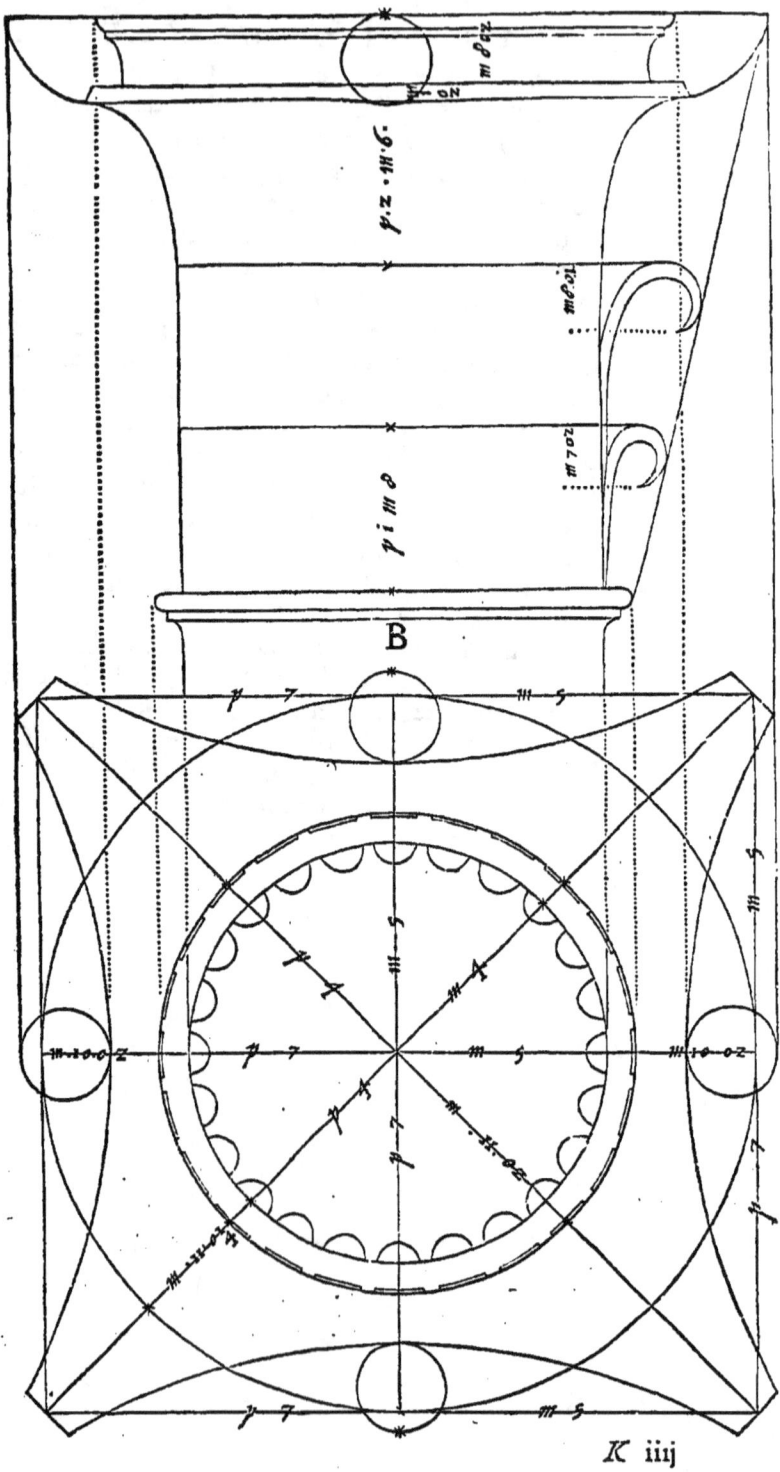

B

Quant à l'architraue, frize & corniche des colomnes qui font
aux chappelles dudit Pantheon, ie les ay figurez cy apres, comme vous les pouuez confiderer, auec les haulteurs & faillies d'u-
ne chacune partie, enfemble de leurs principaux orneméts. Dôcques la premiere face de l'architraue a minutes fix, onces deux et
demie: fon aftragale ou petit membre rond qui eft au deffus, minutes deux, onces deux: la feconde face, minutes neuf, once vne
& deux tiers: & ainfi du refte, comme vous le pouuez voir par ef
crit en la prochaine figure. Toute la faillie dudit architraue depuis la ligne perpendiculaire qui vient de la haulteur dudit archi
traue & faillie du quarré de fon cymar, iufques au deffous dudit
architraue a minutes fept, onces trois. Les faces de l'architraue ne
font perpendiculairement faictes par le deuant, mais bien fe ren-
uerfent, comme vous le pouuez voir à la premiere, qui a minutes
fept, & onces trois: & au deffus pres de fon aftragale, minutes
huict, & ainfi des autres. Touchant la haulteur dudit architraue
ie l'auois diuifée en quarante trois parties & demie, pour donner
les mefures à vne chacune chofe, mais cela ne venant bien à propos, ie n'en diray autre chofe: vray eft que ie vous ay mis cy apres
les mefures iuftement comme ie les ay trouuées aux antiquitez:
Par ainfi la haulteur de la frize a palmes trois, minutes cinq: &
celle de fa corniche, palmes quatre, minutes fept: toute la faillie
a palmes quatre, minutes cinq. Vous voyez à ladicte corniche
toutes les autres parties auec leurs mefures fur vne chacune, tant
des cymats, couronnes, mutules) appellez d'aucuns roulleaux)
thores & aftragales, que du filet quarré, & autres, qui me gardera
de vous en faire autre difcours, finon de vous aduertir, que deffus ladicte corniche y a vne façon de pied de ftat qui regne tout
autour de la circonference de la voulte du fufdit temple de la rotonde: fur lequel pied de ftat y a plufieurs beaux ornements, &
par le deffus, vne autre fort belle corniche, fur laquelle la voulte
commence à prendre fa forme fpherique, comme voulte à four,
ainfi que les ouuriers l'appellent, auecques plufieurs beaux compartiments quarrez: ainfi que ie les pourray monftrer quelque
fois plus particulierement, comme auffi tout ce que i'en ay defigné & mefuré, fi Dieu le veult ainfi permettre, & m'en donner la
grace. Pour cefte heure vous contenterez des ornements que ie
defcris, & ne tendent à autre fin que de vous bien monftrer l'ordre des colomnes Corinthiennes auec leurs ornements, & la difference qui eft aux mefures des vnes à autres: combien qu'elles
foient d'un mefme ordre. Ie vous voudrois encores prier de vouloir confiderer & vous fouuenir comme la haulteur de la colom-

Les mefures de l'architra-ue des colom-nes du Pan-theon, & de fes parties.

Pourfuite & explication de ce que deffus.

Promeffe de l'auteur auec-ques aduertif-fements fort dignes de no-ter.

ne laquelle vous auez veuë par cy-deuant contient trente neuf palmes & dix minutes: fçauoir eft, fon chapiteau palmes cinq, a-uec dix minutes: l'architraue, quatre, & quatre minutes: fa frize trois & cinq minutes, qui font en tout treize palmes & cinq mi-nutes de haulteur: qui eft la tierce partie de la haulteur de ladicte colomne, ou bien peu fen fault. Puis en adiouftant la haulteur de la corniche, qui a quatre palmes, fept minutes, & celle de la baffe de la colomne ayant deux palmes, vnze minutes: & affemblant toutes les fufdictes haulteurs, côme du chapiteau, architraue, fri-ze, corniche, & baffe, vous trouuerez vingt palmes & neuf minu-tes, qui font enuiron la moitié de la haulteur de toute la colom-ne, eftant de trente neuf palmes, dix minutes, comme ie vous ay dit. Or confiderez, ie vous prie, cefte belle mefure, & comme el-le fe trouue differête de ce que quelques vns en ont efcrit. Ie vous puis bien affeurer qu'on ne pourroit dignement loüer ny defcri-re l'œuure du Pantheon, comme eftant tres-admirable & n'ayant rien qui ne foit fort exactement faict. Voyez l'architraue qui eft auffi hault que la groffeur de fa colomne par le hault, ayant qua-tre palmes & quatre minutes de haulteur, & la colomne n'a que quatre palmes, vnze minutes, par le pied, eftant le plus gros: qui eft contre aucuns qui veulent qu'on ne donne à l'architraue que la moitié de la groffeur de fa colomne par le bas. En cela y auroit grande difference, fi leur reigle eftoit bonne, car la moitié de l'ar chitraue feroit deux palmes plus haulte qu'elle ne doit, qui feroit enuiron la moitié d'auantage: comme le pourront fort bien cal-culer & mefurer tous ceux qui en voudront prendre la peine. Ie fais volontiers ce difcours, à fin que ceux qui veulent faire profef fion d'Architecture apprennent à cognoiftre, que felon les haul-teurs des colomnes il fault faire leurs ornements de mefme: & ne faire comme aucuns qui mettêt en l'œuure des edifices qu'ils font, les ornements des colomnes ainfi qu'ils les ont trouuez aux antiques: eftants lefdicts edifices beaucoup plus petits: parquoy ils rappetiffent les mefures, ou ils fe trompent grandement. Vous verrez encores cy apres par maniere d'exemple, les autres colom-nes du fufdit Pantheon.

Beau difcours fur la confe-rence de la haulteur de la colomne auec celle de fes parties.

L'auteur re-prend l'aduis & opinion de quelques vns.

La faulte que plufieurs commettent.

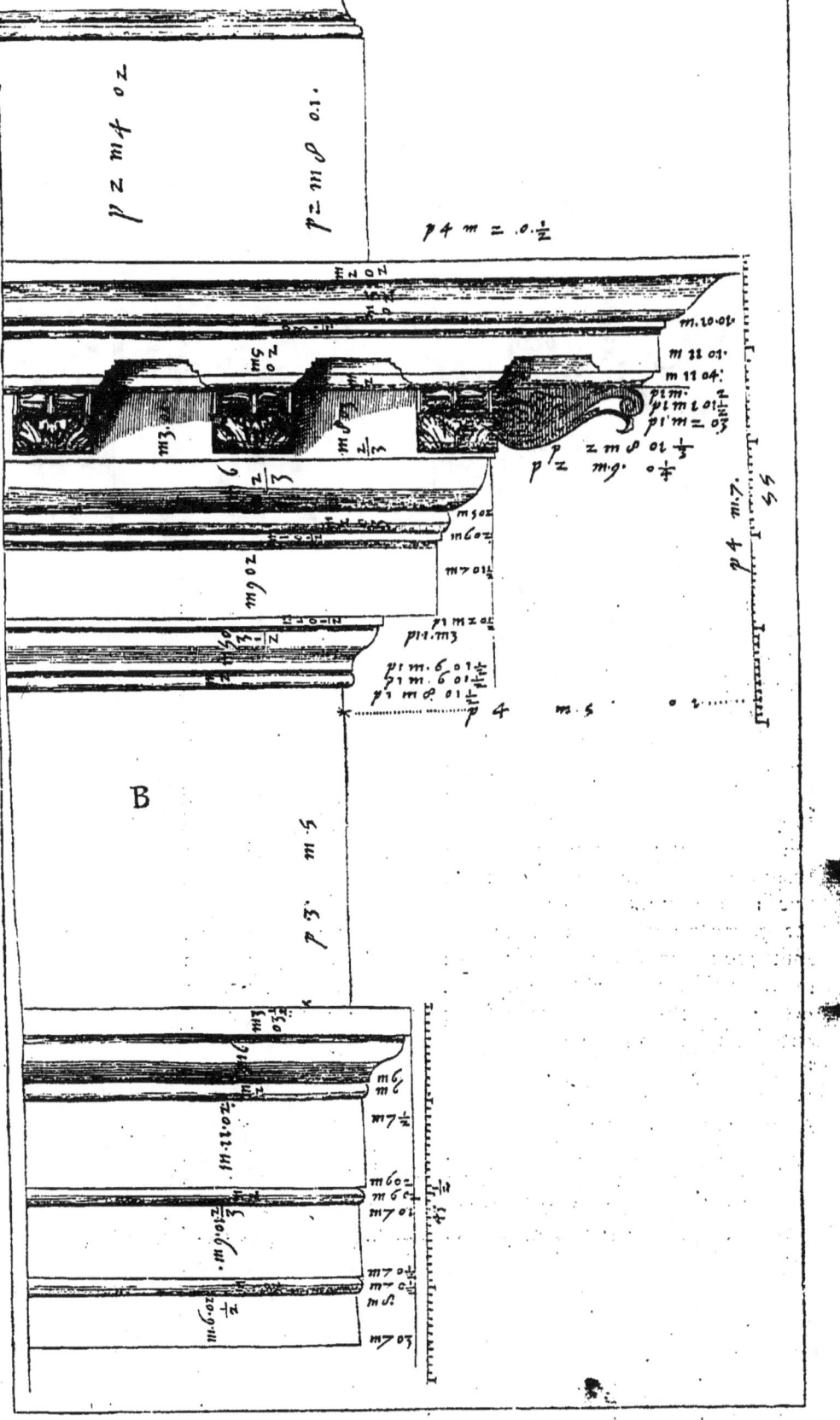

Des colomnes & ornements qui sont aux tabernacles & petites
chappelles dedans ledit Pantheon, appellé à Rome Nostre
Dame de la rotonde. CHAPITRE V.

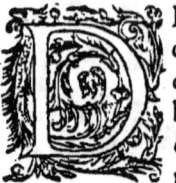 Esirant affe-
ctionnément
de vous faire
bien entédre
& monstrer
par diuers exé
ples, cóme vous ne deuez vo'
ayder de toutes sortes de me
sures des colónes que vous
voyez aux antiquitez pour
les faire seruir, si vous ne les
voulez applicquer à mesmes
proportiós & grádeurs d'œu
ures, pour la grande differen
ce que les bons Architectes
ont donné aux ordres des colomnes auec differentes fortes de mesures, selon les haul
teurs qu'on y pouuoit voir,
(comme plus amplement,
Dieu aydát, vous l'entédrez
par ce discours d'architecture) pource est-il que encores
pour plus grande manifesta-
tion d'exemples, ie vous ay
mis cy apres cinq ou six sortes de colomnes l'une apres
l'autre toutes faictes sous vne
mesme proportion, suiuát le
palme Romain. Vous voyez
en premier lieu comme celle
des tabernacles, & petites
chappelles du Pantheon, cy
aupres proposée, se monstre
beaucoup plus petite que la

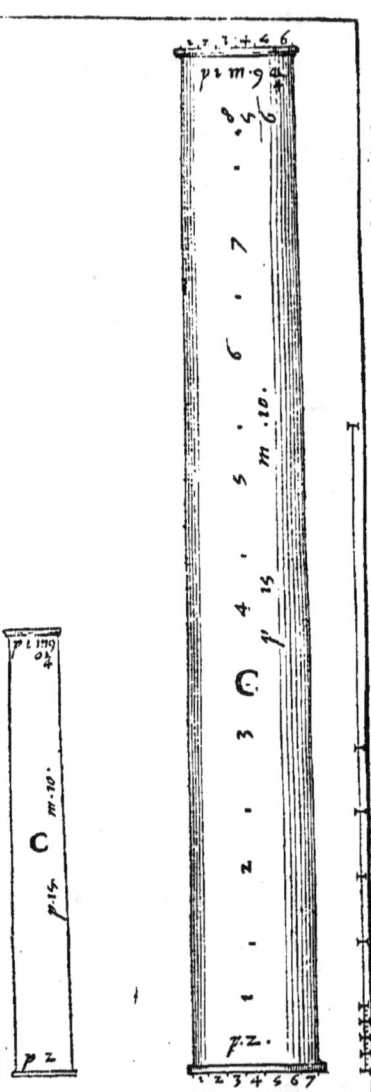

Continuation
du bon vou-
loir de l'au-
teur enuers les
amateurs d'ar
chitecture.

colomne qui estoit par cy-deuant marquée B. Et si elles sont de
differentes mesures, tous leurs ornemets sont aussi tres differéts.
Vous voiez comme la presente se trouue auoir palmes quinze, &

minutes dix pour ſa haulteur:& pour ſa groſſeur par le pied , palmes deux, qui eſt quaſi huiⅽⅼfois la haulteur de ſon diametre, car
ne ſen fault que deux minutes. La groſſeur de ladiⅽⅼe colomne
par le hault ſe trouue auoir palme vn,minutes neuf,vn quart d'ō-

Les colomnes du Pantheon auoir eſté fai-ⅽⅼes à diuer-ſes fois.
ce, qui eſt vne huitieme partie de retraiⅽⅼe de la groſſeur du pied
de la colomne.Ie veux bien vous aduertir, que ladiⅽⅼe colomne
auec tous ſes ornements a eſté adiouſtée & faiⅽⅼe long téps apres
l'edification du Pantheon, ou egliſe de noſtre Dame de la rotóde:
auſſi l'ordre n'eſt point ſi beau que les premiers, iaçoit qu'on en
trouue beaucoup de pires.Et pource que ladiⅽⅼe colomne ſe trou
ue trop petite, pour eſtre faiⅽⅼe d'vn meſme palme que celle
du Pantheon,qu'auez veuë par cy-deuant, ie l'ay faiⅽⅼe plus gran
de,à fin qu'elle ſoit mieux repreſentée,& que lon cognoiſſe oultre cela, que le diametre par le pied de la colomne eſt diuiſé en
ſept parties,dont le deſſus d'icelle n'en a que ſix.

　　Pour doncques acheuer l'ordre Corinthié des tabernacles du
Pantheon, les colónes y ſont plantées au coſté d'vn autel qui eſt
faiⅽⅼ en façon de pied de ſtat (comme vous le voyez en la figure
Declaration fort ample de la figure cy a-pres deſcrite.
cy apres deſcrite)ayant vn plinthe par deſſous, qui a palme vn,
minutes cinq, & onces trois. Le dedans du pied de ſtat entre la
baſſe & corniche marqué C,a palmes cinq, minutes trois, onces
trois & demie,& ainſi conſequemment des autres. Vous voyez
ſur la corniche du pied de ſtat ſa baſſe, qui a vngrand plinthe de
la haulteur d'vn palme, & vn autre plinthe de la baſſe de la colóne,ayant minutes dix: la ſaillie de ladiⅽⅼe baſſe a minutes quatre,
onces trois & demie: & toute la haulteur de ladiⅽⅼe baſſe a vn
palme, cinq minutes & demie : & ainſi des autres parties que
vous y pouuez choiſir . Vous voyez auſſi le plan de ſon chapiteau, qui a trois palmes en quarré de chacune face: depuis la
groſſeur de ſa colomne iuſques à l'extremité des cornes, ſe trouuent palme vn , minute vne , & onces trois: la ſaillie des roſes qui
ſont au milieu de l'abaque, a minutes quatre , onces deux & demie: & ſix minutes, onces quatre & demie de large. La haulteur
du chapiteau a palmes deux,minutes deux,onces deux & demie,
comme vous le pouuez iuger & cognoiſtre par la figure cy a-
pres propoſée, tant du plan dudit chapiteau, que de ſa montée,
Continuation de ce que deſ-ſus.
auec la ſaillie des fueilles,haulteur & moulure de l'abaque,& autres. Vous voyez auſſi par le deſſus, ſon architraue, qui a vn palme, trois minutes, trois onces & demie de haulteur:ſa frize palme vn, minutes quatre, & onces deux . Toute la haulteur de ſa
corniche contient palme vn,minutes vnze: & la ſaillie de ladiⅽⅼe
corniche a enuiron autant. Vous pouuez voir le reſte des autres
　　　　　　　　　　　　　　　　　　　　　　　　　　parties

parties par les mesures qui sont escrites dessus. Si vous voulez assembler la haulteur du chapiteau de l'architraue & frize, vous trouuerez qu'ils contiennent enuiron la tierce partie de la haulteur de leur colomne, ou bien peu sen fault.

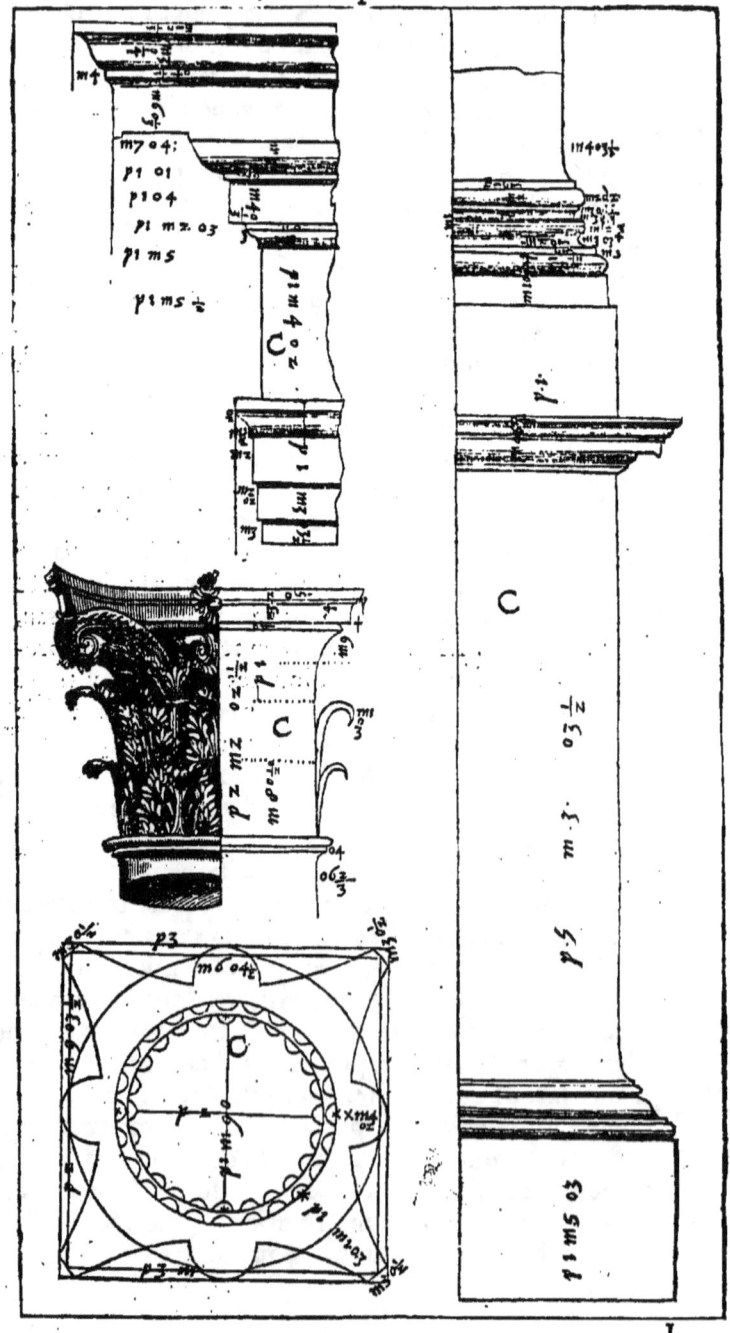

De cecy ie cuide cognoiſtre, que ceux qui ont faiĉt les colom
nes des tabernacles & petites chappelles du Pantheon ont voulu
imiter les meſures des colomnes que nous auons par cy-deuant
deſcrites, & ſont aux grádes chappelles dudit Pátheon. En quoy
on recognoiſt qu'ils n'ont pas ſi bien faiĉt, ne ſi bien entendu l'art
que les Architeĉtes qui ont premierement faiĉt ledit Pantheon:
ioinĉt auſſi que tous ces ornements de colomnes qui ſont aux tabernacles dudit Pantheon, deſquelles nous parlons preſentemét,
ne ſont en tout ſemblables, & ſen fault touſiours quelque petite
choſe, comme vous le pourrez cognoiſtre en la figure cy apres
deſcrite, ou ie mets la haulteur de la corniche, friſe, architraue, &
chapiteaux, auecques vne autre colomne, pour autát que à celle
que i'ay figuré cy-deuant marquée C, y a quelque difference aux
haulteurs de ſes ornements. Ce que i'ay voulu faire icy expreſſe-
ment, pour repreſenter leſdiĉts ornemĕts & colomnes ainſi que
ie les ay trouuez. Vous y voyez la haulteur du chapiteau auoir
palme deux, minutes deux, vn quart & once demie: la haulteur
de ſon architraue, palme vn, minutes quatre, & vn quart: la ſaillie, minutes quatre: la haulteur de la frize, palme vn, minutes
quatre: laquelle eſt de meſme haultĕur que l'architraue, ne ſen
fault que vn quart de minute: & la haulteur de la corniche, palme vn, minutes vnze & demie, auec autant de ſaillie: ainſi que
plus particulierement vous l'auez veu en la figure precedente: &
non ſeulement des corniches, frize, architraue, & chapiteau,
ains auſſi du ſtylobate. Mais ſans vous en tenir plus long propos, nous reuiendrons à parler des colomnes & ornements qui
ſont au portique du Pantheon Romain, autrement nommé la
Rotonde, ainſi que pluſieurs fois nous auons dit.

*Aduertiſſe-
ment auec-
ques inſtru-
Ĕtiõ digne de
noter.*

*L'auteur pro-
ceder fidele-
ment en la deſ
cription des
meſures.*

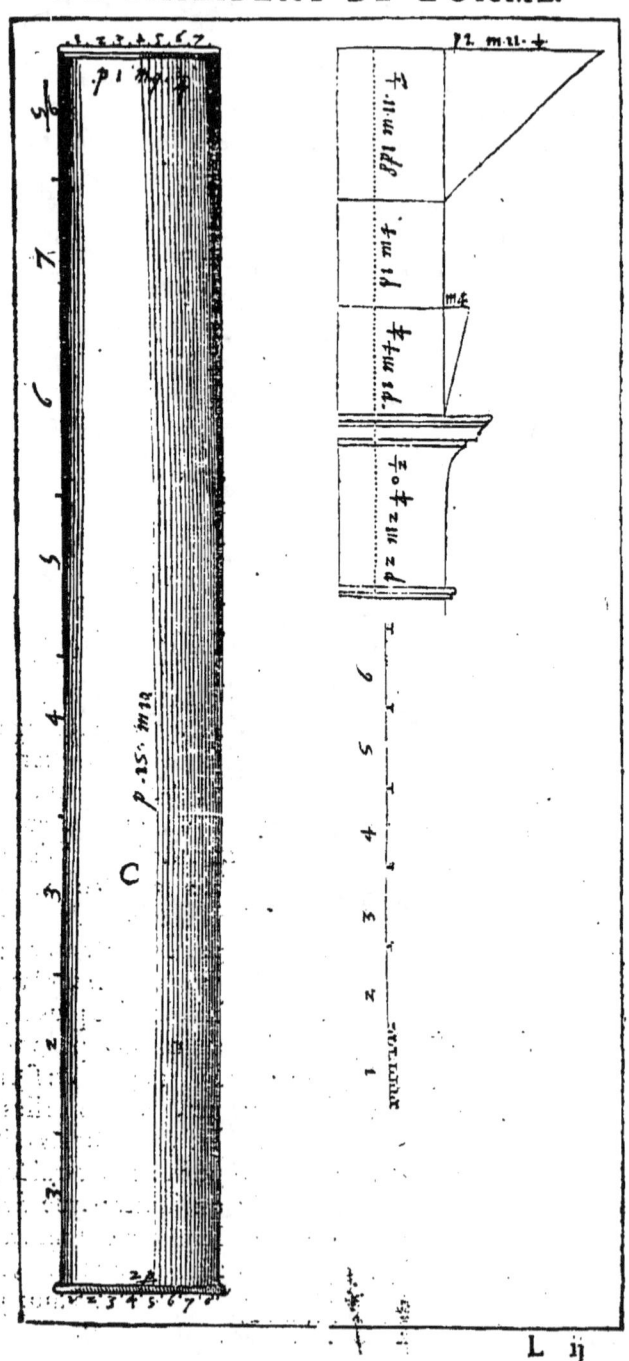

Mesures des colomnes du portique du Pantheon, comme auſſi de leurs baſſes, chapiteaux, architraues, friſes & corniches. CHAPITRE VI.

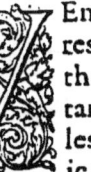

Les colomnes & ſtruĉture du Pantheon eſtre de grande louange et admiration.

VEnant le lieu fort à propos nous parlerons encores des colomnes qui ſont au portique du Pantheon, comme œuure digne d'alleguer, & meritant grande louange, pour eſtre belle à merueilles, ainſi que pluſieurs ſçauent. Ie vous aduiſe que ie prendrois grand plaiſir à deſcrire bien particulierement & entieremēt toute la ſtruĉture de l'edifice dudit Pátheon, nō ſeulemēt en ſon portique & colōnes, mais auſſi en toutes ſes autres œuures & parties (leſquelles i'ay curieuſemēt & diligemment meſurées, pour leur excellence) n'eſtoit que mes occupations ne le permettent : toutesfois ſe preſentant l'occaſion, ie mettray vn iour le vouloir en euidence : iaçoit que quelques vns en ayent eſcrit, ou plus toſt faiĉt approches : car veritablemēt toutes leurs meſures ne ſaccordent aux miénes, qui ont eſté prinſes, comme i'ay dit, bien exaĉtement ſur le lieu. Qui ſera cauſe de m'en faire eſcrire quelque choſe que ie n'euſſe fait : nō point pour vouloir reprendre perſonne, ains plus toſt pour monſtrer la maieſté d'vn tel œuure digne de perpetuelle memoire. Mais ie reuiens aux colomnes du ſuſdit portique du Pantheon Romain, leſ

Meſure des colomnes qui ſont au portique du Pantheō à Rome.

quelles nous auons trouué auoir de groſſeur par leur diametre, palmes ſix, minutes ſix & demie : & par le deſſus au plus eſtroiĉt palmes cinq, minutes vnze, & de haulteur, cinquante deux palmes, minutes trois & trois quarts, ſy trouuant huiĉt fois le diametre de la groſſeur par le bas. Lequel i'obſeruay eſtre encores diuiſé en dix parties, & par le deſſus en neuf, qui n'eſt qu'vne dixieme partie de retraiĉte eſtant quaſi auſſi groſſe la colomne par le hault que par le bas. Mais la grande haulteur debilitant la veüe, fait qu'elle apparoiſt eſtre plus petite, & ſemble eſtre plus r'appetiſſée par le hault qu'elle n'eſt, & auoir quaſi meſmes proportiōs, qu'ont les colomnes de douze, quinze, ou vingt palmes : ſi eſt-ce qu'elles ne ſont routes de pareille groſſeur, meſmes celles qui ſont ſur les coings, ou il y a quelque difference, pour les raiſons

L'auteur propoſer quelque fois deux figures d'vne meſme choſe, par la faulte du tailleur ayant mal beſongné.

que i'ay dit & allegué ailleurs. I'en ay trouué aucunes qui ſe diuiſent en neuf parties par le deſſous, & en ont huiĉt par le deſſus : qui m'a faiĉt mettre encores vn autre deſſeing de colomnes cy apres à la figure de ſa baſſe, non pas pour eſtre mieux faiĉte, mais pour autant que le tailleur n'y auoit bien beſongné à mon plaiſir, & comme il appartenoit de faire.

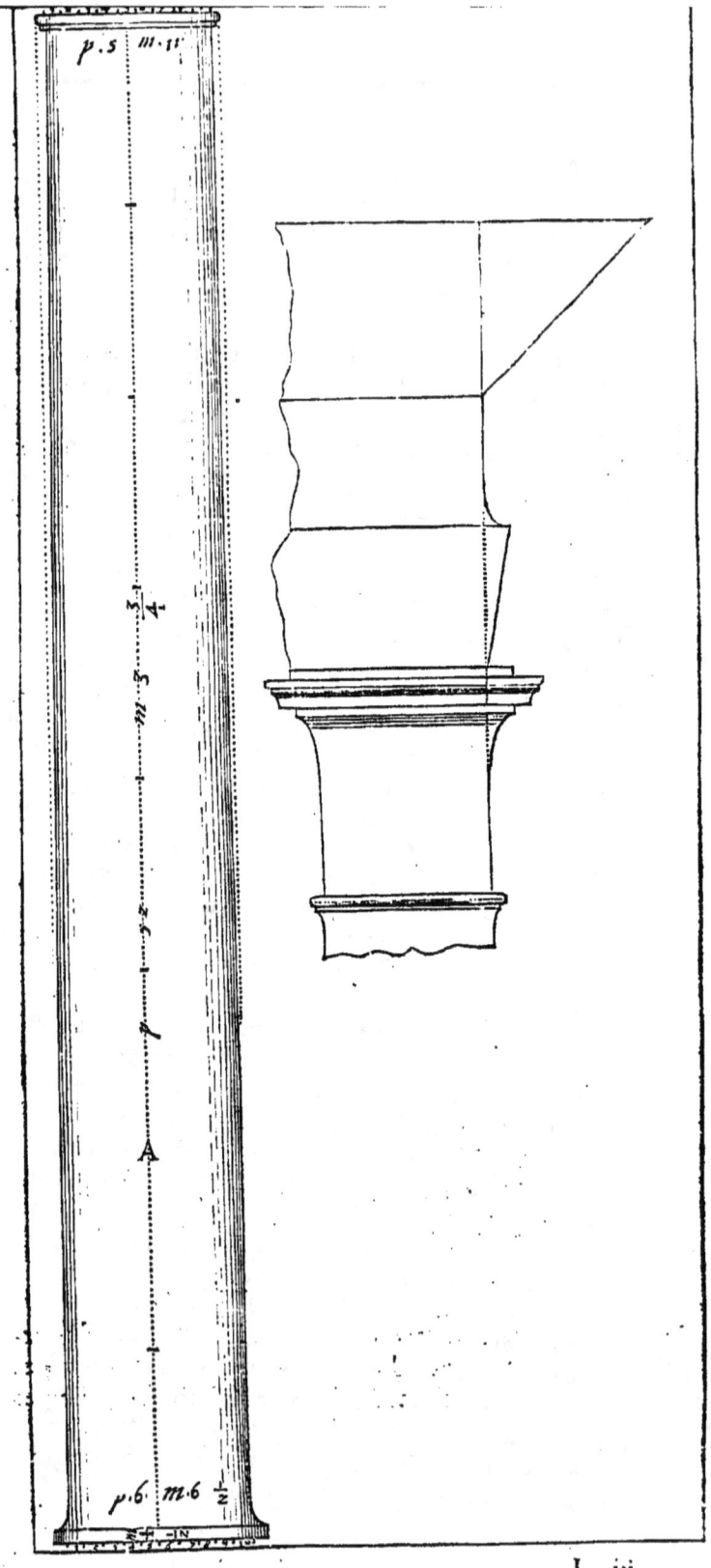

Quant à fa baffe, laquelle fe monftre tres-belle & admirable
en œuure, elle a trois palmes fix minutes & deux onces de haulteur, & vn palme, trois minutes, auec deux tiers d'once de faillie:
fon plinthe figné A, contient neuf minutes, trois onces & demie
de haulteur: fon thore ou gros membre rond, qui eft deffus, fept
minutes, deux onces: fon filet quarré, deux minutes, & ainfi des
autres parties, lefquelles vous pouuez voir particulieremét, tant
pour leur haulteur, que pour leur faillie. Les piliers font canelez,
Declaration ou ftriez: & le côcaue de la ftrieure a huiĉt minutes & vne once
de la figure de largeur, eftant faiĉt auec fon hemicycle entier. La ftrieure qui
enfuiuant & faiĉt la feparation des concauitez ou caneleures, a minutes deux,
de fes parties. onces deux: eftant fur les angles plus large d'vn petit mêbre rond
qui a vne minute & onces trois de largeur: ainfi que vous le pou-
uez iuger par la prefente figure.

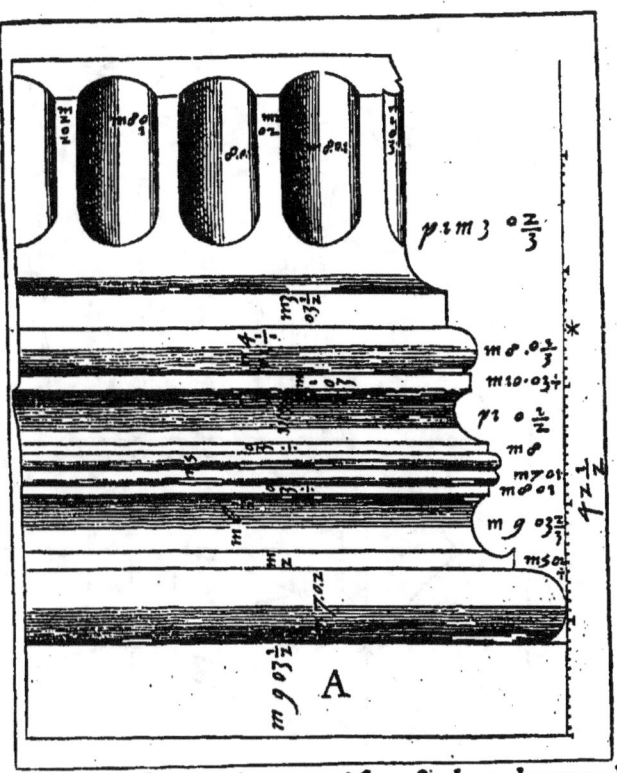

La haulteur des chapiteaux qui font fur les colomnes du portique du Pantheó, ont fept palmes, minutes cinq & trois quarts,
leur abaque auec les moulures & filet quarré de deffous, minutes

dix,& trois quarts.La haulteur des premieres fueilles a deux pal
mes,quatre minutes, & celle des secondes, quatre palmes, trois
onces.La haulteur des volutes, deux palmes six minutes.Par dessus les chapiteaux y a vn filet quarré qui ne se voit à tous les ordres,ayant quatre minutes de haulteur:lequel a esté fait par l'Architecte pour esleuer l'architraue, à fin que la saillie des chapiteaux n'empeschast de voir l'ornement, ce que vous pouuez cognoistre au lieu marqué A, en la figure cy dessous proposée : en
laquelle si vous ne voyez les mesures designées par nôbres comme aux precedentes, & les refentes des fueilles, vous l'attribue-
rez au tailleur de mes planches, qui les a omises.

Explication
de la figure cy
apres descrite
& proposée.

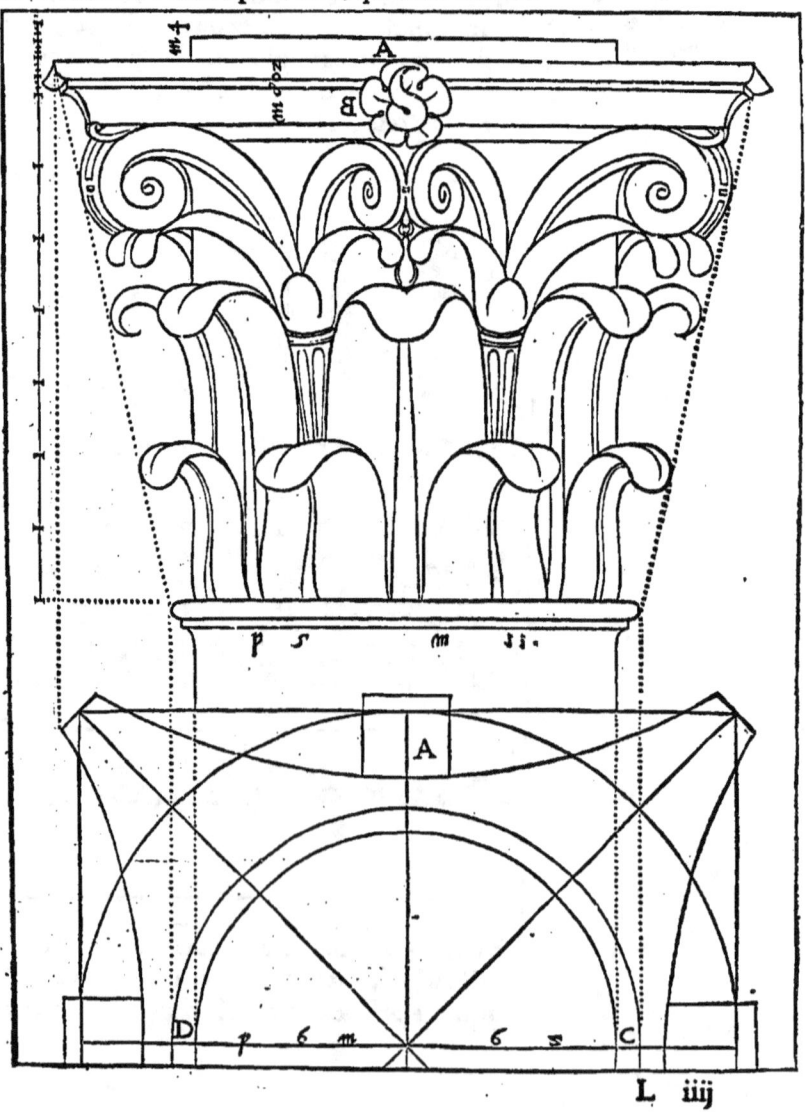

LIVRE VI. DE L'ARCHITECTVRE

Quant à l'architraue, ie l'ay faict cy apres vn peu grand, pour

monstrer l'espesseur de la grosseur du mur, & architraue qui re-

gne sur les colomnes, & à l'autre costé opposite de l'architraue,

Declaration de la figure ensuiuant.

vne corniche qui est au dedans du portique, regnát tout autour,
ou lon voit par dessus ladicte corniche & colónes qui sont dans
ledit portique, vne charpéterie qui est tresadmirable & fort bien
faicte: de sorte qu'il semble que la plus part soit de bronze & cuiure, pour le moins le bois, cóme aussi les panes, montás & liens,
sont couuerts de bronze. Ie vous en ferois plus long discours
sil estoit à propos. Lequel delaissé nous reprendrons la susdicte
corniche, laquelle a deux palmes, minutes deux & demie de saillie, & de haulteur quatre palmes, huict minutes, deux onces. La
premiere face de dessous a minutes six, onces trois: la seconde, minutes huict, onces trois: la troisieme, minutes neuf. Les trois petits astragales qui font les separations, sont quasi d'une mesme
haulteur, & ont minutes deux, onces deux, ainsi que vous les pou
uez aperceuoir. Vous voyez aussi que le cymace qui est au dessus,
a minutes six, onces deux: la courone, minutes quatre, once vne,
ainsi que vous le trouuez bien escrit sur chacune partie de la corniche: comme aussi de la saillie, qui est chose fort belle en œuure
portát façó d'architraue & corniche. De l'autre costé vous voyez
l'architraue qui a palmes quatre, minutes quatre, onces deux de
haulteur: & la saillie d'iceluy, minutes neuf & onces trois. Vous

Continuation de ce que des-sus.

remarquez aussi sur la mesme figure cy apres descrite, toutes les
mesures des autres parties, sans en faire plus longue exposition.
D'abondant vous y voyez au plus hault dessus la marque A, le
lieu de la frize, qui a quatre palmes & minutes cinq de haulteur,
entre la susdicte corniche & l'architraue. Il est aussi fort aisé de y
voir le commencement de sa corniche, laquelle ie vous monstreray incontinent apres ceste cy.

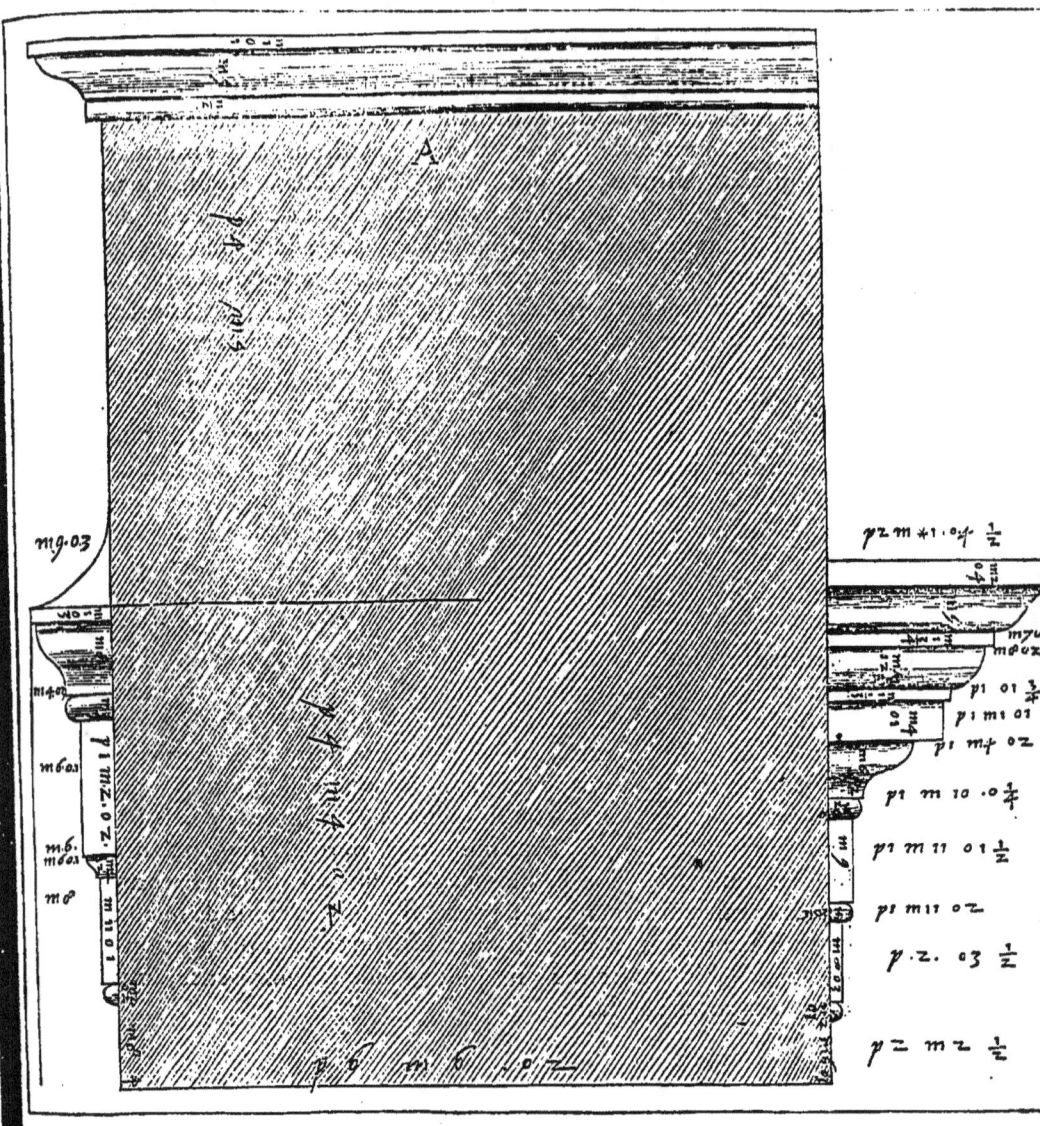

La corniche que vous verrez cy apres (laquelle sert à l'architraue cy deuant proposé, & est appliquée dessus les colomnes au
portique du Pantheon, dict la Rotonde) est d'une beaulté inesti-
mable, ayant de haulteur & de saillie vne chacune de ses parties,
tant au cyme, couronnes, cymacions, membres ronds, astraga-

*De la corni-
che du porti-
que du Pan-
theon.*

les, & autres, comme vous le voyez iustement escrit sur la figure cy apres representée. Le quarré signé B, a trois minutes, le cyme vnze, & onces deux & demie: la saillie dudit cyme, minutes
dix, auec demie once, suiuant la ligne perpendiculaire que vous
voyez sur l'extremité de la corniche. Sa couronne marquée D, a
palme vn, minutes deux, once demie de haulteur, & ses mutules
ou rouleaux palme vn, minute vne & demie, & auec le filet quar
ré, qui est au dessous, palme vn, minutes deux & demie: & de

saillie & longueur iusques à la ligne perpendiculaire qui vient de
la couronne, palmes deux, minutes cinq: ou bien depuis l'extremité de la corniche, palmes trois, minutes sept : lesdicts mutules
ou rouleaux ont de largeur vnze minutes, trois onces : en l'espace qui est entre lesdicts rouleaux au droit des cymacions, se voit
palme vn, minutes quatre. Aux lieux marquez E se trouuent des
roses, qui ont palme vn, minute vne & demie de largeur, & de
profondeur quatre minutes: l'echine ou sont les œufs au dessous
desdicts mutules, a minutes neuf de haulteur : l'astragale qui est
au dessous, minutes deux, onces trois & demie: la face du quarré
qui est au dessous, au lieu ou lon a accoustumé de mettre les denticules, a minutes vnze, once & demie de haulteur. Mais de ce
propos sera assez, pour autant que vous pouuez fort bien comprendre le tout par la prochaine figure, & par icelle voir non seulement les haulteurs, mais aussi toutes les saillies d'vne chacune
chose en leur endroit. Et oultre ce pour le mieux mesurer, i'ay in-
seré en la mesme figure, la longueur des palmes & minutes:
ioinct aussi que vous voyez en la ligne perpendiculaire qui est
sur l'extremité de la corniche, les palmes & minutes de sa haulteur, qui sont six palmes, neuf minutes & demie, faisant octante
huict minutes & demie. Par lesdictes diuisiõs, en prenant le compas, & le raportât sur chacune partie, il vous sera facile de mieux
cognoistre toutes les dimensions & mesures pour proportion-
ner semblable corniche à vne plus grande ou plus petite, ainsi
que vous en aurez affaire.

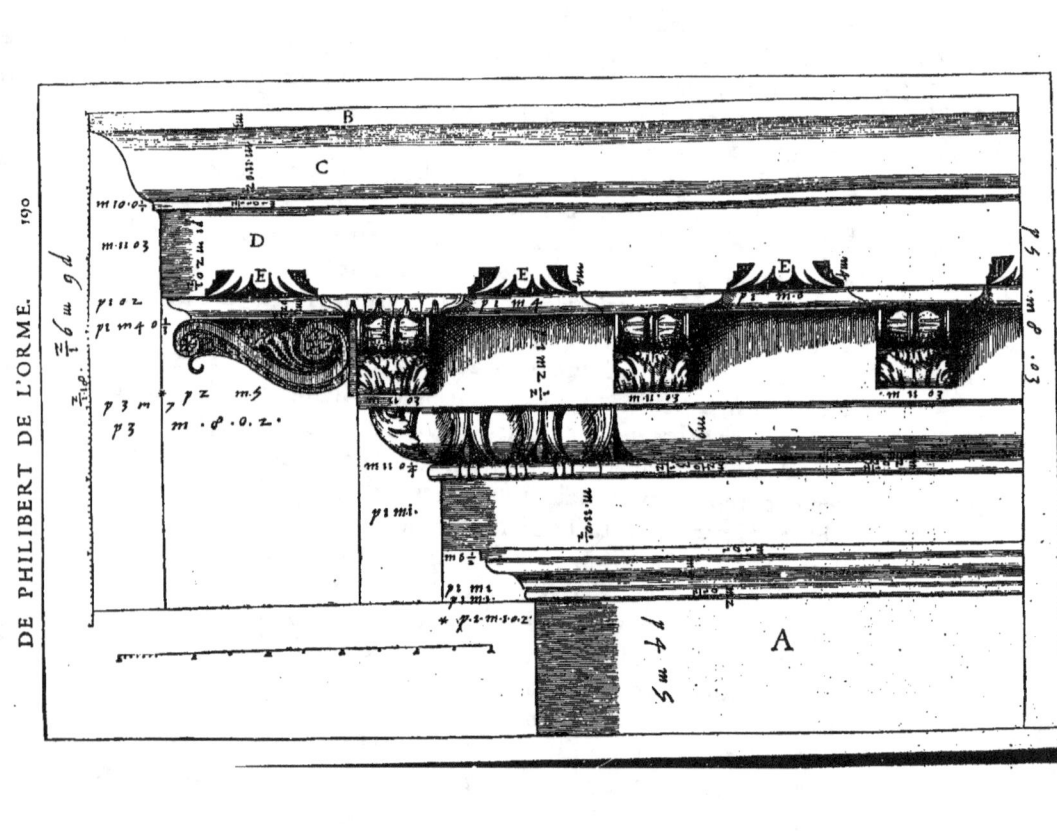

Vous auez doncques iusques icy veu & entendu les mesures
des trois ordres de colomnes auec leurs ornements, qui sont dans
le Pantheon de ladicte Rotonde, à Rome. C'est vn temple tout
rond, & autant beau que lon sçauroit voir, côtenant cent nonante & quatre palmes de diametre, auec vne ouuerture par le milieu de la voulte au plus hault, qui a quarante palmes & dix mi-

Fort belle &
singuliere de-
scription du
temple appel-
lé à Rome ia-
dis Pantheon,
& auiour-
d'huy, nostre
Dame de la
Rotonde.

nutes de large. Ledit temple est accompagné de sept chappelles,
desquelles trois sont en hemicycle & quatre quarrées: ayant chacune de profondeur, vingt sept palmes, neuf minutes: & de
largeur par le deuant trente huict palmes, six minutes, & onces
deux. En chacune chappelle y a deux colónes par voye, fors qu'à
la chappelle du milieu, ou les colomnes sont à costé, qui contien
nent les mesures que ie vous ay proposées cy-deuãt, au lieu marqué B. L'entrée dudit temple est admirable, signamment en vne
porte (de laquelle ie vous descriray les mesures cy-apres, au lieu
ou ie traicteray de plusieurs sortes de portes & entrées des temples & bastiments) ayant ses pieds droicts & sa couuerture toute
d'une piece, qui est chose admirable veu la grande haulteur & lar
geur de ladicte porte. Son portique au deuant, est fait de seize co
lomnes accompagnées de fort beaux pylastres qui portent basses
& corniches comme les colomnes, & sont tous striez. N'estoit
que ie suis sollicité de fournir copie & figures à l'imprimeur, qui
tient nostre present œuure sur la presse, ie vous dónerois de bien

Promesse de
l'auteur fort
desirée de plu-
sieurs.

bon cueur le plan dudit Pantheon, & peult estre la montée. Ce
que ie pourray bien accomplir, moyennant l'aide & grace de
Dieu, deuãt que ledit œuure soit paracheué d'imprimer. Ie n'ou-
blieray de vous aduertir que tout le temple dudit Pantheon est
aussi hault que large par son diametre. Et pour ceste heure vous
contenterez, s'il vous plaist, de ses mesures.

D'autres sortes de colomnes Corinthiennes, pour monstrer la diffe-
rence de leurs mesures & proportions, CHAPITRE VII.

Bon vouloir
de l'auteur
enuers les ar-
tisants & ap-
prentifs.

Our encores d'abondant cognoistre la grande
difference des colomnes Corinthiénes, nous en
mettrons icy quelques vnes, à fin qu'on puisse
mieux iuger de leurs proportions & mesures, có
me aussi choisir ausquelles on se voudroit arrester, selon l'œuure qu'on auroit à faire. Dócques
i'en proposeray encóres vne qui m'a semblé fort belle, & est à
sainte Praxede à Rome, n'ayãt que seize palmes, minute vne, &
onces trois pour sa haulteur: & pour son diametre d'en-bas, palme vne,

me vne, minutes dix, & once vne. Ledit diametre eſt diuiſé en ſix parties,
deſquelles le deſſus au plus eſtroiɛt de
la colomne en prend cinq de largeur
en ſon diametre, qui eſt vne ſixieme
partie de retraiɛte, ou plus petite groſ
ſeur, qu'elle n'eſt en-bas. Ladiɛte colomne a huiɛt fois ſa groſſeur pour
ſa haulteur, & trois quarts d'vne hui-
tiemè partie: ainſi que vous la pouuez
iuger par la figure preſente, marquée H, auec ſes autres meſures particulieres. Vous conſiderez la difference de ceſte-cy aux autres, pour n'a-
uoir que ſeize palmes de haulteur, au
regard de celles qui en ont d'auantage & ſoɛt fort haultes. Ie vous puis
bien aſſeurer, que c'eſt vne des belles
colomnes & auſſi plaiſante qu'il ſen
voit point à Rome.

Nous propoſerons encores cy a-
pres deux autres colónes, deſquelles
l'vne eſt à Rome au ſeptieme arc deſſous le camp-doille, cy-apres marqué
G, ayant trente deux palmes & quatre minutes de haulteur, & de groſſeur par le bas, quatre palmes, & par le
hault trois, auecques ſix minutes: qui
ſeroit la proportion de huiɛt parties
du diametre de ladiɛte colomne par
le pied, & par en hault ſept. L'autre co
lomne marquée F, eſt à l'arc trium-
phant de Beneuento en ladiɛte Ro-
me, ayant vingt trois palmes & deux minutes de haulteur, &
deux palmes dix minutes de groſſeur par le pied, & par le deſſus
deux palmes, cinq minutes, combien que le bout d'enhault ſoit
mal noté en la figure: Conſiderez, ie vous prie, leſdiɛtes meſures,
& examinez diligemment auec l'aide du compas leur difference, & par là cognoiſtrez ſil ne fault pas auoir bon iugement quád
on veult mettre telles colomnes en œuure, auec leurs orne-

*Deux ſortes
de colomnes
auec leurs me
ſures.*

M

ments : & s'il n'y fault pas
obseruer beaucoup de cho-
ses pour se garder d'y faire
faulte, & les dresser selõ les
œuures & haulteurs qu'on
aura à faire. Laquelle faulte
Aduertisse- sy cõmettra incontinent, si
ment qui n'est on n'entẽd la raison & pra-
à negliger. tique des proportions, non
seulement aux colomnes,
mais aussi à tous leurs ornements tousiours differents,
selon la grandeur des œu-
ures qui se presentent.

Ie vous proposerois de
superabondant vne colom-
ne qui est au temple de Paix
à Rome: laquelle i'ay mesu-
réeau pied antique, n'estoit
que la planche & figure a
esté esgarée entre plusieurs:
mais cela n'epeschera qu'el-
D'une colom- le puisse estre entẽdue &
ne qui est au soit reduite à quelque autre
tẽple de Paix mesure qu'on voudra, à fin
à Rome. de cognoistre les proportions & ordre qu'on y doit
garder. Ladicte colomne a
quarante huict pieds, cinq
poulces, & trois lignes de

haulteur: & de grosseur par le bas cinq pieds, six poulces, en son
diametre: & par le hault pres le chapiteau cinq pieds, trois poulces, & quatre lignes. Par là il se voit que la colomne a bien peu de
retraicte & ne se r'appetisse en tout que de deux poulces & huict
lignes, qui n'est qu'vn poulce & quatre lignes par les costez &
autour. Considerez donc, ie vous prie, comme les anciens Architectes fort bien aduisez & pleins de grande industrie & artifice,
faisoient les colomnes quasi d'une mesme grosseur, quand elles
estoient de grande haulteur proportionnée à leur grandeur. l'ay
veu sur ce mesme fait des fractures d'aucunes colónes qui estoiẽt
aussi grosses par le hault que par en bas, mais elles reuenoient cõ-

me à soixante pieds de haulteur. Il fault bien entendre ces raisons si on desire faire quelque bonne œuure, à cause de l'optique & perspectiue qui donne contentement à la veüe. Vous m'excuserez, pour la susdicte cause, si ie ne vous exhibe figure demonstratiue du discours cy dessus tenu.

Des trois colomnes que lon voit à Rome pres S. Cosme & S. Damian, auec leurs ornements de l'ordre Corinthien. C H. V I I I.

IE vous veux d'abondant icy descrire les trois colomnes qui sont à Rome dessous le Campdoille, pres de S. Cosme & S. Damian, auec les vestiges de quelques autres qu'on voit encores au lieu ou estoit le grãd Palais, qu'ils appellent auiourdhuy Palatio maiore. Aucuns escriuét qu'en ce lieu la, ou aupres, estoit la place & gouffre, auquel se precipita M. Curtius tout armé & à cheual, pour le salut du peuple Romain, ainsi que vous le pouuez voir en l'histoire : & dict on que lesdictes colomnes seruoient au temple de Vulcan, qui estoit fort riche d'ornements de taille admirable : de tous lesquels, sont demourées seulement ces trois colomnes de l'ordre Corinthien qui estoient encores debout auec leurs ornements quand i'estois à Rome. Ie parleray doncques desdictes colomnes, qui sont tresbelles & admirables, comme aussi leurs basses & ornements, lesquels ie figureray cy apres, tant aux strieures & cancieures d'icelles colomnes, que aussi en leurs architraues : n'y omettãt la haulteur de leurs frizes, & de toutes les parties de leurs corniches, ornemẽts & mesures, ainsi que ie les ay trouuées, ie dy autant bien elaborées & taillées, qu'il est possible de voir. Lesdictes colomnes, comme ie les ay mesurées suiuant le palme Romain, ont par leur diametre d'en-bas, six palmes, minutes sept, & demie once : par le hault, cinq palmes, minutes huict & vn quart : de haulteur, cinquante six palmes, minutes cinq : elles se trouuét aussi auoir huict fois & demie leur diametre par le bas pour toute leur haulteur : vray est qu'il sen fault quelque peu : & se trouuent en leur proportion comme si elles estoient diuisées par le bas en huict parties, & par le hault en sept, qui seroit vne huitieme partie de retraicte. Quant aux interualles d'une colóne à autre, ils sont de dix palmes, quatre minutes, & trois onces : qui est vn peu plus que le diametre & demy de la grosseur de la colomne. Quoy qu'il en soit lesdictes colomnes se monstrent d'une fort grande beaulté, comme vous le pourrez voir par la figure prochaine.

Du lieu ou se precipita M. Curtius, pour le salut du peuple Romain.

Des mesures des trois colónes proposées en la figure & apres descrite.

M　ij

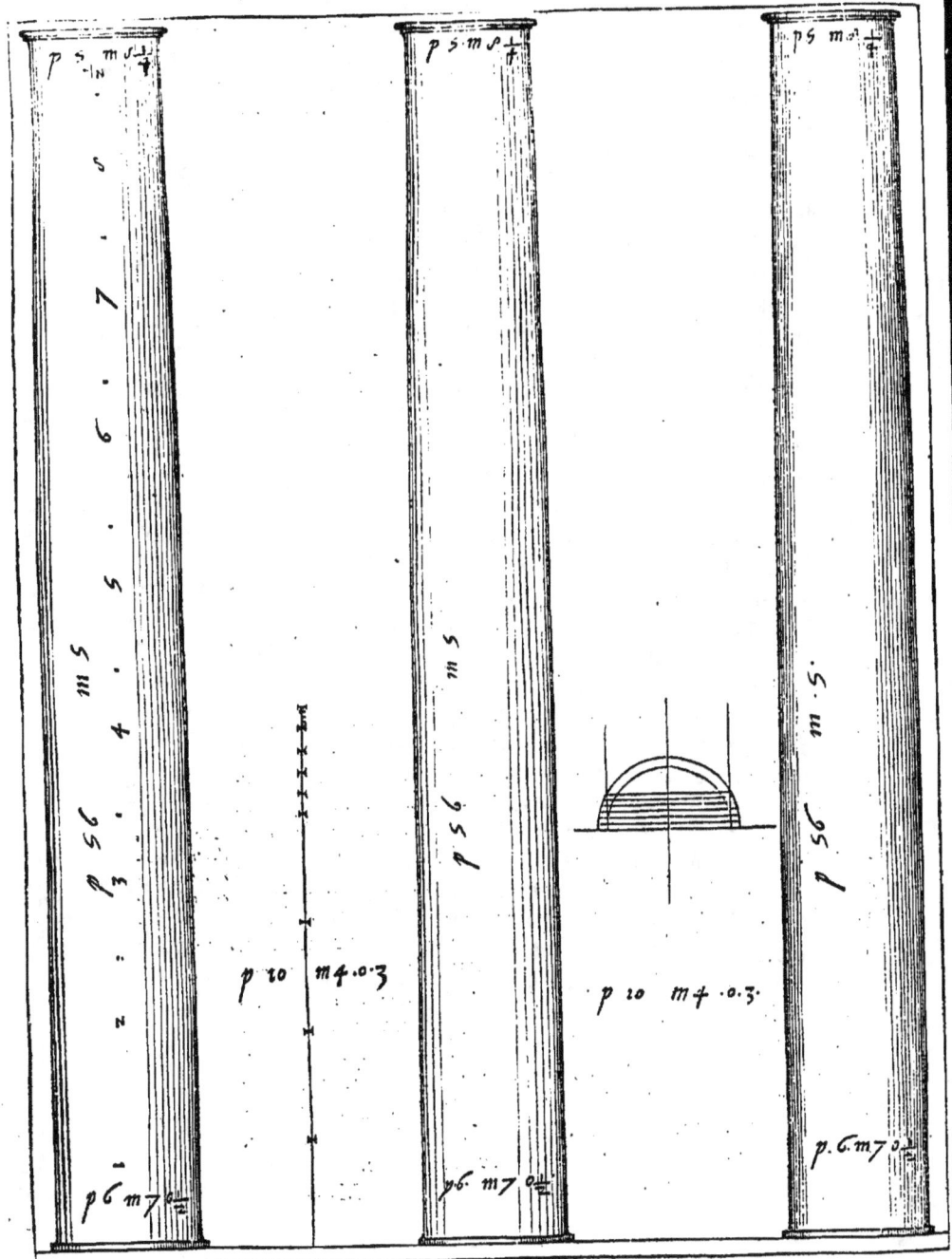

Lefdictes colomnes precedentes ont vingtquatre ftrieures
ou caneleures fort bien faictes , & conduictes auec bonne grace,
comme vous le pouuez voir par le plan qui vous en eft reprefenté cy apres auecques toutes leurs mefures. Le diametre de la colomne pres du fcape, a palmes fix, minutes fept, comme vous l'a-
uez veu aux colomnes precedentes, & par le deffus, palmes cinq,
minutes huit, onces trois quarts. Ce que ie repete volőtiers pourautāt que le tailleur de mes figures a failly de mettre les mefures
iuftemét, & les fault entendre ainfi que ie les vous propofe. Touchant la baffe defdictes colomnes, elle porte par efcrit toutes les
haulteurs d'une chacune de fes parties, auec leurs faillies : ainfi
que vous voyez le plinthe de ladicte baffe auoir de haulteur, palme vn, minute vne, once vne : fon thore & membre rond qui eft
au deffus, minutes huict, once vne : le filet quarré qui eft au deffus dudit thore, minute vne : la nancelle, minutes trois, onces
deux : les hermiles ou deux petits membres ronds, qui font par
le milieu de ladicte baffe, vne minute, onces deux, & les petits filets quarrez qui les accompagnent deffus & deffous, vne once :
la feconde nancelle minutes trois, once vne : fon filet quarré au
deffus, minute vne : le fecond thore ou membre rond, minutes
fix, onces deux. On voit oultre ce en ladicte baffe, vne chofe qui
n'eft commune aux autres colomnes Corinthiennes, c'eft vne
hermile ou petit membre rond, qui eft entre le fecond thore &
le fcape de la couronne, qui a minutes deux de haulteur, & pour
la faillie de la baffe , depuis le fcape, ou bien le filet quarré (qui
eft au pied de ladicte colomne, iufques à la ligne perpendiculaire qui prouiét de l'extremité du plinthe) palme vn, minute vne :
comme vous le pouuez cognoiftre facilemét par la prochaine figure. Ie vous prieray de vouloir diligemment confiderer ladicte
baffe, de laquelle, iaçoit que le pourfil ne foit taillé fi nettement
que ie voudrois, fi eft ce que vous la trouuerez excellentement
belle : & fi vous en fçauez ayder pour l'appliquer en œuure ainfi
qu'il fault, & felon le lieu qu'aurez à faire, croyez que vous en
aurez grand contentement auecques honneur.

Declaration de la figure cy apres propo-fée.

Beau difcours fur les mefures des parties de la figure fui-uant le pre-fent chapitre.

L'auteur loue la beaulté & excellence de la baffe cy a-pres defcrite.

M iij

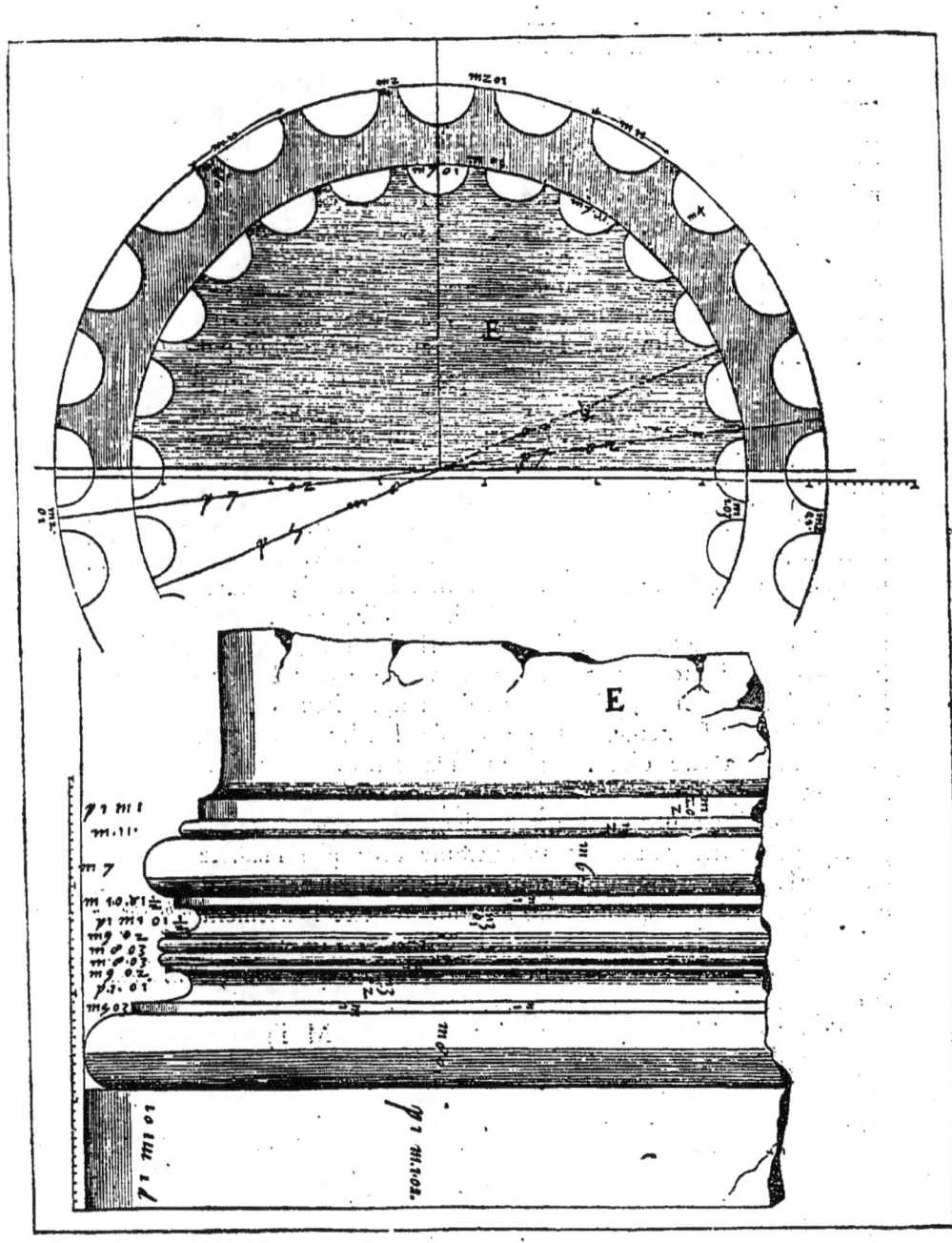

La haulteur du chapiteau eſtoit autant que ſa groſſeur de ſa colomne par le diametre d'en-bas, qui ſont ſix palmes, minutes ſept, & once demie: la haulteur de ſon abaque, auoit oultre cela, vne ſixieme partie de la groſſeur de ſa colomne. Et quant à la meſure de la haulteur & ſaillie des fueilles, ie l'ay trouuée toute ſemblable & de meſme proportion que celle du portique du Pantheon: de ſorte que la haulteur du chapiteau, outre l'abaque, eſt diuiſée en trois parties, deſquelles les premieres fueilles en ont vne pour leur haulteur, les ſecondes deux, & la troiſieme eſt dediée aux volutes: la ſaillie des fueilles eſt iuſtement comme la ligne qui procede du bout des cornes du chapiteau, ou membre rond qui eſt au deſſus de la colomne, comme vous auez veu par cy-deuant. Touchant la ſaillie & largeur du chapiteau par les cornes de l'abaque du milieu, d'une corne à l'autre, c'eſt iuſtemét autant de largeur qu'en a le plinthe de la baſſe de leur colomne. Leſdictes cornes ſont à plomb, ou perpendicule, au regard des angles de ladicte baſſe, & au droit des angles du plinthe. Et pour autát que ce chapiteau doit eſtre plus cóſideré par ſa figure, que autrement, pour en voir la façon & taille de l'œuure diuinement belle & admirable (tant elle eſt bien faicte) ie ne vous en feray autre diſcours pour le preſent, ſinon que ie vous prieray de vouloir exactement & curieuſement contempler & examiner le deſſeing, lequel vous eſt propoſé en la page ſuyuante pour le ſuſdit chapiteau & ſes parties.

Proportions et meſures de la figure cy apres deſcrite.

L'auteur loue la taille & œuure du chapiteau enſuiuant.

M iiij

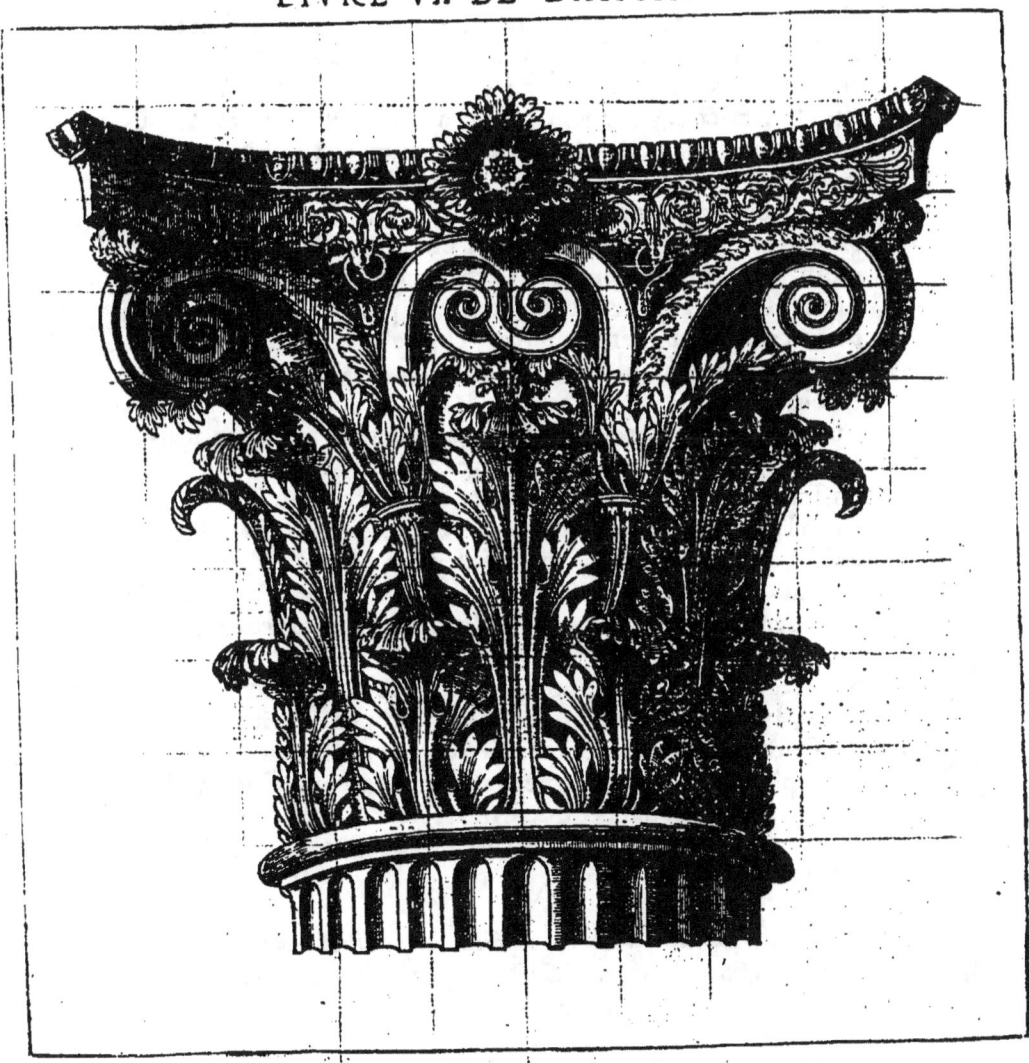

Petite digreſsion accompagnée de quelques aduertiſſements.

Euant que parler de l'architraue, frize, & corniche que
i'ay trouué ſur les trois ſuſdictes colomnes qui ſont à
Rome pres l'egliſe de S.Coſmé & S.Damian (ainſi que
nous auons dit) & le palatio maiore n'en eſtant loing,
il me ſemble que ie dois encores aduertir ceux qui deſirent tirer
quelque fruict de la noble & excellente diſcipline d'Architectu-

re, qu'il ne leur conuient tant samufer aux mefures qui font efcri-
tes fur les figures, qu'ils ne confiderét auffi toutes les parties defdictes figures, auec les proportions qui les accompagnent, & dôt
elles font faictes. Vitruue en donne de fort belles reigles, & fouuentesfois attribue les mefmes proportions de l'architraue à celles de la corniche. Ie defirerois de pouuoir icy dignement enfeigner ce que ie voudrois bien pour le proufit des artifants & ap-
prentis: mais la chofe eft telle, qu'on la peult beaucoup mieux
monftrer manuellement, que verbalement: quafi ainfi que nous
auôs efcrit par cy-deuant des traicts & pratique de Geometrie,
pour fçauoir coupper les pierres, à fin de les faire feruir à toutes
fortes de portes, voultes, trompes, & autres. Vray eft que i'ay biê
enfeigné comme il le fault faire, & comme lon fe doit ayder des
paneaux des moules, des beuueaux, & cerche ralongée, mais ie
n'ay pas peu monftrer par efcriture comme les pierres fe doiuent
traffer par leurs licts & parements, & autour, pour les coupper,
felon l'œuure qu'on auroit à faire. Veritablement cela ne fe peult
defcrire, mais bien monftrer vifiblement & manuellement, en
executant l'œuure de faict. Ainfi eft-il des proportions, mefures
& ornements des colomnes, & de beaucoup d'autres chofes de
l'Architecture, qui ne fe pourront iamais entendre pour en donner preceptes & reigles generales, ains pluftoft par exemples ma-
nuels, à fin de fen fçauoir feruir à tous propos. Pour cefte caufe
Ariftote me femble auoir fort bien dit, au commençement de fa
Metaphyfique, que l'homme expert eft beaucoup plus certain &
affeuré, que le fçauant & docte inexpert. Mais ce propos delaiffé, nous viendrons à parler de l'architraue, frize, & corniche des
fufdictes trois colomnes.

*De l'architraue, frize, & corniche des fufdictes trois colomnes
qui font pres de fainct Cofme & fainct Damian à Rome,*
CHAPITRE   IX.

Ous voyez en la figure cy apres defcrite, comme
i'ay diuifé en deux parties la frize des colomnes
prememorées, pour autant que la plache ne pouuoit entrer dans la page du liure; fi l'architraue
euft efté deffous ladicte frize: mais vous remarquez en ladicte figure vn petit triangle dedans
le filet quarré du deffus de l'architraue, qui monftre comme fe
doit rapporter, & affembler l'architraue auec la frize & corniche. Ledit architraue a quatre palmes, minutes fix, & once vne

de haulteur: ainſi que vous le pouuez cognoiſtre en adiouſtant
tous les nombres qui ſont eſcrits ſur vne chacune partie. Par ainſi
la premiere face au deſſous, a minutes dix, onces trois: ſon aſtragale, ou membre rond, auquel ſe voyent des patenoſtres, minutes deux de haulteur: la ſeconde face qui eſt enrichie, palme vn,
minutes deux: ſon cymacion minutes trois, onces deux: la troiſieme face, palme vn, minutes cinq: & la haulteur du cymacion
auec l'aſtragale & filet quarré, ou eſt marqué le ſuſdit triangle,
minutes dix de haulteur: comme vous le pouuez voir & iuger
par la figure cy-apres propoſée, auec les ſaillies d'une chacune
choſe, qui vous y ſeront facilement deſcouuertes ſans en eſcrire
d'auantage. La haulteur de la frize, au lieu que vous voyez marqué E, a palmes quatre, minutes huiȼ, & once vne. En quoy
vous pouuez conſiderer comme elle n'eſt que de deux minutes
plus haulte que l'architraue, qui a palmes quatre, minutes ſix &
once vne. Ie m'aduiſe ſur ce propos du dire de Vitruue, qui eſt
que la haulteur de la frize, ou c'eſt qu'il n'y a point de fueillages
& ornements, doit auoir la quarte partie moins que la haulteur
de l'architraue, & ou il y fault faire quelques fueillages & ſculptures, cõme les anciens ont faiȼ, il fault que ladiȼe frize ſoit la
quarte partie plus haulte que l'architraue: ainſi que ie vous ay
aduiſé par cy deuant. Mais nous delaiſſerons tels propos pour
ceſte heure, & ce temps pendant vn chacun ſaydera des plus belles meſures qu'il pourra: à fin de parler des meſures de la corniche des ſuſdiȼes trois colomnes, qui a ſept palmes, huiȼ minutes, & deux onces de haulteur: qui eſt plus que la groſſeur de ſa
colomne, & preſque la haulteur de ſon chapiteau, c'eſt à dire,
quelque peu plus. Si vous la cõferez à celles que vous auez veües
par cy-deuant, vous ne les trouuerez en leurs proportions ſi haul
tes de beaucoup. Qui ſayderoit de ceſte meſure ſur vne colomne
qui n'euſt que quinze ou vingt pieds, ce ſeroit choſe monſtrueu-
ſe & fort difforme, toutesfois ceſte cy ſe monſtre ſi belle en œuure, & de ſi belle proportion, & bonne grace, auecques ſon ornement tant bien faiȼ & elaboré, qu'il n'eſt aucunement poſſible de pouuoir rencontrer plus grande beaulté pour ornement
de colomnes. Vous pouuez voir en ladiȼe figure les haulteurs
d'une chacune choſe ſeparément, cõme la haulteur des denticules qui a palme vn, minutes quatre & onces trois: la largeur des
denticules, minutes vnze: & le concaue qui eſt entre leſdiȼs denticules, minutes cinq. Vous y voyez auſſi les mutules ou rouleaux
qui ont palme vn, minute vne, de haulteur: le cymace, minutes
trois: & ſon filet quarré, minute vne: faiſant autant ces trois par-

Meſures de
l'architraue
des trou colõ-
nes pres S.
Coſme & S.
Damiã à Ro-
me.

Opinion de
Vitruue ſur la
haulteur de la
frize Corin-
thienne.

Continuation
des meſures
de la figure cy
apres propoſée

ties que la haulteur des déticules, qui eſt palme vn, minutes quatre, onces trois:il ſen fault vne once,que les denticules ne ſoiēt ſi
haults que les mutules auec ſon cymace.Ie croy que l'Architecte
entédoit que ce fuſt vne meſme hauteur,ainſi que celle des mutu
les auec celle de la cyme au lieu ou vous voyez des teſtes de Lyō,
qui eſt de palme vn, minute vne: & auec ſon filet quarré au deſſus, palme vn, minutes quatre, quaſi d'une meſme haulteur que
ſont les denticules: & leſdicts denticules de meſme haulteur que
eſt la troiſieme face de l'architraue, qui a palme vn & minutes
cinq:pour le moins il ne ſen fault qu'vne petite once.Vous voiez
auſſi la haulteur de la courōne qui eſt au deſſus des mutules,ayant
palme vn,minutes deux,& ſon filet quarré au deſſus,minutevne,
once vne.Ces quatre faces de ladicte corniche, ſçauoir eſt les dé-　Pourſuitte de ce que deſſus.
ticules,la haulteur des mutules ou rouleaux,la haulteur de la cou
ronne, & la haulteur du cyme, auec leur filet quarré, ſont quaſi
de ſemblable haulteur. Conſiderez auſſi la ſaillie de toute ladicte corniche, qui eſt tres grande, comme vous le pouuez cognoi
ſtre par les meſures, & ſignamment des mutules,qui ſe monſtrēt
fort beaux auec leurs fueillages, contenants palmes trois, minutes deux, & onces deux de longueur en leur ſaillie: & de largeur
par le deuant deſdicts mutules, palme vn, minutes huict, onces
deux: & entre les mutules d'vn à autre, palmes deux, minutes
ſept. Ie deſcrirois plus à plein non ſeulement cecy, mais encores
toutes les proportions que l'Architecte entendoit garder en vne
chacune choſe, n'eſtoit que ie crains eſtre trop long,& auſſi qu'il　Excuſe de l'auteur accō- pagnée d'ex- hortation.
eſt bon que les gentils eſprits, & meſmes la ieuneſſe ſeſtudie &
prenne peine de cercher & inuenter, comme i'ay faict auecques
vn grandiſſime labeur. Ce temps pendant ie vous laiſſeray diligemment voir & conſiderer la prochaine figure de l'architraue,
frize & corniche deſdictes trois colomnes Romaines. Et ne me
tenant content de cecy,ie vous bailleray encores deux autres ſor
tes de corniches, leſquelles i'ay meſurées & retirées des antiquitez de Rome.

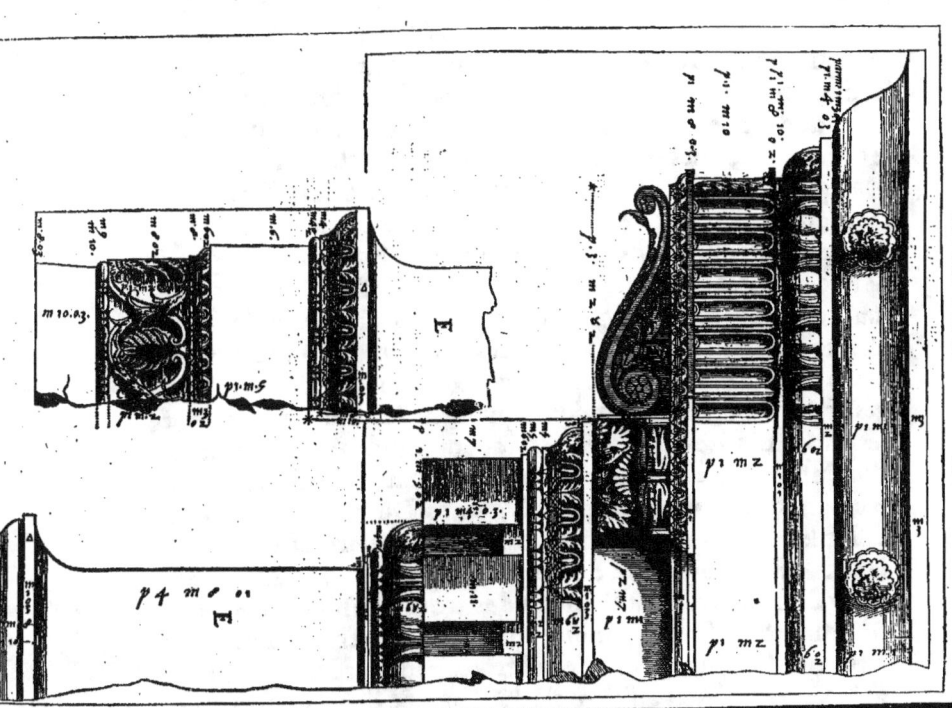

D'autre sorte de corniches Corinthiennes retirées, auec leurs mesures, des antiquitez de Rome. CHAP. IX.

Estant à Rome, en l'année mil cinq cens trente trois, (comme i'ay dict cy-deuant) & ne faisant autre chose que cercher & mesurer les antiquitez, ie me transportay quelque fois vers l'amphitheatre, ou Collisé, ainsi qu'on le nomme à Rome: duquel lieu ie regarday qu'é vne vigne, tout auprés, on auoit fouillé quelques terres, & illec trouué vne caue: en laquelle i'entray, & rencontray vne corniche de marbre auec sa frize, architraue & basse, telle que vous la verrez cy-aprés. Desirant dócques en retirer les mesures auec vn pied antique lequel ie portois lors auec moy, ie trouuay que l'architraue estoit de deux palmes de hauteur & tréte & vne minutes: sa saillie de quaráte deux minutes & demie: la premiere face de vingt minutes & demie, & son astragale de huict minutes: la secóde face de trente & vne minutes: & ainsi des autres parties, lesquelles vous pouez voir escrites sur la figure ensuiuante. La haulteur de la frize estoit de trois palmes, deux minutes. La corniche auoit trois palmes de saillie & cinquante minutes & demie, ou cinquante onces, si vous voulez: car aucuns appellent les minutes onces, & les onces minutes, comme ie l'ay deduit cy-deuant au commencement du cinquieme liure, quand ie monstrois la difference du pied antique, palme Romain, & autres. Dócques vous voyez la difference des corniches estre si diuerse que ie proteste n'en auoir iamais peu trouuer vne de mesme proportion & mesure: ie ne diray de celles du Pantheon, ny des trois colomnes pres l'eglise S. Cosme & S. Damian, mais aussi de toutes autres: la raison peut estre, que les œuures sont de differétes haulteurs. Ie n'y omettray aussi celles qui sont au Temple de Paix, & dans les arcs triumphants, soit l'arc de Constantin, ou celuy qui est auprés de sainte Marie noue, ou bien l'arc septieme qui est au dessous du Cápdoille, & l'arc de Quoadre: pareillement ces tant belles corniches qui sont aux thermes de Diocletiá pres sainte Marie maiore: & celles qui estoient dediées au temple de Faustine: & d'autres qui sont in Foro Neruæ, au dessous de sainct Pierre ad vincula: auecques tous les ornemés du Collisé, & amphitheatre que i'ay nommé, auec les colomnes, corniches, & ornements de l'escole de Virgile deuant sainct Gregoire, & generallement de toutes autres que i'ay trouué, non seulement à Rome, mais en autres diuers lieux, desquelles ie pourrois faire vne longue escriture si

Grande diligence de l'auteur en recerchant les antiquitez.

L'auteur n'a uoir iamais peu trouuer vne corniche de mesme proportion à l'autre.

Catalogue de plusieurs colónes qui sont à Rome.

N

ie les voulois prefentement nommer. Bref ie n'ay iamais trouué
colomnes, ne ornements, qui fuffent d'une mefme proportion,
voire en vn mefme ordre. Ce que ie dy franchement, & monftre

par diuers exemples apres les antiquitez, à fin que ceux qui voudront faire profeffió d'Architecture, ne f'appuient du tout fur les
mefures des edifices antiques qu'ils auront mefurez, mais bien
plus toft qu'ils apprennent à cognoiftre les proportions & mefu
res des œuures qu'ils auront à faire, felon la qualité & ordre d'vn
chacun edifice. Confiderez la corniche cy apres propofée, & celle que vous auez veuë cy-deuát, & vous cognoiftrez que la haulteur de la cyme & couronne eft quafi femblable. Il eft vray que
cefte cy n'a pas des mutules & petits rouleaux comme l'autre,
mais au lieu d'iceux l'Architecte y a mis vn membre rond enrichy d'œufs pour ornement, auec vne petite fueille fur le coing:
lequel membre a vingt trois minutes & demie de haulteur, les
denticules vingt fix minutes: la couronne trente fix, & le cyme trentefept & demy. Ladite couronne & le cyme font bien
quafi femblables, mais le refte n'eft à la proportion des autres: fi
eft-ce que en quelque forte que vous voyez la colóne auecques
fes parties, c'eft vn œuure tres admirable, & bien fort bel à voir.
Ie vous aduife que l'Architecte & ouuriers ont prins vne grandiffime peine à bien tailler le tout, & le conduire de fi bóne gra-

ce que c'eft chofe admirable de voir ouurages fi bien faicts. Quát
à la reprefentatió que ie vous en propofe, le tailleur de mes planches ne m'y faict gueres d'honneur, non plus qu'à d'autres figures de ce prefent œuure, ainfi que plufieurs fois ie m'en fuis iuftement plainct. Mais pour cela vous ne lairrez à y cognoiftre les
mefures des haulteurs & largeurs, auec leurs proportions, telles
que ie les ay trouuées, auec la partie d'une baffe qui eftoit rópue,
& me fembloit auoir feruy aux colomnes ou eftoit la corniche
& architraue, dont nous auons parlé. Vous vous en ayderez, &
en ferez voftre proufit aux lieux qu'en pourrez auoir affaire.

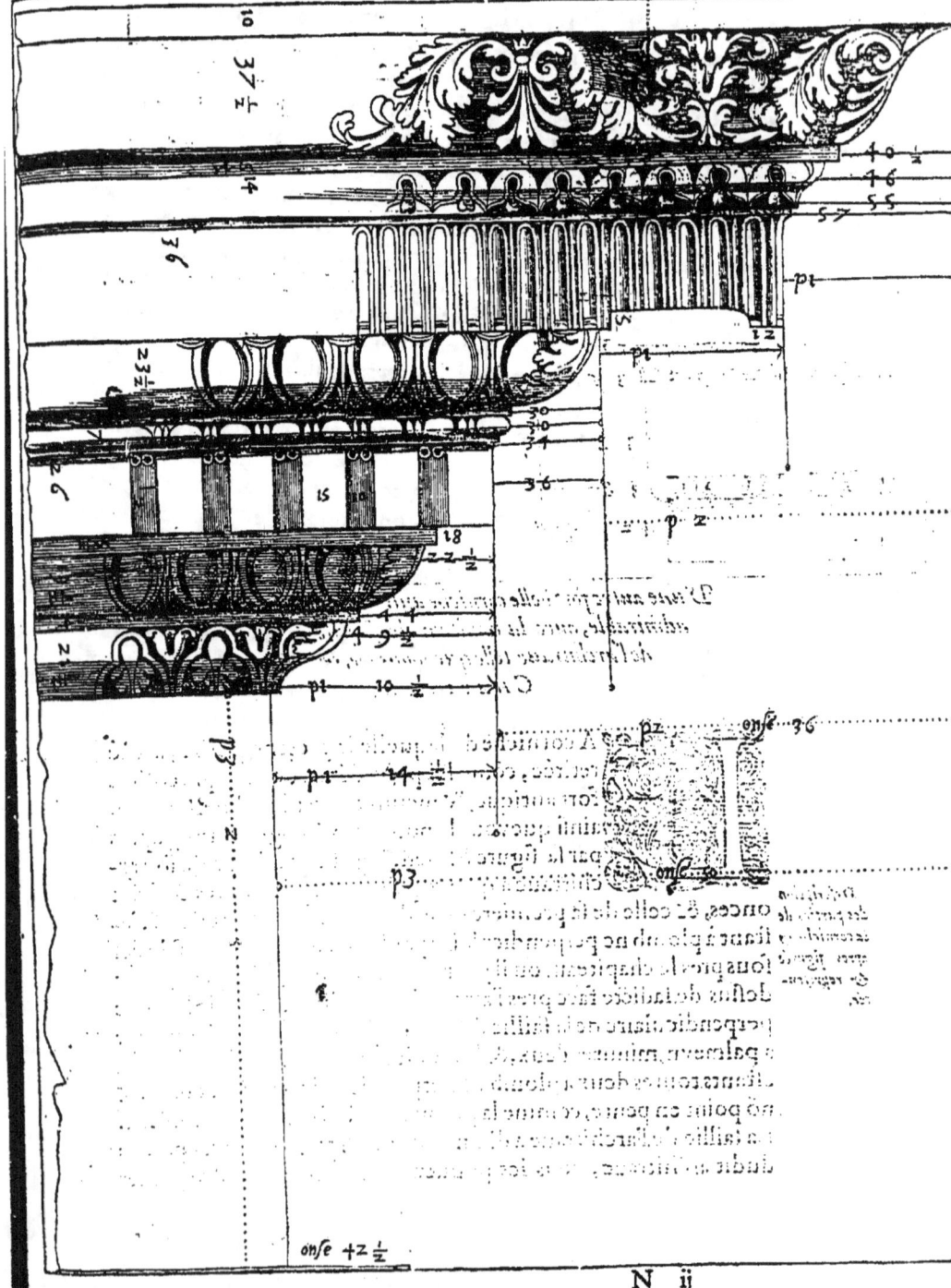

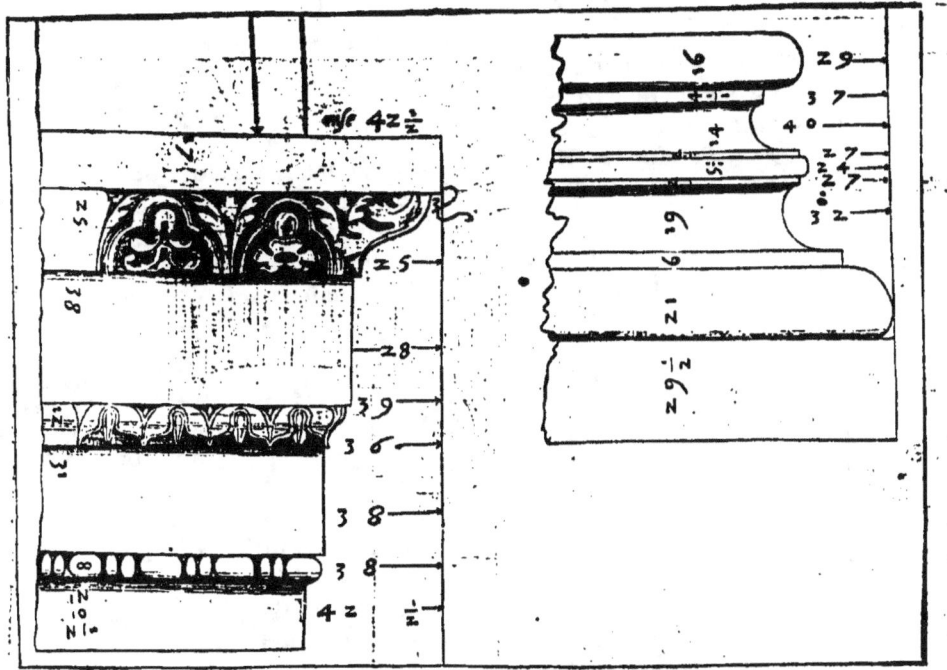

D'une autre fort belle corniche antique, & de sa mesure tres-
admirable, auec la haulteur de sa frise & dimension
de l'architraue telle que vous verrez cy-apres.

CHAPITRE. X.

Description des parties de la corniche cy apres figurée & representée.

A corniche de laquelle ie pretens escrire, a esté retirée, cōme les precedétes, de quelque colóne fort antique, & mesurée apres le palme Romain, ainsi que vous le pourrez bié cognoistre cy apres par sa figure & desseing. La haulteur de son architraue a quatre palmes, neuf minutes & deux onces, & celle de sa premiere face, dix minutes, trois onces: n'estant à plomb ne perpendiculaire par le deuant, comme est le desfous pres le chapiteau, ou il y a huict minutes, trois onces, & au destus de ladicte face pres l'astragale dix minutes depuis la ligne perpendiculaire de la saillie dudit architraue. La deuxieme face a palme vn, minutes deux, & la troisieme palme vn, minutes cinq, estants toutes deux à plomb & perpendiculaires par le deuant, & nó point en pente, comme la premiere, ainsi que nous auons dit. La saillie de l'architraue a dix minutes. Quant aux autres parties dudit architraue, vous les pouuez tant bien cognoistre par les mesures escrites au droict d'une chacune desdictes parties, qu'il n'est besoing d'en parler d'auantage, sinon que la frize qui est par dessus a palmes quatre, minutes huict, once vne : ce que pouuez voir en la presente figure.

Quant à la mesure de la corniche, sa haulteur a palmes sept, minutes dix, & onces deux : ayant autât de saillie, il ne sen fault que deux minutes & demie, comme vous le voyez au droict du milieu de la frize, ou toute la saillie de ladicte corniche a sept palmes, minutes sept, iusques à la ligne perpendiculaire qui procede de l'extremité & saillie de ladicte corniche. La haulteur des denticules est quasi semblable à celle de la couronne, pour le moins il ne sen fault qu'vne minute : car lesdictes denticules ont palme vn, minutes quatre, onces trois, & la couronne palme vn, minutes trois, onces trois. La haulteur des mutules ou rouleaux contient palme vn, minute vne : la cyme ou sont les testes de lyon (que les anciens y mettoient pour les vuydages des eaues, au lieu de gargouilles) a palme vn, minute vne. Aussi on voit que les cymacions, au dessous des mutules, sont semblables de haulteur à l'echine ou sont les œufs, qui sont dessous les déticules, & ont

Explication des parties de la figure en suiuante.

chacun six minutes, deux onces de haulteur : & les mutules palme vn, minutes huict, once vne de largeur par le deuant : & d'un mutule à autre, palmes deux, minutes sept. Ie deduiray vn peu

N iij

plus au long le difcours de la prefente corniche, & parleray bon
feulement des haulteurs & faillies d'une chacune de fes parties,
mais encores des façons & ornements des moulures, dents, &
concaues qui font entre les denticules. Doncques vous pouuez
voir au pourfil de ladicte corniche deffous l'aftragale ou font les
patenoftres, comme lon doit vuyder & rendre concaue le lieu
d'entre les denticules, qui eft vne façon de faire qui fe monftre
belle eftant en œuure. Ie vous parleroisvolontiers de la façon des
mutules & rouleaux, enfemble des volutes qui font par les coftez, n'eftoit que l'Architecte ayant baillé leur largeur & longueur, les defigne & ordonne auec vne finguliere grace, felon le
bon iugement qu'il a. Les ouurages & ornements de fueillages
qui font pour mettre aux mutules & moulures, ou ailleurs, ne fe
peuuent defcrire, mais bien fe font felon la dexterité & induftrie
du bon tailleur de pierre. I'ay trouué en aucuns lieux, non pas à
tous, que toufiours par derriere les mutules lon a faict vn petit
quarré ayant peu de faillie, comme eft celuy que vous voyez en
la prochaine figure, qui feulement en a vne once, & ne tombe
point fi bas que la haulteur de la face, côtre laquelle font lefdicts
mutules, mais bien il fait vn petit filet quarré par deffous: ce qui
vous eft aifé à cognoiftre par la figure. On faict auffi entre les cymaces qui font tout autour des mutules, au deffous de la couronne, des rofes d'affez grande faillie, comme vous le pourrez voir
en vn autre lieu & endroit cy-apres: car i'ay telle couftume de
faire, que quand vn chapitre n'eft affez efcrit ou monftré au long,
ie le pourfuis en vn autre, comme il vient à propos. Et pour
autant qu'il eft fort aifé de cognoiftre les façons, ornements &
mefures du defeing enfuiuât, pour eftre figurez & efcrits fur vne
chacune partie, tant pour les haulteurs, que faillies, ie ne delibere de vous en propofer autre chofe, ains pluftoft laiffer le tout à
vôftre bon iugemét, par le difcours de la figure cy apres defcrite.

L'architecte deuoir difpo-fer de la façon des mutules, rouleaux & volutes, felon fon bon inge-mens.

Les figures bien defcrites fupplier le de-faule de lon-gues efcritu-res.

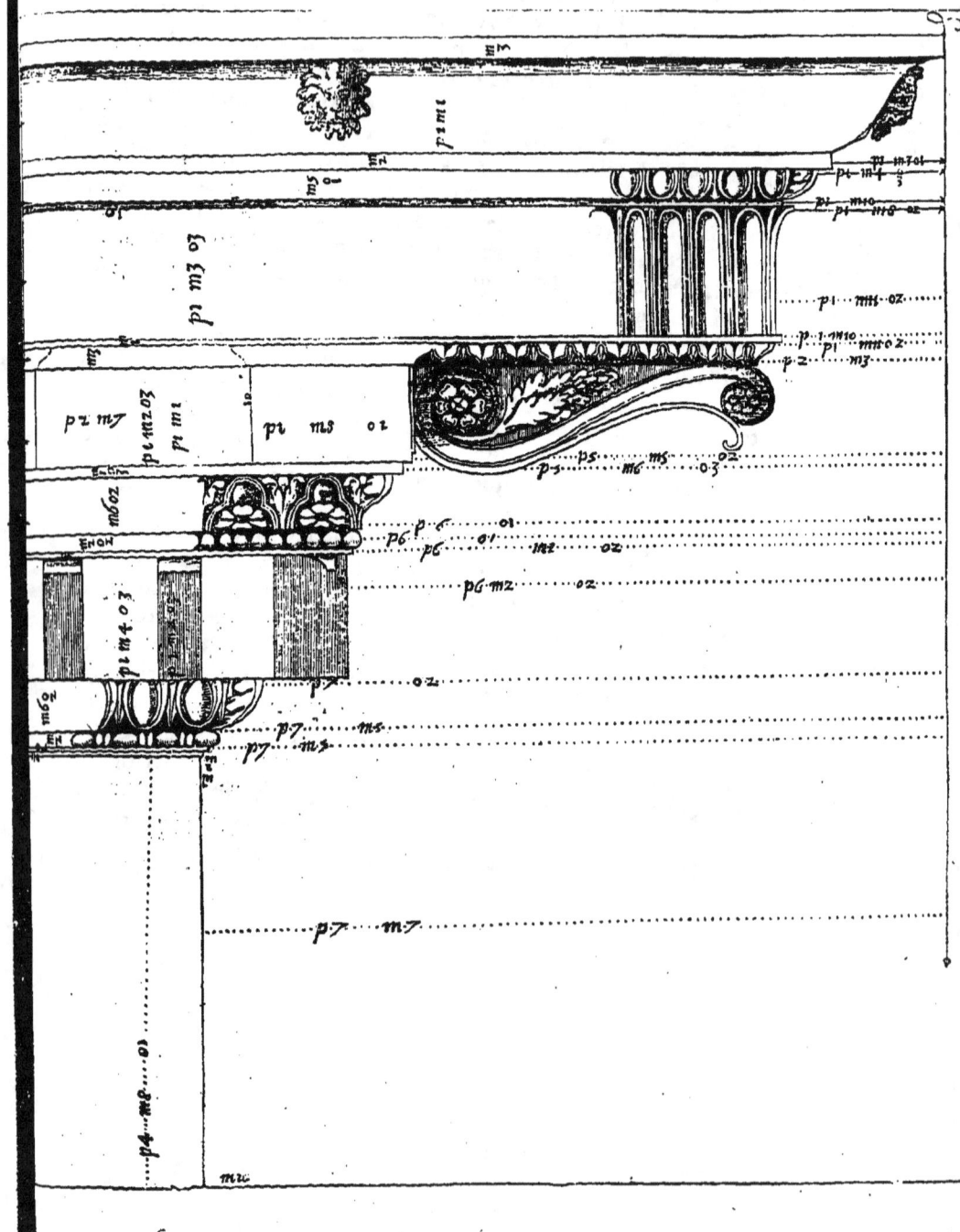

Par ainſi vous vous ſouuiendrez des meſures de l'ordre Corinthien, leſquelles ie vous ay propoſé cy-deuant, & de la difference qu'elles doiuent auoir, ſelon les haulteurs qu'on aura à fai-

re. Leſdictes colomnes Corinthiennes ſont quaſi ſemblables aux
Ioniques, ſinon aux chapiteaux, qui doiuent eſtre plus haults, cōme vous l'auez entendu: & auſſi que les corniches ont plus grande haulteur & plus grāde ſaillie, eſtants beaucoup plus riches &
ornées que l'ordre des colónes Ioniques: car à ceſtuy cy non ſeulement vous pouuez enrichir les ſtrieures des colomnes, & y adiouſter des membres ronds entre les caneleures, mais auſſi y mettre des ſculptures ou fueillages par le deſſus, ainſi que aucuns Architectes ont faict: ſans y faire faulte, comme lon pourroit faire

à l'ordre Dorique & Ionique, qui les voudroit ainſi enrichir. La
raiſon eſt pour autant que le preſent ordre Corinthiē, pour eſtre
faict apres la proportion & meſure d'une belle fille, eſt plus ioly
& plus mignon, comme i'ay dict cy-deuant, que tous autres. Parquoy il eſt permis d'y mettre tant d'ornements que lon veult, &
enrichir toutes les parties des frizes, leſquelles aucuns Architectes ont faictes circulaires entre l'architraue & la frize, en leur dō-
nant quelque rondeur & ſaillie d'auantage que n'eſt celle de l'architraue, pour y faire mieux voir les fueillages & ornements que
les anciens Architectes y ont voulu faire tailler. Mais pour autant que de cecy nous parlerons ailleurs, ainſi qu'il viendra à propos, ie ne vous feray autre diſcours de l'ordre Corinthien, m'aſſeurant que ſi Dieu vous faict la grace de voir & entendre toutes
les œuures d'architecture leſquelles i'eſpere eſcrire, vous n'aurez
neceſſité de ce que vous eſtimez eſtre neceſſaire pour faire &
parfaire toutes ſortes de baſtiments: ſoit pour temples, palays,
chaſteaux, maiſons, & autres edifices. Reſte à entamer & pourſuiure l'ordre, meſures & parties des colomnes compoſées.

LE SEPTIEME

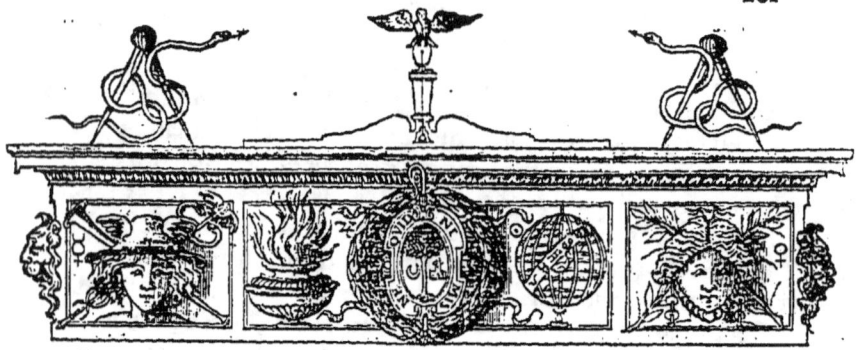

LE SEPTIEME LIVRE
DE L'ARCHITECTVRE DE PHILIBERT
DE L'ORME LYONNOIS, CONSEILLER ET
Aulmofnier ordinaire du Roy, Abbé de
fainct Eloy lez Noyon, & de
S. Serge lez Angiers.

Bref difcours fous forme de preface touchant l'inuention des
colomnes de l'ordre compofé, & de la difference
qu'elles ont auecques les autres.

Pres vous auoir liberalement & fidelement communiqué ce que par grand labeur, longue eftude, difficiles voyages, & diuerfes experiences i'ay cogneu des quatre ordres des colomnes Thufcanes, Doriques, Ioniques, & Corinthiennes, n'y omettant tout ce que i'ay peu retirer des antiquitez & de leurs veftiges ou reftes, fans y oublier les mefures & proportions, il me femble que pour l'accompliffement & conclufion du difcours & hiftoires defdictes colomnes, il refte feulement à vous efcrire de leur ordre compofé, qui a efté trouué par les Latins & Romains, ainfi qu'il fe voit à la plus grand partie des edifices antiques à Rome, fignamment à l'arc triomphant de Titus Vafpafian & en affez d'autres lieux d'Italie. Toutefois noftre Vitruue n'efcrit aucunemét de ceft ordre, pour autant qu'il eft faict à plaifir, & inuenté apres les ordres Corinthien & Ionique, defquels il participe, & de là peult prendre le nom de compofé, comme il fe cognoift par fes chapiteaux, defquels les volutes font quafi femblables à celles des chapiteaux Ioniques, auec les ornemets des œufz, & les aftra-

L'auteur libe-
ralemét com-
muniquer, ce
qu'il a appris
auec grãd la-
beur.

D'où prennét
leur nom les
colomnes com-
pofées, & en
quoy elles font
differétes des
autres.

O

gales & fueilles de deſſous, comme auſſi l'abaque, ſemblables au
chapiteau Corinthien. D'auantage l'ordre compoſé a quelquefois ſes colomnes ſtriées, ou canelées, tout ainſi que ſont les colomnes Corinthiennes, & quelque-fois cõme les Ioniques : oultre ce, la corniche participe de celle de l'ordre Ionique & Corinthien: & ne ſe trouue en rien different l'ordre compoſé à ces
deux, ſinon qu'on l'a faict beaucoup plus riche, & y a lon mis
tant d'ornements & richeſſes qu'on a peu, ſans laiſſer vne ſeule
partie en ſa corniche, cymes, aſtragale, echines, couronnes, denticules, & tous autres membres, qui ne ſoit fort enrichie & extraicte d'œuures fort bien faictes, voire iuſques à l'abaque des cha-

De l'inuẽtion
& origine de
la colomne cõ
poſée.

piteaux, auquel ils ont inſculpé des œufs & façons de frize. Qui
me faict péſer que tel ordre de colomne compoſée fut trouué du
temps que lon faiſoit les arcs triõphants aux Empereurs & vail-
lants Capitaines, apres auoir obtenu quelques grandes victoires:
car oultre les grands honneurs & magnifiques entrées, on leur
faiſoit auſſi des arcs triomphants, les plus riches dont on ſe pouuoit aduiſer, auecques ſculpture ſur les marbres, repreſentant (cõme hiſtoire) les païs & royaumes qu'ils auoient conqueſtez: voire iuſques à y mettre les Roys, Princes, & Capitanes, qu'ils auoient ſubiuguez & amenez priſonniers, ſous meſmes habits deſquels ils vſoient en leurs païs, à fin qu'il fuſt memoiré longue des
triomphes de leurs victoires. Qui fut la cauſe de inuenter & faire
l'ordre compoſé, lequel on appelloit l'ordre Italique, ou bien Latin & Romain. Et combien que ledit ordre auec ſes ornements

Comme ſe doi
uent colloquer
& diſpoſer
les ordres des
colomnes.

ſoit appliqué en œuure le dernier de tous les autres (car apres l'or
dre Thuſcan, on met pardeſſus le Dorique, & par deſſus ledit Dorique, le Ionique: & de rechef par deſſus le Ionique, le Corinthien, & apres ledict Corinthien le compoſé, qui eſt le dernier
& le plus hault de tous) ſi eſt-ce qu'on voit en beaucoup de lieux,
& meſmes aux arcs triomphants, qu'il a eſté mis en œuure tout
ſeul, & ſans autres colónes deſſus ny deſſous. Et pourautant que
c'eſt vn ordre meſlé & compoſé des autres ordres, i'ay bien vou-

L'auteur pro-
met & apres
dóner des cha-
piteaux com-
poſez.

lu encores vous donner & deſcrire cy-apres des chapiteaux Doriques & Ioniques, comme auſſi des corniches cõpoſées & par-
ticipantes de deux ou trois ordres: à fin que ceux qui s'en voudrót
ayder les trouuent à propos, & les enrichiſſent comme il leur
plaira.

Des ornements des colomnes de l'ordre composé.
CHAPITRE I.

Euant que passer plus oultre , ie vous veux parler des mesures de l'ordre composé , & commencer par la colomne de l'amphitheatre Romain, située & plantée sur les trois ordres, Dorique, Ionique,& Corinthien,le composé y faisant le quatrieme. l'ay trouué que les colomnes composées *Mesures de la colomne composée estât en l'amphithea- tre à Rome.*
sont aussi grosses pres du chapiteau , que par le pied au dessus de leur basse : le tout suiuant le pied antique, auecques lequel ie les ay mesurées, ainsi que vous le cognoistrez par la figure cy apres descrite. Laquelle vous propose vne colomne composée ayant trente & vn pied & six minutes de haulteur, & de largeur par le bas en son diametre, trois pieds, cinquante cinq minutes: estant par le hault de mesme grosseur, sçauoir est de trois pieds & cinquante cinq minutes,sans aucune retraicte: mais pour la grande haulteur ou elle est située elle se monstre rapetissée, comme si lon y auoit faict vne contracture & retraicte tout expressément. La haulteur de son chapiteau, a trois pieds & trentequatre minutes: la haulteur de la basse, deux pieds, dix minutes: le plinthe de ladicte basse a quarante minutes de haulteur , & les deux thores auec la nancelle & filet quarré vn pied & trête minutes de hault.
Vous voyez aussi en la figure les mesures particulierement en vn *Continuation des mesures de la colomne côposée estât à Rome.* chacun endroit de la basse : & dessous icelle vn aurre bien grand plinthe qui est posé sur la corniche du pied de stat,& a trois pieds cinquante vne minutes de haulteur . Toute la haulteur de la colomne auec ses basses, plinthes & chapiteaux contient quarante vn pied & trente minutes. En cecy lon cognoist le bon esprit de l'Architecte qui a conduict tel œuure & monstré comme il fault rompre les mesures, & leur bailler des excessiues haulteurs &largeurs pour les faire voir de mesure à ceux qui les regardent de loing, auecques toutes belles proportions & symmetries. Vous verrez cy apres comme le pied de stat de ladicte colomne a cinq pieds, dix minutes de largeur, & sept pieds de haulteur, entre sa corniche & basse: laquelle corniche dudit pied de stat, a vn pied *Poursuite des mesures de la figure ensuiuant.* neuf minutes & demie de haulteur. Et l'architraue qui doit estre au dessus du chapiteau a de haulteur trois pieds,seize minutes: la frize deux pieds , cinquante minutes, deux tiers de haulteur. La haulteur de sa corniche est de trois pieds, trente quatre minutes & demie. Ladicte corniche est faicte en façon d'architraue: & en la frize au droict des colomnes se trouuent des mutules en for-

me de rouleaux ou modelons, ornez de quelques cymes & filets
quarrez de fort grande saillie: au droit desquels on voit des trous
à trauers les corniches, qui semblent auoir esté faicts pour mettre des pieces de bois, ou choses semblables à tenir les tentes pour
couurir tout l'amphitheatre. Mais reseruãt ce propos pour quelque autre lieu, ou i'escriray tres voluntiers tout ce que i'en ay apprins, ie viendray à parler de la mesure des ornements de la colomne cõposée: laquelle mesure ie n'ay point trouuée autre que
celle de la colomne Corinthienne, & de ses ornements: mesmes
quand on la faict seule, & comme d'vn premier estage, car qui la
voudroit faire comme celle du susdit amphitheatre ou Coliset,
au dessus d'vn ordre Corinthien, il fauldroit changer les mesu-

La colomne
composée a-
uoir ses orne-
ments plus ri-
ches que tou-
tes autres.

res selõ la haulteur de l'edifice auquel on la doit appliquer. Ie ne
cognois gueres autre differéce en l'ordre composé, sauf la varieté des orneméts qu'on y faict plus riches, & tels que lon veult. Et
pour autant que vous pouuez cognoistre facilement & particulieremét toutes les autres mesures descrites en la figure cy-apres
proposée, & signamment les haulteurs & saillies d'vn chacun
endroit, ie ne vous en feray autre discours: ioinct aussi que vous
pourrez vous y ayder des mesures lesquelles vous auez veuës par
cy-deuant. Ie vou s mettrois bien icy deuant les yeux tout le susdit Coliset & amphitheatre auec les ordres des colomnes, ainsi
que ie les ay mesurées, mais pour autant que vous le pouuez voir
imprimé en plusieurs sortes, auec ses ornemétsauec, tant pour le plan
que pour la montée, & aussi en perspectiue, il me semble qu'il
n'est de besoing vous en donner autre desseing ou histoire: veu

Du seigneur
Sebastiã Ser-
lio, & de l'o-
pinion qu'en a
l'auteur.

que messire Sebastian Serlio l'a faict imprimer en son liure, ainsi
qu'vn chacun le peult voir auec plusieurs autres belles antiquitez: estant le tout en tresbon ordre. C'est luy qui a donné le premier aux François, par ses liures & desseings la cognoissance des
edifices antiques & de plusieurs fort belles inuentions estant hõ-
me de bien, ainsi que ie l'ay cogneu, & de fort bonne ame, pour
auoir publié & donné de bon cueur, ce qu'il auoit mesuré, veu
& retiré des antiquitez: si les mesures sont par tout vrayes & le-
gitimes, ie m'en rapporte à ceux qui en sont bons iuges pour les
auoir veuës sur les lieux. Mais pour reprendre le propos de la colomne composée, ie feray tousiours d'aduis que vous luy dõnies
mesmes mesures que à l'ordre Corinthien, sçauoir est dix fois la

Aduis de l'au-
teur accompa-
gné de bons
aduertissemés

haulteur de son diametre auec son chapiteau, & sa basse, ainsi que
vous l'auez veu au liure precedent, quand nous descriuions les
colomnes Corinthiennes. Ie serois bien aussi d'auis que si les colomnes composées sont constituées en lieu de grande haulteur,

comme eſtâts colloquées ſur l'ordre Dorique, Ionique, & Corin
thien, que vous leur donniez leurs proportions ſelon le lieu d'ou
vous les pouuez voir, ainſi que nous auons dit. Quant à leur pied
de ſtat, ie vouldrois qu'il euſt deux fois ſa largeur pour ſa haulteur: comme ſil auoit trois pieds de large, il en euſt ſix de hault,
entre la corniche & ſa baſſe: (meſmes quand il eſt eſleué ſur les
trois ou quatre ordres) & que vne des ſix parties fuſt donée pour
la hauteur de ſadicte corniche, vne autre pour la baſſe, qui ſeroiét
huict parties, & deux autres pour les deux plinthes & quarrez
qui doiuent eſtre deſſous la baſſe dudit pied de ſtat. Ie figure ainſi deux plinthes à fin que le pied de ſtat ſoit plus eſleué que la
ſaillie de la corniche Corinthienne, ſur laquelle il doit eſtre planté, pour n'empeſcher de voir les baſſes & pied de ſtat dudit ordre
compoſé. Voila tout ce que ie vous en puis eſcrire pour le preſent. Reſte cy apres à vous monſtrer particulierement quelques
baſſes de la colomne cópoſée, cóme auſſi des chapiteaux, architra
ues, frizes & corniches de diuerſes ſortes, leſquelles i'ay meſurées
& retirées des antiquitez. Nous vous donneróns donc & móſtre-
rons cy-apres vne baſſe compoſée, telle que les bons eſprits la
ſçauront bien iuger & examiner. Doncques vous vous ſouuiendrez que l'ordre des colomnes compoſées doit eſtre faict de dix
parties, comprins la baſſe & chapiteau, ainſi que ie vous ay dit cy-
deſſus, & aduerty comme il ſe fault ayder des meſures de l'ordre
Corinthien. Qui deſirera cognoiſtre d'auantage de l'ordre compoſé, il en verra en diuers lieux, ie ne diray en noz liures d'Architecture, mais encores aux edifices antiques, comme à l'arc de
Tite Vaſpaſian à Rome, & aſſez d'autres lieux: il n'y fault ſeulement que garder les haulteurs conuenables & autres meſures ſelon la lon gitude de la veuë & reigles de perſpectiue: comme aſſez amplement ie vous ay aduerty. Ce pendant vous verrez les
meſures de la colomne compoſée que i'ay retirées de l'amphitheatre ou Coliſet de Rome, duquel ie vous ay eſcrit en ce meſme chapitre.

Approches
pour les dif-
cours enſui-
uants.

Lieux ou ſe
voyent quel-
ques colónes
compoſées.

O iij

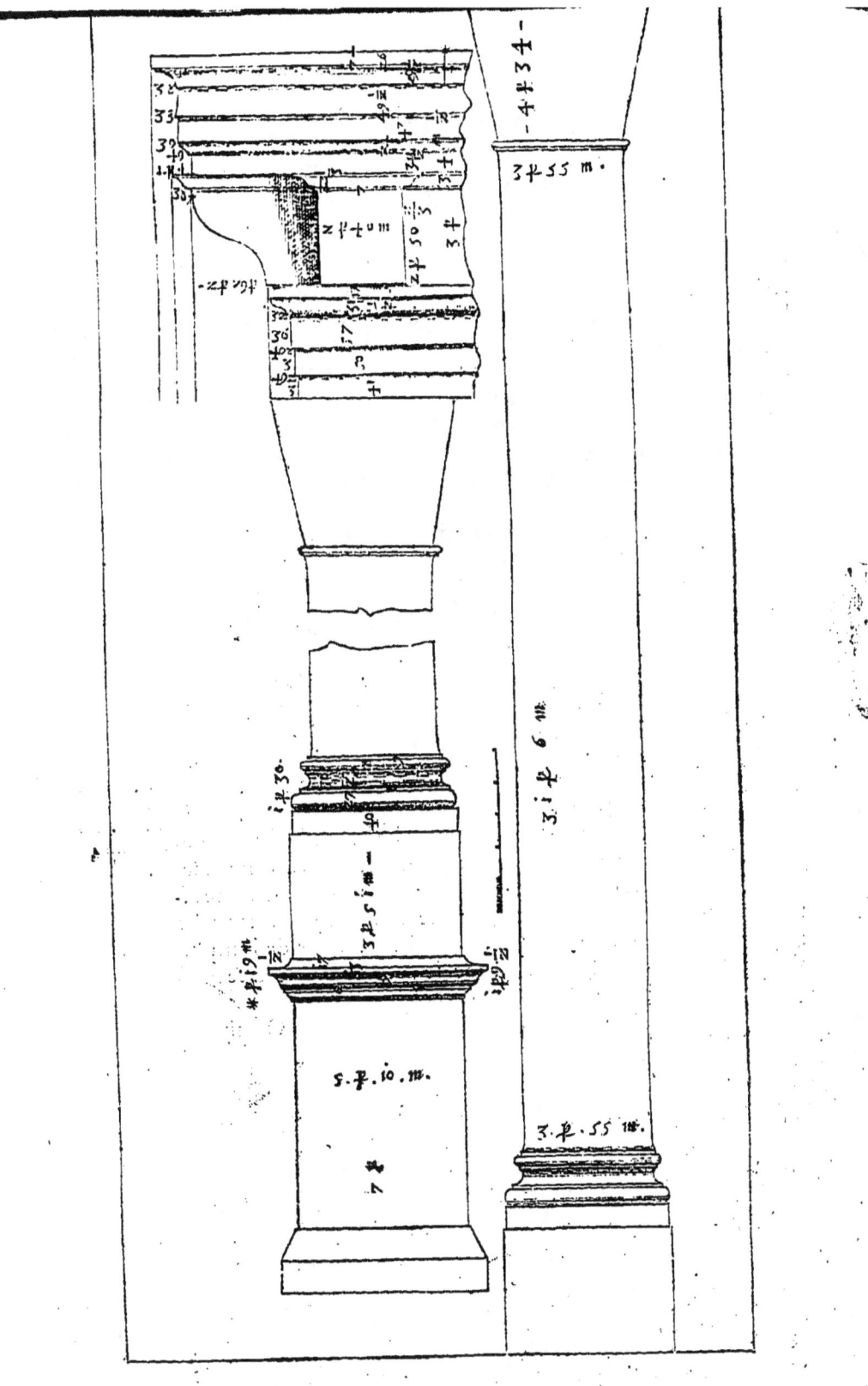

Du pourfil & ornements d'une baſſe de l'ordre compoſé, auec-
ques le diſcours du plan & montée d'vn chapiteau du
meſme ordre.   CHAPITRE   II.

E vous propoſe cy apres le pourfil d'une baſſe de
l'ordre compoſé, à laquelle ie ne trouue aucune
difference à ſa haulteur & ſaillie eſtant confe-
rée à celle de l'ordre Corinthien, ſinon qu'elle a
ſon ornement plus enrichy, comme il a eſté dit,
& vous le voyez à la prochaine figure: non ſeulement aux thores & membres ronds enrichis de fueillages, mais
auſſi à l'aſtragale, plinthes & autres: ainſi que vo° le pouuez voir,
& de là iuger de l'excellence de ladicte baſſe & de ſes parties, qui
ſe monſtre diuinement belle en œuure, ainſi que i'ay veu, auecques vne taille autant exquiſe, qu'il eſt poſſible de voir. Et pour
ce que i'ay faict la preſente apres les meſures & proportions que
i'y ay trouuées, & qu'il ſera facile à ſen ayder, qui vouldra, ie ne
vous en feray autre diſcours.

En quoy eſt
differente la
baſſe de l'or-
dre compoſé, à
celle de l'ordre
Corinthien.

Ó iiij

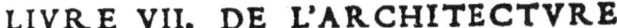

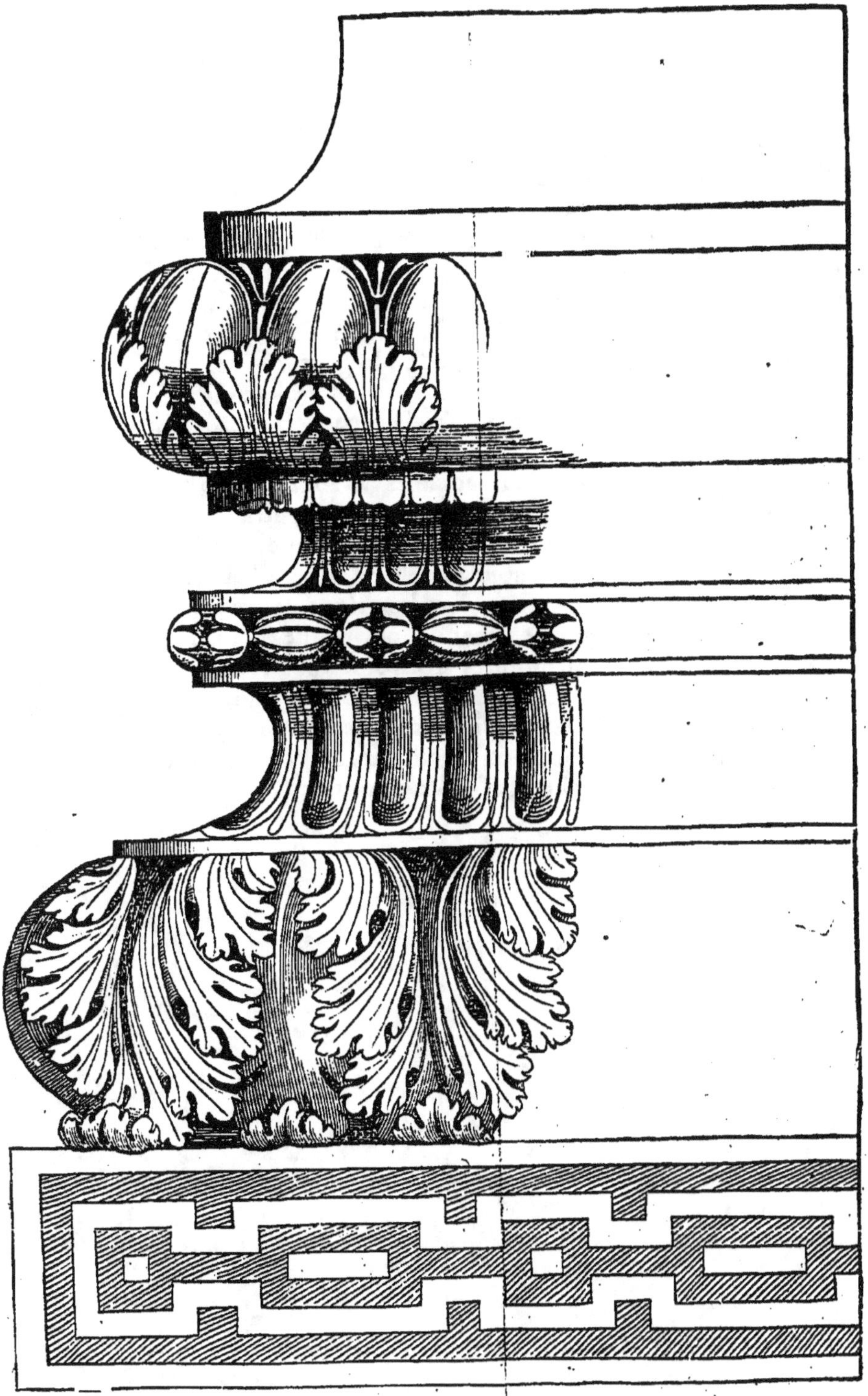

D'vn chapiteau de l'ordre composé, & de la mesure de ses membres & parties. CHAP. III.

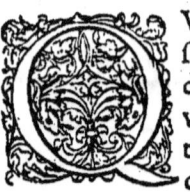

Vant au chapiteau composé, il est faict de mesme sorte, ainsi que i'ay dit par cy-deuant, que celuy de l'ordre Corinthien: comme ie le vous feray voir par vn lequel i'ay mesuré estant à Rome, & *Chapiteau de* trouué dedans les vignes assez pres du Coliset, *l'ordre compo* quasi au droit de l'arc triomphant de Côstantin: *sé mesuré à* c'est vn chapiteau fort plaisant & beau à merueilles, ayãt de haul *Rome par* teur sept palmes, quatre minutes, & de largeur de l'extremité *l'auteur.* d'une corne à l'autre, neuf palmes, huict minutes, lequel i'ay icy voulu faire expressément ainsi que i'ay faict celuy de l'ordre Co- rinthien, pour vous môstrer côme vous les pouuez faire tout ain- si que ceux de la Rotonde & semblables. D'abondant ie figure aussi le plan de sa colomne, laquelle vous pouuez strier & cane- ler comme il vous plaira: non pas que ie l'aye veuë ou trouuée, ains seulement le present chapiteau, estant seul au lieu preme- moré, & sans autres ornements. Les bouillons des fueilles quî sont au milieu à l'endroit de l'abaque, ont palme vn, minutes neuf: la saillie, palme vn, minutes trois, onces deux: & la gros- *Le chapiteau* seur du diametre au dessous du chapiteau, palmes cinq, minutes *de l'ordre com* neuf. Ce que ie vous laisse à considerer au plan cy apres proposé, *posé n'estre dif* pourvous dôner à cognoistre qu'il fault faire le chapiteau de l'or- *de l'ordre Co-* dre composé, comme celuy de l'ordre Corinthien. *rinthien.*

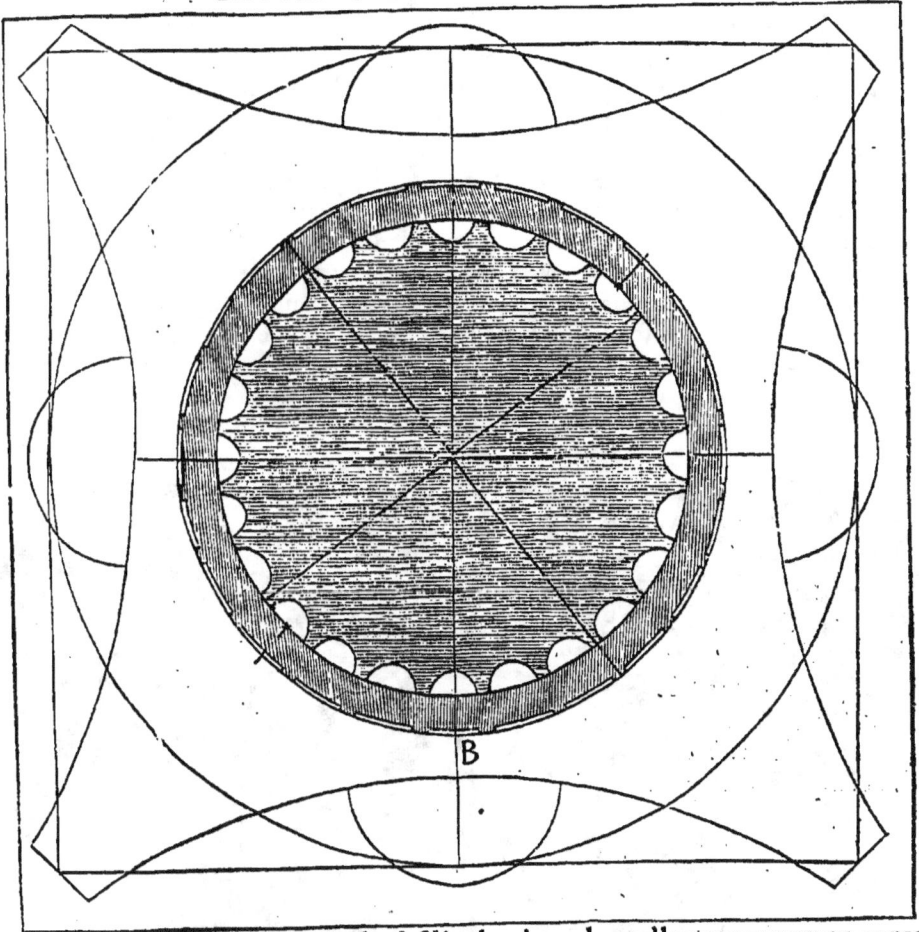

B

La montée du fuſdit chapiteau laquelle vous verrez cy-apres auoir fept palmes & quatre minutes de haulteur, ſe trouue auoir de largeur par les faces du deuant de l'extremité d'une volute à *Les meſures* autre, ſix palmes, minutes dix, onces trois, & la haulteur des vo-
de la montée lutes, depuis le deſſous de l'abaque, iuſques aux fueilles qui tou-
du chapiteau chent leſdictes volutes par le deſſous, a palmes deux, minutes
de l'ordre com deux, once vne; eſtant la largeur deſdictes volutes de deux pal-
poſé, & de ſes mes. La haulteur du chapiteau, depuis le deſſous dudit chapiteau
parties. pres la colomne, iuſques au filet quarré qui eſt ſous l'aſtragale, ou ſont les patenoſtres, eſt de cinq palmes, minutes deux, onces 3 & demie: & ledit filet quarré a minute vne, once demie . La haulteur de l'aſtragale ou ſont leſdictes patenoſtres, a minutes deux, onces trois: l'echine ou ſont les œufs minutes dix, & leſdicts œufs

ont de largeur, minutes huict, onces trois: le deſſus pour la haulteur de l'abaque, a minutes vnze, onces deux : la largeur par en-
bas au droit des cornes pres des fueilles des volutes, a minutes
trois, & ſon ſîlet quarré au deſſous, minutes dix, once & demie:
la haulteur des premieres fueilles du chapiteau, a palmes deux, *Pourſuite &*
minutes trois, onces deux: & ſa largeur, palme vn, minutes dix, *continuation*
onces deux. Les ſecondes fueilles ſont de meſme largeur, & vne ſm. *de ce que deſ-*
fois d'auātage pour leur haulteur. Ie vous deduirois biē plus particulierement toutes les autres meſures que i'ay trouuées en ce
chapiteau, mais ce ſeroit choſe trop longue: ioinct auſſi que ſans
en faire plus long diſcours, les bōs eſprits les ſçaurōt biē trouuer.

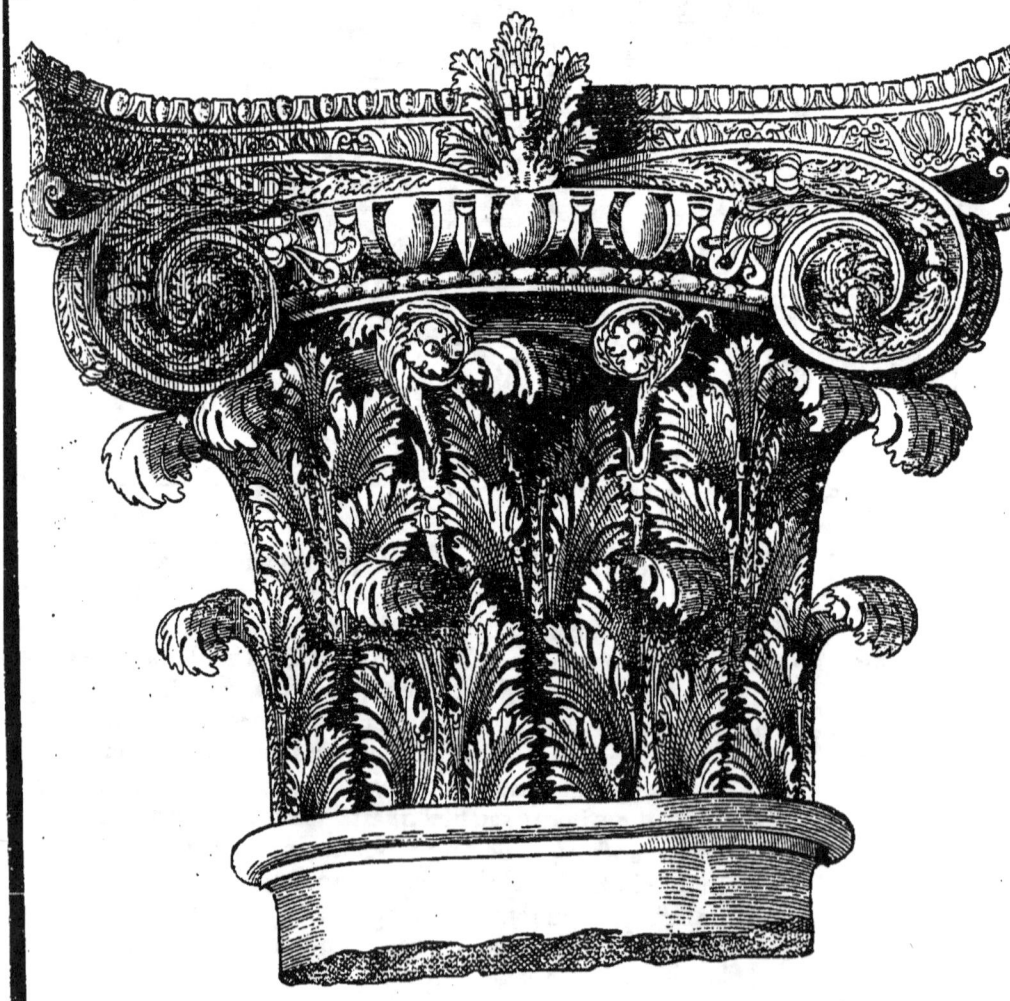

LIVRE VII. DE L'ARCHITECTVRE

Ie veux bien vous aduertir que la figure, laquelle ie vous propofe cy apres, a efté defcrite au V.liure precedét, quand nous parlions d'une volute ornée de fueillages pour pouuoir feruir aux
chapiteaux Ioniques: & pour-autant qu'elle eſt auſſi treſconue-
Le chapiteau nable pour feruir au chapiteau compofé, comme vous le pouuez
Ionique feruir iuger, ie l'ay bien de rechef voulu repeter & rapporter en ce lieu,
pour celuy de pour y eftre fort propre. Ie vous donneray encores cy-apres vn
l'ordre compo chapiteau cópofé, & faict fuiuant l'inuention des Ioniques, ainſi
sé. que vous le iugerez: à fin de mieux vous monftrer la variété de
laquelle les anciens Architectes ont vfé en ces façons de colomnes compofées.

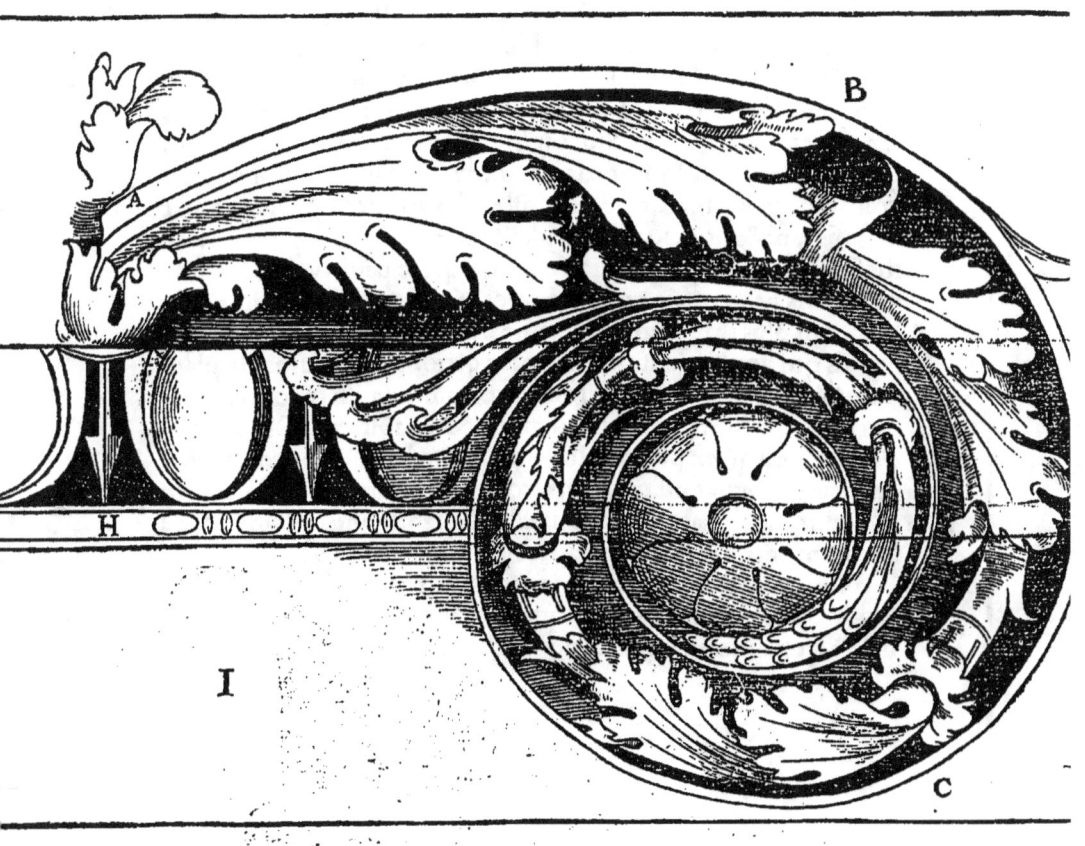

D'une

D'une autre sorte de chapiteau Ionique seruant à l'ordre
composé, & premierement de son plan,
CHAPITRE. IIII.

E figureray encores cy-apres vne autre sorte de
chapiteau composé, toutesfois en forme d'vn de
l'ordre Ionique: & iaçoit qu'il ait la haulteur que
lon donne au chapiteau Corinthien & composé,
si est-ce qu'il a d'autres sortes d'ouurages & ornements qu'on n'a de coustume leur donner. Ie
l'ay trouué, en recherchant les antiquitez, de bien grande largeur
estant sa colomne fort haulte, comme vous le pouuez cognoistre par le plan de son chapiteau, lequel i'ay mis cy-apres. L'endroit ou vous voyez marqué B, monstre la saillie de l'astragale, &
le lieu marqué C, le plan de l'echine, ou sont les œufs. Considerez, ie vous prie, le deuant & face dudit chapiteau, & comme
les lignes, d'ou procedēt les volutes, sont courbes, ainsi que vous
le pouuez remarquer à l'endroit signé D: qui est vne autre façon
que lon n'a accoustumé de faire aux chapiteaux Ioniques. Lon
voit aussi au lieu marqué E, les costez des volutes, qui est vne fort
belle façon: & notez, s'il vous plaist, que tout ce chapiteau a esté
mesuré suiuant le pied antique, ainsi qu'il se peult voir par escrit
en aucuns lieux: mais non sur toutes les parties; pour la noncha-
lance, ou plus tost grande haste, de mes tailleurs de figures. Toutesfois qui vouldra ensuiure les proportions & mesures du plan,
il trouuera que c'est vne belle œuure, comme aussi les ornements
qui sont fort biē taillez sur le marbre, & se mōstrent estre tres antiques: ainsi qu'en pourrōt iuger ceux qui le voudrōt considerer
sur le lieu: vous aduisant qu'ils trouueront fort beau & l'œuure
& l'ouurage: signamment pour estre si grands que le diametre de
la colomne par le bas peult auoir plus de huict pieds de Roy, &
la colomne soixante quatre pieds de haulteur, qui sont seulemēt
huict fois son diametre. Ce que vous pouuez considerer par le
plan du chapiteau, lequel ie vous propose cy apres.

Explication
du chapiteau
cy apres propo
sé, & de ses
parties.

L'auteur loue
la colomne, ou
estoit le chapi
teau lequel il
descrit.

P

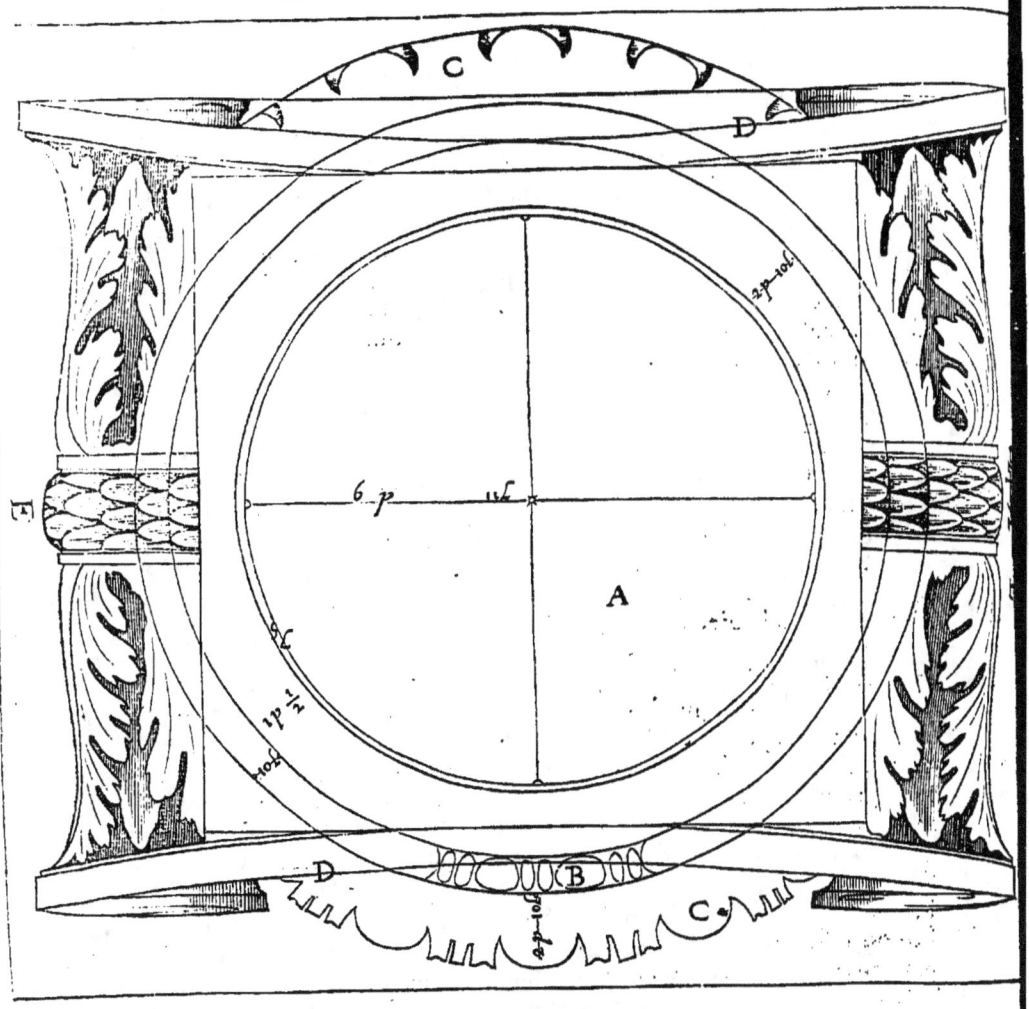

De la montée dudit chapiteau. CHAP. V.

La façon du chapiteau ensuinant n'àuoir esté descrite par aucun des anciēs

Pres le plan ie vous donneray la montée du sufdit chapiteau, qui est d'une inuention fort belle,
& à laquelle nous ne sçauriōs bailler autre nom,
que celuy de l'ordre composé : quoy que ce soit,
telle façon n'est de celles que Vitruue monstre,
ny tous noz autres autheurs d'Architecture : &

ne ſe voit aux edifices antiques, illuſtrez de colomnes des ordres
Dorique, Ionique, ou Corinthiē, ſoit à Rome, ou ailleurs, quels
qu'ils ſoient. Bref, ſemblable façon, dōt i'aye ouy parler, n'a eſté
veuë à ceſte cy. Le tailloir ou abaco, lequel vous voyez marqué
B, en la figure cy apres deſcrite, eſt d'une façon fort eſtrāge, ayāt
trois palmes & vne ligne de haulteur : ſon filet quarré de deſſus,
ſix lignes. La volute qui eſt au deſſus de l'echine, lequel voꝰ voiez
aupres de la lettre C, eſt contraire aux volutes Ioniques, qui ſe
trouuent touſiours au droiɛt de l'aſtragale marqué D: & ainſi ladiɛte volute comprend la haulteur de l'echine & de l'abaque: laquelle volute a cinq pieds, dix lignes de haulteur : comme vous
le voyez eſcrit à coſté. Depuis ladiɛte volute iuſques au deſſus
de la colomne, au droit marqué A, ſe trouuent enuiron ſix pieds
de haulteur. Il eſt aiſé à cognoiſtre par telle œuure ſi bien faiɛte,
& ſi admirable, qu'elle a eſté conduiɛte par vn grand Architeɛte,
qui a bien ſceu donner les proportions & meſures à vne façon
tant eſtrange & non accouſtumée. Ie croy qu'il y a ainſi procedé
pour la grande ſubieɛtion qu'il auoit en ſon œuure, à fin d'eſleuer
d'auantage la haulteur du chapiteau de la colomne. Quāt à moy,
i'ay trouué l'ouurage ſi beau, que ie ne me ſuis pas contenté de
l'auoir veu & deſigné par ſes meſures vne fois, ains y ſuis retour-
né ſouuent pour le reuoir & remeſurer. Entre autres choſes ie y
obſeruay que les caneleures & ſtriɛures de ſa colomne eſtoient
tout autrement que les autres, pour n'auoir aucune eſpace entre
leſdiɛtes caneleures, ſinon vne aireſte viſue. Ce que ie vous laiſſe
à voir & conſiderer par la figure cy-apres deſcrite & propoſée.
Laquelle par les ignorāts & faſcheux pleins d'enuie pourra eſtre
trouuée fort eſtrange, & peult eſtre, de mauuaiſe grace, pour autant qu'ils n'ont accouſtumé de voir la ſemblable, & ne pēuuent
louer ce qu'ils ne ſçauent faire & oultrepaſſe leurs gros eſprits.
Mais delaiſſant l'ignorance aux ignorants, apres vous auoir exhibé le dēſſeïng du chapiteau Ionique compoſé (ainſi que nous
l'auons deſcrit par le precedent diſcours) ie vous donneray cy-
apres quelques chapiteaux Doriques, auecques leurs enrichiſſements qui ſeruiront auſſi pour ceux de l'ordre compoſé.

Meſures des parties du cha-piteau compoſé, eſtant cy-apres figuré.

Diligence de l'auteur pour exaɛtement meſurer & obſeruer les antiquitez.

Bon vouloir & diligente affeɛtion de l'auteur.

P ij

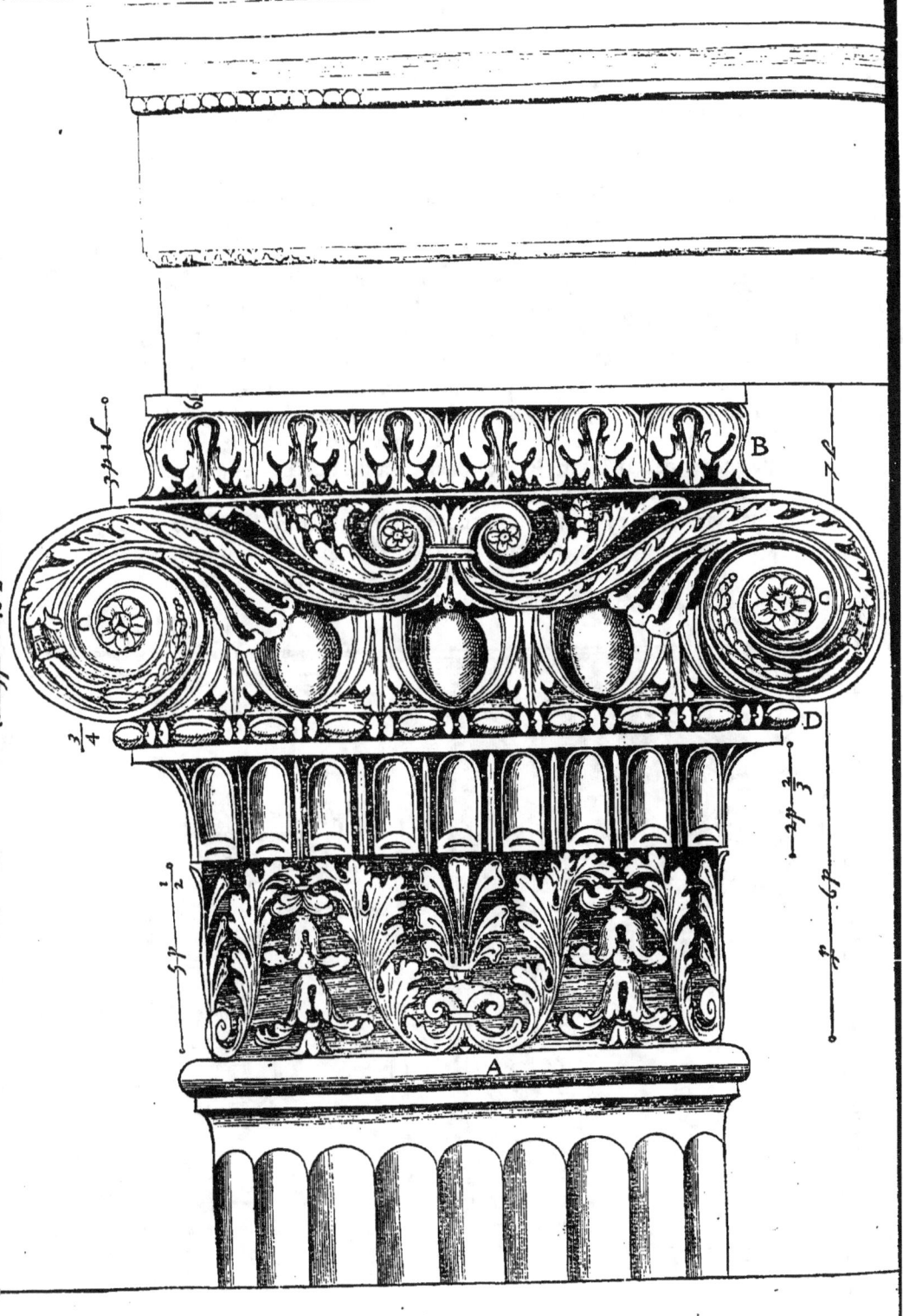

Chapiteaux compoſez & extraicts de l'ordre Dorique.
CHAPITRE VI.

VOus auez veu à l'ordre Dorique cy-deuant deux chapiteaux enrichis comme vous les voyez cy-deſſous, & ſe peuuent appeller compoſez, pour eſtre faicts & enrichis d'autre ſorte d'ornements que à la Dorique, ſelon laquelle ils ont eſté conduicts, & ſe peuuent faire encores d'autre façon, ainſi que les bons & gentils eſprits des Architectes, qui ſont prompts à inuenter & donner meſures, le ſçauront & pourront bien entreprendre, ſans y oublier les beaux ornements & belles inuentions que nous ont laiſſé les anciens, eſtant le tout accompagné de parfaictes meſures, ſuiuant leſquelles on ne peult faillir de donner touſiours vn contentement & grandiſſime plaiſir à la veuë des ſpectateurs, les œuures eſtants bien conduictes. Ce que vous pouuez iuger par les deux figures qui vous ſont cy deſſous propoſées, des chapiteaux Doriques côpoſez, & faicts d'une haulteur, comme ſils eſtoient Corinthiens.

Chapiteaux de l'ordre Dorique, ſeruir à l'ordre compoſé.

L'auteur abô-der en figures & demôſtrations.

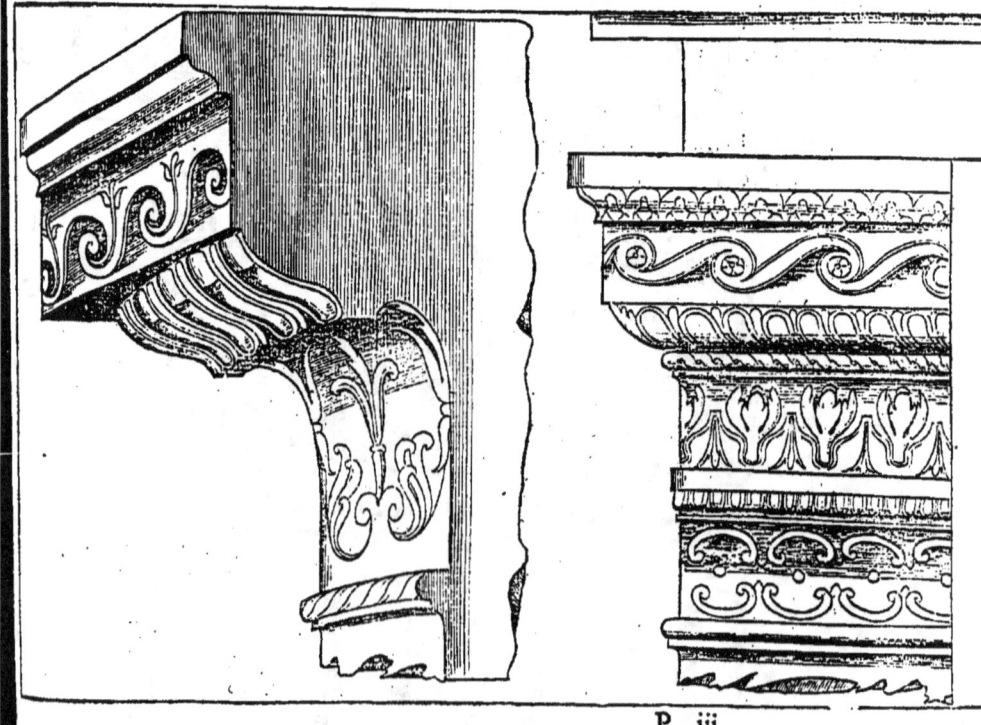

Corniche composée, participant de la Dorique, Ionique, &
Corinthienne. CHAP. VII.

POur monstrer la varieté des œuures de l'ordre cõ
posé, ie descriray icy vne sorte de corniche, laquelle nous appellerons composée, pource qu'el
le participe de la Dorique, Ionique, & Corinthienne, comme il se voit aux mutules marquez
D, qui ont des gouttes par le dessous, qui est vne
façõ Dorique. Le cyme qui est enrichy de fueillages & petis rouleaux, & encores la couronne marquée E, monstrent l'ordre Co
rinthien, & l'autre couronne marquée A, auec son cymace par
le dessous, comme aussi sa frise & architraue, tesmoignent que ce
sont ornements inuentez & pratiquez sur l'ordre Ionique, & Co
rinthié. On peult voir vne semblable corniche *in foro boario* à Rome. Mais celle dont ie parle est diuinement belle, & se monstre fort bien en œuure. Ie l'ay mesurée apres vne piece qui estoit
rompue, & exposée à la mercy des chaufourniers, qui font la
chaulx des restes de l'antiquité, quand ils en peuuent auoir: de

sorte que la piece que vous voyez au dessous de l'architraue, au
lieu marqué B, estoit desia rompue par eux. Ie trouuay en ladicte
corniche, que la couronne marquée A, auec son cymacion qui
est au dessous, & la couronne notée E, comme aussi le cyme accompagné de son quarré signé C, sont diuisez en sept parties, des
quelles le filet quarré marqué K, en a deux de haulteur: le petit
cymacion estant au dessus de la couronne E, auec sa petite reigle
ou filet quarré, est vne quarte partie de la face de ladicte couronne. Semblable haulteur est donnée aux deux filets quarrez, marquez I, sur la courõne A: laquelle ie trouue estre diuisée en quatre parties: desquelles deux sont données au cymacion par des-

sous marqué L, & les autres deux à la face estant au lieu de A.
Les mutules & gouttes qui sont en la face F, ont de haulteur la
moitié de ladicte face: Les gouttes sont vne quarte partie, & le
petit filet quarré vne cinquieme de la haulteur desdictes gouttes.
Le chapiteau de la face estant enrichy d'œufs, est vne quarte partie de la largeur de ladicte face F. Quant aux saillies vous les pou
uez cognoistre par les mesmes proportions qui sont en la figure:
en laquelle i'auois aussi mis les mesures de toutes les autres parties, mais elles ont esté oubliées à tailler. Si est ce que si vous voulez aider de la presente corniche, elle est bien faicte pour ses haulteurs & saillies: vous aduisant que ie ne la vous proposerois si ce
n'estoit pour vous faire cognoistre qu'elle participe & est com-

posée de la Dorique, Ionique, & Corinthienne, ainsi que vous le
pourrez iuger oculairement, sil vous plaist la bien contempler.

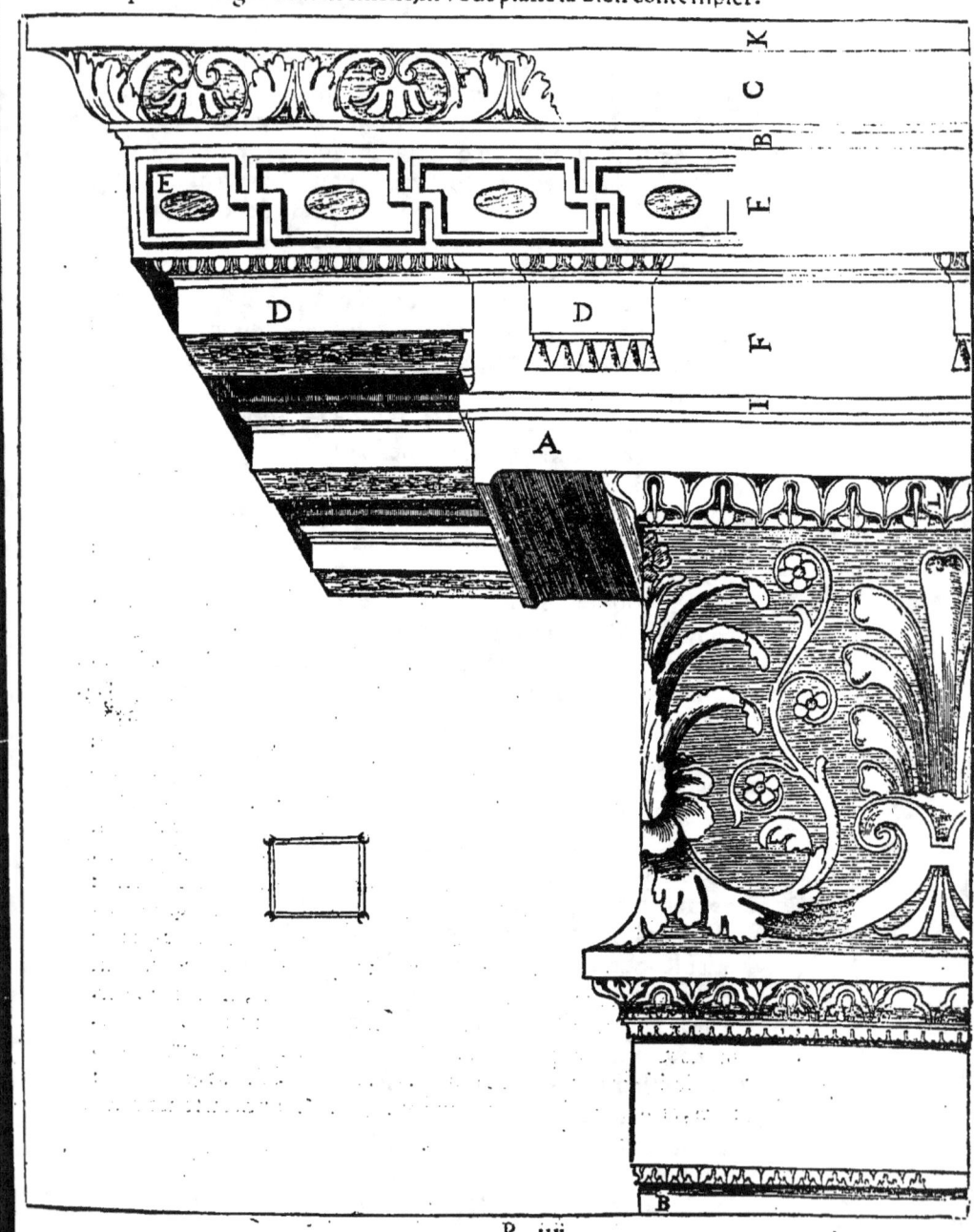

D'une autre sorte de corniche, frise & architraue, composez des trois ordres. CHAPITRE VIII.

E vous donneray encores icy vne autre sorte de
corniche que vous appellerez cõme il vous plaira: pourautant qu'elle participe & est composée
des trois principaux ordres, sçauoir est, Dorique,
Ionique , & Corinthien, ayant des testes de Lyõ
à la couronne marquée B : lesquelles les autres

mettent tousiours au cyme signé A, pour seruir de gargouilles à
vuider & faire escouler les eaues de la pluye. Vous voyez aussi
que ledit cyme A, est tiré de l'ordre Corinthien, & non point
du Dorique. Aussi la couronne B, participe de la Ionique, les mu
tules au droit de C, sont cõme les triglyphes de l'ordre Dorique
ayant au dessous ses reigles & gouttes de mesme façon que l'architraue Dorique, ainsi que vous le voyez à la face marquée D.
Par dessous ladicte face vous voyez vn cymacion au lieu marqué
E, auec son petit membre rond enrichy & participant du Corinthien. Quant à l'architraue, vous le pouuez attribuer aux deux
ordres Ionique & Corinthien. Lequel auecques la corniche i'ay

mesuré suiuant le pied antique, comme vous le pouuez voir en
escrit sur vne chacune partie. Ledit architraue & frise sont d'une
mesme haulteur, qui est de quatre palmes, quarante quatre minutes. La premiere face de l'architraue, à trentehuit minutes : la
seconde, trenteneuf: la troisieme, quarante deux. Vous voyez
aussi particulierement (sans en faire plus long discours) toutes les
mesures sur vne chacune partie, tãt pour les haulteurs, que pour
les saillies : mesmes sur la corniche, qui a trois pieds, trente neuf
minutes de saillie. Mais notez que ie ne vous parle point de ses
haulteurs, pour autãt qu'il est facile de les cognoistre par les nõ-
bres qui y sont escrits. Cõme le quarré au dessus du cyme, a sept
minutes & demie de haulteur: le cyme, vingthuict & deux tiers:
l'astragale qui est au dessous, ou sont insculpées des patenostres,
quatre & demie. Les saillies se voyent au pourfil de la corniche:
comme quoy? le cyme a vingtcinq minutes de saillie: la couronne au droict ou sont insculpées les testes de Lyon, trente quatre
minutes, & de haulteur trentesix & trois quarts. Vous voyez aus
si que la hauteur des mutules a cinquãte minutes, & trois quarts.

Mais il vous fault considerer la façon desdicts mutules, & comme ils se trouuent par les costez d'une sorte estrãge à voir, & plus
admirable à l'obseruer en œuure. On voit aussi dessus lesdicts mu
tules, au dessous de la couronne, vn membre rond, ou sont taillez

les œufs, ayant quatre minutes de saillie, & sept minutes & demie de haulteur: semblablement on voit comme la face qui est
au dessous desdicts mutules (ou sont les gouttes au droict des triglyphes, insculpées par le deuant des mutules) a de haulteur tren
te minutes. il se cognoist aussi en ce mesme endroit, comme les
mutules ont vn pied & quarante vne minutes de saillie: & le cymacion qui est au dessous, dixhuict minutes de haulteur. Vous
pouuez par mesme moyen cognoistre toutes les autres mesures,
sans vous en faire plus long discours. Si vous voulez bien considerer le tout, & prendre peine de conferei les autres ornements
des corniches, lesquels vous auez veuz par cy-deuant, & pourrez
encores voir cy-apres, vous trouuerez ce que ie vous ay dit plusieurs fois, estre veritable: c'est que de toutes les mesures que i'ay
remarquées aux edifices antiques, ie n'en ay trouué qui fussent
semblables, ains tousiours differentes: & toutesfois les edifices
estoient tres beaux & admirables à la veuë. Il est vray qu'il en y a
aucuns qui se trouuent auoir meilleure grace que les autres, &
plus grande maiesté: comme sont ceux qui approchent le plus
des diuines proportions & vrayes mesures, ainsi que nous les deduirons quelque iour, Dieu aydant. Ie vous ay voulu proposer
en ce lieu la prochaine corniche, comme estant plus côuenable
pour l'ordre composé que pour autre: qui est cause que ie l'ay mi
se au rang & ordre des composées. Il me semble aussi qu'elle seroit propre pour seruir au chapiteau Ionique, lequel vous auez
veu cy-deuant à la suitte & ordre des composez, & pour participer de la haulteur du chapiteau Corinthien, auec plusieurs autres
sortes d'ornements que vous y voyez.

D'ou vient que aucuns edifices ont plus de grace que les autres.

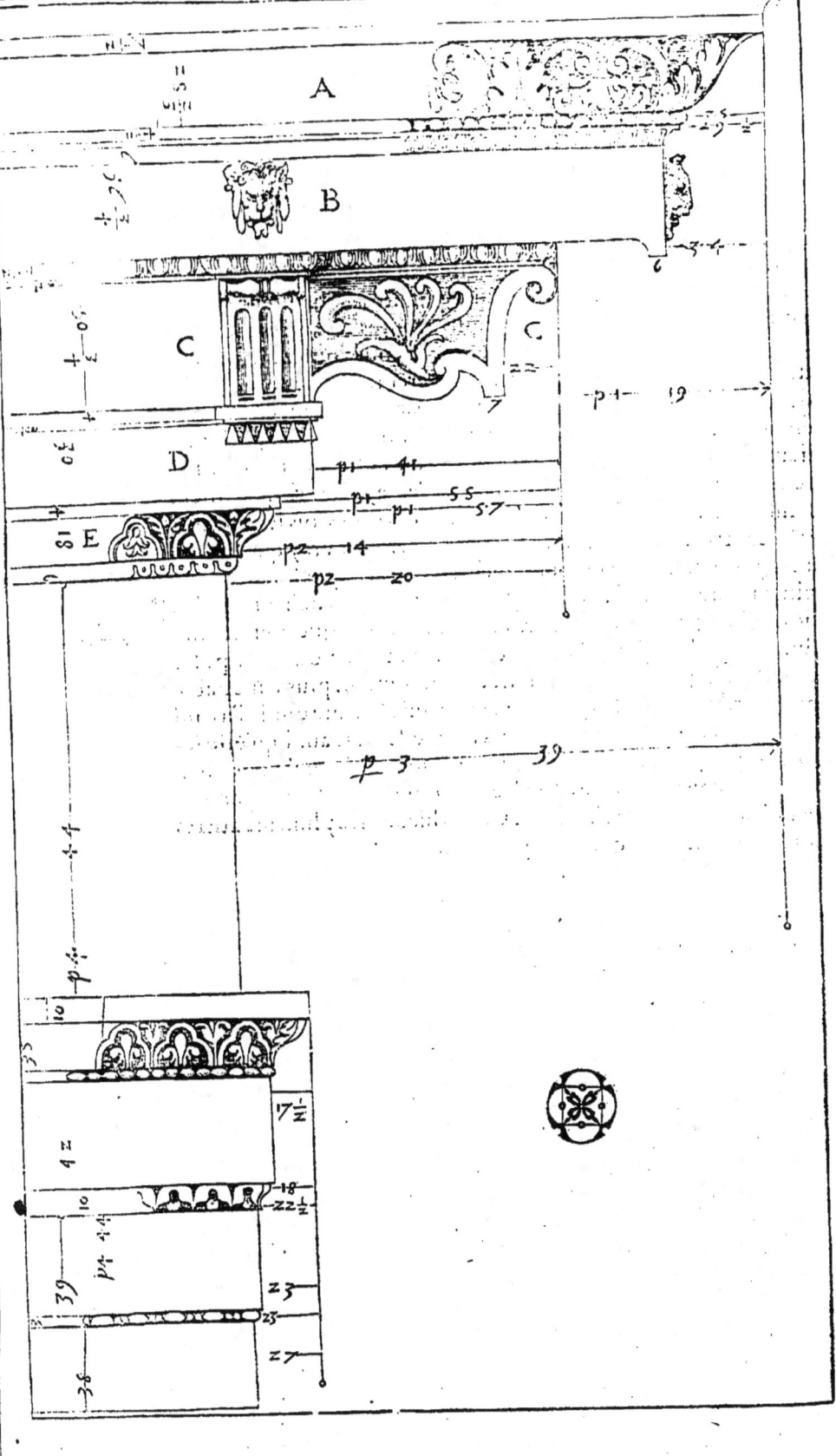

Vous pouuez faire auſſi de beaux enrichiſſements aux corniches, friſes, & architraue, comme vous les voyez à vn petit morceau que i'ay trouué fort antique, & monſtre auoir eſté Dorique
par les gouttes qui ſont à l'architraue, toutesfois ledit architraue
ſe monſtre quaſi ſemblable à l'ordre Ionique: comme auſſi la friſe *Deſcription*
enrichie de rouleaux, bouillons de fueilles renuerſez, & autres *breſue de la*
figure enſui-
qui ſupportent la couróne de la corniche aſſez groſſe & bien maſ- *uant.*
ſiue, pour pouuoir ſeruir de quelque auancement. Toutesfois ie
laiſſe le iugement de tout à ceux qui en ſeront curieux & deſireront ſ'ayder en quelque ſorte de ce que nous leur propoſons.

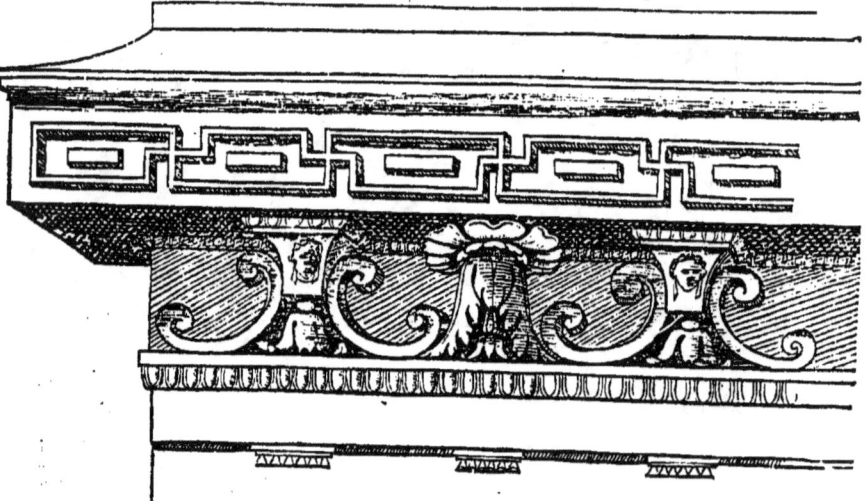

Aduertiſſement ſur les corniches qui ſeruent à l'ordre
compoſé. CHAPITRE IX.

Ombien que ie vous aye baillé diuerſes ſortes de
corniches & chapiteaux compoſez, ſi eſt-ce que
i'ay trouué celles qu'on voit à Rome aux arcs
triumphants, & ailleurs, participer entierement *La plus part*
des corniches
des corniches de l'ordre Corinthien. Il eſt vray *cõpoſées, par-*
que les vnes n'ont point de mutules deſſous leurs *ticiper de l'or-*
dre Corinthiē.
courónes, & les autres en ont d'enrichis de pluſieurs ſortes d'ornements: ainſi que vous l'auez peu voir aux deux grandes corniches que i'ay figurées au liure precedent, en parlant des meſures
& dimenſions de l'ordre Corinthien. Ie propoſerois icy les ſuſdictes corniches, ou ſemblables que i'ay veu, n'eſtoit que i'ay deſia
faict ſi grand nombre de figures, & de tant diuerſes ſortes, que ie

commence à me laffer des ordres & ornements des colomnes.
Et auffi qu'il me femble que i'en ay affez fuffifamment traicté: &
ou ie y aurois oublié quelque chofe, ie ne fauldray de la reprédre
ainfi qu'il viendra à propos: foit en ce premier volume, ou au fecond. Il n'y a en ceft ordre compofé chofe que i'aye fceu cognoiftre, laquelle ne fe puiffe trouuer, par les mefures & ornements
des ordres defcrits par cy-deuant:finon, comme i'ay dit plufieurs
fois, que les ornements de l'ordre compofé, font beaucoup plus
riches & diuers que de tous autres. Et pour ces raifons i'ay bien
voulu faire quelques ornements de moulures, & non point de
toutes les parties, pour autant que vous trouuerez les inuentions
en diuerfes figures. Quoy qu'il en foit, vous verrez icy ce que les
anciés ont taillé fur les cymaces, & autres parties. Ce que ie propofe volontiers à fin que ceux qui apprennét les mefures des ordres, apprennent par mefme moyen à protraire & faire les ornements des corniches & moulures.

L'artifice de bien protraire eftre fort pro-pre & necef-faire à l'Ar-chitecte.

Des ornements des corniches, & d'autre forte de moulures, CHAPITRE X.

L'auteur ne fe pouuoir cô-tenter du tail-leur de fefplâ-ches & figu-res.

Our autant que les ornements des colónes compofées doiuét eftre plus riches que ceux de tous
les autres ordres, tant en leurs corniches, que ailleurs, ie vous ay bien, pour cefte caufe, voulu dôner quelque forte d'ornemëts & moulures pour
enrichir les parties des colomnes dudit ordre cô
pofé, foit par fueillage, ou autrement. Et pource que ie voy que
les tailleurs de mes figures & hiftoires ne m'ont faict les chofes fi
nettement que i'euffe bien defiré, i'ay voulu reparer la faulte par
multiplicité de deffeings & protraicts que i'ay faict tailler: & cô-
bien qu'ils ne foient encores fi bien que ie voudrois, fi eft ce qu'ils
fe trouueront propres pour apprendre la ieuneffe à protraire, &
les contrefaire : comme auffi tous autres qui defireront fçauoir
faire deffeings. Doncques l'ornement qui vous eft cy-apres propofé, a efté par moy contrefait fur vn fort antique, & fe peult appliquer au cymacion des corniches bien à propos, felon le bon ef
prit & dexterité de l'ouurier.

Vous

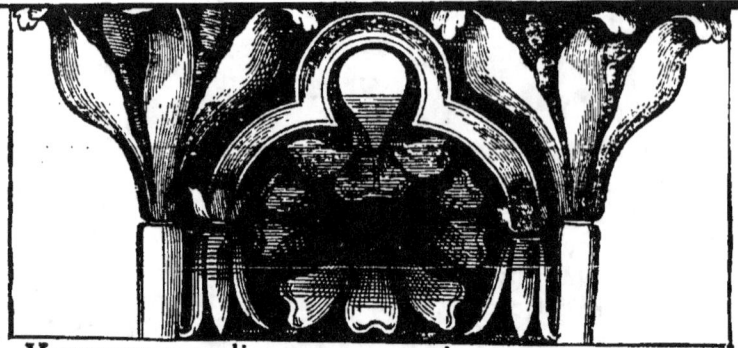

Vous pouuez appliquer aux cymes des corniches, thores, &
gros membres ronds, voire encores aux frises, ou faces des couronnes, & de l'architraue, vn tel ornement que vous voyez cy-
dessous: lequel i'ay retiré d'vn marbre antiquissime. On en peult
faire de beaucoup d'autres sortes, comme les gentils esprits les
sçauent bien inuenter: ainsi que sont petits bouillons de fueilles
refendues, auec des fleurs: & d'autres, de fueilles sans refente:
ainsi que le ieune apprentif les contrefaisant auec le crayon, ou la
plume, en fait les desseings, pour trouuer de luy mesmes quelques bonnes inuentions, apres en auoir designé plusieurs: comme vous pouuez voir celuy de la figure suiuante.

*Les bons &
subtils esprits
pouuoir inuen
ter plusieurs
belles choses.*

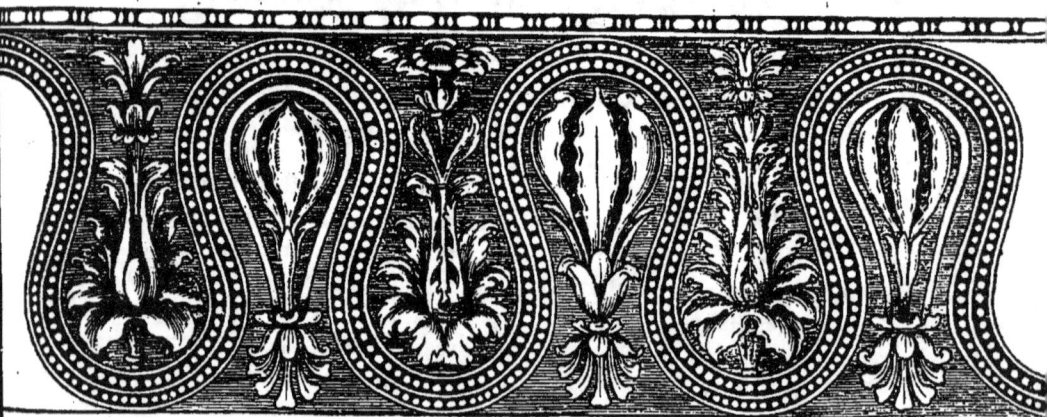

Pour monstrer mieux par exemple côme vous pouuez enrichir voz moulures, soit pour l'architraue, ou pied droit des portes ou fenestres, ie vous mets encores cy-apres vne autre façon
d'architraue côposé & fort antique: qui a esté trouué dedans terre en Ville-Adriano, pres de Tiuoly. Toutesfois il me semble que
c'est vne moulure qui a seruy au pied droict d'une porte: mais
quoy qu'il en soit, ie la vous propose plus pour l'inuention des
moulures & ornements, que ie ne fais pour les fueilles, qui n'y
sont gueres bien faictes, ny bien refendues. Qui me fait pleindre à tous propos des tailleurs de mes planches.

*Architraue
composé &
trouué en A-
drianopoli,
pres de Tiuoly*

Q

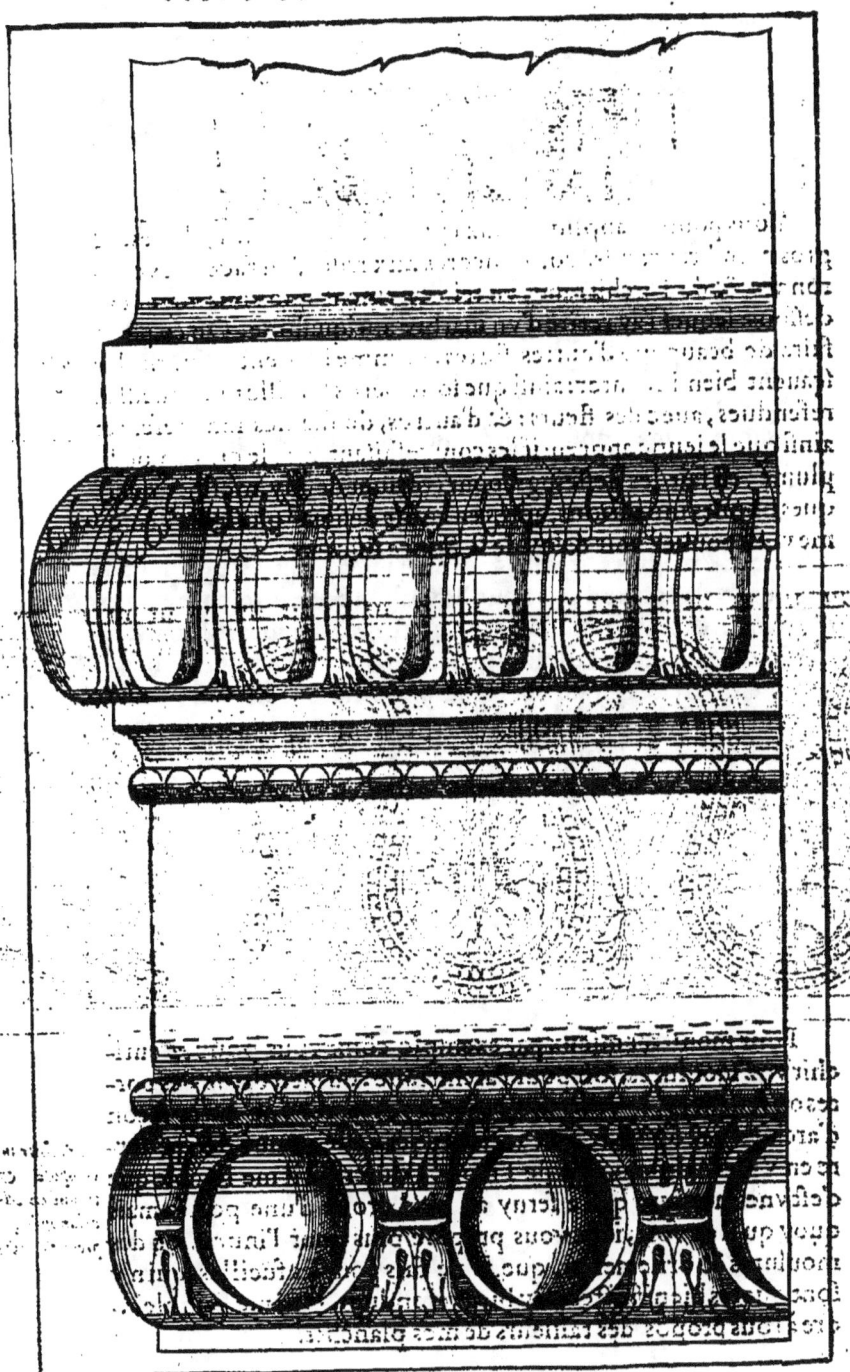

Pour auoir trouué plufieurs faultes aux refentes des fueilles & fueillages de la figure precedente, i'ay bien voulu faire tailler encores la planche d'vn bouillon de fueilles, lequel i'ay trouué à vne frife infculpée en marbre antique, au iardin du feu Cardinal de Gady, lors que i'eftois à Rome. Lequel bouillon ie propofe à noz apprentifs, à fin de le contrefaire plufieurs fois, comme auffi toutes chofes qu'ils trouueront nettement faictes : pour-autant que cela les aidera à faire de beaux traicts de plume, comme vous les pouuez voir à la figure prochaine. Car il fault, fuyuant le con-feil de Vitruue, que l'Architecte fçache non feulement les difci-plines, côme l'Arithmetique, Geometrie, Aftrologie, quelques reigles de philofophie, & perfpectiue pour entendre les mefures & proportions des ordres des colomnes, des plans & montées des edifices : mais auffi la protraicture pour defigner les bafti-ments, faire ornements & fueillages, quelquefois requis & ne-ceffaires. Doncques ce bouillon de fueilles feruira pour appren-dre & donner commençement à ceux qui voudront fçauoir les refentes de fueilles & fueillages : ou il fault auoir le iugement de cognoiftre la nature du deftour & vmbre, pour la releuer en pro-traicture : & auffi pour fçauoir cognoiftre comme il la fault re-prefenter & tailler en pierre, imitant le naturel au mieux que fai-re fe peult. Ceux qui auront la main fubtile & delicate, y feront les plus adroicts, & contreferont beaucoup mieux les chofes qui feront nettement faictes & protraictes.

Les appren-tifs d'Archi-tecture fe de-uoir exercer à protraire bien nettement.

L'art deuoir imiter nature le plus que fai-re fe peult.

Q ij

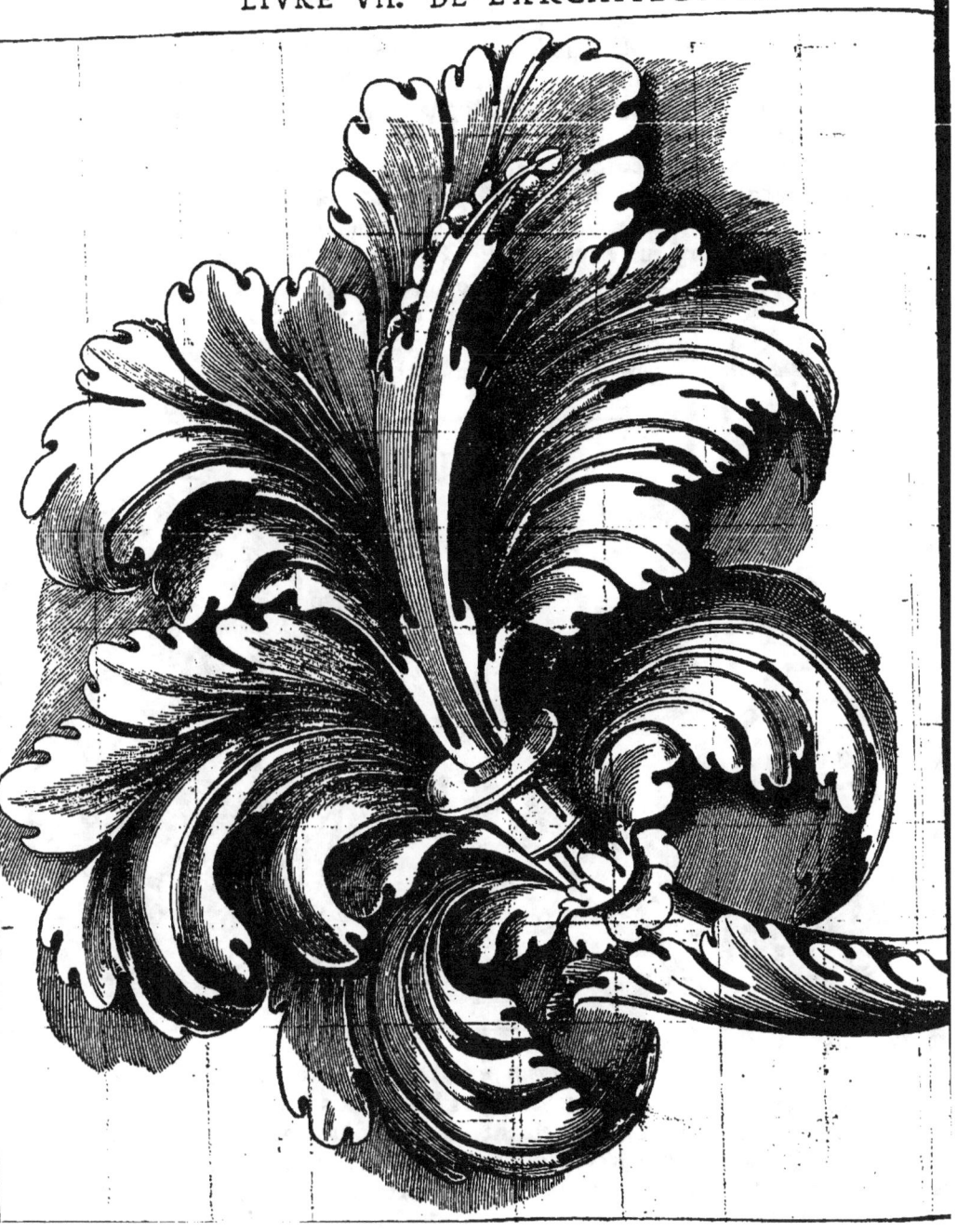

Vous noterez qu'il ne fault seulement apprendre à protraire les fueilles & fueillages pour les frifes, mais auffi il les fault accõ-pagner quelque fois de fruicts, de petis animaux, oyfeaux, & cho-fes femblables, comme vous le verrez en plufieurs deffeings de ce prefent œuure d'Architecture, & fignamment aux ornemens des cheminées, portes, & autres. Il fault doncques bien appren-dre à protraire toutes fortes d'animaux, & chofes qui donnent plaifir & contétemét à la veuë des feigneurs & fpectateurs: ainfi que vous le voyez aux edifices antiques, efquels on appliquoit des Lyons pour feruir en certains lieux de gargouilles, & en au-tres, d'autre vfage & pratique. Qui eft la caufe que i'ay cy apres propofé vn Lyon: non point fi bien faict que ie voudrois, & ce neantmoins tel que le ieune apprentif y trouuera quelque rudi-ment & commencement de mieux faire à l'aduenir.

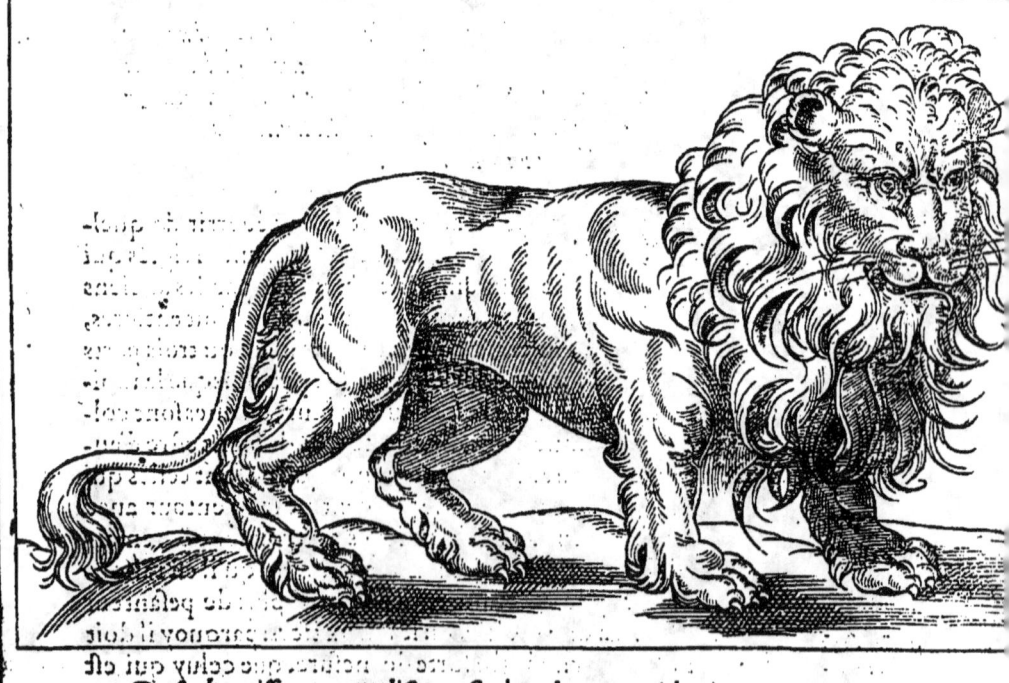

Bref aduertiffement & difcours fur les colomnes Atheniennes.

DEuant que laiffer le propos & difcours des colomnes compofées, & ornements qu'elles doiuent auoir, ie ad-uertiray le lecteur que les anciens auoient encores in-uenté & trouué vne certaine forte & façon de colom-

Q iij

nes, qu'ils appelloient Atheniennes, n'eſtans rondes, comme les
autres, mais bien quarrées, & quelquefois en façon de pilaſtres:
auſquelles conuiennét toutes les meſures & orneméts que nous
auons monſtrez cy-deuant. Leſdictes colomnes compoſées ſont
propres pour y appliquer l'ordre Dorique, Ionique, & autres. Ie
vous certifie qu'il me faudroit entreprendre vn long diſcours,
ſi ie voulois parler de toutes les ſortes des colomnes: comme de
celles qui ſont tortues ou torſes (ainſi que lon en voit derriere le
grand autel de ſainct Pierre à Rome, & auſſi à ſainct Iehan de La-
tran) d'autres qui ſont hiſtoriées (comme celles des Empereurs
Antonin & Traian, qui ſont faictes & ornées de baſſe taille tout
autour) & d'autres qui ont grande diuerſité de meſures & proportions, quand elles ne ſont que moitié, ou les deux parts pour
le moins, hors du mur de la muraille, ainſi que vous le verrez &
entendrez par le chapitre enſuyuant.

De diuerſes ſortes & fa-çons de colō-nes.

Des colomnes faictes de pieces & pluſieurs aſſiettes, qui ne ſont
que la moitié, ou les deux parts, plus ou moins, hors les murs:
Et comme elles ont eſté faictes, tant pour la decoration &
ornements des murs, que pour fortifier les murailles.

CHAPITRE. XI.

De quelques differentes me ſures des colō-nes n'eſtans entieres.

E veux bien d'abondant vous aduertir de quelques differentes meſures & certaines reigles qui
ont eſté diligemment obſeruées par les anciens
Architectes, aux colomnes qui ne ſont entieres,
ains ſeulemét contiennét les deux ou trois parts
de leur groſſeur, ou quelque peu plusque la moi-
tié: le reſte eſtát perdu dans l'eſpeſſeur du mur, ou elles ſont colloquées. Telles colomnes ſont differentes, & doiuent eſtre d'autre ſorte de meſures auec leurs ornements, que ne ſont celles qui
apparoiſſent toutes entieres, & ſe peuuent voir à l'entour auec
toute leur circonference: ainſi que ie les ay trouuées & remarquées aux edifices antiques. Ie diray d'auantage, qu'il eſt raiſonnable, qu'vn corps de colomne entiere porte plus de peſanteur
que celle qui n'en a que moitié, ou les deux tiers: parquoy il doit
auſſi porter & auoir vne autre ſorte de meſure, que celuy qui eſt
entier, pour ſe trouuer dans les murailles. Pour ceſte cauſe i'ay
obſerué que les colomnes qui ne ſont ainſi toutes rōdes, ont eſté
faictes de pluſieurs pieces & pluſieurs aſſiettes. Telle façon de co
lomnes n'eſt ſeulement inuétée pour decorer les murailles, mais
encores pour les rédre plus fortes, & ſeruir de antes & pouſſées

Quelle choſe a faict inuen-ter les colom-nes de plu-ſieurs pieces & aſſiettes, comme auſſi d'autre forme que ronde.

pour mieux tenir en raison les voutes qui peuuent eftre dans les
edifices: ou bien quand les corps d'hoftel font trop larges, & les
murs trop foibles, debiles & eftroits: tout ainfi que vous voyez
qu'on met quelquefois des contremurs de deux & trois pieds de
faillie, plus & moins, & autant de largeur pour tenir les voultes
au lieu de piliers quarrez, qui neantmoins n'ont point fi bonne
grace que les colomnes. Vous y pouuez faire auffi des colomnes
toutes rondes, ou quarrées, au lieu des contremurs, & de telle
faillie hors des murs, que vous defirez. Mais en cela il ne fault pas
faire comme les menuifiers, ou autres qui n'entendent l'artifice,
& plaquent les colomnes (qui n'ont que la moitié, ou les trois
parts de leur rondeur) contre vn pilier quarré, ou contre vne piece de bois, ou contremur de maçonnerie. Cela eft vne grãde faute, & qui en attire auec foy plufieurs autres, principalemẽt quand
on faiɾ les troncs de colomnes d'une piece: pour-autant que la
nature de la pierre n'eft forte, finõ quand elle eft mife fur fon liɾ,
& non point debout: pour les raifons que ie vous ay declairé ailleurs. Mais en faifant les colomnes toutes d'affiette, & mettant
les pierres fur leur liɾ, non feulement lefdiɾes colomnes en font
plus fortes, mais auffi la muraille ou elles font appofées. I'ay veu
vne autre faulte eftre commife en cecy, c'eft qu'on donne les mef
mes fortes de mefures & ornements auffi bien aufdiɾes colomnes qui ne font point entieres, que à celles qui ont toute leur ron
deur & groffeur entiere. Quant à moy ie cõfeille à ceux qui voudront faire vraye profefsion d'Architeɾe, de ne permettre iamais aux maiftres maçons d'appliquer les colomnes qui font im-
parfaiɾes en leur groffeur, contre les murailles, mais bien laiffer
faire cela aux menuifiers qui plaquent le bois l'vn contre l'autre,
& le font tenir auec colles, mortaifes, cheuilles, & tenons. Et encores que vous eufsiez marbres, ou pierres de telle nature qu'elles peuffent porter debout, & fouftenir les charges des chapiteaux, corniches & autres, iamais ne les mettez en œuure, fi elles ne font toutes entieres, & en longueur de la tierce ou quarte
partie de leur diametre. Toutesfois fil aduient que l'Architeɾe
ne puiffe faire fes colomnes de telle groffeur & haulteur qu'il defire, ne trouuant pierres à propos pour les lõgueurs qu'il luy faudroit, & aufsi pour les groffeurs, ce ne luy fera defhonneur ne vitupere, mais biẽ proufit pour l'œuure (qui en fera trop plus forte)
fil faiɾ fes colomnes de pieces, & par afsiettes, cõme ont faiɾ les
anciens Architeɾes: qui ont ainfi conduiɾ lefdiɾes colomnes
par pieces & afsiettes, & de mefmes haulteurs que eftoient les
carreaux dont ils faifoient les pans des murs, ou eftoient les co-

La force des pierres eſtre quand elles ne ſont miſes de-bout, mais biẽ ſur leur liɾ.

Quelles pier-res ſont pro-pres pour fai-re colomnes.

Q iiij

lomnes imparfaictes en leur rondeur. Sur ceste raison est fondée
noastre inuention & façon des colomnes que nous appellons Françoises, & se font & conduisent par pieces & assiettes, auecques
tels ornemets qu'on vouldra, pour cacher les commissures: ainsi
que de present on en peult voir quelques vnes que i'ay faict mettre en œuure au Palais de la maiesté de la Royne mere, à Paris: &
en verrez cy-apres des desseings sous diuerses sortes. Vous pouuez vser de telle façon de colomnes sans faire ou commettre aucune faulte entre tous les ordres, pourueu que vous leur donniez
les mesures qu'il fault. Et pour autant que vous en auez veu des
figures cy-deuãt, & en verrez encores cy-apres, cela me fera laisser ce discours: sinon que ie vous aduertiray, que les colomnes de
quelque ordre qu'elles soient, estans faictes de pieces & imparfaictes en leurs grosseurs, ne doiuent estre de si grande haulteur
que si elles estoient entieres & parfaictes: par ainsi vne colomne
Dorique qui a sept fois son diametre, si elle est imparfaicte, ayant
seulement la moitié du diametre de l'entiere & parfaicte, elle
n'aura que six fois & demie son diametre pour sa haulteur. Si elle
a de saillie les trois quarts de sa grosseur, elle aura de haulteur les
six fois & trois quarts de son diametre. Et ainsi toutes ses parties,
tant du pied de stal, que de la basse, chapiteau, architraue, & corniche, doiuent estre de moindre haulteur, & moindre saillie que
des colomnes qui sont toutes entieres. Doncques vous prendrez
garde & aduiserez quand vous aurez à faire telles colomnes, de
leur donner les mesures selon ce que nous en auons escrit, & obseruer les differences qui doiuent estre entre celles qui n'ont que
vne moitié de leur grosseur, & celles qui sont entieres. Car il n'est
raisonnable que l'arbre qui n'a sa grosseur entiere & parfaicte,
doiue tant porter que celuy qui l'a toute entiere, & bien cõplet-
te. Aucuns qui n'entédent ces raisons, pourront dire que les pierres dont sont faits les pieds de stal, basse, chapiteau, architraue,
frize, & corniche, sont dans les grosseurs des murs, ou sont erigées les colomnes, & qu'il n'en peult aduenir aucune faulte: ce
que ie leur accorde tres voluntiers, mais cela n'empesche pas
qu'il n'y ait difformité en l'œuure estant ainsi hors de ses raisons,
& sans mesures. Ce qui est aysé à cognoistre en quelques colomnes qui sont en France: mais chacun n'a le iugement accompagné de sçauoir, pour le bien discerner & cognoistre.

D'une sorte de colomnes, suiuant l'antique & premiere façon,
extraicte des piles & troncs des arbres.　CHAP. XII.

IE trouue que deuant l'inuention de l'ordre Dorique, & autres, on faydoit des piles & trõcs des
arbres, au lieu de colomnes, pour porter les charges & fardeaux des baftiments qu'on faifoit en
ce temps la. Il me femble veritablement que telle façon & inuention n'eft à reprouuer : non pas
que ie vueille perfuader de faire les colomnes de bois pour porter les maçonneries, mais bien de pierres : & refembleront aux
arbres, par ce qu'elles y peuuent cõuenir en beaulté & bõne grace, auffi bien que les autres colomnes, & feroiẽt en aucuns lieux
plus à propos, pour-autant que vous leur pouuez donner mefure
& beaulté correfpondãte auecques la fymmetrie & proportion
des autres colomnes, comme certainement la monftrent auoir
les arbres, de leur nature eftans plus deliez par le hault que par le
bas, & plus gros par le pied, auecques vne retraicte de bien bonne grace: de forte que vous leur donnerez fix & fept fois, voire
huict & neuf, leur diametre pour haulteur, felon l'ordre que
vous voudrez faire & imiter. Et fi encores vous y pouuez accom
moder le fexe mafculin ou feminin: cõme fi vous defirez façonner voz colommes, imitans les arbres, à la Dorique, vous le faictes apres la mefure de l'homme: à la Ionique, fuyuant celle de
la femme: & à la Corinthienne, apres celle d'vne fille ayant forme & façon plus iolie & mignarde que les autres: & pour ce faire, on trouuera des arbres faicts naturellement à propos, pour y
feruir de patron & exemplaire. Il ne fault icy omettre, que les anciens qui faydoiẽt des piles d'arbres au lieu de colónes, de peur
& crainte qu'elles ne fe fendiffent par les deux bouts & extremitez, ils y mettoient des cercles de fer: de là les Architectes ont
inuenté les ornements des colomnes, & donné mefures aux baffes, en y faifant les petits thores & membres ronds, auec leur filet quarré & nancelle qu'on y voit. Lefdicts Architectes ont efté
fi curieux d'imiter la nature des chofes, que voyants ie ne fçay
quelle pourriture fengendrer entre le cercle de fer (qui eftoit au
lieu de la baffe) & le corps de l'arbre (qui feruoit de colomne) &
que par fucceffion de temps illec, ou bien à l'enuiron, croiffoient
quelques herbes qui auoiẽt les fueilles fi larges & pefantes, quelles eftoient contrainctes de tomber & fencliner contrebas: puis
pour eftre retenues des angles ou coings du plinthe de la baffe,
ou de chofe femblable, fe replier contremõt: de là lefdicts Architectes par finguliere imitation, ainfi que nous auõs dit, mirent &

L'auteur ap-
prouuer les co-
lomnes en fa-
çon de piles et
troncs d'ar-
bres : auec fes
raifons.

L'art imiter
nature, tant
qu'il eft poffi-
ble.

Pourquoy
c'eft que les
anciens Ar-
chitectes ap-
pliquoient des
cercles de fer
à leurs colom-
nes d'arbres.

emploierent des fueilles larges aux angles des baffes, & fans aucune refente: defquelles le departement venoit du deffus du tho
re qui eft fur le plinthe, en faifant vn retour fur les angles du plin
the de la baffe, auecques fort bône grace. D'auantage lefdicts Architectes anciés, au lieu de l'hypotrachelio pres le chapiteau, met
toient vn autre cercle de fer, pour tenir l'arbre en raifon, & à fin
qu'il ne fe peuft fendre, comme i'ay dit, & le pouuez voir au lieu
marqué A, en la figure propofée cy-apres. Doncques fil eft ainfi
que les premiers Architectes ayent pratiqué aux arbres, (par imi-
tatiô de nature) les trois premiers ordres des colónes, Doriques,
Ioniques, & Corinthiénes, puis auecques raifons & fymmetries
Les modernes
Architectes
deuoir enfuy-
ure les anciés. conuenables apres icelles trouué l'ordre des Thufcanes, des cópo
fées, & Atheniénes, auec leurs orneméts, pourquoy, ie vous prie,
ne fera il permis par imitation de la mefme nature, de nous ay der
de la premiere façon des colónes, retirée des arbres, comme vous
en pouuez voir vne en la figure prochaine? Confiderez, fi vn portique, periftyle, & face de maifon ne feroit pas belle ayant toutes
fes colónes faictes en forme d'arbres, & les chapiteaux côme bráches couppées? Croyez qu'en leur donnant haulteurs conuenables, auec les entrecolónements tels qu'il fault, ce feroit vne fort
belle chofe à voir. Le portique, côme ie l'imagine, reprefenteroit
Portique re-
femblât à vne
foreft, auec-
ques fa defcri-
ption fort bel-
le & plaifan-
te. quafi vne petite foreft. Vray eft que ie n'y voudrois appliquer aucuns pieds de ftat, mais bié au lieu d'iceux faire côme des tronces
d'arbres couppées, fans y mettre corniche, ne baffe, ains feulemét
garder les mefures & hauteurs d'une chacune chofe, & au lieu de
l'epiftyle ou architraue, faire la forme d'un arbre, qui porte fur au
tres arbres qui font la figure des colomnes. Au lieu de la frife, ie
voudrois employer quelque façon de lierre qui feroit conduit en
maniere de frife, auec vne fort bonne grace. Quant à la corniche,
couronne, denticules, gueulle, cymace & cymacion, aftragales,
filet quarré, & autres, ie voudrois difpofer tout cela par liaifons,
comme fi c'eftoient branches d'arbres qui fortiffent par le dehors, les vnes de trauers, & les autres de pointe, comme fi c'eftoient les bouts des foliues qui feroiét aux planchers: puis les autres
comme fi c'eftoiét fablieres. Les aix feroiét au lieu des filets quarrez: la couronne au lieu de l'aire qui eft fur les foliues, & les ornements parcy parla femez de petites fueilles, & neuds d'arbres.
L'auteur a-
uoir beaucoup
de belles inuê-
tions cachées
en fon efprit. Croyez que fi le tout eftoit ainfi côduit que ie le figure, on pourroit faire vn bel ornemét d'edifice, & fort conuenable à vn portique & periftyle, luy donnant fes mefures autant bien, qu'à tous
les autres ordres: ainfi que ie vous môftrera la prochaine figure.

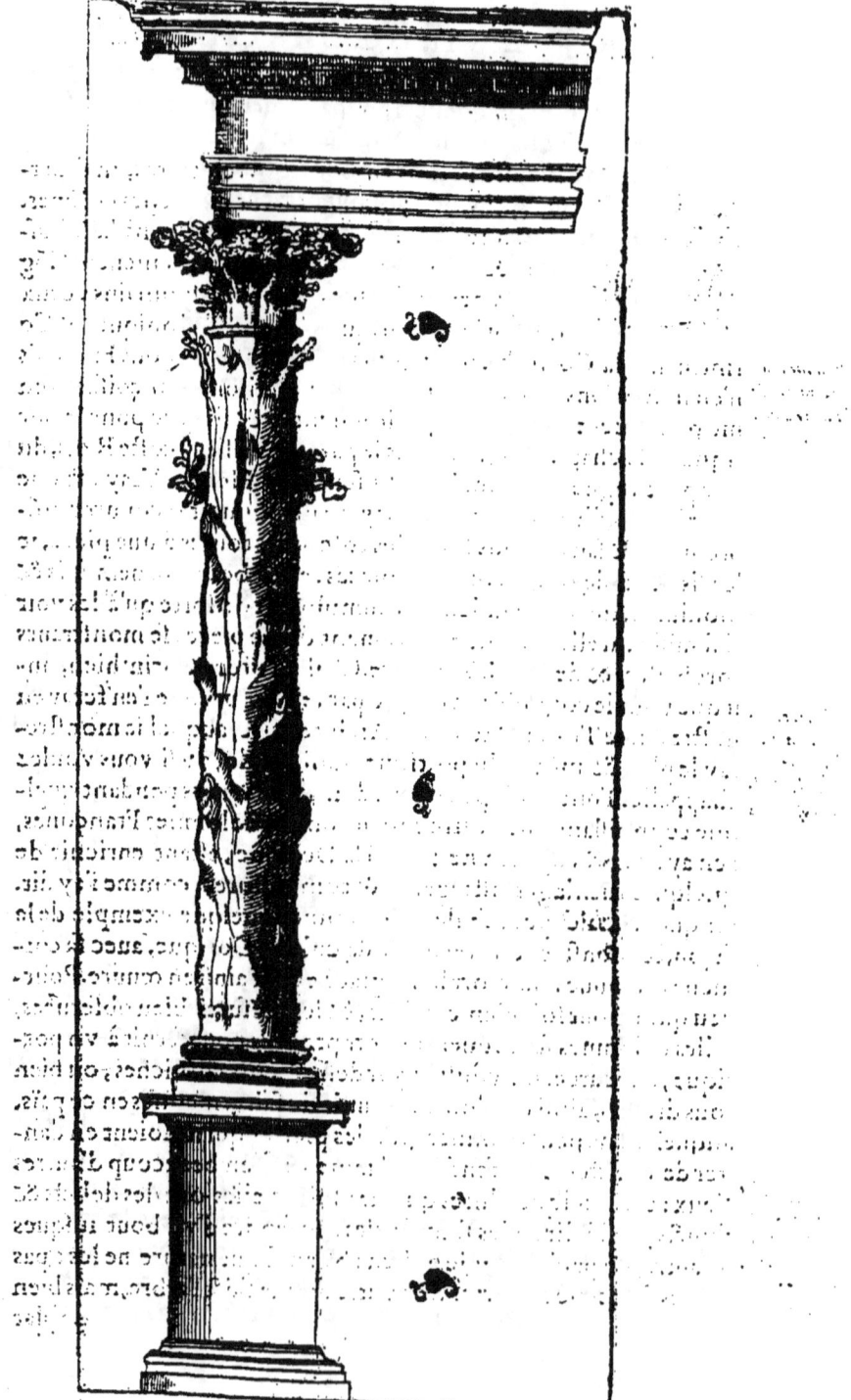

Qu'il est permis à l'exemple des anciens, d'inuenter & faire nouuelles colomnes: ainsi que nous en auons faict quelques vnes, appellées colomnes Françoises.

CHAPITRE XIII.

Il a esté permis aux anciés Architectes, en diuerses nations & païs, d'inuenter nouuelles colónes, ainsi que feirent les Latins & Romains la Thuscane & cóposée: les Atheniés l'Atheniéne: & lóg temps deuant lesdicts Latins & Romains, ceux de Dorie, la Dorique: de Ionie, la Ionique: & Co

Colomnes de l'inuention de l'auteur appellées Françoises.

rinthiens, la Corinthienne: qui empeschera que nous François n'en inuentions quelques vnes, & les appellions Françoises, comme pourroient estre celles que ie inuentay & fis faire pour le portique de la chappelle qui est dás le parc de Villiers coste Rets, du temps & regne de la maiesté du feu Roy Henry. Vray est que pour la necessité ou ie me trouuay, de ne pouuoir recouurer próptement, & sans grands frais, des colomnes toutes d'une piece, ie les fis faire de quatre ou cinq pieces, auec beaux ornements & moulures, qui cachent leurs commissures: de sorte qu'à les voir il semble qu'elles soient entierement d'une piece, se monstrants fort belles, & de bien bóne grace. C'est vn ordre Corinthien, ain-

Colónes Françoises en la chappelle du parc de Villiers coste Rets

si que vous le cognoistrez mieux par le discours que i'en feray en nostre autre Tome & œuure d'Architecture, auquel ie monstreray le plan & 'mótée du portique dudit réple, ou si vous voulez chappelle. Toutesfois pour vous donner ce temps pendant quelque cognoissance de nostre inuention des colomnes Françoises, i'en ay cy apres figuré vne sorte à la Dorique, estant enrichie de quelques fueillages, astragales, & commissures, comme i'ay dit. Ce que i'ay faict pour seulement donner quelque exemple de la façon, & monstrer que tel ordre de colóne Dorique, auec sa corniche se trouue auoir fort bóne grace estant ainsi en œuure. Pourueu que le tout soit bien conduit, & les mesures bien obseruées, telles colomnes se trouueront fort propres pour seruir à vn portique, auec arceaux voultez par dessus leurs corniches, ou bien tous droicts, ainsi que lon aura enuie de faire: mesmes en ce païs, auquel on ne peult trouuer grandes pierres qui ne soient en dan-

Les grandes pierres en ce pays estre en danger de se delicter & fendre.

ger de delicter & se fendre: comme aussi en beaucoup d'autres lieux: car quelques dures qu'elles soient, elles ont des delicts & feincts, c'est à dire elles sont faciles à se fendre d'vn bout iusques à l'autre, en passant par le milieu: & aussi que nature ne les a pas faictes fortes pour porter de bout, comme faict l'arbre, mais bien

de plat

de plat fur leur lict, ainfi que ladicte nature les a faict croiftre. Par
ainfi les appliquant aux colomnes, qui ont à porter grands fardeaux & grande pefanteur, elles font trop plus fortes eftants faictes de plufieurs pieces, que d'une feule. Telle eft la nature du bõ
marbre, n'ayant point de lict, & pour cefte caufe portant en tous
fens, cõme font aufsi beaucoup d'autres pierres dures : mais il ne
fen trouue gueres pour grãdes colõnes. Apres donc auoir bié retenu les mefures que vous auez veuës par cy-deuant, le prefent
difcours feruira d'aguillon pour eueiller les bons efprits, & les L'autheur
induire à inuenter d'autres fortes de colomnes Françoifes, com- excite les bõs
me nous auons faict la Dorique auec fa corniche & ornements, efprits à nou-
laquelle nous vous propofons cy-apres, eftant faicte de pieces. Si uelles inuen-
eft ce que quelque inuẽtiõ que le bon efprit puifle trouuer, ie cõ- tions.
feille toufiours d'y obferuer & garder les vrayes mefures que les
anciens & excellents Architectes nous ont donné & trouué fuiuant les veftiges de nature, par grandes & infinies experiences,
tant à l'ordre Dorique & Ionique, que Cõrinthié. Apres lefquels
(ainfi que nous auons dit) ont efté trouuez les ordres Thufcans,
compofez, Atheniens, & autres : de forte qu'en obferuant les mefures, les Architectes qui entẽdront bien l'art, & en auront grãde
experience, pourront par leurs bons efprits & diuins entende-
ments trouuer vne infinité de belles inuentions, en tous lieux & Beaux &
royaumes qu'ils foient : principalemẽt quand ils voudront pren- bons aduertif-
dre leur fubiect, apres la nature des lieux, comme ont faict noz fements &
predeceffeurs, i'entend par imitation & exẽplaire des chofes na- dignes de no-
turelles que Dieu a faictes & creées : foit des arbres, plantes, oyfe- ter.
aux, animaux, & chofes terreftres ou celeftes : comme aufsi de
leur effet, & progres de la nature & difference d'une chacune.
Surquoy ie vous propoferay par exemple noftre colomne Françoife, laquelle eftant faicte de pieces par certaine necefsité, on la
peult orner & enrichir de la nature, des chofes enuers lefquelles
eft plus enclin ce Royaume François, & y font pour le plus adon
nez les habitants : pour decorer non feulement le lieu des pieds
de ftat, baffes, chapiteaux, architraues, frifes, corniches, & faire autres ornements d'edifice : lefquels on peult changer & encores enrichir de diuerfes deuifes propres à ce royaume, comme
fleurs de lys, & autres deuifes particulieres aux Roys, princes &
feigneurs. Bref, le bon entendemẽt ne demourera à faire fes œu- Bon vouloir
ures par faulte d'inuention d'ornements pour l'ordre des colom- de l'autheur,
nes Françoifes. I'efpere fil vient à propos, quelque fois en faire vn accompagné
difcours, ou ie ne changeray feulement les colomnes, mais enco- de promeffe.
res toutes les parties tant des corniches, que chapiteaux, & autres

R

pour mieux parfaire tous les ordres des colomnes Françoises, en y obseruant tousiours les vrayes mesures. Ce pendant vous pourrez ayder de la colomne laquelle ie vous figure icy.

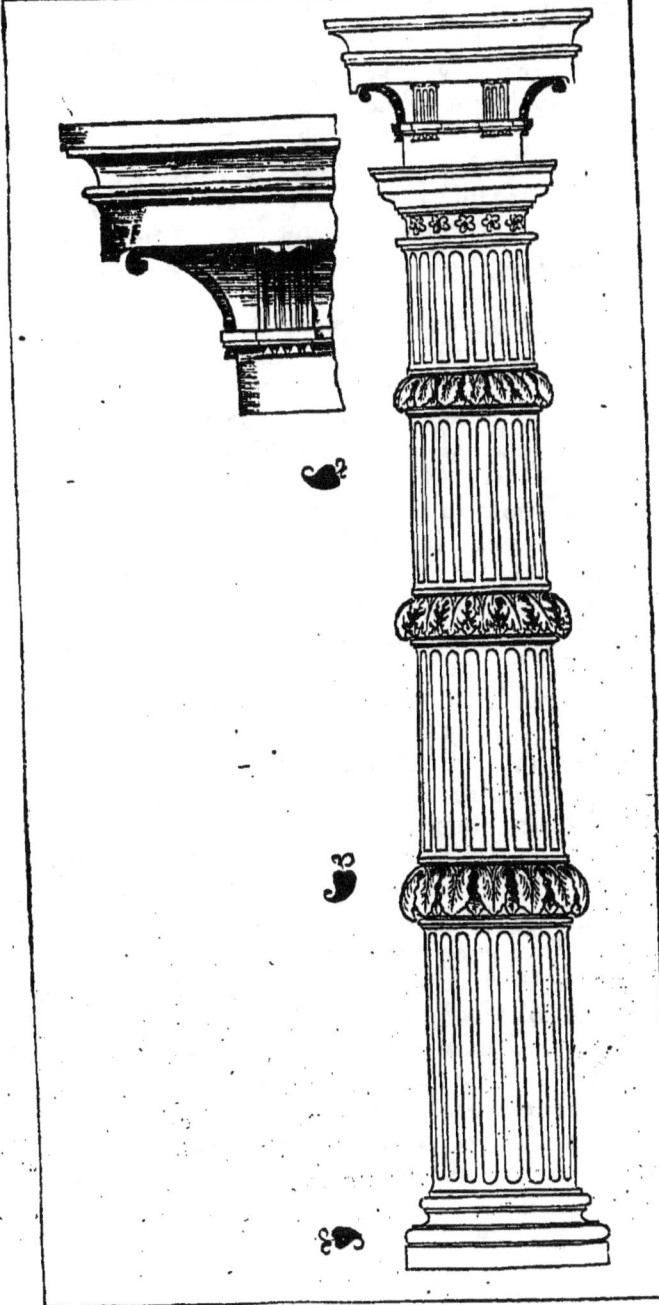

Ie vous propofe encores cy-apres deux autres fortes de colônes Doriques, pour monftrer la difference des ornements que
vous y pouuez faire. Doncques à l'vne vous n'y mettrez que des
quarreaux, fi vous voulez, pour cacher les cômiffures qui feront
entre les ftrieures, fi vous auez enuie d'y en faire mettre: ou bien,
fi vous les voulez plus riches, vous y colloquerez des plattes bé-
des, accompagnées de fueilles, ou d'autre forte d'ornements: côme vous le voyez à des plinthes quarrez, auec quelque petit aftra
gale & petites fueilles par dehors canelées, & les chapiteaux Doriques enrichis au deffus d'vn architraue & corniche, fans y auoir
aucune frife: laquelle y eft quelque-fois neceffaire, quand on ne
veult faire monter fi hault l'edifice, foit pour eriger par le deffus,
des arceaux, comme vous le verrez en vne figure au prochain liure, quand nous parlerons des portiques. Par ainfi vous prendrez telle inuention & ornement de colomnes que vous voudrez, & quelque ordre qu'il vous plaira pour les faire de pieces.
On voit en plufieurs lieux des baleuftres qui font enrichis de biê
fort bonne grace, & font quafi femblables à colomnes pour porter quelque chofe par deffus: toutesfois ils fe monftrent plus deliez, eftants enrichis de fueillages & ornements de diuerfes fortes: comme de pommes de pin, & autres fruicts. Il fe voit auffi
chofe quafi femblable aux grands chandeliers qu'on met dans les
eglifes, & portent fept flambeaux. Qui empefchera donc, que de
tels baleuftres, en leur donnant mefures & groffeurs fuffifantes
fuyuant leur haulteur, vous ne vous en puiffies feruir au lieu de
colomnes? & fils font plus deliez que ne font les colomnes, d'en
mettre deux l'vn pres de l'autre, comme gemeaux: & que les affiettes qui couuriront les commiffures des colomnes prennent
toutes les deux colomnes enfemble, auecques orneméts tels que
des candelabres dont ie parle? D'auantage ne feroit il pas aifé de
trouuer au deffus defdictes colomnes des branches qui fe lient
l'vne à l'autre, & façent vne forme de voulte & d'arceau? I'ay veu
autresfois des ourages faits à la mode Fráçoife, ou il y auoit des
guimberges & mouchettes (ainfi que les ouuriers les appellent)
quafi femblables à ce que ie veux dire. L'on fe peult auffi ayder
des figures de Gemini foit pour les frifes, ou pour les amortiffements des caducées & trophées de Mercure. Pour conclufion
vous pouuez trouuer les inuétions propres felon les edifices que
vous aurez à faire, & parfaire vne fort belle œuure Françoife. Ce
temps pendant vous vous ayderez des figures cy-apres propofées.

*Pour les orne-
ments des co-
lomnes Dori-
ques côpofées.*

*Baleuftres
pouuoir feruir
de colomnes.*

*Ourages à
la mode Fran
çoife & anti-
ques.*

R ij

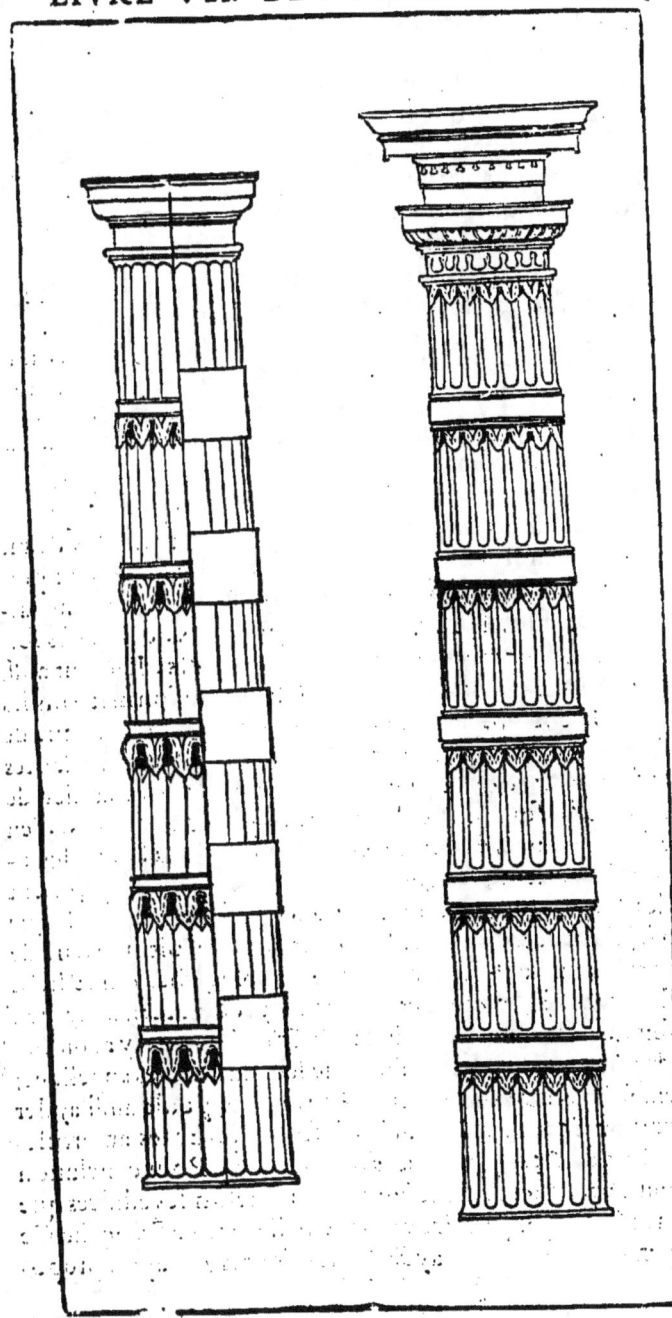

Par les fusdicts moyens vous ne
ferez seulement des colomnes Doriques composées de plusieurs pieces, mais aussi des Ioniques, & de
quelque autre ordre que vous voudrez : voire à la façon & imitation
des arbres, ainsi que nous auons dit.
Pour doncques vous donner quelque cognoissance de nostre dire, ie
vous ay figuré cy-aupres vne colône de l'ordre Ionique, laquelle s'a-
uois dressée & faicte expressément
pour estre appliquée au Palays de la
maiesté de la Royne mere : mais, côme le bon vouloir luy a creu de faire sondit Palays fort magnifique, &
beaucoup plus riche qu'elle n'auoit
deliberé au commencement, apres
auoir faict poser les basses & premieres assiettes des colônes, il m'a
fallu prendre vne autre sorte d'ornements & façon trop plus riche :
voire iusques à faire tailler & insculper plusieurs sortes d'ouurages &
deuises (ordonnées par sa maiesté)
sur lesdictes basses & assiettes qui
sont faictes de marbre : ainsi que
vous le pourrez plus amplement
voir & cognoistre par les figures desdictes colomnes, lesquelles ie vous
representeray au second Tome &
volume de nostre Architecture, ou
nous descrirons bien au long, Dieu
aydant, ledit Palays. Ce temps pendant vous verrez la figure que ie
propose cy-aupres, pour monstrer
comme lon doit faire de plusieurs
pieces les colomnes Ioniques, &
toutes autres.

R iij

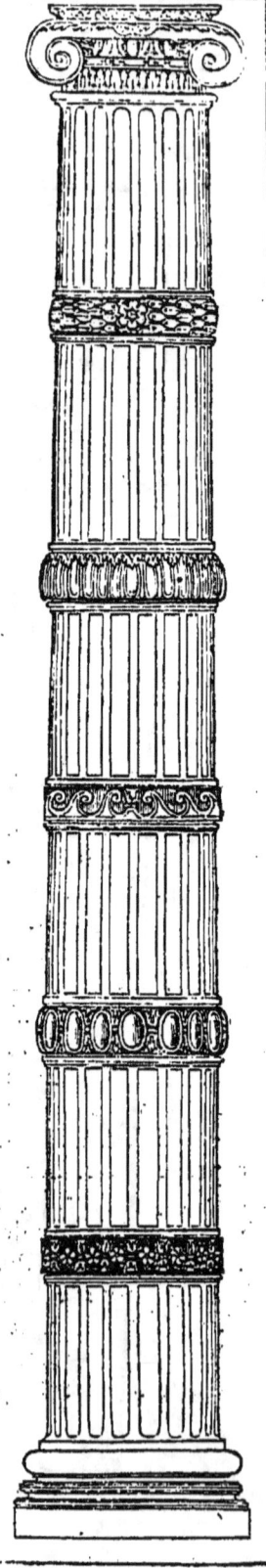

Colomne de
l'ordre Ioni-
que composée
de plusieurs
pieces, pour le
Palays de la
Royne mere.

Ie n'oubliray de vous aduertir qu'au lieu des colomnes, vous pouuez auſſi mettre des figures qui repreſenteront hommes ou femmes, ainſi que iadis feirent les Grecs. Car apres qu'ils eurent obtenu victoire contre les Perſiens, ils tournerent leur armée cō-

Belle hiſtoire de la Vengence des Grecs contre les Cariatides.

tre les Cariatides, qui eſtoiét venus ſecourir leſdicts Perſiés: & ne voulurét ſeulemét ruiner la ville deſdicts Cariatides, ains mirét tout au fil de l'eſpée, excepté les femmes & matrones, deſquelles ils ſe ſeruoient comme d'eſclaues & chambrieres, en tels habits & veſtements qu'ils les auoient trouuées. Et à fin qu'on euſt perpetuelle memoire, ie ne diray de la victoire obtenue, mais auſſi de la captiuité & ſeruitude deſdicts Cariatides, les Architectes, qui pour lors eſtoiét, firent ſeruir aux edifices publiques, en lieu de colomnes, les images & repreſentatiós deſdi ctes matrones, auecques leurs habits accouſtumez: comme ſi elles ſouſtenoient gros fais & fardeaux: à fin que la peine de la temerité & folle entreprinſe de leurs maris, fuſt notoire à la poſterité. Autant en feirét quelque-autrefois les Lacedemoniés, des priſonniers & captifs de Perſe, deſquels apres auoir glorieuſement triumphé, par l'aduis & conſeil du magiſtrat, il fut ordonné qu'en teſmoignage & ſigne d'une tant belle victoire, les ſtatues & repreſentations des captifs & pri-

Vengence des Lacedemoniens contre les Perſiens.

ſonniers de Perſe ſeroient auec leurs propres veſteméts & habits colloquées aux baſtiméts publiques, au lieu de colónes, à fin que l'orgueil des Perſiens fuſt vengé par telle iniure, & que les eſtrangers ennemis y prinſſent exemple accompagné de crainte: & auſſi que les

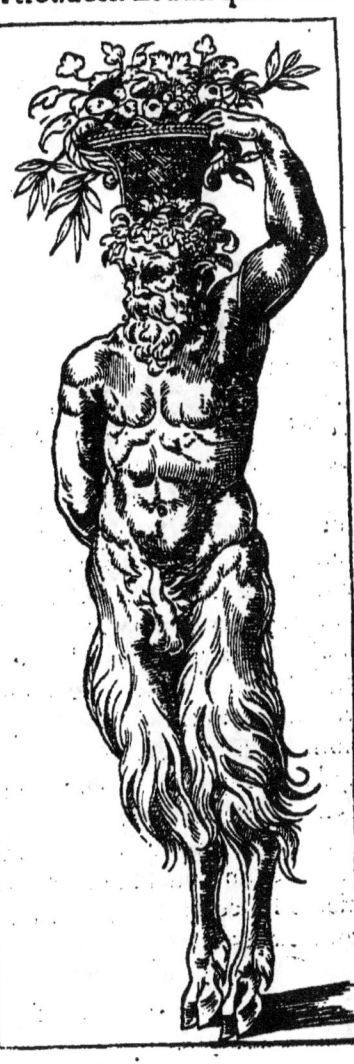

citoyens de Lacedemone, voyans tels trophées d'honneur, fuſſent excitez & preſts à defendre & ſouſtenir la liberté de leur pa
trie: ainſi que Vitruue l'a fort bié deduict au premier chapitre de
ſon premier liure d'Architecture. Il ne fault auſſi omettre, que
pluſieurs au lieu des colomnes ont appliqué des Termes, & les
autres des Satyres, comme vous en voyez vn à la figure cy deuāt,
qui pourra ſeruir à la ieuneſſe apprenant à protraire. Pour concluſion, pourueu que l'art & inuention ne s'eſloingne de ce que
nature a faict, & que les meſures ſoient diligemmét gardées ainſi que l'œuure & le lieu le requerront, il eſt impoſſible qu'on ne
face quelque choſe digne d'honneur & louange.

Des portiques & diſtribution des colomnes, leſquelles on appli-
que enſemble auſdicts portiques & periſtyles, ou autres
lieux, ſuyuant l'opinion de Vitruue, & la no-
ſtre. CHAPITRE XIIII.

Pres auoir monſtré autant facilement qu'il m'a
eſté poſſible les ordres des colomnes Thuſcanes,
Doriques, Ioniques, Corinthiennes, Atheniennes, compoſées, & modernes que nous appellōs
Françoiſes, comme auſſi leur origine, inuention,
ornements, & meſures extraictes tant des liures
d'Architecture, que des edifices antiques, ainſi que nous les auōs
veus & meſurez, eſtant le tout accompagné d'exemples & expe
rience, pour en auoir faict mettre pluſieurs en œuure, il me ſemble maintenant eſtre fort à propos d'en mōſtrer l'vſage, & quelles meſures il fault donner aux entrecolonnements, ou bien interualles d'une colomne à autre: quand on les applique aux portiques, veſtibules, periſtyles, & orneméts des portes, & faſſades,
ou faces des maiſons & palays, auec les differences des vnes aux
autres. Pour doncques entrer en matiere, ie ne veux (comme auſſi ie ne dois) faillir d'alleguer Vitruue & tous autres bōs autheurs
qui nous peuuent ayder à illuſtrer l'architecture, & par leur au-
thorité roborer noſtre diſcours. Doncques ledit Vitruue en ſon
troiſiéme liure, chapitre ſecond, nous mōſtre quelles choſes ſont
antes, proſtyles, amphiproſtyles, peripteres, pſeudodipteres,
dipteres, & octoſtyles qui ſont vn rāc de huict colomnes, qu'on
doit appliquer aux portiques & poſtiques, & auſsi l'hypethre
qu'ils appellent decaſtyle, par ce qu'il y a deux doubles rangées
de colomnes en lignes droictes, ainſi qu'on faict à vn portique,
qui ſont ſept ordres & façons pour monſtrer comme lon doit ac-

L'autheur a-
uoir faict met-
tre en œuure
la plus grand
part de ce quil
eſcrit des colō-
nes.

Li. 3 Vi-
truue touchāt
les rangées et
ordres des co-
lomnes.

R iiij

commoder & ordonner les piliers & colomnes au deuant & derriere des baftiments facrez, qu'on appelle temples , ou eglifes, & encores par les coftez, comme vous le pouuez voir audit Vitruue. Qui parle auffi, au chapitre enfuyuāt le fufdit , de cinq efpeces de baftiments, & de ce qui eft propre pour les portiques des temples que les Grecs appellēt pycnoftyle, fyftyle, diaftyle, arçoftyle & euftyle, qui font noms lefquels nous ne pouuons proprement tourner en noftre langage François, ne encores en Latin (comme les precedents) finō par circumlocution, tout ainfi que tetraftyle, hexaftyle & decaftyle, c'eft à dire l'ordre de quatre colomnes, de fix, de dix, & femblables. Qui eft pour monftrer la difference des entrecolōnes, ou bien qu'elle latitude & efpace dóit eftre d'une colomne à autre, à fin que les epiftyles ou architraues ne foient frangibles & en danger de rompre, eftans fur les colomnes & chapiteaux, pour la charge & pefanteur que lon a accouftumé de mettre par deffus: & ainfi de la frife, corniches, tympanes ou frontifpices, & autres . Mais fans en faire plus long difcours, nous nous ayderons icy de la pratique qui me femble eftre propre & conuenable pour les temples, palays, chafteaux, & autres edifices aufquels fe peuuent appliquer & accommoder colomnes. Si doncques vous faictes vn portique tetraftyle , c'eft à dire de quatre colomnes, vous diuiferez toute la largeur en vnze parties & demie , fans comprendre les faillies des baffes par les deux bouts, aux deux extremitez du portique . Mais fi vous faictes ledit portique hexaftyle , c'eft à dire de fix colomnes , la largeur fera diuifée en dixhuict parties . Si vous y mettez huict colomnes, toute ladicte largeur fera diuifée en vingtquatre parties & demie. Vitruue veult qu'vne de ces parties foit appellée moule, & qu'on la donne pour la groffeur des colomnes par le bas & des entrecolomnes par le milieu, c'eft à dire qu'on donne d'une colomne à autre trois efpeffeurs de colomnes , ou trois moules, & à celles des coftez, deux & vn quart. Et pourautāt que ie troue cefte raifon auec fes proportions autant belle qu'il eft poffible de penfer, ainfi que i'en ay eu l'experience plufieurs fois pour l'auoir faict mettre en œuure, ie n'ay voulu faillir d'en aduertir le lecteur, comme d'un des bons paffages qui foit dans Vitruue: car ainfi faifant, non feulement l'œuure fe trouue tresforte, mais encores tresbelle à voir, quand elle eft bien conduicte. Ledit Vitruue efcrit que vn nommé Hermogenes, excellēt Architecte, troua telles inuentions auec plufieurs autres, comme ie les allegueray en temps & lieu, & les pourrez voir (fi bon vous femble en prendre la peine) dedans ledit Vitruue, auec de tresbelles mefu-

La langue
Françoife &
Latine ne pou
uoir repref en-
ter plufieurs
mots Grecs,
finon par cir-
cumlocution.

Lieu & paf-
fage de Vitru-
ue interpreté.

Hermogenes
auteur de plu-
fieurs inuen-
tions en l'Ar-
chitecture.

res & de grande vtilité, lefquelles ie vous veux biē monftrer par
deffeing, à fin que vous ayez le moyen d'y prendre plaifir comme moy, & en faire voftre proufit. Vous noterez doncques (fil
vous plaift) que la fufdicte raifon & mefure de Vitruue eft fort
propre, ie ne diray pour voir le departement des diftributions &
interualles des colomnes, mais auffi fort conuenable pour la diftribution des triglyphes & metopes que les anciens Architectes
ont appliqué au lieu des frifes. Lefquels triglyphes doiuent eftre
toufiours au milieu des colomnes, & autant larges comme eft la
moitié du diametre de la colomne par le pied. D'un triglyphe à
autre fe mettoient les metopes auffi larges comme haults & tous
quarrez. Par ainfi au milieu de tels portiques entre les colomnes,
c'eft à dire au droict de la frife, y auoit trois triglyphes pour fy
trouuer l'efpace de trois diametres & groffeurs des colomnes. Et
au cofté ou il n'y a que deux groffeurs de colomnes & vn quart,
ne fe pouuoiēt trouuer que deux triglyphes d'une colomne à autre. Mais cela fentend toufiours au droict de la frife, ou on les colloquoit. Au deffous des triglyphes au droit de l'architraue eftoient les fix petites gouttes auec leur petite reigle, ou filet quarré
qui eftoit au deffus. Ie propoferois encores icy les mefures des
haulteurs & largeurs, mais les ayant affez expliqué & defcrit ailleurs, il me femble qu'il n'eft de befoing d'en faire autre recit:
ioinct auffi que vous en verrez affez amplement en diuers lieux
de noz œuures d'Architecture. Si vous vous fouuenez bien de
tous noz difcours, ils vous feront entendre affez au long la vraye
raifon & mefures de telles chofes. Vous cognoiftrez doncques
noftre dire par le plan des trois façons pour la diftributió des colomnes, lefquelles vous voyez cy-apres, auecques la forte comme il y fault proceder, ainfi qu'il me femble.

Beaux enfei-
gnements &
fort dignes de
bien noter &
obferuer.

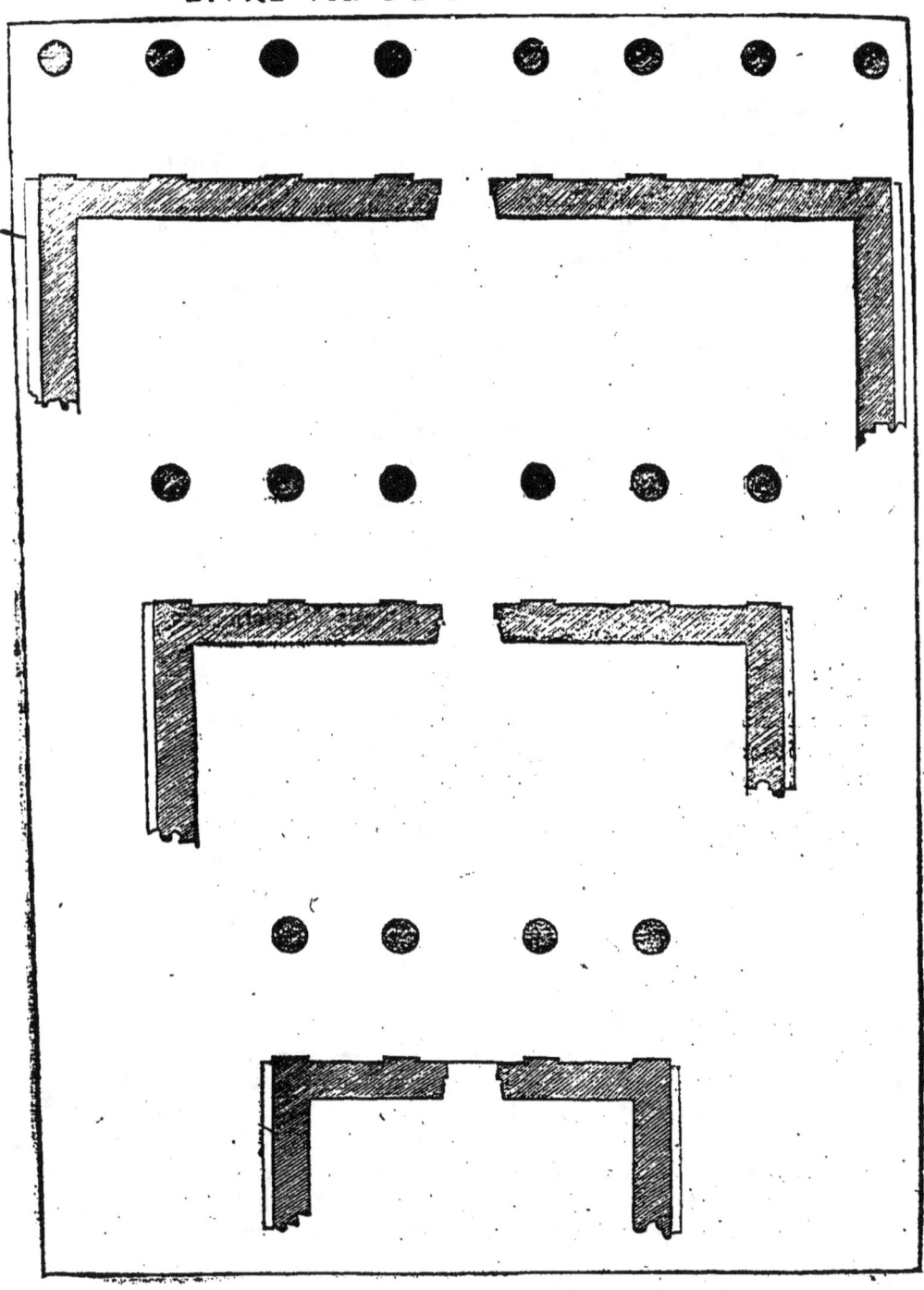

Apres auoir parlé des entrecolõnemens, il fault confequẽ-
ment monftrer la diftance & efpace qui doit eftre entre les murs
de l'edifice & les colomnes, c'eft à dire la largeur du portique, laquelle ne doit eftre autre (qui veult rendre bien fort ledit portique) que les entrecolomnements qui font par les coftez, ou bien
l'efpeffeur de deux diametres, & vn quart de la groffeur de la colomne. Vous pouuez faire voftre portique par les coftez, auffi
bien que par le deuant & le derriere. Mais telle façon obfcurcit
le dedans de l'edifice, fi vous ne prenez le iour par enhault. Combien que Vitruue en monftre fes raifons, fi eft-ce que ie ne voy Portiques tout
point qu'aux edifices qu'on faict de prefent, il foit de neceffité y autour n'eftre
neceffaires
faire des portiques tout autour : fi ce n'eftoit pour les bafiliques aux edifices
& maifons royales, ou bien pour les foires & marchez, à fin de qu'on faict
mettre à couuert la multitude du peuple, quand il fait mauuais auiourd'huy.
temps. Auffi telle façon eft plus deuë aux temples & maifons fa-
crées, que à autres lieux, pour eftre appliquée aux portiques &
poftiques, ainfi que vous le pouuez cognoiftre par la prochaine
figure fuiuante.

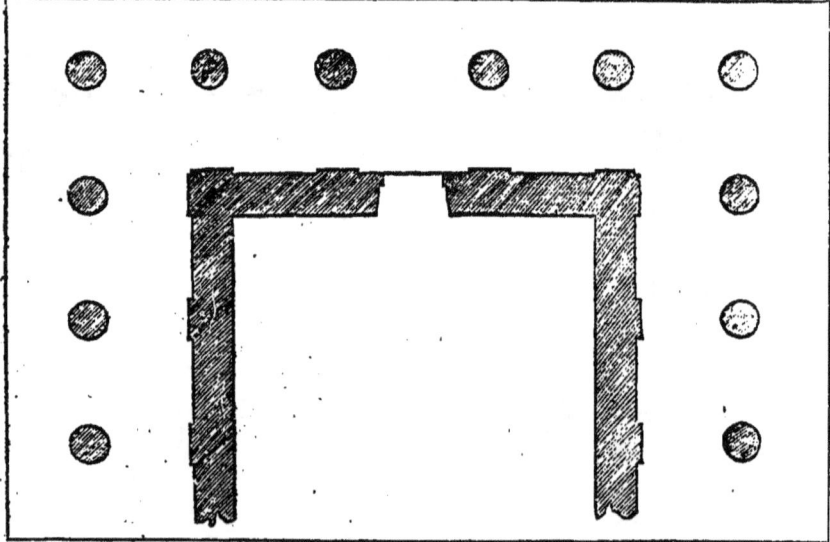

Vous pourrez faire auffi, quand vous en aurez befoing, non
feulement vn portique par le deuant de voz baftiments, mais en- Les doctes
Architectes
cores aux edifices facrez tout autour, voire double & triple par pouuoir don-
rengs de colomnes, ainfi que vous le pourrez voir par la figure cy ner des inuen
apres defcrite, ou vous voyez doubles portiques deuant, & aux tions plus que
admirables.
coftez d'un edifice eftãt octoftyle, c'eft à dire de huict colomnes

par chacun reng. Et se pourroit encores faire de telle sorte, que si
quelques vns vouloient fournir à la despençe, on donneroit l'inuentió sur ce propos d'œuure plusque admirable, principalemét
ou lon pourroit recouurer de grandes colónes d'une piece, ayant
quatre ou six pieds de diametre: voire de pieces, qui seroiét beaucoup plus fortes, suiuant nostre inuention. Car ie trouue estre
pour le mieux de faire lesdictes colónes de pieces, pourueu qu'ó
mette tousiours les pierres sur leur lict, ainsi que nature les a crees
comme nous le monstrions nagueres, & l'auons escrit ailleurs.
Pour reuenir à nostre propos, vous voyez en ladicte figure cy-apres proposée, vn double portique, auquel on faict tousiours la
principale entrée du milieu, plus large que les autres, comme il
est de raison : *verbi gratia*, elle aura trois moules ou trois fois la
grosseur de sa colomne, & les entrecolomnements qui sont par
les costez, deux & vn quart en tous sens : comme il a esté dit cy-
deuant : mais ce doit estre tousiours vne mesme distance, & mesme largeur pour les entrecolomnements des costez, & non pas

Aduertisse-
ment fort di-
gne de noter.

du milieu, ainsi qu'il a esté monstré ailleurs. Sur ce propos ie vous
veux bien aduiser encores de ce que i'ay escrit en quelque autre
lieu, c'est que les colomnes qui sont sur les angles doiuent estre
plus grosses que les autres d'une cinquátieme partie de leur diametre. Aussi les entrecolomnemets qui sont les plus pres dés angles, ne doiuent point estre si larges que les autres, à fin de rendre l'œuure plus forte, plus belle, & plus excellente à voir. Mais
sur ce propos ie vous laisseray à considerer la prochaine figure. Si
est ce que ie vous veux bien aduiser, que si vous voulez voir plus
particulierement les raisons du precedent discours, il vous fault
lire Vitruue & autres qui en escriuent : comme aussi les proportions & mesures des portiques antiques, & mesmes de celuy du
téple de Salomon, & encores du lieu auquel il donnoit les iugements : en attendant que ie vous en escriue bié au long en nostre
œuure Des diuines proportiós, lequel ie vous ay promis & allegué plusieurs fois, esperant, auecques l'ayde de Dieu d'accomplir en bref ma promesse. Vous pourrez aussi voir vn autre beau
portique du Pantheon Romain, duquel ie vous ay parlé cy-deuant en escriuant de l'ordre & ornements des colomnes Corinthiennes. Pour ceste heure vous vous contenterez du portique
cy-apres designé, à fin de vous en monstrer encores d'une autre sorte.

Comme

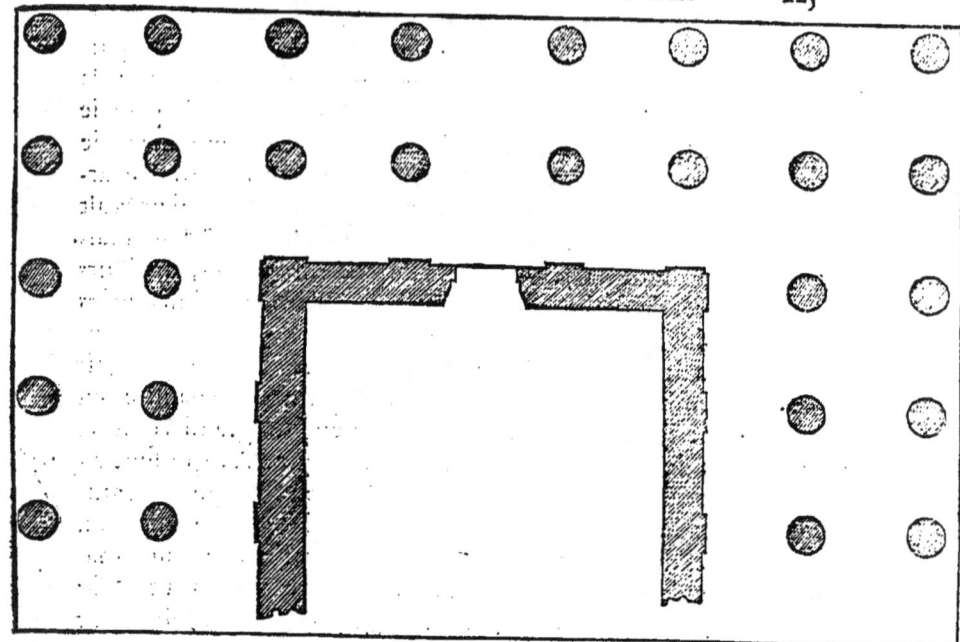

Comme il fault faire les epiſtyles ou architraues aux portiques
& periſtyles, quand lon eſt contrainct de faire plus larges
les entrecolomnements, que ne portent les meſures
qui ont eſté cy-deſſus propoſées.
CHAPITRE. XV.

L ſe trouue quelquefois .qu'on eſt contrainct de
faire les eſpaces & entrecolomnements plus larges que la raiſon ne veult: qui faict qu'on eſt auſſi contrainct de chercher des pierres fort longues
pour porter d'une colomne à autre, leſquelles le
plus ſouuent ne ſont aſſez fortes, pour ſouſtenir
le fais & peſanteur qu'il fault mettre & maçonner par le deſſus,
tant des friſes, que des corniches, & autres. Pour ceſte cauſe i'ay
faict à la figure cy-apres propoſée, vne meſure & ordre de colō-
nes auec leurs ornements, d'autre ſorte que ie ne vous ay dict par
cy-deuant. Ie figure donc vn quarré parfaict, eſtant auſſi large
comme hault, (ſoit pour appliquer à vn portique deuant vne egliſe, ou deuant vn baſtiment) lequel ie diuiſe en quatorze parties,
& en donne vnze pour la haulteur de la colomne, auec ſon chapiteau, baſſe & ſoubaſſe que ie mets pour leuer la colōne, au lieu

Quãd il fault
faire les en-
trecolomne-
mẽts plus lar-
ges que de rai-
ſon.

S

de pied de ſtat : puis pour la haulteur de la corniche, friſe, & architraue, ie donne trois autres parties, qui ſont les quatorze parties dudit quarré parfaict, comme vous le voyez eſcrit en la figure ſuiuante. Vous y obſeruez auſſi comme pour ſa largeur ie figure quatre colomnes, & au milieu des entrecolomnements ie mets quatre diametres, & trois par les coſtez, qui eſt grande largeur & grande eſtendue pour les architraues, leſquels il ne fault faire ainſi d'une piece, qui ne voudroit qu'ils ſe rompiſſent : mais pour les auoir forts, il les fault faire de pluſieurs pieces, auec leurs commiſſures de pente, ou ioincts d'engraiſſement (ainſi que les appellent les ouuriers) au lieu ou vous voyez qu'à chacune commiſſure, au droict de l'architraue, ie fais des trouz quarrez, iaçoit qu'ils reſſemblent à lozanges, ayants les pointes en hault & en bas. Ce que ie vous monſtre & propoſe en plus grand volume, au deſſous de ladicte figure, aux lieux marquez A, qui ſont vn architraue de pluſieurs pieces, portant ſur deux chapiteaux, auſquels lieux de A, quãd les pieces ſont aſſemblées & maçónées, on met vn dets de pierre tout à trauers dudit architraue, qui ſe maçonne auec la laictance de chaux, comme le reſte. Le tout eſtant ainſi faict, & les pieces de l'architraue miſes ſur le lict, elles ſont beaucoup plus fortes que ſi elles eſtoiét toutes d'une piece. Vous voyez d'autres pieces que i'ay hachées auec le dets, auſſi marquées A, qui font cognoiſtre ſi familierement telle façon, qu'il n'eſt de beſoing d'en faire plus long diſcours : ioinct auſſi qu'il eſt treſaiſé de cognoiſtre le tout par ladicte figure, ie ne diray ſeulement pour toutes façons d'architraue, mais auſſi pour toutes plates bandes qui ont grandes ſaillies & grande eſtendue d'une colomne à autre : ainſi que i'ay faict au chaſteau de ſainct Maur, à la porte par'ou lon entre de la court au principal logis, & auſſi au portique du chaſteau d'Annet deuant la chappelle, ou lon voit que entre les piliers au lieu des arcs cela eſt tout droit. Mais pour reuenir à la prochaine figure, on y voit auſſi les meſures des colónes, baſſes & chapiteaux, voire la meſure d'une porte, qui a trois parties ſur deux de large, auec ſes ornements, ainſi que vous le pouuez iuger : laquelle choſe me gardera d'é faire autre diſcours. Il eſt bien vray que i'ay trouué que en aucuns edifices antiques par deſſus les architraues au droit de la friſe, lon faiſoit des arcs ſurbaiſſez pour garder que les architraues ne ſe rompiſſent entre les colomnes. Qui ſera cauſe de me faire eſcrire d'une autre ſorte de portique, beaucoup meilleure & plus aſſeurée, quãd on veult eſleuer ſon baſtiment d'vn eſtage, ou de deux, ou trois : car il ne fault craindre qu'il en aduienne faulte.

Explication fort ample de la figure enſuiuant.

Continuation de l'explication des parties de la figure prochaine.

Aduertiſſement non indigne de noter.

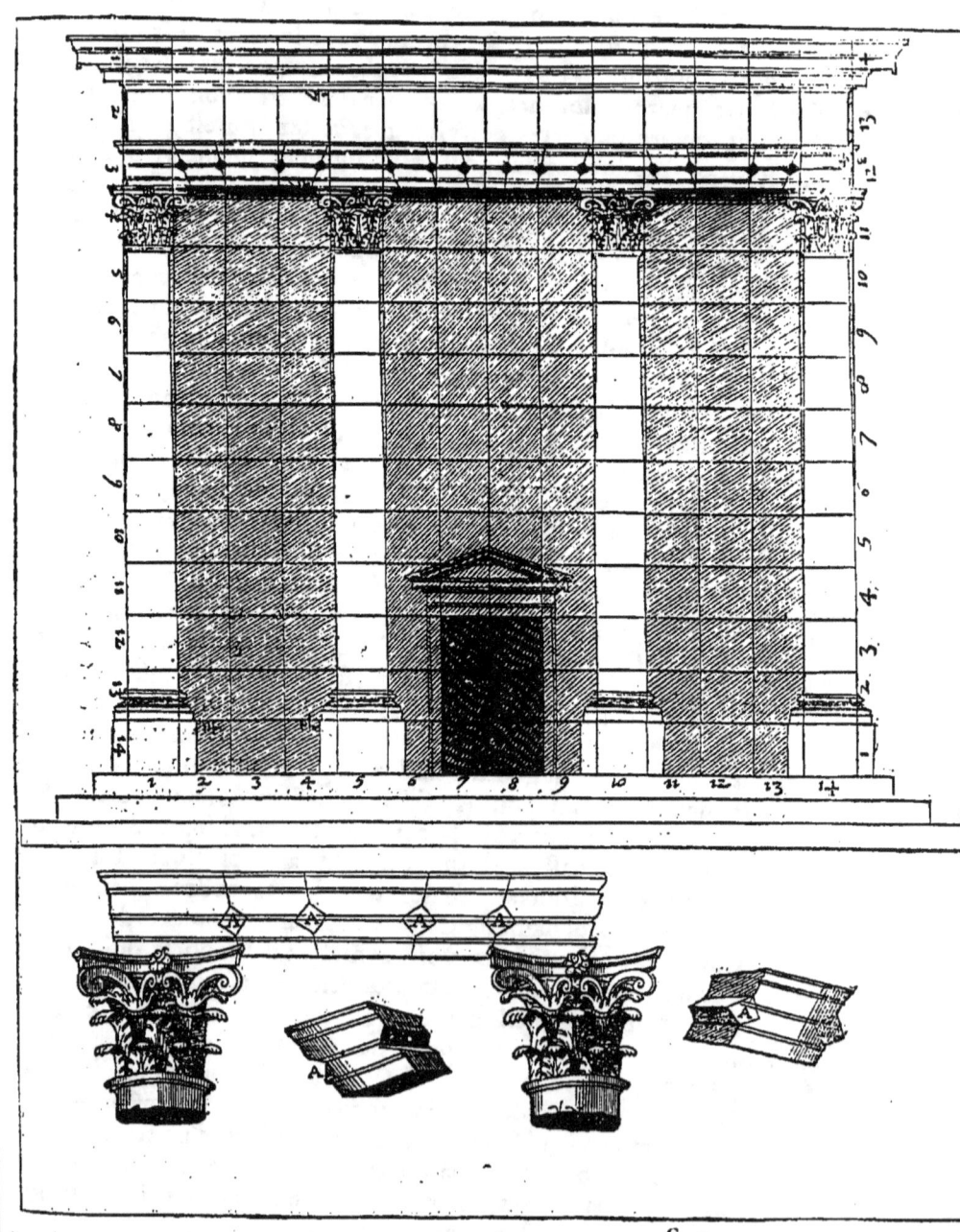

D'autre sorte de portique voulté sur les colomnes.
CHAPITRE XVI.

Vi auroit enuie de faire vne autre sorte de portique ou periftyle plus fort & plus asseuré que les
precedents, pour porter grand fardeau, sans aucune contrainéte de reieéter la pesanteur sur les
architraues : & aussi qui demanderoit auoir plus
de largeur & haulteur, ie luy figure cy apres qua-

tre colomnes de l'ordre Dorique, faiétes chacune de trois pieces,
& ayant aux commissures quelques petits aftragales ou membres ronds pour les cacher : eftants lesdiétes colomnes en diftance l'une de l'autre de trois espesseurs, & vn peu plus que demie de
la grosseur des colomnes, & tous les trois entrecolomnements
d'une mesme largeur. I'ay faiét par dessus le chapiteau desdiétes
colomnes vne corniche qui sert non seulemét de corniche, mais
aussi d'architraue, pour sa portion de frise. Par dessus ladiéte corniche ie mets trois hemicycles, ou trois arcs à demy ronds, qui
seront faiéts de plusieurs pieces separées par les commissures qui
prouiendront du centre, d'ou sont tirez lesdiéts hemicycles. Au
dessus vous voyez l'architraue Dorique auec ses gouttes, & par
dessus les triglyphes & metopes accompagnez de trophées martiaux & militaires : puis tout au dessus, ses couronnes & corniches. Telle façon de portique ne craint aucunement la charge &
recharge de deux & trois eftages de maçonnerie, voire tant que
on en voudra eriger. Bref, pourucu que les fondements y soient
bons & bien faiéts, il n'y fault rien craindre, eftant l'œuure proprement cōduiéte comme il fault, & le pouuez voir & iuger par
la figure suiuante.

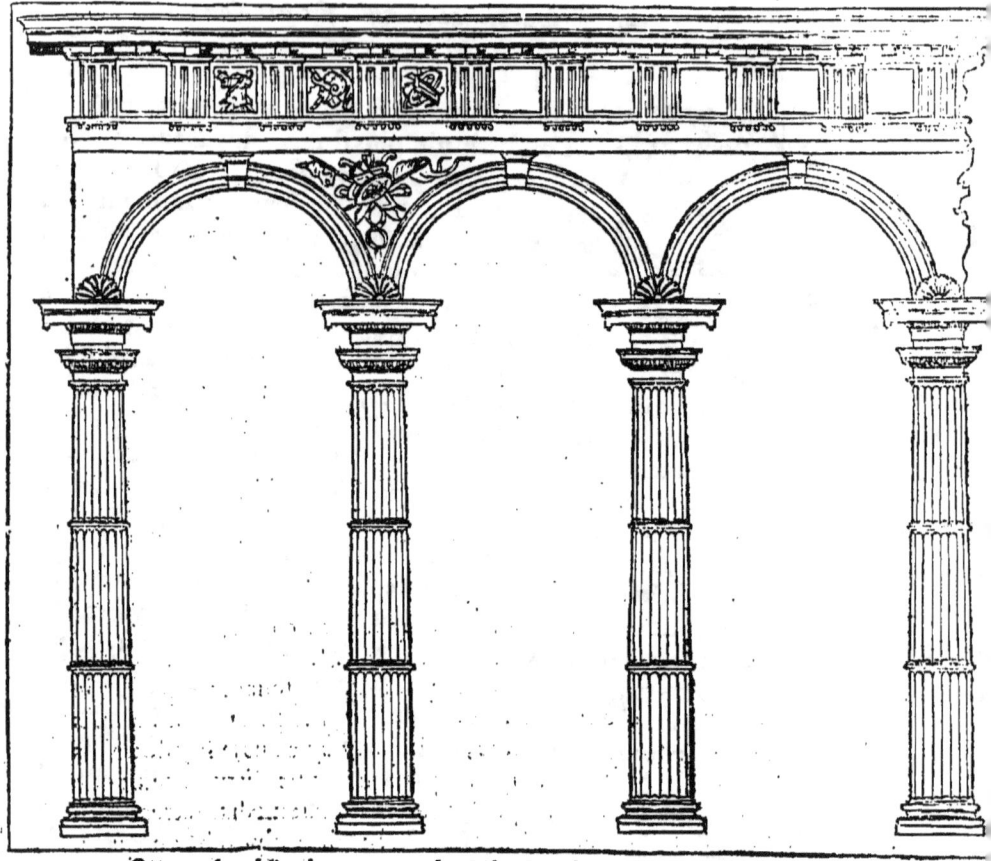

Comme lon doit planter vn ordre Thuscan de quatre colom-
nes, soit pour vn portique d'eglise, ou bien pour vn
Palays, ou autre edifice. Chap. xvii.

Ombien que i'aye parlé cy deuant des portiques
pour les temples & lieux sacrez, si est-ce que mó
principal but en ce present œuure tend plus à
descrire & monstrer la cóstructió de routes sortes d'edifices & bastiments, que des eglises & téples, desquels ie delibere parler ailleurs . Pour
doncques reprendre lesdicts bastiméts, vous auez entendu comme il leurfault distribuer les ordres des colomnes, & sen ayder:
mais pour plus facile intelligence dé nostre dire, par maniere
d'exemple ie delibere vous proposer encores vn departiment &

L'auteur ne
pretendre icy
descrire la con
struction des
temples, ains
seulement des
edifices et ba-
stiments.

S iij

distribution de colomnes, fuiuant les nóbres & proportions que vous verrez à l'autre Tome & volume de noftre Architecture.

Doncques, ie prefuppofe icy que la face de voftre maifon foit vn quarré parfaict (i'entéd auffi large que hault, comme eft la figure de l'homme ayant les bras eftendus en forme de croix) & que ledit quarré foit diuifé en dixhuiȼt parties en tous fens, qui font trois cens & vingtquatre parties, quád les deux coftez font multipliez l'un par l'autre. De ces parties vous voyez comme en la figure cy-apres propofée, deux font données pour la groffeur de chacune colomne, & douze pour la haulteur: le plinthe de la bafe a vne partie de haulteur: la baffe, vne autre : le chapiteau marqué D, vne autre: l'architraue figné C, vne autre: & la frife B, auec fa corniche marquée A, chacune vne autre partie de hauteur. Les entrecolomnes, comme celle du milieu, ou vous voyez marqué H, fe trouuent auoir trois parties d'une colomne à autre, & les entrecolomnements par les coftez, ainfi que aux lieux fignez G, deux parties & demie. Telle façon & diftribution de mefures eft propre pour l'ordre Thufcan, qui doit eftre fort pour porter les grandes pefanteurs, & pour n'auoir grand interualle d'une colomne à autre : ioinȼt auffi qu'il eft dedié pour le premier ordre, par les raifons que nous auons alleguées en parlant des mefures & ornements de la colomne Thufcane. Il eft vray que cecy ne faccorde auec les mefures que ie vous ay cy-deuant propofées de Vitruue, car il veult que l'entrecolomnement du milieu ait trois fois la largeur de fa colomne, & à ceftuy cy nous la luy donnons feulement vne fois & demie. D'auantage ledit Vitruue veult que les entrecolomnements par les coftez ayȇt deux diametres, & vn quart de leurs colónes, & ceux cy n'en ont qu'vn, & vn quart. Quoy qu'il en foit il ne fault craindre en telle façon que l'epiftyle ou architraue lequel vous voyez à l'endroit marqué I, foit en danger de fe rompre pour les charges qu'il porte (pourueu que la pierre foit bonne) pour autant qu'il n'a longue portée, & n'y a gueres de diftance d'une colomne à l'autre. Auffi la diftance des paffages pour entrer dans le portique entre les colomnes, comme vous les voyez à l'endroit marqué L M, n'eft pas fort large. Quand les colomnes font de trois à quatre pieds de diametre, plus ou moins, on trouue les efpaces affez fuffifantes pour entrer dans les portiques, periftyles, ou autres. Pour cóclufion, ie defirois donner à l'ordre Thufcan vne belle mefure & tresforte, ie voudrois y fer de cefte cy, laquelle i'ay retirée de noz Diuines proportions, ainfi que, Dieu aydant, vous le cognoiftrez quelque iour. Vous pouuez doncques colliger de la prochaine figure, non

Declaration des parties de la figure enfuiuante.

En quoy font differentes les mefures inuétées par l'auteur, à celles de Vitruue.

Inuention de l'auteur, extraicte des diuines proportions & mefures de la Bible.

feulement les haulteurs, mais auſſi les largeurs & ſaillies des corniches & moulures, tant des chapiteaux que des baſſes, & encores des retraictes des colomnes.

D'une autre ſorte de portique de l'ordre Corinthien.
CHAPITRE XVIII.

E vous figure encores cy-apres vn portique de
l'ordre Corinthien, accompagné du nombre de
ſix colomnes, & luy donne pour ſa latitude ou
largeur, dixhuict parties, iaçoit qu'elle doit eſtre
de vingt, pour y comprendre la ſaillie des corniches par les coſtez. Les colomnes ſont faictes
pour toute leur groſſeur d'une deſdictes parties, & l'entreco-

Declaration
du portique
cy-apres figu-
ré & propoſé.

S iiij

lomnement du milieu de trois, & ceux qui font par les coftez, de deux & vn quart. Cela eft fuiuant l'opinion de Vitruue, laquelle ie trouue fort bonne. La haulteur des colomnes
auec leur chapiteau & bafle, a dix de fes parties, & toute la haulteur enfemble, iufques au deffus de la corniche, faict douze parties. Ie defcrirois le refte bié au long, n'eftoit que vous le pouuez
cognoiftre par la prochaine figure, & aufsi que ie vous en ay affez efcrit en traictant de l'ordre & mefures des colomnes Corinthiennes. Vray eft que ie ne vous ay point parlé encores des tympans & frontifpices, aufquels ie baille pour leur haulteur deux
parties & vn quart: & pour la haulteur des acrotaires qui font
par les coftez, vne partie & demie. Ie fçay bien que Vitruue veult

L'auteur n'ac-
corder auec-
ques Vitruue
en tout et par
tout.

que ledit tympan ou frontifpice foit de haulteur par le milieu,
d'une neufuieme partie de toute la largeur du portique, à prendre depuis vn des bouts, iufques à l'autre, & au droit de la derniere cymace: mais icy nous enfuiuons noz diuines proportions.
Bref, le tout doit eftre perpendiculairement, foit le frontifpice,
ou les acrotaires, & amortiffements, à la premiere face de l'architraue, ou bien au neud du deffus de la colomne. Il fault conduire
la corniche en declinant en pente, comme lon a accouftumé de
faire les tympans & frontifpices, pour donner pente & vuydange aux eaües, à fin que tombant en bas elles ne bauent & macu-
lent les œuures, ornements, corniches & autres. Les anciens Architectes ont mis aux gueulles & cymes des corniches, des teftes
de Lyon, pour feruir de gargouilles & vuydages des eaües. Mais
notez qu'aux cymes qui font ainfi faicts en pente, on donne de

Continuation
de l'explicatiō
des parties de
la figure fui-
uant le pre-
fent chapitre.

haulteur & faillie la huictieme partie de toute la haulteur de la
corniche, qui eft au deffous. Quant à l'acrotaire, ou pied de ftat
qui eft fur les angles (dōt i'ay parlé cy-deffus) Vitruue veult qu'il
ait de haulteur autant que eft la moitié de la haulteur du tympā,
Les acrotaires qui font au milieu, fur la pointe au deffus du tympan & corniche, auront vne huitieme partie d'auantage. Pour
autant que telle mefure eft belle, ie l'ay bien voulu alleguer, com
me ie fais toutes autres chofes que ie trouue les plus neceffaires
& exquifes. Si eft-ce que ie n'ay trouué femblable mefure de fró-
tifpice & tympan aux edifices antiques, ains pluftoft differente:
ainfi que veritablement elle doit eftre, felon la haulteur & grandeur des œuures qu'on a à faire: cōme ie le vous veux bien monftrer par l'exemple de quelques vns que i'ay trouuez aux edifices
antiques, & fignamment aux frontifpice & tympan du portique
du Pantheon, lequel portique a de largeur par le deuant, d'vn
des bouts de l'extremité de la frife, à l'autre, cent octante palmes,

& fept minutes. Et pour vous le faire mieux entendre, ie vous repeteray encores les haulteurs de fon architraue, frife, & corniche, (ainfi que ie vous l'ay monftré au fixieme liure cy-deuant
fueillet 189 & 190) à fin que vous puifsiez mieux cognoiftre les
proportions & mefures du tympan dont nous voulons parler.
Doncques la haulteur de fon architraue, a palmes quatre, minu- *Mefures des parties du por tique du Pan-theõ Romain.*
tes quatre, onces deux: la haulteur de la frife, palmes quatre, mi-
nutes cinq : la haulteur de fa corniche, palmes quatre, minutes
dix: & comprins le cyme qui eft à la corniche, & faict le frontifpice, palmes cinq, minutes huict, onces trois. Au deffus de la corniche, d'vn angle pointu à autre, fe trouuent cent foixante huict
palmes: & de telle corniche iufques au deffus du frõtifpice, (i'entend à la poincte au plus hault de la corniche, par le milieu du frõ
tifpice, car ie ne l'áy peu mefurer autrement) y a de haulteur, palmes trentequatre, minutes dix, once vne & demie, & en ftriant
la haulteur de la corniche par le plus hault au droit de la poincte
& angle obtus fe trouueront fix palmes & enuiron fix minutes.
Il refteroit dõcques entre les corniches pour la haulteur du tympan, vingthuict palmes, quatre minutes, once vne & demie, ou
enuiron cela. Par ainfi telle haulteur de tympan n'eft pas vne fe-
ptieme partie de toute la largeur du portique, mais beaucoup *Opinion de Vitruue deba tue & reprou uée touchant la mefure du tympan.*
plus qu'vne fixieme. Qui eft bié loing de la mefure que dõne Vi-
truue quand il veult que ledit tympan foit de la haulteur d'une
neufuieme partie de toute la largeur du portique, ainfi que vous
l'auez ouy cy deffus en ce mefme chapitre. I'en ay trouué de plufieurs autres fortes, auec fort belles mefures, & tres admirables à
voir en œuure, defquels ie vous donnerois icy bien voluntiers
les figures accompagnées de leurs mefures, n'eftoit que les planches ne font encores taillées: mais ie ne faudray de les vous exhiber, Dieu aydant, fur la fin du huitieme liure prochain: tant pour
le frontifpice du portique du fufdit Pantheon, que d'autres, auec
leurs ornements. Ce temps pendant ie vous ay bien voulu faire
ce petit difcours, comme i'ay faict des autres mefures, à fin que
vous y prenez garde fuiuant la haulteur & mefure des œuures
que vous aurez à faire: car il y a aucuns frontifpices & tympans, *Aduertiffe-ment pour la cõpofition des tympans fort digne de no-ter.*
(comme ceux qui font pres de la veuë, & qui font dediez pour
portiques, ou il n'y a que quatre colomnes, & auffi pour les ornements des portes) aufquels ie ne voudrois donner que la
dixieme partie de toute la longueur de leur frife, depuis vn bout
de l'extremité de la frife, iufques à l'autre. Et quand il y a fix colõ
nes, huict, ou dix, felon les haulteurs de l'œuure, il fault faire les
tympans & frontifpices beaucoup plus haults, comme de la fe-

ptieme partie de la largeur de l'œuure, ou bié de la fixieme pour
le plus: laquelle fixieme.eft fort propre pour les haulteurs que ló
donne auffi aux pignons des edifices : auquel lieu on peult faire
vne façon de frontifpice fur les corniches, qui feruira pour les entablements defdicts edifices: & iaçoit que lon n'y applique aucunes colónes par le deffous, fi eft-ce que cela fe trouue fort beau.

Inftruction pour la mefu-re des frontif-pices & tym-pans. Vous pouuez donner encores autres fortes de mefures aufdicts
frontifpices & tympans, foit que vous les faciez tous droicts &
poincus, ou bié circulaires par le deffus. Cela fe peult tirer apres
vn triangle equilateral en mettant la poincte.du compas à vn des
angles, & eftendant ledit compas fur l'autre angle, figurant vne
circonference, qui vous monftre la haulteur du tympan. La chofe eft femblable comme quand on veult trouuer les cornes du
chapiteau Corinthien, ainfi que vous l'auez peu voir au fixieme
liure precedent, fueillet 180 : auquel lieu vous voyez vn triangle
equilateral marqué A B C, & mettant la pointe du compas fur
l'angle C, puis l'eftendant iufques au poinct de A, & faifant vne
circonference, *verbi gratia*, A D B, elle vous monftre la haulteur & façon d'vn frontifpice, foit pour le faire rond par le deffus, ou droict. Mais tels frontifpices font fort beaux quand ils
font vnis de pres : comme ceux qui font au frontifpice des portes
que verrez cy apres au huitieme liure. Quand il fault faire lefdicts frontifpices à vn edifice de grande haulteur, il fault cognoiftre la raifon de l'optique ou perfpectiue, pour leur donner beau-
Promeffe de l'auteur et vé-uoy au pro-chain liure en fuiuant. té & grace, à fin que lon en puiffe receuoir contentement. Mais
quant à ce propos fera affez, vous fuppliant de vous vouloir con-
tenter pour cefte heure, de la prochaine figure, en attendant le
difcours du huitieme liure enfuiuant, auquel nous vous propoferons, ainfi que ie vous ay promis, plufieurs fortes de portes accompagnées de leurs frontifpices, tympans, & ornements. La
prochaine figure vous monftrera comme ie voudrois conduire
le tour, fuiuant le difcours contenu au prefent chapitre.

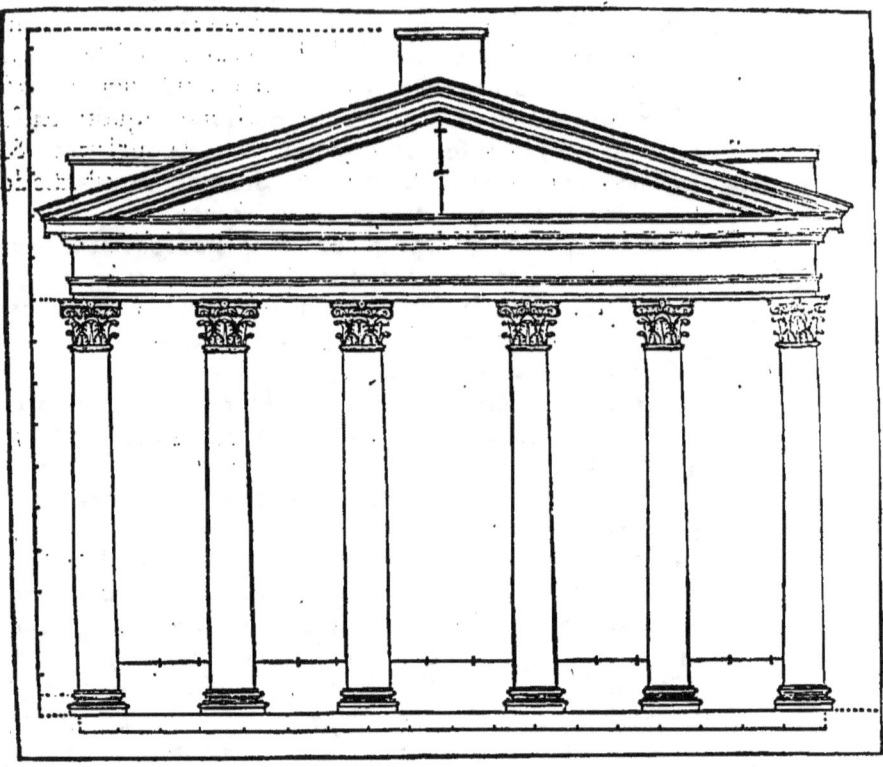

Vous auez doncques veu iufques icy aux trois liures precedents, les ordres & mefures des colomnes, tant fimples que com
pofées, auecques leurs ornements pour decorer les murs, les por
tiques, periftyles, veftibules, & autres lieux efquels on les veult
appliquer. Cela faiĉt, il me femble que pour côtinuer la fuitte de ___L'autheur__
noftre entreprinfe, (qui eft de conduire vn baftiment par compo _pourfuiure en_
fitoire methode d'Architeĉture, le menant & maniant depuis les _ýne methode_
premiers fondements, iufques à la couuerture) ie dois confequé- _d'Architeĉtu_
ment efcrire des portes, feneftres, & lucarnes, qui feruent non _pofitoire._
feulement pour les ornements des murs, & neceffité des veuës,
mais auffi pour ce qui eft le plus requis aux edifices, fçauoir eft
pour les entrées, ouuertures & paffages, & pour ofter les fubie-
ĉtions des membres du logis, foit pour entrer dedans les fales,
chambres, & autres lieux, ou auffi pour leur donner veuë & clarté, ainfi que vne chacune chofe le requiert. Mais nous n'y omettrons auffi les cheminées, auecques toutes leurs parties, orne-

ments, tuyaux, ouuertures & manteaux: & fignamment certains moiens d'empefcher qu'elles ne reiectent la fumée dedans les fales, chambres & autres lieux des logis, ainfi qu'ils fe côporteront. Ce que, Dieu aydant, nous monftrerons & figurerons fi familierement, qu'vn chacun en pourra retirer quelque fruict & proufit, accompagné de fingulier plaifir. Le tout pour l'vtilité & vfage du bien publique, auquel nous auons toufiours eftudié de pouuoir apporter quelque proufit, moiennant la grace de Dieu: qui iufques icy a conduit noftre prefente œuure & entreprinfe, & par fa fainte bonté la conduira & accompagnera iufques au bout: auquel en foit honneur & gloire eternelle.

LE HVITIEME

LE HVITIEME LIVRE

DE L'ARCHITECTVRE DE PHILIBERT
DE L'ORME LYONNOIS, CONSEILLER ET
Aulmofnier ordinaire du Roy, Abbé de
fainct Eloy lez Noyon, & de
S. Serge lez Angiers.

Prologue portant forme d'aduertiſſement.

POVR ſommairemẽt recolliger & reduire, quaſi en epitome, ce que iuſques icy
nous auons prolixemẽt diſcouru aux liures precedents, vous vous reſouuenez (ainſi que ie croy) cõme au premier liure, nous
auons donné pluſieurs aduertiſſements, tãt
pour ceux qui veulẽt faire baſtir, que pour
ceux qui entreprennent les œuures. Au ſe- *Brefue et ſom-*
cond i'ay expliqué la façon comme lõ doit *maire recapi-*
tulation du cõ-
traſſer les fondements, & le moyen pour les faire bons, auec la *tenu aux li-*
difference qu'il y a des vns aux autres : puis i'ay monſtré comme *ures precedẽts*
il faut nyueler & trouuer toutes ſortes d'angles, & cognoiſtre
les matieres deſquelles on ſe doit ayder pour bien baſtir. Au troifieme vous voyez la diſpoſition, naiſſance, & commençement
des edifices, ſituations des caues, & comme on les doit faire bonnes, le lieu des celiers, cuiſines, gardemãgers, & la pratique des
traicts Geometriques pour faire voultes pour les deſcentes, ſoit
en forme biaiſe, ou autrement, & des voulſures reiglées : puis
comme des vieux baſtiments & maiſons imparfaictes, lon en
peult faire de parfaictes, & rendre commode ce qui eſt incommode. On voit auſſi audit liure pluſieurs ſortes de portes & entrées des baſtiments fort eſtranges, auecques la methode de les

T

trouuer en autât de façons qu'on en pourra auoir affaire. Au quatrieme vous auez d'autres sortes de traicts Geometriques, tant
pour faire trompes & surpentes de plusieurs sortes, & le moien
de les inuenter & conduire, comme vous le pourrez desirer, que
aussi pour faire voultes propres à seruir aux eglises, temples, palays & autres edifices: pareillement pour montées d'eschaliers,
& vis de plusieurs sortes. Au cinquieme vous auez le commencement des ordres des colomnes, comme de la Thuscane, Dorique, Ionique, auec la difference des stylobates, pieds de stat &

Poursuite &
continuation
de ce que des-
sin.

autres ornements des colomnes, retirez des antiquitez, & aussi
suyuant l'opinion de Vitruue & la nostre: sans y auoir omis plusieurs belles inuentions & mesures de plusieurs sortes. Au sixieme vous trouuez l'ordre Corinthien descrit en plusieurs façons
& mesures retirées semblablement des antiquitez, & de noz liures, conformément à l'experiéce que i'en ay faict plusieurs fois.
Au septieme nous vous auons proposé les colomnes composées,
auecques vn petit discours de l'ordre Athenien, & aussi de noz
colomnes, lesquelles i'appelle Frãçoises, pour auoir esté premierement & nagueres pratiquées en France, par nostre inuention,
ordonnãce & façõ, auec plusieurs sortes d'ornemés de leurs cor
niches, frises, chapiteaux, & autres parties: à fin de les pouuoir
bien appliquer en œuure, & declarer aux apprétifs, & autres qui
sen voudront ayder. Apres doncques vous auoir proposé ce que
dessus, & auoir entendu la bonne assiette des fondemés, & pratique des traicts Geometriques, pour sçauoir mettre toutes pierres en maçonnerie, selon les œuures qu'on aura à faire, & aussi a-
pres auoir cogneu tous les ordres des colónes pour pouuoir dresser tous ornements des murs, & encores pour les distributións
des entrecolónemements desquels on se veult ayder aux portiques,

Des matieres
que l'autheur
delibere trai-
cter en ce pre-
sent liure VIII.

peristyles, & autres, il me semble rester maintenant à vous escrire comme lon doit appliquer lesdictes colomnes aux grands por
taux, soient entrées de villes, arcs triumphauls, portes de chasteaux & palays ou autres, auecques les ornemés des murs & fa
ces des bastimés: puis par mesme moié vous mõstrer les largeurs
& haulteurs des fenestres & lucarnes, estáts aussi accompagnées
de leurs ornements & mesures, semblablement les cheminées,
tant en leurs pieds droicts que manteaux, & amortissements qui
font par dessus les couuertures: & ayant satisfait à tout cela, vous
parler (pour la perfection des bastiments) des poultres, pláchers,
& couuertures, ainsi que desia vous en pouuez auoir veu quelque chose en nostre nouuelle inuention de charpenterie. Mais
delaissans ce discours, nous poursuiurons, ou plus-tost enta-

merons le prefent liure, & monftrerós par deffeings & exemples
comme les colomnes fe doiuent appliquer aux grandes entrées
de villes, ou arcs triumphaux.

D'vn arc triumphal retiré des antiquitez de Rome, pour mon-
ftrer par exemple comme il fault diftribuer les colomnes
aux ornements des grandes portes, & en-
trées.   CHAPITRE I.

L A figure que vous verrez cy apres d'vn arc triũ-
phal, laquelle i'ay mefurée eftant à Rome, vous
monftre que toute fa largeur a tréteneuf palmes
& cinq minutes, & celle du vuide, c'eft à dire la
largeur de la porte par ou lõ paffe, treize palmes,
cinq minutes: les deux pieds de ftat doubles qui *Declaration & explicatiõ de la figure cy apres deferite & propofée.*
font par les coftez, ont pour vn chacũ cofté de largeur, treize pal-
mes. Il fe voit comme toute cefte largeur eft diuifée en trois parties, defquelles vne eft pour le vague ou vuide, & les deux autres
pour les deux pieds de ftat qui font par les coftez & portent quatre colomnes, fçauoir eft deux d'vn chacũ cofté de la porte. Vray
eft qu'il fy trouue quelque peu de difference, comme de cinq mi
nutes, qui faict que la porte eft plus large, laquelle a de haulteur
depuis le pied iufques au deffus de l'impofte, vingthuict palmes,
vnze minutes: & la voulte ou hemicycle de ladicte porte, fix pal
mes, huict minutes. On remarque icy comme les diftributiõs des
colomnes font données; car vne chacune a trois palmes & trois
minutes de largeur par fon diametre, au deffus de la baffe: & d'u-
ne colóne à autre y a fix palmes & fix minutes, qui eft pour l'en-
trecolomnemẽt la largeur des deux diametres des colomnes ou
deux fois leur groffeur. Les pieds droicts qui font au cofté de la
porte, ont vn palme & fix minutes de largeur. Si vous voulez cognoiftre plus au long les mefures de la prefente porte ou arc triũ-
phal & femblables, vous les pourrez voir en la figure cy-apres
propofée, en laquelle i'ay mis iuftement les mefures que i'y ay
trouuées: comme aux pieds de ftat quatre palmes, feize minutes *Continuation de ce que def- fus.*
de large. Vous y voiez auffi fa haulteur, & de la baffe & corniche:
femblablement du plinthe & baffes des colomnes: lefquelles colomnes ont vingt fix palmes, & deux minutes de haulteur, & par
le deffus, deux palmes & vnze minutes, au deffous du chapiteau:
la haulteur duquel a trois palmes huict minutes: celle de l'architraue, deux palmes fept minutes: de la frife, deux palmes: & de la
corniche, trois palmes. Le tout fe void par la figure prochaine.

T ij

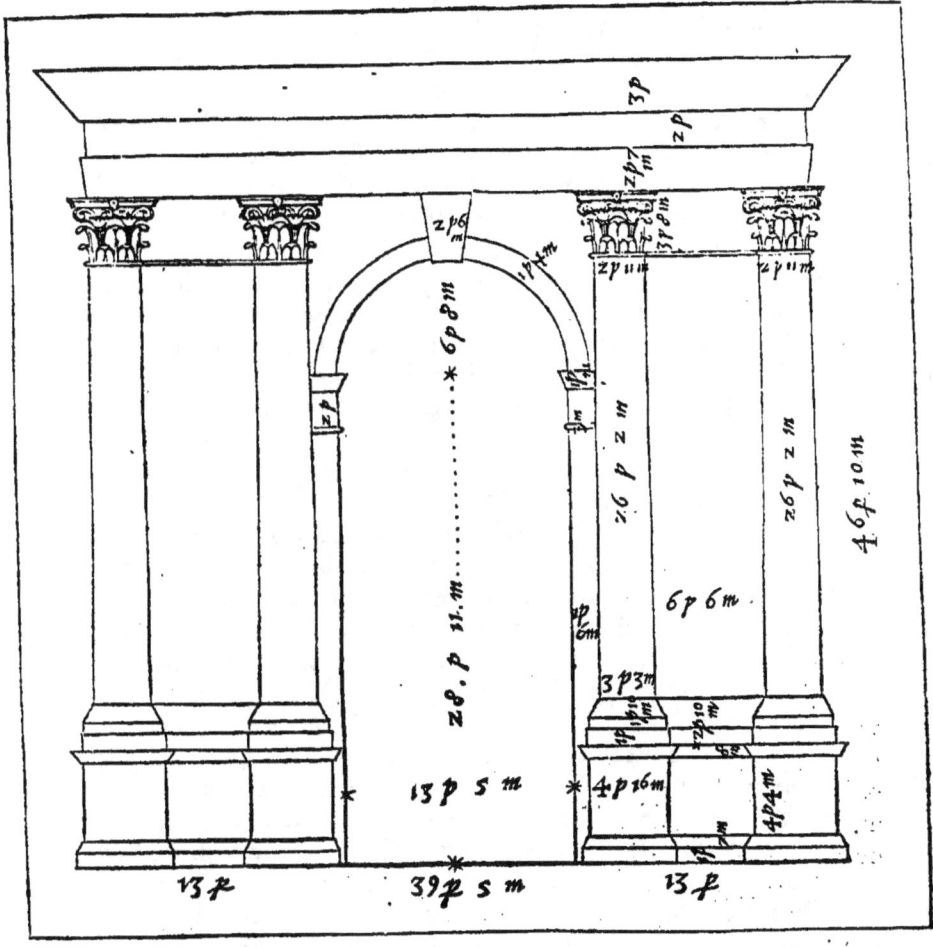

Autre inuention pour les distributions des colomnes aux gran-
des portes & entrées, suiuant les nombres & mesures des
diuines proportions, desquelles nous nous voulons
ayder, ainsi que i'ay dict plusieurs fois.

CHAPITRE II.

IE vous propose cy-apres vn quarré parfaict, & le figure comme si ie voulois faire vne magnifique entrée, ou arc triumphal, ou bien quelque gran-de porte de ville, chasteau, ou palays, diuisant le-dit quarré en trête parties d'vn chacun costé, sça-uoir est trente de hault, & trente de large. Des-

quelles i'en prend dix pour le vuyde de la porte,& dix pour vn
chacun cofté des fondements & pieds de ftat des colomnes marquées D. Aufquels pieds de ftat ie donne fix parties de haulteur,
en y comprenant leurs corniches & baffes: & neuf pour leur largeur au deffous de leurs corniches. Puis pour la groffeur d'une
chacune colomne, ie dône deux parties, & feize de haulteur entre la baffe & le chapiteau.Lequel chapiteau en a deux, & la baffe vne.En apres d'une colomne à autre, il y a quatre des fufdictes
trête parties, qui font deux diametres de colomnes pour l'entrecolomnement, comme vous le cognoiftrez aux endroicts marquez E. Et d'une colomne à autre par le milieu, au droict de la
porte, vous trouuez douze defdictes parties, comme depuis le
pied de la porte iufques au deffus de l'impoft, dixhuict. Toute la
haulteur de la porte par le milieu, au deffous de fa voulte, a vingt
trois parties, ou vingt quatre, comprinfe l'efpeffeur de l'arc, ou
voulte de porte.La clef de ladicte porte marquée F, a deux parties au deffus, & vne partie & demie par le deffous. La haulteur
de fon architraue marquée C,a vne partie de hault:la haulteur de
la frife marquée B, deux: & la haulteur de la corniche fignée A,
deux autres.Mais telles mefures de corniches, frifes, architraues
& chapiteaux,qui font fept parties enfemble pour leur haulteur, *Aduertiffe-*
fe doiuent diftribuer felon la haulteur de l'œuure que lon veult *ment fort bon*
conduire: car quelquefois il faudra faire le chapiteau plus hault, *& digne de*
quelquefois l'architraue, fuiuant les reigles &raifons que i'ay dô *noter.*
né par cy-deuant aux ordres des colomnes. Par ainfi quand il n'y
a point d'ouurage ou taille à la frife,elle ne doit point eftre fi haul
te que l'architraue: mais quand on y faict des fueilles & ornements, les anciens l'ônt toufiours faicte plus haulte que ledit architraue. Si eft ce que ie me voudrois toufiours ayder de fes diftributions & parties ,fans en donner ne plus ne moins, & m'ayder de ces nombres & diuifions de dix, de fept, & de fix, à tous
propos, toutes haulteurs d'edifices & inuentions d'œuures. Si
vous entendez la theorique d'Architecture, & fçauez pratiquer
la diftribution des nombres que ie vous propofe, il vous fera ayfé *Mefures par-*
de donner toutes fortes de mefures parfaictes à voz œuures, & *faictes et tres*
admirables, pour le grand contentement & plaifir qu'elles don- *admirables.*
neront aux fpectateurs: ainfi que le peuuent confiderer & pratiquer ceux qui en voudront prendre la peine.

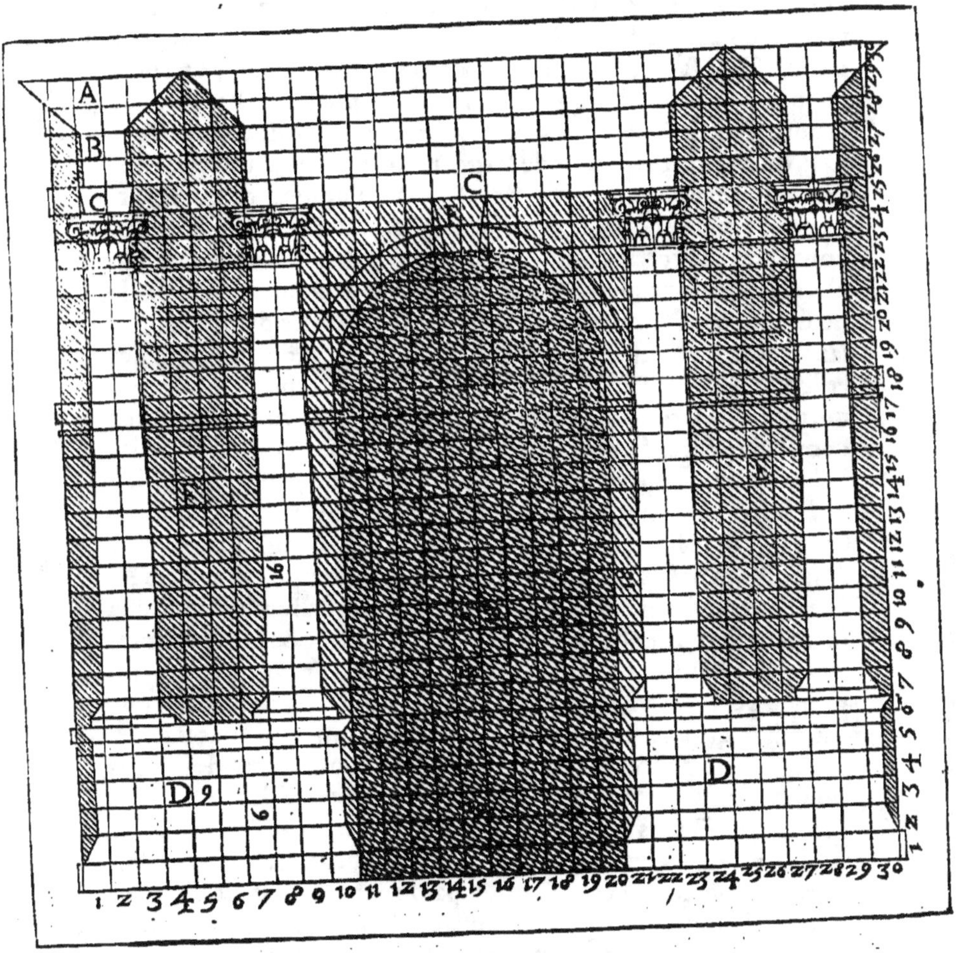

Autre sorte de mesures, non seulement pour les arcs triumphaux &
grandes portes des villes, mais aussi pour les principales entrées
& portes des eglises, temples, chasteaux, palays, & simples mai-
sons, esquelles on se peult ayder de plusieurs sortes de mesures, tant
belles qu'on en aura affaire. CHAP. III.

Ous trouuerez cy-apres vne autre sorte de quarré parfaict, lequel ie diuise en sept parties d'vn
chacun costé (au lieu que ie l'ay diuisé par cy-deuant en trente) puis ie multiplie deux desdicts co
stez par eulx mesmes, en disant sept fois sept, qui
me rendét quaräte neuf. Cela fait, ie tire deux li-

gnes diagonales dedans ledict quarré parfaict, comme vous les
voyez de I à L, & de T à *K*, & ou c'eſt qu'elles entrecouppent la
ligne S C, & R Z, cela mõſtre la haulteur que doit auoir vne porte quarrée, ſuiuant la ligne V X, laquelle enſeigne la haulteur de
la porte P S, & O R. Quant à ſa largeur, elle ſeroit comme R S,
O P, qui ſont trois parties de largeur, ſur cinq de hauteur. Si vous
voulez que ce vague, ou vuyde, & grande haulteur de porte, ſer-
ue pour voultes & haulteurs d'une egliſe, ou d'vn arc triumphal,
vous mettrez voſtre compas au centre Y, & en ferez vn hemicycle, ainſi que vous le voyez, repreſentant la voulte : puis par le
deſſus, au lieu marqué 4, vous faictes la haulteur du pronao, ou
lanterne, qu'on met quelque-fois ſur les grandes voultes des
egliſes, ou d'autre ſorte d'edifice. Ladicte lanterne a vne ſeptieme partie de largeur de tout le quarré, ainſi que vous le pourrez
cognoiſtre par la figure prochaine. Mais ſi vous voulez faire des
baſſes voutes, vous tirez vne ligne du centre A, qui eſt le milieu
de la porte, iuſques à C, & au lieu qu'elle entrecoupe la ligne
Q & G, ſur la ligne M N, vous trouuez la haulteur du deſſus de
l'impoſt des baſſes voutes. Puis mettant le compas au centre H,
& faiſant vn hemicycle, cela vous mõſtre iuſtement à faire la
haulteur de voz baſſes voutes. Quant à la pente & ſa couuerture
ayant vne pouſſée & boutée ſuffiſante cõtre la grande voute, ou
grande porte du milieu, vous les prenez ſur la ligne horizontale
qui fait la quatrieme partie de la haulteur, ainſi que vous y voiez
les lignes de pente qui repreſentent les couuertures des baſſes
voutes, ou des petites portes qu'on peult faire par les coſtez des
grandes. Leſdictes baſſes voutes vous monſtrent auſſi la haulteur
& largeur que vous deuez faire dedans œuure, quand vous faictes les ornements des colomnes par le deûant. Par ainſi de ſept
parties de toute la largeur de voſtre edifice, les trois ſont données pour la principale entrée du milieu, & grande porte, ſi vous
voulez, & deux d'vn chacun coſté pour les petites portes, qui
ont deux parties ſur trois, & enuirõ vn quart de haulteur. Quãd
telles meſures ſont tirées, il fault trouuer les groſſeurs des murailles & piliers qui ſe font, tant pour les extremitez, que pour
les ſeparations des grandes & baſſes voutes, ou grandes portes
& petites. La ligne A B, vous propoſe vne autre ſorte de meſure
pour la haulteur d'une porte, au lieu ou c'eſt qu'elle entrecouppe la ligne C S, pour monſtrer le vague de ladicte porte, tant ſur
ſa largeur, que ſur ſa haulteur, qui peult auoir quatre parties ſur
trois. Ladicte meſure mõſtre auſſi la haulteur des feneſtres, pour
donner clarté dedans la grande voulte iuſques à la lettre P, ou

Declaration bien ample de la figure cy a-pres propoſée, & de ſes par-ties.

Continuation de ce que deſ-ſus.

Pourſuite de l'explication de la figure ſuiuante.

T iiij

bien au droiƈt de la ligne V X. Si vous defirez faire vne plus petite porte, vous pouuez prendre la largeur d'une de fes parties, cóme vous la voyez au milieu, marquée A. La haulteur fera autant
que M E, qui fe faiƈt par vne ligne circulaire qui vient de l'angle,
eftant auffi longue que la diagonale, d'vn de fes quarrez. Vous

*Aduertiffe-
ment de l'au-
teur accompa
gné de bon
vouloir.*

ferez aduertis que la prochaine figure que ie vous propofe cy-apres, n'a efté faiƈte pour ce prefent œuure d'Architeƈture, mais
bien pour noftre fecond Tome, auquel ie l'accommode aux proportions & mefures des eglifes, & lieux facrez. Mais voyant que
ce lieu eftoit fort à propos pour l'appliquer aux mefures & demonftrations des portes & grandes entrées des palays, chafteaux
& maifons, ie l'ay bien voului icy produire & mettre en lumiere,
à fin qu'on fen puiffe ayder, pource qu'elle monftre plufieurs fortes de mefures pour les ouuertures des portes. Par ainfi vous pou
uez faire vne grande porte qui fera de trois parties fur fix & demie, comprins l'efpeffeur de la voulte : en la faifant ronde, ou bié
quarrée de trois parts de large fur cinq de haulteur, ou bien de
trois de large fur quatre de haulteur, & quelquefois de la haulteur de la diagonale du quarré : comme celles qui font par les coftez, de deux fur trois & vn quart, & quelque chofe d'auantage.
Il ne fault craindre de faire ainfi toutes ces ouuertures & haulteurs de portes, car elles fe trouueront tres-belles.

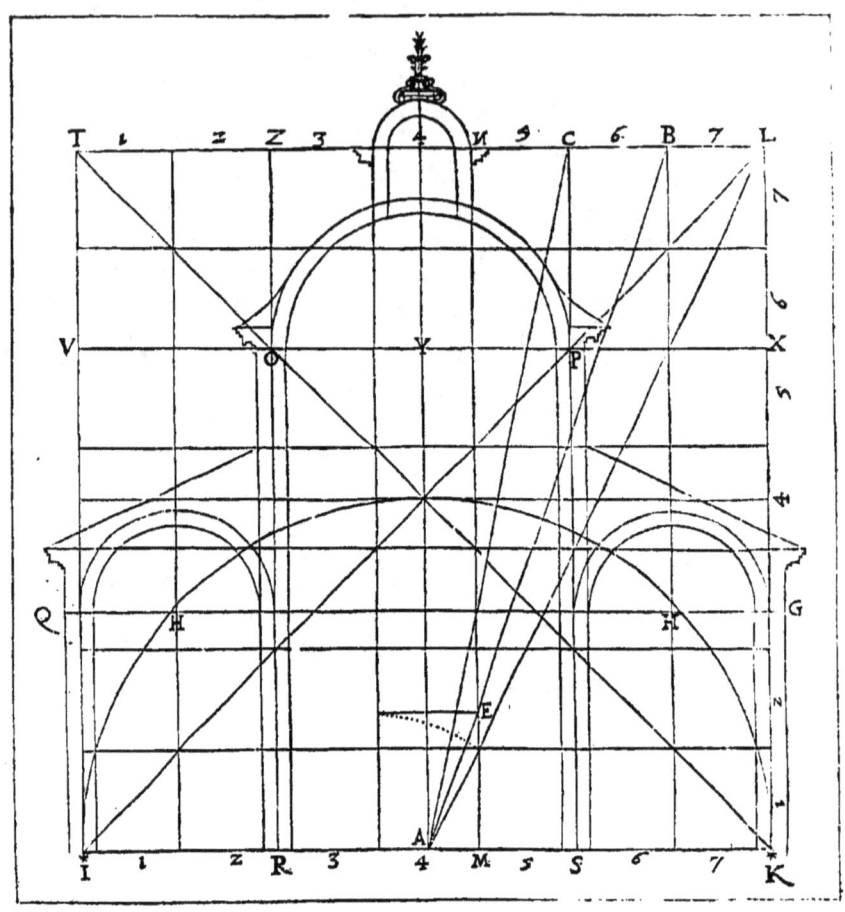

Autre sorte pour trouuer promptement les mesures d'une porte auec les ornements de ses colomnes. CHAP. IIII.

Vand vous desirez faire vne porte mediocre, c'est à dire n'estant trop riche d'orneméts, il fault seulement appliquer en ses pieds droicts quelques moulures en façon d'architraue, & des mutules, & corniches, comme aussi des colomnes, auec leur basse, chapiteau, frise, & corniche. Si vous y voulez faire vn ordre Dorique, vous diuiserez toute la largeur & haulteur d'vn chacun costé en dixhuict parties, & multiplierez vn des costez par l'autre, comme dixhuict par dixhuict, &

Pour vne porte qui n'est trop riche & superbe.

vous aurez trois cens vingtquatre parties, ainfi que vous le pouuez cognoiftre par les lignes qui font tirées de long & à trauers
en la figure fuiuante. Sur ce propos vous vous fouuiendrez des
nombres dont ie vous ay aduertis cy-deuant, à fin de vous en ayder, qui font deux, trois, fix, fept, & dix, lefquels nous employons icy, en donnant trois fois fix de longueur, & autant de haulteur au proche deffeing, qui font dixhuict parties pour chacũ cofté. Puis nous prenons la tierce partie de la largeur (qui eft fix) &
la donnant à la largeur de la porte entre les pieds droicts, & la
refte des dixhuict parties, fçauoir eftdouze pour la haulteur depuis le fueil, ou lon marche, iufques au deffous de fa couuerture.
Ce faifant il fe trouue vne porte quarrée, qui eft propre pour vne

Porte quarrée des principales entrées d'vn palays, ou d'une grande maifon, au
pour vne prin lieu ou lon faict vne grande entrée. Doncques fil luy failloit fix
cipale entrée pieds de large, elle en aura douze de haulteur dans œuure. Vous
de palays ou donnerez en apres vne de ces parties à la largeur du pied droict
grãde maifon. pour faire la moulure & architraue, qui regnera tãt deffus la couuerture, qui eft le fupercile, que par lefdicts pieds droicts. Vous
ferez vne frife par deffus ladicte couuerture, qui aura de haulteur
vne des fufdictes parties, & autant pour la corniche, qui fera au
deffus de la frife. Et en faifant des mutules ou rouleaux par les co
ftez de la porte, ils auront par leurs coftez vne de ces parties de
largeur, & trois de haulteur, eftans furpendus depuis le deffous
de la corniche, iufques en-bas. Depuis le pied droict de la porte,
vous prendrez trois de ces parties, & au bout d'icelles vous eri-

Continuation gerez vne colomne d'vn chacun cofté, ou bien vn pilier quarré
des mefures de l'ordre Dorique, qui aura deux parties de largeur, & treize de
de la fufdicte haulteur: fa baffe, chapiteau & architraue, chacun vne partie
porte & de pour leur haulteur: & autant pour la frife & corniche. Si eft ce
fes ornemẽts. que la corniche doit auoir vne quarte partie d'auantage: mais elle fe prend fur la haulteur de la frife: qui doit auoir moins la quar
te partie que la haulteur de l'architraue, quãd lon n'y faict point
d'ouurages: ainfi que vous auez veu telles mefures par cy-deuãt.
La prefente mefure eft auffi fort propre quand on veult faire vne
corniche qui porte fon architraue fans frife. Oultre ce que deffus
ie laiffe encores vne partie aux coftez des colomnes par les extremitez, pour feruir aux faillies des baffes des corniches. Par ainfi
vous voiez à la figure cy apres defcrite, comme vous deuez diftribuer fes largeurs de dixhuict parties, ou dixhuict pieds, & autant fes haulteurs, eftant le tout diuifé par trois parties, & par
fix: comme quoy? tous les coftez & ornements de la porte ont
fix pieds de chacun cofté: la porte, fix pieds de largeur, & douze

de haulteur: & de rechef six pieds pour ses ornements & corniches par le dessus. Vous noterez que vous pouuez faire telle façõ
tant riche, pour l'ordre Dorique, qu'il vous plaira. Bref en obseruant ces departiments & mesures vous ferez tousiours vne œuure qui sera tres-belle & fort plaisante à voir: ainsi que vous le
pouuez cõsiderer par la prochaine figure, sans vous en faire plus
long propos ou discours.

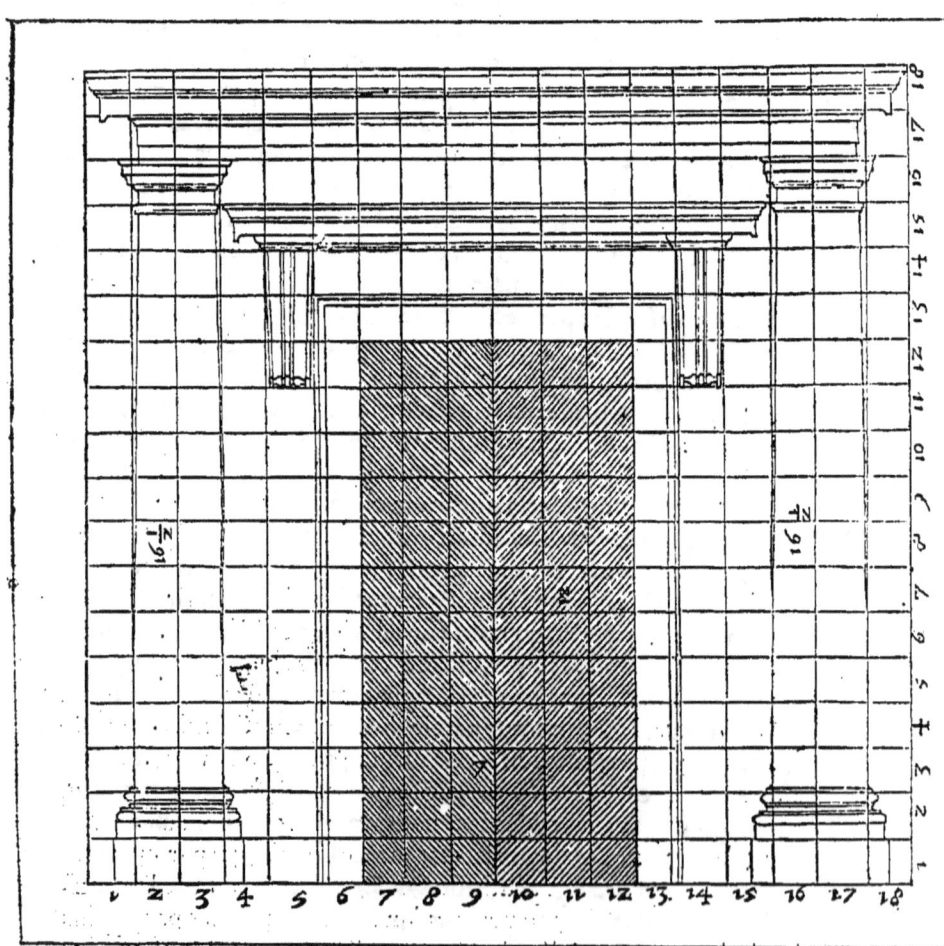

Itruue en son quatrieme liure, chapitre sixieme, descriuant les portes, met difference entre portiques Doriques, Ioniques, & Atheniës, & donne le moien de tous. Comme pour les Doriques, il veult que la couronne superieure, qui se met sur le front & couuerture de la porte, correspon-

Opinion de Vitruue pour les portes de l'ordre Dorique.

de à l'allignement des architraues : & que l'edifice ou lon desire eriger les portes, depuis le paué iusques aux voultes ou lacunaires, soit diuisé en trois parties & demie, & deux d'icelles données pour la reception du iour, ou ouuerture des portes. Cecy est bié conuenable pour la porte d'vn temple ou basilique (i'entend d'une grande salle Royale, que nous appellons Salle de bal) mais nõ pour logis ordinaires, car on doit donner haulteur à vne chacune porte, selon le lieu ou elle est située, & la subiection de l'estange, & des chambres, salles, ou galleries qu'on veult faire par desfus, si est ce qu'il y fault tousiours obseruer les mesures, en leur dõnant vne vraye proportion & beaulté de largeur, selon la haulteur, comme ie l'ay monstré cy-deuant. Ledit Vitruue ayant arresté la haulteur de sa porte, il la diuise en douze parties, & en dõ

Passage de Vitruue fort biē interpreté.

ne cinq & demie pour la largeur de l'entrée, qui se monstre belle. Il parle aussi des restroississemēts de la largeur par le hault, & du pied droit des portes, qu'aucuns appellent iambages, & veult qu'ils soient de largeur d'une douzieme partie de la haulteur de ladicte porte, & que la couuerture de la porte(appellée d'aucuns le sourcil ou fronteau portant vne moulure de mesme sorte que le pied droit, en forme d'epistyle, ou d'architraue) soit de mesme haulteur que la largeur du pied droict par le boüt d'enhault: qui est raisonnable. Ie vous escrirois encores l'opinion dudit Vitruue touchant les moulures & signamment du cymace, lequel il veult estre d'une sixieme partie de sa largeur, diuisant le reste en douze parties, lesquelles il distribue aux trois faces, de sorte que la premiere en a trois, la secõde quatre, & la troisieme cinq: Mais nous laisserons telles façons de moulures, pour autant que vous les pourrez voir audit Vitruue, & aussi que par cy-apres

De l'estroississemēt des portes par le dessus.

nous en donnerons de plusieurs sortes, tout ainsi que de l'estroississemét, lequel Vitruue veult qu'on dõne aux portes par le plus hault de l'ouuerture. I'ay souuenance d'en auoir marqué en plusieurs lieux de semblables & fort antiques, & mesmement aux fenestres lesquelles ie trouuois plus estroictes dessus que dessous:

comme

comme lon en peult voir encores à Thiuoly pres de Rome en vn
temple fort antique, toutesfois assez entier, & tres-beau & admirable. Il n'est de grandeur notable, ains assez petit, estant accompagné d'vn portique tout à l'entour en forme ronde, le commun
l'appelle le temple de la Sibyle. S'il vient à propos ie le descriray
ailleurs, & donneray son desseing. Ie ne puis penser autre raison
pourquoy les anciens faisoient les portes plus estroictes dessus
que dessous, sinon que les pieds droicts seruissent de boutée &
force à soustenir la grande masse & pesanteur qui pouuoit estre
sur les couuertures desdictes portes, à fin qu'elles ne se peussent
rompre: ce que aucuns pourront trouuer bon, autres non. Si ia-
uois à faire de portes autant larges qu'on les pourroit penser, ou
desirer, ie nevoudrois faire leurs couuertures d'une piece, & n'au
rois besoing d'ainsi les composer pour soustenir lesdictes couuer
tures: pourautant que ie les voudrois faire de plusieurs pieces, &
les ioincts par engressements: & encores au droict d'vn chacun
ioinct ou commissure, ie voudrois mettre vn dets de pierre, (ainsi que vous auez veu cy deuât) pour soustenir les architraues qui
sont de pieces. Ce qu'il fault executer quâd on veult faire les entrecolomnements d'excessiue largeur. Aux grandes couuertures
des portes qui sont fort larges, quarrées, & dressées en telle sorte, il ne fault craindre que la pesanteur & charge que lon veult
mettre par dessus, les puisse offenser: ny qu'elles soient en danger
de rompre: ainsi qu'il se peult voir par exemple en diuers lieux,
& signamment au chasteau de sainct Maur des fossez lez Paris,
sur la porte en entrant, au vestibule entre les deux salles, ou il y a
de treize à quatorze pieds de portée d'architraues, d'une colomne à autre, & d'assez grande saillie hors du mur. Ainsi que vous le
pourrez cy-apres remarquer au lieu ou ie monstre la face & môtée du dedâs de la court dudit chasteau de sainct Maur, pour enseigner comme les fenestres & portes sy trouuent colloquées.
I'ay bien trouué aussi vne autre sorte de mesure en vne porte antique, fort belle, & sans grand ornemét, estant en l'eglise de saincte Sabine à Rome, laquelle a de largeur pour son ouuerture par
le bas, treize palmes & quatre minutes, & par le hault aupres de
sa couuerture, quatorze palmes, minutes deux, onces trois, auecques vingtquatre palmes de haulteur, l'architraue, ou moulure
qui est au pied droict par le deuant, sur la premiere marche, a de
largeur deux palmes, onces trois, & au plus hault au droict de la
couuerture de la porte, palmes deux, minutes quatre, qui sont
trois minutes & vne once de largeur plus que par le dessous. C'est
vne façon toute contraire à celles que i'ay par cy-deuant propo-

V

sé, pour estre plus large par le dessus, que dessous, tant à la largeur
& entrée de la porte, que à la largeur des pieds droicts. Ie trouue
ceste porte auoir esté faicte auec grande raison & bon iugement
de l'Architecte : pour autant que quand les portes qui ont grandes haulteurs sont aussi larges dessus que dessous, il semble pour
la debilitatió de la veuë, qu'elles soiét plus estroictes par le hault,
que par le bas : & par mesme raison les moulures qui sont au pied
droict, & à la couuerture, se monstrent plus estroictes par dessus,
que par dessous : qui ne seroit conuenable, ny beau à la veuë. Pour
ceste cause l'Architecte a faict ladicte porte plus large. La grande
porte du Pantheon Romain (duquel nous auons souuentesfois
Grande porte parlé) est quasi de telle raison, pource qu'elle a vingtsix palmes
du Pantheon & vn tiers de large, par le dessous, & au dessus pres de sa couuer-
Romain. ture, vingtsix palmes & deux tiers : il y a donc quelque peu de
difference, pour estre vn peu plus estroicte par le dessous que par
le dessus. La haulteur de ladicte porte, entre la couuerture & le
sueil, a cinquante trois palmes & vn tiers. Ie vous veux bien aduertir que ladicte porte est plus-que admirable, pour auoir les
pieds droicts & la couuerture tout d'une piece : ainsi que quelque iour ie le monstreray plus apertement, si Dieu me faict la
grace de pouuoir mettre en lumiere vn liure de plusieurs portes
L'auteur pro- antiques, auec toutes leurs mesures & ornements, ainsi que ie les
met vn liure ay retirées & mesurées, en voyageát par diuerses nations & païs.
de plusieurs Mais quant à ceste façon de portes, ie n'en parleray d'auantage
portes anti- pour le present, ny de leurs ornements, pour autant que ie vous
ques. en proposeray cy-apres plusieurs sortes. Ce temps pédant ie vous
conseille de bien retenir les bonnes mesures que Vitruue vous
donne, sçauoir est, que la haulteur de vostre porte dedans œuure
(quand ce sera pour la grande entrée d'vne maison) soit diuisée
Mesures de en douze parties, & cinq d'icelles, auecques vne demie, données
Vitruue pour à sa largeur : & vne autre pour l'ornement & largeur de la mou-
les portes Do- lure qu'on voudra mettre au long des pieds droicts, & couuer-
riques. ture, ainsi qu'il a esté dict. Vitruue donne telles mesures pour les
portes Doriques, & enseigne vne autre sorte de mesures pour
les Ioniques, ainsi que vous le verrez au chapitre & discours ensuiuant.

De la porte Ionique selon Vitruue. CHAP. VI.

Itruue veult que la haulteur de la porte Ionique soit diuisée en deux parties & demie,& que la largeur en côtiéne vne & demie : cela sentend pour le vague ou vuide,entre les pieds droicts,le sueil, & couuerture:comme qui voudroit prédre cinq parties en haulteur, & deux & demie de large: puis il veult que le reste de la porte soit estroissi par en hault,ainsi que la Dorique. Quant à moy, ie vous ay dict cy-deuant ce que i'en ay trouué, & que (sous correction) ie ne les voudrois faire ainsi, ny moins rapetisser les pieds droicts: i'entend la moulure, ou architraue qui se faict par le deuant, ny aussi rapetisser la lumiere de la porte, mais bien faire ladicte porte toute quarrée,autant large par en hault, que par en-bas: n'estoit qu'il luy faillust donner excessiue haulteur, car lors ie la ferois plus large par le dessous, que par le dessous, tant par l'ouuerture, que par les pieds droicts, suiuant les reigles de perspectiue, à fin de faire sembler à la veuë, que le dessus & dessous soit d'une mesme largeur. Touchant les ornements des portes Ioniques,tant pour les corniches que mutules ou rouleaux, cymes & cymaces, couronnes, & autres noms que Vitruue leur donne, vous les pourrez beaucoup mieux cognoistre par les figures & ornements que ie vous en proposeray cy-apres, que par longue escriture. Qui sera la cause que ie passeray oultre, sans en faire plus long discours. Ceux qui seront curieux, & voudront prendre la peine d'entendre plus au long ce qu'en dit Vitruue, ils pourront apprendre de luy beaucoup de bonnes choses, pour auoir esté mis en diuerses langues: iaçoit que les figures ne soient par tout bien faictes, & le plus souuent ne correspondent à l'escriture: mais pour cela on ne lairra d'entédre les belles mesures qu'il propose, pour sen ayder quád il sera de besoing & necessité.

De la haulteur & largeur de la porte Ionique.

L'auteur ne côuenir auecques Vitruue, en tout et par tout.

L'auteur excite les professeurs d'Architecture à la leçon de Vitruue.

V ij

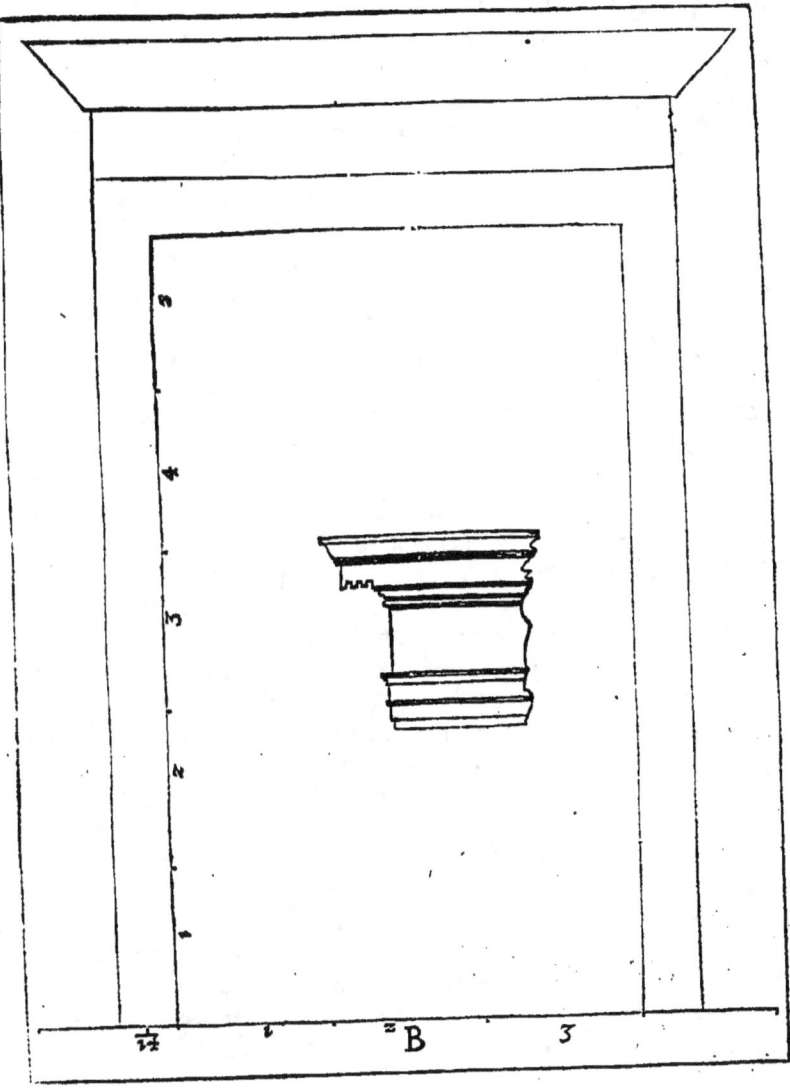

D'une porte de l'ordre Thuscan & façon rustique,
portant vn balchon par le dessus.
CHAPITRE VI.

E vous defcry cy-apres vne forte de porte Thufca
ne, ayant deux colomnes par les coftez, faictes de
pieces & façons ruftiques : les baffes, chapiteaux
& corniches, font gros, maffifs, & vn peu lourds,
plus toft que delicats, comme d'vne façon robu-
fte pour porter vne grande pefanteur, fous forme

Defcription
& explicatiõ
de la figure de
la porte enfui-
uãt le prefent
chapitre.

ronde, & non point droicte par fa couuerture, ainfi que l'a efcrit
Vitruue. Ie figure comme les commiffures & ioincts des pierres
de fa voulte doiuent eftre longues, ie dy tant que faire fe peult:
ainfi que vous le voyez aux clefs, qui donnent iufques au deffous
de la corniche, & trauerfent l'epiftyle, ou frife : laquelle chofe
rend vne force grande à merueilles. Par deffus i'ay figuré vne petite terraffe ou balchon, à la mode d'Italie, ainfi qu'il fe voit en
plufieurs palays à Rome, Venife, & autres villes, ou lon fort du
logis au droict des feneftres, pour entrer en tel balchon ou forme de petite terraffe, pour mieux receuoir l'air & prendre le plai
fir de ce qui eft autour. Vous trouuerez la porte de belle mefure
& grande force pour fouftenir telle pefanteur de maçõnerie que
vous voudrez mettre & impofer par deffus. Le balchon aura de
faillie hors l'allignement du mur, autant que fera la groffeur des
colomnes, & quelque largeur qu'ait la porte, il ne fault craindre
que la terraffe & balchon ne fy puiffe affeurément porter, eftant
l'œuure maffiue, & les corniches tres-fortes : & auffi que la clef
de la voulte de la porte, auec les deux pieces qui font aupres de
ladicte clef, font fi haultes qu'elles portent la couronne de la cor
niche, qui monftre vne façon ruftique, tresforte & trefaffeurée.
Quand on feroit contrainct de mettre des balchons par deffus les
portes, & qu'il n'y euft aucunes colomnes, eftant l'œuure toute
vnie & hors de façon ruftique, vous y pourrez faire des mutules
ftriez à la mode Dorique, ou autrement : ainfi que vous les fçaurez bien inuenter : & auront telle faillie que vous la defirez à voftre balchon. Qui eft la caufe que i'ay faict encores vne petite figure apres la porte que vous verrez cy-apres : pour vous aduifer
non feulement des ornements des portes, mais encores des ter-
raffes, & balchon lequel on peult mettre deffus lefdictes portes,

Porte de gran
de force &
fouftenement.

Aduertiffe-
ment fort bon
& digne de
noter.

V iij

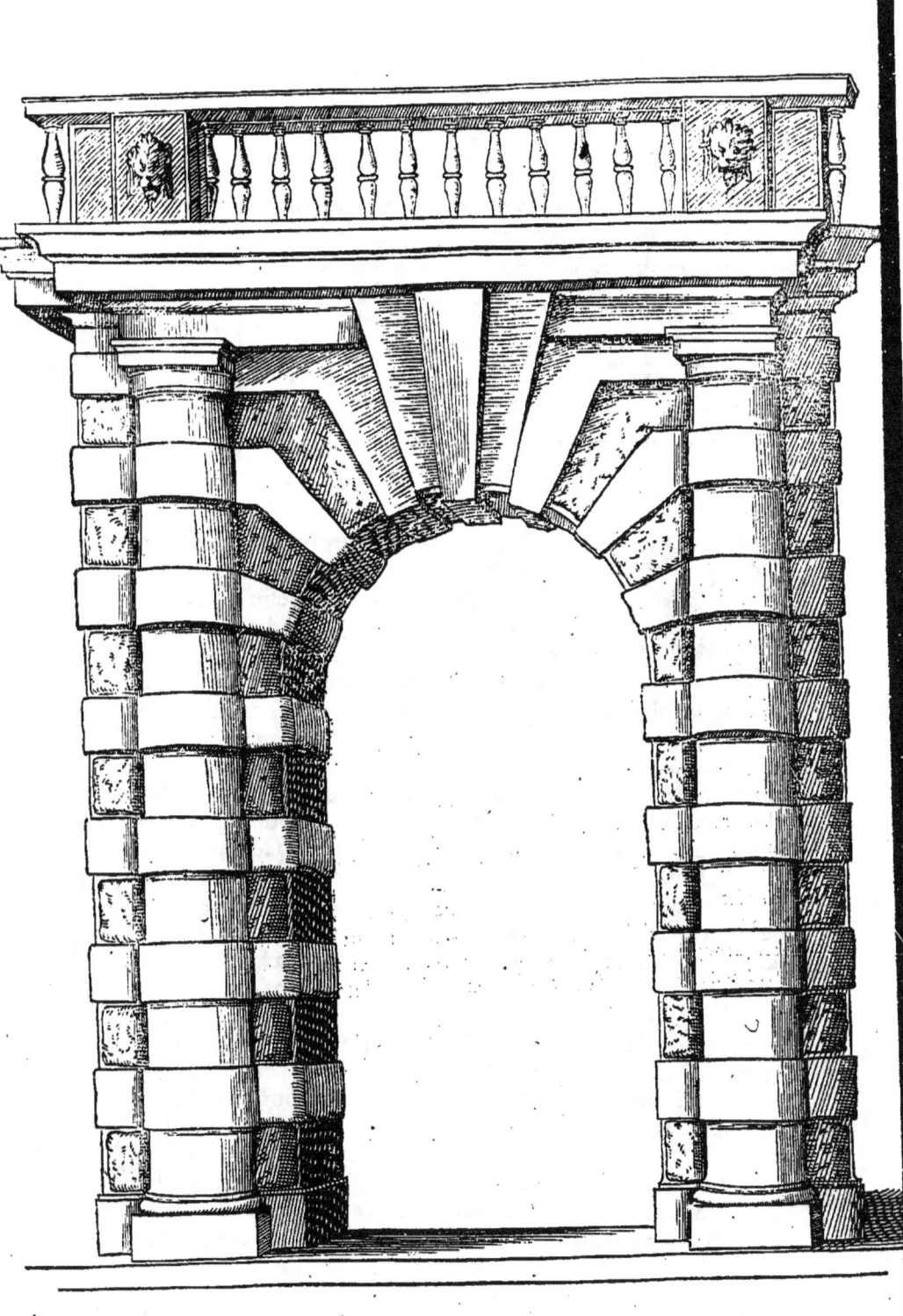

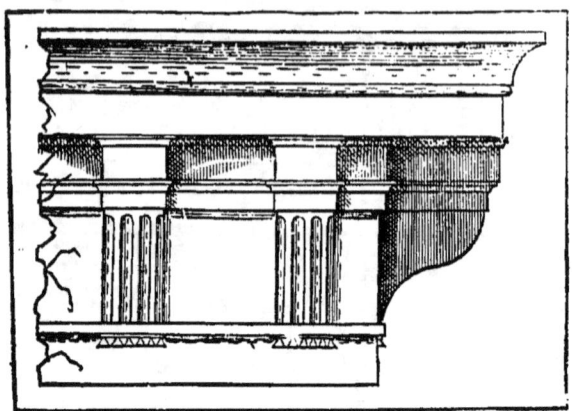

Des portes Doriques. CHAPITRE VII.

N peult faire les portes Doriques quaſi d'une meſme ſorte, & ainſi maſſiues que les Thuſcanes, pour eſtre fort proches de leurs meſures & quaſi de meſmes façõs. Tous ces deux ordres ſont propres pour les façons ruſtiques, il eſt vray qu'il y a difference des meſures, & auſſi qu'on peult faire (qui veult) plus larges les portes Doriques , & plus haultes, que les Thuſcanes. Si eſt-ce que les figures que ie vous en propoſe cy apres ſont plus pour l'inuention, façons, & ornements deſdictes portes, que pour leurs propres dimenſions : deſquelles ie ne delibere eſcrire, pour autant que toutes les meſures dont i'ay parlé cy-deuant , vous donneront intelligence non ſeulement des portes, mais encores de toutes faſſades que vous aurez à faire: cõme auſſi d'autres choſes . Ie donne pour la groſſeur de tous les piliers qui ſont par les coſtez auec leurs colomnes , la moitié de la largeur & ouuerture de la porte: comme ſi toute la face de la porte, & ſes ornements, eſtoient diuiſez en quatre, les deux ſeront pour la largeur & entrée de la porte,& des deux autres, vne pour vn chacun coſté des piliers & colomnes qui ſont l'ornement de la porte. Doncques la porte Dorique, laquelle ie vous figure cy-apres, eſt faicte comme ſil y auoit des marches pour y monter: deſquelles la premiere contient, ou doit contenir, toute la largeur de la porte, auec les colomnes & pieds droicts, qui ſont par les coſtez: la ſeconde eſt faicte pour pouuoir gaigner quelque lumiere, ou clarté dans les celiers, õu caues, au lieu que vous voiez pour marque vne façon de feneſtre longue ſous ladicte marche:

Les portes Doriques approcher des Thuſcanes.

Les meſures precedētes dõner intelligence des portes & faſſades.

Des marches de la porte Dorique.

V iiij

la baſſe des colomnes eſt figurée comme ſi c'eſtoit vne Thuſcane
auec peu d'œuure, pour autant que au lieu ou elle eſt, les pages
& laquais qui ſont indiſcrets & malicieux, rompent ordinairement tout ce quils y peuuét toucher à la main : ou pour le moins

Pourſuite de ils le barbouillent & difforment. Parquoy il me ſemble qu'en ces
la deſcription
de la porte Do baſſes la, on doit mettre le moins d'œuure qu'on peult . Ie figure
rique cy apres tout le reſte de la porte, comme ſi elle eſtoit faiête de brique &
propoſée. pierre de taille, qui eſt vne façon pour eſpargner la pierre aux
lieux, ou lon n'en peult recouurer qu'auec grãde deſpéſe. Si eſt ce
que quand telle œuure eſt bien conduiête, elle ſe monſtre eſtre
bien forte, pour les aſſiettes de pierre de taille qui lient & tiennent en ordre & raiſon la maçonnerie faiête de brique : laquelle
ſe peult encores mieux conſeruer pour l'auancement deſdiêtes
aſſiettes qui excedent, & ſortent au dehors du perpendicule du
pied droiêt en façon ruſtique, ou bien des pieces toutes vnies, &
auſſi de la voulte de la porte : tout ainſi que vous le voulez, comme d'vn poulce, de deux, ou de trois de ſaillie . I'ay orné la porte

Des ornemẽts que ie vous repreſente cy apres, d'une corniche auec ſa friſe ſans
de la porte
Dorique. aucun epiſtyle : ou d'vn tympan par le deſſus auec ſes acroteres :
laquelle choſe peult ſeruir d'appuy à vne petite terraſſe qu'on
vouldroit mettre par deſſus vne porte, ſans y appliquer baluſtres,
ny pierres de taille, ſinon l'appuy, ou forme d'vn plinthe, & le
reſte de brique. Par ainſi voila vne autre ſorte de balchon, comme vous le pouuez voir cy-apres auecques toute la figure de la
porte Dorique, ſans en faire plus long diſcours.

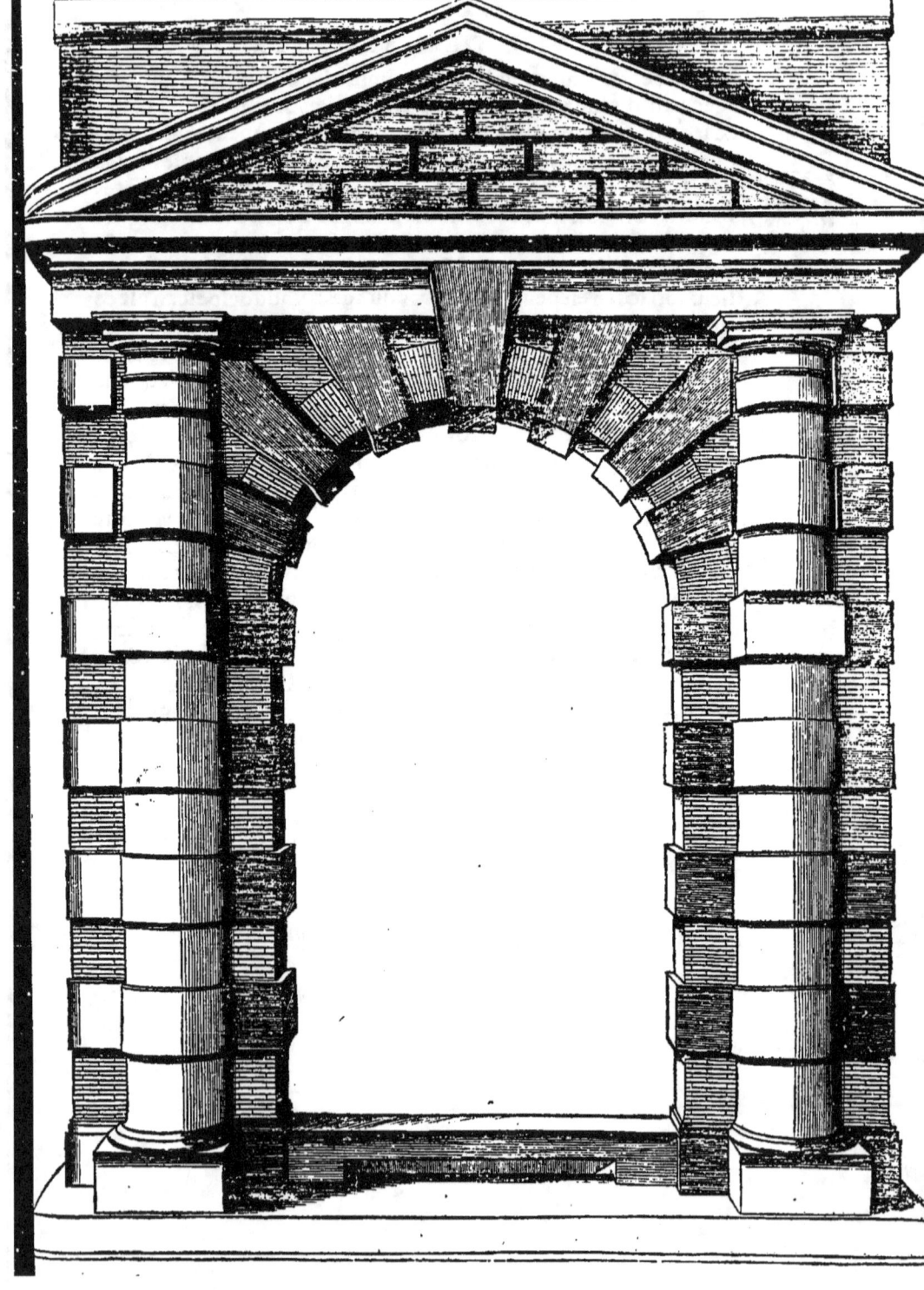

Des portes composées, ou de deux ornements de portes en vne seule. CHAPITRE VIII.

Des ornemēts de la porte cō-posée.

IE vous donneray encores icy deux autres sortes de portes qui peuuent seruir à vne seule & sepa-rémēt l'une apres l'autre, & les pourrez appeller aussi tost Doriques, que autrement: mais beau-coup plus proprement, portes composées, ou deux ornements de portes en vne seule. Car l'or-nemēt du milieu auec ses pieds droicts, corniche & tympan, qui est par dessus la couuerture de la porte, pour estre auec peu d'ou-urage, a esté nommé Dorique, pour autant que l'ordre Dorique ne veult auoir gueres d'ornemēts, ainsi que nous auons dit. Si est-ce que pour estre faict d'une proportiō delicate & allegre, vous le pourrez aussi appliquer & adapter à vne porte Ionique, & l'en richir cōme vous voudrez. L'autre ornemēt qui est par les costez des pieds droicts de la porte, ou lō voit des mutules & gouttes au dessous (ainsi qu'à l'epistyle Dorique) & encores d'autres sortes de mutules qui portent la corniche d'enhault, auec vne vieille & decharnée teste de beuf par le milieu, & quelques gouttes au des sous, pour estre modeste & mediocre auec ses ornements, & vn tympan, ou lon voit des festons, & encores vne teste de beuf sei-

La largeur de la porte de-uoir estre pro-portionnée à la haulteur.

che par le milieu, cela monstre estre vne autre inuention faicte apres la Dorique, ou bien à son imitation, ainsi que tous bons es-prits le peuuent iuger: & y pourront aussi adiouster quelques au-tres ornements à leur plaisir. La principale industrie est, qu'ils sçachent donner à toute la porte haulteur & largeur conuenable & agreable à la veuë: & aussi que le iour, par la largeur d'entre les pieds droicts, soit bien proportionné à la haulteur. Vous pouuez voir par la figure prochaine le contenu au discours du present chapitre, à fin que ie ne vous sois trop prolixe & moleste.

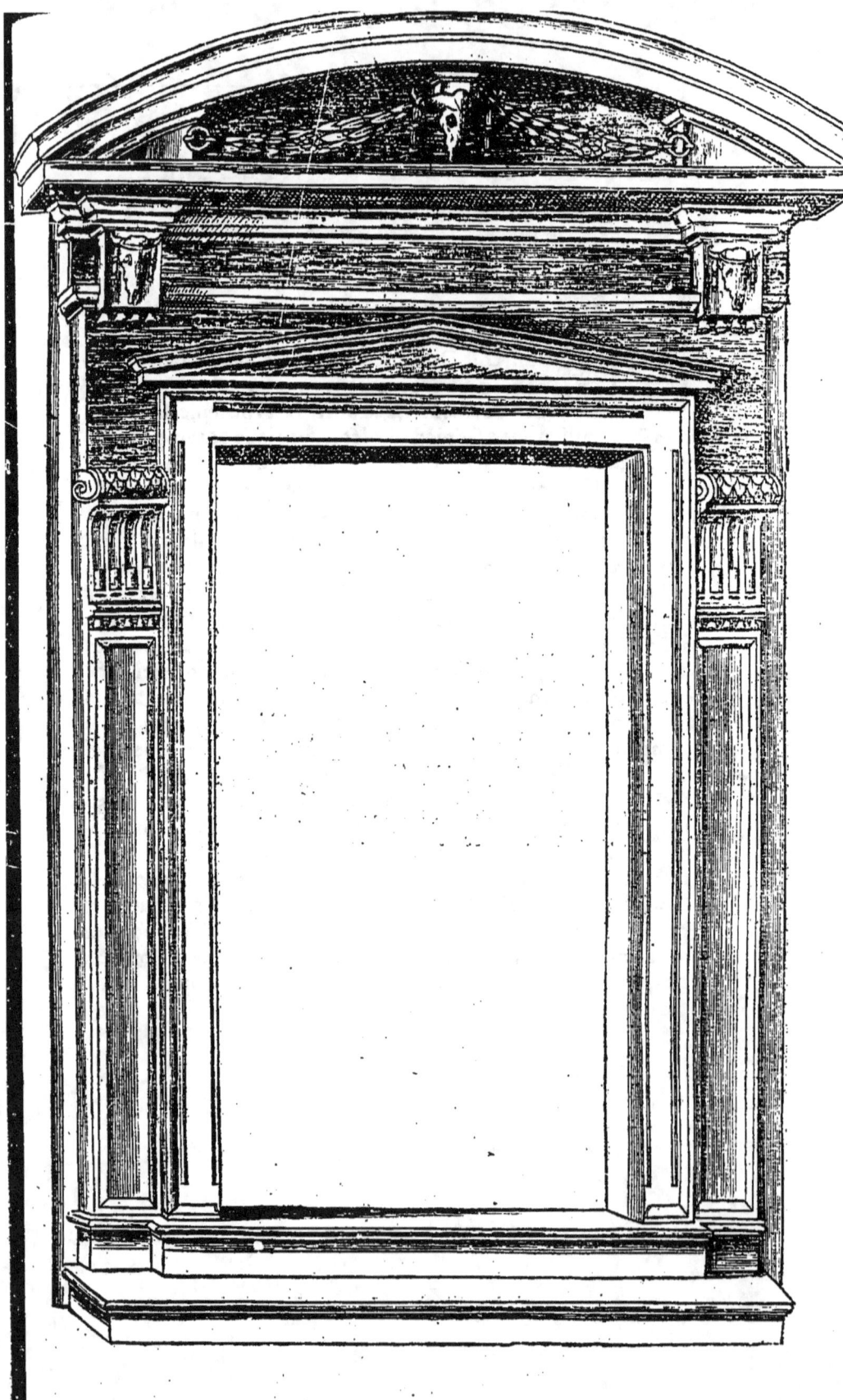

Porte quarrée & droicte par sa couuerture, d'une inuention
tresbelle. CHAPITRE IX.

IE vous figure cy apres vne autre façon de porte
estant quarrée & droicte par sa couuerture, &
ayant des piliers par les costez, ou lon ne voit que
le plinthe de leurs basses au dessus desdicts piliers,
qui font plus larges par le hault que par le bas.
Qui est le contraire des colomnes & piliers qui
font fais par mesures, & doiuent estre plus estroicts par en-hault
que par en-bas. Mais telle inuention est trouuée selon l'aduis &
fantasie qui se presente, ainsi que plusieurs autres : lesquelles
pourueu que les mesures y soient bien obseruées se trouuét tousiours auoir bonne grace : qui est chose aisée de faire à ceux qui
ont l'experience & vsage d'Architecture. Vous voyez comme
au dessein cy-apres representé, ie figure au lieu de chapiteaux des
mutules en forme de rouleaux, qui portét le plat fond d'vn tympan ou frontispice, estant couppé, comme il se voit, & ayant ses
corniches par le dessus, & ornements aux acroteres, ainsi qu'il
se peult cognoistre en la figure auec tous les autres ornements &
pieces entaillées qui font par dessus la couuerture de la porte, &
par dessus vne table d'attente en façon d'amortissement, accompagné d'vn autre tympan, & autre ornement. Si ie voulois tout
descrire par le menu, seroit chose trop longue : ioinct que vous le
pouuez facilement comprendre par le desseing cy-apres proposé : qui est d'une porte Dorique ayant trois marches, qui la font
bien monstrer, ainsi que les autres portes, quand elles font rele-
uées plus hault que l'aire des terres.

Porte quarrée
& droicte
p.ar sa couuer-
ture.

La bonne fi-
gure, porte
tousiours son
escriture.

Vous voyez cy-apres vne autre figure de porte, laquelle i'ay

Porte des oreâ-
giers du cha-
ſteau d'An-
net.

faiâ mettre en œuure à l'entrée du lieu des aurégiers au château
d'Annet, auec les deuis des croiſſants, comme ie faiſois en pluſieurs autres lieux par le commandement qui m'en eſtoit faiâ. Ie
ne vous en propoſeray gueres de meſures, ne proportions, pour
autant que ceux qui ſe voudront ayder de telle inuention, prenant le compas retireront incontinent la haulteur, largeur, & ornements qui y ſont. Ladiâe porte ſe monſtre beaucoup mieux
en œuure, qu'elle ne faiâ au preſent deſſeing, par la faulte des
tailleurs qui n'ont enſuiuy les traiâs, ainſi qu'en pluſieurs autres pieces, comme i'ay diâ ſouuentesfois. Si eſt ce que pour telles faultes par eux lourdement commiſes, les bons eſprits ne lair-
ront de ſen ſeruir, & y adiouſter ou diminuer, comme bon leur
ſemblera. Telle porte a enuiron quatre pieds de largeur ſur neuf
pieds de haulteur. Les pieds droiâs au lieu ou eſt la moulure de
l'architraue ont ſept poulces de largeur : & regne lediâ architraue tout autour, & à la couuertute de la porte : laquelle i'ay
faiâ de plus grande haulteur, pour y trouuer vne façon d'en-
trelais, comme ie l'ay veu à quelques portes antiques. Au coſté
des pieds droiâs, i'ay ordonné & faiâ mettre quelques façons
de piliers ſans balle ne chapiteaux, portans ſeulement au deſſus
de la ſaillie de la friſe, autant que contient vne façon de rouleau

Pluſieurs cho
ſes, eſtre laiſ-
ſées à l'inuen-
tion & fanta-
ſie de l'Archi
teſte expert.

& mutules quarrez par le deſſous, auec tel ornemét que vous le
voyez : auquel ie ne puis donner noms propres, mais bien dire
que c'eſt vne inuention telle qui m'eſt venue à la fantaſie ; tout
ainſi que en la friſe, car comme lon m'y faiſoit faire des arcs Tur-
quois, i'en fais auſſi au frontiſpice auec vn carquois à tenir les fleſ
ches, & des croiſſants entrelaſſez. Et à fin que cela fuſt mieux veu
eltre à propos i'ay entrecouppé & oſté les moulures de la corniche du tympan, & faiâ monſtrer ſeulemét vne ſaillie de la couronne, & quelque petit fiſet quarré, & par les extremitez quelque goutteron & ornemét de corniche qu'on peult mettre aux
cymes. Tel ornemét de porte n'empeſchera point que vous n'en
faiſies d'autre à voſtre volunté, & quand vous en aurez enuie, à
fin de dreſſer quelque belle porte, par les moiens que nous vous
donnons, ou autres tels qu'il vous plaira les inuenter, ou cercher
ailleurs.

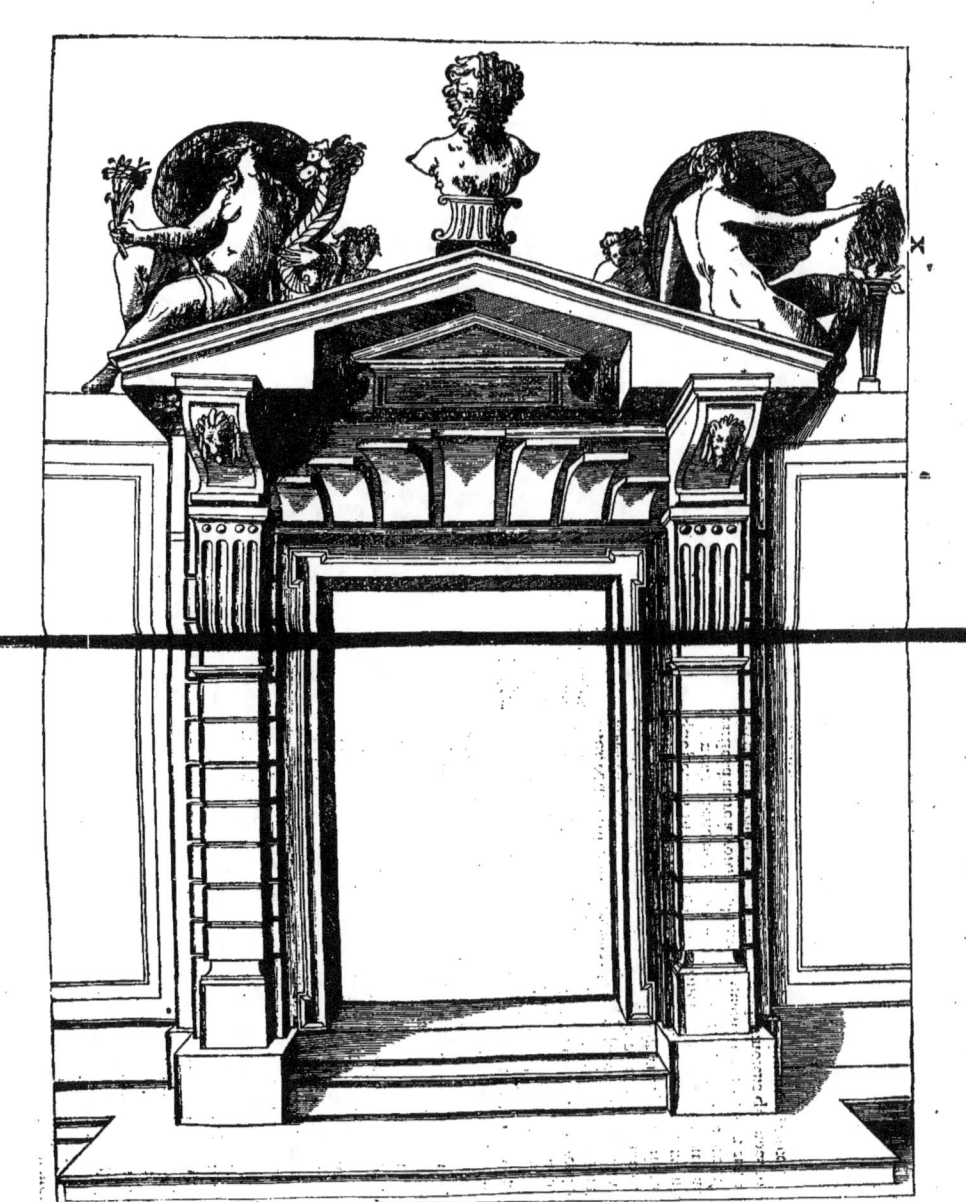

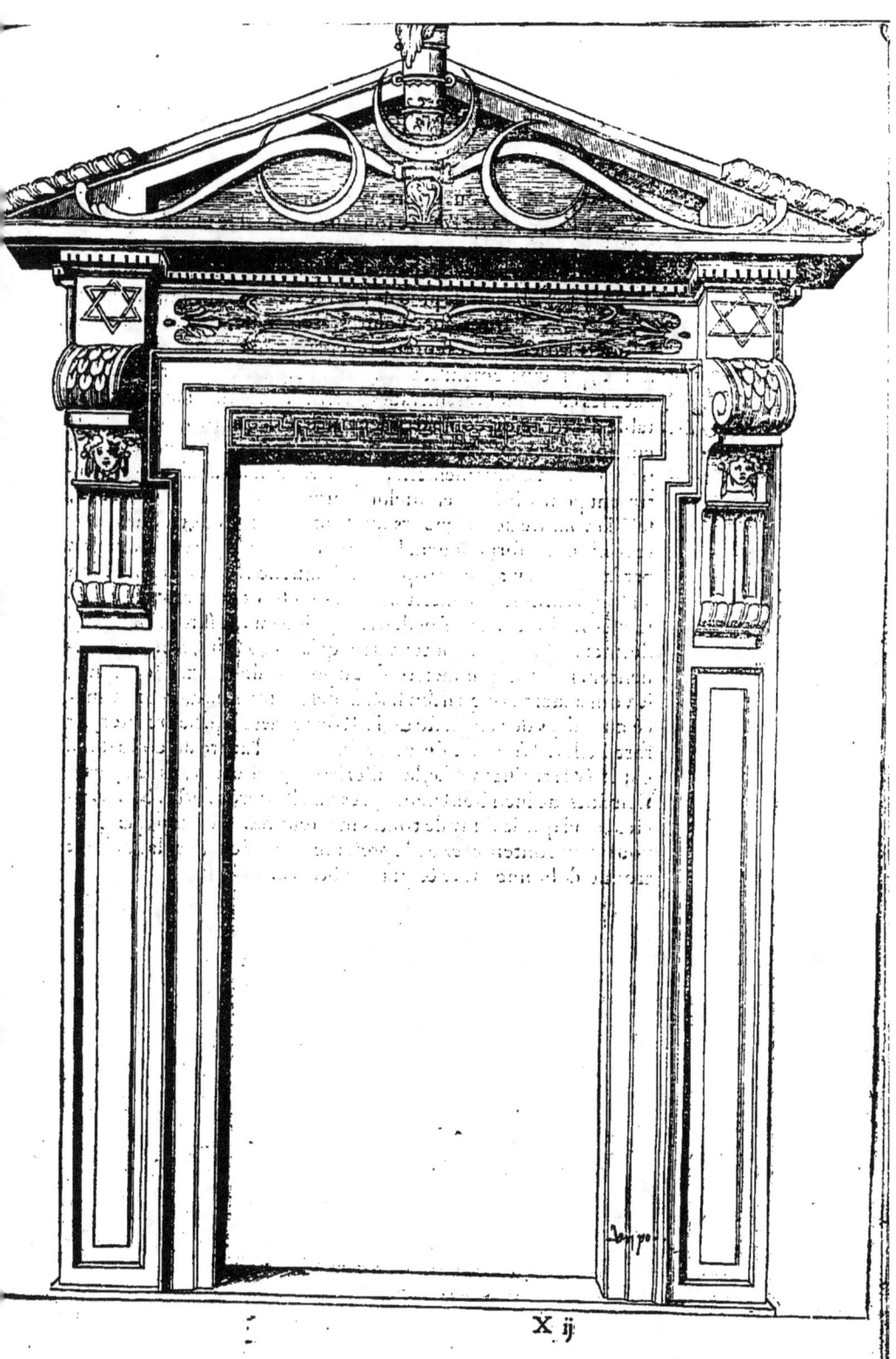

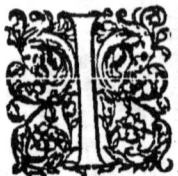

IE vous figureray encores vne autre porte qui fera de l'ordre Ionique, côme il se monstre par les colomnes qui sont à ses costez, garnies de leurs basses & d'vn plinthe quarré par le dessous (au lieu de pied de stat) & de leurs chapiteaux Ioniques, auec volutes, architraue, frise & corniche, lesquels ladicte porte represente, estant toute comme de marbre

Porte de l'ordre Ionique, auec ses parties & ornements. figuré, principalement les pieds droicts & couuerture d'icelle, auec ses colomnes, architraues & frises. Au milieu ie erige vne table d'attente, ou compartiment quarré, lequel deux enfants tiennent par les costez. Et par le dessus, d'autres corniches & frises pour seruir d'amortissement à la porte. I'ay faict ainsi tel compartiment pour y insculper quelques armoiries, deuises & histoires, selô la volunté des seigneurs qui font edifier. Ceste façon de porte Ionique est fort conuenable pour cela, ainsi que vous le voyez par la figure cy apres proposée. Laquelle si ie ne descris bien au long, comme elle meriteroit, les mesures des portes & ornements Ioniques, que i'ay descrit cy-deuant, suffiront pour luy donner mesures & à toutes autres qu'aurez à faire, & sçaurez inuenter. Deuant que mettre fin au propos des portes Ioniques, ie vous aduertiray qu'il sen faict à present trois de mon ordonnâce au Palays de la maiesté de la Royne mere, qui se trouueront fort belles. L'une est du costé du iardin, l'autre du costé de la court, & la troisieme dâs la gallerie: desquelles ie vous feray participants, de bien bon cueur, apres qu'elles serôt faictes & parfaictes, ainsi que ie feray de toutes mes œuures. Ce temps pendant vous vous contenterez de la presente porte Ionique, laquelle ie trouue de bonne grace & grande beauté.

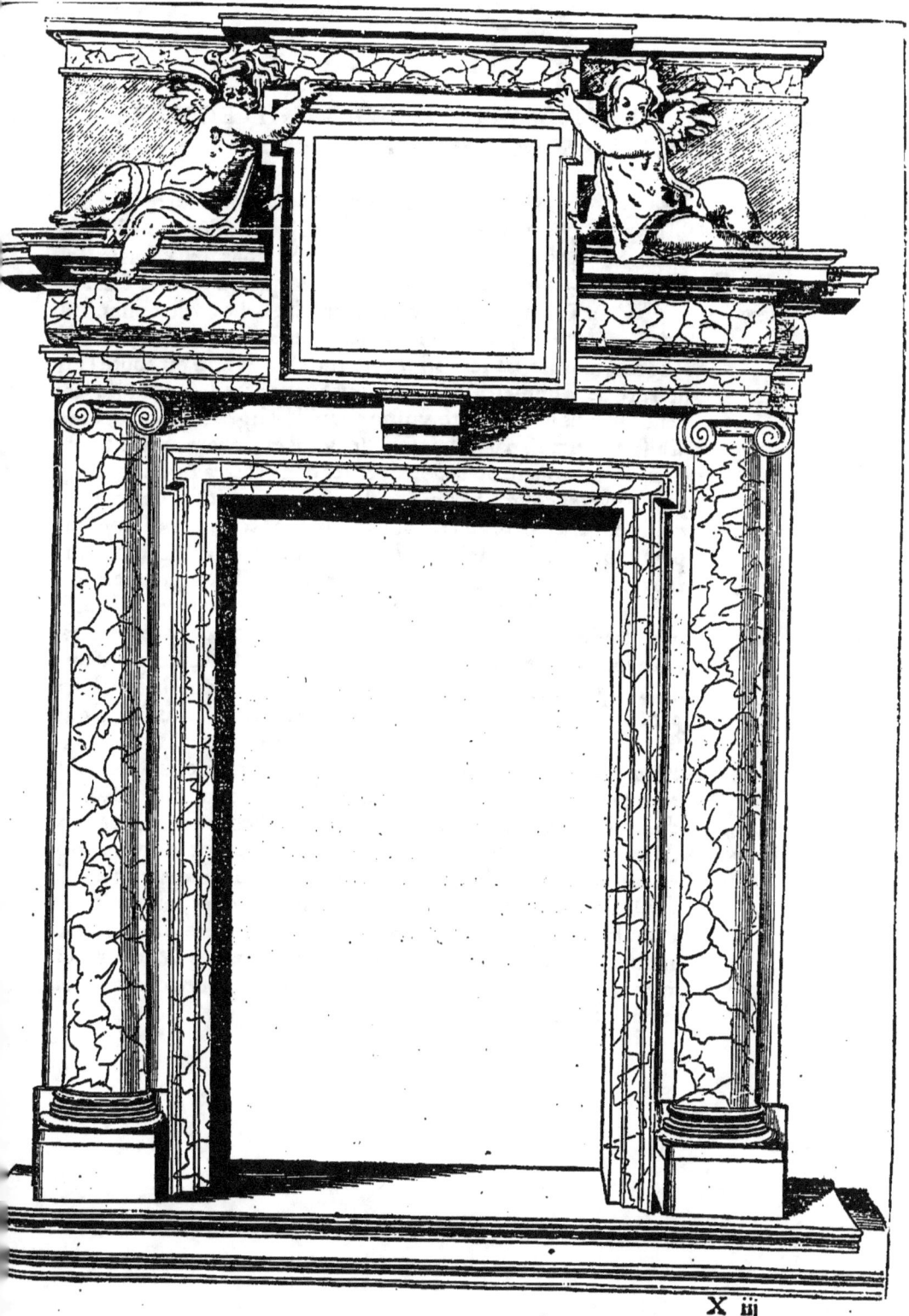

NOus figurerons cy apres vne autre sorte de porte, que nous appellerons Corinthiéne, ou de l'ordre composé, & luy donnerons deux fois sa largeur pour sa haulteur, & quelque chose d'auantage. Qui la vouldroit faire belle & de bonne grâ
ce, ainsi que i'ay dict, & en ay veu plusieurs, il luy
faudroit donner par les costez autant de largeur qu'est toute l'ou
uerture de sa lumiere. Comme quoy ? vous prendrez toute la largeur ou vous voulez faire vostre portail, ou grande porte, & la
diuiserez en trois parties, desquelles vous en dónerez vne à la largeur de la lumiere de la porte, & les deux autres à vne chacune
partie par les costez. Si vous voulez faire vne chose bien conuenable & belle, faictes que tout l'ornemét de la porte ne soit point
plus hault depuis le dessus de la corniche iusques à l'aire, que toute la largeur de la porte auec ses ornements. Il fault que cela soit
d'vn quarré parfaict. Par les costez vous pourrez eriger des colónes, & piliers striez & cannelez, ou autrement: & entre iceux fai
re des niches, telles que ie veux monstrer par l'exemple d'une
grande porte accompagnée de ses ornements: laquelle ie fis faire
par commandement (il y a huict ans passez) pour seruir à quelque
sale de triumphe: mais, helas, ce triumphe peu apres fut conuer-

ty en grandissime desolation & desastre, duquel nous nous resen
tons encores. Quant à l'explication & sens moral des histoires
de ladicte porte, nous n'en parlerons en ce lieu, esperant les produire ailleurs, & beaucoup plus à propos. Ie reprendray doncq-
ques nostre porte Corinthienne, & diray franchement qu'elle se
peult faire beaucoup plus riche que les Doriques, ou Ioniques:
car elle est propre & bien à propos pour y mettre plusieurs ornements & deuises, tant aux frises, que acroteres & amortissements, ainsi que vous le pouuez iuger par la figure qui vous en
est proposée cy apres.

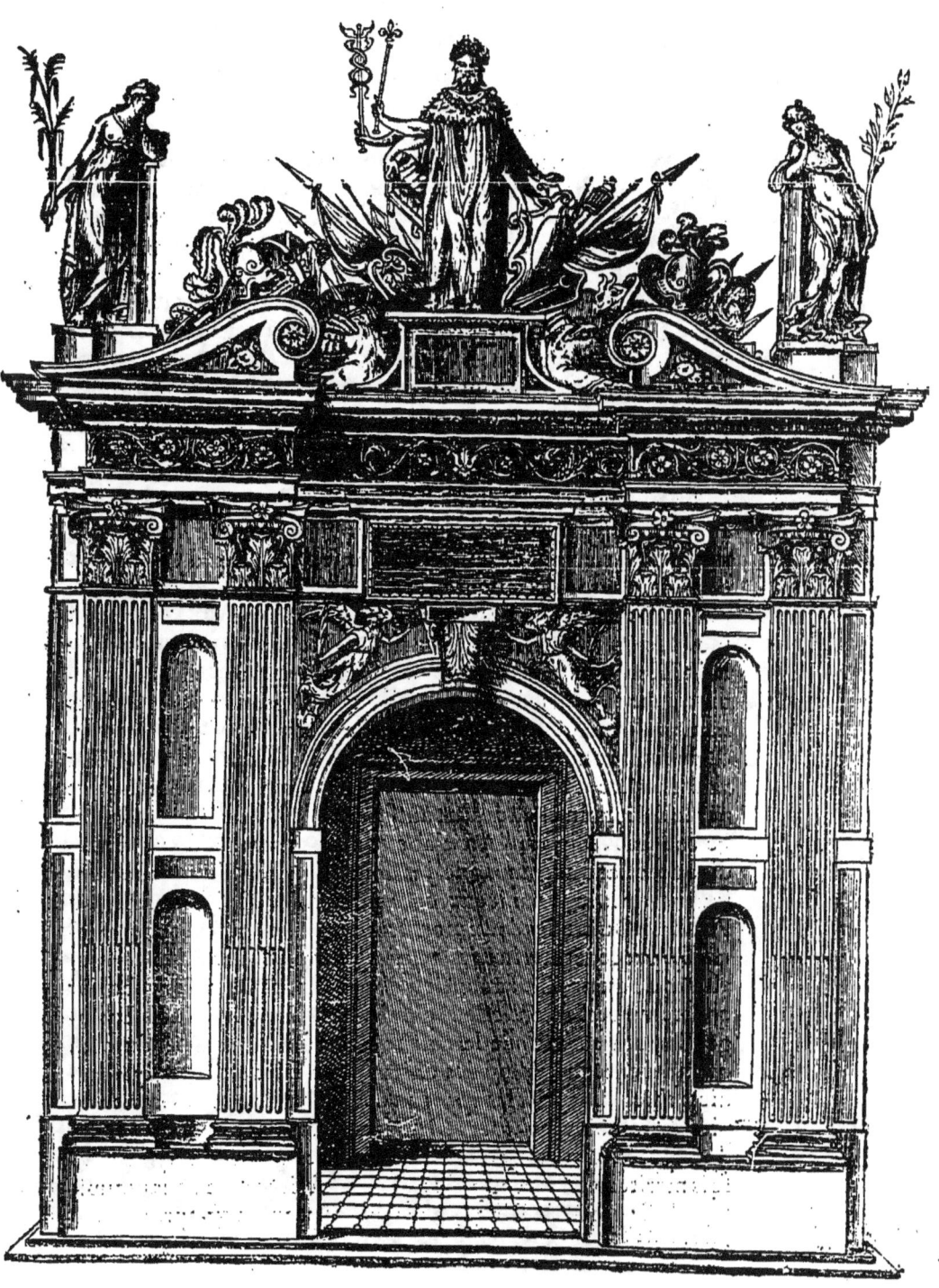

E vous veux proposer encores le desseing de la
principale porte & entrée du chasteau d'Annet,
pour monstrer les differences des portes & varietez de leurs ornements, ainsi qu'ils se voyent en
ceste cy, qui est de l'ordre Dorique, estant ornée
de quatre colomnes fondées sur les talus & pen-
tes du mur du fossé. Ladicte porte est accompagnée de deux autres petites portes par les costez, comme de poternes, & tout le
portail faict de pierre de Vernon, enrichie de marbres, porphy-
res, serpentins, & de bronse, signamment sur les portes, & aux tables d'attente. Les metopes qui sont entre les triglyphes, & tous
les triglyphes, mesmes ceux qui sont sur l'arceau de la porte, sont
de marbre noir: tous les bouillons de fueilles & fruicts se voyent
de bronse entre les triglyphes, estants fort bien faicts. La Diane
auec les cerfs, sangliers, & autres animaux, que vous voiez au dessus de la porte, sont de cuiure & bronse, elabourez d'vn ouurage
& sculpture fort excellente & tres-bien faicte. Aux costez par le
dessus des petites portes, sont terrasses enrichies à l'entour de tables d'attête, estants de marbre noir auec leurs entrelas, au lieu de
baluftres qu'on a accoustumé de mettre aux terrasses pour seruir d'appuis. Vous voyez par le dessus de la grande porte au plus
hault, vn ornement tout faict de belle pierre blanche de Vernon,
& de marbre noir aux tables d'attente. En ce lieu mesme se voit
vne monstre d'horloge pour marquer & representer les heures
par le dehors du chasteau, & aussi par le dedas: ou il y a d'auantage vne face & figure d'Astralabe & planisphere auecques son Zo-
diaque, estant accompagné des douze signes, & du mouuement
iournel de la lune par iceux, comme aussi des estoilles errates, ou
Planetes. Oultre les deux monstres des heures, il y a sonnerie laquelle precedêt aux heures, demies heures, & quarts d'heures, les
abbois de quatre limiers au lieu d'appeaux, qui semblent abbaier
contre vn cerf estant esleué par dessus les monstres dudit horloge. Et pour autant que la nature du cerf est de frapper du pied
quand il entend l'abboy des chiens, on a faict qu'apres que lesdicts chiens ont faict les appeaux des heures, le cerf les frappe du
pied, & fair ouir les heures. Mais sans vous faire plus lôg discours
de la porte & principale entrée du chasteau d'Annet (qui toutefois meriteroit beaucoup plus grande escriture) ie vous renuoie-
ray à la figure & desseing que ie vous en propose cy-apres.

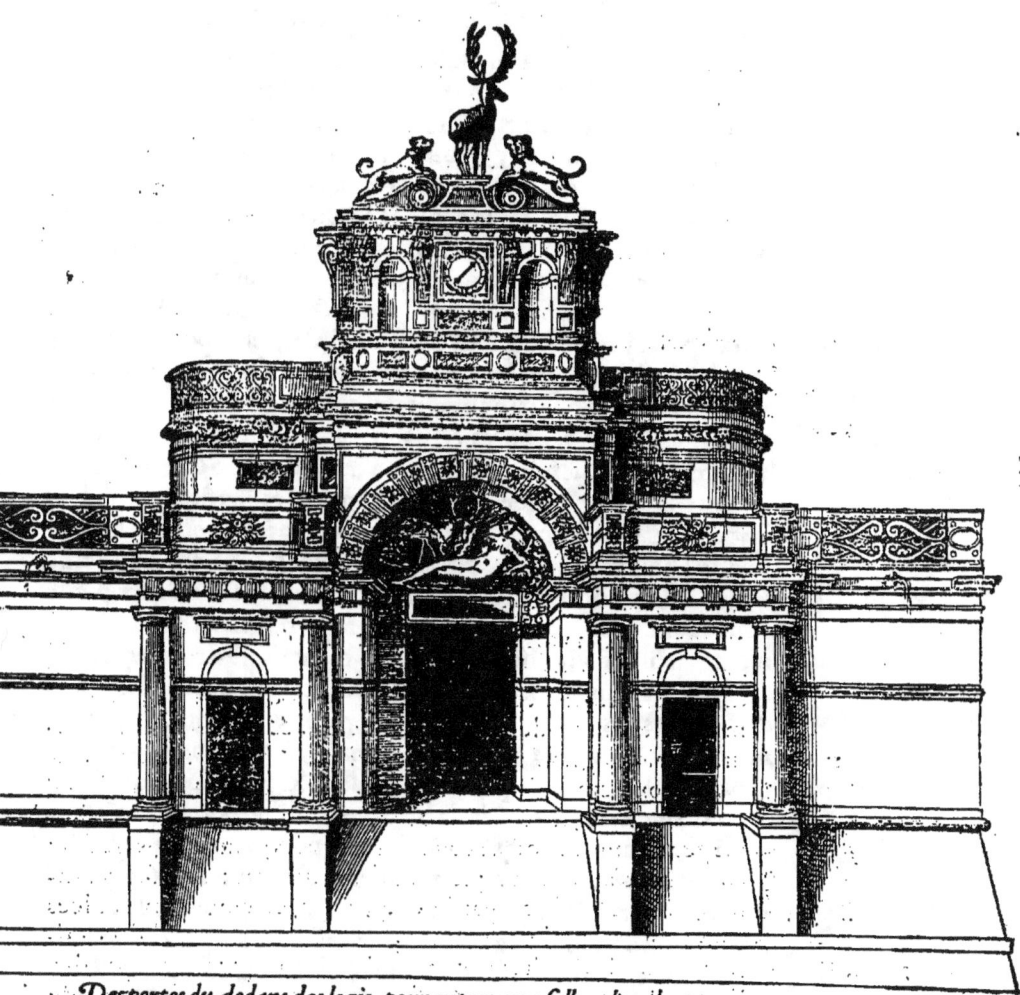

Des portes du dedans des logis, pour entrer aux salles, chambres,
garderobbes, galleries, & autres lieux. CHAP. XIII.

ES portes qu'on faict pour entrer dans les salles,
doiuent estre differentes selon les grandeurs desdictes salles, & lieux ausquels on les veult faire
seruir. Car la porte d'vne grãde salle de bal pour
vn Roy, ou vn Prince, ou quelque grãd seigneur,
doit estre plus large & plus haulte, que celle que

Les portes des
salles deuoir
estre differen-
tes.

on a accouftumé de faire aux fales qui feruent pour habiter ordinairement. Pour autant que quand il fault faire quelques triúm-
phes, ou grands feftins aux fales Royales, il y entre quelquefois
plufieurs fortes de mafques à cheual, ou autrement. Et aufli que
les halebardiers qui font pour la garde des Roys, & portét leurs
halebardes fur l'efpaúle, y doiuent entrer ayfément. Parquoy il
fault dóner aux portes de telles fales cinq pieds de largeur, pour
le plus: & quatre, pour le moins: & à celles qui font petites & fer
uent pour manger ordinairement, on ne leur peult aufli moins
donner de trois pieds de largeur dans œuure, auec haulteurs cóuenables, & bien proportionnées aufdictes largeurs. Les portes

*Portes de fa-
les cómunes,
châbres, gar-
derobes, et ca-
binets.*

des châbres auröt deux pieds & demy de largeur, pour le moins:
& deux pieds, dix poulces, pour le plus: celles des garderobes,
deux pieds & vn quart: pour autant qu'il fault qu'elles foient vn
peu larges, pour les coffres & bahus qui en fortent, & y entrent
bien fouuent: celles des cabinets ne doiuent eftre fi larges. Mais
fur tout il fault confiderer diligemment les haulteurs qui leur
font cóuenables, à fin que vn chacun y entre fans heurter. La haul
teur de l'homme bien proportionné eft communement de cinq
pieds de Roy, & iaçoit qu'elle fe trouue en aucuns de fix pieds,
ou bien prés, il n'en fault pour cela faire reigle ordinaire, pour
autant qu'il fen voit bien peu. Si eft-ce qu'ils ne doiuent heurter
de la tefte en entrant dans le logis: parquoy il fault que les moindres portes foient toufiours de fix pieds de haulteur, pour le
moins: les autres de fix pieds & demy, & de fept dedans œu-

*Dela haul-
teur des por-
tes des fales
des Roys, des
fimples gen-
tils-hommes,
& autres: có-
me aufli des
chambres &
garderobes.*

ure. Mais les grandes portes des fales, & principalement celles qui ont cinq pieds de largeur, en doiuent auoir huiĉt, &
dix de haulteur, felon qu'elles font. La porte de la fale d'vn fim-
ple gentilhomme, ou de ceux qui n'ont les grands logis, fe doit
contenter d'auoir deux pieds & demy de large : celle des chambres, deux: & celle des garderobes, vingt, ou vingtdeux poulces
dans œuure, entre les batans des portes. Il ne fault oublier de faire toufiours les haulteurs cóuenables, ainfi que nous auons dit.
En cela il ne conuient pas toufiours regarder, que fil y a tant de
largeur, il y doit auoir tant de haulteur, mais bien cófiderer premierement l'aifance du lieu, & commodité des hommes qui y
ont à paffer, foient chargez, ou autrement: & aufli le froit, ou les
vents qui en peuuent venir. Veritablement il fault que l'Archite-

*N'eftre petit
artifice de bié
planter vne
porte.*

ĉte ait bon iugement en cela, & qu'il fçache bien planter lefdi-
ĉtes portes au lieu ou il fault : à fin qu'elles ne foient point caufe
d'attirer la fumée aux fales & châbres. Il fault aufli qu'il leur fçache donner l'entablement, à fin qu'elles foient raifonnables, &

non

non plus larges que l'huisserie faicte de bois, à fin que quand elles souuriront, elles se puissent bien coucher au long du mur, sans donner empeschement à la salle, ny aux chambres. Quant à y faire ornements, moulures, ou corniches, ie n'en serois point d'aduis, ains plus tost ie les voudrois faire toutes pleines, vnies & sans ouurage: pour autant que cela n'est que argent perdu, & aussi que lesdicts ornements ne se voient à cause de la tapisserie, qui est tousiours deuant vne porte: si ce n'estoit aux portiques qui sont proches des vestibules, ou escaliers: encores serois ie d'auis, qu'en ces lieux là on feist le moins de parade & d'ornements que faire se peult: pour autant qu'ils sont suiects aux torches, & à la mercy des pages & laquais, côme aussi aux crochets des halebardes des gardes des Roys. Voila ce que presentement ie vous puis escrire des portes, deliberant n'en parler d'auantage, ny de la façon de les dresser, pour-autant qu'au troisieme liure du present œuure, quand nous escriuiós des traicts Geometriques, vous auez peu voir la façon & description de plusieurs portes, voire des plus difficiles. Il se pourra faire que nous tomberons en quelque lieu à propos pour parler des huisseries qu'on faict de bois, et aussi des serrures qui se peuuent faire en diuerses sortes: car d'en parler icy il ne m'est aucunement loisible pour le present.

L'auteur n'estre d'auis que aucuns ornements soient faicts aux portes du dedans des logis.

Promesse de l'auteur digne d'execution.

Des fenestres croisées pour les salles & chambres, & aussi des lucarnes. CHAPITRE XIIII.

IL fault faire les fenestres croisées, selon la grandeur des salles, chambres, & garderobbes que vous aurez à faire: tellement que le lieu qui n'a que vingt, ou vingt & vn pieds de large dans œuure, ne doit auoir ses fenestres plus larges que de cinq pieds entre les deux tableaux, ou pieds droicts: & celuy qui a vingt quatre pieds, fault que ses croisées en ayét cinq & demy d'ouuerture. Pour celuy qui a de vingtsept pieds iusques à trente, ie trouue que ses vrayes mesures doiuent estre de six pieds de iour, ou d'ouuerture. Quant à la hauteur, i'ay tousiours cogneu par experience que pour rendre vn logis fort plaisant, la hauteur des fenestres croisées doit estre en arrierevoulsure fort pres des planchers, ou soliues, comme d'vn demy pied, ou enuiron: autrement si le derriere des fenestres demeure beaucoup plus bas que les soliues, comme de deux pieds, de trois, de six, ou plus, ainsi qu'il se voit au chasteau du Vergier, & à assez d'autres lieux, cela rend les salles melancholiques. Pource est il

De la grandeur & largeur des fenestres croisées.

Fenestres pour rédre vn logis plaisant.

Y

qu'on doit tenir lefdictes feneftres les plus haultes que faire fe
peult, fi lon veult que les lieux foient plaifants. Vous pouuez voir
prefque tel difcours en l'vnzieme chapitre du fecond liure de no
ftre nouuelle Inuention, ou ie parle des feneftres croifées pour
appliquer auecques la charpenterie nouuelle. Car au lieu ou c'eft
qu'on en voudra vfer, il fault toufiours tenir les feneftres plus
haultes que l'arrachemēt ou cōmençement des poultres: & faire
que leurs appuis ne foient plus haults que de trois pieds, ne plus
larges que de dix poulces: car cela dōne vne grāde ayfance de fap
puyer & mettre à la feneftre, pour voir iufques au pied d'vn mur,
& prendre plus de plaifir à defcouurir le pays qui fe peult voir. Il
fault aufsi tenir les meneaux ou croifillōs des feneftres (ainfi que
les appellent les ouuriers) deliez, & de peu d'efpeffeur, cōme de
quatre à cinq poulces, & en largeur de neuf à dix, cōme on verra
que fera l'appuy des feneftres. Les chofes eftās ainfi conduictes,
vous aurez la clarté & lumiere du logis, cōme vous la defirez. Si
vous faictes les appuis plus haults que de trois pieds, & de largeur
autāt grāde que eft celle de l'efpeffeur du mur, ainfi que plufieurs
ont faict, cela fe trouuera de mauuaife grace, & fans vous en pou

De la haul-
teur & lar-
geur des fene-
ſtres.

Pour les fueil
lures des fene-
ſtres.

uoir ayder aucunement. Quant aux fueillures des feneftres, il les
fault faire de deux à trois poulces de large, & felon la grandeur
que feront lefdictes feneftres, à fin que les chafsis de bois que por
te la menuiferie pour fermer les feneftres puiffent eftre forts &
larges, fans empefcher beaucoup du iour. Fault aufsi que le derriere des pieds droicts des feneftres, que les ouuriers appellent
efcoinffons, foient fort embrafez, à fin que la feneftre de menüi-
ferie fe puiffe ioindre contre le mur, & qu'elle n'empefche à don
ner la clarté & receuoir tant de lumiere que faire fe pourra. Tou
chant les ornements qu'on voudra faire par le dehors, & tour à

Des ornemēts
des feneftres
par dehors.

l'entour defdictes feneftres croifées, cela depend du bon & gentil efprit de l'Architecte. Toutesfois pour le contentement de
quelques vns ie figureray cy apres certaines parties & faces de
quelques baftiments, & fignamment la moitié de la largeur du
dedans de la court du chafteau de fainct Maur des foffez, pres Paris: par laquelle vous pourrez voir comme l'ordre des colomnes,
portes & feneftres eft accōmodé aux mefures que i'ay defcrites
cy deffus, & tout ainfi que i'ay faict faire l'œuure autresfois. La
porte du milieu de ladicte court eftant entré les deux falles, fe
trouue au droict de la lettre H, accōpagnée de tel ornement &
niche que vous pouuez voir: & combien que ie vous y figure des
degrez, fi eft-ce qu'ils ne font encores faicts, & fi ie continue de
faire acheuer ledit chafteau par le commandement de la maie-

sté de la Royne mere, ie les feray faire autremét : ioinct auffi que
on y faict vne terraffe de la haulteur des corniches du pied de ftat
tout autour de la court. Le lieu que vous voiez marqué C, eft vne
table d'attente en marbre, ou il y a efcrit,

Hunc tibi, FRANCISCE, *affertas ob Palladis arteis,*
Seceffum, vitas fi fortè palatia, gratæ
Diana, & Charites, & facrauere Camœna.

Le Cardinal
du Bellay hö-
me de bon fça
uoir et grand
efprit.

Ce qui auoit efté faict & inuété d'vn tresbon efprit & fort bonne grace, par feu monfieur le Cardinal du Bellay , lors Euefque
de Paris. Le lieu figné B, eft vne baffe taille de figure , ou font infculpées les Charites, ou (fi vous voulez) les trois Graces, & Diane, auecques les neuf Mufes : qui dedient & prefentent le fufdit
lieu de S. Maur des foffez, à la maiefté du feu Roy FRANCOIS
premier de ce nom, ainfi que les vers le monftrent & propofent.
Le lieu marqué A, eft vne tefte de bronze & pectoral dudit Roy
au plus pres du naturel. Les endroicts marquez D, entre les deux
corniches, eftoiét peinctures à fraize qui font quafi effacées. Mais
ce difcours delaiffé, nous reuiendrons à noz feneftres, lefquelles
vous pouuez voir à la prochaine figure, eftre colloquées auec
leurs appuis & couuertures entre les ordres des colomnes Corinthiennes, qui me femblent eftre d'affez bône grace. La colonne marquée F, reprefente l'angle & vn des coings de la court. Et
pour-autant que vous pourrez mieux iuger de tout par la figure,
que par longue efcriture, ie ne vous en feray autre difcours, finon
que ie vous aduertiray, que vous y pouuez voir comme lon doit
affembler les ordres des colomnes auec les portes & feneftres :
qui eft la caufe pourquoy ie exhibe la figure fuiuante.

Continuation
de ce que def-
fus.

Y ij

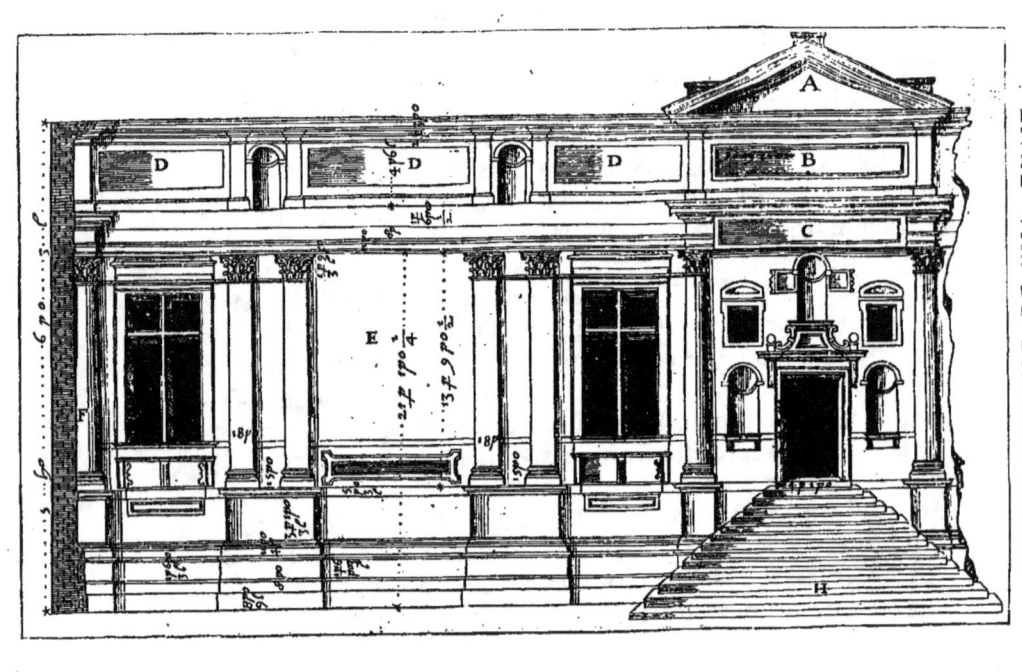

Encores d'vne face de maison, laquelle i'auois faict autrefois
pour appliquer par le dehors du susdict chasteau de sainct
Maur des fossez. CHAPITRE XV.

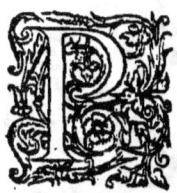

Our mieux vous monstrer & faire entendre, cóme lon doit accommoder les fenestres, portes & ornements des murailles, par le moyen des ordres des colónes, ie vous ay cy-apres encores mis pour exéple la face du deuant du bastimét du susdit chasteau de S. Maur, laquelle i'auois designé du téps de feu monsieur le Cardinal du Bellay, en esperát d'ainsi paracheuer le logis. A la premiere face & principale entrée du costé du village, regardant en partie la region occidétale & septentrionale, (ou sont figurez les deux corps d'hostel qui sont par les costez en saillie, & forme de pauillon) ie faisois vne terrasse aussi large que tout le deuant du bastiment, à laquelle on eust monté auec quelque nombre de degrez de sept ou dix marches. La grande porte se trouuoit au milieu, comme il fault, estant accompagnée de colónes & pilastres, auec leurs ornements, ainsi que telle chose le requiert. Au dessous des pieds de stats des soubasses, & entre les piliers ie figurois les fenestres croisées, tout ainsi que vous les voyez à la figure cy-apres proposée, auec les talus, lesquels ie deliberois faire en terrasse. Les pauillons se monstrent plus haults, pour cacher les couuertures des logis, en ce qui sy voit estre faict auiourd'huy. Mais à present ledit chasteau est bien conduit d'autre sorte: & non sans iuste cause. Car tout ainsi qu'il estoit faict, ou plus tost commencé pour vn Cardinal & Euesque de Paris, auiourd'huy la maiesté de la Royne le faict paracheuer pour le Roy son fils, auec vne grande & magnifique excellence: estant ledit lieu appellé de la maiesté du Roy, la cassine de son chasteau du bois de Vincennes. La situation & assiette du bastiment a esté diuinement bien choisie, comme quelque fois, Dieu aydant, ie le descriray plus au long, pour faire mieux entendre la nature du lieu, & façon dudit bastiment. Ce temps pendant si vous en desirez voir le plan, vous aurez recours aux VII. fueillet de ce present œuure, & par là vous cognoistrez comme ledict sieur Cardinal auoit faict planter & commencer le lieu: lequel auiourd'huy se continue & acheue par la maiesté de la Royne mere, d'une façon bien autre & beaucoup plus riche & logeable, ainsi que nous auons dict, qu'il n'auoit esté encommencé & ordonné. Cependant vous entendrez par la figure prochaine cóme il fault accommoder les fenestres & ornements des murailles.

Pour accommoder fenestres, portes et ornements de murailles, par le moyen des ordres des colomnes.

Declaration bien ample de la figure suiuant le present discours.

Le chasteau de S. Maur se paracheuer plus magnifiquement qu'il n'auoit esté cómencé.

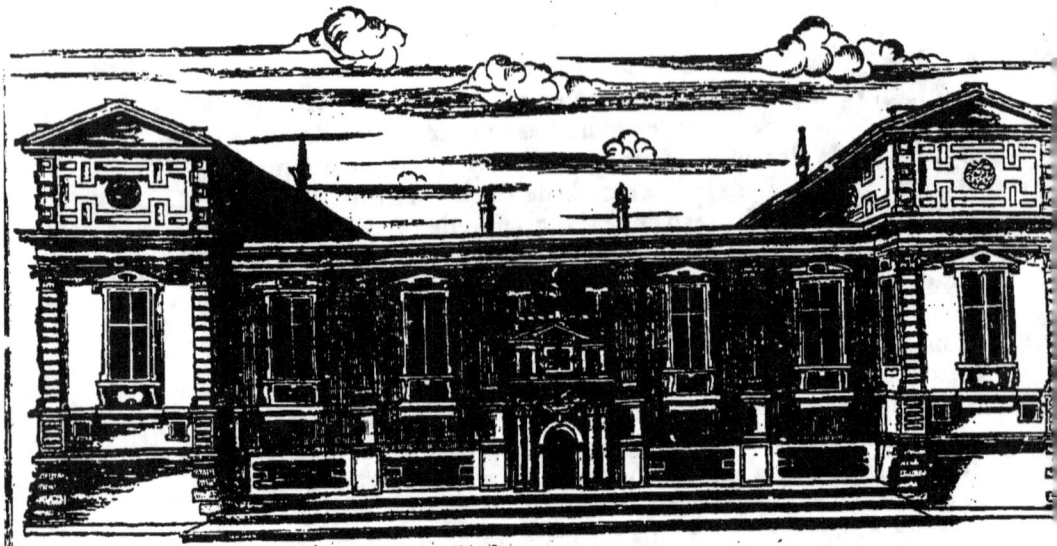

D'une autre sorte de faßade de baßiment, pour voir comme
les feneßres s'y peuuent appliquer. CHAP. XVI.

D'une façon
de baßimēt à
deux eßages,
& du man-
neau ordre que
plusieurs y tiē-
nent.

LEs faces du baßiment de S. Maur, lefquelles ie
vous propofois cy deuār, n'ont eßé faictes qu'en
efperance d'y faire vn eßage feulemēt : ainfi que
vous le pouuez cognoißre par les deßeings qui
vous en ont eßé donnez. Maintenant ie defirerois vous mōßrer vne façon de baßiment à deux
eßages, & fous vn ordre Corinthien, iaçoit qu'ils fe puiffent faire
auffi auecques tous ordres.. Qui eß pour monßrer le contraire
de ce qu'on faict ordinairemēt : c'eß qu'à la haulteur du premier
eßage lon met vn ordre Thufcan, ou Dorique : & au fecond, vn
Corinthien. Ce que ie ne veux reprendre ne defprifer, mais les
faces des logis auroient beaucoup plus de maießé, & plus d'apparence & beauté, fi au lieu des deux eßages, ou lon faict deux
ordres, comme le Dorique, & Ionique, vous n'en faifiez que vn,
voire de tel ordre de colomne que vous voudriez : ainfi que ie
le monßre à la figure defcrite cy-apres, ou ie fais feulement vn
ordre Corinthien contenant la haulteur de trois eßages, en y
comprenant les celiers, cuifines & offices qui peuuent eßre au

deſſous,ſans les chambres & logis des galetas. Ie voudrois monſtrer le premier eſtage, comme ſi c'eſtoit la haulteur des pieds de
ſtat,qui fuſſent en façon ruſtique & ainſi que rochers. Par deſſus
leſdicts pieds de ſtat, la haulteur des colomnes, ou piliers, auec
leurs baſſes & chapiteaux,eſt autant comme la haulteur de deux
eſtages, ainſi que vous le voyez aux deux feneſtres qui ſont croiſées l'une ſur l'autre. La haulteur de l'architraue,friſe, & corniche
ſert d'entablement & appuis pour les logis qu'on voudroit faire
aux galetas, ainſi que vous le voyez aux feneſtres quarrées qui
ſont au deſſus deſdictes corniches, qui ſeruent d'acroteres ou a-
mortiſſements ſur toute la face du logis, qui auroit bonne grace
eſtant ainſi. Vous voyez comme aux coſtez, entre les pieds de
ſtat, les feneſtres baſſes ſont erigées pour les cuiſines & offices,
auec la forme qu'il fault tenir pour ferrer leprs treillis quand ils
ſont ainſi bas. Leſdictes feneſtres baſſes doiuent touſiours eſtre
auſſi larges, comme les feneſtres croiſées qui ſont par deſſus,
aux deux eſtages, l'une ſur l'autre. Au coſté des feneſtres croiſées entre les piliers,vous pouuez faire des compartiments & ornements tels que vous les voyez en la prochaine figure. Au milieu de telle face vous voyez deux portes pour aller aux offices
ſeparément, qui voudra : & par les coſtez vne attente d'y faire
vn perron pour monter aux deux portes qui ſont au deſſus pour
aller aux ſales & chambres, leſquelles vous pouuez remarquer
au ſecond eſtage, & premiere croiſée. Il vous ſera libre de faire
vn eſchalier par le milieu, dedans le logis au droict des feneſtres
qui ſont en forme de portes rondes, & aller de fond en comble.
Vous pourrez accompagner tel logis de pauillons ſur les coings,
tout ainſi que vous en aurez affaire, ou bien vous conduirez voſtre logis de plus grande longueur, comme il vous plaira: eſtant
orné de meſmes ordres de colomnes & feneſtres. Ce que ie vous
monſtre icy à fin de cognoiſtre les faces des logis, & ordres des
feneſtres croiſées, & autres entre les ordres & ornements des co
lomnes. Toutesfois ie vous monſtreray cy-apres comme vous
pouuez orner voz maiſons ſans aucune contraincte d'y mettre
colomnes & piliers, pour ceux qui veulent faire mediocre &
petite deſpenſe.

Declaration de la figure cy apres deſcrite & propoſée.

Continuation de ce que deſ-ſus.

Approches pour le chapi-tre enſuiuant.

Y iiij

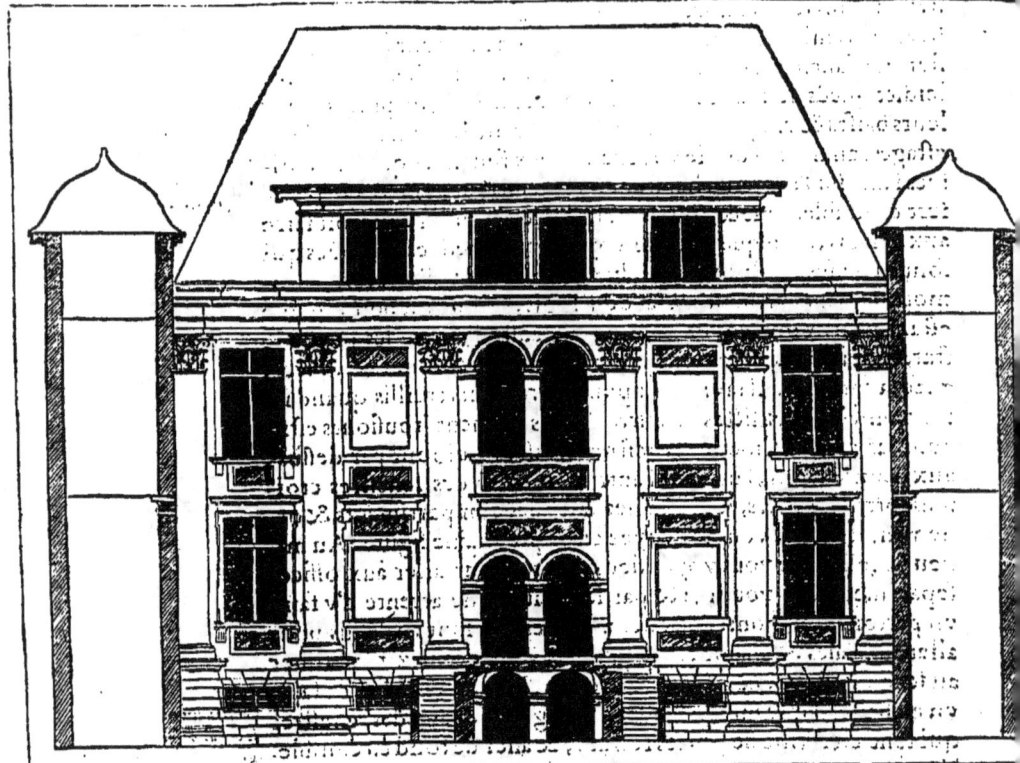

Autre face de maison monstrant, comme lon y peult appliquer
des fenestres & portes, sans aucunes colomnes, & piliers,
ou bien leurs corniches & ornemens.
CHAPITRE XVII.

L'auteur res-
pond & satis-
faist à l'opi-
nion & pen-
sement d'au-
cuns.

A Vcuns pourront peser apres auoir leu ce que i'ay escrit des faces des bastimens, pour monstrer la disposiriõ des fenestres, que ie les voudrois contraindre, ou bié assuiectir, de mettre des colomnes & piliers aux faces des maisons, ce que ie ne pretens aucunement : car tous ceux qui veulent faire petites despenses, n'ont besoin de si grande curiosité & enrichissement de face de maison, pour-autant que leurs facultez ne pourroient soustenir si grands frais : mais il est bien vray que ie voudrois, que la constitution & ordre des fenestres qui

doiuent eſtre plantées aux faces des logis, fuſt par telles proportions & meſures gardé, que ce que lon voit d'vn coſté, ſe peuſt
voir de l'autre, voire ſans colomnes ou piliers, qui ainſi le voudra, & le pouuez clairement voir en la prochaine figure ſuiuant:
en laquelle ie mets, au premier eſtage, des feneſtres croiſées ſim-
plement: & au ſecond ie monſtre comme vous pouuez faire entre leſdictes croiſées, des chaines de pierre, ſans forme de piliers,
chapiteaux, & autres: & encores mettre aux couuertures des feneſtres croiſées, ſi vous voulez, de la pierre de taille, en forme ru
ſtique, ou bien toute vnie, comme auſſi par les angles du baſtiment. Vous voyez auſſi qu'à l'entablement de tout le logis, ſur
lequel eſt plantée la charpenterie & les lucarnes, au lieu que aucuns y font des corniches, i'y ay faict des mutules en forme de
rouleau, pour decorer & faire môſtrer plus beau le logis. Ie vous
propoſe auſſi en ladicte figure des piliers quarrez, & de l'un à l'au
tre voutez, pour faire par le deſſous vne façon de periſtyle, & au
deſſus, vne galerie, le tout ſans forme de colomnes, ny moins de
pieds de ſtats, chapiteaux & corniches: pour ſeulemét monſtrer
comme le docte & expert Architecte peult faire vn baſtiment
de bonne grace, & ſans exceſſiue deſpenſe, lequel ſe monſtrera
autât bien faict que d'autres qui ſont beaucoup plus riches: ainſi que vous pouuez voir & iuger par la figure prochaine.

Explication de la figure enſuiuant & de ſes parties.

Le docte & expert Archi tecte, pouuoir auecques petis frais faire vn beau baſtimét

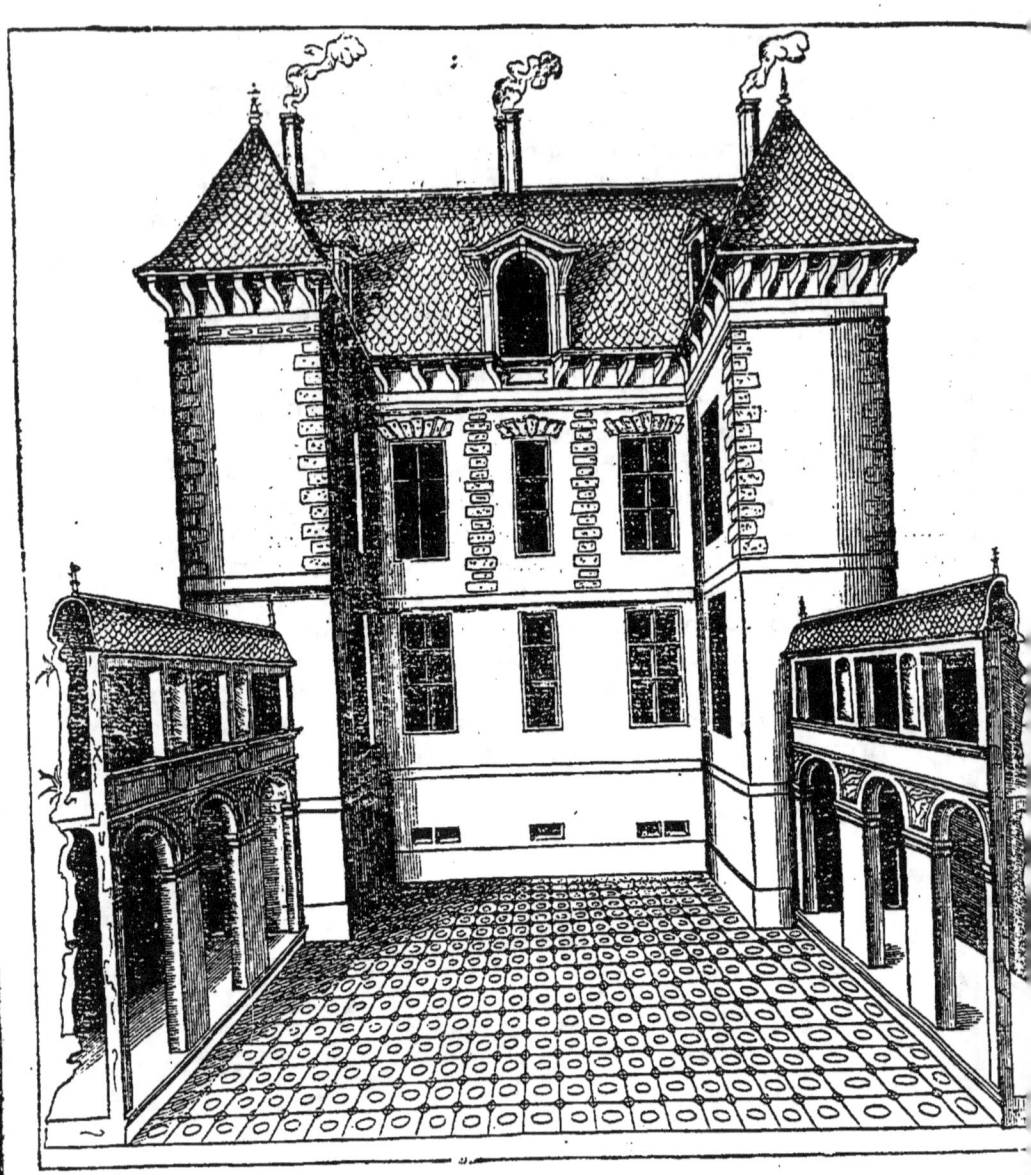

Puis que ie suis sur ce propos, i'acheueray de vous monstrer
l'autre face du logis precedent : laquelle est d'vn costé du iardin. *Declaration*
Doncques ie luy ay faict par le milieu vne forme de tour toute *de l'autre fa-*
ronde, de laquelle le premier estage sert de chappelle, accompa- *ce du logis pre-*
gnée d'une gallerie par le deuant, auecques des ouuertures & fe- *cedent.*
nestres d'autre sorte que les autres : car elles sont rondes, & n'ont
point la haulteur suyuant leur largeur : mais ie leur ay baillé ainsi
grande ouuerture de largeur, pour donner plus de plaisir à ladicte gallerie : laquelle toutesfois se trouue de bonne grace & gran
de beaulté, ainsi qu'elle est : mais beaucoup plus estant en œuure,
que par le desseing que vous en verrez cy-apres. Au second estage de ladicte tour, est vn cabinet tresfort, pour estre vouté de
pierre de taille dessus & dessous, & bien ferré. Aux costez sont
autres cabinets & terrasses : & par le derriere est le corps d'hostel
principal : estant le tout tant aux fenestres, que entablements & *Logis fort et*
lucarnes, faict (ainsi que vous voyez le desseing) de bien bonne *aisé apparte-*
matiere, auecques vne grande aisance, tant pour les caues, que *nant à l'au-*
autres lieux. Vous aduisant que le tout a esté faict comme pour *teur.*
moy, estant mon propre logis, tel que vous le voiez au precedent
& proche desseings.

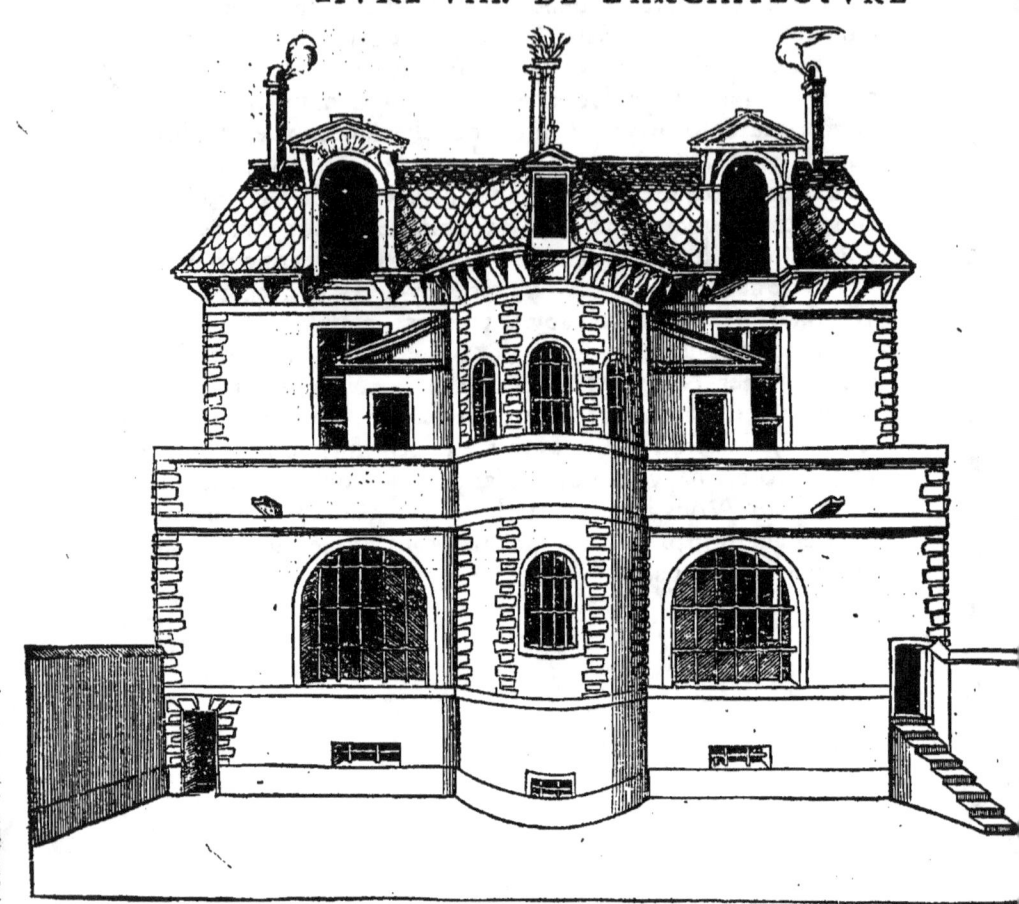

Situation &
lieu d'un logis
propre à l'au-
teur.

Iaçoit que toute la maison cy-deuant métionnée, ne foit encores accompagnée d'vn corps d'hoftel que i'auois deliberé faire
par le deuant fur la rue de la Cerifaye pres les Celeftins à Paris,
fi eft-ce que ie ne lairray devous mettre la face dudit corps de logis, que i'auois enuie d'y faire baftir, & l'euffe faict long temps a,
fi Dieu m'euft prefté mon treffouuerain prince & bon maiftre le
feu Roy Henry, de qui Dieu ait l'ame. Ie vous prefenteray donc
la face dudit corps d'hoftel, à fin que vous cognoiffiez mieux la
difpofition & ordre des portes & feneftres, comme auffi des en-
richiffemens qu'on leur peult donner, fans y faire grand ouurage ne grand ordre de colomnes, auec leurs ornemens. Eftant
fur

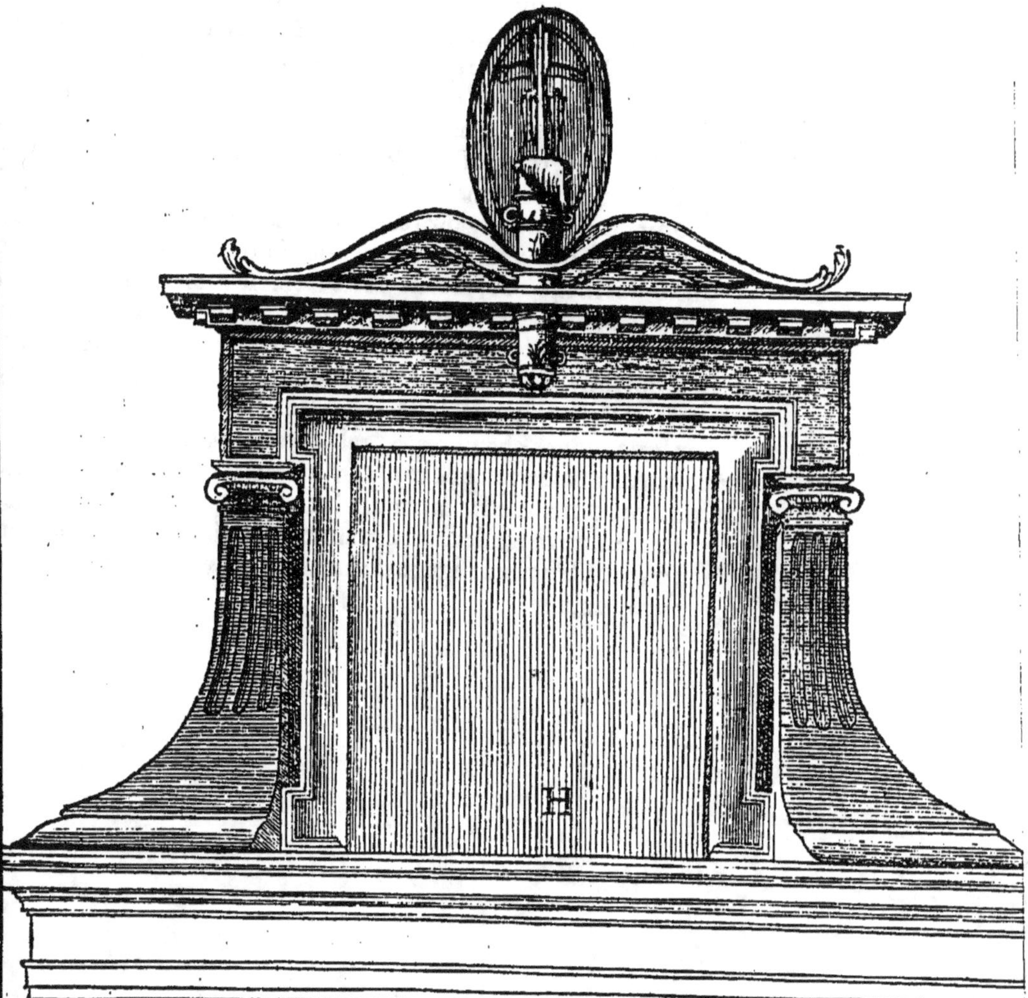

Autre sorte de lucarne ronde, ou bien faicte en arceau.
CHAPITRE XIX.

A Pres vous auoir figuré vne lucarne ayant sa couuerture quarrée ou droicte, ie vous en propose cy apres vne ronde par sa couuerture, laquelle il fault planter, comme i'ay dict cy deuant, au droit des fenestres qui sont au dessous, & de mesme largeur, si vous desirez que vostre œuure se

Z ij

monstre bien. Quant aux inuentions de ses ornements, cela gist

Les ornemēts des lucarnes deuoir estre suiuant la disposition de l'Ar chitecte.
à la disposition & ordonnance du cōducteur de l'œuure, qui les sçaura inuēter de bōne grace, sans que vous soyez contraincts de les faire d'vne sorte plᵉ que d'autre: pourueu que vous sachez biē dōner les mesures à la haulteur, suiuant sa largeur, vous n'y sçau-riez faillir. Sur tout il se fault souuenir de ce que vous auez veu cy-deuant pour les mesures des ouuertures des portes, & aussi sçauoir dōner vne largeur suffisante à la grosseur des pieds droits & piliers qui sont par les costez, pour soustenir la voulte de la lu-carne, corniche, & tympan. Ceste façon se monstre gaye & alle-gre, & les rouleaux qui sont par les deux costez & portent la cor niche, de bonne grace, auec la petite corniche & chapiteau Dori que, qui sont au dessous desdits rouleaux au lieu d'imposte. Quād vous aurez enuie de donner clarté au dedans des couuertures par le dessus des chambres & galetas, vous pourrez faire vne ou-

Pour la clarté du dedans des couuertures.
uerture au frontispice & tympan en forme ronde, ou autremēt, comme pourroit estre la prochaine: qui donnera bonne grace à voſtre œuure, & la decorera grandemēt: ainsi que vous le pour-rez cognoiſtre par la figure de lucarne qui vous est proposée en la page suiuante.

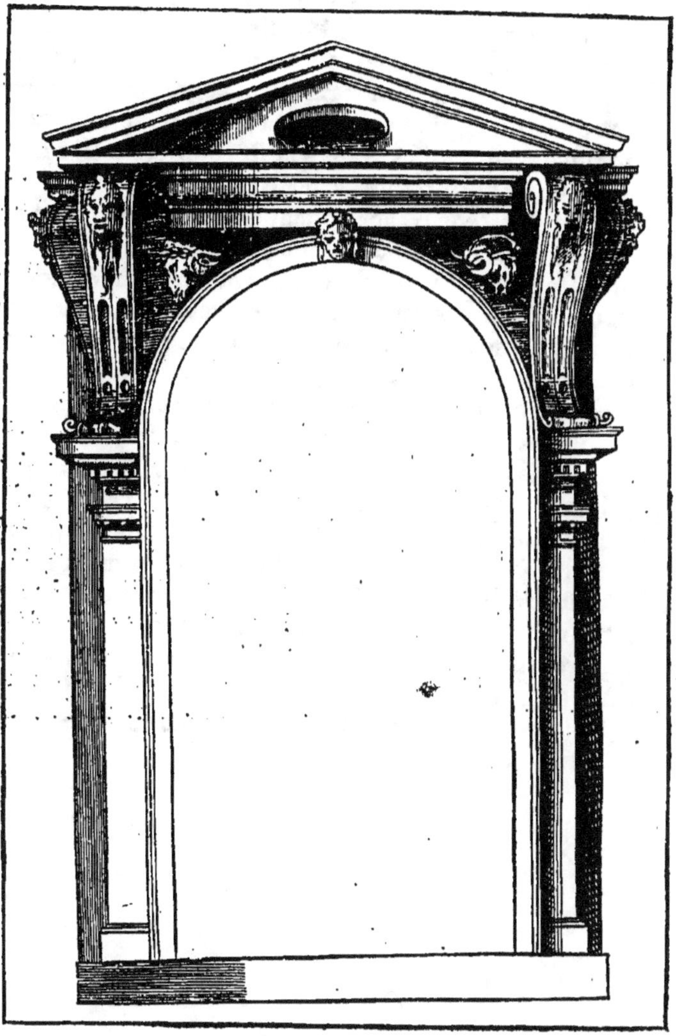

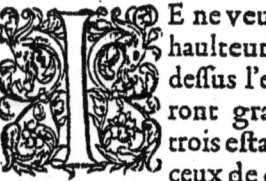

Singulier aduertiſſement ſur les façons des lucarnes.
CHAPITRE XX.

E ne veux oublier de vous aduertir, que ſelon la
haulteur des lucarnes que vous aurez à faire par
deſſus l'entablement, les differences ſe trouueront grandes, comme des logis qui n'ont que
trois eſtages, à ceux de quatre: & encores plus à
ceux de cinq. Car ſelon la haulteur que les lucar-

Z iij

La haulteur des lucarnes emporter differentes mesures. nes doiuent estre plantées, il y doit auoir difference de mesures: pour autant que celles qui sont dressées sur la haulteur de douze ou quinze toises, ne doiuét raisonnablemét auoir les mesmes mesures que celles qui sont sur l'entablement, qui n'a de haulteur que huict ou dix toises: mais il fault entendre telles mesures par les reigles de perspectiue. Voila qui faict cognoistre l'erreur de ceux qui mettent & appliquent des colomnes, auecques leurs ornements, aux lucarnes: lesquelles colomnes, estants petites, & posées loing de la veuë, se monstrent estre hors de toutes mesures, raison & proportion, iaçoit qu'elles y soient bien obseruées: mais la distance de la veuë faict qu'on ne les peult discerner, ny iustement examiner. Doncques il est expedient que à tous ornemëts de lucarnes, & autres qui se font au plus hault des edifices, lon ait bon iugement & experience, pour sçauoir cognoistre & donner les mesures qu'il leur fault. Qui est la cause que ie vous

Les ornemëts qui se font au plus hault des edifices, requevir bon iugement & expevience. ay faict cy-apres vne autre disposition de lucarne, pour sçauoir choisir celle qui vous plaira entre plusieurs, ou bië pour vous aduiser d'en inuenter à vostre plaisir. Si ie vous en voulois donner d'autant de sortes, que i'en ay faict mettre en œuure en diuers lieux, il sen pourroit faire vn assez gros liure, mais vous vous contenterez sil vous plaist, de ce que ie vous en propose & escry le plus briefuement que ie puis, pour satisfaire à nostre entreprinse, qui est de monstrer la methode de faire bastiments de toutes les sortes qu'on sçauroit desirer.

LE NEVFVIEME LIVRE

DE L'ARCHITECTVRE DE PHILIBERT
DE L'ORME LYONNOIS, CONSEILLER ET
Aulmofnier ordinaire du Roy, Abbé de
fainct Eloy lez Noyon, & de
S. Serge lez Angiers.

Prologue portant aduertiffement.

'Auois deliberé de donner fin à ce premier
Tome & volume d'Architecture, au huitieme liure precedent, apres y auoir adioufté
quelque chofe pour les cheminées & leurs
ornements, mais plufieurs de mes amis ne
l'ont trouué bon, & m'ont inftamment fo-
licité de faire encores vn neufuieme liure
pour la façon des cheminées, & de leurs
mateaux, ouuertures, tuyaux & ornements
tat interieurs, que exterieurs: fans y omettre la pratique de pouuoir tellement dreffer & conftruire les cheminées, que elles ne
foient fubiectes à rendre fumée dedans les maifons. Et oultre ce
de vouloir auffi monftrer les moiens & remedes d'en pouuoir ga
retir celles qui y font fubiectes: comme chofe fort defirée de plu
fieurs, ie ne diray pour l'vfage & aifance de leurs maifons, mais
auffi pour plus facilement les vendre ou louer, fi bon leur femble.
Voila le propos tenu, & inftance faicte par mes amis, à laquelle
ie n'ay peu, ne fceu refifter, quelque remonftrance que ie leur fif-
fe de la peine & fatigue que i'ay fouftenu l'efpace de fix ans con-
tinuels, & plus, tant pour l'inuention & protraicts des figures
du prefent œuure, que pour leurs demonftrations & explicatiôs:
laquelle peine & trauail d'efprit incroiable demande quelque

L'auteur con
fentir volon-
tiers au cöfeil
de fes amis do
ctes & de bö
iugement.

Aaa

repos. D'auantage ie leur proposois, que à la fin du septieme liure i'ay promis que apres auoir escrit au huitieme des portes, fenestres, lucarnes & cheminées, ie ferois fin à ce premier Tome & volume d'Architecture, comme ayant conduict noz bastiments, depuis les fondements iusques aux couuertures: desquelles, comme aussi de la charpenterie, pourautāt que i'auois faict imprimer deux liures, il y a enuiron six ans, sous vne nouuelle façon & inuention, ie ne deliberois icy parler, ny moins accompagner le present œuure des liures susdits, iusques à ce que ie les eusse reueuz, & augmentez d'vn liure & figures. N'ayant doncques peu faire condescendre à ma deliberatiō mes susdicts amis, ie me suis resoult de vous donner encores ce neufuieme liure, qui sera tout entierement employé tant pour la description, ordonnance & ornements des cheminées, que aussi pour leurs ouuertures & tuyaux: sans y omettre les ornements qui se voyent par dessus les couuertures. Estant le tout accompagné de plusieurs moïes pour garder que lesdictes cheminées n'incommodent les logis par fumées, molestes & deplaisantes aux habitants. Quoy faisant nous n'oublierons les causes & origine desdictes fumées, n'aussi plusieurs secrets, aides & remedes pour garantir de telles incommoditez les logis & cheminées ia basties, soient vieilles ou nouuelles: Pour laquelle chose, i'ay esté prié tant de fois, & en ay donné tant de moiens & remedes, que cela m'y fera plus trauailler que ie n'eusse faict, pour donner contentement à ceux qui en auront affaire. Vous aduisant que telle matiere est vn secret de plus grande excellence & necessité, qu'il ne semble: estant (pour les raisons proposées cy-deuant, & autres) plustost deu à vn bon philosophe qui cognoist les causes de nature, & est homme de grande experience, que à toutes autres personnes, pour les grandes difficultez de cognoistre ce que nature en cela peult faire: veu qu'en vn endroit elle opere d'vne sorte, & en vn autre, tout autrement. Parquoy celuy qui la cognoist ne peult faire que bien, car elle est tresbonne guyde de toutes choses & s'approprie partout, differemment ou commodément, ainsi qu'il vient à propos. Et notez ie vous prie, que si ce secret de nature est difficile, il est encores plus beau, excellent, necessaire & rare: car comme dit Ciceron, *Omnia præclara rara: nec quicquam difficilius, quàm reperire quod sit omni ex parte in suo genere perfectum.* C'est à dire, toutes choses excellentes sont rares, & n'y a rien plus difficile, que trouuer chose qui soit en son genre entierement parfaicte. Mais ce n'est assez de escrire secrets & remedes si l'on n'en donne l'interpretation & raison par experiéce, grāde & asseurée maistresse de tou-

tes chofes, toutes fciences & tous arts, ainfi que le fufdit Ciceron
le tefmoigne en telles parolles, *Nulla ars, literis fine interprete,*
& fine aliqua exercitatione, percipi poteſt : C'eſt à dire, nul art ne fe
peult comprendre par lettres, fans interprete, & fans quelque
exercitation & experience. Par ainfi auec les aduertiſſements &
enfeignements que ie vous puis efcrire, & efcriray cy-apres, il
vous eſt neceſſaire de les mettre en œuure & effeƈt, par frequen-
te exercitation & experience, à fin de cognoiſtre toutes les per-
feƈtions des œuures que vous entreprendrez. Qui eſt la cauſe que
i'efcry le plus facilement qu'il fe peult faire, & plus intelligible-
ment, ou, fi vous voulez, populairement, pour les ouuriers & artifants. Et pour autant que la matiere d'Architeƈture eſt de foy
affez empefchée & difficile, i'ay eſté côtrainƈt d'efcrire plus prolixement que breuement : ioinƈt auffi que breueté a commune-
mét pour compagne, obfcurité : parquoy difoit bien Horace, *bre-*
uis eſſe laboro, obſcurus fio : c'eſt à dire, quand ie me parforce d'eſtre
bref, ie deuiens obfcur & difficile. Ie adiouſteray de Quintilian,
que, *Prima virtus orationis eſt perſpicuitas :* la premiere vertu d'une
oraifon, harégue, ou difcours, eſt perfpicuité & facilité. Mais de
ce propos fera affez, à fin d'entrer en matiere pour ce neufuieme
& dernier liure.

Pourquoy c'eſt que l'au- teur eſcrit plꝰ toſt prolixe- mét, que bre- uemens.

Des cheminées pour les ſalles, châmbres & garderobbes en general.   CHAPITRE I.

Es cheminées des falles, châbres & garderobbes
fe font de diuers ornements, & diuerfes façons,
fuyuant la volunté & induſtrie des Architeƈtes,
ou maiſtres maçons qui les dreſſent & conduifent. Ie diray fans iaƈtance, que i'ay veu peu de
perfonnes qui les fceuſſent bien dreſſer, & accó-
pagner de leurs mefures, & cognoiſtre l'endroit ou il les fault af-
foir. De forte que vn chacun les met felon fa fantafie, & pour le
regard de l'affiette du liƈt. Car aucuns le defirent eſtre au coſté
droiƈt, (comme c'eſt le meilleur) les autres ne fen foucient. Quoy
qu'il en foit, il ne peult toufiours bien venir à propos de mettre
les liƈts du coſté droiƈt, & qui fy voudroit trop rendre fubieƈt, il
pourroit faire grande erreur & faulte, quand on viendroit à per-
fer les feneſtres, ou bien pour mettre les cheminées en lieu mal à
propos. Toutesfois ie trouue bon que les liƈts foiét du coſté droit
& quand ils ne le feront, on ne laiſſera de bien faire. Les premieres cheminées qui ont eſté faiƈtes en Fráce auec mefures & quel-

Peu de perſon- nes ſçauoir bien dreſſer et colloquer les cheminées.

ques raisons, ont esté celles que i'ay faict faire au chasteau de S.
Maur des fossez pres Paris: qui sera dit sans aucune iactãce. Vous
en verrez cy-apres vne semblable, seulemét par ses pieds droicts
& manteau, ainsi qu'on le nomme. Mais pour entrer en matiere, ie vous aduertiray tout premierement, qu'il fault prendre les
largeurs qu'on doit donner aux cheminées, suiuant la grandeur
des lieux ausquels on les veult mettre : & notez, sil vous plaist,
que pour vne salle il les fault tousiours eriger au milieu: i'entend

au milieu du pignon & muraille qui faict la separation des salles
& chãbres. Si vous estes contrainct de les mettre sur la longueur
de la salle par les costez, faictes qu'elles soient au milieu entre les
croisées, ou entre les portes sil s'y en trouue deux : pour-autant
qu'il n'y a rien si laid, ne si mal plaisant à voir quãd on entre dans
vne salle, que vne cheminée estant à costé ou pres d'vn angle, ou
bien d'une fenestre, ou sur vn costé plus hault que l'autre. Au con
traire il ne fault eriger les cheminées des chambres au milieu des
faces desdictes chãbres, mais bié les tirer plus à costé, pour dóner
espace & largeur suffisante à la place du lict, & de la chaire qui
doit estre aupres, & vne autre petite espace pour la ruelle. Telle

largeur doit estre cómunemét de neuf pieds pour le moins aux
chãbres moyennes, qui ont de vingt à vingtdeux pieds de large,
& dix pieds à celles de 24. Et encores ie voudrois que le costé ou
sont plantées les cheminées, fust plus large que l'autre, à fin d'y
pouuoir trouuer plus grãde aysance pour la place du lict, & che
minée: & aussi pour y planter vne porte, laquelle bien souuent se
trouue au costé pres de la cheminée. Par ainsi aux chambres qui
ont 24 pieds de large, le costé de la cheminée en aura vingtcinq.
Quant à celles qui ont vingt sept & trente pieds en tous sens, elles se trouuent tousiours fort belles estant toutes quarrées, c'est
à dire, autãt larges d'vn costé que d'autre. A telles & semblables,
on peult donner XII. pieds pour la place du lict, depuis le pied
droict de la cheminée iusques au coing de la chambre: mais telles mesures de cheminées & places de lict se doiuent faire selon
les lieux, & la situation des chambres, soit pour l'esté, ou pour
l'hyuer, & aussi selon la qualité du seigneur pour lequel on faict
le bastimét. Bref, il fault besongner selon les logis & qualitez de
ceux pour qui on les faict, soient pour Roys, Princes, ou autres

seigneurs : car aux licts des Roys & princes on met communement tout à l'entour, de petits baleustres, ou autres ornements en
façon d'appuy : qui sont de trois pieds de haulteur, & deux ou
trois autres loing du lict, à fin que lon n'en puisse approcher. Ce
qui doit estre à propos du ode qu'on met par dessus le lict Royal,

auquel on accommode quelquefois des feconds rideaux de toil-
le d'or,ou d'autre matiere,ainfi que leur maiefté le requiert.Mais
ce lieu n'eft à propos pour parler des mefures des chambres, &
dedans des logis, ny moins des meubles & ornements des falles
& chambres des Roys & grands feigneurs, veu que telle matiere eft affez fuffifante pour en faire vn liure à part, qui ne feroit
mal à propos : veu qu'on trouue peu de perfonnes qui fçachent
bien orner & decorer les logis des Roys & Princes, aufquels veritablement on met de fort beaux meubles, & autant riches qu'il
eft poffible d'excogiter, mais le plus fouuent tres-mal ordonnez.
Delaiffant donc ce propos nous parlerós des cheminées propres
pour les mediocres logis, qui ne font ne trop grands, ne trop petits: comme pourroit eftre celuy de fainct Mau des foffez (dont
nous auons fouuent parlé)auquel les falles fe trouuét auoir vingt
quatre pieds de large fur quarante de lógueur. Ie defirerois qu'en
tels logis l'ouuerture des cheminées ne fuft que de fix pieds, entre les pieds-droicts dans œuure: & de quatre & demy de haulteur iufques au manteau: & trois pour le plus de faillie, depuis le
contrecueur de la cheminée , iufques au deuant du pied droict.
Quãt aux cheminées qu'on voudroit faire au deuxieme, troifieme, & quatrieme eftages des logis, ainfi qu'on les faict en diuers
lieux, fi vous y eftes contraincts, vous mettrez la premiere dans
l'efpeffeur du mur, le plus auant que vous pourrez,à fin qu'elle ne
foit tant en faillie & hors du mur: & luy donnerez pour fa faillie
depuis le contrecueur iufques au deuant des pieds droicts , deux
pieds & demy: & à la deuxieme qui eft au deffus, deux pieds &
vn quart: puis à la troifieme, deux pieds . Telles mefures fe doiuent donner felon les logis, & grandeurs d'iceux.Pour faire bien
bonnes lefdictes cheminées, i'ay cogneu par experience qu'elles
veulent eftre auffi larges par le dehors des couuertures, comme
en-bas: de forte que fi elles ont fix pieds de large dans œuure par
en-bas, il fault qu'elles en ayent autant par en-hault: & ne fault
qu'elles fe reftroiffiffent par les coftez, mais bien que le tout foit
à plomb & perpendiculairement.Il fault auffi que la pête du dedans de la cheminée (laquelle aucuns appellent la hotte) cómen-
ce depuis le manteau de ladicte cheminée , iufques au droict de
fon plancher : & qu'en ce lieu, la largeur de l'ouuerture par ou
doit paffer la fumée, n'ait que de huict à neuf poulces, & que le
tout aille en eftroiffiffant , iufques au plus hault, n'aiant que de
cinq à fix poulces d'ouuerture, fur la largeur de fix pieds, ou
longueur de la fente de la cheminée. Le dedans fe doit conduire
le plus poliment, plus vniment, & droictemét que faire fe peult,

*Des chemi-
nées du deux-
ieme , troifie-
me et quatrie-
me eftages
d'vn logis.*

*Façon pour
rendre les che
minées bien
bonnes.*

Aaa iij

car quand il se trouue raboteux, ou mal droict, cela est souuent
cause de faire fumer dedans les logis. Ie vous ay figuré cy dessous
un manteau & pieds droicts de cheminée semblable à celuy qui
est aux salles du chasteau de S. Maur des fossez, & en verrez
d'autres cy apres.

Du dedans des cheminées pour les rendre bonnes.

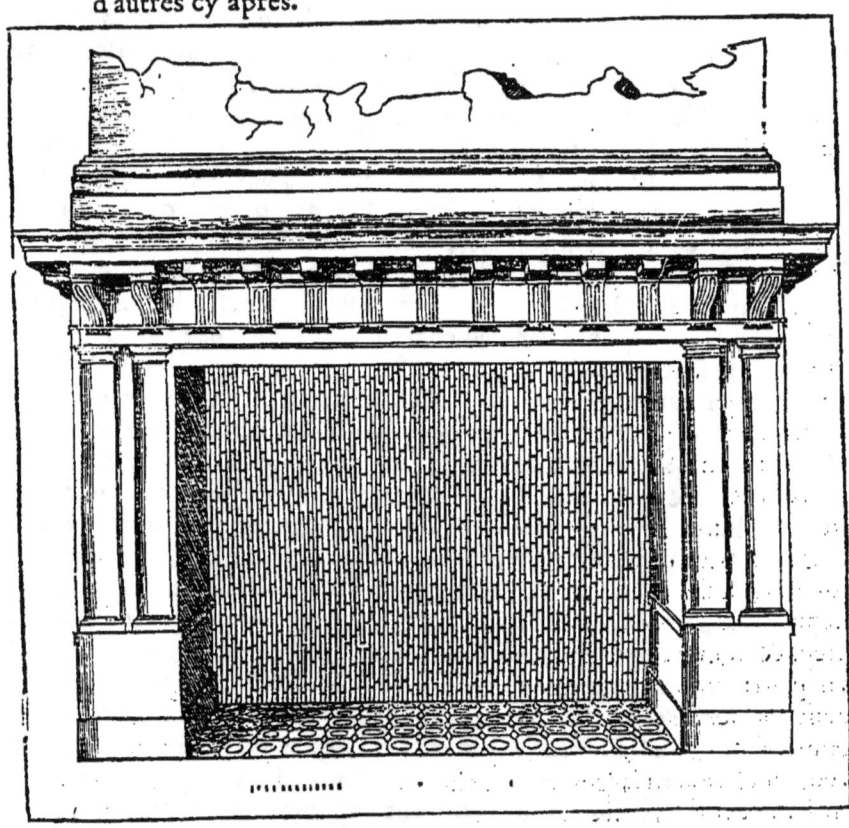

De certaines mesures des cheminées, tant pour leurs manteaux
corniches, frise, & architraue, que pour les pieds droicts.
CHAPITRE II.

IE vous ay parlé cy-deuant des largeurs, haulteurs
& ouuertures des cheminées, maintenant ie desire vous escrire plus particulierement des mesures & ornements d'icelles, & monstrer la difference qui se trouue, quand on y veult proceder
suiuant & imitant les ordres des colomnes. Car
vous pouuez faire vne cheminée Dorique, l'autre Ionique, &

ainſi conſequemmét des autres ordres ſelon voſtre volunté: non
pas qu'il ſoit de beſoing d'y obſeruer les meſures & proportions
des ordres des colomnes,& telles que vous les auez veuës par cy-
deuant,car il y a grande differéce entre ce qui eſt dehors & à de-
couuert ayant grande haulteur & largeur, auecques ce qui eſt au
dedans,& ſe voit de pres, en petite eſpace,dont la veuë peult mieux iuger & diſcerner les meſures qui y ſont. Pource eſt-il qu'on
doit faire les ornements des cheminées plus delicats , & les œuures plus proprement taillées,& bien faictes.Par ainſi il fault que
les largeurs & ouuertures des cheminées ſoient bié proportionnées ſelon la grandeur de la chambre ou ſalle ou vous les appli- *Les ouuertures des chemi-
nées deuoir
eſtre propor-
tionnées à la
grandeur des
chambres.*
querez.Comme, par exemple, pourroit eſtre vne cheminée laquelle ie vous figure cy apres pour vne ſalle, ou bié pour vne gallerie : laquelle ie ſuppoſe auoir ſix pieds de large entre les pieds
droicts,& quatre pieds , dix poulces de haulteur,& cinq piedz
pour le plus depuis l'aire iuſques au deſſous du manteau, qui eſt
ſix pieds de largeur, ſur cinq de haulteur pour l'ouuerture. Vous
donnerez pour la largeur du pied droict, ou architraue du deuát
de la cheminée vne ſeptieme partie de la haulteur,& autant pour
la haulteur de la friſe: la haulteur de la corniche, ſera vne ſixieme
partie de la largeur de la cheminée , qui eſt vn pied : la largeur
du modelon ou rouleau qui eſt au deſſous de la corniche, ſera
vn pied:mais au deſſous ſur ſa baſſe il ſera autant large que l'architraue,& ainſi adoucy & cánelé, comme vous le voyez en la figu- *D'autres meſures de che-
minées, & de
leurs ornemés*
re cy apres propoſée.Telle ſorte de meſure ſe trouuera belle,ain-
ſi que vous le pourrez iuger.Quant aux cheminées qui n'ont que
quatre pieds & demy de haulteur depuis l'aire iuſques au manteau,vous leur donnerez vn pied pour le front & largeur du pied
droit: ou bien ſi elles ont cinq pieds de haulteur, vous mettrez
leſdicts cinq pieds en quatre parties , & en donnerez vne d'icelles, qui ſont quinze poulces, à la largeur dudit pied droit de che-
minée.Puis de telle largeur vous en prendrez la moitié, qui ſont
ſept pouces & demy, pour faire la largeur de l'architraue & mou
lure qui tourne à l'entour de l'ouuerture de la cheminée. Suiuant
ledit architraue, vous trouuerez la haulteur de la friſe , qui a vne
ſixieme partie de haulteur, plus que luy , & là vous ferez la haulteur de ſa corniche autant que eſt ladicte friſe.Qui voudroit tout *Vouloir ſpecifier particu-
lierement tou
tes meſures et
ornements des
cheminées,
eſtre choſe fort
longue.*
ſpecifier,& deſcrire particulierement toutes les meſures & ornements des cheminées, & y faire diſtinction des ordres Doriques,Ioniques,& autres, tant pour celles des ſalles & chambres,
que des cabinets, galleries & gárderobbes, ſeroit choſe bien fort
longue,& ſuffiſante pour en faire vn liure à part. Toutesfois oul-

tre ce que ie vous en efcriray en ce neufuième liure, ie vous en
donneray auffi d'autres fortes & plus particulieres, en noftre fecond Tome d'Architecture, lefquelles nous retirerons & trou-
uerons apres les belles proportions diuines, dont ie vous ay fouuent parlé. Ce temps pendant vous pourrez vous ayder de la figure cy deſſous propoſée.

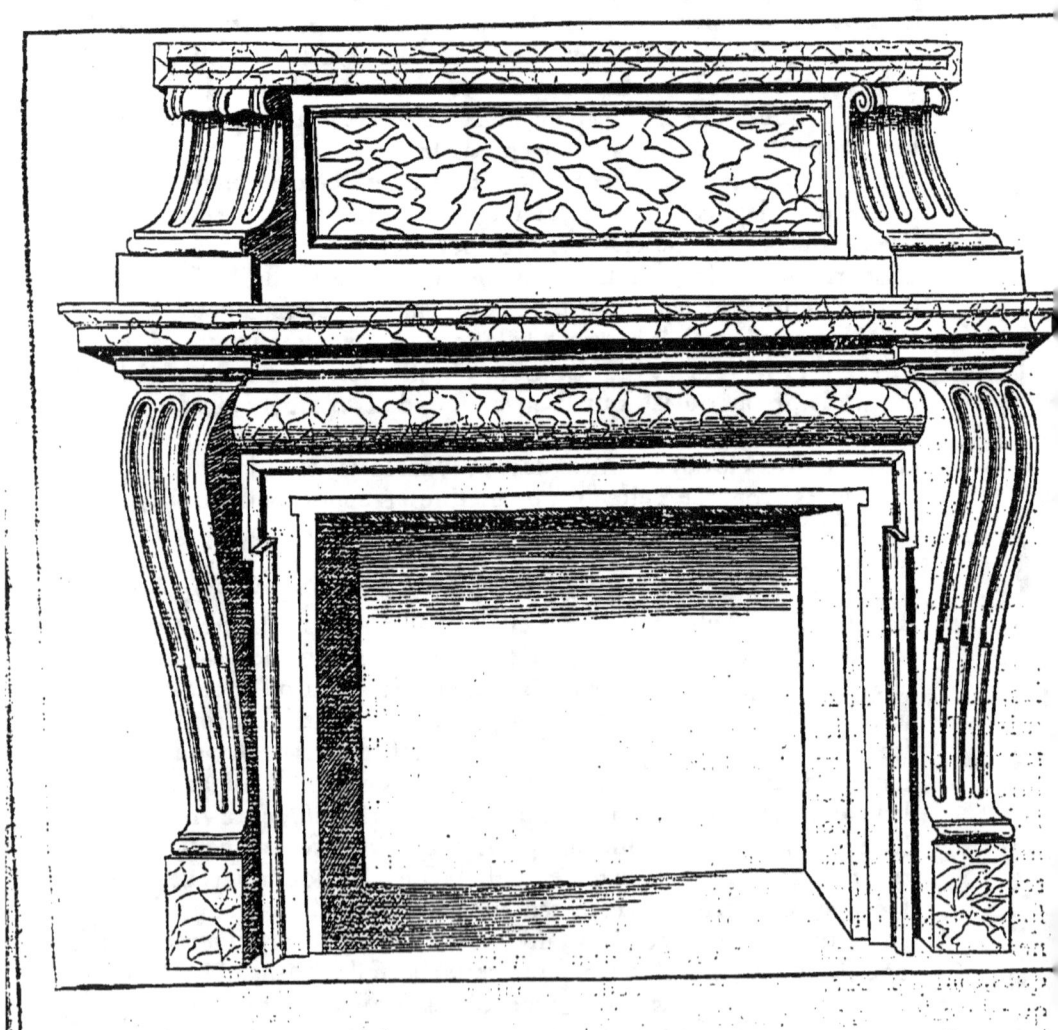

D'vn ornement de cheminée qu'on pourroit faire en vne grande
falle Royale, où autre de quelque grand Prince &
Seigneur. CHAPITRE III.

Epuis quelque temps la couſtume eſt venue, que
non ſeulement les Maieſtez, Princes & grãds ſeigneurs deſirent auoir fort riches les ornements
des cheminées qui ſont en leurs ſalles & chambres, mais auſſi pluſieurs autres voulans contrefaire les Roys & Princes par repreſentation &
imitation de ce quils voyent eſtre beau en leurs chaſteaux & palays, de ſorte qu'ils ſeſtudient d'auoir le ſemblable, ie ne diray en
richeſſe de taille, de ſculpture, & autres ouurages, mais auſſi d'in-
cruſtation de marbre. En quoy veritablement il me ſemble qu'ils
ſoublient, comme en aſſez d'autres choſes, leſquelles ils ſont oultre leurs qualitez, ſans ſe bien cognoiſtre ny meſurer: dont il leur
en préd mal le plus ſouuent. Toutesfois pour cela ie ne lairray de
mettre cy apres l'ornement d'une cheminée, ſoit pour vne grande ſalle ou chambre, eſtant aſſez ayſé à faire, & tant richement
qu'il vous plaira: en tous les pieds droicts, & mãteau, iuſques aux
friſes & corniches de marbre : voire le quadre qui eſt derriere la
figure ouale, & le reſte de quelque belle pierre, ainſi qu'on voudra: ou bien de marbre blanc, auecques ſculpture pour les belles
figures, & petits enfants, fruicts, fueillages, & autres ornements
que vous pouuez faire en ce beau compartiment que vous voyez
cy apres: eſtant faict de telle ſorte qu'il vous eſt facile d'y trouuer
trois façons d'ornements de cheminées differentes les vnes des
autres, pour les faire ſeparément quand vous vouldrez, & encores les faire plus riches, ou moins, que ceſte cy : comme d'eſtuc,
ou pierre du pays auquel vous ſerez, pour ceux qui n'auront la
commodité de le faire de marbre. Doncques vous obſeruerez &
conſidererez la belle ſtructure & inuention de la prochaine cheminée.

Pluſieurs vou-
loir imiter, à
leur domma-
ge, les ſingu-
laritez des
maiſons des
Roys & prin-
ces.

Pour faire che-
minées plus
riches, ou
moins.

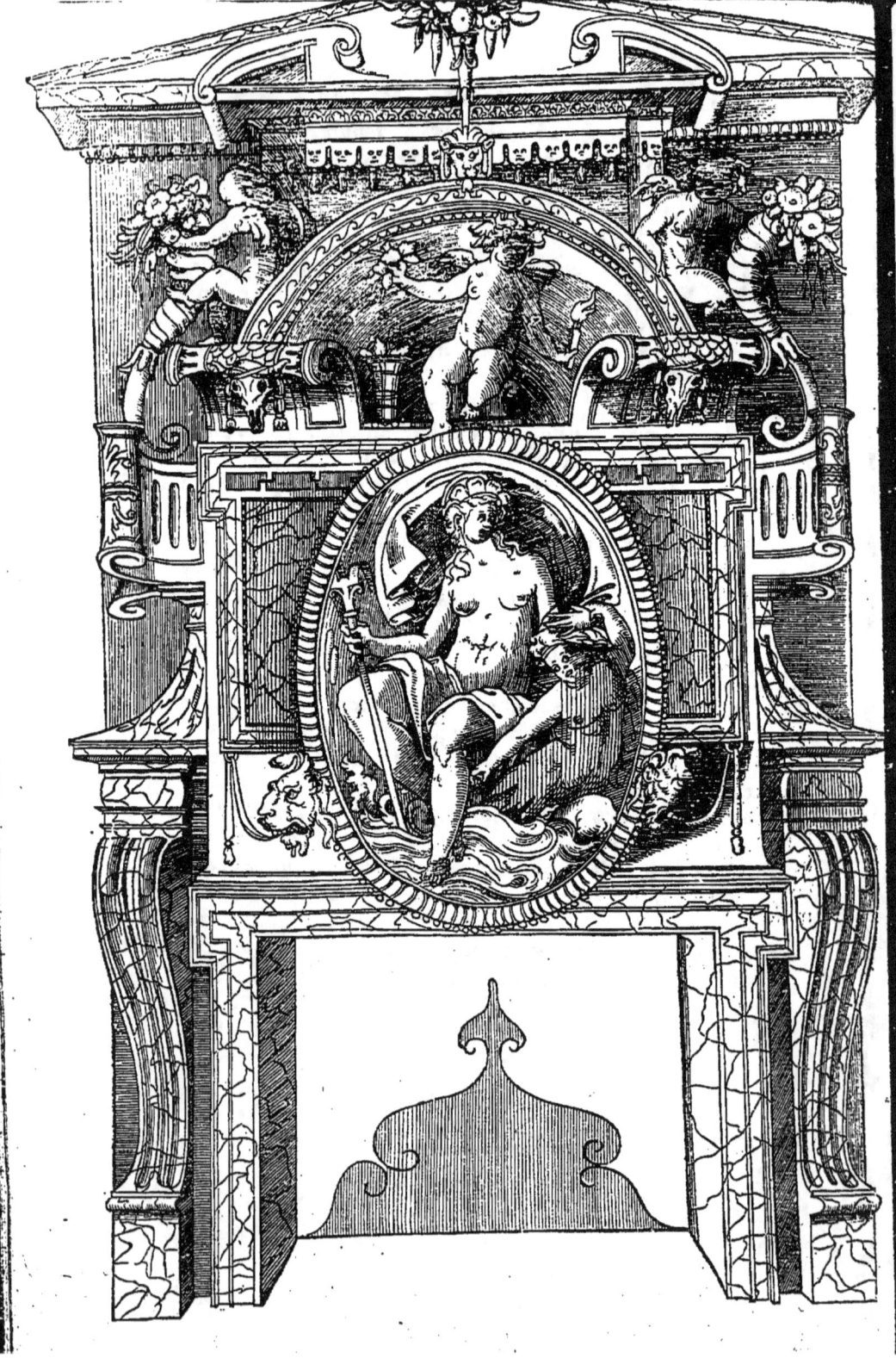

Des cheminées pour les chambres, en particulier & par le menu. CHAPITRE IIII.

Es cheminées des chambres qui ont vingtquatre pieds en quarré ne doiuét auoir que cinq pieds& demy dãs œuure pour la largeur d'entre les pieds droiĉts, & quatre pieds de haulteur, iusques au mãteau d'icelles, & deux pieds & demy de saillie depuis le côtrecueur, iusques au deuãt des pieds droiĉts dedãs œuure : montant tousiours perpédiculairemét iusques au plus hault des tuyaux des cheminées, côme nous auõs dit par cydeuant. Il fault que la péte du dedãs des cheminées, depuis le manteau iusques au droit du premier plãcher, soit dresiée ainsi que nous auons nagueres enseigné. Quant aux ornements desdiĉtes cheminées, le tout gist à la volunté & ordonnance de celuy qui a la conduiĉte du bastiment, & du seigneur aussi, pour les deuises & enrichissements. Mais sur tout il fault que le conduĉteur sçache bien donner les proportions aux corniches, moulures & autres parties, pour estre chose d'importance, ie dy plus grande, qu'il ne semble: car l'ornement peult estre tel, qu'il ayde à retenir la fumée dans les chambres : & quelquefois, au contraire. Ie suis tousiours d'aduis que le deuant de la cheminée dedans la salle, chambre & autres lieux, soit tousiours à plomb & perpendicule auec les pieds droiĉts, & non point renuersé & en pente, suiuant la hotte, comme aucuns ont faiĉt. Vous le conduirez dõc ainsi que vous le pouuez voir en la figure cyapres proposée, auecques le plan des moulures des pieds droiĉts, au lieu ou i'ay esquiché grossement le tout, pour faire cognoistre comme lon doit faire les moulures à tailler les pierres, & figuré seulement la frise, corniche, & le dessus, ainsi que vous le pouuez cognoistre par la figure, sans en faire plus long discours, sinon que vous y vouluissiez faire la despence, ou que ce fust pour les grands seigneurs, qui eussent le vouloir de mettre force ornements depuis la corniche du manteau de la cheminée, iusques au plancher, ainsi que vous en verrez apres ce chapitre quelque desseing & figure.

Mesure des cheminées pour chãbres.

Des deuises, & enrichissemẽts des cheminées.

Description de la figure cy apres proposée.

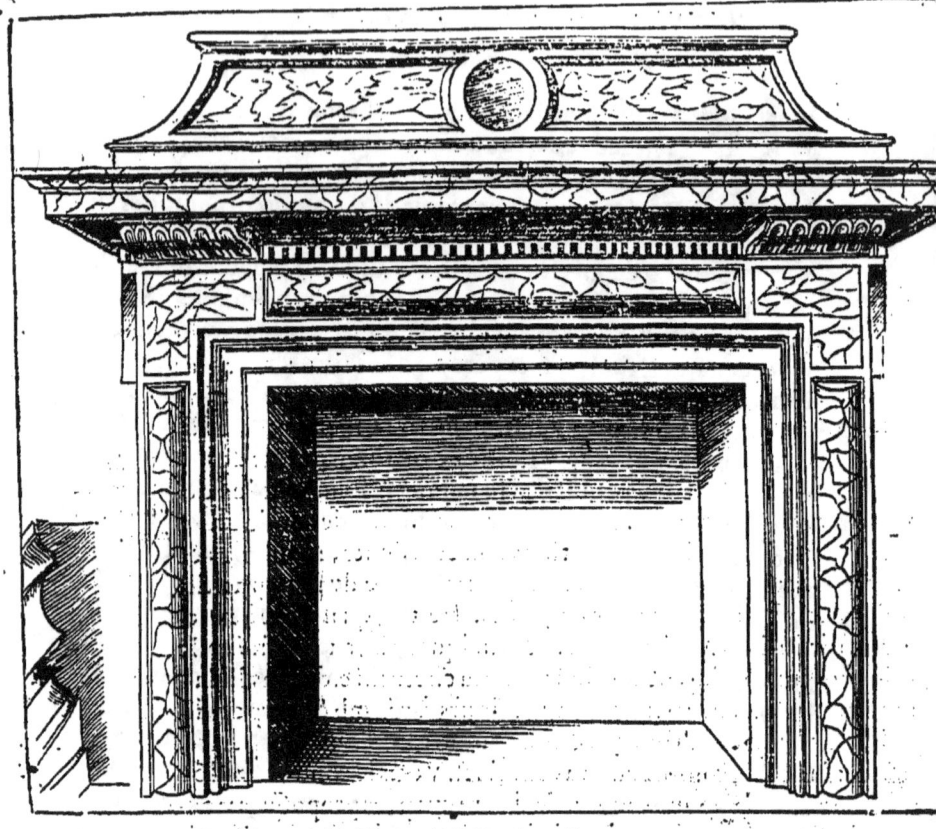

Des ornements des cheminées, lesquels on peult faire depuis le dessus de la corniche des manteaux iusques aux planchers. CHAPITRE V.

Ombien que i'aye dit qu'il n'est permis à vn chacun de imiter les Roys & grands seigneurs, pour faire semblables ornements & richesses en leurs bastiments (comme aucuns le font, sans se sçauoir mesurer) si est-ce que ie ne veux pour cela faillir de monstrer quelque bel ornement pour decorer & enrichir les cheminées depuis leur manteau iusques au plus hault pres du plancher, pour les châbres des Roys, Princes & grâds seigneurs, qui meritent choses de plaisir, & de grande magnificence, soit en tableaux, peincture, basse taille de marbre, ou autre, auec quelque ornement tout à l'entour, riche &

Ornement de cheminée pour les Roys, Princes, & grâs seigneurs

beau

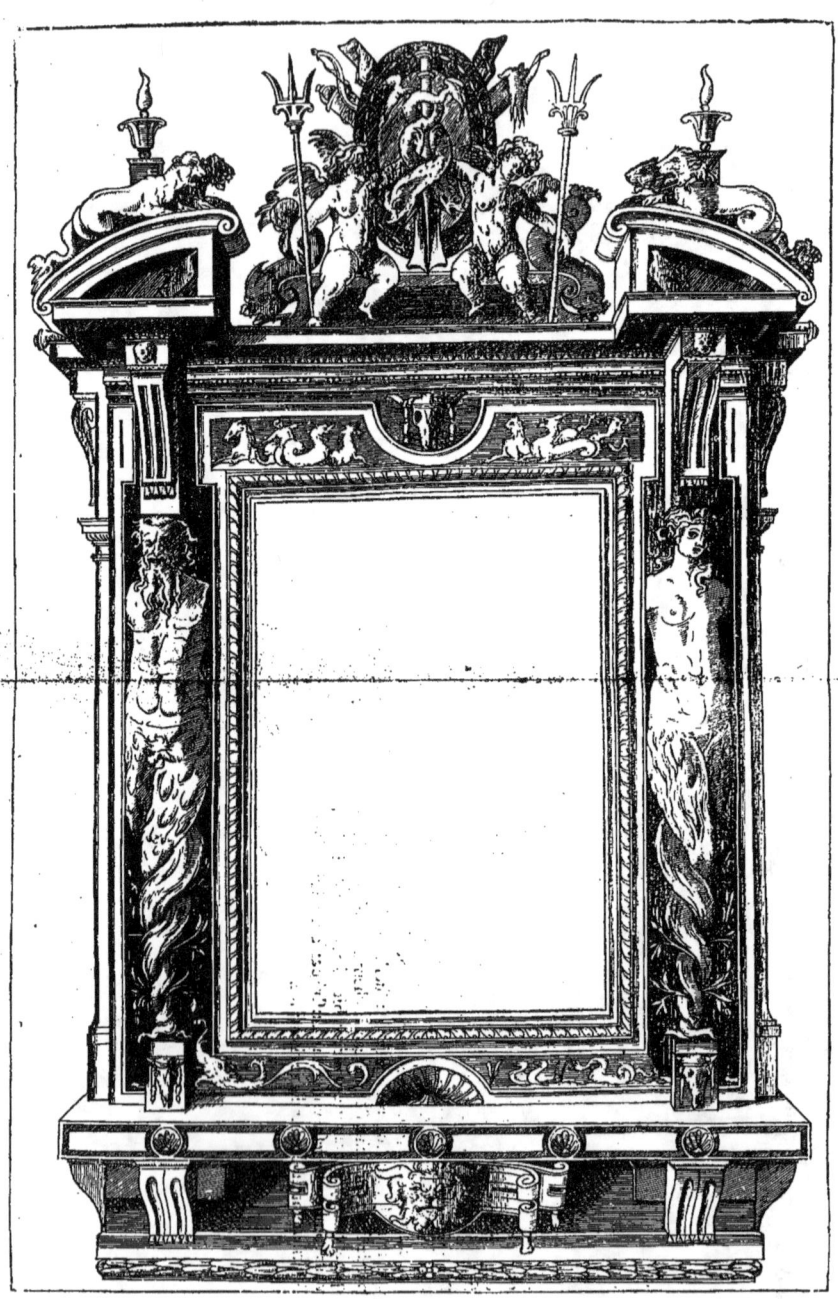

beau pour accompagner l'excellence du tableau, ou histoire qui
doit estre bien faicte. Oultre la bordure que vous y voyez au des- *Explication*
seing cy-apres proposé, ie figure vn ornement de termes(au lieu *des parties de*
de colomnes) masculins & femenins, & au costé de la cheminée *la figure pro-*
sous mesmes proportions desdicts termes, ie figure des piliers & *chaine.*
chapiteaux de l'ordre Dorique, ainsi que vous le pouuez voir par
le pourfil de l'ornemét. Toutefois quãd vous desirerez mieux accompagner l'ornemét, & le faire plus riche, au lieu desdicts pilliers & chapiteaux Doriques, vous pourrez mettre des termes,
aussi bien par les costez, comme par le deuant: car vostre œuure
sen monstrera beaucoup plus riche. Et quand vous n'y voudrez *Continuation*
faire figures de termes ou satyres, vous y pourrez mettre des co- *de ce que des-*
lomnes de tel ordre que vous desirerez, qui porteront des mutu- *sus.*
les ou rouleaux, ainsi qu'en la figure cy apres proposée: laquelle,
oultre ce que dict est, vous represente aussi au dessus des corniches, quelques petits enfans & animaux, estãt le tout faict à plaisir, & pour monstrer seulement l'inuentió des ouurages qu'on y
peult faire, selon les deuises & volunté du seigneur, & aussi de
l'Architecte. Le dessous du quarré (au lieu ou se voit la masque)
peult seruir de frise, corniche & manteau de cheminee, ou bien
appliquer le tout (comme le festó des fueilles qui est au dessous)
par dessus la corniche, & manteau de cheminee, tel que celuy est
que ie vous ay figure cy-deuant, ou bien d'autre sorte, ainsi que
vous voudrez. Le reste vous sera monstré par la prochaine figure,
& ornement du deuant d'une cheminee.

Bbb

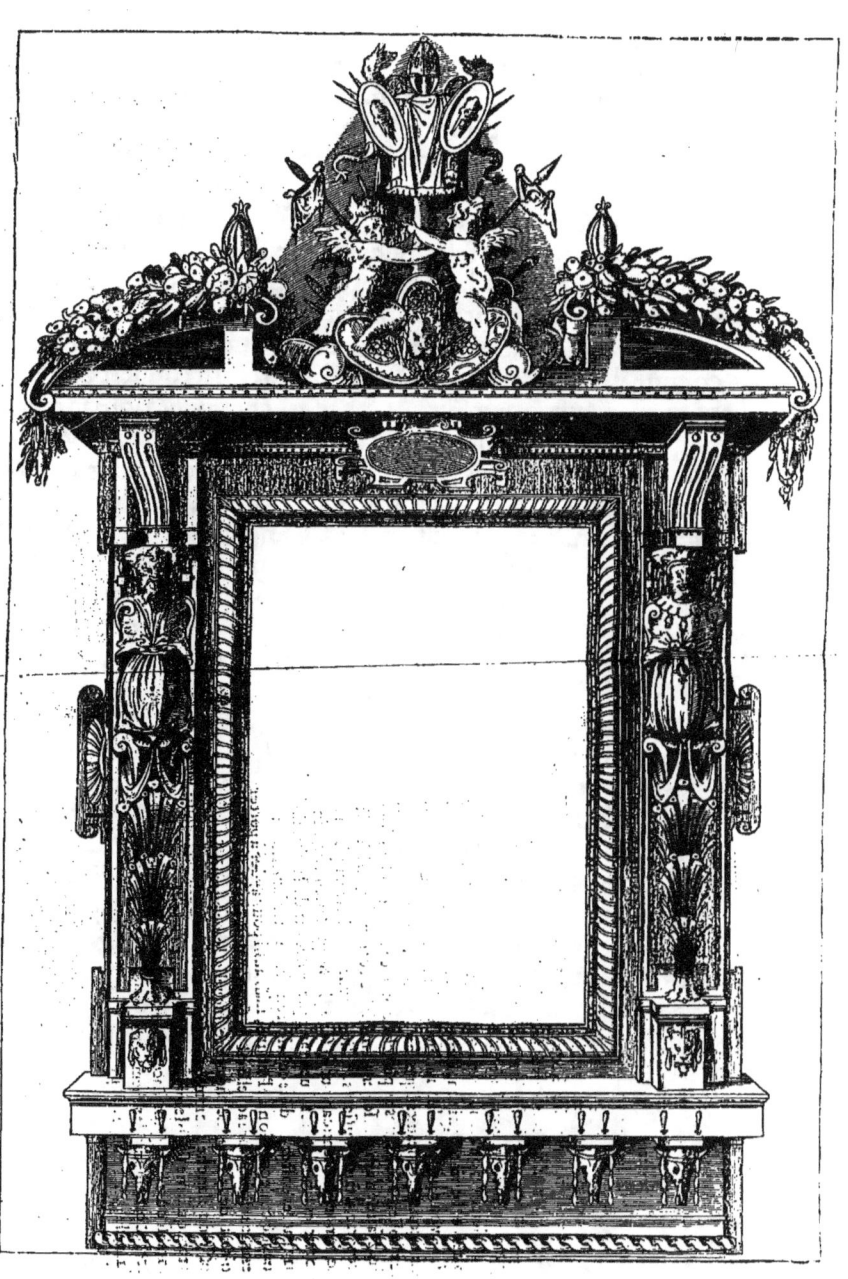

Ie vous aduertiray que l'inuention & l'ornement de la cheminée que ie vous ay donné cy-deuant, eſt propre pour eſtre auſ-
fi appliqué à pluſieurs autres choſes, que parements & ornemēts
des cheminées des ſalles, & chambres, comme à faire les ornements d'vn grand tableau qu'on met aux galeries, ou bien à faire
quelque ornement d'vn grand miroir, faire compartiments &
ornements des menuyſeries, ou bien pour feneſtres d'vn cabinet,
ſoit le tout pour eſtre faiĉt de marbre, d'eſtuc, de boys, voire d'argent & orfeuerie. Par telle inuétion il ſen peult trouuer pluſieurs
autres: pour le moins la figure precedente, & encores l'autre que
ie vous propoſe cy-apres, ſeruiront pour aduiſer l'Architeĉte, d'y
adiouſter, ou diminuer, ou bien dōner quelque autre inuentiō,
comme il en aura volunté, & que ſon bō eſprit l'aduertira. Doncques quant aux ornements & faces des cheminées, qu'on doit ap
pliquer depuis le deſſus du manteau, iuſques à la corniche qui eſt
pres le plancher, vous les ferez ainſi qu'ils ſont en la figure cy-apres deſcrite: ou bien, ſi vous voulez, vous oſterez tous les trophées & banieres qui font l'amortiſſement, aux lieux marquez
F, G, voire iuſques à la corniche qui eſt portée ſur les modelons,
en façon de rouleaux: laquelle vous pourrez faire ſeruir à porter
les ſablieres & ſoliues du plancher. Si eſt ce que quand vous voudrez faire vn amortiſſement ſemblable à ceſtuy cy, ou bien d'autre ſorte, il fault touſiours appliquer vne corniche au plus hault
de l'amortiſſement: car tout en ſera plus beau & meilleur, à fin de
porter les ſablieres & ſoliues, tant par le deuant de la cheminée
que par les coſtez. Ladiĉte corniche ne ſeruira ſeulement pour la
beaulté & decoration de l'œuure, mais auſſi pour ayder à porter
l'encheueſtrure, ſur laquelle eſt le foyer, (ainſi que aucuns l'appellent) de la ſeconde cheminée, laquelle lon pourroit faire au
deſſus du plancher, comme pour ſeruir à vn ſecōd eſtage. Et pour
autant qu'il me ſemble que cecy ſuffira pour l'intelligēce du preſent diſcours & cognoiſſance du deſſeing cy apres figuré pour les
faces & ornements des cheminées, vous me permettrez ſil vous
plaiſt, de paſſer oultre, & parler des cheminées pour les garderobbes.

Vne inuentiō en amenoir et faire trouuer pluſieurs au-tres.

De foyer & cheminée du ſecond eſtage du logis.

Bbb ij

Des cheminées pour les garderobbes.   CHAP. VI.

*Les chemi-
nées des gar-
derobbes ne
deuoir estre
trop grandes.*

Q Vant aux cheminées qu'on doit faire pour les gar
derobbes, elles ne doiuent estre fort grãdes: parquoy il suffist qu'elles ayent quatre pieds & demy de largeur, ou quatre pieds neuf pouces pour
le plus, & trois pieds & demy de haulteur iufques à leur manteau, & deux pieds vn quart de
saillie pour les pieds droicts: qui doiuent tousiours estre à plomb
iusques au plus hault des cheminées, ainsi qu'il a esté dit: puis faire la hotte de mesme, & en pente iusques au droit des planchers.
Mais il fault que par le dedans de la garderobbe tout le deuãt de
la cheminée soit tousiours à plomb, & perpendiculairement: &
autant en saillie, comme sont les iambages, & pieds droicts de la
cheminée. Vous voiez en la figure cy-dessous proposée les pieds
droicts, manteau, frises & corniches, figurez comme s'ils estoient de marbre, auec fort petites & legeres moulures: & au dessus
des corniches, quand c'est pour Roys & grands seigneurs: si vous
voulez appliquer telles cheminées aux cabinets, vous les ferez de
pareil ornement, & autant riches qu'il vous plaira. Et de ce vous
vous côtenterez pour le present, iusques à quelque autrefois que
i'auray meilleur loisir, & vous pourray donner plusieurs autres
sortes, & façons: comme celles que i'ay faict faire pour les Maie-
stez, & aussi au chasteau d'Annet.

*Declaration
de la figure
suiuante.*

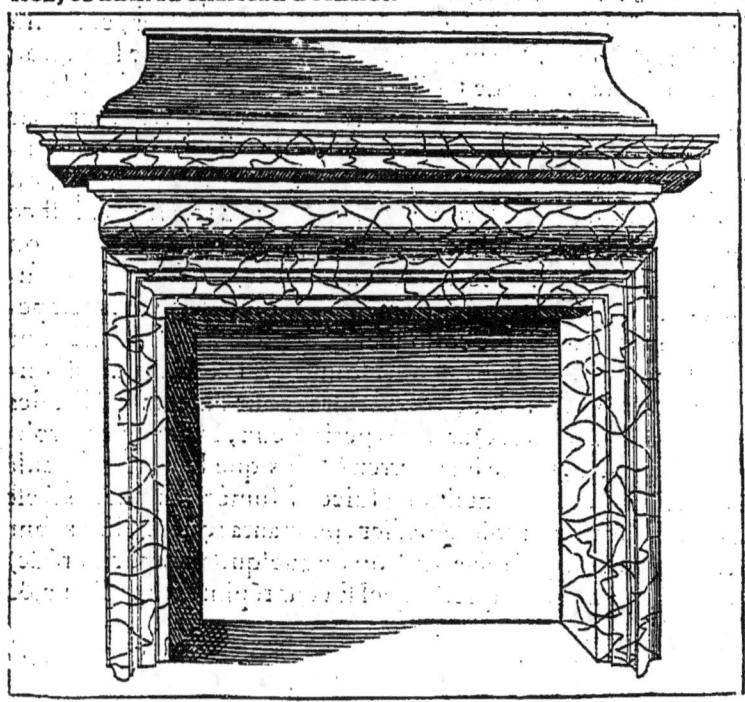

Apres que ie vous ay suffisamment aduertis des ornements
& façons des cheminées pour les salles, chambres, & garderobbes, (qui se peuuent aussi appliquer aux cabinets) il reste maintenant parler des fumées faictes & causées par plusieurs cheminées
au dedãs des logis, & du moyen de sen sçauoir preseruer. Qui est
chose requise de plusieurs, pour auoir l'usage & aisance de leurs
maisons, & aussi pour les rendre plus agreables à ceux qui les vou
droient louer, ou achater.

Approches
pour le chapi-
tre suiuant.

Singuliers moiens pour empescher que les cheminées ne rendent fumée dedans les maisons. CHAP. VII.

Pour empes-
cher les che-
minées de fu-
mer dedans le
logis.

I'Ay experimenté vne chose estre fort bõne pour
garder qu'il ne fume en vne salle, ou chambre,
c'est de mettre les cheminées dedans le mur tant
auant que faire se peult. Qui est aussi chose fort à
propos, pour faire que les cheminées ne donnẽt
empeschement dans les salles. Ie trouue d'auan-
tage qu'en faisant bas les mãteaux des cheminées, cela sert qu'elles ne soient suiettes à fumée, & que le visage ne soit offensé en
se chauffant. Oultre ce elles rendent ainsi plus de chaleur dans le
logis, pour auoir les pieds droicts aussi auãcez que le mãteau: les
quels ie desirerois estre quarrez par le deuãt, & faicts perpẽdicu-
lairemẽt & à plõb, iusqu'au dessous de leurs corniches, cõme il a
esté dit cy-deuant. Aucuns le font au cõtraire, c'est que le mãteau
de la cheminée a plus de saillie, que non pas les pieds droicts, en
façon d'vn rouleau, comme vous le pouuez auoir veu figuré par
les costez de l'ornement de la cheminée de salle cy-deuãt proposée. Mais cela ne se doit faire sinon quand il y a contrainete, ou
qu'on veult gaigner place n'estant le lieu assez spacieux. Si est
que par telle façon il aduient souuent que les vents des portes ou
fenestres qui sont aux costez des cheminées, causent plustost fumées dedans le logis, qu'autrement. Ie puis dire que ce n'est petite chose de sçauoir biẽ colloquier & dresser vne cheminée pour
la commodité d'vn logis, lequel souuent on voit estre abandon-
né, & ne se pouuoir louer ou vendre, pour l'incommodité des
cheminées fumeuses. Quand les petits lieux, comme garderobbes & cabinets, sont si bien serrez & clos que le vent n'y peult
entrer, indubitablement ils sont suiects à fumées, ausquelles il est
fort difficile de pouuoir remedier, pour autãt que tels lieux sont
semblables à vn vase spherique (ou de quelque autre forme rõde
n'ayãt que vne ouuerture. Lequel si vous rẽplissez tout d'eaue, &

Sçauoir bien
dresser & lo-
ger vne che-
minée n'estre
petite chose.

Belle similitu
de et fort pro-
pre.

renuerſez contre bas le trou par ou vous l'auez remply , iamais il
ne ſeuacuera, ſi vous ne luy donnez air par quelque coſté. Ainſi
eſt il des cheminées qui ſont aux petits lieux, eſtants ſi bien clos
& fermez que le vent & air n'y peult aucunement entrer: car cõ
bien que l'ouuerture de leurs tuyaux ſoit ample & ſpacieuſe, cõme il fault, ce neantmoins la fumée n'en peult ſortir qu'à grande
peine, pour n'auoir contrepoulſement d'air par le dedans, au dehors. Qui faict qu'on eſt contrainct d'ouurir quelque porte ou ſe
neſtre, ſi aucune ſy trouue. La raiſon de cela eſt apparente : car la
flamme n'eſt autre choſe que vn air allumé & ſuauement agité
ou eſuenté : ſi doncques il n'y a quelque mouuement & doulce
agitation d'air, il n'y aura point de flamme : & ſi l'n'y a point de
flamme, il y aura ſuffocation & fumée : ergo la difflation y eſt requiſe & neceſſaire. Mais delaiſſons tous ces ergotiſmes, pour venir aux aides & remedes. Quelquefois on faict au coſté des cheminées certains trous qui paſſent à trauers le plácher, ou le ſueil
& l'aire de l'encheueſtrure de la cheminée , au long de ſes pieds
droiéts: combien qu'il ſeroit beaucoup meilleur que ce fuſt par
dedás le pied droiét, & conduire leſdiéts trous par vn petit tuyau
iuſques au droiét de la retraiéte de la hotte de la cheminée:car ain
ſi faiſant ils ne ſe verroient point, & ſe pratiqueroit dedans ledit
tuyau vn petit vent qui chaſſeroit la fumée iuſques au dehors. Il
fault auſſi noter que ladiéte fumée eſt quelquefois cauſée quãd Certaines cho
les vents ſentonnét dans les tuyaux des cheminées : laquelle cho ſes qui font fu
ſe aduient le plus ſouuent quand les tuyaux ſont en droiéte ligne mer les chemi
& regardent les parties occidentales, ou bien le midy : car ainſi nées, auecques
que le vent ſouffle ſur la longueur de la fente, il rabat facilement les remedes.
la fumée, & faiét qu'elle ne peult ſortir. Le remede eſt de faire
vne ſeparation par le milieu du tuyau de la cheminée, qui ſoit de
la largeur de l'ouuerture, & plus deliée, auecques moins d'eſpeſſeur que faire ſe peult. Mais il la fault commencer & faire mettre
depuis le bout de la hotte, ou pente de cheminée, qui eſt à l'endroit du plancher de la premiere chambre , ou elle eſt plantée,
iuſques au plus hault du tuyau, & qu'elle excede vn pied ou deux
plus hault, que ledit tuyau. Cela faiét que quand les vents ſouf-
flent, ils ne peuuent rabatre la fumée, ſinon qu'à la moitié du de- Moyens fon-
dans de la cheminée, de ſorte que ſi peu de feu qu'on y face il ſera dez en raiſons
ſuffiſant pour repoulſer la fumée par le coſté qui eſt couuert con- philoſophi -
tre le vent. Lequel vẽt pour auoir moins d'eſpace dedás le tuyau, ques.
perdra ſa force incontinent qu'il entrera dedans la cheminée par
la languette & ſeparation faiéte âu milieu de ladiéte cheminée.
Quelquefois telle façon & aide ne ſert de rien, ou de bien peu

Bþb iiij

sinon à quelque vent, & non à tous, pour-autant que le remede qui eſt bô à vn n'eſt touſiours proufitable à l'autre, pour la diuerſité des natures & indiſpoſition des corps. Ainſi eſt il des logis & de leurs cheminées, car pour eſtre mal diſpoſez, ſituez & plâtez, les aydes cômunes & propres aux autres, ne leur ſeruent de rien. En quoy il ne fault auſſi omettre certains vents peculiers à certains païs: de ſorte que i'ay experimété qu'aux parties de la France ſeptentrionale & occidentale, les fumées le plus ſouuent ſont cauſées des vents Occidentaux: comme au Dauphiné, Prouence, Languedoc, & lieux voiſins des meridionaux. Aucunes cheminées veulent auoir tous leurs tuyaux couuerts en façon de frontiſpice, ou mitre, pourueu qu'on leur laiſſe quelques ouuertures aux coſtez, pour faire euacuer la fumée: ainſi qu'on le peult voir à celles du chaſteau de Boulôgne pres Paris, auquel ie fis faire du temps de la maieſté du feu Roy Henry (de qui Dieu ait l'ame) les eſtages de deſſus au coſté ou il n'y a point de terre cuitte emaillée de laquelle ie ne voulus faire vſer comme lon auoit faict au parauant, pour-autant qu'il me ſemble qu'elle n'eſt conuenable auec les maçonneries, principalemét quand on l'applique par dehors œuure. Toutesfois qui aura enuie d'en vſer, elle ſera propre pour les ornements des cheminées qui ſont dans les ſalles, chambres, & cabinets, pourueu que l'email ſoit bien faict, & la terre bien cuitte. Mais reuenons ſil vous plaiſt à parler des tuyaux des cheminées qui ſont au ſuſdit chaſteau de Boulongne, auquel on y en voit de fort bien pratiquez (comme auſſi en aſſez d'autres lieux) auec les ſeparations par le dedans, qui doiuent eſtre accompagnées de retraictes, quaſi comme denteleures de ſye, pour retenir ou pluſtoſt repouſſer les fumees, ainſi qu'elles veulent deſcendre, & le pouuez conceuoir par le deſſeing que ie vous ay cy-apres propoſé, repreſentant la fumee, & monſtrant comme doit eſtre le dedans du tuyau, ainſi que aucuns l'ont faict.

Certains vêts eſtre peculiers à certains païs.

L'vſage de la terre cuitte emaillée.

Petite

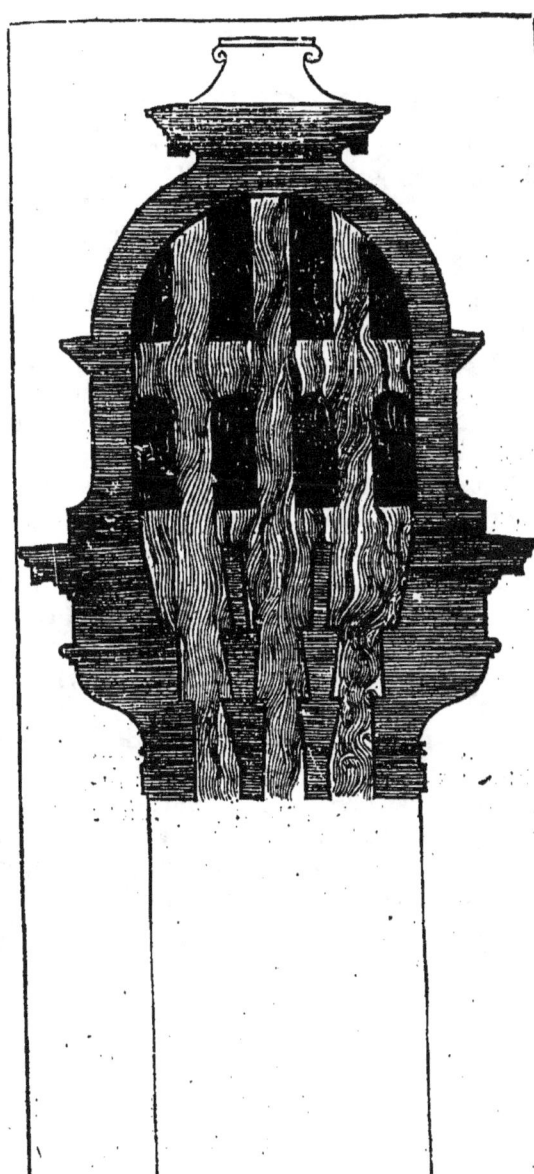

Petite digreſſion pour
pluſieurs cheminées
enſemblément accu-
mulées.

Apres vous auoir mô-
ſtré comme doit eſtre le
dedans des tuyaux des
cheminées, ie vous veux
monſtrer cy-apres par
deſſeing, figure & eſcri-
ture, comme doit eſtre
par dehors l'ornement
des cheminées, lequel
on voit par deſſ° les couuertures. Vous cognoi-
ſtrez par la prochaine figure comme les fumées
peuuent autant bien ſor
tir par les coſtez des tuy
aux côme par le deſſus, *Des chemi-*
& auec tel nombre de *nées accompa-*
gnées de plu-
tuyaux, que vous aurez *ſieurs tuyaux.*
à faire de cheminées :
ainſi que à ceſte cy, ou
vous en voyez iuſques
au nombre de ſix, pour
ſeruir à ſix cheminées:
Mais là ou c'eſt qu'il
fault faire vne ſi groſſe
maſſe, (i'entéd pluſieurs
cheminées enſemble)il
fault que le mur ſoit de
grande eſpeſſeur pour
les porter, autremét l'eſ
pace & quâtité des tuy-
aux feroit vn grand em-
peſchement aux cham-
bres qui ſe trouueroiét
les plus haultes. D'autre
part , quand les pieds
droicts des cheminées
Ccc

font trop eminents par le dehors des murailles, ce n'eſt pas bonne maçonnerie, quelque grāde liaiſon que lon y face. Aucuns les
font porter ſur les ſoliues & planchers, mais cela ne vault rien,
pour autant que ainſi que le bois ſe diminue, ou ſe pourriſt, la ma
çonnerie ſe corrompt, & les cheminées ne peuuent durer. Ceux
doncques qui deſirerōt d'y bien proceder, il fault pour remedier
à cela, qu'ils facent des arcs de pente, par le deſſous: ce ſont petits
traiɔts, deſquels ie n'ay parlé, pour-autant qu'ils ſe font tout ainſi
que la porte de deſcente de caue eſtant droiɔte par le deuant: cōme nous l'auons eſcrit & monſtré au commencement du troiſieme liure, quand nous parliōs des traiɔts pour les deſcentes des caues. Aucuns y appliquent des corbeaux & grādes pierres d'auancement, pour ayder à porter la ſaillie des pieds droiɔts des cheminées: mais les bons ouuriers y ſçauent bien donner ordre, les
autres nō. Dōcques il fault que les cheminées ſoiēt bien liées en-

*Les chemi-
nées deuoir e-
ſtre bien liées
auec les gros
murs.* ſemblémēt auec les gros murs, leſquelles vous pourrez orner par
le deſſus, de corniches, moulures, & autres ornements tels qu'ils
peuuēt eſtre ſi vous voulez, à celle que ie vous propoſe cy-apres:
ou bien autrement, ainſi qu'il vous viendra à plaiſir, & les bons
maiſtres le ſçauront bien inuēter. Mais telle façon de cheminées
& ouuertures ne ſont pas touſiours bonnes par tout, ainſi que
vous en auez peu entendre les raiſons, & entendrez encores cy-
apres, Dieu aidant. Qui ſera la cauſe que ie ne m'y amuſeray, à fin
de reprendre le propos que nous auons entremis & rompu, qui
eſtoit des moiens, aides & façons de reſiſter & obuier aux fumées, & baſtir ſi proprement les cheminées, qu'elles n'y ſoient
ſubiectes.

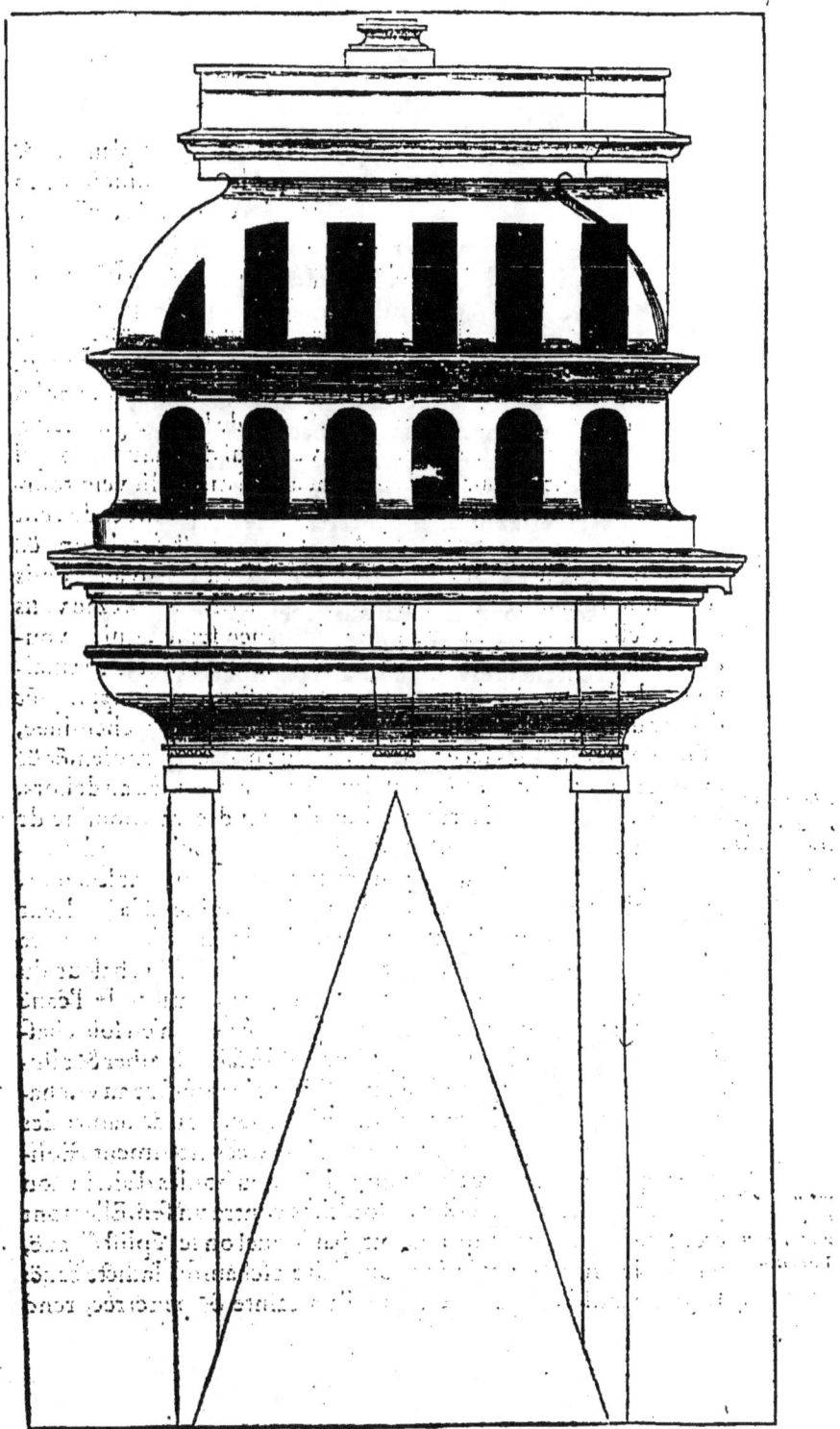

LIVRE IX. DE L'ARCHITECTVRE
*Autres façons & inuentions pour garder de fumer dans
les logis.* CHAPITRE VIII.

*Remede pour
preseruer vn
logis de fumée*

'Ay trouué quelque fois des maisons plantées &
basties si mal à propos, que lon ne pouuoit inuen
ter aucun moien pour les preseruer & deffendre
des fumées, quelque ouuerture & façon de cheminées qu'on y eust peu faire. Si vous récontrez
de telz logis & habitations, vous y pourrez remedier en mettant au plus hault de la cheminée vne enseigne ou
girouette qui tournera selon les vents, estant accompagnée d'vn
grand chauderon tout debout en forme de demie sphere, par les
extremitez duquel penetrera le fer & tige de ladicte girouette,
qui fera tousiours tourner contre le vét le cul du chauderon qui
se mouuera tout autour de la cheminée ainsi que ledit vent tournera, & conurira le tuyau de telle sorte que les bouffées de vent
ne s'y pourront entonner. Telle façon de faire est fort bonne &
seroit encores meilleure aux cheminées qui ont les tuyaux ronds
comme flutes, ainsi que les anciens les faisoiét. Mais nótez ie vous
prie qu'elle n'est propre que à vne cheminée seule, qui ne voudroit rendre quarrées les fentes par le dedans, & toutes circulaires par le dehors. Quelques vns pour singulier remede appliquét
des moulinets au droict de la hotte, par le dedás de la cheminée,
à fin que la fumée les face tourner, & que par ce tournoiemét &
mouuement ils chassent & poussent la mesme fumée au dehors.

*Autre reme-
de & inuen-
tion contre les
fumées.*

Par autre inuention il seroit tresbon de prendre vne pomme de
cuiure, ou deux, de la grosseur de cinq ou six poulces de diametre, ou plus qui vouldra, & ayant faict vn petit trou par le dessus,
les remplir d'eaue, puis les mettre dans la cheminée à la haulteur
de quatre ou cinq pieds, ou enuiron (selon le feu qu'on y voudra
faire) à fin qu'elles se puissent eschauffer quand la chaleur du
feu paruiendra iusques à elles, & par l'euaporation de l'eaue
causera vn tel vent qu'il n'y a si grande fumée qui n'en soit chas-
sée par le dessus. Ladicte chose aydera aussi à faire flamber & allu-
mer le boys estant au feu, ainsi que Vitruue le monstre au vi.cha-
pitre de son premier liure, parlant de la generation & nature des
vents, laquelle il confere auec ce que les Grecs nomment Æoli-

*Description
des Æolipy-
les & souffle-
uents, selon
Vitruue.*

pyles, qui ne sont autre chose que globes ou boules d'airain (ou
d'autre matiere) pour seruir de soufflets contre vn feu. Elles sont
creuses, & ont vn trou fort estroit, par lequel on les éplist d'eaue,
puis on les met deuant le feu pour faire eschauffer ladicte eaue,
laquelle aussi tost que la chaleur l'a attainte & penetrée, rend

vn vent impetueux & puissant à merueilles. Voila côme par vne petite experience & similitude, on peult comprendre les grandes & excessiues violences des vents : ainsi que presque de mot à mot l'a descrit ledit Vitruue, & l'ay bien voulu icy repeter comme chose necessaire aux petites châbres, lesquelles on voit, pour estre bié fermées, & n'y pouuoir entrer air ny vent exterieur, estre subiectes à fumées, & malaisé d'y remedier, si ce n'est par le moié de ces Æolipyles, ou boules composées comme dit est. Quelques vns pourroient dire qu'elles ne sçauroient long temps faire vent : à quoy ie respond, que plus elles seront grâdes, plus le vent y durera : comme aussi en leur donnant vne chaleur temperée par le dessous. Et plus il y aura grand feu à les eschauffer, plus elles souffleront vehementement & de grande force, mais aussi l'eaue en sera plustost euaporée : parquoy il sera bon d'en auoir deux ou trois, & plus qui voudra, à fin que l'une ne soufflant plus, lon en remette en son lieu vne autre. Et pour autant que chacun n'a le moyen, ou la patience de mettre peu à peu de l'eaue dedans les susdictes Æolipyles ou boules : ce leur sera aisé en les chauffant, & en apres mettant dans vn seau d'eaue, car elle y entrera incontinent. Et à fin que vous cognoissiez mieux côme elles se doiuent appliquer aux cheminées, i'en ay faict vne figure cy-apres, tant pour le deuant d'une cheminée, que du dedans, à fin qu'il vous soit facile de cognoistre côme il les fault colloquer & eschauffer : & aussi côme elles chassent la fumée. Mais de ce propos sera assez pour donner fin au present chapitre, ce que nous ferons incontinêt apres vous auoir aduertis que cômunemêt & le plus souuent, tout bois verd en multitude de flamme remplist les chambres de fumée, laquelle est repoulsée par les vents, ou bien retenue par l'angustie de la cheminée qui empesche sa sortie & issue, ou bien que la cheminée est si estroicte en bas qu'elle ne peult recenoir & distribuer la fumée : mais la plus grande cause procede des vêts pour autant que la fumée tousiours môtant en hault, est tousiours rabatue & repoulsée : qui faict que pour sa legereté elle retourne en arriere quand elle les rencontre, & principalement quand il y a abundance de bois verd qui engendre grosse & espesse fumée. En la cheminée qui a des pertuis & ouuertures vers les quatre parties du monde, la fumée n'est empeschée ou repoulsée de tous vents, pour autant qu'elle est patente & ouuerte de toutes parts & endroicts. Qui sera pour conclusion du present chapitre & discours.

L'auteur respond à quelque obiectiô.

Des causes qui retiennêt ou repoulsent la fumée aux chambres.

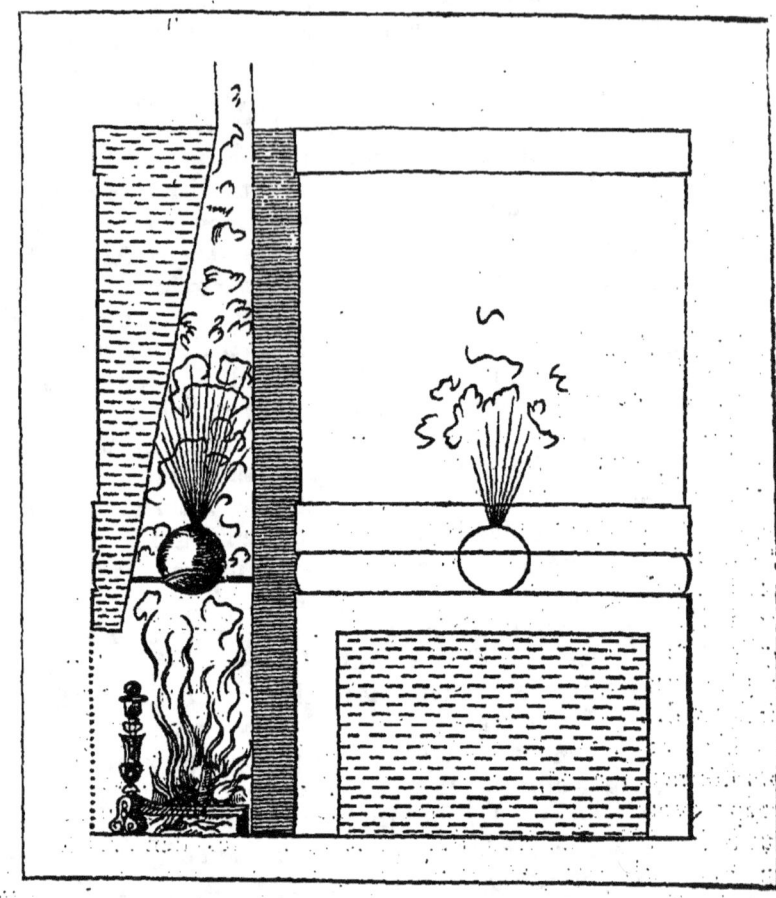

De quelque forte d'ornements des cheminées par deffus les couuertures des maifons, auec plufieurs remedes contre la fumée autres que les precedents.   CHAP. IX.

IE vous mettray encores cy-apres deux autres fortes de cheminées, lefquelles on peult couurir côtre les vents, qui bien fouuêt repoulfent la fumée
dans les logis fi defordonnément, qu'on ne fen
peult deffendre, finon par le moïê & aide de ceux
qui par longue experience cognoiffent le naturel
des lieux. Laquelle chofe aduient principalement quand les ruy-
aux des cheminées font voifins & proches de quelque hault edifice, ou quand les logis auec leurs cheminées font en lieu bas &

deſſous vn clocher, ou bien pres d'iceluy, ou d'une grande tour, ou pauillon, eſtants plus hault eſleuez que le corps du logis: ou bien quand les maiſons ſont ſituées en vne croupe de montaigne, ou en vne vallée. Car les vents eſtants là retenuz, & y trou-

Diuerſes cauſes du repoulſement des fumées dans les logis.

uáts empeſchemẽts auecques reſiſtance, ſont contrainɛ̃ts ſenfourner dedás les cheminées, ou biẽ voltiger tout à l'étour, & ſoufler par deſſus, qui empeſche que la fumée ne peult librement ſortir des tuyaux. En tels lieux & tels accidents il eſt neceſſaire de couurir toute la cheminée, voire encores les coſtez par ou doit ſortir la fumée. Et à fin que cela ait bonne grace, & que la fumee retenue ne noirciſſe les pierres, l'Architeɛ̃te y doit faire quelque ornement exquis, pour-autant que c'eſt vn lieu fort eminent, & expoſé à la veüe des hómes, pour eſtre par deſſus les couuertures. C'eſt pourquoy ie vous ay voulu dóner icy le deſſein que vous voyez, auec le plan du deſſous de la montée, à fin que vous cognoiſſiez par ou doit ſortir la fumée, qui eſt au droiɛ̃t des contremurs, qui ſont en ſaillie ſurpendus, & fondez ſur des mutules & rouleaux qui portent la ſurpẽte: de ſorte que quand la

Pourquoy c'eſt que l'autur propoſe icy ce deſſeing de cheminés.

fumée veult deſcendre, elle paſſe entre leſdiɛ̃ts rouleaux, comme elle faiɛ̃t auſſi par le deſſus. Cela ſe cognoiſt autant bien par le plan, que par la montée. Par ainſi les petits murs qui ſont au de-

Ccc iiij

uant, donnent tel empeſchement au vent qu'il ne peult ſouffler
dans le tuyau, & ſoufflât deſſus iceluy ou deſſous, ils font que la
fumée ſorte dehors, ſans retourner ou ſarreſter dans ledit tuyau,
ainſi que vous le pouuez cognoiſtre par la figure cy-deuant propoſée.

Autre inuention & engin contre les fumées. CHAP. X.

Inuention du ſeigneur Car-dan contre les fumées.

IE vous veux encores icy donner vne inuention
& aide contre les fumées extraicte du liure Des
ſubtilitez du ſeigneur Hierôme Cardan, philo-
ſophe & medecin treſdocte. C'eſt que à chacune
face des cheminees fumeuſes il colloque deux
tuyaux de terre oppoſites l'un à l'autre, de ſorte
que l'vn tend en-hault, & l'autre en-bas. Car, ainſi qu'il dict, & eſt
choſe veritable, il eſt impoſſible que huict véts, quatre tédans en
bas, & quatre en-hault, ſoufflét des quatre principales regiós du
ciel. Et ſi ce ne peult eſtre faict, la fumée ne peult retourner en arriere : & dit que par experience cela a eſté exactemét approuué.
Ce qui eſt aiſé à croire, & facile de faire, ſignáment quand il n'y a
qu'vn ſeul tuyau de cheminee. Mais ſi c'eſt vne maſſe de cheminées qui ont trois ou quatre tuyaux enſemble, cela ne ſe peult ſi
bien faire, pour autant que aux cheminées qui ſont par le milieu,
on ne peult mettre tels tuyaux de terre, que par les deux coſtez,
& aux tuyaux de celles qui ſont aux extremitez, par trois. Si eſt-
ce que pour cela ie ne veux rien reprendre de l'inuention dudit
ſeigneur Cardan, car elle eſt diuinement bonne. Il eſcrit encores
quaſi choſe ſemblable à ce que i'ay dict cy-deuant en parlant des
hottes des cheminées, ou lon eſt grandement aydé par la largeur des gueulles, ou, ſi vous voulez, des commencements de
la hotte, à fin que la fumée departant de la flamme du feu, ſe
puiſſe bien enfourner dans le tuyau de la cheminée. Quoy que
ce ſoit, le plus ſeur de tous les tuyaux, eſt celuy qui eſt enuiron-
né d'un fourreau, ou d'vn petit mur qui ne touche point à la couuerture, & eſt eſleué comme petites tournelles rondes, & ſurpendues à la maſſe de la cheminée, ainſi que vous le pourrez voir
à la figure cy apres propoſée : non pas que leſdictes tournelles
ſoient ainſi que ledit ſeigneur Cardan deſcrit ſes tuyaux, mais
bien d'une autre ſorte, laquelle ie figure perſée de toutes les quatre parts, chacune en deux lieux, pour faire que la fumée puiſſe
ſortir librement, & que le vét ne la puiſſe repoulſer. Ie figure telles tournelles ſur le deuant pour reſiſter contre le vent, & que la

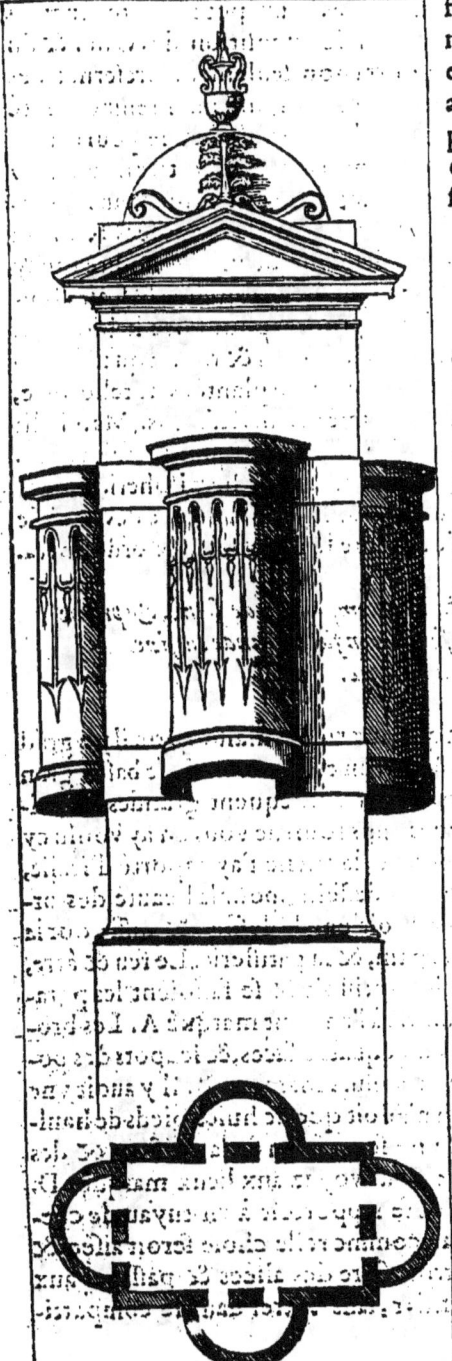

fumee puiſſe ſortir aiſé-
ment par deſſus & deſſous
elles, ainſi qu'il vous ſera
aiſé de le cognoiſtre par le
plan & môtée des tuyaux
que vous voiez en la pre-
ſente figure.

Aduertiſſement.

Il y a des cheminées
qui ſont non ſeulement ſi
mal plâtées & ſituées dâs
les châbres & ſalles, mais *pluſieurs che*
encores ſi mal faiĉtes, que *minées, pour*
quelque remede qu'on y *leur mauuaiſe*
puiſſe cercher, on ne les *façon, ne ſe*
peult amender ſans les re-*pouuoir amen*
faire. Ie vous prieray de ne *der contre la*
trouuer long ce diſcours, *fumée.*
lequel ie pourſuis ainſi
prolixement, pour autant
que ie voy beaucoup de
perſonnes eſtre en peine,
pour l'incommodité des
fumées: vous aſſeurât que
qui voudroit bien eſcrire
les cauſes de la ſubieĉtion
ou en ſont pluſieurs logis,
auec le moié d'y remedier
à tous propos, il faudroit
en faire vn liure entier. On
trouue aſſez de gés prôpts
à dire, il fault faire cecy, il
fault faire cela, mais peu
ſçauent mettre la main, côme l'ô dit, à la paſte, & propoſer la cauſe de tel incon
uenient. Qui a faiĉt que
i'ay eſcrit au premier liure
que l'Architeĉte doit bien
entédre les reigles de phi-

L'Architecte deuoir cognoistre les reigles de philosophie.

losophie, & cognoistre la nature des lieux, pour bien tourner les bastiments, selon que la situation & disposition des vents & du ciel le requerra. Car lors il pourra non seulement preseruer des fumées toutes sortes d'habitations, mais aussi maintenir en santé les habitans d'icelles, entant que la nature du lieu le pourra permettre. Mais laissant ces propos, nous vous aduertirons qu'il y a assez d'autres inuentions pour empescher de fumer dans les logis, voire quand les cheminées seroient mal composées, & qu'on ne le voudroit refaire, pour la despense ou incommodité qui sy trouue. Si l'Architecte est hôme sçauant en son estat & sçait choisir, comme nous auons dit, lieux propres pour faire habitations d'esté, d'hyuer, & autres, par mesme moien & raison qu'il fera côduire l'edifice, les cheminées y seront aussi plantées de telle sorte, qu'elles ne reietteront aucunes fumées dans les logis. Mais ledit Architecte ne doit ignorer qu'il les fault faire quelquefois toutes rôdes, quelquefois triangulaires, autrefois hemispheriques, & en aucuns lieux quarrées. Le tout ainsi que la nature des lieux le requerra, & le côducteur de l'œuure le cognoistra & ordonnera.

Les cheminées n'estre toutes d'une forme.

Vne sorte de cheminée estant accompagnée de fours, & propre pour les maisons ausquelles on faict grande cuisine.

CHAPITRE. XI.

Cheminée auec ses fours prinse par l'auteur en Italie.

POur autant que aux riches maisons, ou il y a grãd peuple à nourrir, on est contrainct de bastir grandes cuisines, & par conséquent grandes cheminées auecques leurs fours, ie vous en ay voulu cy apres figurer vne, laquelle i'ay raporté d'Italie, & illec prins son desseing, pour la beauté des ornements qu'elle me sembloit auoir par le dessus: & aussi pour la cômodité des fours à cuire le pain, & la patisserie. Le feu & âtre, (appellé d'aucuns foyer) ou lon rotissoit & se faisoient les potages, estoit au milieu de la cuisine à l'endroit marqué A. Les broches pour rostir se mettoient aux quatre faces, & les pots des potages au droict des quatre petits murs marquez B. Il y auoit vne petite muraille au lieu C, qui n'estoit que de huict pieds de haulteur, ou enuiron, & faisoit vne separation de la cuisine, & des fours à cuire le pain, comme vous voyez aux lieux marquez D. Le tout estoit fort à propos, & se rapportoit à vn tuyau de cheminée. Vous voyez par le plan comme telle chose seroit aisée & bien commode, car on pourroit faire des allées & passages aux lieux de E, pour aller au fournier, sans entrer dans le comparti-

ment ou eſt la cuiſine, laquelle peult eſtre fermée de quatre pe- *Cuiſine fort cō-*
tites murailles tout autour, ſans que les cuiſiniers en ſoiét aucu- *mode & pro-*
nement diſcommodez ne empeſchez de leurs affaires : pouuants *pre.*
ſortir par le deuant, au lieu de G, pour faire les lauements de la
chair & poiſſons. Bref on pourroit accommoder ceſte inuention
non ſeulement pour habiller le manger de quatre ou cinq cens
hómes, mais auſſi pour trois ou quatre mille, qui voudroit, eſtát
le tout ſous vne couuerture & meſme tuyau de cheminée, & les
fours de meſme, pour y faire les pains neceſſaires. A quoy ie adiouſteray que encores lon pourroit faire les potages, le pain & *Maniere de*
rotiſſerie par le moien d'vn meſme feu. Lon voit bien en ceſte vil *faire cuire la*
le de Paris la façon de faire bouillir & cuire la chair, & autres vi- *chair à Paris.*
andes, en deux & trois grandes marmittes, auecques petit feu,
qui eſt tresbonne inuétion : mais qui auroit enuie d'y mieux proceder, il eſt aiſé, voire de faire encores plus que ie n'ay dict cy deſ
ſus : comme vous le verrez plus au long à vn diſcours de cheminée, laquelle ie deſcry apres la prochaine, qui ſert pour vne gráde cuiſine, eſtant accompagnée de fours pour les pains, patiſſe-
ries, & autres telles choſes.

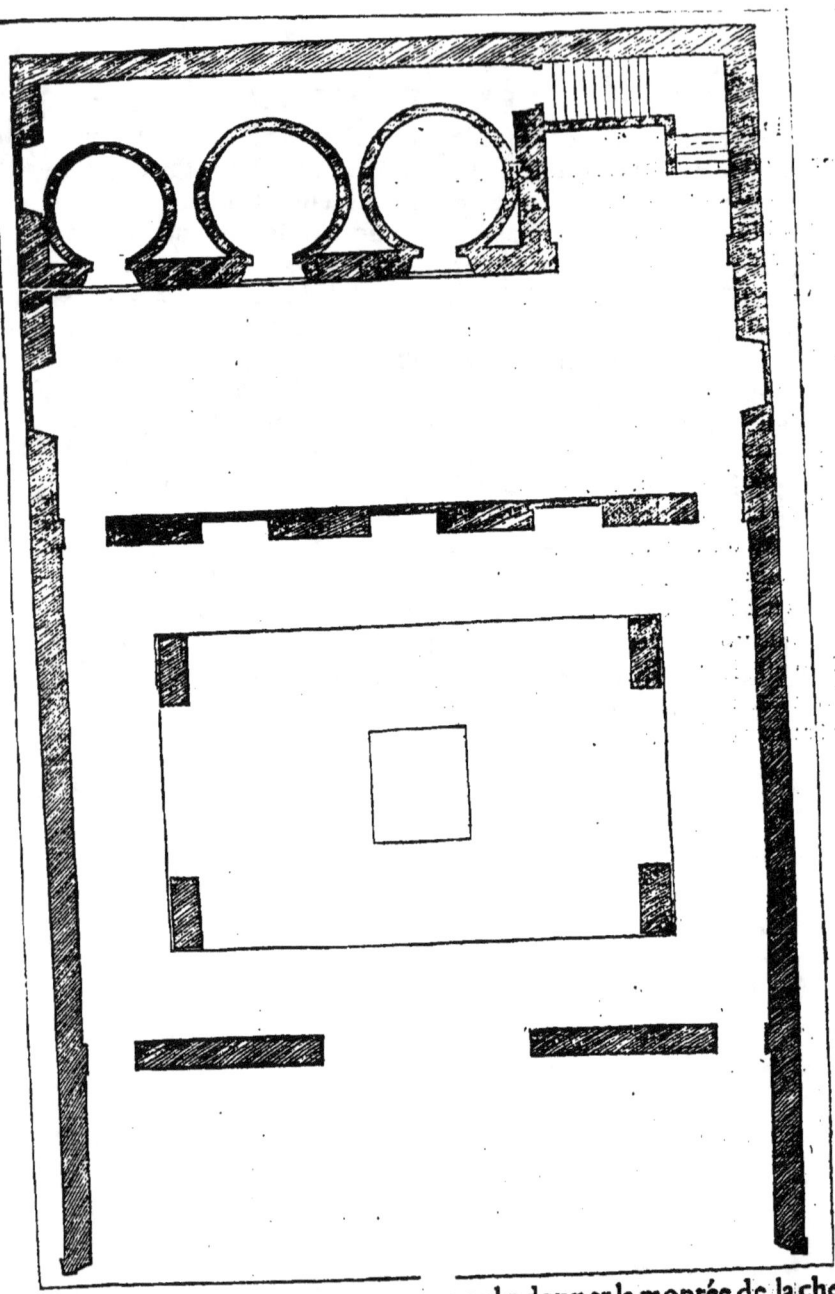

Ie vous ay cy apres voulu donner la montée de la cheminée
precedente, pour vous faire cognoiſtre la face du coſté ou ſont
De la montée les fours, & voir comme il fault compoſer les gueules d'iceux a-
de la chemi- uecques les feneſtres qui ſont au deſſous pour mettre les braſiers.
née precedète. Mais en

Mais en cela il faudroit d'auantage faire, c'est que deuãt la gueule du four, au dessus de la fenestre, il y eust vne fente aussi large
que est ladicte gueule, ayant cinq poulces d'ouuerture, à fin que
le fournier & boulanger puissent tirer aisément la braise hors du
four, sans se mettre en danger de faire mal quand elle tombera
en la fenestre qui est au dessous, par l'ouuerture & fente qui est
deuant la gueule dudit four. Touchant la façon de la voute du
four, il fault que ce soit vne voute surbaissée & faite de tuilleaux:
mais pour autant que plusieurs sçauent faire telle chose, & aussi
que les boulangers cognoissent par experiéce ce qu'il fault pour
bien cuire le pain, ie ne vous en feray autre discours, sinon de
vous aduertir, que aux fours qui ont les ouuertures du costé de
septentrion, iamais le pain ne se cuist bien, qu'auec grande despense de bois: parquoy les fours & cuisines doiuent tousiours
auoir leurs ouuertures vers les parties occidétales, ou entre l'occident & le midy: ou, au pis aller, qu'elles regardent les parties de
midy si faire se peult: car ainsi toutes choses sy cuiront mieux, &
à moindre quárité de bois. Quant au present discours sera assez,
pour lequel nous vous proposons la figure presente.

Lieu propre pour les ouuertures & gueules des fours.

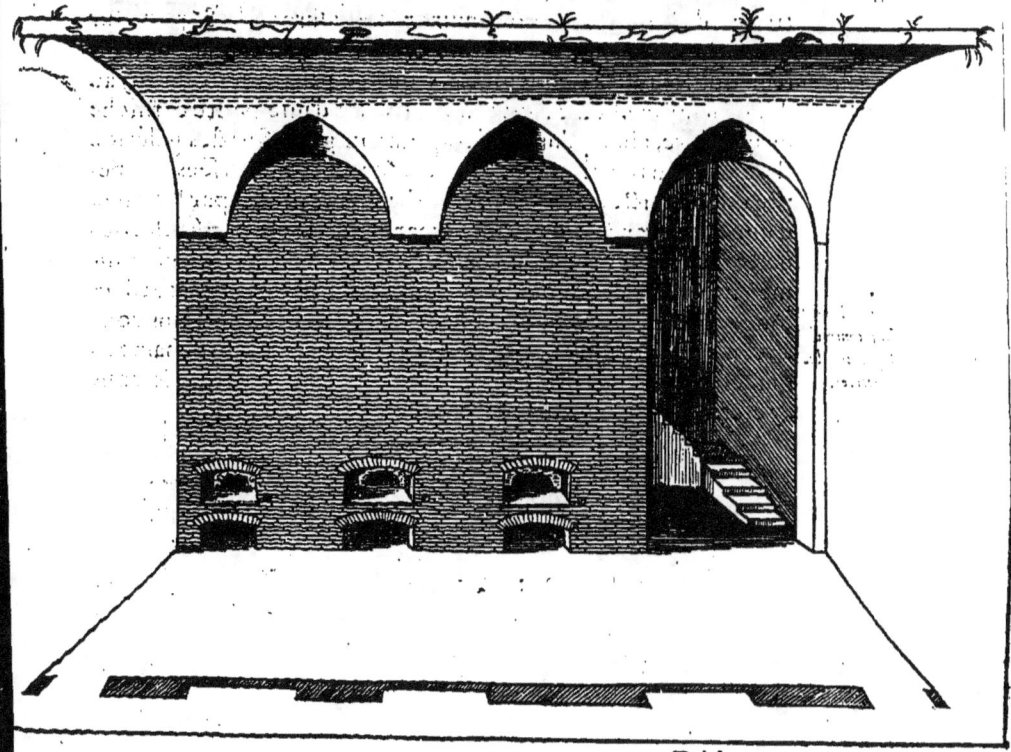

Pour paracheuer noſtre grande cuiſine, ie vous figure encores cy-apres ſa montée pour vous faire cognoiſtre comme ie l'ay

*Deſcription
& explicatiō
de la figure
ſuiuāt le pre-
ſent diſcours.*

trouuée auec les ouuertures de ſes portes, feneſtres, & paſſages
pour aller aux fours, auecques le grand tuyau de ſa cheminée, lequel vous pouuez voir cy-apres eſleué ſur le plan, qui vous repreſente auſſi les portes ou paſſages qui ſont au coſté, pour paſſer à
l'allée qui eſt derriere la cuiſine, ou ſont les fours ſeparez par le
derriere, ainſi que vous l'auez veu par le plan precedent. Vous
voiez auſſi en la figure prochaine trois feneſtres pour regarder
du coſté des fours. Toute la cuiſine eſt enfermée de quatre murailles qui ont de haulteur enuiron dix ou douze pieds tout autour, & ſont perpendiculaires & bien à plomb, puis ſen vont en
pente, ou talus, comme vous le voudrez appeller, pour trouuer
la lanterne ou tuyau de cheminée, eſtāt tout quarré & porté ſur
quatre murailles perpendiculairement fondées par deſſus le talus, leſquelles ont enuiron vne quarte partie de toute la largeur
de la cuiſine: & ſont fēdues & ouuertes à chacune face, en trois

*Continuation
& pourſuitte
de ce que deſ-
ſus.*

feneſtres longues & eſtroictes, par ou peult aiſément ſortir la fumée. Et à fin que le vent n'y donne, & que ladicte fumée en puiſſe
ſortir librement, il y a par le deuant vne petite muraille ou contremur de huict poulces ou enuiron eſtant ſurpendu & porté ſur
des corbeaux ou mutules qui ont quelque peu d'auātage de hauteur que les refentes qui ſont aux quatre pans de mur du tuyau
de la cheminée. Ledit contremur eſt orné d'une petite corniche
ou moulure, ainſi qu'on fait les appuis ou gardefols des galeries.
Il y a au deſſus des ſuſdictes quatre murailles ainſi perſées, vne petite voulte faicte en berceau, & ſurbaiſſée & perſée par le milieu
d'une aſſez grande ouuerture. Et par deſſus, la cheminée eſt couuerte d'une autre ſorte de voulte faicte en croupe, quaſi comme vne voulte de four, qui eſt auſſi perſée par petites feneſtres

*Les figures
ſont comme
peincture des
eſcritures.*

longues & eſtroictes, pour dōner iſſue à la fumée. Mais ſans vous
en tenir plus longs propos, vous aurez recours à la prochaine figure, qui vous monſtrera à l'œil, non ſeulement ce que ie vous
ay eſcrit & propoſé, mais encores beaucoup d'auantage.

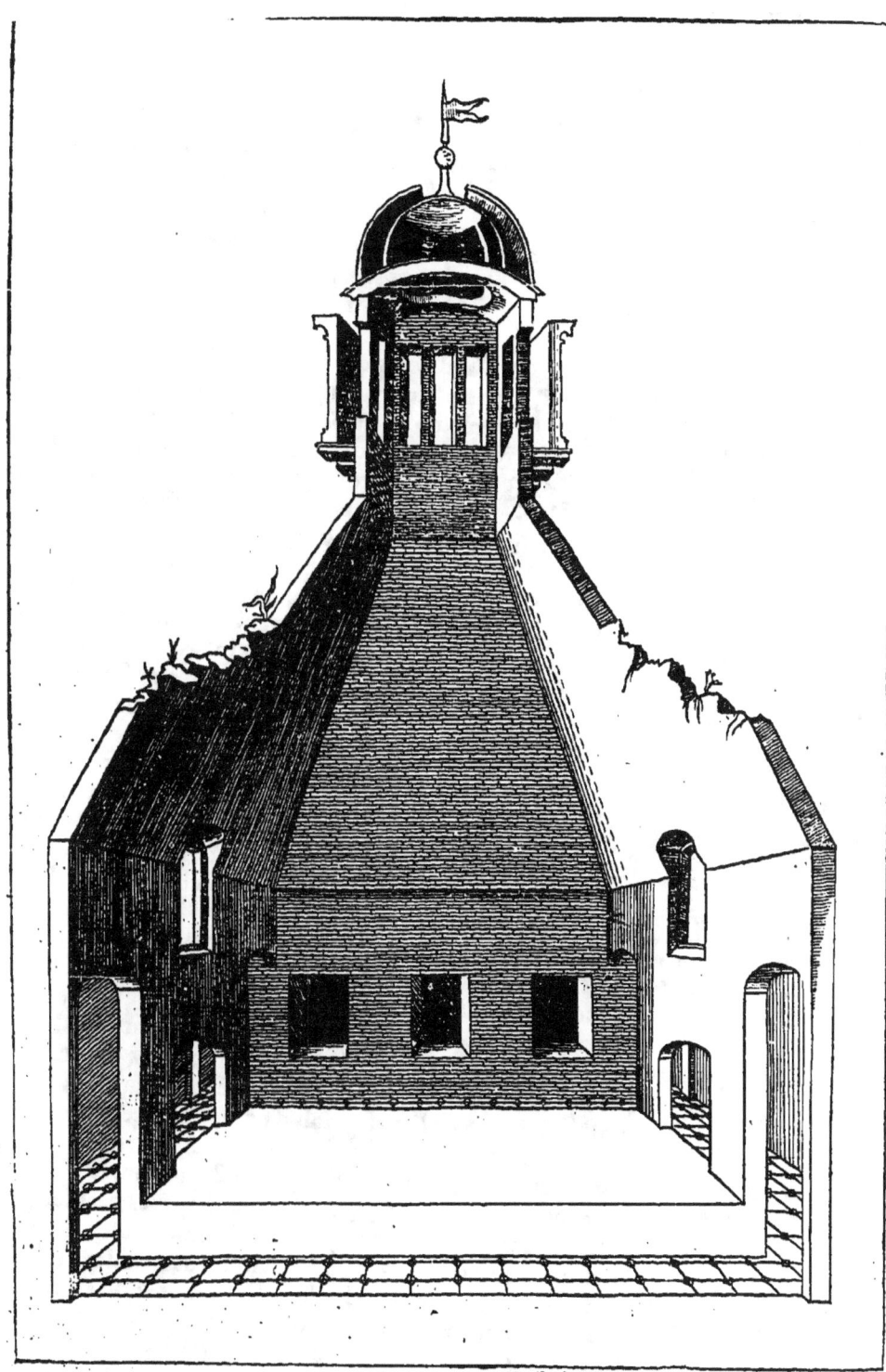

Autre sorte de grande cheminée, auec le moien de faire euacuer
les fumées par le dessus des couuertures quand elles sont fort
grandes pour la quantité des feuz, & marmittes
dont lon pourroit auoir affaire, pour nourrir
vn grand nombre d'hommes.

CHAPITRE. XII.

Cheminée
pour faire cui-
re viäde pour
deux ou trois
mille personnes.

Qvand vous aurez affaire d'vn fort grand & spacieux lieu pour y faire vne cuisine, ou plusieurs
ensemble, ou bié toutes separées & sous vne mesme couuerture & tuyau de cheminee, pour y habiller & faire cuire viandes, pour deux, ou trois
mille personnes, (sil est de besoing, & peuit aduenir aux cuisines des Roys, Roynes, Princes, & gräds seigneurs)
& conduire le tout en telle sorte que les cheminées ne soient su-
iectes à donner fumée dedans les cuisines, vous choisirez vn lieu
de telle grandeur que vous en aurez affaire, soit en forme ronde,
quarrée, ou oblongue, c'est à dire plus longue que large (toutef-
fois les cuisines rondes, ou exactement quarrées seroiēt les meilleures) & regarderez que l'espace soit de grande largeur comme de six, sept, dix, ou douze toises par son diametre, ainsi que
vous en pourrez auoir affaire. Si vous desirez auoir cuisine oblô-
gue, i'entend de telle longueur que vous verrez estre bon, vous
ferez dedans la susdicte largeur & espace vne allée, ou passage
tout autour, & de telle longueur que vous voudrez, comme de
six, ou sept pieds de large. Puis en la muraille qui faict la separa-

Atres et foy-
ers pour diuer-
ses cheminées
de cuisines.

tiõ de ladicte allée & des cuisines, vous y erigerez les côtrecueurs
& manteaux de cheminées, & âtres, en tel nóbre qu'il vous plaira, & qu'aurez affaire de cuisines, âtres & foyers: ou bien si vostre
place est plus longue que large, vous diuiserez la lógueur en trois
parties egales, & plus si vous auez espace suffisante: & aux deux
murs qui font trois separations, vous troûuerez quatre façons de
cheminées, sçauoir est deux à vne chacune separation, l'une d'vn
costé, & l'autre de l'autre. Mais il ne fault que telle separation de
mur ait plus de six pieds de haulteur, sans y mettre ne manteau,
ny tuyau de cheminée, veu que ce n'est que pour le contrecueur,
& pour y faire le feu. Quant aux fours pour les patisseries, & autres choses, on les pourra appliquer aux murailles des extremitez qui ferment tout le lieu. Le nombre des cuisines sera selon la
capacité & grandeur de la place. Mais notez qu'en faisant plusieurs feuz, il y aura diuersité de flámes, & par consequent grandes fumées: & si vous verrez encores que les cuisines qui regar-

deront les parties de Midy & d'Occidēt, seront plus faciles à habiller le manger, & promptement le preparer, que celles qui regarderont les parties Septentrionales & orientales : & si le bois y flammera mieux, & ne rendra point tant de fumée qu'aux cheminées Septentrionales, voire quand elles seroient fermées tout autour de murailles, comme i'ay dit: si est-ce qu'il se trouuera en cela vne grande philosophie, pour discourir sur les causes & raisons de la varieté, à fin d'y sçauoir remedier quand les lieux seront suiects à fumée. Pour ce faict doncques il fault obseruer sur toutes choses de ne faire les ouuertures des portes & fenestres aux cuisines, que du costé d'Occident & Midy: ou bien entre le midy & l'occident, & non ailleurs. Mais notez que lesdictes fenestres doiuent estre tout au contraire des autres, c'est qu'elles ne seront point droictes par leurs ouuertures, ne par le bas, au droit de l'appuy, & que au lieu qu'on les faict embrasees par le dedans en pente (ainsi qu'il se voit aux souspiraux des caues, & logis qui sont dans les terres) il leur faudra faire la pēte par le dehors. Et quant à leur arriere voulsure & couuerture, elle doit aussi estre au contraire des autres: car il fault qu'elle soit esleuee par le dedans, comme vne façon de trompe, & tant haultement que lon peult. Telle façon ay de fort à repousser la fumee au dessus des tuyaux des cheminees: mais en cecy il fault cognoistre la nature du lieu, & sçauoir donner la haulteur suyuant la largeur: laquelle haulteur doit estre autant large que sera la place: comme si elle auoit six toises de largeur, elle en aura pareillement six de haulteur, iusques au plus hault de l'œuure. Il fault aussi que le lieu soit vouté sphericquemēt, sans y mettre corniche, ny imposte, ny aucun empeschement: & doiuent estre toutes les murailles bien lissées & vnies auecques doubles voultes. Si le lieu est quarré, & nō point rond, il fault eriger quatre trompes aux quatre coings, qui seront en leur pleine montée, ou, si vous voulez, fort esleuées par le deuant. La sorte du traict à faire telles trompes se nomme, le traict de la trompe sur l'angle, creuse par le deuant, & à sa pleine montée: lequel nous auons monstré au quatrieme liure, chapitre septieme, au lieu ou vous trouuez escrit, le traict de la trompe rempante, creuse & concaue par le deuant. Mais ceste-cy que ie propose pour noz cuisines, ne doit estre surbaissée ny rempante, mais bien à sa pleine montée, & porter par le deuant vn lict d'engressement, pour faire par le dessus vne voulte toute rōde, cōme la voulte du four; toutesfois plus haulte que l'hemicycle, & poinctue, comme à tiers poinct, ainsi que l'appellent les ouuriers, qui est plus que l'hemicycle. Il fault d'auantage que telle voulte soit faicte par branches deliées & assez menuës, quasi ainsi que on a accoustumé faire les ogiues : & que celles qui sont circulaires comme la voulte, soient de droicte ligne, assemblées à la clef de la voulte, & de deux pieds en deux pieds sur le commencement de la voulte que elles aillent finir au cêtre de la clef : laquelle clef ie desirerois estre fort large, & les brâches toutes dénuees

Belle instru-
ction pour les
maistres ma-
çons & ou-
uriers.

sans y mettre pendentif portant vne airoste visue par le dessous, à fin que la fumée se diuise & passe entre les branches aysémět, desquelles l'espace sera assez grande. Puis par dessus y aura vne seconde voulte qui sera fort poinctue, sur la forme d'un triangle equilateral, & sera autant haulte en sa montée, comme elle est large en son diametre. En apres au milieu d'icelle voulte sera faicte vne grãde ouuerture qui aura la quatrieme ou cinquieme partie pour le plus, de son diametre pour largeur. Cela estant ainsi conduict, vous ferez (comme aux lanternes) vn mur tout autour pour garder que l'issue de la fumée ne soit empeschée des vents par dessus la voulte. Vous pouuez encores couurir le tout, si vous voulez, en

Choses belles
& dignes de
noter.

y laissant des ouuertures pour les fumées. Telle façon faict que quand le vent pourroit encores pousser la fumée dedans la grande cheminee, la clef de la premiere voulte, qui est au dessous, sera tant large & grande (estant soustenue des petites brâches) qu'elle empeschera que la fumée ne se pourra abbatre & abbaisser dans les cuisines : & que l'aspiration d'en-bas ne la pourra attirer, mais plus tost aura tousiours vn vent entre les branches d'ogiues de la premiere voulte, qui chassera & poussera nõ seulement la fumée qui a de coustume monter, mais aussi celle qui voudroit descendre. Mais pour reuenir à noz grandes cuisines, iaçoit qu'elles ne soient auiourd'huy en vsage, si est ce qu'il m'est venu à fantasie de vous en faire ce discours, pour autât qu'il me semble qu'on peult & pourra lon auoir affaire de leur structure & façon, ie ne diray pour euiter les fumées, mais aussi pour espargner vne grãde quantité de bois, & faire que vne chartée seruira plus que dix. Ie diray d'auantage, qu'on pourra par ceste façon dresser vne cuisine si à propos, qu'elle sera tousiours nette & hors de la subiection des immundicitez & puãteurs des lauages & tripailles qu'on y iecte

Façon de cui-
sine accompa-
gnée de grand
vsage et prou-
fit.

ordinairement, & s'y feront les gardemangers pour la conseruation des viandes, cõme aussi les offices, & salles du commun, fort proprement en vn lieu separé, sans que les seigneurs entendent le bruict, & soient molestez des fumées, ny encores moins des mauuaises senteurs qui procedent des cuisines. Cela seroit autant necessaire & proufitable que chose que ie cognoisse estre desirée & vtile aux maisons des Princes & des grands seigneurs : car les susdictes incommoditez sont le plus souuent cause qu'ils ne peuuét gueres demourer en leurs palais & maisons, de peur d'estre en dáger de receuoir plusieurs mauuaises senteurs & infections, nourrices de maintes maladies. Si i'eusse eu le temps & loisir, ie vous eusse faict les figures des plás & montées de quelques belles cuisines estants ainsi grádes, mais ie laisseray ce traict de description aux bons esprits, qui sen ayderont & le conduiront à leur volunté, ou bien trouueront autre inuention à leur contentement. Cecy donques suffira pour les aduiser de mieux faire sils peuuét, ou bien de prendre en gré nostre inuention, & present discours. Si est-ce qu'il me semble que aux maisons des Roys & grands seigneurs, ou lon faict plusieurs cuisines accompagnées de leurs offices, (signamment aux basses cours de leurs palais & chasteaux) la presente inuention sera fort vtile, soit pour faire plusieurs cuisines conioinctes, ou separées les vnes des autres, auecques leurs offices, & sous vne mesme couuerture, ou il ne faudroit tant de maçonnerie, ne tant de charpenterie qu'on a accoustumé de faire, estant le tout fort aisé à entretenir, auecques vne grandissime espargne de bois à brusler, pour pouuoir faire cómodément plusieurs sortes de foyers ou âtres voultez, & quasi semblables aux marmites du conuent des Cordeliers à Paris. Laquelle chose me faict asseurer que qui auroit vne cuisine, ainsi que ie la figure, il pourroit espargner tous les ans la moitié du bois qu'il despend, oultre la grande cómodité qu'il auroit de toutes choses : les bons esprits sen ayderont, ou bien trouueront mieux.

L'auteur excite les bons esprits à nouuelles inuentions.

La cuisine des Cordeliers de Paris.

Autre meilleur moien pour garder de fumer dedans les logis toutes sortes de cheminées, auecques vne petite digression accompagnée de bons aduertissements.
CHAPITRE XIII.

Yant veu en ce Royaume, & diuers lieux ou i'ay esté, la peine & facherie en laquelle sont plusieurs pour les fumées, cela faict que ie ne me puis retirer de ce discours & philosophie, si ainsi fault parler, pour le grand vouloir & desir que i'ay de donner ayde & faire proufit & plaisir à tous. Ie vous aduertiray doncques d'une reigle generale & fort bien experimentée aux maisons nouuellement faictes & basties. C'est que si vous voulez empescher que les cheminées ne fumét, ie ne diray aux salles, chambres, garderobbes & cabinets, mais encores aux cuisines, fourniers, buanderies, poisles & estuues, il

L'auteur se parforcer de faire proufit & plaisir à tous.

fault, comme i'ay dict, apprendre premierement à cognoistre la
nature du lieu, & comme lon doit tourner les bastiments, ainsi

Deux chapi-
tres du I. liure
de ce present
œuure denoir
estre leus pour
l'accomplisse-
ment de ce dis
cours.

que ie l'ay monstré au premier liure de ce present œuure, chapitres sixieme & septieme, ou vous auez esté aduertis comme c'est
qu'il fault tourner les bastiments selon les vents, veu que les vns
veulent estre persez & ouuerts d'une sorte, & les autres d'une
autre: ainsi que ie l'ay monstré aux susdicts lieux par experience,
figures, & escritures. Si vous voulez prendre peine d'entendre ce
discours, & lire ce que nous en auós proposé, vous trouuerez les
lieux si à propos pour planter les cheminées, qu'en leur donnant
les propres mesures qu'elles doiuét auoir, & ainsi que ie les vous
ay descrites & monstrées par figures en ce neufuieme liure, vous
n'aurez que faire de cercher artifices & inuentions pour les garder de fumer. Mais sans en faire long discours, ie vous aduertiray
que celuy qui les sçaura bien accommoder, & appliquer vne cha
cune chose en son endroit, il les pourra facilement faire bonnes,
ie dy toutes en general: n'estoit qu'il eust affaire à vn seigneur du
chalybe & naturel de plusieurs, qui en bastissant & edifiant con-
traignent les maistres & ouuriers de perser les salles, chambres,
& autres parties des logis, à leur fantasie, & par ce moyen les faire hors de mesure. Vray est que c'est chose raisonnable de les seruir à leur volunté, mais aussi les dommages & incommoditez, si
aucunes y sont, demeurét sur eux & les leurs, pour ne s'estre voulu fier à ceux qui l'entendent, comme bien souuét ie l'ay veu aduenir. Mais le pis que ie y puisse voir, c'est que quád les seigneurs

Beau discours
& bien prati-
qué en ce téps
par plusieurs.

& maistres des maisons cognoissent les faultes, ils ne veulent iamais confesser les auoir faict faire: & s'il y a quelque bien & honneur, ils le veulent tout receuoir, comme veritablement il leur
appartient, veu qu'ils en font les frais & la despense. Au contraire, s'il y a quelque mal ils remettent tout sur l'Architecte, ou conducteur de l'œuure, disants qu'ils se fioient en luy, & qu'ils ne
sont point de l'estat, & que iamais ils n'entendirent les choses deuoir estre ainsi faictes: mais quád bien ils l'eussent dict, voulu, &
entendu, il ne les failloit pas croire, ains plustost faire ainsi qu'il
appartiér, & que l'art le requiert. Voila comme les seigneurs ont
tousiours bonne excuse, & sont priuilegez de dire ce qui leur
plaist, & auctorisez de se faire entédre, sans vouloir estre contre-
dicts, au grád detrimét, dómage, & deshonneur de l'Architecte,
s'il n'est muny & accompagné de bon sçauoir, singulieres inuentions & grandes experiences, pour trouuer promptement les remedes, & pouuoir dextrement seruir & complaire à la volunté
des seigneurs. Desquels iaçoit que bien souuent le commande-

ment ſoit mal à propos & pour tout gaſter, ſans y auoir ordre ou
raiſon, ſi eſt-ce qu'il leur fault obtëperer auecques ſubtils moiës,
& inuentions conformes, ou proches de ce qu'ils demandent ou
pretendent, qui n'eſt peu de choſe, ne de petit labeur, & trauail
d'eſprit. Quoy qu'il en ſoit, quand cela aduient, il les fault prendre à part, & ſagement leur remonſtrer le tout, & faire cognoiſtre la raiſon & nature d'une chacune choſe : laquelle nature a tãt
de force, qu'elle ſe faict faire place par tout : & ſi nous la ſuiuons
comme guide (ainſi qu'eſcrit Ciceron) nous ne nous deuoyerons
iamais. Pour-ce eſt-il requis à l'Architecte d'eſtudier & apprendre pluſieurs reigles de philoſophie, pour cognoiſtre ladicte nature auec ſes cauſes, & d'ou elles procedent, comme auſſi les raiſons d'icelles, pour les ſçauoir bien adapter & accommoder
auecques l'art. L'Architecte doncques eſtant aſſeuré de
la nature & proprieté des lieux, à bien grande
peine pourra fouruoyer & faillir de bien aſſeoir ſes baſtiméts, maiſons & cheminées. Mais quant à ce diſcours
ſera aſſez pour le preſent.

Comme c'eſt que l'Archite- cte obtëpere- ra aux grãds ſeigneurs.

CONCLVSION DV PRE-
SENT OEVVRE, AVECQVES
certaines instructions sur l'entreprinse &
faict des bastiments.

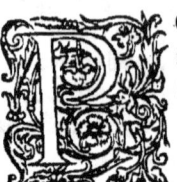

POur-autant qu'il me semble n'estre assez d'auoir
monstré iusques icy comme il fault faire toutes
sortes de bastiments, & les conduire depuis le
pied des fondements, iusques au plus hault des
edifices, si pareillement ie ne monstre comme
les Architectes, Cómissaires, Contrerolleurs, &
autres qui ont charge sur les bastiméts, doiuent sçauoir bien faire
leur estat, & s'accorder tous ensemble, de peur qu'il n'en aduié-
ne beaucoup d'erreurs accompagnées de despense perdue, auecques vne derision & repétance insupportable. Pource est-il que
desirant aduertir bien au long vn chacun de ce qu'il doit faire, &
mesmes le Seigneur, à fin qu'il ne se trompe, & que son œuure se
parface bien & deuëment à sa volunté, ie delibere pour la fin &
conclusion du present œuure, monstrer & figurer l'vnion & intelligence qui doit estre entre le Seigneur, l'Architecte, les maistres des œuures, Contrerolleurs, & autres : semblablement l'o-
beissance laquelle doit porter l'Architecte au Seigneur, & tous
les ouuriers, cótrerolleurs & officiers audit Architecte, pour faire proprement ce qui leur sera commandé par luy, & ordonné
pour la legitime construction des œuures. Ie me suis doncques
deliberé d'escrire encores le present discours pour mieux monstrer comme le Seigneur doit sçauoir choisir & employer les hómes en l'estat auquel ils sont appellez : car autrement seroit chose ridicule & dágereuse que l'un feist l'estat de l'autre, sans l'auoir
apprins : & aussi pour faire cognoistre, que quand l'Architecte a
ordonné de toutes choses qui se doiuent iournellemét faire, tant
par les maistres maçons que autres ouuriers, (soit qu'ils trauaillent à iournée, ou à pris faict) qu'il est necessaire, principalement
aux grands edifices, d'y commettre vn Contrerolleur pour tenir les rolles, registres, & marchez par escrit. Lequel Contrerolleur deura auoir quelque cognoissance & intelligence de l'art de
maçonnerie & œuures qui se font, s'il est possible, car autrement
il ne pourra contreroller & obseruer ny les ouuriers ny les œuures, ny la bonté ou mauuaistié des matieres, & nature d'icelles : ny aussi de la menuiserie, & autres, & moins la façon de les
mettre en œuure. Et, qui plus est, il ne pourra cognoistre si les

ouuriers qui trauaillēt font bien , n'auſſi receuoir les œuures ſoit
par toiſée,ou par priſée. D'auantage, il ne pourra auoir iugement
des valeurs,ny faire amender les œuures quãd il ſy trouuera faul-
te.De ſorte que l'eſtat de Contrerolleur eſt icy de grande importance,& treſneceſſaire pour faire vn bon meſnage & eſpargne à
ſon Seigneur, auquel il doit rapporter & garder toute fidelité, &
ſe rendre obeiſſant aux commandements de l'Architecte : autrement il ne ſçaura faire eſtat de Contrerolleur prouffitable à
ſon maiſtre & ſeigneur, ny moins y acquerir honneur.Car ſil ne
prend conſeil de l'Architecte, & qu'il face comme il luy ſemblera,vne infinité de faultes l'accompagneront , ainſi que ie l'ay veu
ſouuēt aduenir auec inſupportables frais à la bourſe du maiſtre &
ſeigneur : eſtant le tout hors de la cognoiſſance de l'Architecte,
qui quelquefois n'en oſe rien dire, ny faire ſemblant de le cognoi
ſtre, pour crainte qu'il a de deſplaire à quelques vns : peult eſtre
auſſi qu'on ne luy en ſçauroit gueres de gré.Parquoy ie conſeille
à l'Architecte qu'il ſoit du tout attentif à ſa charge , & qu'il ne ſe
meſle d'autre. Il y a quelque fois aux grandes entrepriſes quelques cōmiſſaires par deſſus l'Architecte, auſquels il fault obeir cō
me aux ſeigneurs, pour autant qu'ils ont toute puiſſance d'ordō-
ner les deniers: qui eſt la cauſe qu'on leur doit dire ce qui ſe faict,
& eſt à faire, à fin qu'ils prennent la peine de recouurer argent
pour les œuures qu'on veult faire. Il fault auſſi que le Cōmiſſai-
re ſoit comme l'Architecte par tout attētif, à fin que les maiſtres
& ouuriers ne ſoient rançonnez ne pillez des contrerolleurs, ou
bien de leurs commis, comme ie l'ay veu faire : car ſi par fortune
quelque marché ſe faict, il fault donner à monſieur le Contrerol
leur ſa propine deuāt que ledit marché ſoit arreſté, ou bien apres,
autrement les pauures ouuriers ſeront trauaillez & calomniez
en diuerſes ſortes . Puis quand lon vient aux toiſements, ils ſen
font treſbien payer, pour les certifier, & y mettre leurs ſeings. Il
y a autres infinitez d'auarices,leſquelles i'ayme mieux diſſimuler
que eſcrire.Ie ne dy pas que tous ayent faict ainſi , car i'en ay cogneu & cognois quelques vns gens de bié.Il fault auſſi que le ſeigneur ait certains perſonnages pour faire trauailler les ouuriers,
comme ſont Chaſſauants , & autres : qui pareillement feront
venir & conduiront les matieres. Aux grandes entrepriſes qui
ſe font pour les Roys,Princes, & grands ſeigneurs, il n'y a iamais
faulte d'hommes & ſeruiteurs, mais le plus ſouuent peu fideles:
de ſorte que la plus grande part de ceux qu'on y voit promettent
ſçauoir tout faire, & eſtre les meilleurs meſnagers qu'il eſt poſſible de penſer, mais le plus ſouuent ils n'y entendent cōme rien.

Veritablement tels ressemblent à la figure d'vn homme, lequel ie
vous propose cy-apres habillé ainsi que vn sage, toutesfois fort
eschauffé & hasté, comme s'il couroit à grande peine, & trouuoit
quelques testes de bœuf seiches en son chemin (qui signifiét gros
& lourd esprit) auecques plusieurs pierres qui le font chopper,
& buissons qui le retiennent & deschirent sa robbe. Ledit homme n'a point de mains, pour monstrer que ceux qu'il represente
ne sçauroient rien faire. Il n'a aussi aucuns yeux en la teste, pour
voir & cognoistre les bonnes entreprinses: ny oreilles, pour ouir
& entendre les sages: ny aussi gueres de nez, pour n'auoir sentiment des bonnes choses. Bref il a seulement vne bouche pour
bien babiller & mesdire, & vn bonnet de sage, auecques l'habit
de mesmes, pour contrefaire vn grand docteur, & tenir bonne
mine, à fin que lon pense que c'est quelque grande chose de luy,
& qu'il entre en quelque reputation & bône opinion enuers les
hommes. Croyez, & vous asseurez que telles personnes, haïssent
ordinairement & de leur naturel, non seulement les doctes Architectes, mais aussi tous les vertueux, & la vertu mesme. Et pour
crainte qu'ils ont d'estre repris & chassez pour les faultes qu'ils
cômettét, ils ne cessent de mesdire des Architectes enuers les seigneurs, à fin qu'ils se fient plustost à eux, que ausdicts Architectes
ou autres qui auront la superintédéce de l'œuure: lesquels ils des
crient & mettent en soupson le plus qu'ils peuuent. De sorte que
cela a esté souuent cause, côme ie l'ay cogneu, d'vn tresgrand dômage, qui ne tombe pas seulement sur l'Architecte, mais bien sur
les seigneurs & leurs bastiments: pour les raisons qu'on pourra
cognoistre par le discours du premier liure de ce present œuure:
auquel i'ay bien voulu escrire ce que i'en ay aperceu, à fin que lon
y prenne garde à l'aduenir, & que lon sçache choisir les personnes qui peuuent faire leur estat fidelement chacune en sa charge:
personnes, dy ie, qui soient doctes, faciles, beneuoles, & capables
de l'estat auquel on les voudra employer: comme il s'en trouue, & en cognois beaucoup, qui toutesfois ne sont tousiours employez ny cogneus. Mais à fin d'y pouuoir aucunemét remedier,
& faire que les œuures ne soient retardées, & aussi que toutes
entreprinses, tant grandes que petites, se puissent paracheuer, i'ay
bien voulu encores adiouster le discours ensuiuant apres la prochaine figure, partie pour aduertir les seigneurs, partie aussi pour
instruire l'Architecte de se garder des personnes qui ne sçauent
bien faire, ny voir ce qui est bon de faire, ny oyr ce qu'on doit entendre, ny moins auoir sentiment de ce qui est vtile & proufitable, ainsi qu'il vous est representé par la prochaine figure.

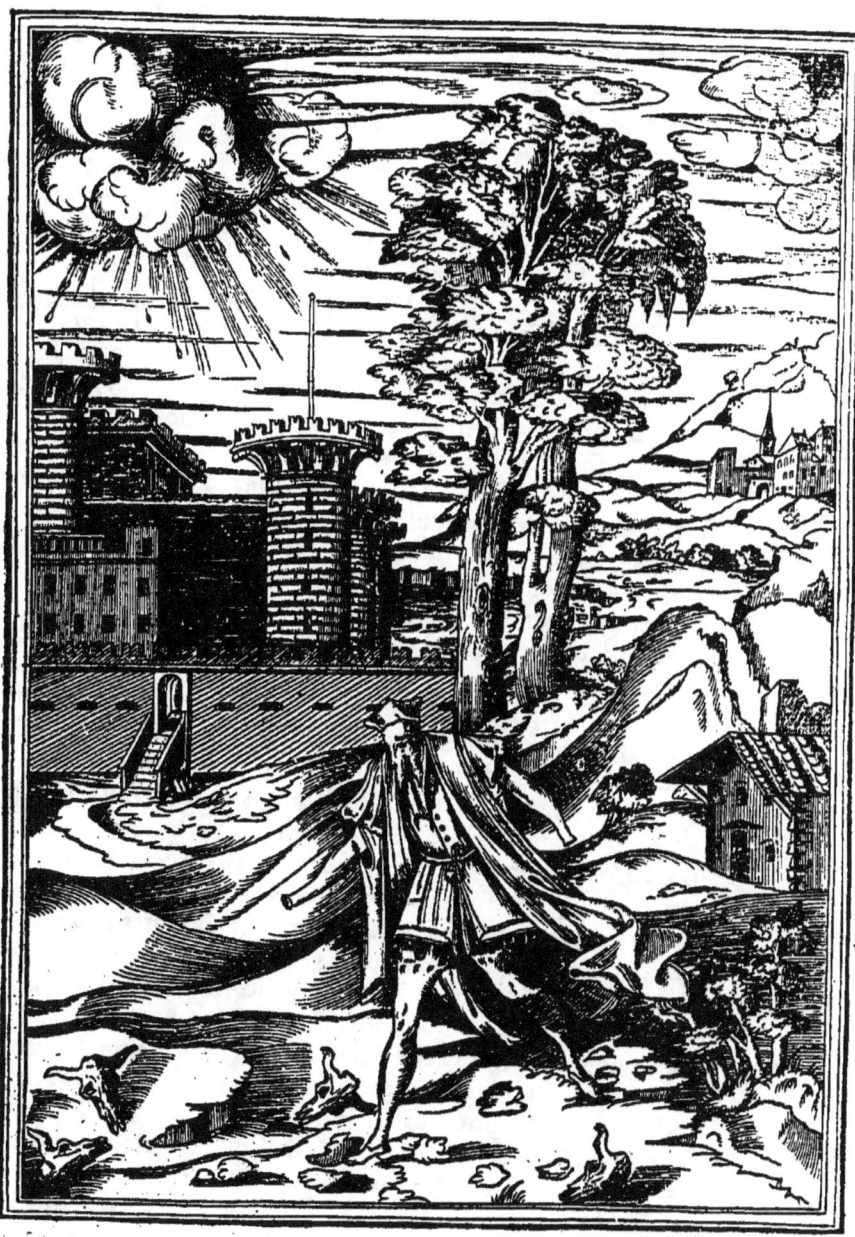

Ecc

Pour continuer le difcours & propos cy-deuant encommencé, nous dirons que l'Architecte eft fort fubiect à ouyr & receuoir plufieurs calomnies & faux rapports qui fe difent de luy:
parquoy il fault qu'il faffeure, que tant plus il fera vertueux & fça
uant, plus il fera enuié & trauaillé par mauuais rapports des igno
rants & malicieux: & plus l'œuure fauancera & augmentera en
beauté, plus il fera calomnié & depefché en diuerfes fortes. Car
fi on ne le peult reprendre en l'excellence de l'œuure, lon dira
qu'il faict chofe n'eftant aucunement vfitée, ny accouftumée de
voir, & qu'elle fera fuiette à ruine, ou bien qu'elle n'eft pas de la
pierre qu'il faudroit, ou qu'elle coufte trop, & qu'il a intelligence auecques les ouuriers, & vne infinité d'autres propos mis en
auant auec peu de iugement, & moins de raifon. Bref, l'Architecte ne demourera point à faulte d'eftre depefché & calomnié autant qu'il fera poffible, auec vne infinité de menfonges, ainfi que
ie l'ay fouuent apperceu à mon grand defauantage: voire iufques
à eftre de telle forte rendu fufpect, cóme fi ie derobois les deniers
& faifois mon proufit de toutes chofes. Mais ie ne m'en fuis pas
beaucoup foucié, m'affeurant qu'il ne m'en pourroit venir aucun
dommage, pour n'auoir iamais manié aucuns deniers, finó ceux
qu'il a pleu à Dieu me donner, & auffi cognoiffant que tel trauail
m'aduenoit par la permiffion de Dieu, & pour les offenfes que
ie fais iournellement contre fa fainte diuinité, qui me fufcite
des miniftres pour me trauailler, & me faict confeffer fouuent
que ie n'ay point de plus grand ennemy que moymefme, & de
qui ie me doiue plus plaindre & douloir, dont i'ay plus d'occafion de prendre & faire vengeance de moy, que de tous autres,
pour eftre ennemy de moymefmes. Qui me faict confeiller à noz
Architectes de fefforcer d'eftre gés de bié tant que faire fe pourra, & de telle qualité que ie la defcriray cy-apres, ou meilleure
fil leur eft poffible. Mais laiffons tels propos, & remettós le tout
à la volunté de Dieu, qui fait cognoiftre la verité de toutes chofes en temps & lieu. Doncques nous reprendrons noftre Architecte, lequel ie defire eftre fi aduifé, qu'il apprenne à fe cognoiftre & fçauoir quel il eft, auec fes capacitez & fuffifances: & fil
cognoift qu'aucune chofe luy defaille, ie luy confeille d'eftre diligent de la demander à Dieu, ainfi que faint Iacques le nous
monftre quand il dict: *Si quis veftrûm indiget fapientia, poftulet*
à Deo. Et apres auoir ordonné ce qui eft neceffaire pour faire les
œuures de fa charge, qu'il fe retire & fe tienne folitairement en
fon eftude, cabinet, chambre, librairie, ou iardin, ainfi qu'il en
aura la commodité, & le pouuez voir eftre reprefenté en la figu-

re cy-apres defcrite: laquelle vous met deuant les yeux vn hom-me fage eftant en vn iardin deuant le temple d'oraifon, & ayant trois yeux. L'vn pour admirer & adorer la fainte diuinité de Dieu, & contempler fes œuures tát admirables, & auffi pour re-marquer le temps paffé. L'autre pour obferuer & mefurer le téps prefent, & donner ordre à bien conduire & diriger ce qui fe pre-fente. Le troifieme pour preuoir le futur & temps à venir, à fin de fe premunir & armer côtre tant d'affaults, iniures, calamitez, & grandes miferes de ce miferable monde, auquel on eft fubiect à receuoir tant de calomnies, tant de peines & trauaux, qu'il eft impoffible de les reciter. Ie luy figure auffi quatre oreilles, mon-ftrant qu'il fault beaucoup plus ouyr que parler, ainfi que le com mande fainct Iacques au premier chapitre de fa premiere epiftre canonique, en ces mots: *Sit autem omnis homo velox ad audien-dum, tardus ad loquendum, & tardus ad iram.* C'eft à dire, tout hôme foit haftif à ouyr, tardif à parler, & tardif à fe courroucer. Doncques l'Architecte doit eftre prompt à ouyr les doctes & fa-ges, & diligent à voir beaucoup de chofes, foit en voyageant, ou lifant. Car il n'y a art ny fcience, quelle que ce foit, ou toufiours il n'y ait plus à apprendre, que on n'y a apprins. De forte qu'il n'y a que le feul Seigneur Dieu qui foit parfaict en tout & par tout, à la fapience & fcience duquel rien ne fe peult adioufter ne diminuer: car en luy, ainfi qu'efcrit l'Apoftre, font cachez tous les trefors de fapience & fcience, lefquels il diftribue ou il luy plaift, & quand bon luy femble. Ce qui eft au contraire en nous, car eftans en ce monde nous n'auons cognoiffance des arts & fci-ences, finon que par petits loppins & morceaux, tellement que noftre fçauoir n'eft autre chofe que vn continuel apprentiffage qui ne prend ou trouue iamais fin. Mais pour reuenir à noftre fa-ge reprefentant l'Architecte, ie luy figure d'abondant quatre mains, pour monftrer qu'il a à faire & manier beaucoup de cho-fes en fon temps, fil veult paruenir aux fciences qui luy font re-quifes. D'auátage il tiét vn memoire & inftruction en fes mains, pour enfeigner & apprendre ceux qui l'en requerront, auecques vne grande diligence & fedulité reprefentée par les ailes qu'il a aux pieds, qui demonftrent auffi qu'il ne veult qu'on foit lafche & pareffeux en fes affaires & entreprinfes. Il monftre oultre ce, que à tous ceux qui le vifiteront ou iront voir à fon iardin, il ne celera fes beaux trefors de vertu, fes cornucopies réplis de beaux fruicts, fes vafes pleins de grádes richeffes & fecrets, fes ruiffeaux & fontaines de fcience, ny fes beaux arbres, vignes & plátes qui fleuriffent & portent fruicts en tous temps. Vous voyez auffi en

ladicte figure plusieurs beaux commencements d'edifices, palais
& temples, desquels le susdit sage & docte Architecte monstrera & enseignera la structure auec bonne & parfaicte methode,
ainsi qu'il est manifesté par ladicte figure: en laquelle aussi vous
remarquez vn adolescent apprentif, representant ieunesse, qui
doit cercher les sages & doctes, pour estre instruicte tant verbalement que par memoires, escritures, desseings, & modelles: ainsi qu'il vous est figuré par le memoire mis en la main de l'adolescent docile, & cupide d'apprêdre & cognoistre l'Architecture.
Si vous n'estes contents de ce discours & aduertissement, ie vous
conseille d'en demander à Salomon son aduis, & il vous aduertira qu'il n'y a rien à l'homme plus vtile, proufitable & salutaire,
que sage & meur conseil, ainsi qu'il escrit en ses Prouerbes sous
ces propres mots: *Beatus homo cui affluit prudentia, melior est ac-*
quisitio eius, negotiatione auri & argenti. Bien heureux est celuy
qui a trouué sapience, & qui abonde en prudence, beaucoup
meilleure que toute acquisition, negotiation & possession d'or
& d'argent. Si ceste sentence ne vous satiffaict, oyez ie vous prie
la Sapience ou sagesse, laquelle ledit Salomon faict parler en ces
propres mots: *Ego Sapientia habito in consilio, & eruditis intersum*
cogitationibus. Ie habite (dict Sapience) en bon & salutaire conseil, & assiste aux doctes & sages cogitations. Il la fault doncques cercher, & l'ayant trouuée mettre peine de la bien retenir,
à fin de sen ayder en temps & lieu. La figure suiuante vous mettra deuant les yeux le discours proposé.

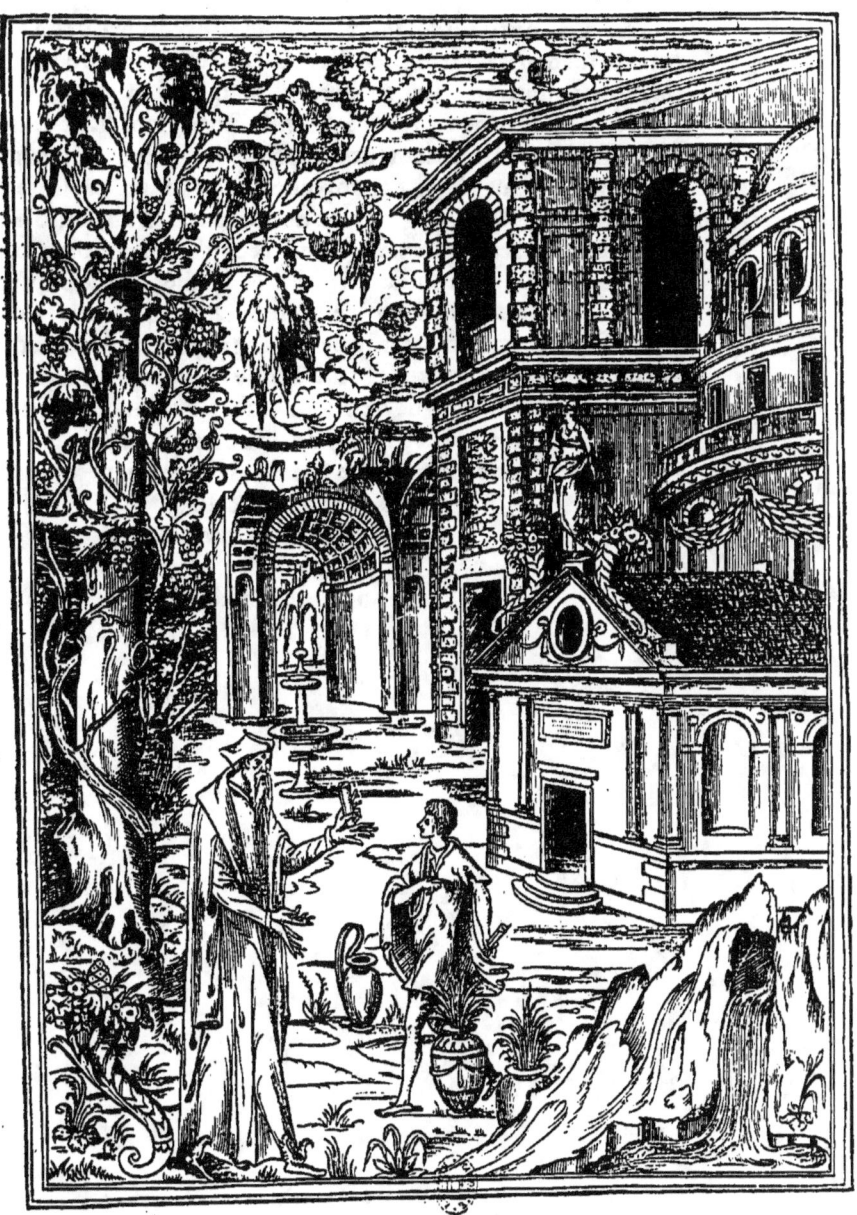

Ie crains merueilleufement d'auoir efté trop prolixe à l'explication des deux figures precedentes : qui eft la caufe que ie feray
fin, non feulement à leurs difcours, mais auffi au prefent œuure,
& premier volume de noftre Architecture, fuppliant treshumblement & affectionnément les lecteurs d'iceluy, vouloir prendre en gré le tout : & fi par fortune il fy trouue quelque chofe
mal couchée, efcrite, figurée ou demonftrée, m'en vouloir amiablement aduertir, & penfer que me recognoiffant homme, ie me
recognois auffi eftre fubiect à faillir & pecher. Si ie puis entendre & apperceuoir que noftre prefent labeur (qui certes n'a efté
petit) foit bien receu, ie feray de plus en plus excité de mettre biē
toft en lumiere noftre fecond Tome & volume d'Architecture, accompagné de difcours fort exquis & fingu-
liers. Ce que ie feray de bon cueur, moyennant la grace de Dieu qui iufques icy
nous a conduicts & diri-
gez, parquoy à luy
feul en foit
honneur & gloire.

EXTRAICT DV PRIVILEGE.

Efenfes font faictes à tous Imprimeurs & Libraires de ce Royaume de n'imprimer, ou faire imprimer, vendre, ou faire védre & diftribuer ce prefent liure (ou en particulier les figures d'iceluy) intitulé, La premiere Partie de l'Architecture de P H I L I B E R T DE L'ORME, Lyonnois, Confeiller & Aumofnier ordinaire du Roy, & Abbé de S. Eloy lez Noyon, & de S. Serge lez Angiers. Et ce iufques à neuf ans prochainement venants, à côter du iour & date de la prefente impreßion, qui fut acheuée le x x v i i. iour d'Aouft 1 5 6 7. fans l'expres vouloir, confentement, congé & permißion dudit Philibert de L'Orme. Et ce fur peine de confifcation des liures qu'ils auront imprimez, dommage & intereft dudit expofant, & d'amende arbitraire. Ainfi qu'il eft plus à plain contenu audit priuilege, & lettres patentes du Roy, feellées du grand feel dudit Seigneur, & octroyées à fainct Germain en Laye le x v. iour de Septembre M. D. L X I.

Par le Roy, Le feigneur des Roches-fumée, Maiftre des requeftes ordinaire de l'hoftel, prefent. Signé
De L'aubefpine.

TABLE OV EXTRAICT

ET RECVEIL DES PRINCIPALES

MATIERES CONTENVES EN VN CHA-
cun chapitre & diſcours de tous les liures du
preſent œuure. La lettre a, ſignifie page premiere, &
b, ſeconde.

PREMIER LIVRE.

ē

DEVXIEME LIVRE.

TROISIEME LIVRE.

ẽ ij

QVATRIEME LIVRE.

CINQVIEME LIVRE.

ë iiij

HVITIEME LIVRE.

En enfuyuant il y a encores vne autre belle porte qui fut faicte pour l'entrée des orengiers d'Annet.

NEVFVIEME LIVRE.

www.ingramcontent.com/pod-product-compliance
Lightning Source LLC
Chambersburg PA
CBHW051338220526
45469CB00001B/16